Reinhold Mayer / Inken Rühle

War Jesus der Messias?

Geschichte der Messiasse Israels in drei Jahrtausenden

War Jesus der Messias?

Geschichte der Messiasse Israels in drei Jahrtausenden

Reinhold Mayer
Mitarbeit Inken Rühle

BILAM Verlag

BILAM Verlag

Die Deutsche Bibliothek - CIP-Einheitsaufnahme

Mayer, Reinhold: War Jesus der Messias? Geschichte der Messiasse Israels in drei Jahrtausenden.
Unter Mitarb. von Inken Rühle … / –
Tübingen: Bilam, 1998
ISBN 3-933373-00-X (Geb.)
ISBN 3-933373-01-8 (Broschur)

Herstellung: Gulde Druck GmbH, Tübingen

Übrigens: zum Namen und Emblem des Verlags erfahren Sie mehr in 4.Mose 22-24.

Inhalt

Teil I
Geschichte der Messiasse Israels in drei Jahrtausenden

Teil II
Quellen

Anhang

Joseph kommt aufgeregt heim: Mirjam, alle Leute sagen, daß der Messias bald kommt. Was mach ich bloß mit meinem guten Geschäft, mit unserem schönen Haus?!
Die Frau: Besorg dich nicht! Gott hat uns vor Pharao errettet, er hat uns vor Haman beschützt, - er wird uns auch vor dem Messias bewahren.

Vorbemerkungen

Messianische Verwirklichung ist das Thema dieses Buches, genauer: die vielen Versuche solcher Verwirklichung, wie sie in mehr als 2.500 Jahren im Judentum unternommen worden sind. Durch die Zeiten hin sind immer wieder jüdische Männer aufgetreten, die von sich - und deren Anhänger von ihnen - glaubten, daß sie Messiasse seien. Es geht also um eine konkret-historische und nicht um eine theologische Fragestellung, um messianische Erfüllung und nicht um messianische Verheißung - ist doch gerade letztere von Christen oft dargestellt worden, so daß sie hinreichend bekannt ist.

Nicht alle Messiasse werden in den überlieferten Quellen ausdrücklich als solche bezeichnet. Auch unterscheiden sie sich teils erheblich voneinander: Es gab solche, die - aus kleinen Dörfern auf dem Lande kommend - bei ihrem Kampf auf die Unterstützung durch „zwölf Legionen Engel" (Mt 26,53) hofften, und andere, denen zwar keine himmlischen Heere, dafür aber römische oder persische Legionen zur Verfügung standen. Jeder von ihnen hatte seinen Ort in der Zeit, seinen unverwechselbaren Namen, sein eigenes Programm und sein persönliches Markenzeichen: etwa ungewöhnliche Körperkraft oder Wundermacht, große Kühnheit oder die Gabe zündender Rede, besonderes diplomatisches Geschick oder eine Aufmerksamkeit heischende Fahne.

Doch trotz aller Unterschiede hatten alle Messiasse etwas Gemeinsames, stellten sie sich doch dieselbe Aufgabe: von Gott berufen und gesandt, zogen sie aus, zu helfen und zu retten, um Israel von Fremdherrschaft zu befreien und die Zerstreuten im Israel-Land zu sammeln. Einige hatten Erfolg; ihnen gelang es zumindest zeitweise, über das Israel-Volk zu regieren und ihren Herrschaftsbereich sogar zu vergrößern. Die meisten aber scheiterten und fanden bei dem von ihnen provozierten Aufruhr gegen die als fremd und feindlich empfundene Obrigkeit den Tod.

Christliche Theologen haben oft behauptet, es habe im Judentum neben Jesus keinen leidenden Messias gegeben. Hier soll, ganz im Gegensatz dazu, gezeigt werden, daß etliche Messiasse in Israel gleich ihm gelitten haben und im Kampfe für Israel gestorben sind. Zu Tausenden ragten damals die Märtyrer-Kreuze im Israel-Land auf. Das Jesuskreuz war nur eines unter den vielen.

Dennoch wird unter Christen gewöhnlich von *einem* oder gar von *dem* Messias gesprochen und dieser Titel wie selbstverständlich für Jesus von Nazaret reklamiert. Er gilt ihnen als der Einzige oder aber als der Einzigartige. Die Vielen, die mit selbigem Anspruch auftraten, erscheinen neben ihm, dem „ganz Anderen", unbesehen als Falschmessiasse oder werden überhaupt nicht wahrgenommen. Doch solche Urteile sind parteiisch, durch die je verschiedene Perspektive bedingt. Immer haben die Anhänger den Ihren für den wahren Messias gehalten, oft auch über seinen Tod hinaus. In diesem Sinne war entweder jeder von ihnen ein wahrer Messias - oder keiner.

Wie bei Christen, so ist auch unter Juden das Interesse an Messiassen im Laufe der Geschichte verdrängt worden - allerdings aus einem anderen Grund: alles Messiastum hat für sie nämlich den Charakter des Katastrophalen bekommen. Nicht bloß das Messiastum Jesu brachte, durch seine kirchliche Wirkungsgeschichte, unsägliches Leid über Israel; auch den meisten anderen messianischen Aufbrüchen folgten Enttäuschung und Not. Darum haben verantwortliche jüdische Lehrer aller Zeiten dem zerstörerischen Geistüberschwang der Messiasse immer wieder Aufbauendes und Lebenerhaltendes entgegengestellt, indem sie die Tora, das nüchtern Gebotsmäßige, betonten (was von Christen dann allerdings als „Gesetz" diffamiert worden ist). So ist die Geschichte des Judentums wesentlich von der Dynamik zwischen diesen beiden Polen geprägt, einerseits vom Messiastum mit seinem Übermaß an Geist, der zu oft ins politische Verderben geführt hat, andererseits von der Nüchternheit eines Lebens gemäß der Tora, von der im Talmud gesagt ist: Wer sie tut, soll durch sie leben - und nicht sterben (Sanh 74a).

Es ist also nicht erstaunlich, daß sich weder Juden noch Christen bisher intensiv mit Messiassen befaßt haben. Wohl aber ist es geschichtlich notwendig: um der besseren Kenntnis des Judentums, aber auch um der besseren Erkenntnis des Messias und Christus Jesus willen. Denn die Messianität des Juden Jesus wird erst im Gesamten des jüdischen Messiastums faßbar. Ohne Israel oder gar gegen Israel gibt es keinen Messias. Wer Messiastum vom Judentum ablösen wollte, wie es die Kirche seit je getan hat, mißverstände beides.

Auf sich gestellt und abgetrennt von den anderen Messiassen ist Jesus weder vor unhistorischer Vergeistigung noch vor substantieller Vergottung sicher - ein Blick auf die Kirchen- und Dogmengeschichte bestätigt dies. Nicht das Judentum sollte daher im Schatten des Christus stehen, sondern umgekehrt erscheint der Christus Jesus im Licht Israels.

Das vorliegende Buch will anhand einer Auswahl von messianischen Persönlichkeiten Grundstrukturen allen Messiastums darstellen und wichtige historische Quellen vorlegen, die nicht allein über Fakten berichten, sondern ebenso von deren wunderbarer Ausschmückung in Geschichten, Legenden und Gerüchten. Denn auch die Wirkungsgeschichte bildet eine Realität - gerade als subjektive Spiegelung historischer Ereignisse ist sie interessant und wichtig.

Der leichteren Lesbarkeit wegen wurden die ausgewählten Quellentexte (Teil II) vom darstellenden Teil I getrennt, der ein geschlossenes Ganzes ergibt und für sich gelesen werden kann. Teil II, als Ergänzung für „Feinschmecker“ gedacht, ist teilweise nicht ganz leicht verständlich; sind doch unter den recht verschiedenen Quellen, deren Stimmungsspektrum von Witzigem bis zu tiefer Tragik reicht, sachliche Berichte ebenso zu finden wie erklärungsbedürftige kabbalistische Schriftauslegungen.

Von der Vielfalt dieser Texte aus entsteht eine Geschichte Israels, die an Abenteuerlichkeit, an überraschender Vielgestaltigkeit und aufregenden Details nichts zu wünschen übrig läßt.

ZUR EINFÜHRUNG

Das Wort MASCHIACH

Das hebräische Wort MASCHIACH (eine Partizip-Passiv-Bildung im Grundstamm aus der Wurzel Mem-Schin-Chet [משח] - „salben") bedeutet: gesalbt, Gesalbter. Ins Griechische transskribiert, wurde daraus MESSIAS - ein Wort, das für Griechen keinerlei Bedeutung hatte, darum wortwörtlich, wenn auch unverstanden, ins Griechische übersetzt wurde und dann CHRISTOS hieß.

Gemäß der hebräischen Bibel wurden in Israel zunächst Priester, dann vor allem Könige, gelegentlich Propheten gesalbt, sogar Waffen, Kultsteine und -geräte. Der Brauch der Königssalbung war auch sonst, etwa bei Hethitern, üblich. Es handelte sich um einen Rechtsakt, der Macht, Ansehen und Würde verlieh. Doch nur in Israel wurde daraus ein Titel, mit dem im Laufe der Geschichte immer wieder Männer herausgehoben wurden, die als Retter und Befreier ihres Volkes aufgetreten sind.

Wenn ein Gesalbter in Israel andere Menschen auch weit überragen mochte - er blieb doch immer ein Mensch. Trotz seiner Begabung mit Gottesgeist, trotz seines besonderen Auftrags ward er nie zum Gott. Entsprechend gilt von allem messianischen Werk, daß es ganz und gar von weltlicher Art ist und sich in der hiesigen Welt vollzieht, nicht im Jenseits. Noch immer herrscht in christlicher Theologie die Vorstellung, daß der Messias eine von Geschichte und Wirklichkeit abgehobene, endzeitliche („eschatologische") und universale Gestalt sei mit dem Auftrag, das Paradies, die Urzeit auf Erden wieder herzustellen, so daß der Wolf friedlich beim Schaf liegen werde. Diesem von persischen Vorstellungen beeinflußten Wunschbild, das sich ähnlich auch in der Haggada, der jüdischen Märchenliteratur, findet, entsprechen die historischen Messiasse jedoch nicht.

Die Bedeutung des Landes

Die Zusammengehörigkeit von Volk und Land ist wesentliche Voraussetzung für das Entstehen von Messiastum. Seit Gottes Ruf an Abraham (1.Mose 12,1f) sind diese beiden Größen in Israel eng miteinander verbunden. Wo die hebräische Bibel vom adamitisch-allmenschlichen Mythos (Kap.1-11) übergeht zu den Väterlegenden Israels, da werden die entscheidenden Wirklichkeiten für die neu einsetzende abrahamitisch-israelische Weltepoche im selben Satz thematisiert: „Geh für dich ... in das Land, das ich dir zeigen werde; ich will dich zu einem großen Volke machen".

Land und Volk sind auch konkreter Inhalt des Segens, dessen Abraham gewürdigt wird. Sie sind einander in fast sakramentaler Weise zugeordnet: das Volk braucht dieses Land und das Land bedarf dieses Volkes, damit sich durch ihren gegenseitigen partnerschaftlichen Bezug SCHALOM UWRACHA, Frieden und Segen, verwirklichen. Es hat einen tiefen Sinn, daß die Selbstbezeichnungen von Juden stets auf das Land verweisen, wenn sie sich eben nicht Toraer oder Mosaer, sondern Israelis, Juden (nach dem Gebirge Judäa) oder in der Moderne Zionisten (nach dem Südosthügel Jerusalems) nennen.

Die Tora erscheint dieser Zwei-Einheit von Land und Volk sachlich nachgeordnet. Das Ziel der Befreiung aus Ägypten war nicht die Offenbarung der Weisung am Sinai, sondern die Gabe des eigenen Landes, in dem erst Israel die Tora erfüllen sollte und konnte. Nach dem Talmud überbietet schon das Wohnen im Israel-Land alle anderen Gebote, weil erst dadurch deren wahrhafte Erfüllung ermöglicht werde. Eine ganze Ordnung, und nicht zufällig die erste von insgesamt sechs Abteilungen des Talmud, befaßt sich mit Landbau.

Dieser herausragenden Stellung des Landes im nachbiblisch-jüdischen Schrifttum entspricht, daß beinah in der Mitte der Tora die Grund-Sätze altisraelitischen Bodenrechtes stehen. Da heißt es (in 3. Mose 25,23): das Land darf nicht verkauft werden. Dann folgt die Begründung: KI LI ha-AREZ - denn mein, Gottes, ist das Land. Nicht dem Volk gehört das Land, sondern die Juden sind Gottes Lehnsleute.

Des zum Zeichen feiert das Land regelmäßig ein Schabbatjahr: alle sieben Jahre soll es ein Jahr lang ruhen. Dahinter steht mehr als die auch hierzulande früher bekannte Erholungsphase der Brache. In der Bibel wird damit das Besitzrecht Gottes demonstriert, dem - zeichenhaft - ein Teil der Nutzungszeit gewidmet wird. Jedes 50. Jahr ist ein zusätzliches Frei- oder Jobeljahr für den Herrn. Dieses ist außerdem ein Jahr der Befreiung und Erlösung: denn alle in Schuldknechtschaft Versklavten werden „amnestiert“ und kehren - als Freie - wieder zu ihrem ursprünglichen Landlehen zurück. In dieser Zeit der Wende stellt der Herr des Landes die Gleichheit, hebräisch: den SCHALOM, unter seinen Lehnsleuten wieder her.

Eine andere Möglichkeit der Wiederbeschaffung des Lehens bereits vor dem 50. Jahr bestand darin, daß ein Bürge für den fälligen Gegenwert aufkam. Solche Retter in der Not werden als GOEL - Erlöser - bezeichnet. In der Bibel wird dieser Titel auch auf Gott übertragen, der sein Volk Israel aus Ägypten und vielen anderen Bedrängungen befreit.

Selbst wenn das Schabbat- und Jobeljahr in der jüdischen Geschichte nur selten verwirklicht worden sein sollten, ändert das nichts daran, daß aus diesen programmatischen Bibeltexten immer wieder eine soziale Forderung vernommen worden ist, deren revolutionäre Sprengkraft sich als umso wirksamer erwies, je schwieriger die Lebensbedingungen der Juden waren. Die Spannung zwischen konkreter Erfahrung und hochgespannter Erwartung bildete den Grund für das Auftreten von Messiassen, die für die GE'ULA, die Erlösung von Fremdherrschaft und Ausbeutung kämpften.

Sie waren also keine Allerweltsheilande, sondern stets „Nationalhelden", die ihrem großen Vorbild König David nacheiferten und sein Imperium wiederherzustellen versuchten. Denn David war es, der um das Jahr 1000 vor der üblichen Zeitrechnung die beiden Reiche Juda und Israel zu einem Staatsgebilde verband und seine Untertanen „mit Recht und Wohltat" (2.Sam 8,15) regierte. Unter ihm hatte das Israel-Reich seine größte Ausdehnung. Sein Königtum galt zu allen Zeiten als erstrebenswertes Ideal, das aber fast niemals erreicht wurde.

Die Aufgabe der Messiasse

Sobald die Einheit von Volk und Land in Israel bedroht war - sei es durch die Vertreibung und Deportation in fremde Länder, sei es im Israel-Land selbst, wenn der Bevölkerung gewaltsam fremde Götter und Gebräuche aufgezwungen wurden - standen Messiasse auf und versuchten, den politischen Umsturz und die Sammlung der Zerstreuten - KIBBUZ haGALUJOT - einzuleiten.

Messianisches Werk meint also nicht Umkehrpredigt, Sündenvergebung und Krankenheilung, nicht Traum vom Paradies, sondern Aufstand, Befreiung von als untragbar empfundenen politischen Verhältnissen. Darum hatte Messiastum oft auch etwas gewaltsam Aggressives oder gar Zerstörerisches an sich. Wie bei der Befreiung von Sklaven Gewalt angewandt werden durfte, wenn diese nicht durch eigene Schuld, sondern gewaltsam um ihre Freiheit gebracht worden waren, so durfte auch bei der Erlösung Israels Gewalt eingesetzt werden - hatte doch auch Gott den Pharao zur Herausgabe des Israel-Volkes zwingen müssen und ägyptische Soldaten im Meer versinken lassen.

Messiasse haben daher oft Bewaffnete zur Durchführung ihres Befreiungsprogramms um sich versammelt. Wenn sich aber die Erwartungen aufs höchste gesteigert hatten, dann war am Ende alles schlimmer als zuvor. So hat für Juden das Messiastum den Charakter des Katastrophalen erhalten. Denn meist kamen, ehe die zwölf Legionen Engel eingreifen konnten, die irdischen Mächte, trieben die Messias-Anhänger in die Flucht und faßten ihren Anführer (soweit er sich nicht wunderbarerweise retten konnte), um ihn zu töten.

Die Vielen wandten sich enttäuscht ab, um bei einem Anderen ihr Heil zu suchen, nur wenige blieben und suchten in der Niederlage Trost: züchtigt doch Gott, die er lieb hat. So entstand eine Märtyrer-Theologie, nach der gerade Leiden und Sterben Israel zugute kam. Die Erfahrung von Vorwegnahme (und nicht mehr Verwirklichung) des Heils war zur unverlierbaren Überzeugung geworden, die festgehalten wurde, auch wenn damit die Gefahr verbunden war, den Bezug zur immer noch unerlösten Welt und ihrer weitergehenden Geschichte zu verlieren.

Messias und Tora

In der Tora des Mose steht Ethisches und Zeremonielles eng und selbstverständlich beieinander: „Ehre Vater und Mutter" direkt nach „Heilige den Schabbat" (2.Mose 20,8-12). Die sittlichen Gebote hatte Israel mit anderen Kulturvölkern gemeinsam, das Zeremonielle dagegen bestimmte seine nationale Eigenart. Grundsätzlich ist beides gleichwertig, aber in Notzeiten messianischen Aufbegehrens wurde stets das Besondere, das Charakteristische einseitig betont, denn dies - etwa die KASCHRUT (Speisegebote) - war in notvoller Lage ein wichtiges Zeichen sowohl der Zugehörigkeit zu Israel als auch der Abgrenzung gegenüber Fremden. Deshalb standen für einen Messias niemals allmenschliche Ethik und Moral im Vordergrund, sondern stets die typisch jüdischen Gebote und Verbote. Sie schützen die (von anderen nie richtig verstandene) Israel-Erwählung und sind gerade in ihrem Partikularismus charakteristisch für Messiastum.

Um der Tora und ihrer Geltung willen haben Juden zu allen Zeiten den Märtyrertod erlitten, und zwar nicht nur Messiasse samt ihren Anhängern, sondern ebenso ihre jüdischen Gegner: antimessianische Tora-Lehrer. Beide konnten gelegentlich Teile der Tora außer Kraft setzen: die Messiasse, um etwa am Schabbat kämpfen zu dürfen, die Gemäßigten, um in Religionsverfolgungen nicht ganz und gar vernichtet zu werden. Dennoch waren beide, wenn es unvermeidlich war, letztlich bereit, eher für die Tora zu sterben als ihre Jüdischkeit ganz aufzugeben. Doch während die Weisen Israels sich stets weigerten, selber Gewalt anzuwenden und andere zu töten, schreckten Messianer nicht einmal davor zurück, gewaltsam sogar gegen Juden vorzugehen, wenn diese etwa mit der Besatzungsmacht kollaborierten.

Überleitung

Der messianischen Sendung wohnt oft etwas Schwebendes inne. Ein Zögern, eine Unsicherheit herrscht bis zuletzt, wie sie aus der Frage zu vernehmen ist: Bin ich's oder bin ich's nicht? und: Wer sagen denn die Leute, daß ich sei? Denn Messiastum steht im Geheimnis, im risikoreichen Wagnis vor Gott, dessen Erfolg oder Mißerfolg immer erst im Nachhinein zu erkennen ist.

Weil ein messianischer König sich nicht selber proklamieren kann, stand häufig ein messianischer Prophet neben oder vor ihm, der - weil mit Gottes Geist begabt - nicht nur die Lage zu deuten verstand, sondern vor allem den Mann zu zeigen vermochte, der von Gott zur Hilfe gesandt war, ein Prophet, der da sagt: Du bist der Mann, du bist der Gesalbte des Herrn!

Die wohl wichtigste Aufgabe der Messiasse bestand in der Sammlung Israels. Daraus ergibt sich per definitionem, daß in den Jahrhunderten vor dem babylonischen Exil, etwa während der Königszeit, kein Messias nötig war, da das Israel-Volk im Israel-Land lebte. Texte aus dieser Epoche, in denen von einem „Gesalbten des Herrn" die Rede ist, etwa 1.Samuel 24,7 (bezogen auf Saul), bleiben daher in den folgenden Kapiteln unberücksichtigt.

Erst mit der Wegführung eines Teils der jüdischen Bevölkerung und der Verbannung nach Babylonien ergab sich die Situation, in der das Kommen eines Messias not-wendig wurde. Und so war es der Jesaja des Exils, der um das Jahr 530 vor der gewöhnlichen Zeitrechnung den persischen König Kyros II. zum Messias erklärte.

Teil I

Geschichte der Messiasse Israels in drei Jahrtausenden

Kyros, der persische Messias

Zu Beginn des 6. Jahrhunderts v.d.g.Z. eroberten die Babylonier, die damals vorherrschende Macht im Osten, die Stadt Jerusalem, zerstörten das Königreich von Juda (das Nordreich Israel war schon früher untergegangen) und führten die jüdische Oberschicht sowie die städtische Bevölkerung ins Exil nach Babylonien. In der Verbannung und der damit verbundenen Trennung dieser Menschen von ihrer Heimat setzte eine Israelsehnsucht ein, die sich in Liedern voller Trauer und Hoffnung erschütternd verdichtete, am eindrücklichsten wohl in Psalm 137:

„An Babels Strömen, dort saßen wir,
auch weinten wir bei unserem Zions-Gedenken.
An Weiden in ihrer Mitte
hängten wir unsere Harfen.
Denn dort forderten unsere Fänger Sangesworte
und unsere Folterer Freudenlied:
Singt uns aus Zions-Liedern!
Wie sollten wir des Herrn Lieder singen auf fremdem Boden?
Wenn ich dein vergäße, Jerusalem, werde meiner Rechten vergessen!
Es soll meine Zunge an meinem Gaumen kleben,
wenn ich nicht deiner gedächte,
wenn ich nicht aufsteigen ließe Jerusalem zu meiner Hauptfreude.
Gedenke Herr den Edomssöhnen den Jerusalemtag,
da sie sagten:
Zerstört, zerstört bis zu ihrem Fundament!
Babelstochter, Vergewaltigerin, wohl dem, der dir heimzahlt
deine Tat, die du uns angetan!
Wohl dem, der ergreift und schmeißt deine Kinder auf den Fels."

Mit der Zertrennung der von Gott einst verheißenen und gewährten Einheit von Volk und Land setzte bei Juden die messianische Erwartung, die Hoffnung auf eine Sammlung der Zerstreuten im Israel-Land ein, der bald ein Versuch ihrer praktischen Verwirklichung folgen sollte. Die Gelegenheit dazu bot sich, als der Perser Kyros II. den Wunsch des Psalmisten wahr machte und das babylonische Großreich eroberte.

Kyros, im Jahre 601 v.d.g.Z. geboren, wurde im Alter von 41 Jahren König der Perser, eines Volkes, das südöstlich des Zweistromlandes lebte und damals ein Vasall des gewaltigen Mederreiches war. Dieses erstreckte sich vom Norden des heutigen Irak bis nach Kleinasien. In weniger als zehn Jahren gelang es Kyros jedoch, die Meder zu besiegen und das Verhältnis zwischen Persern und Medern umzukehren. In den folgenden Jahren eroberten die Perser nach und nach ganz Kleinasien und entwickelten sich so zu einem ernst zu nehmenden Gegner für das babylonische Großreich.

Die Babylonier befanden sich innenpolitisch ohnehin in einer schwierigen Lage, da ihr König Nabonid sich vom Reichsgott Marduk ab- und stattdessen dem Mondgott Sin zugewandt hatte. Mit solch einer Vernachlässigung des Marduk-Kultes in der Reichshauptstadt Babylon brachte er dessen mächtige Priesterschaft gegen sich auf. Als Nabonid dann auch noch seine Residenz in eine andere Stadt verlegte, nutzten die Gegner in Babylon, die sich nun erst recht ins politische Abseits gestellt sahen, seine Abwesenheit aus, um Propaganda gegen ihn zu betreiben. Das Maß war endgültig voll, als Nabonid die Marduk-Heiligtümer dem Gott Sin übereignete und im ganzen Reich Anhänger des Marduk verfolgen ließ.

So ist es zu erklären, daß den babylonischen Marduk-Priestern jeder andere König außer Nabonid recht war, sogar ein Perser, wenn sie nur wieder ihre alte Macht und ihren Reichtum zurückerhielten. Als Kyros, der die Situation geschickt für sich zu nutzen verstand, im Jahre 539 die babylonischen Truppen am Tigris besiegt hatte, öffneten ihm Priester die Stadttore Babylons und feierten ihn mit hymnischen Worten als ihren Befreier und Erlöser - Worte, die Jesaja, der Prophet des Exils, später aufnahm, um die Taten des Kyros zugunsten *Israels* zu verherrlichen.

Kyros betrieb eine sehr tolerante Religionspolitik und tastete die Kulte unterworfener Völker nicht an. Wohl als erster in der antiken Welt hatte er erkannt, daß besiegte Völker am leichtesten regierbar sind, wenn ihnen Sitte und Brauchtum, Religion und Selbstverwaltung belassen bleiben. Außerdem identifizierte er als Anhänger des persischen Propheten und Religionsstifters Zarathustra den Gott Israels mit seinem eigenen Gott Ahuramazda, der im persischen, dualistisch geprägten Weltbild das Gute repräsentierte. Dies führte dazu, daß er im Jahre 538 den Juden, die sich seit fast einem Halbjahrhundert in mehr oder weniger geschlossenen Gruppen im Zweistromland befanden, die offizielle Erlaubnis gab, in ihre Heimat zurückzukehren und ihren Tempel neu zu erbauen. Selbst die einst von den Babyloniern geraubten Jerusalemer Kultgeräte sollten sie mit sich führen dürfen.

Nach biblischem Bericht hat Kyros sogar die Kosten für den Wiederaufbau Jerusalems übernommen - wohl die erste Wiedergutmachung in der Antike. Mag diese Aussage historisch sein oder nicht - sie zeigt auf jeden Fall die hohe Wertschätzung, die der Perser Kyros bei den Juden genoß. So groß war ihre Dankbarkeit, daß sie sich fortan für persischen Einfluß bereitwillig öffneten.

Zwar nicht der Wortlaut, aber der ungefähre Inhalt des Kyros-Ediktes ist in der Bibel (in verschiedenen Fassungen in Esra 1,1-3, 2.Chr 36,23 und Esra 6,3-5) erhalten geblieben und den Juden so wichtig gewesen, daß sie es in späterer Zeit an das Ende der hebräischen Bibel gestellt haben. So schließt die jüdische Bibel - im Gegensatz zu vielen christlichen Übersetzungen nicht mit dem Propheten Maleachi, sondern - mit der Aufforderung des zweiten Chronik-Buches: „Wer unter euch aus all seinem Volk ist - der Herr, sein Gott, sei mit ihm - er steige auf!"

Wie das „Geh für dich!" an Abraham einst den Anfang der Israelgeschichte markierte, so das „Er steige auf!" den neuen Anfang nach der Befreiung. Der Kreis schließt sich; der Aufruf zur ALIJA („Aufsteigen") - ein Wort, das bis heute die Einwanderung ins Israel-Land bezeichnet - umspannt die Bibel in einem gewaltigen Bogen.

Im Zusammenhang mit dem Kyros-Edikt hat eine Bewegung ihren Anfang genommen, welche die Geschichte Israels für die nächsten 2.500 Jahre entscheidend bestimmen sollte:

Ein Israel-Künder, der Jesaja des Exils, proklamierte ausgerechnet den *Perser*könig Kyros als den Messias *Israels*: einen zuvor unbekannten König, der aus der Ferne und Fremde kam, um den ursprünglichen SCHALOM-Zustand wiederherzustellen und das Israelvolk im Israel-Land zu sammeln. Im Gegensatz zu den machtlosen Davidsnachfahren im Exil besaß Kyros die für solch ein Werk nötige Macht. Jesaja ließ darum Gott, den Herrn der Welt und König der Könige, sich über alle nationalen Schranken souverän hinwegsetzen und den König der Perser zum MASCHIACH ADONAI, zum Gesalbten des Herrn, machen.

Doch der Begeisterung vieler, die sich in solch überschwenglicher Titulierung ausdrückte, folgte prompt die Ernüchterung. Die hochfliegenden Pläne derer, die das Ende des Exils und die Heimkehr der Zerstreuten zu einem Berge versetzenden Ereignis (Jes 40,4) hochstilisiert hatten, blieben unerfüllt. Die Gemeinde - dieser leidende Knecht, verachtet, ohne Gestalt noch Schöne, von dem man hätte meinen können, Gott habe ihn verlassen - zögerte angesichts des weiten, unbereiteten Weges durch die menschenfeindliche Wüste, sich auf die Reise zu machen, die damals fast ein halbes Jahr gedauert hat.

Nur wenige kehrten ins Israel-Land zurück. Die Vielen, die Bequemen blieben lieber, wo sie waren, und richteten sich als Neu-Bürger im Zweistromland ein. Dadurch ist, aus freiem Willen, die erste große jüdische Diaspora entstanden, die dann etwa 1.000 Jahre später, nach dem neuerlichen Niedergang des Israel-Landes, wichtig geworden ist als Zentrum, in dem der (babylonische) Talmud fertiggestellt wurde.

Serubawel, Messias gegen Persien

Seit dem Kyros-Edikt waren beinahe zwei Jahrzehnte vergangen. Eine verhältnismäßig kleine Schar nur hatte sich unter Leitung des Schäschbazar, eines Sonderbeauftragten des Kyros, von Babel auf den Weg ins zerstörte Israel-Land gemacht. Diese Rückkehrer aber hegten umso größere Hoffnungen, denn in ihrer Erinnerung lebten die Worte des Hesekiel, eines weiteren großen Künders des Exils.

In gewaltiger Vision hatte er in Bildern die Auferstehung Israels geschaut: verdorrte Knochen beziehen sich wieder mit lebendiger Haut, Israel ersteht aus dem Totenacker neu zu nationaler Einheit und Eigenstaatlichkeit; die zwölf Stämme ziehen vereint ins Israel-Land zurück, wo der Tempel in neuer, nie gekannter Pracht erbaut wird; der Israelgott, der nach der Zerstörung des Tempels auf den benachbarten Ölberg gezogen war, kehrt zurück in sein Heiligtum. In solcher Schau erneuerter Einheit von Volk, Land und Gott ist messianische Verwirklichung vorweggenommen. Ein Fluß geht aus von der Schwelle des Tempels, um das Kidrontal herabzufließen, durch die Wüste hin ins Tote Meer, um es fortan süß und fischreich zu machen; das Land, neu und gerecht verteilt, wird grünen und reiche Frucht bringen (Hes 11; 36ff).

Doch - die Wirklichkeit sah recht anders aus. Das Land lag öde da, der Aufbau überforderte die wenigen Zurückgekehrten und ging darum nur schleppend voran. Ihre Eingliederung war mit erheblichen rechtlichen Schwierigkeiten verbunden, bei der Land-Neuverteilung waren bürokratische Hindernisse zu bewältigen. Auch im religiösen Bereich kam es zu Konflikten: die Heimkehrer vertraten aus national-politischen Gründen einen strengen Monotheismus und verstanden sich als das „wahre Israel", während die nach der Zerstörung Jerusalems im Land Verbliebenen neben dem Gott Israels auch andere Götter und sogar Göttinnen verehrten (Sach 5,5-11). Der Wiederaufbau des Tempels verzögerte sich dementsprechend.

Da kam Serubawel, ein Nachfahre Davids, „ein Mann, ZÄMACH sein Name, und unter ihm sproßt es hervor (JIZMACH), er erbaut den Tempel des Herrn" (Sach 6,12). Serubawel - wörtlich: Babelsaat, weil in Babylonien geboren - war ein Enkel des letzten judäischen Königs Jojachin und wurde daher (etwa auch in Sach 3,8) als ZÄMACH, Sproß (Davids), in Anspielung auf den Schößling in Jesaja 11,1, bezeichnet.

Unter Kambyses, Nachfolger seines Vaters Kyros, wurde das Perserreich durch Thronwirren erschüttert. Nationalistische Kreise im Israel-Land nützten diesen Umstand zum Versuch, wieder einen selbständigen Judenstaat aufzubauen. Die Hoffnungen richteten sich diesmal auf zwei herausragende Gestalten aus der eigenen, der jüdischen Gemeinde: eben auf Serubawel, den Davididen, und auf Jehoschua, Nachfahre des letzten vorexilischen Großpriesters Seraja und des Jehozadak, der im Exil wenigstens diesen Titel führte.

Serubawel war von den Persern zum Sonderbeauftragten des Israel-Landes ernannt worden, das nun einen Teil der persischen Satrapie Trans-Euphrat bildete. Neben ihm und Jehoschua standen weitere zehn Männer der Provinz vor. Für das Verständnis messianischer Strukturen ist schon hier ein Zweifaches zu beobachten: zum ersten, daß sich zwei Männer das messianische Amt teilen, von denen der eine als messianischer König, der andere als messianischer Priester fungiert. Zum zweiten war seit je die Zwölfzahl der Leiter und Führer wichtig. Jeder von ihnen hatte einen Stamm aus Israel zu vertreten. Sie galten gleichsam als der Kern, um den sich die Übrigen anreichern und sammeln sollten.

Um das Jahr 520 traten dann zwei messianische Propheten, Haggai und Sacharja auf, um die Zahl der messianischen Ämter vollends zu komplettieren. Sie luden die Vielen, die in Babel geblieben waren, ein, doch nach Jerusalem zu kommen, da das Land auf sie warte und sie hier unter der Obhut Gottes in Sicherheit leben könnten.

Den allgemeinen Niedergang im Israel-Land, vor allem aber die herrschende Hungersnot führten die Künder auf das Versagen beim Tempelbau zurück. Daher forderte Haggai energisch dessen Weiterbau. Die meisten seiner Ermahnungen und Gebote waren darum nicht von ethischer Art, sondern standen vorrangig im Zusammenhang mit Tempel und Opferdienst. Gerade der Neuaufbau des Jerusalemer Tempels hat die Gemüter der Juden immer wieder aufs höchste erregt. Wie zur Zeit Serubawels, so haben auch später messianische Aufstände oft mit der Hoffnung auf Wiederherstellung des Tempels begonnen.

Als gegen Ende des Jahres 520 der Bau des Heiligtums endlich weiterging, verkündete Haggai das Ende der Not und den Anfang der Segens-Zeit. Eine politische Wende werde sich ereignen: Königsthrone stürzen, Völker werden entmachtet, Kriege entfesselt. „An jenem Tage werde ich dich, Serubawel, als meinen Knecht nehmen und dich wie einen Siegelring hinstellen, denn dich habe ich erwählt“ (Hag 2,23).

Eine messianische Erregung war die Folge, der Geistüberschwang führte besonders bei Haggais Prophetenkollegen Sacharja zu ausdrucksstarken Visionen. Die bekannteste beschreibt einen siebenarmigen Leuchter, ein Bild für Israel, flankiert von zwei Ölbäumen, aus denen ihm die Kraft zufließt. Diese symbolisieren „die beiden Frisch-Öl-Söhne, die vor dem

Herrn der ganzen Erde stehen“ (Sach 4,14) - eine deutliche Anspielung auf den mit Öl zu salbenden König Serubawel und seinen Priester Jehoschua.

Die Visionen waren begleitet von entsprechenden Aktionen: zumindest symbolische Vorbereitungen für die Inthronisation wurden getroffen. Wie der König zum Zeichen seiner Würde eine Krone bekommen sollte, so der Großpriester einen edlen Stein. Das kostbare Material hatten neue Rückkehrer aus Babylonien mitgebracht.

Aber ehe alles soweit war, verschwand Serubawel wieder, urplötzlich und auf rätselhafte Weise. Wahrscheinlich hat die persische Besatzungsmacht eingegriffen und alle Unabhängigkeitspläne schnell und wirkungsvoll zunichte gemacht. Denn so tolerant die Perser ihren Untertanenvölkern gegenüber auch waren, so streng konnten sie reagieren, wo immer Anzeichen von Abfall und Aufstand sichtbar wurden.

Das Verschwinden Serubawels hat am biblischen Text Spuren hinterlassen. Nach dem Scheitern des messianischen Unternehmens ist in Sacharja 6,9-14, wo ursprünglich von der Inthronisation des Messias und seines Priesters die Rede war, der königliche Part getilgt und nur der priesterliche belassen worden. Daß dadurch Unstimmigkeiten im Wortlaut entstehen, haben die Zensoren offenbar in Kauf genommen. Diese nachträgliche Textveränderung ist ein Beweis dafür, daß die Juden im Israel-Land einzig als Gemeinde weiterlebten, in der die politische Selbständigkeit deutlich dem Religiösen untergeordnet blieb.

Nechemja und Esra, die Bauleute der Gemeinde

Nach den messianischen Wirren und Unsicherheiten um Serubawel war die Lage im Israel-Land - jedenfalls nach Aussage des Propheten Maleachi (Kap.1f), der vor dem Jahr 450 v.d.g.Z. wirkte - noch immer recht unbefriedigend: Die Priester walteten nicht ordentlich ihres Amtes, die Bevölkerung lebte nicht gemäß der Tora, immer mehr Juden ließen sich von ihren jüdischen Frauen scheiden und zeugten Kinder mit Fremden. Aber auch das persische Großreich wurde durch mehrere Putschversuche erschüttert. Und so war es den Persern gerade recht, als Nechemja - einer der in Babylonien verbliebenen Juden, der am persischen Königshof Karriere gemacht hatte - im Jahre 445 als Gouverneur ins Israel-Land aufstieg, um wenigstens dort Ordnung zu schaffen.

Nechemja hatte den Großkönig von der Notwendigkeit einer Befestigung der seit dem Exil nicht mehr ummauerten Stadt Jerusalem auch in persischem Interesse überzeugen können. Dabei verfolgte er das Ziel, das Eigenleben der jüdischen Gemeinde aus heimgekehrten Exulanten zu schützen, indem er den wachsenden Einfluß der benachbarten Samaritaner zurückdrängte. Denn dieser nicht ins Exil geführte, vielmehr im Lande verbliebene Teil des Volkes hatte die besondere rechtliche und theologische Entwicklung, die das Judentum in Babylonien derweil durchgemacht hatte, nicht mit vollzogen, sondern sich fremder Kultur geöffnet. Dadurch entstanden große Spannungen.

Wie Siegel- und Münzfunde aus dieser Zeit bezeugen, erreichte Nechemja, daß Juda innerhalb der persischen Provinz Trans-Euphrat eine selbständige Satrapie namens Jehud wurde. Ausgestattet mit offiziellen Titeln (PECHA; TIRSCHATA), die denen Serubawels glichen, begann er bald nach seiner Ankunft, heimlich den Verlauf der zukünftigen Stadtmauer auszumessen, deren Bau er dann in lediglich 52 Tagen vollendete (Neh 2,11-20). Die kurze Bauzeit läßt sich nur damit erklären, daß das neue Areal weit kleiner als das Jerusalem der späten Königszeit gewesen ist. Außerdem verstärkte Nechemja die Bewohnerschaft der noch immer weitgehend in Trümmern liegenden Hauptstadt, indem er einen Teil der Landbevölkerung zwangsumsiedeln ließ (Neh 11,1f).

In der Folge solcher Aktivitäten regten sich wohl wieder messianische Erwartungen unter den Juden. Zumindest haben Vertreter anderer Völker, vor allem der Samaritaner, gemeint, daß es sich um eine messianische Bewegung handele und Nechemja König werden wolle. Ihm wurde gar vorgeworfen, eigens Propheten in Jerusalem angestellt zu haben, die ihn zum König ausrufen sollten (Neh 6,5-7). Die ohnehin vorhandenen Konflikte zwischen den im Lande Verbliebenen und den Rückkehrern sowie die sozialen Gegensätze spitzten sich derart zu, daß die Juden sich schließlich gezwungen sahen, die Stadtmauer zu bewachen; die Gegner bewaffneten sich und drohten mit Mord und Krieg (Neh 4; 6,10ff).

Als wenig später Esra - ebenfalls in persischem Auftrag - aus Babylonien nach Jerusalem kam, war das wohl ein Versuch der persischen Zentralregierung, die Lage in Jehud wieder zu entspannen. Esra war nüchtern, besaß Augenmaß für das Mögliche, vor allem für das Nötige. Darum hat er dieser anfänglich prophetisch-messianischen Epoche ganz entschieden ein Ende bereitet.

Über Esra ist leider sehr viel weniger Historisches bekannt als über Nechemja. Denn die Bücher Esra und Nechemja sind literarisch recht vielschichtig, oft überarbeitet und ergänzt worden. So wechselt etwa die Sprache häufig zwischen Aramäisch und Hebräisch, und schon der jüdische Historiker Josephus hat einige geschichtliche Korrekturen angebracht. Viele Forscher meinen, daß allein Esra 7,12-26 authentisch sei, wo es um den offiziellen Auftrag Esras durch den persischen Großkönig geht; alles andere dagegen sei Ergebnis einer chronistischen Überarbeitung, die zwar historische Quellen aufgenommen, sie aber nach eigenen Vorstellungen umgedeutet und verschärft habe.

Die Bibeltexte stellen es so dar, als sei Esra schon zu Nechemjas Zeiten nach Jerusalem gekommen. Doch ist es historisch wahrscheinlicher, daß jener erst etwa ein Halbjahrhundert später gekommen ist. Er war Priester (nach Josephus und dem apokryphen Esra-Buch sogar großpriesterlicher Herkunft) und von Beruf SOFER, Schreiber, beziehungsweise Schriftgelehrter - so daß sich die späteren Schriftgelehrten auf ihn bezogen. Esra kam nach Jerusalem in seiner Eigenschaft als Staatssekretär des persischen Königs für jüdische Angelegenheiten, begleitet von einer Rückkehrer-Gruppe und mit Spenden für den Tempeldienst ausgestattet. Vom persischen Großkönig hatte er nämlich eine einmalige Weihegabe für den „Gott Israels, dessen Wohnung in Jerusalem ist“ erwirkt (Esra 7,15). Offenbar verstand er es, die tolerante persische Religionspolitik auch finanziell fruchtbar zu machen. Außerdem ward ihm erlaubt, unter den Juden Babyloniens eine Sammlung für Jerusalem zu veranstalten (Esra 7,16.19).

Das wichtigste aber, was Esra in seinem Handgepäck aus Babylonien mitbrachte, war ein Buch: „das Gesetz des Himmelsgottes“ (Esra 7,12.21) - wohl die persische Umschreibung für „die Weisung Moses, die der Herr Israel geboten hat“ (Neh 8,1). Diese diente fortan als Grundlage der Gerichtsbarkeit in der Provinz Jehud, in der Esra autorisiert war, Richter einzusetzen. Es gibt zahlreiche Theorien darüber, um welches Buch es sich gehandelt habe: das ganze Fünfbuch oder nur die sogenannte Priesterschrift? War es eine eigene Sammlung von Geboten, die in die Tora aufgenommen wurden, oder das „Deuteronomium“, das 5. Buch Mose (DWARIM)? Wie auch immer - sicher ist, daß diese wichtigen Texte später in die hebräische Bibel Eingang fanden.

Die Tora war in ihrer Gestalt zwar etwas Neues, dem Inhalt nach aber Altes und Bekanntes. Unter dem Druck des Exils hatten priesterliche Kreise begonnen, Lieder, Sagen, kultische Bräuche und Anweisungen zu sammeln, um sie in der Fremde vor dem Vergessen zu bewahren. Was in Babylon entstanden war, das wurde von den Rückkehrern in der Heimat angewandt. Auf dieses Buch als auf das Grundgesetz des Judentums verpflichtete Esra die Gemeinde aus Anlaß einer feierlich öffentlichen Verlesung beim Erntefest Schawuot. Juden wollten zwar frei sein, um ihre inneren Angelegenheiten selber bestimmen zu können. Aber diese Autonomie war niemals eine grenzenlose Freiheit. Und eben darin erweist sie sich als ganz und gar jüdisch: nicht die bei den Völkern so hochgeschätzte Freiheit *vom* Gesetz, sondern die Freiheit *durch* das freimachende königliche Gesetz (Jak 2,8.12), eine Freiheit *in* der Bindung. Ganz entsprechend haben später die Weisen Israels den Vers 2.Mose 32,16: „Und die Tafeln sind Gottes Werk, und die Schrift ist Gottes Schrift, eingelassen in die Tafeln“ ausgelegt: „Lies nicht CHERUT (eingelassen), sondern lies: CHARUT (freigelassen)“ (Awot VI,2).

Es wundert nicht, daß Esra, der die neu-alte Tora brachte, für das Judentum zu einem der maßgebenden Lehrer geworden ist. Zum erstenmal in der Geschichte wird hier eine Gemeinde erzogen, die ohne Waffen Frieden schafft, die - ganz und gar unmessianisch - bereit ist, untertan der Obrigkeit zu sein, wenn sie nur den Freiraum hat, in religiöser Hinsicht nach ihrer Façon zu leben. Josephus hat diese Verfassung später „Theokratie“, Gottesherrschaft, genannt.

Der Gedanke, daß allein Gott durch seine Tora über Israel herrscht, durchzieht die Bibel. Dieses Ideal geriet jedoch immer wieder in Konflikt mit der Sehnsucht des Volkes nach einem starken Herrscher aus Fleisch und Blut (dazu Ri 8,22f und 1.Sam 12). Die Spannung zwischen messianischer Begeisterung, wie sie etwa ein Serubawel oder Nechemja hervorgerufen hatte, und der Tora-gemäßen Nüchternheit im Stil Esras prägte die ganze Geschichte Israels.

Vor dem Verlesen der Tora ergriff Esra noch eine recht drastische Maßnahme gegen die Mischehen, die so verbreitet waren, daß die Hälfte der Kinder aus diesen Verbindungen nicht mehr fähig waren, JEHUDIT zu sprechen

(Neh 13,23ff). Schon Nechemja hatte unter Androhung (und Vollzug) von Fluch und Prügelstrafe die Juden schwören lassen, *in Zukunft* auf solche Ehen zu verzichten. Esra aber ging - jedenfalls nach Aussage des Chronisten - wesentlich weiter: Er befahl, daß sich die in Mischehe lebenden Israelis *sofort* von ihren Frauen und Kindern trennen sollten (Esra 10,2f.11). Vermutlich hat dies so nicht stattgefunden, wurde aber aus theologischen Gründen - da es sich um einen theoretischen Entwurf für die Zukunft handelt - vom chronistischen Redaktor hier eingetragen.

Eine solche theologische Konstruktion im Widerspruch zur geschichtlichen Realität findet sich in der Bibel auch an anderen Stellen: etwa bei der Schilderung des heiligen Krieges während der Landnahme. Auch hier wurde die Geschichte nachträglich umgeschrieben, so daß im überlieferten Bibeltext die Stämme unter Josua das Land Stadt für Stadt erobern und die einheimische Bevölkerung brutal ausrotten. Die Wirklichkeit sah auch damals recht anders aus, wovon sich noch literarische Spuren finden lassen: Es gelang Israel eben nicht, sich in den kanaanäischen Städten anzusiedeln, geschweige denn sie zu erobern. Ihnen blieb nur das Bergland.

Wie eine derart rücksichtslose Eroberungspolitik im Talmud kein positives Echo fand, so ist auch die nationalistische Heiratspolitik Esras bereits in der Bibel auf Ablehnung gestoßen. In Esra 10,44b steht nämlich *nicht* die Ausführung des Befehls zur Ehescheidung - wie man nach der vorhergehenden Rede erwarten würde (und wie es die christlichen Übersetzer der Züricher oder der Lutherbibel sich gar nicht anders vorstellen konnten, so daß sie kurzerhand, statt zu übersetzen, frei erfanden). Stattdessen findet sich ein aufgrund späterer Bearbeitung sprachlich schwieriger Satz, der wortwörtlich zu übersetzen ist: „und es gibt von ihnen Frauen, und sie setzten Söhne".

Ein weiteres Beispiel für eine innerbiblische Kritik an der Ausgrenzung Fremder in Israel ist das Buch Rut, in dem als Ahnfrau König Davids ausgerechnet die Moabiterin Rut erscheint, obwohl doch in 5.Mose 23,4 ausdrücklich gesagt ist: „kein ... Moabiter darf in die Gemeinde des Herrn eintreten, niemals". Manche haben vermutet, daß Rut als Reaktion auf Esra verfaßt worden sei. In der hebräischen Bibel stehen beide Bücher einträchtig beieinander.

Die Weisen Israels in nachbiblischer Zeit haben dann - in Verlängerung des Buches Rut - nicht das rigorose Bild Esras weitergetragen; vielmehr galt Esra den Späteren als Tröster (so im apokryphen 4. Esra-Buch aus der Zeit nach der Zerstörung Jerusalems im Jahre 70 d.g.Z.) und vor allem als *der* Bringer der lebensfördernden Tora: „Als zuerst die Tora in Israel in Vergessenheit geraten war, da kam Esra aus Babylonien und begründete sie. Später geriet sie wieder in Vergessenheit, da kam Hillel, der Babylonier, und begründete sie“ (Sukka 20a).

Die Epoche der Restauration unter Nechemja und Esra kann in ihrer Bedeutung nicht hoch genug eingeschätzt werden. Nach dem Untergang der Königreiche Israel und Juda sowie der Zerstörung Jerusalems und des Tempels, nach den schmerzhaften Deportationen der Oberschicht, nach der zunächst enttäuschend ausfallenden Rückkehr Weniger aus dem Exil und den zahlreichen Spannungen und Konflikten der ersten nachexilischen Jahrzehnte wurde hier endlich das Fundament gelegt für ein dauerhaftes Fortbestehen Israels. Daß dieses sich - zunächst jedenfalls - nicht als politische Eigenstaatlichkeit realisierte, sondern auf das Innenpolitische, auf die Selbstverwaltung beschränkt blieb und mit der Schaffung des biblischen Kanons verknüpft war, sollte sich langfristig als Vorteil erweisen. Denn dieses Buch und seine Fortführung in der mündlichen Tora begleitete Juden in alle Exile der Welt und ermöglichte ihnen das Überleben auch in notvollen Zeiten.

Die Makkabäer - die glorreichen Zehn

Aus der Zeit nach Esra bis zum Beginn des Makkabäer-Aufstandes gibt es keinerlei biblische Nachrichten. Es war wohl eine Epoche großer Offenheit des Judentums gegenüber äußeren Einflüssen. Von den Persern übernahmen Juden eine strenge Ethik, aber auch einen Dualismus von Licht und Finsternis, mit Engeln und Teufeln, Auferstehung und Gericht, den die hebräische Bibel vorher so nicht gekannt hatte. Außerdem wurden die heiligen Texte nicht mehr mit althebräischen, sondern mit sogenannten Quadratbuchstaben, also in persisch-aramäischer Art und Weise, geschrieben; und Juden sprachen selbst auch Aramäisch.

Mit dem Sieg des Makedonier-Königs Alexander über die Perser im Jahre 333 v.d.g.Z. geriet das Israel-Land unter westlich-hellenische Herrschaft. Am formalen Verhalten der Juden veränderte sich gegenüber der neuen Herrschaft nichts. Auch dem alexandrinisch-ptolemäischen Hellenismus öffneten sie sich bereitwillig, indem sie die hellenische Sprache aufnahmen (wovon selbst im hebräisch-aramäischen Talmud zahlreiche griechische Fremdwörter zeugen), an Rhetorenschulen lernten, wie alte Texte zu sammeln, zu bewahren, zu überliefern und auszulegen seien. Auch das Welt- und Menschenverständnis wandelte sich unter griechischem Einfluß: der Mensch wurde zum Maß aller Dinge, der Mensch als Einheit von sterblichem Leib, Geist und unsterblicher Seele begriffen.

Viele aus der jüdischen Oberschicht, sogar Priester, waren auf dem besten Wege, sich zu assimilieren. Männer ließen sich durch Schönheits-Chirurgen wieder eine Vorhaut aufbringen, damit auch sie, ohne dem Spott der anderen ausgesetzt zu sein, beim Sport (wie damals üblich) nackt auftreten konnten. Das Volk allerdings verhielt sich mehrheitlich zurückhaltender. So heißt es zu Beginn des ersten Makkabäer-Buchs, daß die Hellenisten zwar „viele“ überzeugen wollten, aber nur „einige“ sich überzeugen ließen (1.Makk 1,11.13).

Erst als nach dem Sieg der Syrer über die Ägypter - um das Jahr 200 - das Israel-Land unter Seleukiden-Herrschaft kam und *gewaltsam* hellenisiert werden sollte, formierte sich jüdischer Widerstand. Damals kämpften die Makkabäer dreißig lange Jahre gegen diese Feinde des Judentums mit ihrer intoleranten Pan-Hellenisierungspolitik. In der Auseinandersetzung ging es zunächst einmal um Geld. Denn die Seleukiden mußten im Kampf gegen die immer weiter nach Osten vorrückenden Römer ihre Heere ausrüsten. So plünderten sie schließlich sogar die „Banken“ von damals: die Tempelschätze. Antiochos IV. mit dem Beinamen Epiphanes („offenbar“) schonte auch den Jerusalemer Tempel nicht.

Doch begnügte er sich nicht mit dem Raub, sondern griff auch noch in den Kult ein. Dort, wo weder ein Grashalm wachsen noch ein Vogel fliegen durfte, ließ er Mauern und Tore einreißen und einen griechischen Temenos anlegen, einen offenen Hain, bewachsen mit Büschen und Bäumen. Auf dem Altar wurden Schweine - Eberfleisch, dem Zeus geheiligt - geschlachtet und als Opfermahl verzehrt, was Juden in höchstem Maße verabscheuten. Ihre schon immer vorhandene Aversion gegen Schweinernes wurde damals erneuert und verstärkt.

Überall im Lande wurden griechische Altäre errichtet und Juden zum Opfern und zum Essen vom Schweinefleisch gezwungen. Wer opferte und aß, brachte damit zum Ausdruck, daß er das Judentum verlassen und das Hellenentum übernommen hatte. Und umgekehrt: wer Jude sein und bleiben wollte, verweigerte das Opfer und ließ sich lieber töten. Denn solch äußeres Zeichen - etwas Zeremonielles nur, ohne ethischen Wert - war in dieser Zeit der Scheidung zum Bekenntnis geworden, wie denn für jeden messianischen Aufstand das Israel-typische Zeremonialgebot und nicht die allgemein-menschliche Ethik von zentraler Bedeutung ist.

Die fortgesetzten Provokationen Antiochos' IV. führten im Jahre 167 schließlich zum bewaffneten Widerstand, an dessen Spitze sich ein Mann mit Namen Mattathias, Priester aus dem Dorf Modiin, mitsamt seinen fünf Söhnen stellte. Aus Bundestreue, aus Toragehorsam verließen diese Juden alles, was sie hatten, zogen aus ins Wüstenrandgebiet, dem Ort der unverstellten Gottesnähe, wo sich die Wunder der Ur-Zeit Israels (dazu vor allem das 4.Mose-Buch) in der Wende-Zeit wiederholen und erneuern würden. Hier zum ersten Mal erscholl der Ruf vom Eifer für die Tora als (Christen nur aus dem Mund Jesu bekannter) Ruf zur *Nachfolge*. Von Höhlen und Sümpfen aus überraschten und überrumpelten die Aufständischen ihre Gegner, um sich nach dem Kampf mit Beute versehen ebenso schnell wieder in die Verstecke zurückzuziehen. Besonders hervor tat sich dabei Judas, Sohn des Mattathias, der im Volksmund darum später den Beinamen „Hammer“ erhielt (der Name Makkabi erinnert an das hebräische Wort MAKKÄWÄT, „Hammer“). Die Frömmigkeit des Judas, sein Mut und seine Siege werden im 1.Makkabäer-Buch immer wieder gepriesen.

Die hellenistischen Gegner brachten den Makkabäern zunächst jedoch schwere Niederlagen bei, weil diese sich am Schabbat nicht verteidigten. Damals gab es unter Juden erstmals eine größere Zahl von Märtyrern. Auch der religiöse Selbstmord in aussichtsloser Lage kam auf. Das Martyrium um des Überlebens des Judentums willen galt von da an als höchste Form der Heiligung des Gottesnamens. Aus den leidvollen Erfahrungen dieser

Zeit entwickelte sich in Israel eine individuelle Auferstehungshoffnung, die es zuvor nicht gegeben hatte. Außerdem setzten die Makkabäer um der Tora und um des Überlebens willen, das von ihr geboten wird („wer sie tut, soll durch sie *leben*"- heißt es in 3.Mose 18,5), die Tora teilweise außer Kraft: „Daher faßten sie den Beschluß: Wenn uns jemand am Schabbat-Tag angreift, so wollen wir gegen ihn streiten, damit wir nicht alle sterben, wie unsere Brüder in den Verstecken starben" (1.Makk 2,41). Die Tora Israels ist also weder todbringendes Gesetz (Röm 7,10) noch ein „Joch der Knechtschaft" (Gal 5,1).

Der große Aufstand endete nach 30jährigem wechselvollem Kampf mit dem Sieg der Makkabäer, wobei sie die Zwietracht unter den Seleukiden geschickt für sich zu nützen verstanden. Die Makkabäer eroberten zuerst den Tempel, an dessen feierliche Wiedereinweihung sich Juden mit einem Lichterfest (Chanukka) zur Wintersonnwende-Zeit erinnern. Allerdings werden dabei nicht die Heldentaten gefeiert, sondern ein Wunder: sei doch ein versiegeltes Krüglein mit nicht entweihtem Öl für den heiligen Leuchter gefunden worden, Portion für einen Tag, die dann aber wunderbarerweise für eine Woche reichte, bis neues reines Öl bereitet war.

Lange nicht konnten die Makkabäer die Burg, die sogenannte Akra, direkt ob dem Tempel gelegen, erobern, so daß Jerusalem zur zweigeteilten Stadt wurde, in der neben Juden auch Hellenen wohnten. Schließlich gewannen die Juden das ganze Land, Samaria und den Galil, zurück, eroberten sogar auch angrenzende, fremde Gebiete: den Golan, Transjordanien, Idumäa im Süden, Hafenstädte wie Akko im Westen. Es gehörte zum messianischen Programm der Makkabäer, das Israel-Land wieder in demselben Umfange herzustellen, den es einst unter den Königen David und Salomo eingenommen hatte.

In diesen Gebieten zerstörten sie nicht nur alle Altäre und Tempel, an denen fremden Göttern gedient wurde, sondern schleiften auch den Tempel der in ihren Augen abtrünnigen und konkurrierenden Samaritaner auf deren heiligem Berge Garizim. Die Stadt Pella verwüsteten die Makkabäer ebenfalls, weil ihre Einwohner nicht hatten versprechen wollen, die jüdischen Bräuche anzunehmen. Und die Menschen des eroberten Idumäa wurden vor die Wahl gestellt, sich entweder beschneiden zu lassen oder ihre Heimat aufzugeben und auszuwandern. Durch solche Zwangsmissionierung kamen viele - darunter auch die Vorfahren des späteren Königs Herodes - als Proselyten zum Judentum.

Im Zusammenhang mit ihrer rücksichtslosen Machtentfaltung rafften dann vor allem die späteren Nachfahren der Makkabäer, die sich nun Hasmonäer nannten, ein messianisches Amt nach dem anderen an sich. Mattathias war nur einfacher Priester, aber schon sein Sohn Judas usurpierte für sich die Großpriester-Würde, indem er den bisherigen Großpriester Onias IV. mitsamt seinem Anhang aus dem Amt jagte. In der Folge hat dann Onias zu Leontopolis in Ägypten einen jüdischen Gegentempel errichtet, an dem jüdische Priester dem Israel-Gott Opfer darbrachten und der den Tempel zu Jerusalem immerhin um drei Jahre überdauern sollte, bis Vespasian ihn (im Jahre 73 d.g.Z.) schließen ließ, weil sich dort jüdische Freiheitskämpfer versammelt hatten.[1]

Judas Makkabäus nannte sich aber nicht allein Großpriester, sondern auch Feldherr. Beide Titel gingen dann an seine Brüder, die ihm nachfolgten, über: im Jahre 160 an Jonatan, 143 an Simon, der von 142 bis 135 regierte und Israel ein Friedensreich bescherte. Entsprechend berichtet das 1.Makkabäer-Buch darüber, daß mit Simon eine neue Zeitrechnung einsetzte: Bisher hatte man nach Olympiaden oder der Inthronisation eines fremden Königs gezählt; von da ab und weiter rechnete man in Israel nach den eigenen Herrschern.

War bisher nur von zwei Ämtern die Rede gewesen, so wurde schon in der nächsten Generation Simons Sohn, Johannes Hyrkan, als Inhaber aller drei Gnaden gerühmt: als Großpriester, Volksführer und als Prophet. Ein anderer der Simon-Söhne (nach Josephus Aristobul, nach Meinung der meisten Forscher aufgrund von Münzfunden Alexander Jannäus) nahm dann 104 oder 103 folgerichtig und in aller Form auch den Titel eines Königs der Juden an. Damit waren alle drei messianischen Ämter, die es in Israel gab, in einer Person vereint.

Als die makkabäisch-hasmonäischen Führer auf dem Höhepunkt ihrer Macht angelangt waren, schlug die Gunst des Volkes um und wandte sich gegen sie. Schon die frühen Chassidim („Fromme", nicht zu verwechseln mit den Chassidim in Osteuropa aus viel späterer Zeit) trennten sich wieder von ihnen, sobald aus dem Krieg um die Religionsfreiheit ein Kampf um den Erhalt der Macht geworden war. Aus dieser Protestbewegung entwikkelten sich allmählich die Pharisäer, die als Heidenmissionare stark interessiert waren am freiwilligen Kommen derer aus anderen Völkern und Kulturen. Darum wehrten sie sich gegen die Eroberung, Besetzung und Eingemeindung fremder Gebiete, gegen Intoleranz und Zwangsbekehrung. Zwar waren auch die Pharisäer dankbar dafür, daß die Makkabäer das Judentum in schwerer Zeit erhalten hatten. Gleichzeitig aber distanzierten sie sich

[1] Dazu auch das Kapitel „Jeder gegen jeden - Aufstands-Messiasse des ersten jüdisch-römischen Krieges".

von ihnen entschieden: sie feierten an Chanukka eben keine Heldentaten, sondern das Lichtwunder.

Neben der pharisäischen Partei des Laien-Protestes mit ihren Synagogen und Lehrhäusern entstand damals, als Reaktion auf die fortschreitende Verweltlichung der Hasmonäer, auch die Gruppe der Sadduzäer - aus der Oberschicht stammende Anhänger der verdrängten Großpriesterschaft, die sich vor allem gegen die herrschende Ämterkummulation wandten - sowie die Partei des Priesterprotestes: die essenischen Täufer mit ihrem Zentrum Kumran.

Bei allem Trennenden war diesen Parteien gemeinsam der Protest gegen das brutale Vorgehen der Hasmonäer sogar gegenüber den eigenen Leuten. Nur ein Beispiel für den skrupellosen Machtmißbrauch gegen jüdische Oppositionelle sei hier genannt, von dem Josephus berichtet (Jüdische Altertümer 13,14,2): Alexander Jannäus ließ vor Jerusalems Mauern 800 gegnerische Juden kreuzigen, während er sich auf dem Flachdach seines Palastes mit seinen Haremsdamen amüsierte.

Wie bei aller messianischen Verwirklichung, folgte also auch diesem Überschwang alsbald Ernüchterung und umso tiefere Enttäuschung: Wo die Hasmonäer Heil und Freiheit für Israel versprochen hatten - immerhin waren sie mit ihrem Messiastum etwa ein Jahrhundert lang erfolgreich -, da war nachher das Unheil und die Unfreiheit umso größer.

In den 60er Jahren des ersten vorchristlichen Jahrhunderts bekämpften sich zwei Nachkommen der Hasmonäer-Priesterkönige zur Freude der Römer gegenseitig: Hyrkan II. und Aristobul II.. Der Konsul und Feldherr Pompeius war damals gerade dabei, ganz Vorder-Asien unter Roms Kontrolle zu bringen. Da kam ihm der Bruderstreit recht gelegen als Vorwand, auch nach Jerusalem zu kommen, um aus der jüdischen Monarchie wieder (wie einst zu Zeiten Esras) eine - diesmal von Rom - abhängige Provinz mit innerer Selbstverwaltung zu machen. Auf Judäa, Peräa und Galiläa beschränkt, wurde das Gebiet schließlich der Provinz Syrien zugeordnet.

Noch ein letztes Mal stellte Antigonos (zwischen 40 und 37 v.d.g.Z.) das hasmonäische Königtum vorübergehend wieder her. Aber schon war Herodes, ein ergebener Diener Roms, auf dem Kapitol zum König der Juden ernannt worden.

Herodes, Messias von Roms Gnaden

Das Bild des Herodes schwankt in der Geschichte: ist er doch von den einen - vielleicht sogar göttlich - verehrt, von den Vielen aber (besonders auch von Christen) geradezu verteufelt worden. Jenseits solcher moralisch begründeten Wertung gilt er jedoch als einer der Großen in der jüdischen Geschichte: ein hervorragender Soldat und Heerführer, ein äußerst gewandter Politiker im Innern und im Äußeren, ein begabter Wirtschaftsführer, auch ein Künstler und freigebiger Mäzen. Kaum einer hat gleich ihm seine Zeit und Welt derart geformt, daß noch nach 2.000 Jahren die Spuren seiner Baukunst tief beeindrucken können.

So war die Epoche des Herodes insgesamt eine Glanzzeit, durch die das Ansehen Israels innerhalb des Römerreiches gestärkt wurde. Dennoch ist Herodes, gerade unter frommen Juden, auch auf entschiedene Ablehnung gestoßen - orientierte sein Königtum sich doch eher am Weltheiland Augustus denn an jüdischem Messiastum.

Herodes, geboren um das Jahr 73 v.d.g.Z., trug einen griechischen Namen: der Heldenhafte. Seine Mutter Kypros war Nabatäerin, sein Vater Antipatros Idumäer und ein Römerfreund, den Julius Caesar zum römischen Bürger und Prokurator ernannt hatte. Seine Söhne wurden Militärgouverneure: Phasael waltete in Judäa, Herodes wurde im Auftrag der Römer in den Galil gesandt, um gegen jüdische Widerstandskämpfer vorzugehen. Josephus schreibt, daß sich „Räuber" in Höhlen und im Sumpfgebiet aufhielten und Streifzüge durch das Land machten. „Räuber" war die damals in der besitzenden Oberschicht übliche Bezeichnung für aufständische Juden, die als Reaktion auf die Verarmung breiter Bevölkerungsschichten gegen die herrschenden Unterdrückungstrukturen und für eine gottgewollte Neuordnung der sozialen Verhältnisse kämpften.[1]

Das Interesse des Josephus bei der Verwendung des Begriffs „Räuber" ist klar: selbst maßgeblich am Krieg gegen Rom in den Jahren 66 bis 70 d.g.Z. beteiligt, wollte er im Rückblick - nachdem er selbst zu den Römern übergelaufen, der Aufstand gescheitert und das Land verheert war - die Aufständischen verächtlich machen und als Räuber verunglimpfen, als ungeordneten Haufen diffamieren, als Raubgesindel, das sich bloß selbst habe bereichern wollen.

Die galiläischen Aufständischen setzten sich gegen Herodes mit Waffengewalt zur Wehr, wobei ihnen ebenso Kriegserfahrung wie ihre Kühnheit

[1] Einer dieser „Räuber" war der Freiheitskämpfer Hiskia, der eine messianische Dynastie begründete. Dazu das Kapitel „Die Messias-Dynastie des Hiskia im Galil".

zustatten kam. Überraschend überfielen sie die Truppen des Herodes und zogen sich ebenso schnell, mit Beute versehen, wieder in ihre unwegsamen Verstecke zurück. Mit Hilfe eines Heeres, bestehend aus griechischen und phönikischen Söldnern (die er später im Israel-Land in einer Militärkolonie ansiedelte), gelang es Herodes schließlich, die meisten der Aufständischen durch Ausräuchern der schwer zugänglichen Höhlen zu töten und die Überlebenden zu vertreiben.

Als er wegen dieser gesetzeswidrigen Taten vom jüdischen Hohen Rat zu Jerusalem, dem von Rom gewisse Rechtsbefugnisse zugestanden wurden, mit dem Tode bestraft werden sollte, konnte er sich durch List und Drohung befreien. Als sich der Hasmonäer Antigonos mit den Parthern verbündete, floh Herodes nach Rom. Dort wurde er im Jahre 40 von Antonius, Oktavian und dem Senat auf dem Kapitol zum jüdischen Gegen-König ernannt.

Herodes war also ein Herrscher von Roms Gnaden. Selbst ein Fremder für viele Juden, wurde er von Fremden, gar von Feinden zum König der Juden gemacht. Und so mußte er dann noch drei Jahre lang (bis 37 v.d.g.Z.) um die Herrschaft im Israel-Land ringen. Denn eines ist der messianische Anspruch, ein anderes aber seine Durchsetzung und Verwirklichung. Nach schweren Kämpfen endlich eroberte Herodes das Land sowie seine Hauptstadt und ließ Antigonos kreuzigen. Alsbald machte er sich an die Vernichtung derjenigen Faktoren, die seiner Tyrannis im Wege waren, indem er sowohl das Großpriestertum als auch den Sanhedrin (den Hohen Rat) entmachtete.

Das Großpriestertum hatte noch bei den Hasmonäern über dem Königtum gestanden; war doch - seit der Zeit des fehlgeschlagenen Versuchs Serubawels, ein Königtum in Israel zu etablieren - jeweils der Großpriester Leiter der theokratisch regierten Gemeinde. Als dann bei den Hasmonäern zur großpriesterlichen Würde auch noch das Königtum kam, änderte selbst dies an der vorrangigen Bewertung des Priestertums nichts. Auf Hasmonäer-Münzen wurde allein das Großpriestertum (neben der Gemeinde der Juden) erwähnt[1], weil weltliche Macht ohne religiöse Begründung frommen Juden nichts bedeutete.

Herodes war gegenüber den Hasmonäern dadurch im Nachteil, daß er keiner Priesterfamilie entstammte. Wenn ihm aber schon das Amt des Großpriesters unzugänglich war, dann mußte er wenigstens den Einfluß der amtierenden Priesterschaft so gering wie nur möglich halten. Daß Herodes dabei nichts unversucht ließ, zeigt eine späte Nachricht bei Strabo (Geographie 16,2,46), dergemäß er sich als aus priesterlichem Geschlechte stam-

[1] Dazu auch die Quellen des Kapitels „Die Makkabäer - die glorreichen Zehn“, S.225.

mend dartun ließ. Weil er damit aber keinen Erfolg hatte, schaffte er das Großpriestertum als erbliche und lebenslängliche Institution ab und setzte ganz nach eigenem Belieben Großpriester ein. Damit war beides erreicht: das Großpriestertum blieb formal bestehen, konnte ihm jedoch nicht mehr gefährlich werden.

Ebenso verfuhr er mit dem Hohen Rat, der das Hasmonäer-Priesterkönigtum zwar nicht demokratisch, jedoch aristokratisch als vornehme Vertretung des „Volkes der Juden“ immerhin noch kontrolliert hatte. Weil aber Herodes sein persönliches Königtum zum einzigen Träger der Regierungsgewalt machte, mußte er konsequent auch diese Institution verdrängen, die bis dahin noch einen Anspruch auf Mitbeteiligung an der Macht erhob. So ließ der König gleich zu Beginn seiner Regierung die meisten Vertreter des Hohen Rates ermorden und nur die überleben, die ihm als politisch ungefährlich erschienen. An Stelle der durch Herkunft Legitimierten setzte er Leute ein, die ihm hörig waren. Damit war der Weg frei zu seiner Alleinherrschaft.

Aber der Großteil des Volkes widersetzte sich dieser Herrschaft und lehnte Herodes als Thronräuber, als „gewalttätig, verwegen, herrschsüchtig und gesetzwidrig“ (Josephus, Jüdische Altertümer 14,9,3) ab. Außerdem beriefen seine Kritiker sich auf das Königsgesetz der Tora, in dem es heißt: „Aus der Mitte deiner Brüder setze einen König über dich, nicht darfst du über dich einen fremden Mann geben, der nicht dein Bruder ist“ (5.Mose 17,15) und verachteten Herodes seiner Herkunft wegen - waren doch seine Vorfahren einst im Zuge der hasmonäischen Eroberungspolitik gewaltsam missioniert worden, weshalb ein Rivale ihn verächtlich „Halbjude“ (HEMIJUDAIOS, Josephus, Jüdische Altertümer 14,15,2) genannt hatte, ein Ausdruck, der jüdischem Recht gar nicht entspricht.

Die Mehrheit der Juden erwartete gemäß der von ihnen so gedeuteten biblisch-messianischen Verheißung jedoch einen König aus dem Hause Davids. Dies veranlaßte Herodes abermals, sich einen Stammbaum anfertigen zu lassen, der ihn diesmal als Nachkommen vornehmer Juden ausweisen sollte. Außerdem ließ Herodes allerlei wunderbare Geschichten über sich in Umlauf bringen, um zu beweisen, daß er ein Liebling Gottes und von der Vorsehung zum König bestimmt sei. Schließlich ehelichte er die Enkelin von Hyrkan II., Mariamne. Durch diese Einheirat in das hasmonäische Königshaus gelang es ihm endlich, sein Ansehen sogar unter Juden zu erhöhen.

Bei aller Schwierigkeit in bezug auf seine Herkunft - mit seinem Tun erneuerte Herodes tatsächlich das davidisch-salomonische Königtum. Denn es gab, außer unter David, keine Zeit, während der das Israel-Reich so groß und weit gewesen wäre wie unter Herodes. Bei der Ausdehnung seines Gebiets half Rom kräftig mit. So „drängte sich dem Kaiser (Oktavian Augustus) von selbst der Gedanke auf, daß das Reich des Herodes im Verhältnis zu seinen Leistungen viel zu klein sei. Sobald daher Oktavian nach Ägypten gekommen war ..., verlieh er ihm nicht nur eine Anzahl weiterer Auszeichnungen, sondern vergrößerte auch sein Königreich ... So reiche Zuwendungen hatte Herodes vorzugsweise seiner eigenen Hochherzigkeit zu verdanken" (Josephus, Jüdischer Krieg 1,20,3).

Freilich war das Geschenk des Kaisers nicht ganz uneigennützig, wurde er doch auf diese Weise einige unruhige und unbequeme Gebiete im Israel-Land auf elegante Weise los. Herodes aber nützte das Geschenk, indem er es von Aufrührern befreite und Raum schuf für die Neuansiedlung von Juden aus Babylonien. So betrieb auch er - in seiner Weise - die für alles Messianische typische Sammlung der Zerstreuten, KIBBUZ haGALUJOT (dazu Josephus, Jüdische Altertümer 17,2,1f).

Als Erweiterer der Reichsgrenzen dem David ebenbürtig, übertraf Herodes mit dem Tempelbau das Werk seines großen Vorgängers Salomo, so daß er mit Fug und Recht von sich hätte sagen können: hier ist mehr als Salomo. Seit der Zeit Serubawels hatte es nämlich nur einen bescheidenen Tempel gegeben, mit dem in Israel niemand so recht zufrieden war. Die Trauer um die frühere, vorexilische Pracht milderte der König, indem er den Jerusalemer Tempel, Mitte und Wahrzeichen des Reiches, größer und schöner erbaute als je zuvor.

Herodes, der viele Jahre mit dem Ausbau beschäftigt war, verdoppelte das alte Tempel-Areal, indem er eine Plattform aufschütten und durch riesige Mauern abstützen ließ, deren Reste die noch heute verehrte Westmauer (von Christen fälschlicher Weise „Klagemauer" genannt) bilden. Die so entstandene Fläche betrug 144.000 m^2, die Außenmauer hatte einen Umfang von über 1,5 km. Der Neubau geriet so herrlich, daß sogar des Herodes jüdische Gegner seine Schönheit priesen und in seiner Bautätigkeit messianische Qualitäten entdecken konnten. Und selbst im riesigen römischen Reich galt der jüdische Tempel als „ein geweihtes, alle Menschenwerke überragendes Gebäude" (Tacitus, Historienfragmente 2).

Bei den Arbeiten am Tempel wurde sorgfältig darauf geachtet, die Tora einzuhalten. So waren etwa im inneren Teil des Areals, der nur von Priestern betreten werden durfte, einzig Männer priesterlichen Geschlechts tätig. Auch verzichtete Herodes auf Bilderschmuck - mit Ausnahme eines goldenen Adlers, der das große Tempeltor schmückte und prompt zum Anlaß für Proteste seitens jüdischer Traditionalisten wurde. Die Fertigstellung des Tempels hat Herodes nicht mehr erlebt. Erst viele Jahre später, kurz vor der Zerstörung Jerusalems, wurde er von seinen Nachfolgern vollendet.

Doch nicht nur als Erbauer des Tempels, sondern als königlicher Bauherr überhaupt, dessen Werke noch immer eine ungeheure Pracht erkennen lassen, zeigte Herodes seinen Anspruch als König in der Nachfolge Davids. So verstärkte er in Jerusalem die Tempelburg und nannte sie - um seinen damaligen römischen Beschützer zu ehren - Antonia. Im Westen der Stadt ließ er außerdem einen mächtigen und prunkvollen Palast mit starken Türmen auf künstlicher Terrasse errichten. Eine Winter-Residenz entstand in Jericho, als Fluchtburgen für sich und seine Familie sollten Mezada und Machärus, als sein Grab das dem Mausoleum des Augustus nachgebildete, künstlich aufgeschüttete Herodeion dienen. Diese Bauwerke waren mit Bädern, Schwimmbassins, teils sogar mit Theater und Pferde-Rennbahn ausgestattet, mit Mosaiken und Fresken reich dekoriert.

Ungewöhnlich ist nicht nur die Vielzahl und die Weitläufigkeit der Anlagen, sondern auch ihr unverwechselbarer Stil: die große Linie, die durch Einfachheit bezaubernde Schönheit. Vor allem die herodianischen Mauern fallen durch ihre besondere Verarbeitung auf: Randschlag mit Bossen, die kaum hervorstehen, glatt geschliffen, feingefügt bis auf den Millimeter genau, Quader von bis zu 15 Meter Länge und 500 Tonnen Gewicht.

Während Herodes im jüdischen Gebiet sorgfältig auf das Bilderverbot achtete, um die Juden nicht zu provozieren, zeigte er in anderen Teilen seines Reiches, die auch von Hellenen bewohnt wurden, keinerlei Hemmung. So ließ er zahlreiche Statuen aufstellen und errichtete sogar - etwa in Caesarea und Samaria - Tempel für den vergotteten Augustus. Herodes ist demnach wie kaum ein anderer den Juden ein Jude, den Hellenen ein Hellene geworden, um sie alle für sich zu gewinnen.

Ganz konsequent hat er darum gerade auch im weiten Bereich des Imperiums seine Freigebigkeit gezeigt, indem er, einer bei hellenistischen Königen üblichen Sitte folgend, sich durch öffentliche Stiftungen als Wohltäter (EUERGETES) bekannt und beliebt machte. So spendete er etwa den Städten Askalon, Ptolemäus, Tyrus und Sidon, Berytus, Byblus und Tripolis, auch für die Syrer-Städte Damaskus und Antiochia. Sogar nach Kleinasien und Griechenland erstreckte sich sein Wohltäter-Drang: auf Rhodos baute er einen Apollo-Tempel, auf Chios öffentliche Hallen, für Sparta und Athen errichtete er Monumente, in der von Augustus gegründeten Stadt Nikopolis trug Herodes Beträchtliches zur Ausschmückung bei. Anderwärts ließ er Straßen und Säulenhallen erbauen, auch gab er sich als Mäzen für sportliche Spiele.

In all dem eiferte Herodes seinem Vorbild, dem römischen Kaiser, nach: Wie Augustus im Großen und für die ganze Ökumene als Heiland gefeiert wurde, so verstand sich der jüdische König Herodes als hellenistischer SOTER im Kleinen, nämlich für die Hellenen des Israel-Landes und die angrenzenden Gebiete. Es bestand zwischen Augustus und Herodes kein qualitativer, sondern lediglich ein quantitativer Unterschied. Herodes hatte seinen bestimmten Platz im Rahmen der Erlösung, die Augustus brachte. Dabei bildete der Judenstaat einen Teil der Ökumene, und Herodes war Mitarbeiter des Weltheilands, als der sich Augustus etwa auf der Kalender-Inschrift von Priene feiern ließ.[1]

Wahrscheinlich wurde Herodes - zumindest von Leuten aus der Partei der Herodianer (die auch im Neuen Testament, etwa in Mk 3,6; 12,13, Mt 22,16 erwähnt sind) - gleich seinem Freund Augustus sogar göttlich verehrt. Manche haben auch den Adler am Eingang des Jerusalemer Tempels und auf herodianischen Münzen als Zeichen dafür sehen wollen, daß, wie die Seleukidenkönige einst, so auch Herodes hoffte, auf den Schwingen des Sonnenvogels zum Himmel emporzusteigen, um göttlicher Ehre teilhaftig zu werden. Der griechische Kirchenvater Epiphanius (Panarion 20,1) wußte außerdem zu berichten, daß die Herodianer Juden seien, die den mysteriösen biblischen Vers „bis Schilo kommt" (1.Mose 49,10) auf Herodes bezögen und ihn selbst nach seinem Tode als Messias erwarteten.

Doch aller Glanz, der sich mit der Herrschaft des Herodes verband, konnte nicht über seine Unbeliebtheit unter Juden hinwegtäuschen. Der Haß seiner Gegner wuchs. Um ihn in Bedrängnis zu bringen, zeigten sie der Hasmonäerin Mariamne und ihren Söhnen immer offener ihre Zuneigung und Liebe. Schon im ersten Jahrzehnt seiner Regierung ließ Herodes darum, in orientalischer Despoten-Manier, die Mitglieder und Anhänger des alten Königshauses anklagen und ermorden. Opfer wurden sein Schwager, der junge Großpriester Aristobul, der alte Onkel des Herodes, Hyrkan II., seine intrigierende Schwiegermutter; selbst seine geliebte Gemahlin Mariamne blieb nicht verschont.

Vor allem das letzte Jahrzehnt seines Lebens war durch den Machtkampf innerhalb der Familie verdüstert. Denn inzwischen waren die sieben ältesten Söhne des insgesamt zehnmal verheirateten Herodes zu Konkurrenten herangewachsen. Vor allem die Söhne der Mariamne verfolgte Herodes und ließ sie zu Jericho im Bad ertränken. Noch vier Tage vor dem eigenen Tod befahl der sterbenskranke König, auch seinen bis dahin favorisierten Erstgeborenen, Antipater, wegen seines königlich-übermütigen Gebarens umzubringen.

[1] Dazu die Quellen des Kapitels „Jesus von Nazaret - der unbekannte Messias", S.262.

Hätte Herodes vernommen, daß in dieser Zeit zu „Betlehem" ein Davidsnachfahr und zukünftiger Messias geboren worden war, dann würde er keinen Augenblick gezögert haben, diesen als potentiellen Konkurrenten verfolgen und töten zu lassen. Die Legende des Matthäus-Evangeliums (Kap.2) ist demnach, trotz der zeitlichen Inkongruenz, ein Erweis für die (freilich von Christen klar bestrittene) Messianität des Herodes.

Als der König am Pesachfest im Jahre 4 v.d.g.Z. starb, brach das Volk, von einem Freiheitstaumel erfaßt, in Begeisterung aus. Zugleich wurden im ganzen Land - von Galiläa bis nach Peräa - explosionsartig aufgestaute Kräfte frei. So griff etwa Judas aus Zippori das Zeughaus der Stadt an und erbeutete Waffen und Geld. Simon, ein Sklave des Herodes, plünderte mit seinen Anhängern den Königspalast in Jericho, äscherte ihn ein und ernannte sich selbst zum König. Ein Mann namens Athronges und seine vier Brüder sammelten ebenfalls viele um sich und kämpften gegen Römer und Herodes-Anhänger. Sie alle konnten sich einige Zeit halten, wurden aber schließlich von den Römern besiegt und getötet.

So endete das von Herodes heraufgeführte messianische Reich nach seinem Tod im Chaos. Das Großreich zerfiel und wurde aufgeteilt unter Dreien seiner noch lebenden Söhne: Archelaos, der Judäa, Samaria und Idumäa erhalten hatte, ließ schon bald etwa 3.000 fromme Juden beim Opfern töten und die Übrigen zerstreuen (Josephus, Jüdischer Krieg 2,1,2f); Philippus herrschte über das Gebiet östlich des Sees Genezaret, Antipas wurde Tetrarch in Galiläa und Peräa.

Während diese Drei um die Alleinherrschaft rangen und sich zeitweise in Rom aufhielten, brachen in Judäa erneut Unruhen aus, in deren Verlauf es zu erbitterten Kämpfen zwischen Juden und Römern kam. Selbst im Jerusalemer Tempelbezirk entbrannte eine schreckliche Schlacht. Nach ersten Erfolgen der Römer stiegen Juden auf die Flachdächer der Säulenhallen und griffen die Feinde von oben an. In die Enge getrieben, steckten diese die Hallen in Brand und errangen den Sieg. Nach einem furchtbaren Gemetzel raubten die römischen Soldaten den Tempelschatz und zogen sich zurück. Inzwischen hatte sich ein Teil der Herodes-Truppen den Aufständischen angeschlossen. Daher brach der Präfekt Varus von Antiochia mit zwei Legionen auf, um den bedrängten Römern zu Hilfe zu kommen. Er „befriedete" zunächst Galiläa, rückte dann vor bis Jerusalem, wo es ihm gelang, die Juden in die Flucht zu schlagen. Viele der gefangenen Zeloten ließ er in den Kerker werfen, andere wieder, vorrangig die Anführer, ihrer etwa 2.000, kreuzigen.

Hillel, ein Schüler Esras

Während der Regierungszeit des Herodes war, von vielen unbemerkt, ein Mann von Babylonien aus nach Jerusalem eingewandert, dessen Stammbaum - auch wenn er davon kein Aufhebens machte - wirklich auf die Davids-Dynastie zurückging, die ja seinerzeit als erste gen Osten deportiert worden war. Und obwohl er bescheiden, als begieriger Schüler nur kam, ist mit Hillel der erste große Lehrer des frühen Judentums ins Israel-Land gekommen. Seit den Tagen Esras hatte sich die Tora, mündlich von Lehrern zu Schülern weitergegeben und ausgelegt, stetig weiterentwickelt. Jetzt, bei Hillel, wird sie faßbar, er gab ihr Kontur und Richtung. So hat er die Voraussetzungen geschaffen, die rund hundert Jahre später wesentlich dazu beitragen sollten, das jüdische Erbe nach Krieg und Verfolgung zu retten.

Hillel war politisch nicht einfach abstinent, nicht a-politisch, sondern meta-politisch. Nicht einen jüdischen Staat wollte er errichten, und schon gar nicht einen von Roms Gnaden, wie Herodes es tat. Er brauchte auch kein Heer, da er keine nach außen gerichtete Machtpolitik verfolgte; sondern er schuf die Grundlagen für eine Gemeinde, die sich als dauerhafter erweisen sollte als alle durch Aufstände geborenen Messias-Reiche.

Die von Hillel ausgehende Bewegung war menschlich, geist-voll, liebenswürdig, lebenswert - nicht Macht, die zu Gewalt verkommt, nicht Macht als Selbstzweck. Nicht menschlicher Ehrgeiz, sondern Gott und sein Wort sind allein Maß-gebend. Hier wird das Gottesreich einmal anders als im Messianischen verwirklicht, nämlich im Sinne des ADONAI JIMLOCH („der Herr soll König sein“) der Psalmen: wo immer Menschen der Tora gehorsam sind, wo Gottes Wille geschieht, da kommt Gottes Reich - nichts Spektakuläres, sondern etwas ganz Einfach-Menschliches.

Von Hillel ist wenig Geschichtliches bekannt. Dennoch ist die pharisäische Literatur voll von zerstreuten Legenden über ihn. Obwohl aus einem reichen Hause stammend, soll er - um fürs Studium frei zu sein - die Armut gewählt und viele Entbehrungen willig auf sich genommen haben. Bald seien sogar die gegnerischen Großpriester, weil selber unwissend, auf ihn zugekommen, um seinen kundigen Rat in halachischen Fragen einzuholen. Sofort hätten sie ihn, seiner Weisheit wegen, zum Präsidenten des Sanhedrin ernannt. Bei dieser Gelegenheit werden die für jüdische Bibelauslegung wichtigen sieben hermeneutischen Regeln erwähnt. Obwohl sie nachweislich aus hellenistischen Rhetorenschulen stammen, sind sie Hillel zugeschrieben worden - ein Zeichen dafür, wie nachhaltig gerade er die Methode der Exegese bestimmt hat.

Juden haben seit Hillels Tagen die Texte der hebräischen Bibel konsequent humanisiert. Wo diese etwa von heiligem Krieg oder anderen Gewalttaten handelten, da bürsteten Hillel und seine Schüler die Überlieferung im Zweifelsfall entschieden gegen den Strich, indem sie bewußt gegen den urtümlichen Sinn interpretierten. Besonders sperrige Teile der Bibel wurden sogar souverän übergangen. Daß die Meister um das Verwegene ihres Tuns wußten, zeigt die eindrückliche Legende von Mose, der bei einem Besuch im Lehrhaus Akiwas die dort vorgetragene Lehre zunächst nicht als die wiedererkannte, welche er am Sinai empfangen hatte (Menachot 29b).

Ein ausgesprochen politisches Interesse stand hinter solcher Bibelauslegung. Erklärtes Ziel war es, das Leben der Gemeinde in Frieden und Ruhe und insgesamt ihr Überleben um Gottes willen und für Gott in Weltzeit zu sichern. Wie die Machtverhältnisse im römischen Reich nun einmal lagen, gab es als einzig vertretbare, vernünftige Möglichkeit nur, sich der Obrigkeit untertan, aus Feinden Freunde zu machen und auch diese zu lieben. Dennoch war Hillel kein Leisetreter, sondern besaß genügend Selbstbewußtsein, um etwa zu sagen: „Wenn ich da bin, ist alles da, wenn ich aber nicht da bin, wer ist dann da?“ (Sukka 53a). Wäre dieser Satz im Neuen Testament von Jesus überliefert - Theologen würden keinen Augenblick zögern, von seinem Hoheits-Anspruch zu reden.

Hillel wird als Autor vieler Sprüche erwähnt: das Weisheitsbuch im Talmud - AWOT (Väter) - bringt unter seinem Namen eine Vielzahl von Sätzen, die seine All-Menschenfreundlichkeit, seine entwaffnende Demut, auch seine nicht endende Geduld veranschaulichen. Jeder wird respektiert in seinem Gleich- und Anderssein, jeder Mensch sein eigenes unverwechselbares Weltunikat mit seiner besonderen Würde. Andere, auch Fremde, sind zwar anders, aber sie sind gleichermaßen Menschen, geliebt und liebenswert.

Hillel gilt als jüdischer Sokrates, der die Menschen aus der Reserve lockte und sie zur Umkehr zu bewegen suchte - gemäß dem Satz aus Psikta de Raw Kahane 24,2: „Die Tore der Umkehr sind immer offen“. Selbst denen, die aus den Völkern kamen, wies er den Weg ins Judentum: wo sein Rivale Schammai Menschen wegschickte, da hat Hillel dieselben liebevoll angehört und gern aufgenommen. Er hat es verstanden, die Vielschichtigkeit des Judentums auf das Wesentliche, die Gottes- und Menschenliebe, zu konzentrieren, dabei aber vor allem auf die Verwirklichung des Gelernten im Leben zu dringen.

Die Legenden über Hillel stellen eine Umkehr der Werte dar, die bei den Messianern wichtig waren. Eine andere, eine Gegenwelt der Liebe und des

Friedens ersteht, eine Welt, in der Menschen menschlich sollen miteinander leben können. Im Unterschied zum kriegerischen Messiastum wollte er friedliche Erneuerung und Erhaltung. Der *ethische*, allgemein menschliche Teil der Tora, der bei den ganz auf das Nationale fixierten Messianern bemerkenswert zurücktritt, steht hier gleichberechtigt neben dem Zeremonialgebot: die Tora, durch deren werktäglichen Gehorsam die Welt erhalten und erneuert wird. Ausgelegt durch CHOCHMA (durch gesunden Menschenverstand) wird sie zu HALACHA (zu praktikablem Gebot) - sie wird tu-bar. Nicht der Mensch ist für die Tora, sondern die Tora ist für den Menschen da.

Historisch ist gesichert, daß Hillel ein Lehrhaus gründete, das seit Anfang in Schammais „Haus" eine Konkurrenz hatte. In Israel gab es niemals nur *eine* herrschende Meinung. Wenn die eine Schule ALEF sagte, so sagte die andere BET. In allen halachischen Problemen, aber auch bei Bräuchen und vor allem in den überlebenswichtigen politischen Entscheidungen haben sich die beiden Häuser widersprochen und bestritten, manch ein Mal gar regelrecht bekämpft. Wo Hillel für die Anpassung plädierte, da votierte Schammai für Widerstand, wo Hillel das Wort des Geistes einsetzte, da nahm Schammai Feuer und Schwert. Propheten, Zeloten, Messiasse kamen allesamt aus dem „Haus" Schammai.

Das von Hillel gegründete Lehrhaus wurde nach seinem Tode von dem in der Apostelgeschichte (Kapitel 5,34 und 22,3) erwähnten Gamliel, dann von dessen Sohn Simon weitergeführt. Gamliel II. hat schließlich am Ende des ersten Jahrhunderts neben und nach Jochanan ben Sakkai die tempellose Gemeinde in Jawne neu geordnet. Bis zur Auflösung der jüdischen Selbstverwaltung im Israel-Land durch die christliche Machtkirche im 5. Jahrhundert währte die Dynastie Hillels. Er und seine Nachfolger trugen den Titel NASI (Fürst, Präsident), *sie* waren wahrlich Friedenspräsidenten, Friede-Fürsten.

Exkurs:
Vielfältige messianische Erwartungen im frühen Judentum

In diesem Abschnitt geht es ausnahmsweise einmal vor allem um Messiaserwartung in Israel, um Messianismus als Idealismus und Utopie-Gläubigkeit, die der oft von Gewalt geprägten historischen Realität messianischer Bewegungen entgegengesetzt ist. Zwar sind auch die Texte, die von messianischer Erwartung sprechen, durch jeweils ganz konkrete politische Umstände und Bedrängnis verursacht. Doch die Ausgestaltung der Hoffnungen ist Poesie, verfaßt von Menschen, die fühlten, daß sich Entscheidendes ändern muß, aber nicht wußten, wie sich diese Veränderung in der Wirklichkeit vollziehen konnte. Und so sind die messianischen Phantasien oft hochfliegend, gerade weil sie von jeder Realisierung weit entfernt waren.

Messianische Erwartungen in den Texten von Kumran

Die Essener waren als Protestbewegung während der Hasmonäer-Herrschaft entstanden. Während die damals ebenfalls oppositionell gestimmten Pharisäer vor allem die Eroberungspolitik und das Machtgebaren der Hasmonäer ablehnten, bildeten die Essener eine *priesterliche* Opposition: sie protestierten gegen die hasmonäische Religionspolitik und zogen in Folge der Vertreibung des rechtmäßigen Großpriesters unter der Leitung eines anonymen „Lehrers der Gerechtigkeit“ in die Wüste, wo sie am Ufer des Toten Meeres das Lager Kumran gründeten. Alles, was die Schriftrollen und -fragmente, die in der Wüste Juda gefunden wurden, berichten und alles, was die Grabungen in Kumran zeigen, weist darauf hin, daß hier Priester lebten, ja - daß die Angehörigen der Kumrangemeinde sogar als Priester wirkten. Das Tun und Lassen in Kumran - die geregelten Zeiten, die Bedeutung der rituellen Waschungen und des Kalenders - ist als Priesterdienst verstanden worden, als Gott wohl gefälliger Ersatzdienst für den frevlerischen Dienst der Hasmonäer und ihrer Nachfolger am Jerusalemer Tempel. Nur auf Tieropfer verzichteten die Essener, da diese allein an dem von Gott dafür ausersehenen und geheiligten Orte stattfinden konnten. In Kumran lief also gleichsam ein Tempeldienst „im Trockenen“, der als Provisorium gedacht war, und zwar solange, bis in Jerusalem wieder ein rechtmäßiger, ein tauglicher Großpriester seinen Dienst tue.

Die Täuferprotestgemeinde am Toten Meer hat ihre Kraft aus der inbrünstig-lebendigen Hoffnung bezogen, daß bald, in ihren Tagen, der große

Umsturz stattfinden werde. So läßt sich auch die merkwürdige Spannung von Pazifismus und Kriegsbereitschaft verstehen, die aus den kumranischen Texten spricht: jetzt, wo die Essener den stellvertretenden Dienst in der Wüste ausüben, sind sie unbewaffnet; dann aber, wenn Gott eingreift, werden sie sich selbstverständlich aktiv am schauerlichen Endkrieg beteiligen und nach dem Sieg nach Jerusalem zurückkehren, um dort am von Gott erneuerten Tempel zu dienen. Sie erwarteten diesen Umsturz jeden Augenblick. Darum hielten sie sich, etwa 20 km Luftlinie von Jerusalem entfernt, als eine Art Einsatztruppe bereit.

Ihre Lage haben die Essener dabei realistisch eingeschätzt: sie wußten, daß sie den sadduzäischen Machthabern in Jerusalem zahlen- und kräftemäßig hoffnungslos unterlegen waren - zumal letztere sich mit der römischen Besatzungsmacht verbündet hatten. Nur auf Gott konnte sich darum ihre Hoffnung richten: daß er zu seiner Zeit seine Engelslegionen sende, die sich mit ihnen verbinden sollten. So stehen sie als eine Gemeinde glühender Wendzeithoffnung in aller Klarheit vor uns: sie haben gegen die Wirklichkeit einer geistlosen Macht angelebt und den geisterfüllten Messias Gottes erwartet, unter dessen Führung sie in einen heiligen Krieg gegen Jerusalem ziehen wollten, auf daß der Tempeldienst - von dem die ganze Welt in ihrem Lauf abhängt - zukünftig wieder in Gott-gewollter Form durchgeführt werde.

Die messianische Erwartung der Kumranis richtete sich auf zwei Gestalten, die meist mitsammen genannt werden: zuerst auf den messianischen *Priester* aus Aaron und Zadok; diesem zu- oder gar untergeordnet war der erwartete messianische *König* aus Israel, aus Davids Geschlecht. Was immer auch über diese beiden Messiasse gesagt und geschrieben worden ist, war Konstrukt und blieb unerfüllte Zukunftsmusik, weil Gott nicht eingriff und die Essener - wohl um das Jahr 68 - im Strudel des Krieges gegen Rom untergingen. Einige Überlebende mögen Aufnahme in täuferischen und christlichen Gruppen gefunden haben.

Anders aber verhält es sich mit *der* Gestalt, die in den Texten ebenfalls immer wieder erwähnt wird: mit dem namenlosen Lehrer der Gerechtigkeit, dem Gründer der Gemeinde, der - seltsam schwebend - mit einem messianischen Propheten identifiziert wurde. Wenn er zusammen mit den beiden anderen Messiassen erwähnt wird, ist er an erster Stelle genannt. In ihm hat sich in der Kumran-Gemeinde wenigstens prophetisches Messiastum schon verwirklicht. Dies ist von Theologen zwar immer wieder bestritten worden mit dem Argument, daß der Lehrer der Gerechtigkeit nur ein Mensch und kein eschatologischer Heilsbringer gewesen sei. Doch eine

Gestalt jenseits von Raum und Zeit ist ein jüdischer Messias gerade nicht, so daß dieser Einwand nicht überzeugt.

Der Täufer Johannes

Gegen Ende der zwanziger Jahre des ersten Jahrhunderts trat im wasserreichen Wüstenrandgebiet des Jordangrabens ein Priester auf, der die Täglichtaufe anbot und gleichzeitig zu Umkehr aufforderte, indem er das göttliche Gericht androhte. Wie die Leute von Kumran, zu denen er eine große Nähe aufweist, nahm auch er das Wort des zweiten Jesaja (Kap. 40,3) vom Wegbereiten in der Wüste wörtlich ernst. Nach den legendären Berichten des Lukas-Evangeliums waren seine beiden Eltern Nachfahren Aarons. Während aber der Vater ganz traditionell weiter am Tempel diente, ging der Sohn in den Protest. Seine Kleidung wie seine einfache Nahrung erweisen, daß er ein asketisches Leben führte. Der Täufer Johannes sammelte eine eigene Schülergemeinde um sich, der zu Zeiten auch Jesus (der nach Lukas sein Vetter war) und einige von dessen späteren Schülern angehörten. Gemeinsam fasteten sie (Mk 2,18) und sprachen Gemeinde-eigene Gebete (Lk 5,33; 11,1).

In den Evangelien wird Johannes zwar als Vorläufer Jesu dargestellt, als Prophet wie Elia, der das Kommen des Messias lediglich ankündigt und vorbereitet, und dessen Jünger noch nicht den rechten Geist besitzen (Apg 18,25 und 19,3). In Wahrheit aber trug er selbst, wie Jesus, messianische Züge. Davon zeugen sogar noch Andeutungen im Neuen Testament. Von politisch-messianischer Hochspannung erfüllt ist etwa das Lied, das sein Vater Zacharias geisterfüllt unmittelbar nach der Geburt seines Sohnes Johannes singt: zweimal ist die Errettung und Erlösung aus der Hand der Feinde und Hasser erwähnt. Er wird Israel aus dem Todesschatten ins Licht, aus dem Krieg zum Frieden führen. Auf das Messiastum des Täufers deuten auch Stellen wie etwa Johannes 1,8 und 1,20, wo vom Evangelisten ausdrücklich dementiert werden muß, daß er der Messias ist. Vor allem aber sein gewaltsamer Tod durch Herodes Antipas, der ihn aus Furcht vor einem Aufruhr gefangensetzen und enthaupten ließ, deutet auf die Nähe zum Messianischen.

Eine weitverstreute Gemeinde von Täufern, deren Gebiet von Ephesus bis zum Euphrat und Tigris reichte, berief sich noch Jahrhunderte später auf Johannes als ihren priesterlich-messianischen Gründer. In der ausgedehnten Literatur der Mandäer, einer gnostisierenden Täufergemeinde, wird von wiederholter Taufe, Salbung und von einem Erinnerungsmahl berichtet, bei dessen Begehung die Teilnehmer priesterlich-weiße Gewänder tragen.

Die Psalmen Salomos

Die Psalmen Salomos, in der Mitte des ersten vorchristlichen Jahrhunderts entstanden, sind beredtes Zeugnis für die damals vorhandene starke messianische Erwartung auch unter Pharisäern. Diese war - wie in Kumran - anti-hasmonäisch geprägt, da die Pharisäer mit dem Gang der Geschichte seit Beginn der Makkabäer-Herrschaft, mit deren Korrumpiertheit und eigennütziger Machtgier, unzufrieden waren. Die messianischen Hoffnungen richteten sich damals erneut auf einen Nachkommen Davids, der (in Anspielung auf Jes 45,1) als „Messias des Herrn", betitelt wurde: CHRISTOS KYRIU (die Psalmen Salomos sind, obwohl ursprünglich hebräisch verfaßt, einzig in griechischer Übersetzung erhalten geblieben). Nur ein Buchstabe mußte später geändert werden, um in der Bezeichnung Jesu als „Herr Messias" (KYRIOS CHRISTOS) aus einem Genitiv einen Nominativ zu machen, so daß der Gesalbte nicht mehr Diener des Herrn, sondern selbst Herr geworden war.

In der idealen Schilderung des kommenden David-Sohnes wird in den Psalmen Salomos ein der politischen Realität gerade entgegengesetztes Bild entworfen. Dabei wird die Erwartung so hoch geschraubt, daß der Eindruck entsteht, es gehe den Verfassern eher um Kritik an den zeitgenössischen Herrschern als um ein tatsächlich erwartetes Kommen des Messias: „Sieh darein, o Herr, und laß ihnen erstehen ihren König, den Sohn Davids, zu der Zeit, die du erkoren, Gott, daß er über deinen Knecht Israel regiere. Und gürte ihn mit Kraft, daß er ungerechte Herrscher zerschmettere, Jerusalem befreie von den Völkern, die es kläglich zertreten ... Dann wird er ein heiliges Volk zusammen bringen, das er mit Gerechtigkeit regiert. Er wird richten die Stämme des vom Herrn, seinem Gotte, geheiligten Volkes. Er läßt nicht zu, daß ferner Unrecht in ihrer Mitte weile, und niemand darf bei ihnen wohnen, der um Böses weiß" (Ps 17).

Der Auslöser für die Abfassung der Psalmen, die - um höhere Autorität zu gewinnen - König Salomo zugeschrieben wurden, war das Erscheinen der Macht Roms in der Gestalt des Pompeius, der im Jahre 63 v.d.g.Z. die Hasmonäer besiegt, Jerusalem erobert, den Tempel entheiligt und das Land zur römischen Provinz gemacht hatte. In den pharisäischen Psalmen wird der Untergang der hasmonäischen Herrschaft als ein gerechtes Gottesgericht für das angemaßte Königtum der Makkabäer begrüßt. Pompeius wird nur insofern getadelt, als er den ihm von Gott gegebenen Auftrag überschritten habe.

Messiaserwartungen bei Philon von Alexandria

Philon von Alexandria (13 v.d.g.Z. bis etwa 50 d.g.Z.) ist bekannt als einer der großen jüdisch-hellenistischen Religionsphilosophen. Dieser Apologet des Judentums lebte in einer Stadt, in der viele Juden wohnten und in der es immer wieder zu bürgerkriegsähnlichen Judenverfolgungen kam. Nirgends blühte der antike Antijudaismus so wie in Alexandria, nirgends wurden so viele Schmähschriften verfaßt, in denen die schlimmsten Vorurteile über Juden aufgezeichnet waren. Daher setzte Philon sich das Ziel, seinen judenfeindlichen Zeitgenossen zu zeigen, daß das Judentum gar nicht so fremdartig und mit platonisierender griechischer Philosophie durchaus vereinbar sei. Den Erweis führte er mit einer allegorisierenden Auslegung der Tora. Philons Gott ist jenseitig, wirkt aber in der Gestalt des präexistenten Logos rettend in der Welt.

Mit seiner Logoslehre, die Offenbarung und Vernunft verbindet, ist Philon bestimmend für die Theologie der frühen Kirche geworden. Vielleicht zeigen sich Einflüsse schon im Johannes-Evangelium, sicher aber bei Kirchenvätern wie Clemens und Origenes. Im Mittelalter wurde Philons Werk als Vorbereitung des Evangeliums verstanden. Darum ist es von Juden schon früh abgelehnt und bekämpft, von Christen aber gekannt und geliebt worden. Der Kirche ist der Erhalt der philonischen Schriften zu verdanken.

Wenig bekannt ist, daß der philosophische Denker auch als *politischer* Vertreter und Fürsprecher seiner bedrohten und verfolgten Gemeinde gewirkt hat. Durch seinen Bruder Alexander, den Bankier des jüdischen Königs Herodes Agrippa, eines Freundes des Kaisers Claudius, hatte Philon Beziehungen nach Rom. Er war Leiter einer Delegation alexandrinischer Juden, die sich im Jahr 39/40 vor Kaiser Caligula über die Machenschaften des römischen Präfekten in Ägypten beklagte und versuchte, das römische Bürgerrecht für Juden zu sichern und zugleich deren Befreiung vom Kaiserkult zu erwirken. Aber die Gesandtschaft wurde in herablassend-beschämender Weise behandelt und erreichte ihr Ziel nicht.

Die beiden wichtigen Schriften - „Gegen Flaccus“ und „Gesandtschaft an Caligula“ - geben Auskunft über die politischen Spannungen dieser auch für Diaspora-Juden schwierigen und kritischen Zeit. Das immer wieder bedrohte Leben der Juden, die als wehrlose Minderheit unter den Völkern zerstreut leben, ist ein zentrales Thema Philons. Auf diesem Hintergrund wird deutlich, warum selbst ein Philosoph und nüchterner Realpolitiker wie er Gottes Eingreifen erhoffte und einen Messias ersehnte, der Rettung bringe.

Ausgehend von einer traditionellen, politisch-militärischen Vorstellung interpretiert Philon die messianische Erwartung durch hellenistische Ethik neu. Das Ergebnis ist eine Art messianischer Tugendlehre mit einem stark phantastischen Zug, der durch biblische Erzählungen (etwa die Plagen gegen Ägypten zu Zeiten des Mose) angeregt ist. Wenn Israel zu einem tugendhaften Leben zurückkehrt, wird Gott für die Sammlung der weltweit

Zerstreuten sorgen. Die ganze Diaspora wird sich gleichzeitig erheben, die Wüste erblüht, Städte werden wieder aufgebaut und die Feinde Israels vernichtend geschlagen.

Messianische Erwartungen bei den Samaritanern

Die Samaritaner, Bewohner des nördlich von Jerusalem gelegenen Berglands, werden im Neuen Testament häufiger als Gegner der Juden genannt. Die Wurzeln dieser Feindschaft reichen zurück bis in die Zeit König Jerobeams, der um 970 v.d.g.Z. die Abtrennung des Nordreichs von Juda vollzog und als Ersatz für den Jerusalemer Tempel eigene Opferstätten in Dan und Betel errichten ließ, wogegen die Bibel häufig polemisiert. Die Spannungen verschärften sich im 8. Jahrhundert, als im Jahre 722 die Assyrer das Nordreich Israel eroberten, es zu einer ihrer Provinzen machten, die Oberschicht deportierten und an deren Stelle eine neue, aus Assyrien stammende Bevölkerungsgruppe setzten. Seitdem stand das Gebiet unter starkem kulturellem, also auch religiösem Fremd-Einfluß.

Da einige der neuen Bewohner aus der assyrischen Provinz Kuta kamen (2.Kö 17,24), hießen die Samaritaner insgesamt bei Juden auch Kutäer, wodurch die Fremdheit dieser Bevölkerungsgruppe noch betont werden sollte. Die Bezeichnung „Samaritaner" dagegen weist auf das Israel-Land, nämlich auf die im Norden gelegene Hauptstadt Samaria, und erinnert außerdem an das hebräische Wort SCHOMRIM, „Bewahrer" der Tradition. Als solche haben sich die Samaritaner selbst verstanden, indem sie etwa die Tora in althebräischen Buchstaben überlieferten und nicht, wie die Juden, die aramäische Schrift benutzten.

150 Jahre später, im Jahre 587, wurde auch das bis dahin noch selbständige Südreich Juda erobert, nun allerdings von den Babyloniern, welche die Assyrer als vorherrschende Macht abgelöst hatten. Sie führten weite Teile der Bevölkerung ins Exil, wo - um ein Aufgehen der Exulanten in die babylonische Bevölkerung zu verhindern - Juden ihre Traditionen pflegten, systematisierten und schriftlich festhielten. Als manche von ihnen einige Jahrzehnte später infolge des Kyros-Ediktes zurückkehrten, wurden die großen Unterschiede zwischen den Heimkehrern und den im Israel-Land Gebliebenen immer deutlicher.[1] Es kam zu erheblichen Spannungen, gar zu kriegerischen Auseinandersetzungen. Als die Heimkehrer den Jerusalemer Tempel wieder aufgebaut hatten, wurden die Samaritaner wegen ihres An-

[1] Dazu auch die Kapitel „Kyros, der persische Messias" und „Nechemja und Esra, die Bauleute der Gemeinde".

dersseins ausgegrenzt und als bemakelt deklariert. Deshalb gründeten sie auf ihrem heiligen Berge Garizim einen eigenen, konkurrierenden Tempel. Neben der Tora, die ein wenig abweicht von der judäischen, entstanden Gemeinde-eigene exegetische und liturgische Texte wie das Buch Memar Marka.

Der Seleukide Antiochus IV. errichtete in der Mitte des 2. Jahrhunderts auf dem Garizim - ähnlich wie zu Jerusalem - einen Dienst für Zeus (2.Makk 6,12), was dazu führte, daß der Hasmonäer Johannes Hyrkan I. - im Zuge der Re-Judaisierung - das samaritanische Heiligtum im Jahre 128 v.d.g.Z. ganz zerstörte. Dadurch vertiefte sich die Abneigung der Samaritaner gegenüber den Juden immer weiter.

Doch bei allen Unterschieden gab es auch große Ähnlichkeiten. So genoß etwa Mose in der samaritanischen Literatur höchste Wertschätzung. Auch eine Messiaserwartung (wie sie etwa in Joh 4,25 zum Ausdruck kommt) ist bereits früh nachweisbar. Die Samaritaner erwarteten natürlich einen samaritanischen Messias, der einmal als Moses redivivus, dann wieder als TAHEB („Wiederbringer", „der umkehren läßt") beschrieben wird und dessen Verhältnis zum Mose-Messias schwebend bleibt. Je nach Text und Zeit, wird er teils nahe an Mose gerückt („ein Prophet wie Mose", dessen Aufgabe es unter anderem ist, die Geräte des Mose wiederzubringen, wie es etwa in einem Bericht des Josephus erzählt wird [1]); dann wieder erhält der TAHEB auch andere Funktionen und wird in späten Texten direkt mit dem Messias identifiziert. So schrieb etwa ein Samaritaner im Jahre 1689, daß mit 1.Mose 49,10 („bis Schilo kommt") der osmanische Sultan Suleiman II. (1520-1566) gemeint gewesen sei, der das Israel-Land eroberte. Der Messias dagegen sei noch nicht erstanden. Wenn er aber komme, werde sein Name TAHEB sein.

Von zwei Samaritanern ist namentlich bekannt, daß sie selbst als Messiasse aufgetreten sind. So berichtet Josephus (Jüdische Altertümer 8,3,4) von einem gewissen Dositheus, der im 1. Jahrhundert eine eigene Sekte gründete. Nach dem Kirchenvater Origenes soll er vorgegeben haben, der Messias zu sein. Er vergleicht ihn auch mit anderen Messiassen wie Theudas und Judas dem Galiläer.[2] Dositheus war der Lehrer des Simon Magus, ein bei Samaritanern gefürchteter und auch in Apostelgeschichte 8,9-13 genannter Magier, der sich - nach Auskunft mancher Kirchenväter - als Gott

[1] Dazu die Quellen des Kapitels „Wunder-Messiasse", S.256.

[2] Ebenda sowie die Quellen des Kapitels „Die Messias-Dynastie des Hiskia im Galil", S.252.

oder Gottessohn verehren ließ. Von Simon wird außerdem behauptet, er habe sich ein Grab ausheben lassen, aus dem er nach drei Tagen wieder auferstehen werde. Die Polemik der Kirchenväter zeigt, wie sehr Simon Magus ihnen als gefährlicher Messias-Konkurrent zum Christus Jesus erschien.

Die Messias-Dynastie des Hiskia im Galil

In der hebräischen Bibel wird der Galil mit seinem ursprünglichen, vollen Namen erwähnt: GALIL haGOJIM - „Umkreis der Völker" (Jes 8,23, zitiert auch bei Mt 4,14). Dieser Ausdruck wird von vielen Theologen übersetzt als „Galil der Heiden", als ob es im Galil, im Gegensatz zu Jerusalem, keine toratreuen Juden gegeben hätte. Auch von Judäern der Antike ist der Ausdruck GALIL haGOJIM eher abschätzig gebraucht worden, etwa in dem Sinne, daß die Galiläer (gleich den Samaritanern) den Heiden näher seien als den rechten Juden - als die sich die Judäer selbstverständlich betrachteten. Doch diese Beurteilung der galiläischen Juden trifft nicht zu.

In der Tat gab es beträchtliche Unterschiede zwischen Stadt und Land, zwischen Jerusalem und Galiläa, Unterschiede in geographischer und geschichtlicher, in sprachlicher, sozialer und besonders in politischer Hinsicht. Dies hat auch in griechischen und lateinischen Quellen seinen Niederschlag gefunden. Sowohl bei frühkirchlichen Schriftstellern, wie Justin (Dialog 80,4) und Hegesipp (Euseb, Kirchengeschichte 4,22,7), als auch bei dem heidnischen Philosophen Epiktet (Dissertationes ab Arriano digesta 4,7,6) werden „die Galiläer" als Sondergruppe erwähnt. In den Evangelien und in der Apostelgeschichte sind die Galiläer ebenfalls mehrfach als besondere Gruppe genannt (etwa Mt 26,69 par, Lk 13,1f, Joh 4,45).

Die Richtung aller dieser Aussagen ist deutlich: von einem städtisch-weltläufigen Aspekt aus betrachtet, haftete dem Galil etwas Hinterwäldlerisches und Engstirniges an. Wenn jemand rhetorisch fragte: Was kann denn von Nazaret oder: Was kann denn von Galiläa schon Gutes kommen?, dann war offensichtlich, daß sich mit dem Stichwort Galiläa vorwiegend etwas Provinzielles und Negatives verband. Gerade den weltgewandten Jerusalemer Juden erschien der galiläische Frömmigkeits-Typ als suspekt, als verrückt, gar gefährlich genug, um zu ihm entschieden auf Distanz zu gehen. Die Galiläer dagegen hielten sich selbst natürlich für frömmer als die Jerusalemer, die Städter; ihnen galt die Treue zur überlieferten Tora mehr als alle Weltoffenheit. Denn zu oft hatten sie auf engem Raum neben fremden Völkern leben müssen und alle Mühe darauf verwendet, ihr Eigenes gegenüber heidnischen Einflüssen zu schützen. Dies veranschaulicht ein Blick auf die Geschichte des Galil.

Der Ausdruck „Umkreis der Völker" geht zurück in die Zeit der Besiedelung des Landes durch die Israelis (Jos 12,23). In den fruchtbaren, an Quellen reichen Ebenen zwischen Mittelmeer und See Genezaret bzw. Jordantal und in der Jesreelebene waren in stark befestigten Städten wie Meggido und Bet Schean Kanaanäer, Philister und Phönikier ansässig, so daß für die israelische Bevölkerung nur zwischen diesen Städten auf den weniger fruchtbaren und wasserarmen Bergen Siedlungsraum frei war. Sie wohnten also im „Umkreis der Heiden". Eben dies meinte ursprünglich das Wort Galil.

Erst unter David und Salomo wurden dann die Kanaanäerstädte dem Israelreich eingegliedert. Doch der Einfluß der Phönikier wurde hier im äußersten Norden Israels bald recht stark und blieb dies auch während der ganzen Königszeit. Nach dem Untergang des Nordreichs im Jahre 722 v.d.g.Z. verlor der abgelegene Galil für den judäischen Süden an Bedeutung. Nur wenige Nachrichten sind von dieser Zeit überliefert. Das änderte sich erst wieder in hellenistischer Zeit, als - teils an den alten Plätzen - neue Städte entstanden, etwa Ptolemais (Akko) oder Skythopolis (Bet Schean). Das übrige Gebiet galt nun als „Königsland", an dem die einheimische jüdische Bevölkerung keine Rechte hatte. Wieder einmal wohnte sie im „Umkreis der Heiden".

Jerusalem und der Tempel waren weit entfernt, und so mußten sich die israelischen Gemeinden, die ihre Zugehörigkeit bewahrt hatten, eine andere Form für ihren Gottesdienst schaffen. Damals blühte die Institution der Synagoge auf, die in einer ähnlichen tempellosen Situation entstanden war, nämlich in der Zeit des babylonischen Exils. So kamen hier Laien - fern vom Tempel, ohne Opfer und amtierende Priester - zusammen, um die entsprechenden Texte zu lesen, auszulegen und mit Gebeten zu umrahmen.

Die Lage veränderte sich grundlegend durch die Eroberungskriege der Makkabäer: die Hellenenstädte wurden zerstört und die Bevölkerung des Galil der Jerusalemer Tempelgemeinde zugeordnet. Als dann die Römer in den 50er Jahren des ersten Jahrhunderts v.d.g.Z. den Galil wieder von Judäa trennten und das in der Hasmonäerzeit unterdrückte hellenistische Städtewesen erneut herstellten, wehrten sich die Galiläer mit aller Kraft gegen die fremden Herren: die Römer und deren Günstling Herodes, der es schwer hatte, der fanatischen und ortskundigen Freiheitskämpfer Herr zu werden. Besonders nach dem Tode des Herodes brach ein ungeheures Freiheitsfieber aus, das vom Galil seinen Ausgang nahm und durch den Streit der Herodessöhne um die Thronnachfolge und die chaotischen Zustände in Jerusalem noch gefördert wurde. Auch zwei Generationen später (im Jahr 66 d.g.Z.) beteiligten sich vor anderen die Galiläer am großen Aufstand gegen Rom. Nur im Galil wurde damals den Römern ernsthaft Widerstand geleistet.

Jüdische Gelehrte wie David Flusser und Schmuel Safrai haben für den Galil einen besonderen Frömmigkeitstypus aus talmudischen Quellen zu erweisen gesucht: die Chassidim, die Frommen. Diese waren Arme (ANIJIM) und Unterdrückte (ANAWIM), die mit Psalm 37,11 ihre Hoffnung auf Gott setzten und denen auch Jesus Glück und Land versprochen hat (Mt 5,3). Es ist nicht erstaunlich, daß ganz dicht benachbart dieser Armenfrömmigkeit des Galil im zelotischen Messianismus eine Bewegung erstand, in der sich Sozialrevolutionäres mit Ur-Biblischem mischte. Liebe zur Tora und wirtschaftliche Not verbanden sich mit einem glühenden Haß gegen die fremden Unterdrücker, der sich im ersten Jahrhundert vor allem an der römischen Steuerlast entzündete.

Seit dem Jahre 6 d.g.Z. war Galiläa der Provinz Syrien des römischen Reiches zugehörig und dem Statthalter Quirinius (Kyrenius aus Lk 2,1) unterstellt, wurde Eigentum des Kaisers und damit tributpflichtig. Als Grundlage für die Steuer-Veranlagung war ein Zensus nötig: eine Zählung des Landes, allen Vermögens, auch der Menschen, die mit einem dichten Netz von Steuern und Gebühren, von Zoll und Maut, auch mit Strafen, Konfiskationen und Fronen überzogen wurden.

Roms willige Helfer registrierten alles Eigentum: die Grundstücksgröße, den Anbau, die Zahl der Arbeiter und Sklaven. Die Erträge wurden geschätzt und kontrolliert. Auch wer kein materielles Vermögen besaß, mußte seinen Körper als Kapital versteuern - sogar die Menschen wurden also als Eigentum des römischen Staates betrachtet. Für das Eintreiben dieser Steuern waren der Sanhedrin und die Prokuratur verantwortlich; die Durchführung oblag Kleinpächtern (im Neuen Testament Zöllner genannt).

Oft kamen noch Fronarbeiten zu den drückenden Steuerlasten. Besonders die freien Kleinbauern, Pächter von kaiserlichen Ländereien, hatten unter den gegebenen Umständen zu leiden. Denn außer den für alle geltenden Abgaben mußten sie vom Grund und Boden zusätzliche Grundsteuern bezahlen. Dazu kamen die Abgaben an den Tempel: erster, zweiter und dritter Zehnter. Wenn die Verschuldung allzu groß wurde, konnten sie ihre Grundstücke dennoch nicht verkaufen, weil sie ja dem Kaiser gehörten.

Die herrschende, tiefe Verzweiflung wurde von vielen kompensiert durch eine übersteigerte Hoffnung darauf, daß alles sich schlagartig verändern und sich zum Besseren verkehren könne. Im Galil, dieser Hochburg der Treue zur Tora, ist damals eine Bewegung entstanden, deren Angehörige stolz und freiheitsliebend Widerstand leisteten, bereit, für Gott ihr Leben zu geben. Josephus schrieb über sie (Jüdischer Krieg 7,10,1): „Ihre Standhaftigkeit, ihr Wahnsinn, ihre Seelenstärke - oder wie immer man es auch nennen mag - erregten allgemeines Erstaunen."

Josephus berichtet, daß der junge General Herodes, während der Zeit, da er den Galil für Rom ausbeutete[1] - also in den 50er Jahren des 1. Jahrhun-

[1] Dazu auch das Kapitel „Herodes, Messias von Roms Gnaden".

derts v.d.g.Z. -, gegen den Anführer einer „Räuberbande" zu kämpfen hatte (Jüdischer Krieg 1,10,5). Bei diesem „Räuberhauptmann" handelte es sich um Hiskia, den Erstling einer messianischen Dynastie, die sich rund 120 Jahre lang halten konnte. Hiskia wurde von Herodes gefangen genommen, der ihn mitsamt einigen seiner Anhänger eigenmächtig hinrichten ließ. Die Mütter der Märtyrer wandten sich daraufhin an König Hyrkan in Jerusalem, der Herodes wegen Mordes anklagen ließ - was immerhin zeigt, daß die Aufständischen eine bedeutende Anhängerschaft mit einflußreicher Lobby hatten.

Hiskias Sohn, Judas der Galiläer, gilt als der Initiator und Organisator des patriotischen Widerstandes gegen den römischen Zensus. Obwohl sich wegen der unsicheren Quellenlage die Frage, ob es sich bei den von Josephus erwähnten Männern dieses Namens um einen oder um mehrere handelte, nicht endgültig entscheiden läßt, ist die Genealogie innerhalb der messianischen Hiskia-Tradition trotz allem gesichert. Denn zumindest einmal wird Judas als Sohn Hiskias erwähnt. Außerdem ist er - und das ist für die Weiterführung der dynastischen Linie bedeutsam - der Vater von zwei als Zeloten bekannten Söhnen mit Namen Jakobus und Simon.

Das Auftreten des Judas war *das* entscheidende Ereignis in der Geschichte des jüdischen Freiheitskampfes. Mitsamt dem Pharisäer Zadok soll er die Partei der Zeloten gegründet haben. Ihre Getreuen stellten den harten Kern der zelotischen Bewegung. Judas, ein großer Gelehrter und gewaltiger Redner, schmähte zu Beginn des ersten Jahrhunderts d.g.Z. diejenigen Juden, die außer dem einen Gott, dem einzigen Eigner des Landes, auch noch anderen Herren zu dienen und Steuern zu zahlen bereit waren. Die biblische Grundlage solcher Scheltreden ist eine Kombination von 5.Mose 6: „Unser Herr ist Einer" und 3.Mose 25 (von Gott gesagt): „Mein ist das Land". In Lehrhäusern, Synagogen und im Freien hielt Judas revolutionäre Reden an die Unterdrückten und Entrechteten und überzeugte viele, die ihm begeistert folgten.

Unsicher bleibt, ob Judas es war, der kurz vor dem Tode des Herodes den goldenen Adler über dem Tempeleingang zerstörte und dafür zum Feuertod verurteilt wurde. Sicher aber ist, daß er eine beträchtliche Streitmacht sammelte, beim Kampf gegen die Römer das Zeughaus der galiläischen Hauptstadt Zippori eroberte und Waffen erbeutete, mit denen er seine Zeloten ausrüstete. Dabei soll er für sich das Königtum erstrebt haben.

Jakobus und Simon, die Söhne des Judas, sind um das Jahr 47 unter dem Statthalter Tiberius Alexander als Zelotenführer gekreuzigt worden - wie denn die Kreuzigung überhaupt die häufigste Todesart für solche Männer war. Oft ist behauptet worden, es habe im Judentum keine sterbenden Messiasse gegeben. Richtig aber ist, daß fast alle Messiasse, die gegen Rom antraten, getötet worden sind. Wer sich hier vorwagte, mußte schon von vornherein bereit sein, „sein Kreuz auf sich zu nehmen".

Ein weiterer Sohn des Judas war wohl Menachem, der etwa zwanzig Jahre später maßgeblich am jüdisch-römischen Krieg beteiligt war. Er zog in Jerusalem ein, um als Führer des Aufstandes von der Herodesburg aus zu herrschen. Doch schon bald wurde er von jüdischen Gegnern ermordet. Seine treuesten Anhänger flohen nach Mezada, wo sie sich unter Führung des Elasar ben Jaïr, dem letzten bekannten Nachfahren von Judas, dem Galiläer, noch drei Jahre halten konnten. Mit dem Fall von Mezada kam eine große sozialrevolutionär-messianische Bewegung, die im Galil ihren Ausgang genommen hatte, im äußersten Süden des Landes zu einem blutigen und tragischen Ende.[1]

[1] Ausführlich werden Menachem und Elasar in dem Kapitel „Jeder gegen jeden - Aufstands-Messiasse des ersten jüdisch-römischen Krieges" behandelt.

Wunder-Messiasse

Neben der imponierenden Reihe von Messiassen im Galil, die ihren Auftrag jeweils vom Vater auf den Sohn vererbten, gab es einen anderen Typus, dem auch Jesus zeitweise zugehörte: die Wunder-Messiasse. Sie traten als Einzelne auf und sammelten (wie einst der Makkabäer Mattathias) eine Schar Gleichgesinnter um sich, die sie in die personhafte Nachfolge riefen. Sie führten ihre Anhänger ins Wüstenrandgebiet, wo sie ihnen ein messianisches Programm verkündeten: Glück und Segen, SCHILLUM und SCHALOM, die Wiederherstellung des früheren Heils.

Die Wüste ist für Juden stets ein Ort besonderer, unverstellter Gottesnähe gewesen: Israel ist in der Wüste zu Israel geworden. Das ganze vierte Buch der Tora, das im Hebräischen denn auch die Überschrift BAMIDBAR, „in der Wüste", trägt, handelt von den Wundern, welche Gott damals an Israel getan hat.

Diejenigen Messiasse, die mit ihren Anhängern in die Wüste zogen, konnten weder durch ihre Herkunft noch durch militärische Erfolge ihren messianischen Anspruch begründen. Und so waren sie gezwungen, sich zunächst durch ein Wunder zu legitimieren. Sie wußten sich aus der Unmittelbarkeit ihrer Gotteserfahrung zu solchem Tun befähigt. Jeder von ihnen verhieß sein unverwechselbares Wunder, das sein besonderes Erkennungszeichen war und mit dem sich seine Gruppe klar von anderen unterschied. Da spannte sich der ganze, weite Bogen der Heilsgeschichte Israels, die erinnert, erneuert und gar überboten werden sollte: von der Befreiung aus Ägypten bis hin zum Tempelbau in Jerusalem.

All diese *kleinen* Wunder sollten aber nur der Anfang sein. Alle Wunder-Messiasse hofften darauf, daß Gott das begonnene Werk weiterführen und auch das *große* Wunder der erlösenden Wieder-Befreiung Ganz-Israels vollbringen werde. Vermag doch Er allein im rechten Augenblick seine zwölf Legionen Engel zu schicken, damit sie hilfreich ins irdische Geschehen zu Israels Gunsten eingreifen. So sind diese Wunder nicht nur, vielleicht nicht einmal zuerst, als Legitimation vor den Menschen zu begreifen, sondern mehr noch und vor allem: als Provokation Gottes, als Erinnerung an sein Versprechen, Israel auch in der notvollen Gegenwart zu sammeln und zu retten.

Die Welt-, Menschen- und Gotteserfahrung aller Messianer steht gleichsam „zwischen den Zeiten": her kommen sie von einer großen Vergangenheit und hin gehen sie auf eine große Zukunft. Einst weilte Gott bei seiner Gemeinde, behütete sie, segnete sie und führte sie wunderbar durch alle Gefahren der Wüste. Jetzt aber ist eine Zeit der Gottesfinsternis, Zeit des Ausgesetzt- und Verlassenseins. Und so richten sich alle Hoffnungen auf die Zukunft. Erwartet wird eine erneute Zuwendung Gottes, eine wunderbare Umkehrung zum Heil, auf daß Israel wieder SCHALOM in Fülle habe. Die Wende-Zeit entspricht der Ur-Zeit, der idealen, weil idealisierten Frühzeit.

Neben solch hochgespannter und zuversichtlicher Erwartung steht aber auch der Zweifel, vor allem der Zweifel dessen, der dieses Geschehen anstoßen soll. Messiastum hat wesentlich etwas Schwebendes an sich. Zunächst schwelt alles im Geheimnis, auch in der Unsicherheit, wie sie aus den Fragen kommt: Bin ich's? Wer meinen denn die anderen, und vor allem, wer meint denn ihr, daß ich sei?

Und meist gerät dann, der so fragt, in eine Art Zug-Zwang, wird gedrängt, sich zu „offenbaren". Zunächst zögert er, um dann doch herauszutreten. Wenn er schließlich von sich sagt: *Ich* bin's!, dann steht eine Entscheidung über Leben und Tod an. Wenn Gott in diesem Moment nicht eingreift, ist nicht nur das messianische Werk gescheitert. Vielmehr hat dann ein Gegenwerk eingesetzt, und das ganze Unternehmen zeigt sich als eigenmächtige Anmaßung, als unzeitgemäße Grenzüberschreitung. Heil verkehrt sich in Unheil, Rettung wird zu Zerstörung.

Für Josephus stellten sich diese messianischen Versuche entsprechend negativ dar, wenn er im Rückblick zusammenfassend darüber schrieb (Jüdische Altertümer 20,8,6): „Es traten Gaukler und Betrüger auf, die Menge zu überreden, damit sie ihnen in die Wüste folge, wo sie mit Gottes Beistand offenbare Zeichen und Wunder vollbringen würden". Doch obwohl es sich bei den Wunder-Messiassen überwiegend um verhältnismäßig harmlose Phantasten handelte, haben auch sie nicht nur sich und ihren Anhängern viel Enttäuschung, Not, auch Tod beschert, sondern vor allem das Klima zwischen dem Volk und den Regierenden erheblich verschlechtert und dadurch einen wesentlichen Beitrag zur Verschärfung der Spannung geleistet, die sich dann im großen jüdisch-römischen Krieg mit voller Wucht entladen hat.

Wie einst Mose beim *Zug aus Ägypten* und wie Josua, als er Israel endlich ins gelobte Land führte, so wollte ein Mann namens Theudas in der Mitte des 1. Jahrhunderts d.g.Z. seine Gemeinde trockenen Fußes durch die Wasser des Jordan führen. Er sammelte daher eine große Menschenmenge in der Wüste und verkündete: dieses Zeichen werde erweisen, daß er der verheißene Befreier Israels sei. Doch ehe die himmlischen Heere eingreifen konnten, kamen die Römer ihnen zuvor, töteten Theudas und zerstreuten seine Anhänger.

Die „*Geräte des Mose*" - das Zelt der Begegnung, die Lade und der Räucheraltar, die seit Salomos Zeiten im Jerusalemer Tempel aufbewahrt worden waren, nach dem 2. Makkabäer-Buch zu Beginn des babylonischen Exils jedoch vom Propheten Jeremia in einer Höhle am Nebo verborgen und niemals wiedergefunden wurden - versprach ein anderer, ein Samaritaner, den Seinen zu zeigen. Nach samaritanischer Tradition hatte allerdings nicht Jeremia, sondern ein samaritanischer Großpriester besagte Geräte auf Gottes Geheiß in einer Höhle verborgen, und natürlich nicht auf dem Nebo, sondern auf dem samaritanischen Tempelberg Garizim. Die dort am Eingang angebrachte Inschrift war jedoch inzwischen verschwunden, so daß niemand mehr wußte, wo sich die Höhle befand. Er, der das Versteck aufdecken und sich damit als wiedererstandener Mose, als Messias der Samaritaner erweisen wollte, führte viele Bewaffnete auf den Garizim, um dort das Sinai-Bundesfest aus Anlaß der Gebotsverleihung und des Bundesschlusses zu erinnern und zu erneuern. Pilatus aber, der mit Reiterei und Infanterie den Weg besetzt hatte, ließ viele gefangen nehmen oder töten.[1]

Die *Wunder und Zeichen der Wüste* wollte der Weber Jonatan wiederholen und überbieten. Dazu sammelte er - in Nordafrika, nahe Kyrene, noch und erst recht nach dem verlorenen Krieg der Jahre 66 bis 70 - Arme und Flüchtlinge aus dem Israel-Land. Er führte sie weg von den Vielen, um den Freiheitskampf in der Diaspora weiterzuführen. Aber wieder griff das römische Militär ein und tötete viele. Jonatan konnte zwar zunächst entkommen, wurde schließlich aber doch gefangen vor den Statthalter geführt, der ihn - wohl weil er ihn für einen Narren hielt - wieder laufen ließ. Später jedoch wurde Jonatan auf Geheiß des Kaisers Vespasian persönlich, der im römisch-jüdischen Krieg genug negative Erfahrung mit jüdischen Aufrührern gesammelt hatte, gegeißelt und lebendig verbrannt.

Wie Josua einst die *Stadtmauern von Jericho*, so wollte ein anderer ägyptischer Wunder-Messias Jerusalems Mauern auf wunderbare Weise zum Einsturz bringen, dann das ganze Land von den Römern zurück erobern und selbst die Herrschaft übernehmen. Mit einer Menge Volkes bestieg er den Ölberg, um das bevorstehende Schauspiel gut beobachten zu können. Doch wieder einmal kamen die Römer dem Wunder zuvor und schlugen den Aufruhr nieder.

Mit der erklärten Absicht, den *Jerusalemer Tempel* zu zerstören, trat ein galiläischer Handwerker namens Jesus von Nazaret auf. Er, der von sich gesagt hatte: „Hier ist mehr als Salomo" (Mt 12,42, Lk 11,31), verkündete, daß er in nur drei Tagen den von Salomo erbauten und von Herodes verschönerten Tempel niederreißen und an seiner Stelle einen viel prächtige-

[1] Dazu auch der Abschnitt „Messianische Erwartungen bei den Samaritanern" im Kapitel „Exkurs: Vielfältige messianische Erwartungen im frühen Judentum".

ren errichten wolle. Doch auch er wurde von den Römern hingerichtet, seine Anhänger zerstreuten sich.

Die mehr oder weniger zufälligen und vereinzelten Berichte des Josephus, ergänzt durch neutestamentliche Reminiszenzen, vermitteln ein recht eindrückliches Bild davon, wie die großen Gottestaten der Heilsgeschichte Israels in Zeiten der Not erinnert und wieder aufgeführt worden sind. Bemerkenswert sind aber nicht allein diese Probeläufe, sondern ist vor allem die Gemeinsamkeit des leidvollen Schicksals der Akteure: Jeder der Wunder-Messiasse führte seinen Versuch bis zum äußersten Punkt. Doch ehe sich alles zum Guten wenden konnte, scheiterte die Unternehmung und endete in der Katastrophe. Das erhoffte große Wunder der Sammlung und Rettung Israels fand nicht statt, die Büttel der Großpriester und die Legionäre des Prokurators machten dem Treiben ein rasches Ende.

Die Vielen sahen nur dieses Scheitern und wandten sich enttäuscht ab, um neue Meister zu suchen oder dem Messianismus ganz zu entsagen. Wenige jedoch blieben ihrem Messias auch über seinen Tod hinaus treu: schließlich kann ja nicht alles bloße Täuschung und vergeblich gewesen sein. Gerade im Scheitern erkannten sie etwas Wesentliches ihrer eigenen Erfahrung wieder. Züchtigt doch Gott, die er lieb hat. So erfuhren sie im Leiden und Scheitern ihr Erwähltsein. Wie Israel leidet, so und erst recht muß auch Israels Messias leiden. Gerade da ist ein entscheidender Anfang gemacht, auf dem die Gewißheit gründet, daß sich das Noch-Ausstehende, „bald in unseren Tagen", vollends erfüllen wird. Nun bestand allerdings die Gefahr, daß vor lauter Hoffen auf eine bessere Zukunft kein Versuch mehr unternommen wurde, die bestehenden, bedrückenden Verhältnisse zu verändern - eine Versuchung, der gerade Christen mit ihrer Leidenstheologie oft erlegen sind.

Jesus von Nazaret, der unbekannte Messias

Alles Messiastum ist - zumindest auch - kämpferisch, ja kriegerisch und zerstörerisch. Wann immer sich bei Messiassen der Traum vom Paradies fand, handelte es sich um einen Zustand, dem erst ein rücksichtsloser Kampf vorhergehen mußte. Daß Israel oft aus diesen „Wehen des Messias“ nicht wieder zurückfand, sondern in ihnen stecken blieb, so daß die Not sich verschärfte, wird in besonders drastischer Weise deutlich in den zahlreichen Spannungen und Wirren des ersten Jahrhunderts d.g.Z.. In dieser bewegten Zeit, die in den Jahren 66 bis 70 im ersten jüdischen Krieg gegen Rom ihren traurigen Höhepunkt erleben sollte[1], wurde Jesus von Nazaret geboren.

Von Jesus wird außerhalb der frühchristlichen Literatur kaum mehr erwähnt als sein Name - Jesus oder „Chrestos“ (etwa bei Sueton, Leben der Caesaren, Claudius 25; Tacitus, Annalen 15,44). Wer über diesen Messias Israels etwas erfahren will, ist daher auf das Neue Testament angewiesen, in dem viel und recht facettenreich, teils wörtlich übereinstimmend, teils beträchtlich von einander abweichend und widersprüchlich von ihm berichtet wird. Obwohl Jesu Leben - und Sterben - das zentrale Thema der Evangelien ist, ergibt sich doch kein geschichtliches Gesamtbild, keine Jesus-Biographie, weil die Schreiber kaum geschichtlich, wohl aber theologisch und propagandistisch interessiert waren. Ihnen ging es nicht vor allem um historisches Wissen, sondern um die Darstellung ihres Glaubens, für den sie neue Anhänger gewinnen wollten. Dennoch verdankt die Nachwelt einzig diesen Schriften ihre Kenntnis von dem Juden Jesus und das Abendland seine Verbindung mit der jüdischen Bibel.

Die Evangelien sind allesamt nach dem Jahre 70 - also rund zwei Generationen später als die Ereignisse, von denen sie handeln - geschrieben worden, in griechischer Sprache und in einer fremden, den Juden feindlich gesinnten Kultur. Das ausgehende erste Jahrhundert war - auch infolge des gerade zu Ende gegangenen jüdischen Aufstandes - eine Zeit des sich steigernden und sich überschlagenden Judenhasses innerhalb des römischen Reiches. Daher hatten Schriften, die von einem jüdischen Messias handelten, umso größere Chancen, bei heidnischen Lesern anzukommen, je mehr das partikular Jüdische - das ja im Messianismus seinen stärksten Ausdruck fand - zurückgenommen wurde zugunsten einer universalen Botschaft. So wundert es nicht, daß in den neutestamentlichen Evangelien Jesu Messias-

[1] Dazu das Kapitel „Jeder gegen jeden - Aufstands-Messiasse des ersten jüdisch-römischen Krieges“.

tum nur noch undeutlich zu erkennen ist, überlagert von einer heidenchristlichen Christus-Frömmigkeit, die eher von einem kosmischen Welterlöser als von einem jüdischen Freiheitskämpfer träumte. Hierin liegt wohl der wichtigste Grund für die zunächst überraschende Tatsache, daß die Jesus-Botschaft zwar nicht zu Israel-, wohl aber zu Weltbedeutung gelangte.

Vor einem ganz ähnlichen Problem wie die Evangelisten, nämlich wie nach dem verlorenen Krieg des Jahres 70 mit jüdischen Aufstandsbewegungen und deren Anführern, den Messiassen, umzugehen sei, standen auch andere jüdische Zeitgenossen: Am einfachsten hatten es wohl die Lehrer Israels, welche (zeitgleich mit dem Neuen Testament) die Mischna verfaßten und alle Messiasse polemisch verschwiegen.[1] Etwas komplizierter war es da schon für den jüdischen Historiker Josephus, der ursprünglich zur Führungsriege der Aufständischen gehört hatte - eine Tatsache, die sich nicht einfach vertuschen ließ. Er wählte darum einen anderen Weg, deutete das traditionelle jüdische Messiastum entschieden um und ernannte Vespasian, den römischen Feldherrn, der im Israel-Land *gegen* die Messianer kämpfte, kurzerhand zum unter Zeloten schon lange erwarteten Befreier und Weltbeherrscher, der aus Juda kommen werde.[2]

Einen entsprechenden Weg sind die frühen Christen gegangen: Auch sie konnten Jesu Messiastum - dem sie unter anderem ihre Gruppenbezeichnung als CHRISTIANOI verdankten (dazu Apg 11,26) - nicht einfach verschweigen und interpretierten es daher ebenfalls um. So entstand schließlich durch Verinnerlichung, Entnationalisierung und Entpolitisierung ein Bild von Jesus als Gottessohn, der seinem Vater zum Verwechseln ähnlich sieht (so vor allem bei Paulus durchgeführt), und als Weltheiland, dessen Reich - um es in der Zuspitzung des Johannes-Evangeliums (Joh 18,36) zu sagen - nicht von dieser Welt ist.

Im Rahmen dieser Gemeinsamkeit der Abschwächung alles Politisch-Messianischen haben die einzelnen Evangelisten jeweils recht unterschiedliche Schwerpunkte in ihrer Darstellung Jesu gesetzt. Jeder hatte, gemäß seiner spezifischen Gemeindesituation, seinen besonderen Schwerpunkt, nach dem er das überlieferte Material - etwa Aussprüche Jesu, die schon früh in der sogenannten Logienquelle Q gesammelt worden waren - auswählte und gestaltete.

[1] Dazu das Kapitel „Jochanan ben Sakkai und Gamliel II. - Aufbau aus dem Untergang“.
[2] Dazu die Quellen des Kapitels „Jeder gegen jeden - Aufstands-Messiasse des ersten jüdisch-römischen Krieges“, S.273.

So schildert das Markus-Evangelium Jesus vorrangig als Wundertäter: etwa ein Drittel der Texte (in Kap.1-10) erzählen - teils genüßlich breit - über jede Art von Heilungs- und anderen Wundern.

Matthäus, der einige Erinnerung an Jesu Messianität bewahrt hat, legt das Gewicht deutlich auf den Toralehrer im Galil: davon zeugt vor allem die Bergpredigt (Mt 5-7, ohne die Glücklich-Preisungen), die als geschlossene Rede wohl erst vom Evangelisten gestaltet wurde und sich als Auseinandersetzung mit anderen Pharisäern gibt. Letztere sollen zwar nicht in der Lehre, wohl aber im Tun, in der Verwirklichung der Tora überboten werden.

Lukas, der zu Beginn seines Evangeliums betont, daß er die Ereignisse der Vergangenheit genau recherchiert habe, stellt Jesus in einen großen historischen Rahmen. Nur er berichtet etwa (in Kap.13,1) von aufständischen Galiläern, die der römische Prokurator Pilatus während des Opferns im Jerusalemer Tempel ermorden ließ; und nur in seinem Evangelium wird der Statthalter Quirinius erwähnt, der in den Tagen des Kaisers Augustus den Zensus durchführen ließ (Lk 2,1f).[1] Ziel des Lukas ist es, mit seinem Evangelium zu zeigen, daß Jesus, der in der Davids-Stadt Betlehem geboren wurde, sogar den römischen Kaiser an Bedeutung überragt. Wegen seines umfassenden politischen Interesses hat das Lukas-Evangelium besonders viele ursprünglich jüdisch-politische, eben messianische, Traditionen bewahrt - diese allerdings teilweise ins Kosmische gesteigert. Daß dennoch gerade in den messianischen Partien des Lukas historisches Felsgestein sichtbar wird, ist umso wahrscheinlicher, weil solche Aussagen nicht nachträglich erfunden wurden in einer Zeit, da alles Messiastum suspekt geworden war und die Kirche sich schon weit entfernt hatte von dem jüdischen Messias Jesus.

Bei Johannes schließlich, dem wohl spätesten und theologisch abgehobensten Evangelium, erscheint Jesus als präexistenter LOGOS, der schon immer bei seinem himmlischen Vater war, eins mit ihm, und nur zu einem kurzen Besuch auf die Erde niederstieg, um dann wieder zu seinem Vater zurückzukehren.

Etliche der verschiedenen Sichtweisen in den Evangelien enthalten einen historischen Kern: denn Jesus hat im Laufe seines Lebens als Umkehrprediger und Toralehrer gewirkt, ebenso als Wundertäter und Messias auf sich aufmerksam gemacht; war er doch ein Mann des Übergangs, der - wie andere Juden auch (etwa Josephus oder Saulus) - die Durchlässigkeit verschiedener jüdischer Parteien und Gruppierungen nutzte. Dies ist in den Evangelien noch gut zu erkennen, die allesamt berichten, daß Jesus zuerst

[1] Dazu das Kapitel „Die Messias-Dynastie des Hiskia im Galil".

eine Zeit unter Täufern verbrachte und dann zu den Pharisäern überging. Auch während seiner öffentlichen Wirksamkeit lassen sich mindestens zwei verschiedene Epochen deutlich voneinander unterscheiden: während einer längeren Zeit war Jesus Toralehrer im Galil - ohne messianische Ambitionen; in einer verhältnismäßig kurzen Epoche vor seinem Tod zog er dann als Messias-Anwärter vom Norden des Israel-Landes nach Jerusalem, um dort, im Zentrum der Macht, als König der Juden aufzutreten. Allerdings haben die Evangelisten bei ihrer Ausgestaltung der Überlieferung sich nicht einfach an diese chronologische Reihenfolge gehalten, sondern nach anderen, etwa theologischen, Gesichtspunkten verschiedenes Material zusammengestellt oder Zusammengehöriges auseinandergenommen.

Doch trotz aller christlichen Überarbeitung schimmern in den neutestamentlichen Schriften - wie bei einem Palimpsest - noch immer einige dem Erzählten zu Grunde liegende historische Fakten durch. Um diese zu bemerken, bedarf es allerdings einer möglichst umfassenden Kenntnis des damaligen sowie des gegenwärtigen Judentums, an der es den meisten Exegeten, die sich mit dem „historischen Jesus" befaßt haben, mangelte. Außerdem hat das weit verbreitete Vorurteil, Jesus sei der „ganz andere" Messias gewesen, lange Zeit den Blick auf seine jüdische Messianität verhindert. Wird Jesus jedoch zum einen in die allgemeine Zeitgeschichte, von der wir durch jüdische und römische Quellen recht gut unterrichtet sind, und zum anderen in die lange Reihe der Messiasse Israels eingestellt, erschließen sich manche neutestamentlichen Geschichten und Notizen über ihn neu, so daß die Frage, ob Jesus denn ein jüdischer Messias gewesen sei, mit einem deutlichen Ja beantwortet werden kann.

Während in Rom Kaiser Tiberius seit dem Jahr 14 versuchte, die mit Augustus eingeleitete Phase relativer Ordnung und Stabilität aufrecht zu erhalten, regierten im Israel-Land die römischen Prokuratoren, von denen vor allem Pilatus (26-36) berühmt und berüchtigt geworden ist als einer, der die Juden solange provozierte und schikanierte, bis er vom Kaiser höchstpersönlich abgesetzt und verbannt wurde. Nach der Schilderung Philons (Gesandtschaft an Caligula § 301f) war Pilatus „von Natur aus unbeugsam, eigenwillig und unnachgiebig", bekannt ob seiner „Bestechlichkeit, seiner Gewalttätigkeit, seiner Räubereien, Mißhandlungen, Beleidigungen, fortgesetzten Hinrichtungen ohne Gerichtsverfahren sowie wegen seiner unaufhörlichen und unerträglichen Grausamkeit ... ein boshafter und unversöhnlicher Mensch".

Aber nicht nur unter der römischen Besatzungswillkür hatten Juden zu leiden. Auch innerhalb Israels gärte es. Während das Amt des Großpriesters früher einem tragenden Pfeiler geglichen hatte, war es seit der Herrschaft des Herodes zu Würdelosigkeit verkommen. Die Großpriester - ihrer achtundzwanzig innerhalb eines Jahrhunderts - waren theoretisch wählbar, in Wirklichkeit wurden sie aber beliebig ein- und wieder abgesetzt, nicht nach Fähigkeit, sondern je nach Unterwürfigkeit und Bestechlichkeit.

Kein Wunder, daß die Klagen über und die Anklagen gegen die Großpriesterschaft in Israel immer lauter und schärfer wurden: ihre Mitglieder kümmerten sich um den Tempeldienst nicht mehr aus religiösen Gründen, sondern mißbrauchten ihn vielmehr als eine einträgliche Pfründe und stürzten gerade die Frommen damit in einen tiefen Konflikt, da ihr Dienst doch im Zentrum der Tora von Gott geboten war. Vor allem empörte sich das Volk darüber, daß die Großpriester ihre bewaffneten Büttel sogar auf die Tennen und in die Ställe verarmter Bauern schickten, um dort gewaltsam den Zehnten einzutreiben, wodurch sie auch die niedrigen Priester ihrer Einkünfte beraubten, deren viele darum auch in den Protest gingen.

Unter allen Bewohnern Jerusalems waren die Großpriester am meisten hellenisiert. Sie scheuten sich nicht einmal, ehrenwerte, toratreue Menschen unrechtmäßigerweise töten zu lassen. So nutzte etwa Hannas das Prokuratoren-Interregnum zwischen Festus und Albinus (im Jahr 62) zu einem Justizmord an Jakobus, dem Herrenbruder und Leiter der Jerusalemer Gemeinde der Jesusanhänger, was aber zum pharisäischen Protest beim neuen Prokurator und zur Absetzung des Großpriesters führte, der damit seine Kompetenzen überschritten hatte.

Zusammenfassend läßt sich also sagen, daß Prokuratoren und Großpriester miteinander wetteiferten im Gieren nach Geld und im Beugen des Rechts. Selbst friedlichen Menschen wie den Schülern Hillels, die dankbar waren für die pax Romana, weil sie ihnen Raum gewährte, Gott auch durch Opfer am Tempel zu dienen, fiel es schwer, ruhig untertan der Obrigkeit zu bleiben. Einer zahlenmäßig kleinen Oberschicht, bestehend aus Römern und sadduzäischen Römerlingen, die einander zuarbeiteten und gegenseitig stützten, gelang es durch ständiges Provozieren und Ausbeuten, sich schließlich alle anderen Juden zu Feinden zu machen.

Ein Graben tat sich auf, der jedoch nicht etwa - wie die christlichen Evangelien suggerieren - zwischen Pharisäern und Jesus bzw. seinen Anhängern verlief; vielmehr standen sich unversöhnlich gegenüber: der sadduzäische Großpriester-Clan, der mit den Vertretern Roms kollaborierte, auf der einen Seite, Pharisäer, das Volk sowie die Protestpriester aus Kumran und andere niedrige Priester auf der anderen Seite.

Letzteren schloß sich Jesus zunächst an und lebte fortan in einem Lager von Täufern, das von Johannes, vielleicht einem seiner Verwandten, geleitet wurde. Es galt damals als schick für junge Männer, die später öffentlich wirken wollten, einige Zeit in der Zurückgezogenheit des Kultur-Randgebietes zu leben. Kennzeichnend für diese Form des Lebens waren Enthaltsamkeit und strenge Zucht, geregelter Wechsel von Wachen und Schlafen, Essen und Fasten, Arbeit und Ruhe, auch intensives Bibelstudium, vor allem aber die Täglich-Taufe der Einkehr und Umkehr, zu der nach einer feierlichen Aufnahmetaufe allein Mitglieder zugelassen waren.

Nach einiger Zeit trennte sich Jesus wieder von Johannes, von dem er, nach den Berichten aller Evangelien, getauft worden war. Vorausgegangen waren wohl interne Auseinandersetzungen über Taufe und Messiastum, an die das Johannes-Evangelium, das Täuferkreisen näher steht als die anderen Evangelien, vielleicht noch eine Erinnerung bewahrt hat (Joh 3,25-28 und 4,1-15). Nach seinem Bruch mit Johannes ging Jesus zu den Pharisäern über; damit begann der erste, längere Teil seines eigenen, seines öffentlichen Wirkens: als Lehrer, Umkehrprediger und Wundertäter im Galil.

Der Talmud erzählt - mit liebevoll-leiser Ironie (die den Evangelien leider meist abgeht) - zahlreiche Geschichten über Gelehrte, die in der Lage waren, Wunder zu tun. So alltäglich soll diese Fähigkeit damals gewesen sein, daß es von der Frau des Chanina ben Dosa gar heißt, sie sei „in Wundern erfahren" gewesen (Taanit 24b/25a). Die Wunder, die Jesus zugeschrieben werden, waren damals - auch unter Heiden - etwas durchaus Normales.

Doch nicht allein mit dieser Begabung, auch als Lehrer fügt Jesus sich ganz ein in das damals unter Gelehrten Übliche. So finden sich etwa viele der neutestamentlichen Gleichnisse ähnlich auch in jüdischer Überlieferung. Und selbst die sogenannten Streitgespräche mit anderen Pharisäern über Fragen der Halacha überschreiten weder inhaltlich noch formal den Rahmen der damaligen Lehrhaus-Diskussionen unter Pharisäern. Mit allem, was Jesus während seiner Zeit im Galil sagte und tat, was er stritt und litt, stand er ganz eindeutig in der offenen, menschenfreundlichen und friedfertigen Tradition der Hillel-Pharisäer, deren Tora durchdrungen ist von einem weisheitlichen, rationalen Zug, weil sie aus dem gesunden Menschenverstand lebt.

Wesentliches Merkmal des Lehrertums ist daher das Maßvolle, Besonnene, von dem sich alles Messiastum, das eher durch übersteigerte Emotion, durch ein Auf und Ab der Gefühle bestimmt ist, grundsätzlich unterscheidet. Wenn also Paulus in Galater 6,2 die Forderung „Einer trage des anderen Last" als messianische Tora (NOMOS CHRISTU - „Gesetz Christi") bezeichnet, ist damit eben nicht Jesu messianische Aktivität, sondern sein Lehrertum treffend charakterisiert. Jesu Wirksamkeit als Messias - der er in der dritten und relativ kurzen Phase seines Lebens war - zeichnet sich gerade nicht durch eine hehre Ethik aus, sondern ist geprägt von einem national-politischen Engagement für die Befreiung Israels, das auch vor Gewaltanwendung nicht zurückschreckt.

Daß Jesus tatsächlich als Messias-Prätendent aufgetreten ist, - dafür spricht zunächst einmal die Berufung der Zwölf, die deutlich zu trennen sind von den Aposteln (wie dies in der frühesten Nachricht, 1.Kor 15,5-7, auch ganz klar der Fall ist). Es handelt sich um völlig verschiedene, arbeitsteilig gar einander entgegengesetzte Ämter: während die Zwölf - stellvertretend für die zwölf Stämme Israels - im Zentrum Jerusalem bleiben müssen, um den Kristallisationspunkt für die bevorstehende messianische Sammlung zu bilden, ziehen die anderen aus, um das Gebot vom Zion unter Israel, dann (Mt 28) auch unter den Völkern bekannt zu machen.

Einer der Zwölf - Simon, der Jesus wohl am nächsten gestanden hat - erhält außerdem einen Sonderauftrag: in einer von Matthäus idealtypisch verdichteten Szene, die gleichwohl einen historischen Hintergrund hat, schließt sich direkt an das Bekenntnis Simons: „Du, Jesus, bist der Messias“ (Mt 16,16) seine Ernennung zum messianischen Großpriester an: Wenn Jesus ihn nämlich zum PETROS (Felsen) - aramäisch KEFA (dazu etwa Joh 1,42 oder 1.Kor 15,5) - einsetzt, ist dies nicht nur eine großartige Anspielung auf den Grundstein des Tempels, sondern vor allem auf den amtierenden Jerusalemer Großpriester, der - damals allgemein bekannt - den ungewöhnlichen Familiennamen Kefa (im Neuen Testament in der griechischen Form Kaiphas genannt) trug.

Matthäus hat also eine Erinnerung daran bewahrt, daß Jesus seinen messianischen Propheten Simon zum Großpriester berufen hat. Wer so handelt, bestreitet klar die Legitimation der Jerusalemer Herrschenden - offenbar planten Jesus als messianischer König und Simon-Kefa als sein messianischer Großpriester, diese abzulösen. Wenn Matthäus im Anschluß an die Szene (Mt 16,20) außerdem berichtet, daß Jesus geboten habe, öffentlich noch nichts über sein Messiastum verlauten zu lassen, zielt das ebenfalls auf den bevorstehenden Machtwechsel, der nicht vorzeitig bekannt werden darf, um das gewagte Unternehmen nicht zu gefährden.

Und selbst die dann folgende Ankündigung seines Leidens (Mt 16,21) enthält einen historischen Kern, nämlich daß Jesus - als Realist - durchaus mit der Möglichkeit seines Scheiterns rechnete, trotz des heftigen Aufbegehrens durch Simon-Kefa: Das darf dir nicht geschehen! Die neutestamentlichen Leidensankündigungen sind also nicht - wie Exegeten fälschlicherweise oft behauptet haben - eine Erfindung und Jesus erst nachösterlich in den Mund gelegt worden; sondern jeder der Messiasse Israels hat sein Leben riskiert (und meist auch verloren), wenn er den Aufruhr wagte.

Nicht bei allen Anhängern Jesu hat seine Wendung vom Toralehrer zum Messias Zustimmung gefunden, sondern die meisten haben diesen risikoreichen Schritt nicht mit vollzogen. Vielleicht ist im Johannes-Evangelium noch eine Erinnerung an einen entsprechenden gruppendynamischen Prozeß unter seinen Schülern bewahrt, wenn gerade im Zusammenhang mit dem messianischen Bekenntnis Simons davon die Rede ist, daß sich viele Jünger von Jesus zurückzogen (Joh 6,66). Zu den Zögerlichen gehörten auch Jesu Brüder, die in ihm nur den Lehrer und eben nicht einen Messias suchten. Alle Evangelien lassen immer wieder durchscheinen, daß gerade Jesu Verwandte seine messianischen Ambitionen ablehnten - wohl weil sie sich zu Recht besorgten oder ihn gar für verrückt hielten.

Das wiederum hatte zur Folge, daß Jesus - der in seiner Zeit als Toralehrer wiederholt auf das Gebot: Du sollst Vater und Mutter ehren! hingewiesen hatte (Mt 15,4; 19,19) - seinerseits auf Distanz zur Familie ging, selbst zu seiner eigenen Mutter (Mt 12,48, Joh 2,4). Stattdessen wählte er sich seinen Freundeskreis unter solchen, die ihm als Messias folgten: sie galten ihm fortan als seine Brüder, seine Mutter und seine Schwestern (Mt 12,49f).

Von ihnen forderte Jesus, seinem Beispiel folgend alles hinter sich zu lassen, auch die Angehörigen (Mt 19,27.29, Lk 5,11.28), selbst wenn es darüber zum Streit und Zerwürfnis mit ihnen käme. „Meinet nicht, daß ich gekommen bin, Frieden auf die Erde zu bringen. Ich bin nicht gekommen, Frieden zu bringen, sondern das Schwert. Denn ich bin gekommen, einen Menschen mit seinem Vater zu entzweien und eine Tochter mit ihrer Mutter und eine Schwiegermutter mit ihrer Schwiegertochter“ (Mt 10,34f). Im Lukas-Evangelium verlangt Jesus sogar, die Verwandten zu hassen (Kap.14,26). Es ist wohl kein Zufall, daß Josephus bei der Charakterisierung der Zeloten ausgerechnet auf deren Bereitschaft hinweist, um der Freiheit willen notfalls Verwandte und Freunde zu töten (Jüdische Altertümer 18,1,6)[1] und sich unter Jesu Anhängern auch Zeloten befanden. Namentlich genannt wird Simon der Zelot (Lk 6,15), der auch nach dem Tod seines Messias noch unter den Jüngern zu finden ist (Apg 1,13).

Falls der Aufstand Erfolg haben sollte, winkte denjenigen, die in der Nachfolge Jesu ihr Kreuz auf sich nahmen (Mt 10,38) und ihr Leben wagten, „vielfältiger“ Lohn in dieser Welt (Lk 18,29f), etwa die Zusage, beim messianischen Mahl am Tisch zu liegen und auf zwölf Thronen zu sitzen, um die zwölf versammelten Israel-Stämme zu richten (Lk 22,29f). Nicht nur Simon-Kefa war also mit einem guten Posten versorgt. Doch bis dahin gab es noch einiges zu tun. Zunächst galt es, Jesu messianisches Programm bekannt zu machen, das in den sogenannten Seligpreisungen prägnant zusammengefaßt ist.

[1] Dazu die Quellen des Kapitels „Die Messias-Dynastie des Hiskia im Galil“, S.252.

Während Matthäus diese nachträglich vergeistigt hat, so daß die Angesprochenen auf den Himmel vertröstet werden (Mt 5,3.10), ist bei Lukas (Kap.6,20ff) der sozialrevolutionäre Ansatz des Messias Jesus noch gut erkennbar: Wer bislang zu kurz gekommen ist, soll endlich satt zu essen bekommen. Die in der Gegenwart keinen Grund zum Lachen haben, werden bald lachen können (dies ist übrigens die einzige Stelle im Neuen Testament, in der - wenigstens in naher Zukunft - richtig gelacht wird). Den Anderen dagegen, voran den Reichen, soll das Lachen gründlich vergehen.

Auch sonst ist im Lukas-Evangelium in Liedern, Erzählungen und Gleichnissen erstaunlich viel von Jesu Messianität zu spüren, wenn etwa von Kampf, Gewalt und Vernichtung der Feinde die Rede ist - eine Sprache, die nicht recht zu dem christlichen Friedefürst passen will.

Das beginnt schon bei der Geburt Jesu, der nach Lukas ein Nachfahre Davids und Serubawels ist (Lk 3,27.31; dazu Mt 1,6.12) und zu dessen Ehren mehrere messianische Psalmen einen geradezu kriegerischen Ton anschlagen (Lk 1,46ff, 67ff): Ein Bote Gottes verheißt Maria, daß ihrem Sohn der Thron Davids gegeben und er König sein wird über dem Haus Jakob. Maria, nachdem sie Gott gedankt hat, rühmt vor allem die Gewalttaten des zu erwartenden Sohnes: er stürzt - im Auftrag Gottes - die Mächtigen von ihren Thronen und erhöht die Armen Israels. In diesem Lobgesang der Maria deutet sich bereits an, daß Lukas viel mehr und schärfer als die anderen Evangelisten die Notwendigkeit von aktiver Gewalt, von Krieg und Haß vor dem Kommen des Reiches herausstellt. Sein Messias Jesus zeigt sich gelegentlich geradezu als wieder erstandener Makkabäer.

Folgerichtig verkündet die greise Prophetin Hanna im Anschluß an die Beschneidung Jesu öffentlich die bevorstehende Erlösung Israels, nach einer anderen Textüberlieferung die Erlösung Jerusalems (Lk 2,38). Damit ist die Parole „für die Erlösung Zions", die sich auf Münzen des ersten jüdisch-römischen Krieges findet, ebenso vorweggenommen wie die des Bar Kochba-Krieges: „für die Erlösung Israels".[1] (Übrigens verwendet Lukas für Jerusalem ganz überwiegend die hebräische Form JERUSCHALAJIM, während die anderen Evangelien - von einer einzigen Ausnahme abgesehen - stets das Griechische HIEROSOLYMA bringen.)

Kriegerisch ging es auch beim Marsch nach Jerusalem her (Lk 9,51-56). Als der Zug sich einem Dorf näherte, schickte Jesus Boten voraus, um Vorbereitungen zur Einquartierung zu treffen. Doch die Bewohner weigerten sich, die Gruppe aufzunehmen. Prompt wollten zwei der Zwölf, die Brüder Johannes und Jakobus, Feuer vom Himmel fallen lassen, um den Ort zu vernichten, wie es einst Elia (2.Kö 1,9-12) mit 102 Mann getan hatte. Jesus

[1] Dazu das Kapitel „Schimon Bar Kochba - Aufgang und Absturz eines Sterns", S.95.

jedoch verwehrte es den beiden, die nach Mk 3,17 den Beinamen „Donnersöhne“ trugen und deren Mutter Jesus gebeten hatte, daß ihre Söhne in der messianischen Zeit sollten zur Rechten und zur Linken seines Herrscherthrones sitzen dürfen (Mt 20,20f).

Schon nahe bei Jerusalem erzählte Jesus den Jüngern ein Gleichnis, mit dem er alle Gegner seines messianischen Anspruchs scharf angriff (dazu Lk 19,11ff): Ein Mann vornehmer Geburt vertraute sein Eigentum Verwaltern an und reiste in ein fernes Land, um sich dort die Königswürde zu holen. Viele Mitbürger aber haßten ihn und schickten eine Gesandtschaft hinter ihm: Wir wollen nicht, daß dieser über uns König werde. Als er dann doch als König zurückkehrte, belohnte er die Verwalter, die sein Vermögen gut betreut hatten, indem er ihnen Städte verlieh. Die Gegner seines Königtums jedoch ließ er herbeibringen und sprach (V.27): „Macht sie vor meinen Augen nieder!“

Im Allgemeinen versuchen Christen, solchen Texten ihre Spitze zu nehmen, indem sie darauf verweisen, es handele sich ja „nur“ um Gleichnisse. Tatsächlich läßt sich Lk 19,11ff „nur“ als nachösterliches Gleichnis verstehen: der Himmelskönig Jesus droht, daß bei seiner apokalyptischen Wiederkunft - die damals viele Christen noch ganz konkret erwarteten - all diejenigen, die nicht an ihn glauben, mit dem Tode bestraft werden. (Solche Mehrdeutigkeit mag der Grund gewesen sein, warum ein martialischer Text wie dieser überhaupt in das Evangelium aufgenommen wurde.) Doch ändert sich an der Brutalität durch diese Interpretation wenig außer dem Zeitpunkt, an dem die Jesus-Kritiker ihr Schicksal ereilt.

Aber nicht nur in solch theologischer Auslegung macht das Gleichnis Sinn. Wer einmal versucht, es im Munde des historischen Jesus zu hören, der „nachdem er dies gesagt hatte, weiterzog, um nach Jerusalem aufzusteigen“ (Lk 19,28), dem kann etwa Herodes einfallen: auch dieser Messias hatte sich - rund 70 Jahre zuvor - im fernen Rom seine Krone abgeholt, war dann ins Israel-Land zurückgekehrt, wo er drei Jahre lang gegen seine jüdischen Gegner Krieg führte und nach seinem Einzug in Jerusalem alle potentiellen Gegner und Konkurrenten brutal beseitigte.[1] Und Herodes war kein Einzelfall: alle Messiasse, die - zumindest vorübergehend - an die Macht gelangten, beseitigten ihre Gegner auf ähnliche Weise.

Als Jesus Jerusalem erreichte, bereitete er sich auf einen triumphalen Empfang vor. Zwei Jünger wurden ausgesandt, um einen Esel zu organisieren. Dieser nämlich (und nicht etwa ein Pferd) galt als das traditionelle Reittier der Könige in Israel. Dann ritt er unter dem Beifall seiner Anhänger in die

[1] Dazu das Kapitel „Herodes, Messias von Roms Gnaden“.

Stadt ein. Nicht *sanftmütig* - wie das in Mt 21,5 bei dieser Gelegenheit zitierte Wort ANI aus Sach 9,9 meist übersetzt wird - sondern als Vertreter der *Armen* kam er, um nun endlich wahr zu machen, was Maria einst gesungen hatte: er stürzt die Mächtigen von ihren Thronen und erhöht die Armen Israels.

Die Jünger inszenierten dann eine „Willkommen, König Messias"-Demonstration, indem sie ihre Kleider ausbreiteten, damit der einziehende König nicht den staubigen Boden berühren müsse (Lk 19,26), und mit lauter Stimme riefen: „*Gesegnet, der da kommt, der König* im Namen des Herrn." (Lk 19,38, in Aufnahme des Festpsalms 118,26). Und obwohl besorgte Jerusalemer Pharisäer-Kollegen ihn warnten, hieß Jesus seine Mitstreiter nicht etwa schweigen, sondern im Gegenteil noch lauter rufen.

In einem nächsten Schritt machte Jesus sich an die Inspektion der Stadt und vor allem des Tempels. Zum Zeichen seiner messianischen Besitzergreifung vertrieb er die Verkäufer vor dem Tempel-Areal, um so die ursprüngliche Ordnung wieder herzustellen. Von da ab kam er täglich in den Tempel, was seinen Eindruck bei den Einwohnern Jerusalems nicht verfehlte. Als nämlich die mißtrauisch gewordenen Vertreter des jüdischen Establishments erwogen, offiziell gegen ihn vorzugehen, wagten sie es nicht, weil inzwischen „das ganze Volk" auf Seiten Jesu stand (Lk 19,48).

Stattdessen bespitzelten sie ihn, versuchten, ihm mit Fangfragen eine Falle zu stellen, um sich auf diese Weise des lästigen und mit wachsendem Zulauf unter der Bevölkerung gefährlicher werdenden Aufrührers entledigen zu können. Besonders geeignet erschien dabei ein Thema, an dem sich rund 25 Jahre früher - unter dem Galiläer Judas - schon einmal ein Aufstand entzündet hatte, der damals zur Gründung der Zeloten-Partei führte[1]: die Frage, ob Juden dem römischen Kaiser Steuern zahlen sollten oder nicht (dazu Lk 20,20ff). Jesus durchschaute die Absicht hinter der Frage und antwortete deutlich, aber so geschickt, daß sie abermals nichts gegen ihn unternehmen konnten. Mit Hinweis auf das Abbild des Kaisers, dessen Porträt die Münzen schmückte, sagte er: „Gebt dem Kaiser, was des Kaisers ist, aber gebt Gott, was Gottes ist."

Was des Kaisers war, das wollten Juden gerne zurückgeben, etwa heidnische Weihgeschenke und Bilder (dazu Josephus, Jüdischer Krieg 2,27,3; 2,10,1ff; 1,33,2f; Philon, Gesandtschaft an Caligula § 319; 306), die ihnen allein schon wegen des biblischen Bilderverbots ein Greuel waren und gegen die sie sich stets vehement wehrten - gerade auch unter Pilatus, der eines Nachts militärische Feldzeichen, verziert mit Adlern und dem Bildnis des Kaisers, nach Jerusalem gebracht und damit fast einen Aufstand provo-

[1] Dazu das Kapitel „Die Messias-Dynastie des Hiskia im Galil".

ziert hatte (Josephus, Jüdischer Krieg 2,9,2f; dazu auch Philon, Gesandtschaft an Caligula § 299ff). Was aber Gottes war - hier hörte ein Jude die Worte Gottes aus dem 3. Mose-Buch (Kap.25,23): LI haAREZ - mein (ist) das Land! Dieses Land sollte endlich von römischer Fremdherrschaft befreit und dem rechtmäßigen Eigentümer zurückgegeben werden.

Kurz darauf kündigte Jesus mit Blick auf den mit „schönen Steinen und Weihegeschenken geschmückten" Tempel an, daß dieser zukünftig zerstört werde (Lk 21,5f). Vielleicht beruht auf diesem Satz der Vorwurf, den mehrere Falschzeugen beim Großpriester gegen Jesus vorbrachten: „Dieser hat gesagt: Ich kann den Tempel Gottes niederreißen und in drei Tagen erbauen" (Mt 26,61, Mk 14,58, dazu auch Apg 6,13f).[1] Das Johannes-Evangelium berichtet sogar, daß Jesus direkt dazu aufgefordert habe, den Tempel einzureißen, um ihn in drei Tagen schöner wieder aufzubauen (Joh 2,13-22). Vielleicht konnte Johannes es sich leisten, solch drastischen Ausspruch Jesu zu überliefern, da er ihn zugleich metaphorisch entschärfte und auf Jesu Leib, der nach drei Tagen auferstehen werde, bezog.

Schließlich wurde es den Großpriestern, die täglich zuschauen mußten, wie Jesus die Menge in Aufruhr versetzte, zu viel: sie beschlossen, ihn zu töten, zumal Pesach, das Fest der Befreiung, anstand, an dem es regelmäßig zu Unruhen gegen die römische Besatzung kam (Lk 22,2). Jesus hatte nach der Seder-Nacht mit seinen engsten Anhängern die Stadt verlassen, um in einem Olivenhain zu übernachten - da kamen die Büttel des Großpriesters und verhafteten ihn. Weil etliche der Jünger bewaffnet waren - Jesus hatte ihnen geraten, sich Krummdolche zuzulegen (Lk 22,35ff) - kam es zu einem Kampf und sogar zu Blutvergießen (Lk 22,49), doch vergeblich. Jesus wurde abgeführt, die anderen flohen. Allein Simon-Kefa, der den Großpriester ablösen sollte, folgte seinem König in gebührendem Abstand, verleugnete ihn dann aber.

Das Verhör Jesu sowie seine Verurteilung wird in den Evangelien idealtypisch in Szene gesetzt. Nach seinem messianischen Anspruch gefragt, weist Jesus zunächst auf Daniel 7, wo von einem humanen Reich die Rede ist, das ein bestialisches - nämlich das römische - ablösen wird, und bekennt dann: Ich bin's. Darauf führen ihn Büttel des Großpriester ohne weitere Umstände direkt ins benachbarte Haus, den Palast des Herodes, zum Prokurator, der sich anläßlich des Festes nicht in Caesarea am Meer, sondern in Jerusalem aufhält. Die Anklage lautet (Lk 23,2): er verführt das Volk zum Aufruhr gegen Rom; er fordert dazu auf, keine Steuern zu zahlen und gibt sich für den messianischen König aus.

[1] Dazu auch das Kapitel „Wunder-Messiasse".

Damit war der Fall klar: Pilatus konnte gar nicht anders, als Jesus zu der von Römern tausendfach verhängten Strafe für politische Aufrührung - Geißelung und Kreuzigung - zu verurteilen. Die Schilderung der Evangelien, nach denen Pilatus versuchte, Jesus zu begnadigen, sind historisch hoch unwahrscheinlich; sie widersprechen allem, was sonst von diesem brutalen Prokurator bekannt ist.

Schon am nächsten Morgen wurde das Urteil vollstreckt. Nachdem Soldaten Jesus gegeißelt (Mt 27,26) und als Möchte-gern-König verspottet hatten (Mt 27,27-31), folgten ihnen eine „große Menge des Volkes und viele Frauen" (Lk 23,27) zur Hinrichtungsstätte außerhalb der Stadtmauer. Also hielten auch nach dem kurzen Prozeß ihrem König noch viele die Treue. Zusammen mit Jesus wurden zwei weitere Aufrührer gekreuzigt, die in zwei Evangelien - entsprechend dem Sprachgebrauch des Josephus - als „Räuber" bezeichnet werden (Mt 27,38, Mk 15,27). Am Kreuz Jesu brachten die Römer ein Schild - einen TITULUS - an mit der höhnischen Aufschrift: König der Juden.

Als Jesus nach mehreren Stunden des Leidens gestorben war, wandten sich die meisten der Volksmenge trauernd ab (Lk 23,48). Wie immer nach dem Scheitern eines Messias, so gingen auch nach Jesu Tod viele ihrer Wege: manche verzweifelten, manche hielten sich an die Tora, um mit ihr zu leben, andere suchten sich einen neuen Messias.

Wenige nur blieben Jesus treu, und diese in unterschiedlicher Weise: Die einen, die an Jesus auch über seinen Tod hinaus - der nach jüdischer Auffassung Sühne für die Vielen bewirkt hatte - als dem Toralehrer festhielten, sammelten sich bald um den Herrenbruder Jakobus und blieben in Jerusalem. Die anderen jedoch - der harte Kern der Messianer, der Zwölferkreis mit Simon-Kefa an der Spitze - flohen in den Norden, da sie als am Aufruhr aktiv Beteiligte den Verfolgungen der Obrigkeit ausgesetzt waren.

Jesus soll dann noch einige Male gesehen worden sein. So begegneten zwei Jesus-Verwandte, die unterwegs nach Emmaus waren, einem Unbekannten, mit dem sie ins Gespräch kamen. Sie erzählten ihm von Jesus, „dem Nazarener: ein Prophet, kraftvoll in Tat und Wort vor Gott und allem Volk". Allein - die Großpriester und Führer hätten ihn durch Richtspruch des Prokurators dem Tod ausgeliefert und ihn kreuzigen lassen. „Wir aber hatten gehofft, daß er es sei, der Israel erlöse" (Lk 24,13-21).

Jeder gegen jeden - Aufstands-Messiasse des ersten jüdisch-römischen Krieges

Die Jahrzehnte nach dem Tod Jesu waren war für das römische Weltreich eine bewegte Zeit. Hatte Tiberius (14-37) die mit Augustus eingeleitete Ära der Ordnung und des relativen Friedens einigermaßen bewahren können, so änderte sich dies mit dem Regierungsantritt Caligulas. Dieser nämlich gebärdete sich schon bald als Inkarnation des römischen Hauptgottes Jupiter, beanspruchte gar einen eigenen Tempel auf dem Palatin und nahm offiziell an den bis dahin verbotenen Mysterien der Isis teil, was in Rom einiges Befremden auslöste. Außerdem ernannte er sein Lieblingspferd zum Senator, ließ sich im Orient als Neuer Dionysos verehren und plante sogar, sein Standbild im Jerusalemer Tempel aufzustellen, wodurch er die Juden beinahe zum Aufstand trieb. Caligula fiel schließlich einem Attentat durch die eigene Leibgarde zum Opfer.

Seinem Nachfolger Claudius, der im Jahre 50 - innerjüdisch-messianischer Streitigkeiten wegen - die Juden aus Rom vertreiben ließ, gelang es vorübergehend, die Lage im Reich wieder zu stabilisieren. Ihm folgte im Jahre 54 Nero auf den Thron, ein Hellenenfreund und unmoralischer Ästhet, der Rom zunächst einige gute Jahre bescherte. Dann aber widmete er sich immer stärker den schönen Künsten, in denen er sich auf peinlichste Weise produzierte, und überließ das Regieren weitgehend einigen Emporkömmlingen. Nachdem auch Nero ermordet worden war, lösten sich in rascher Folge drei Kaiser ab, bis Vespasian ab Dezember 69 die Lage für das nächste Jahrzehnt endlich wieder beruhigte.

Im Israel-Land ging es ähnlich turbulent her. Nach den korrupten römischen Prokuratoren, die das Land ausgebeutet hatten, herrschte seit 41 für drei Jahre wieder ein Herodes-Nachfahre, Agrippa I., als König über die Juden. Obwohl ein Freund des Kaisers, gab er sich als jüdischer Patriot und als Förderer des Pharisäertums. Kein Wunder, daß er nach seinem plötzlichen Tod von vielen als „großer König“ gefeiert wurde.

Ab dem Jahr 44 trieben dann insgesamt sieben Vertreter Roms ihr Unwesen im Israel-Land. Fünf von ihnen amteten nur jeweils zwei Jahre, Cumanus brachte es immerhin aufs Doppelte, Felix gar aufs Vierfache dieser Zeit. Ihnen allen war gemeinsam, daß sie sich auf Kosten der verarmten Juden bereicherten und auf die Empfindlichkeit der Juden mit überzogener Grausamkeit reagierten, was wiederum deren Haß auf das Äußerste steigerte. Besonders seit Neros Thronbesteigung eskalierte die Gewalt, selbst innerhalb der jüdischen Bevölkerung: mit kurzen Dolchen bewaffnete Zeloten, nach dem lateinischen Wort SICA (Dolch) Sikarier genannt, mischten sich im Jerusalemer Tempelhof unter die Beter und stachen Juden nieder, die sie verdächtigten, mit den Römern zu sympathisieren.

Summarisch heißt es bei Josephus über diese Jahre: Unter dem Prokurator Cumanus begannen die Unruhen; unter Felix bedrohten die „Räuber" alle, die der Römerherrschaft gehorchen wollten, mit dem Tod; Festus fand Judäa von den „Räubern" verheert, denn die Sikarier waren sehr zahlreich geworden (dazu Jüdischer Krieg 2,14,1 und Jüdische Altertümer 20,11,1). Unter dem habgierigen Florus brach dann der offene Aufstand aus.

Am Vorabend des jüdisch-römischen Krieges kam es in Caesarea zu Unruhen, die dann auf Jerusalem übergriffen. So bilden vor allem die beiden Hauptstädte der Region - das römische Verwaltungszentrum am Meer und das jüdische Zentrum in den Bergen - den Schauplatz für die erste Phase des Krieges. Ein Anlaß für den Konflikt bildete der Entschluß Neros im Frühjahr 66, allein den griechischen Einwohnern Caesareas die Herrschaft in der Stadt zu überlassen. Damit besaßen die Juden dort kein Bürgerrecht mehr. Es kam zu Spannungen, die durch gezielte Provokationen noch gefördert wurden.

Nach dem Bericht des Josephus (Jüdischer Krieg 2,14,4) gab es in Caesarea eine Synagoge, die unmittelbar an das Grundstück eines griechischen Bürgers grenzte. Vergeblich hatten die Juden versucht, dieses zu erwerben. Der Eigentümer aber hatte sich nicht allein geweigert zu verkaufen; er forderte die Juden noch zusätzlich heraus, indem er ihnen den einzigen Zugang zur Synagoge so verbaute, daß nur noch ein schmaler Weg übrigblieb. Als dann am Schabbat, während sich die Juden in dem Gebäude aufhielten, ein Grieche auf diesem Weg ein heidnisches Opfer darbrachte, kam es zu einem Handgemenge. Schließlich zogen die Juden sich mitsamt ihren Torarollen zurück in einen Nachbarort. Als sich einige bei den Römern beschwerten, wurden sie unter dem Vorwand verhaftet, sie hätten die Torarollen aus Caesarea gestohlen.

Die Nachricht über diese Ereignisse gelangte nach Jerusalem und erregte dort die Juden. Als der Prokurator Gessius Florus dann im Mai 66 auch noch Geld aus der Tempelkasse forderte, nach Jerusalem zog und einen Teil der Stadt zur Plünderung frei gab, kam es zu Tumulten. Schon bald konnten die jüdischen Zeloten Florus zum Abzug zwingen. Nur eine römische Kohorte blieb zurück, die sich im Herodespalast verschanzte, nachdem die Juden die Burg Antonia erobert hatten.

Infolge der Spannungen und Kämpfe ordnete Elasar, Sohn des Großpriesters Chananja und Befehlshaber der Tempelwache, an, keine Opfer von Heiden mehr anzunehmen, was die Priester im Vertrauen auf Elasar auch taten. „Damit war der Grund zum Krieg gegen die Römer gelegt" (Jüdischer Krieg 2,17,2). Gleichzeitig wurden auch die Opfer für den Kaiser eingestellt. Im römischen Reich war es damals üblich, daß in den Tempeln der Provinzen neben den allgemeinen Opfern für die Landes-Götter auch eines für den göttlichen Kaiser dargebracht wurde. Da die Römer in religiösen Angelegenheiten sehr tolerant waren, hatten sie für die Juden eine Sonderregelung zugelassen: nicht dem Kaiser wurde in Jerusalem geopfert, sondern der Israelgott wurde um Wohlergehen für den Kaiser angerufen (gleichsam ein Gebet für den Landesherrn). Die Verweigerung dieses Opfers kam einem Abbruch der diplomatischen Beziehungen mit Rom gleich - ein Fanal zum Aufruhr anstelle einer förmlichen Kriegserklärung an Rom!

Doch unter Juden entstand wegen dieser Anordnung ein Streit. Jerusalem spaltete sich in zwei Lager: Elasar und seine zelotischen Mitstreiter hielten die Unterstadt und den Tempelberg, so daß sie alle anderen vom Gottesdienst ausschließen konnten; die Partei der Gemäßigten und Kriegsgegner, ein Teil der Großpriesterschaft und die Königlichen (Soldaten des Königs Agrippa II.) besetzten die Oberstadt. Die Zeloten bedrohten gleichermaßen Römer und jüdische Römerfreunde. Nach kurzer Zeit gelang es ihnen, die Oberstadt einzunehmen. Sie legten Feuer an die Paläste des Großpriesters, des Agrippa und seiner Schwester Berenike, auch an die Archive, in denen Schuldverträge lagen, was ihnen die Sympathie der Armen einbrachte. Die Friedensleute dagegen zogen sich in den Herodes-Palast zurück, wo sich bereits die Römer aufhielten.

Zu dieser Zeit machte sich ein Mann namens Menachem aus dem Galil nach Mezada auf, das sich bereits in der Hand der Aufständischen befand. Er versorgte sich und seine Anhänger dort mit Waffen und zog mit einer Privatarmee nach Jerusalem, wo er die Führung des Aufstandes übernahm (Jüdischer Krieg 2,17,8). Wie er kamen übrigens die meisten Führer des Aufstandes von außerhalb in die bedrohte Stadt, in der die Entscheidung fallen sollte - die Entscheidung auch darüber, wer in der Wendezeit und in der zukünftigen messianischen Ära der von Gott Erwählte sei. Damit zeigt sich, daß der Messianismus auch dieses Mal Import aus dem Norden des Landes war.

Menachem war der Sohn (vielleicht aber ein Enkel) des berühmt-berüchtigten Judas mit dem Beinamen „der Galiläer", der einst gegen den Zensus des Quirinius gekämpft hatte.[1] Ihn umgab schon aufgrund seiner Herkunft

[1] Dazu das Kapitel „Die Messias-Dynastie des Hiskia im Galil".

aus der Hiskia-Judas-Dynastie eine Aura des Messianischen, die er bei seinem Einzug in Jerusalem noch förderte, wo er sich nach Josephus „wie ein König" gebärdete.

Als ein Teil der jüdischen Belagerten im Herodespalast um freien Abzug bat, gewährte Menachem dies. Die Römer aber blieben und zogen sich auf die drei Türme des Palastes zurück. Die Menachem-Leute drangen in den Palast ein, zündeten ihn an und ermordeten den Großpriester Chananja und dessen Bruder, die sich im Abwassersystem versteckt gehalten hatten.

Diese Tat führte zur erbitterten Auseinandersetzung zwischen Menachem, der „wie ein Tyrann" auftrat, und Elasar, der sich - als Sohn des Ermordeten - nun auf seine edle, großpriesterliche Abkunft besann. Er war nicht länger mehr bereit, für die Freiheit von den Römern den hohen Preis der Versklavung unter einen Dahergelaufenen und Laien zu zahlen. Als Menachem einmal in königlichem Ornat zum Gebet schritt, wurde er von Elasar-Zeloten angegriffen. Zwar konnte er sich zunächst in der Nähe des Tempels verbergen, wurde dann aber entdeckt und auf grausame Weise umgebracht. Dies war der Auftakt zu heftigen Kämpfen innerhalb des zelotischen Lagers, denen im Verlauf des Aufstandes Unzählige zum Opfer fallen sollten. Menachems Anhänger überließen die Stadt Jerusalem ihrem tragischen Schicksal und flohen unter Führung eines seiner Verwandten, des Elasar ben Jaïr, wieder auf die Mezada zurück, wo sie bis zuletzt erbitterten Widerstand gegen die Römer leisteten.

In Jerusalem hatten inzwischen auch die in den Türmen eingeschlossenen Römer um freien Abzug gebeten. Elasar ging darauf zum Schein ein, ließ sie dann aber, nachdem sie ihre Waffen abgegeben hatten, niedermachen. Allein Metilius, der römische Befehlshaber, blieb verschont, weil er bereit war, Jude zu werden (Jüdischer Krieg 2,17,10).

Im Herbst 66 zog Cestius Gallus mit seiner Armee von Antiochien her gegen Jerusalem, eroberte zunächst die Nordstadt, mußte sich aber wieder zurückziehen und wurde bei Bet Horon von Kämpfern unter der Führung von Simon bar Giora, der im Verlauf des Krieges zum Anführer aufsteigen sollte, vernichtend geschlagen. Nach dem Sieg der Juden über Cestius Gallus wurde Elasar von der Jerusalemer Kriegspartei zum General von Idumäa ernannt. Dahinter stand wohl vor allem der Wunsch, ihn aus seiner absoluten Machtstellung im Kommando zu entfernen. Damit verlieren sich seine Spuren.

Die anfänglichen Erfolge gegen die Römer gaben den Zeloten mächtigen Auftrieb. Sogar gemäßigte Pharisäer - wie der Hillel-Nachfahr Simon ben Gamliel - waren nun von der Notwendigkeit des Krieges überzeugt. Weil sich auch der heidnische Judenhaß weiter verstärkte, eskalierten auf beiden

Seiten Haß und Bereitschaft zur Gewalt. So berichtet Josephus über die Ermordung von 20.000 Juden in Caesarea, über Pogrome in Skythopolis und vielen anderen Städten, in denen Juden und Griechen zusammenlebten (Jüdischer Krieg 2,18,1ff).

Der rechte, der schammaitische Flügel der Pharisäerpartei war nicht weiter mehr bereit, die ständigen Demütigungen zu ertragen. Aus diesem Kreis, der Zeloten und Sikariern stets nahegestanden hatte, wurden damals die sogenannten Achtzehn Bestimmungen formuliert (die nach einer Überlieferung ganz wesentlich auf Betreiben von Elasar ben Chananja zurückgingen) und in einer Kampfabstimmung durchgesetzt. Mit diesen Bestimmungen, die den Verzehr fremder Lebensmittel sowie jegliche familiäre Verbindung zwischen Juden und „Heiden" untersagten, wurde der Kontakt zur hellenistisch-römischen Welt völlig abgebrochen. Einige der gemäßigten Hillel-Pharisäer, die nicht zustimmen wollten, wurden damals getötet (tib Schabbat 1,7,3c).

Sachlich in die Nähe der Achtzehn Bestimmungen, also in den Umkreis der Schammai-Schule, gehört wohl auch die sogenannte Fastenrolle, MEGILLAT TAANIT, deren Abfassung ebenfalls Elasar ben Chananja zugeschrieben wird: 35 ganz Israel betreffende militärische Siege und national bedeutsame Ereignisse wurden im Jahreslauf durch entsprechende Gedenktage gefeiert - eine Provokation in dieser Zeit der jüdisch-römischen Spannungen. An allen diesen Tagen mußte öffentliches Fasten, an einigen auch öffentliche Trauer unterlassen werden. Einer dieser Gedenktage wird auch bei Josephus (Jüdische Altertümer 12,10,5) erwähnt.

Als Kaiser Nero während einer Kunstreise durch Griechenland von den Unruhen im Israel-Land und der Niederlage des Cestius Gallus erfuhr, beauftragte er den bewährten Soldaten Vespasian, der ihn begleitete, mit der Niederschlagung des jüdischen Aufstandes. Im Winter 66/67 machte Vespasian sich an die Vorbereitungen, zog nach Antiochia und sandte seinen Sohn Titus nach Alexandria, damit er ihm von dort mit einer weiteren Legion zu Hilfe käme. Im Frühjahr 67 begann dann der Eroberungszug durch Galiläa, dem Schauplatz der zweiten Phase des Krieges.

Von Jerusalem aus übernahm die Oberschicht, bestehend aus Teilen der Großpriesterschaft und Pharisäern - die Römerfreunde unter ihnen hatten die Stadt inzwischen verlassen -, die Organisation des Widerstandes. In alle Teile des Landes wurden Befehlshaber gesandt, die ebenfalls aristokratischen Kreisen entstammten. Für Galiläa, das neben Jerusalem strategisch wichtigste Gebiet, in dem der Angriff der Römer erwartet wurde, war es der damals 28jährige Josephus, der spätere Historiker. Die Darstellung der Ereignisse durch Josephus, die etwa für die Zeit der Makkabäer und des Herodes als recht zuverlässig und sachlich gelten kann, ist für seine eigene Zeit mit einer gewissen Vorsicht zu betrachten, da er - wie er auch selbst zugibt - wegen seiner eigenen Betroffenheit und Verstrickung nicht objektiv über den Aufstand gegen Rom berichten konnte.

Josephus entstammte einer adligen Familie und war mit dem hasmonäischen Königshaus verwandt. Aufgrund seiner hervorragenden Tora-Kenntnisse galt er von Jugend auf als Wunderknabe. Der Sechszehnjährige ging für drei Jahre zu Bannus, dem Täufer, in die Wüste, um sich danach den Pharisäern in Jerusalem anzuschließen und eine öffentliche Laufbahn zu beginnen. Mit 26 Jahren zog Josephus nach Rom mit der Absicht, auf diplomatischem Wege die Freilassung einiger befreundeter Priester zu erwirken, die vom Prokurator willkürlich gefangen genommen und nach Rom verschleppt worden waren. Der erfolgreiche Aufenthalt in der Hauptstadt des Imperium Romanum beeindruckte den Juden tief. Nach Jerusalem zurückgekehrt, wurde er von den Aufständischen zum Befehlshaber des Galil ernannt.

Die Aufgabe des Josephus bestand vor allem darin, Soldaten auszuheben und auszubilden sowie wichtige Städte zu befestigen. Diese Maßnahmen jedoch wurden behindert durch einen scharfen innerjüdischen Konflikt, der sich bei Elasar und Menachem schon angedeutet hatte und sich bald immer mehr zu messianischer Konkurrenz zuspitzte, so daß der Krieg gegen Rom fast als nebensächlich erscheinen konnte. Denn im Galil hatte sich inzwischen eine eigene Widerstandspartei gebildet, die Josephus, dem weltläufigen Jerusalemer Aristokraten, als einem Römerling mißtraute.

Anführer der Opposition war Jochanan aus Gusch Chalaw, ein Levit und rechter Kriegsmann, ein furchtloser und grausamer Haudegen. Nachdem zu Beginn des Aufstandes Hellenisten aus benachbarten Städten - wohl aufgestachelt von den Römern - Gusch Chalaw eingenommen und verwüstet hatten, ließ Jochanan nicht nur seine Heimatstadt wieder aufbauen, sondern nahm auch Rache an den Gegnern und wurde zu einem erbitterten Feind der Römer.

Mit der Ankunft des Josephus ergab sich also die groteske Situation, daß im Galil zwei jüdische Befehlshaber miteinander konkurrierten. Obwohl Josephus später voller Vorurteile über Jochanan berichtete, mußte er ihm doch die Vorbereitung des Galil für den Kampf gegen Rom hoch anrechnen, zumal nicht nur Galiläer, sondern auch jüdische Flüchtlinge aus Tyros und sogar die maßgebenden Männer der bedeutenden Stadt Tiberias zu seinen Anhängern gehörten.

Weil Jochanan das Vor-Recht des Einheimischen beanspruchte und seinen Platz dem Jerusalemer Eindringling nicht räumte, denunzierte und bekämpfte jeder den Anderen. Jochanan hatte wahrscheinlich den Verkauf von Getreide und Öl geplant, um damit einen Fond zur Finanzierung der Verteidigung anzulegen. Josephus nahm dies als Vorwand zur Anklage und verdächtigte Jochanan, dieser wolle das Geld für eigene Zwecke verwenden. Zum offenen Konflikt zwischen den beiden kam es in Tiberias, als Jochanan erfuhr, daß Josephus beabsichtige, dem Kämmerer des Königs Agrippa (der als Sympathisant Roms galt) seinen von Aufständischen gestohlenen Besitz wieder zurück zu erstatten.

Jochanan schickte daraufhin eine Abordnung nach Jerusalem mit der Bitte, Josephus wieder von seinem Posten abzulösen, weil er seine Aufgabe nicht im Sinne seiner Auftraggeber erfülle. Die Jerusalemer Behörde hatte ein Einsehen und entsprach dem Wunsch des Jochanan. Dazu verhalfen nicht allein dessen gute Beziehungen, sondern auch - so zumindest lautet der Vorwurf des Josephus - reichlich fließende Bestechungsgelder. Als dann tatsächlich Beauftragte aus Jerusalem kamen, um Josephus abzusetzen und seine Truppe dem Kommando des Jochanan zu unterstellen, widersetzte sich Josephus diesem Ansinnen und versuchte seinerseits, die Leute des Jochanan zu bedrohen, um sie für sich zu gewinnen, was ihm - nach eigenem Zeugnis - weithin gelungen zu sein scheint.

Doch nicht allein die Befehlshaber der Aufständischen waren untereinander zerstritten und lähmten damit die jüdische Widerstandskraft. Auch die Bevölkerung selbst war uneins. Während etwa die Einwohner der Galil-Hauptstadt Zippori den Römern die Tore öffneten, leisteten ihnen andere Städte erbitterten Widerstand. Dieser war jedoch zum Scheitern verurteilt, weil es keinen übergeordneten Plan gab und jede Stadt für sich allein gegen die römische Belagerung kämpfte.

Vor allem drei Städte wehrten sich gegen die Römer: Die wichtigste Schlacht, die sechs Wochen lang währte, fand um Jotapata statt, wohin Josephus sich zurückgezogen hatte. Als die Niederlage nicht mehr abzuwenden war, versteckte er sich mit einigen anderen, die zum Selbstmord entschlossen waren, um nicht den Römern in die Hände zu fallen, in einer Höhle der Stadt.

Josephus überlebte jedoch und ging zu den Römern über. Dies ist ihm von Späteren, auch von modernen Wissenschaftlern, oft übel genommen worden, und entsprechend negativ wird er in der Literatur dargestellt. Und doch verdanken wir unsere genaue Kenntnis der Ereignisse gerade seiner Entscheidung, nicht für eine aussichtslose Sache zu sterben.

Dem Kriegsgefangenen Josephus gelang es bald, sich die Gunst des wundergläubigen Vespasian zu erwerben durch die Vorhersage, dieser werde in Kürze zum Kaiser ernannt werden - wozu damals allerdings, spätestens nach der Ermordung Galbas, der sich nur ein halbes Jahr als Kaiser hatte halten können, nicht viel hellseherische Fähigkeit gehörte. Als geistbegabter Priester interpretierte Josephus die vor allem in jüdisch-zelotischen Kreisen verbreitete messianische Prophezeiung, nach der aus Juda der Weltherrscher kommen werde, völlig um: nicht ein Jude, sondern der in Judäa wirkende römische Kaiser sollte der angekündigte Messias sein!

Eine weitere, stark umkämpfte Stadt war Gamla, das „Mezada des Nordens“. Hier wurde bei Ausgrabungen übrigens die bisher älteste (und einzige innerhalb einer Stadt erbaute, aus der Zeit des herodianischen Tempels stammende) Synagoge archäologisch nachgewiesen. Östlich des Kinneret auf einem schmalen Bergrücken gelegen, war die Stadt von Josephus befestigt worden und konnte aufgrund ihrer idealen strategischen Lage acht Monate Widerstand leisten, wobei die Römer erhebliche Verluste erlitten. Erst im November 67 eroberten sie die Stadt. Ein Teil der Einwohner wurde von den Eindringlingen niedergemacht, andere stürzten sich von der höchsten Stelle aus in den Abgrund. Insgesamt sollen dabei 9.000 Menschen den Tod gefunden haben.

Nun war in Galiläa allein das Städtchen Gusch Chalaw noch in den Händen der jüdischen Aufständischen, und zwar unter der Führung des Jochanan, der hier zuhause war. Als Titus im Winter 67 die Übergabe forderte, stellte Jochanan ihm Verhandlungen in Aussicht, nutzte aber - mit der listigen Ausrede, am Schabbat sei eine Verhandlung unmöglich - die darauffolgende Nacht, um unbemerkt mit seinen Getreuen in Richtung Jerusalem zu fliehen. Viele wurden auf der Flucht getötet, Jochanan aber gelang es, Jerusalem zu erreichen. Mit dem Einmarsch des Titus in Gusch Chalaw war der Aufstand in Galiläa niedergeschlagen. Damit war für die Römer der Weg frei nach Jerusalem.

Die dritte Phase des Krieges, die schließlich mit der Eroberung Jerusalems enden sollte, zog sich über einen relativ langen Zeitraum, vom Winter 67/68 bis zum Sommer 70, hin. Dies überrascht angesichts der klaren militärischen Überlegenheit der Römer, die bis zu fünf Legionen einsetzten. Die Verzögerung gründete nicht etwa im Widerstand, auf den die Römer in *Israel* stießen, sondern war die Folge von *innerrömischen* Konflikten. Beide Kontrahenten - Juden und Römer - waren also neben dem Krieg noch mit innenpolitischen Machtkämpfen beschäftigt.

In Rom wurden nach dem gewaltsamen Tod Neros im Juni 68 während eines Jahres drei Kaiser nach- und nebeneinander eingesetzt und bald darauf ermordet bzw. zum Selbstmord gezwungen: Galba, Otho und Vitellius. Im ganzen Imperium herrschte Verwirrung, vor allem die Legionen versuchten, ihren jeweiligen General auf den Caesarenthron zu heben. Im Juli 69 wurde Vespasian zunächst in Ägypten, kurz darauf in Caesarea und Syrien durch seine Soldaten zum Kaiser ausgerufen. Er zog daraufhin nach Alexandria, um von dort aus den Kampf gegen Vitellius aufzunehmen. Erst am Ende des Jahres erhielt er auch vom Senat offiziell den Titel Augustus, und sechs Monate später zog Vespasian von Alexandria nach Rom. Seine Stellung dort war zunächst noch recht unsicher - war doch sein Bruder kurz zuvor ermordet worden -, so daß ihm die Propaganda des Josephus, der inzwischen zu seinem Hofhistoriographen aufgestiegen war, gerade recht kam. Seinem Sohn Titus hatte er derweil von Alexandria aus den Befehl erteilt, zur Beendigung des Krieges gegen die Juden nach Jerusalem zu ziehen, wo dieser im April 70 die Belagerung begann.

Für den jüdischen Krieg bedeutete diese Entwicklung einen Aufschub. Denn Vespasian, der die Nachricht vom Tod Neros gerade zu der Zeit erhalten hatte, als er mit den Vorbereitungen zur Belagerung Jerusalems beschäftigt war, unterbrach daraufhin alle militärischen Aktionen, um die weitere Entwicklung in Rom abzuwarten. Den Jerusalemer Juden blieb daher reichlich Gelegenheit, fast zwei Jahre lang, nämlich bis zur Ankunft des Titus und der Fortsetzung des Krieges, sich untereinander erbittert zu bekämpfen.

In Jerusalem hatte sich seit Winter 67 der aus Galiläa geflüchtete Jochanan aus Gusch Chalaw mit seinem Kontingent der Galiläer den Aufständischen angeschlossen. In der Stadt kam es bald zu Spannungen, besonders als die Jochanan-Leute einen eigenen Großpriester, einen Mann aus einfachen Verhältnissen, wählten. Bei dem folgenden Kampf zwischen den Zeloten und der „legitimen“ Großpriesterschaft stellte sich das Volk auf die Seite der letzteren. Schließlich verschanzten sich die Zeloten auf dem befestigten Tempelplatz. Unter dem Vorwand, daß die Gemäßigten zur kampflosen Übergabe der Stadt an die Römer bereit seien, sandten sie heimlich Boten an die Idumäer, um von ihnen Unterstützung zu erhalten. Diese kamen und gelangten in die Stadt. Gemeinsam besiegten sie dann die Gemäßigten und beseitigten deren Anführer, vor allem diejenigen aus Adel und Priesterschaft.

Damit lag die Herrschaft über Jerusalem ganz bei Jochanan, der sich nun als Tyrann aufführte. Josephus schildert diese Zeit in den finstersten Farben. Dennoch war Jochanan ein sehr gewandter Mann und hat sich gewiß vor anderen bei der Befestigung und Verteidigung der Stadt ausgezeichnet. Doch trotz seiner Verdienste wuchs auch unter den Zeloten der Widerstand gegen ihn. Schließlich spalteten sich die Idumäer ab, um gegen Jochanan vorzugehen. Es kam zu blutigen Kämpfen, in deren Verlauf sie die übrigen Zeloten zwangen, sich erneut auf das Tempelgelände zurückzuziehen. Die Idumäer plünderten die Schätze des Jochanan und luden im April 69 den Partisanenführer Simon bar Giora, der zu Anfang des Krieges Cestius Gallus die schwere Niederlage beigebracht und seitdem vor allem im Süden des Landes gekämpft hatte, in die Stadt ein, damit dieser die Alleinherrschaft des Jochanan beende.

Simon bar Giora ist wohl der bedeutendste messianische Führer im großen Krieg gegen Rom gewesen. Er stammte aus Gerasa, einer großen hellenistischen Stadt im Ostjordanland, wo Juden im Frieden mit einer griechischen Mehrheit zusammenlebten. Sein Beiname (GER - Beisaß) könnte darauf hinweisen, daß seine Mutter aus dem Hellenentum zum Judentum übergetreten war. Simon war ein Sozialrevolutionär, dessen Ziel eine Umkehrung der bestehenden Ordnung war. Vom Bergland aus ließ er zunächst durch Herolde den Sklaven Freiheit und den Freien Geschenke versprechen. Dann zog er in das bewohnte Land, um vor allem gegen reiche Juden zu kämpfen, die mit Rom sympathisierten.

Simon plünderte ihre Häuser und schreckte auch vor körperlichen Mißhandlungen nicht zurück. Dazu versammelte er eine Schar glühender Patrioten um sich, der neben einer stattlichen Anzahl von Bürgern auch Sklaven angehörten, „die ihm *wie einem König* folgten" (Josephus, Jüdischer Krieg 4,9,4). Bedeutsam ist, daß es Simon gelang, die Stadt Hebron, von der aus einst David seinen Weg zum Königtum über Ganz-Israel angetreten hatte, zu erobern und zu plündern. So konnte er, der keine edle Abkunft vorzuweisen hatte, seinen messianischen Anspruch begründen, indem er in die Fußstapfen Davids trat.

Wegen der Plünderungen und der Verwüstung des Landes, aber auch wegen seiner Radikalität war Simon bei den Jerusalemer Bürgern gefürchtet. Um zu verhindern, daß er mit seinen Bewaffneten in die Stadt einzog, nahmen sie seine Frau in Geiselhaft und ließen sie erst auf Grund finsterer Drohungen wieder frei. Zur Warnung tötete Simon einige Unschuldige; andere verstümmelte er, schickte sie zur Abschreckung nach Jerusalem und ließ - wie der König aus dem Gleichnis Jesu (Lk 19,27) - bekanntgeben: ebenso werde er nach der Eroberung der Stadt alle ihre Bewohner verstümmeln oder gar töten lassen.

Doch die Stimmung in Jerusalem hatte sich inzwischen gewandelt. Die Tyrannei des Jochanan wurde so lastend, daß schließlich ein Teil der Bürger (wie zuvor schon die Idumäer) sich gegen ihn stellten und im April 69 - auf Empfehlung der Großpriesterschaft - Simon bar Giora den Einzug in die Hauptstadt ermöglichten. Der Großpriester Mathias wurde zu Simon gesandt, um ihn persönlich nach Jerusalem einzuladen - eine Bitte, die dieser nicht abschlug, so daß er, von der Bevölkerung bejubelt, in die Stadt einzog.

Daher stieß Vespasian, als er im Juni 69 die Kampfhandlungen wieder aufnahm, um den unruhigen Süden zu „befrieden“, auf keinen nennenswerten Widerstand mehr. Nach kurzer Zeit war Jerusalem - neben den Festungen Mezada, Herodeion und Machärus - die einzige noch in jüdischer Hand verbliebene Stadt. Die Belagerung, die wegen der Winterpause dann allerdings erst im Frühjahr 70 kurz vor dem Pesachfest begann, leitete nicht mehr Vespasian, der schon längst wegen seiner Ausrufung zum Kaiser nach Ägypten abgezogen war, sondern sein Sohn Titus, der von Josephus begleitet wurde.

Für Simons Stellung in Jerusalem war es von großer Bedeutung, daß er in dieser Zeit höchster messianischer Drangsal nicht - wie Jochanan einst - als Flüchtling, sondern als ein im Kampfe „Bewährter“ und als offiziell eingeladener „Retter und Beschützer“ gekommen war. Das verschaffte ihm eine besondere Legitimation, wenngleich auch er nicht von allen Bürgerlichen anerkannt wurde.

Trotz aller Vorzüge gelang es Simon aber nicht, alleiniger Herrscher in Jerusalem zu werden. Er residierte zwar im Königspalast des Herodes und befehligte die ganze Oberstadt sowie beträchtliche Teile der Unterstadt. Sein Rivale Jochanan jedoch hielt noch immer den Bereich des Tempels. Außerdem hatte sich inzwischen eine kleine Gruppe von diesem abgespalten und unter Führung eines Elasar, Simons Sohn, den inneren Tempelvorhof besetzt. Diese drei Gruppierungen führten von da ab ein Jahr lang Krieg untereinander, wobei sie nicht davor zurückschreckten, Teile der Stadt und des Tempels zu verwüsten und selbst große Nahrungsvorräte in Brand zu stecken.

Mit Beginn der Belagerung durch die Römer kam es noch einmal zu einem Gemetzel in der Stadt. Elasar hatte zum Pesachfest die Tore des Tempels geöffnet. Jochanan nutzte diese Gelegenheit, um Bewaffnete in den inneren Tempelhof einzuschleusen, die Elasar überfielen und besiegten. So gab es wieder „nur“ noch zwei Parteien unter den Zeloten, die nun endlich ihren Konkurrenzkampf beendeten: Simon und Jochanan teilten sich fortan den Oberbefehl.

Dennoch gab es auch weiterhin Auseinandersetzungen unter den Juden. Aus den Kreisen der Partei, die Simon gerufen hatte, liefen immer wieder

Menschen ins Lager des Titus über. Am bekanntesten ist die Legende von Rabban Jochanan ben Sakkai, dem späteren Begründer des Lehrhauses zu Jawne, der sich von seinen Schülern in einem Sarg durch die feindlichen Linien tragen ließ.

Auch Mattathias, von großpriesterlicher Abstammung, ein früherer Freund Simons, wurde verdächtigt, zum Gegner überlaufen zu wollen. Darum ließ ihn Simon mitsamt seinen Söhnen töten. An dem vermeintlichen Verrat war auch der Vater des Josephus beteiligt. Kein Wunder darum, daß Josephus den Simon als zornig, haßerfüllt und menschenverachtend darstellte - wohingegen sich Simon selber wohl als Vollstrecker des messianischen Königsrechtes im Auftrag Gottes verstanden hat.

Obwohl die vereinigten Aufständischen verwegene Heldentaten vollbrachten, war der Vorteil klar auf Seiten der Römer, die mit ungefähr 25.000 Mann sowie zahlreichen Hilfstruppen die Stadt umringt hatten. Allerdings galten die Stadt Jerusalem und ihr Tempel als Eigentum Gottes und darum uneinnehmbar, so daß einzelne Römer, die diesen Glauben teilten, zu den Juden übergingen (Cassius Dio, Römische Geschichte 66,5,4).

Von Norden her bereitete Titus den Angriff vor: er ließ Wälle errichten, Wurfmaschinen und Mauerbrecher aufstellen. Nach zwei Wochen fiel die nördlichste, die dritte, fünf Tage später die zweite Mauer und die Vorstadt Betesda. Die Verteidiger, obwohl bereits erschöpft, unternahmen Ausfälle und verbrannten die römischen Belagerungsmaschinen.

Anfang Juli befahl Titus, einen geschlossenen Belagerungswall zu errichten, um die Stadt auszuhungern. Aufgrund der vorangegangenen Vernichtung vieler Vorräte zeigten sich bald die ersten Erfolge. Im selben Monat wurde die Festung Antonia von den Römern erobert und zerstört. Am 17. Tammus (Ende Juli oder Anfang August) mußten die täglichen Opfer im Tempel - wohl aus Mangel an Tieren - aufgegeben werden. Mit der Einstellung des Kaiseropfers hatte einst der Krieg begonnen, mit der Einstellung der für Israel bedeutsamen Opfer hatte der Tempel, dieses Symbol des Widerstandes, im Grunde seine messianisch-zelotische Relevanz verloren.

Kurz danach erfolgte der Sturmangriff auf den von Jochanan verteidigten Tempelplatz. Direkt vor dem Fall trat ein Prophet auf: das Volk werde am Heiligtum die Zeichen der Erlösung empfangen (Jüdischer Krieg 6,5,2). Doch schon am 9. Aw ging der Tempel in Flammen auf. Josephus stellt - gemäß seiner allgemeinen, römerfreundlichen Tendenz - das Geschehen so dar, als habe Titus versucht, den Tempel zu retten. Nach Tacitus dagegen soll gerade Titus gesagt haben, „daß vor allem der Tempel zu zerstören sei ... Wenn man die Wurzel beseitige, werde der Stamm leicht umkommen“ (Historienfragmente 2).

Viele (vor allem Priester) stürzten sich in die Flammen. Andere, darunter auch Jochanan, flohen in die Oberstadt, dem einzigen Teil Jerusalems, der sich noch unter jüdischer Kontrolle befand. Dort hatte Simon bereits mehrfach römische Angriffe erfolgreich abgewehrt. Erst am 8. Elul (im September), also nach einer Belagerung von insgesamt fünf Monaten, war ganz Jerusalem in römischen Händen. Dennoch konnten sich etliche Zeloten, darunter auch die beiden Anführer, versteckt halten.

Die Römer schleiften nun den Tempelberg, diese imposante Festung mit ihrer hohen Mauer und den Türmen, bis auf Reste, die der Erinnerung dienen sollten. Ganz Jerusalem ward geplündert, verbrannt, zerstört. Viele Juden wurden getötet oder in die Sklaverei verkauft. Auch Jochanan geriet schließlich in Gefangenschaft und wurde - nachdem er um Gnade gebeten hatte - zu lebenslangem Kerker verurteilt.

Doch noch immer verbargen sich Simon und einige seiner vertrauten Krieger in unterirdischen Gängen des in Trümmern liegenden Tempelberges. Erst nachdem sich der wohl zunächst geplante Versuch, von dort aus zu fliehen, als aussichtslos erwies, ergab er sich den Römern. Allerdings wußte er seinen letzten Auftritt als freier Mann wie eine Epiphanie zu inszenieren: Simon trat hervor aus der Tiefe und der Verborgenheit; aus Dreck und Asche erschien er - angetan mit strahlend weißem Mantel, darüber einen königlichen Purpur gebreitet - plötzlich zwischen den Tempelruinen, als ob er dem Inneren der Erde entstiege. Als Fürst und königlicher Messias stand er vor der erstaunten römischen Wache und befahl ihr, den Kommandanten zu rufen. Der kam dann auch und ließ Simon in Ketten legen.

In diesem Augenblick, da alles Menschentun am Ende war, sollte Gott endlich selber eingreifen und doch noch alles zum Guten wenden. Dieser dramatische Auftritt ist erfüllt von währender Hoffnung, gerade weil von Menschenseite nichts mehr zu erhoffen ist: Jetzt, jetzt erst recht wird Israel die große Freiheit gewinnen. Durch sein letztes Wagnis wollte Simon Gott zwingen, aus seiner Verborgenheit hervorzutreten, sein Reich, seine Kraft und Herrlichkeit vor aller Welt zu demonstrieren. Doch wieder einmal hat Gott die Herausforderung nicht angenommen, wohl aber die Römer.

Simon, und mit ihm Jochanan, wurde als der wichtigste Gefangene im Triumphzug von Vespasian und Titus in Rom mitgeführt. Nach der Militärparade, die den Tag einleitete, begann die eigentliche Schau: die Vorführung der Besiegten und der Beute, darunter die im Titusbogen abgebildete Menora des Tempels. Die jüdischen Gefangenen waren bunt gekleidet (und nicht, wie sonst, in unansehnliche und demütigende Anzüge gehüllt): Spuren von Entbehrungen und Mißhandlungen sollten verdeckt werden und sogar die Besiegten noch am Glanz der „Größe des Imperiums“ teilhaben.

Einzig Simon war von diesem äußeren Glanz ausgeschlossen. Allein er hatte weder Gestalt noch Schöne, er war der allerverachtetste, voller Schmerzen, die Strafe lag auf ihm; wie ein Schlachtopfer (Jüdischer Krieg 6,9,3) trug er einen Strick um den Hals, mit dem er am Ende erwürgt werden sollte. Während des gesamten Zuges auf dem Weg zur Richtstätte wurde er gegeißelt. Dann führte man ihn zum Forum und erdrosselte ihn dort. Erst als die Kunde von seiner stattgehabten Tötung eintraf, brach der ungestüme Jubel aus und erfolgten Opfer und Gebete - als Höhepunkt der ganzen Feierlichkeit. So ist Simon bar Giora zum leidenden Messias für Israel geworden. Er begab sich in die äußerste Gottverlassenheit und starb im Wissen darum, daß sein Tod Verdienst für Israel bewirke.

Josephus, der nach der Eroberung Jerusalems mit Titus nach Rom gegangen war, sah von der kaiserlichen Tribüne aus ein letztes Mal seinen langjährigen Rivalen Jochanan sowie den letzten Weg des Simon bar Giora. Auf einem kaiserlichen Landgut schrieb er bald darauf im Auftrag des flavischen Kaiserhauses - er durfte sich nun Flavius Josephus nennen - die Geschichte des jüdischen Krieges. Mit diesem zunächst auf Aramäisch geschriebenen, aber nur auf Griechisch erhaltenen Buch wollte er die Juden davon überzeugen, daß zukünftig jeder Widerstand gegen Rom zwecklos sei. Allerdings sollte seine Warnung im Leeren verhallen. Denn schon wenig später erhob sich die jüdische Diaspora zu einem neuen Aufstand.[1]

Mit dem Fall Jerusalems war der römisch-jüdische Krieg entschieden. Doch noch immer waren die drei Festungen Herodeion, Machärus und Mezada von Zeloten besetzt, wurden aber von den Römern nach und nach erobert. Im April des Jahres 73 - also volle drei Jahre nach Beginn der Belagerung Jerusalems - starben dann auf Mezada die letzten Aufständischen mitsamt ihrem Anführer Elasar ben Jaïr durch Massen-Selbstmord.

Damit war der Krieg zuende. Seine Folgen für Israel waren verheerend: das Land, die Wälder und Felder zerstört, die Stadt und ihre Mitte - da Seine Ehre wohnt - verbrannt und geschleift; die Menschen getötet, auf Galeeren und in Bergwerke verschleppt oder Opfer der Kampfspiele im Zirkus. Die Großpriesterschaft war mit dem Tempel untergegangen, die einfache Priesterschaft arbeitslos.

Im gesamten römischen Reich wurden auf Geheiß der Flavier-Kaiser Judäa-Capta-Münzen („das gefangene Judäa“) geprägt, auf denen die gedemütigte Judäa vor einem stolz aufgerichteten Legionär hockt - wohl die Vorbilder für die Synagoga-Ekklesia-Darstellungen an mittelalterlichen Kirchenportalen. Nie zuvor hatten römische Kaiser so viele Münzen aus

[1] Dazu das Kapitel „Messianische Unruhen in der Diaspora während der Trajanszeit“.

Anlaß eines bestimmten Ereignisses herstellen lassen. Die Jerusalemer Tempelsteuer wurde durch den geschäftstüchtigen Vespasian zum fiscus Judaicus umfunktioniert, so daß alle jüdischen Männer direkt zum Opfer für den Jupiter Capitolinus von Rom beitragen mußten.

Vespasian, aus einfachen bäuerlichen Verhältnissen stammend, hat sich übrigens auch sonst als Finanz-Genie einen Namen gemacht, ja sogar der eigene Sohn soll ihm Habgier vorgeworfen haben. Am meisten Spott hat damals herausgefordert, daß er auch eine Kloakensteuer erheben ließ (Sueton, Leben der Caesaren, Über Vespasian 16 und 23) - weshalb der Satz „Geld stinkt nicht“ zum geflügelten Wort wurde. (Öffentliche Bedürfnis-Anstalten hießen später im Französischen übrigens „Vespasiennes“.)

Das Israel-Land wurde enteignet und von Vespasian teils an die vormaligen, jüdischen Eigentümer teuer verpachtet, teils auch - als eine Art Pension - an Veteranen vergeben. Euseb berichtet außerdem davon, daß der Kaiser eine Judenverfolgung veranlaßte, mit dem Ziel, alljene, die aufgrund ihrer Abstammung Anspruch auf das Königtum in Israel erheben könnten, zu töten (Kirchengeschichte 3,12). Im selben Jahr wurde auch der jüdische Tempel zu Leontopolis in Ägypten, der seit der Makkabäerzeit bestanden hatte, von den Römern zerstört, um zu verhindern, daß er zu einem Sammelpunkt flüchtiger Zeloten werde.

Doch noch immer schwelte unter der Asche das Feuer messianischer Glut. Davon zeugen jüdische und christliche Apokalypsen aus dieser Zeit sowie Verdächtigungen und Verfolgungen, die einen Höhepunkt unter Domitian erreichten (Euseb, Kirchengeschichte 3,10 und 3,17-20). All das zeigt, daß die Flavier nicht Freunde und Gönner, sondern - wie die gesamte von Judenfeindschaft erfüllte heidnische Umwelt damals - Gegner der Juden waren, auch wenn Josephus in seinem Erstlingswerk über den jüdischen Krieg Vespasian und Titus tendenziös als Judenfreunde verzeichnet. Ein realistischeres Bild der Lage gab er in seiner späteren Schrift „Gegen Apion“, in der er den antiken Judenhaß ausdrücklich thematisiert und das Judentum vehement gegen alle Vorurteile und Feindschaft verteidigt.

Jochanan ben Sakkai und Gamliel II. - Aufbau aus dem Untergang

Für die meisten christlichen Forscher gilt die Geschichte des Judentums mit der Zerstörung Jerusalems und des zweiten Tempels als beendet. Doch das Gegenteil ist richtig! Zwar gilt diese Zeit als die notvollste, welche Juden in der Antike erlebten; und bis heute wird im Festjahrzyklus an TISCHA bAW, dem 9. Aw, der Zerstörung Jerusalems gedacht. Dennoch ist sogar dieses Ende wieder zu einem neuen Anfang geworden.

Jochanan ben Sakkai, wohl der bedeutendste Schülers-Schüler Hillels und als solcher ein Vertreter der Friedenspartei, hatte sich bereits früh sowohl vom Tempel-Mißbrauch der Priesterschaft als auch von den wahnwitzigen Umtrieben zelotischer Messiasse distanziert. Und zu der Zeit, da auch Jesus den Tempel angriff, soll er dessen Zerstörung angekündigt haben. Nachdem er sich aus dem belagerten Jerusalem im Sarg hatte herausschmuggeln lassen, erbat sich Jochanan von Titus die Erlaubnis zum Aufbau eines Lehrhauses und versammelte in Jawne den Rest derer, die bereit waren zum friedlichen Neubeginn, um mit ihnen unter veränderten Bedingungen wieder einen Sanhedrin, einen Hohen Rat, zu bilden. Wie einst Esra und wie dann später Hillel angetreten waren, um die Tora in Israel wieder stark zu machen, so hat Jochanan das Judentum nach dem verhängnisvollen Überschwang an Geist mit all seinen furchtbaren Folgen wieder in die nüchterne Wirklichkeit der hiesigen Welt zurückgeholt.

Die Synode zu Jawne beriet und beschloß, das Zelotische und Messianische für die Zukunft unwirksam zu machen und das Leben mit und aus der Tora erneut ins Zentrum zu rücken:

Der Umfang der Bibel - bestehend aus den Büchern, welche für die Verlesung in der Gemeindeversammlung bestimmt waren - wurde diskutiert und festgelegt. *Nicht* kanonisiert wurden etwa die Makkabäerbücher wegen ihrer Verherrlichung des Kriegs. Gerade solche bei Seite gelassenen Texte aber schätzten die *Christen* besonders hoch, die ja überhaupt nicht die hebräische, sondern die griechisch-hellenistische Texttradition mitsamt den Schriften des Josephus und des Philon übernahmen, während die Juden damals den Tag, an dem die Septuaginta mit ihren universalistischen Tendenzen fertiggestellt wurde, als schwarzen Tag bezeichneten. Nach dem Wegfall der *politischen* Eigenständigkeit war die Besinnung auf die eigene *Kultur* die einzige Möglichkeit, den Zusammenhalt des jüdischen Volkes zu wahren und nicht im allgemein Hellenistischen aufzugehen.

Die Gelehrten begannen, die Mischna, den Grundbestand des Talmud, niederzuschreiben. Vor allem priesterliche Bestimmungen in bezug auf den Tempel wurden festgehalten, mit dessen baldigem Wiederaufbau damals noch gerechnet wurde. So entstand in den folgenden Jahrzehnten (parallel zum Neuen Testament der Christen) in bewußter Einseitigkeit eine gemeinde-eigene, a-messianische und anti-messianische Literatur, in der man wichtige mündliche Überlieferungen sammelte, die mit der Zerstörung des Tempels verloren zu gehen drohten.

Mit dem Traktat Edujot („Zeugnisse") wurde die Mischna begonnen: „Als zwei Weber vom Misttor zu Jerusalem kamen und im Namen Schmajas und Awtaljons bezeugten, daß drei Log geschöpften Wassers das Taufbad untauglich machen, bestätigten die Weisen ihre Aussage" (Mischna Edujot 1,3). Zur Überbrückung des durch Messianismus und politische Katastrophe entstandenen Grabens wurden Zeugen aus sehr früher Zeit - in diesem Fall zwei Lehrer Hillels - beigebracht, um an die alten Bräuche und Vorschriften zu erinnern. Auf diese Weise wurde das Leben wieder auf eine nüchterne und verläßliche Grundlage gestellt. Doch man berief sich nicht nur auf die alten Traditionen, man hob auch manche von ihnen auf und fügte neue hinzu, den neuen Lebensumständen entsprechend.

Außerdem bestimmte Gamliel II. das Verhältnis zwischen den innerpharisäischen Gruppierungen neu. Während in der Zeit des Aufstandes die mit den Zeloten sympathisierende Schammai-Gruppe das Wort geführt hatte, galt jetzt und weiter nur noch, was von den gemäßigten Hillel-Schülern kam, als von Rechts wegen verbindlich.

Schließlich drängten die Lehrer Israels alle Gruppen, die weiter am Messiastum (in welcher Form auch immer) festhielten, konsequent ab, indem sie bei der Festsetzung der synagogalen Liturgie im Auftrag Gamliels II. den Ketzerspruch in den Achtzehnsegen einfügten. Damit war auch das Schicksal der an Jesus glaubenden jüdischen NOZRIM besiegelt, die zwar in der Vielfalt des Judentums vor dem Jahre 70 toleriert werden konnten, nun aber untragbar wurden. Im Gedächtnis Israels hatte sich tief eingeprägt: wie das Messiastum mit Gewalt und Krieg, mit Not und Tod zu tun hat, so der Toragehorsam mit Freude und Frieden, mit Gesundheit und Leben. Das ist wohl der letzte und zureichende Grund für das laute jüdische Nein gegenüber dem Messianischen allgemein und dem „Christlichen", das ja per definitionem messianisch ist, im Besonderen.

Messianische Unruhen in der Diaspora während der Trajanszeit

Nach dem Ende des ersten jüdischen Kriegs und der Gründung des Lehrhauses zu Jawne kam die Judenheit dennoch nicht zur Ruhe. Die Spannungen, die schon unter Domitian im Ausgang des ersten Jahrhunderts zugenommen hatten, steigerten sich während der Regierungszeit des Kaisers Trajan zu bewaffneten Auseinandersetzungen. Allerdings ist aufgrund der Quellenlage über diese Ereignisse nur sehr Allgemeines bekannt.

Unter Trajan (98-117 d.g.Z.), der eine gezielte Expansionspolitik betrieb, erreichte das Römerreich seine größte Ausdehnung. Auf dem Weg nach Indien kam es zu Kämpfen zwischen den Truppen Trajans und dem Parther-Reich im nördlichen Zweistromland, an denen zahlreiche Juden der blühenden babylonischen Diaspora auf persischer Seite wesentlich beteiligt waren.

Ihrem Beispiel folgend schlossen sich im Jahre 115 viele Juden der westlichen Diaspora - vor allem die Gemeinden in Ägypten, der Kyrenaika und auf Zypern - dem Aufstand gegen Rom an und begannen einen erbitterten Krieg gegen die heidnische Mehrheit ihrer Mitbewohner. Zahlreiche Papyrus-Funde deuten darauf hin, daß es auch an anderen Orten zu Unruhen kam. Einzelne Nachrichten aus Talmud und Midrasch (etwa Mechilta de Rabbi Jischmael, Abschnitt WAJEHI BESCHALACH, Kap.3 zu 2.Mose 14,13; tib Suk 5,1,55b) bekunden außerdem, daß die Aufständischen auf Unterstützung durch die Judenheit des Israel-Landes hofften, mit der sie wohl in Verbindung standen.

Der neuerliche Krieg war - im Gegensatz zum Aufstand der Jahre 66 bis 70 - wohl vorbereitet und straff organisiert von einem Mann namens Andreias (nach Euseb hieß er Lukuas), den die kyrenäischen Juden zum König ausgerufen hatten. Dieser König ist wohl auch in einem fragmentarischen Papyrus gemeint, in dem berichtet wird, daß der römische Präfekt Alexandrias von den Juden gefordert hatte, ihren „Theaterkönig" auszuliefern. Es kam zu Mißhandlungen von Juden, worauf diese sich mit einer Beschwerde an den Kaiser wandten, allerdings ohne Erfolg.

Der Aufstand in Alexandria war wenig erfolgreich; vom Kriegsglück begünstigt dagegen waren die Juden in der Kyrenaika und auf Zypern. Sie zerstörten nicht nur die heidnischen Heiligtümer, sondern töteten auch zahlreiche - nach dem Historiker Cassius Dio beinahe eine halbe Million - Menschen, so daß manche Gebiete fast entvölkert waren und neu besiedelt werden mußten. In der antiken Berichterstattung ist von grauenvollen (und sicher übertriebenen, dem Fundus der damals üblichen Kriegspolemik entnommenen) Szenen die Rede: So sollen die Juden das Fleisch der getöteten Feinde gegessen, sich mit deren Blut bestrichen und ihre Häute übergezogen haben.

Nach den anfänglichen jüdischen Erfolgen sandte Trajan unter der Führung eines seiner fähigsten Feldherrn, Marcius Turbo, neue Truppen in den Westen. Im Zweistromland befehligte ein gewisser Lucius Quietus, nach dem der Krieg auch Kitos-Krieg genannt wurde und den der Kaiser als seinen Nachfolger vorgesehen hatte, den Kampf gegen die Juden. So gelang es schließlich, den Aufstand blutig niederzuschlagen.

In der Folge rächten sich die Römer und Hellenen für die großen Verluste, die ihnen die Juden beigebracht hatten, auf furchtbare Weise. Ganze Gemeinden wurden ausgelöscht, die Große Synagoge Alexandrias - das prächtigste religiöse Gebäude der jüdischen Welt nach der Zerstörung des Tempels - in Schutt und Asche gelegt. So verlor das jüdisch-alexandrinische Zentrum seine Weltbedeutung. Außerdem war es keinem Juden mehr gestattet, die Insel Zypern auch nur zu betreten.

Allein in Judäa dauerten die Unruhen an. Daher sandte Trajan den Quietus nach dessen Erfolgen im Zweistromland als Prokurator dorthin. Trajan selbst starb kurz darauf. Ihm folgte im Jahr 117 jedoch nicht Quietus, sondern Hadrian auf den Kaiserthron, der seinen Konkurrenten bald als Verschwörer hinrichten ließ.

Schimon bar Kochba - Aufgang und Absturz eines Sterns

Kaum anderthalb Jahrzehnte nach den Unruhen in der jüdischen Diaspora brachen erneut gewaltige Kämpfe aus, diesmal wieder und allein im Israel-Land. Es scheint, daß mit jedem Aufstand sich die Erbitterung gesteigert hat.

Kaiser Publius Aelius Hadrianus (117-138) hatte aus nüchternen Erwägungen die Expansionspolitik seines Vorgängers Trajan aufgegeben und sich aus einigen Ostprovinzen zurückgezogen. Er kümmerte sich vor allem um die innere Sicherheit des römischen Reiches, etwa durch die Errichtung von Grenzwällen. Rom erlebte damals eine Blütezeit - recht anders das Israel-Land, das in den Jahren 132-135 durch einen entsetzlichen Krieg verwüstet wurde.

Die Nachrichten über diesen Aufstand sind spärlich. Denn im Unterschied zum ersten Krieg gegen Rom ist, weil es keinen Historiker vom Format des Josephus in dieser Zeit gegeben hat, weder Grund noch Anlaß, weder Dauer noch Verlauf, nicht einmal die geographische Ausdehnung dieses großen Krieges genau bekannt. Erst drei Generationen später hat der römische Schriftsteller Cassius Dio (im 69. Abschnitt seiner Geschichte Roms) darüber berichtet. Die in den Höhlen von Wadi Murabaat und Nachal Chewer am Toten Meer gefundenen Originaltexte, darunter einige Briefe, die von Bar Kochba selber stammen, bringen ebenfalls nichts Näheres über Ursache, Anfang, Verlauf oder Ende des Aufstandes. Es gibt in diesem Zusammenhange fast nichts, was von Gelehrten nicht behauptet oder bestritten würde - außer der Tatsache, daß dieser Krieg stattgehabt hat, daß Bar Kochba der Anführer war und daß alles ein schreckliches Ende genommen hat.

Weil die Juden im Israel-Land unter Lucius Quietus viel gelitten hatten, erweckte seine Hinrichtung durch Hadrian die Hoffnung auf eine bessere Zukunft, zumal eine weit verbreitete Verheißung des sibyllinischen Orakels (5,46-50) auf Hadrian anzuspielen schien: „Es wird herrschen ein Mann silbernen Hauptes; er wird den Namen von einem Meere haben. Er wird ... der allerbeste Mann sein und alles kennen: Unter dir, Allerbester, Allervortrefflichster, dunkel Gelockter und unter deinen Zweigen wird dies geschehen alle Tage". Das „Meer" deutete man als Adria, so daß die Assoziation mit „Hadrian" nahe lag.

Manche meinen, Kaiser Hadrian habe damals den Juden die Erlaubnis gegeben, ihren jüdischen Tempel wieder aufzubauen. Das hätte dann messianische Begeisterung zur Folge gehabt, die schließlich zum Krieg führte. So heißt es etwa in Bereschit Rabba 64,10 (zu 1.Mose 26,28): „In den Tagen Jehoschuas, Chananjas Sohn, befahl die frevelhafte Regierung, daß das Heiligtum erbaut werde.“ Da es sich um einen Midrasch handelt und zudem der Name des Kaisers nicht genannt wird, ist eine historische Zuordnung allerdings schwierig.

Andere vermuten, daß der Plan des Kaisers, Jerusalem in eine hellenistische Stadt mit heidnischen Bildern und Tempeln zu verwandeln, den Widerstand eines Teils der jüdischen Bevölkerung provoziert habe. Tatsächlich hielt sich Hadrian, der weite Teile seines Reiches bereiste, um 130/131 in Kleinasien, Syrien und Ägypten auf, wo er als Baumeister hervortrat und viele Städte gründete. Dabei hat er, nach Cassius Dio (Römische Geschichte 69,12,1), auch den Befehl gegeben, an der Stelle des noch immer in Trümmern liegenden Jerusalem mit seinem zerstörten Heiligtum eine hellenistische Stadt zu bauen.

Der Kirchenhistoriker Euseb behauptete im Gegensatz zu Cassius Dio (allerdings anderthalb Jahrhunderte später und wohl in judenfeindlicher Absicht), daß zuerst der Aufstand ausgebrochen und dann - als Folge und Ergebnis der verheerenden Niederlage, gleichsam als Strafe für die Juden - Aelia Capitolina von Hadrian gebaut worden sei.

Manche Forscher haben versucht, die beiden Theorien miteinander zu harmonisieren, indem sie vermuten, Hadrian habe zwar zu bauen begonnen und eben damit die Hoffnungen der Juden auf Wiederherstellung ihres Tempels gestärkt. (Darauf könnte auch die textkritisch unklare Stelle im zeitgenössischen Barnabas-Brief Kapitel 16,1ff hinweisen, wo vielleicht davon die Rede ist, daß die Juden mit Hilfe der Römer den Bau angefangen hatten.) Als Hadrian sie dann aber enttäuschte, indem er eine griechische und eben keine jüdische Stadt erbauen ließ, sei die Stimmung bei frommen Juden umgeschlagen in bitteren Zorn und habe damit den messianischen Krieg bewirkt.

Ein weiterer Anlaß für den Aufstand könnte ein Erlaß Hadrians gewesen sein, durch den die Beschneidung verboten wurde. Der römische Schriftsteller Spartian berichtete in seiner Historia Augusta (Hadrian 14,2), daß die Juden zu jener Zeit einen Krieg führten, weil ihnen verboten worden sei, ihre Genitalien zu verletzen. Wahrscheinlich hat Hadrian damals ein allgemeines, nicht speziell gegen Juden gerichtetes Kastrationsverbot, das schon aus der Zeit des Kaisers Domitian datierte, so verschärft, daß auch die Beschneidung darunter fiel, und die Übertretung mit dem Einzug der Güter und der Todesstrafe bedroht. Auch manche jüdische Quellen setzen ein solches Verbot voraus. Ganz entsprechend heißt es außerdem im christlich-antijüdischen Barnabas-Brief (Kap.9,4): „Auch die Beschneidung, auf die Juden ihr Vertrauen setzen, ist zunichte gemacht".

Dabei war es wohl nicht Hadrians Absicht, die Juden gezielt zu provozieren. Er hat als guter Hellenist die Beschneidung, die nicht nur unter Juden verbreitet war - auch bei anderen Völkern war sie üblich und schon verschiedentlich von den Römern verboten oder eingeschränkt worden -, überhaupt für einen barbarischen Brauch gehalten. Und wahrscheinlich haben Juden teilweise die hadrianische Hellenisierungspolitik akzeptiert und sogar begrüßt. Die Assimilation mancher Juden war sogar so weit fortgeschritten, daß sie sich - wie einst zur Zeit des Antiochus IV. Epiphanes - von Schönheits-Chirurgen wieder eine Vorhaut anbringen ließen. Außerdem ist Hadrian damals bei seinen Reisen auch von (ehemaligen) Juden als RESTITUTOR (Wiederhersteller) und SOTER (Retter) begrüßt worden: viele Städte im Israel-Land gaben sich damals den Beinamen Hadrian und datierten ihre Münzen nach seiner Ära. So nannte sich Zippori, die größte Stadt des Galil, schon um 129 Diocaesarea, und in Tiberias wurde ein Hadrianeum gebaut. Auch Hadrians Vorschlag, Jerusalem als hellenistisch-römische Kolonie zu neuem Leben zu erwecken, mag von manch einem Juden lebhaft begrüßt worden sein.

Nur von streng Tora-Treuen ist die Politik Hadrians wohl als gezielte Provokation verstanden worden. Sie vor allem haben mit dem Aufstand geantwortet. Andere, Gemäßigtere, sind dann erst im Laufe der Zeit (teils wohl unter Druck und Zwang) zu den anti-römischen Zeloten übergegangen. Damit wäre der Bar Kochba-Krieg (wie einst der Kampf der Makkabäer) zumindest in seiner Anfangsphase auch als ein innerjüdischer Kulturkampf zu verstehen.

Was immer letztlich zum Krieg geführt haben mag - sicher ist, daß durch die Ereignisse zelotisch-messianische Kreise, die nach dem Scheitern der früheren Aufstände zurückgedrängt worden waren, wieder neuen Auftrieb bekamen: ging es doch um das Leben gemäß der Tora und um den jüdischen Tempel, Zentrum der heiligen Stadt und des Israel-Landes!

Erst mit zwei Jahren Verspätung - Hadrian hatte sich längst anderen Teilen seines Reiches zugewandt - brach der Aufstand, dann allerdings schlagartig los. Diesmal waren die Juden aufs beste vorbereitet und konnten den Römern zunächst einige schwere Niederlagen zufügen, standen sie doch unter einem in seiner Messianität fast unbestrittenen Anführer: Schimon bar Kochba.

Von Schimon selber ist wenig bekannt. Im Talmud wird zwar einmal versucht, seine Herkunft auf David zurückzuführen. Und im 12. Jahrhundert hat Abraham ibn Daud sogar von einer ganzen Kosiwa-Dynastie berichtet, aus der in drei Generationen - von der Zeit Domitians bis in die Tage Hadrians - nacheinander drei Messiasse hervorgegangen seien. Auch Raschi, der berühmteste mittelalterliche Talmud-Kommentator, hat behauptet, Bar Kochba stamme von den Königen des Herodeshauses ab. Aber das alles sind eher gelehrte Phantasien als zureichende geschichtliche Erweise.

Auch über Bar Kochbas Persönlichkeit wissen wir nur Legendarisches. So wird (etwa in Echa Rabba 2,4 zu Klgl 2,2) mit blumigen Worten seine ungewöhnliche Kraft beschrieben: diese habe darin bestanden, daß er kriegerische Wurfgeschosse mit seinem Knie auffing, zurückwarf und dadurch sogar einige Gegner tötete. Auch in der christlichen Literatur finden sich entsprechende, ebenfalls polemisch verzerrte Bemerkungen, wenn es etwa bei Hieronymus heißt: „Gerade wie jener Bar Chochabas, der Anstifter der jüdischen Erhebung, der einen in seinem Munde angezündeten Strohhalm durch seinen Atem anfachte, so daß der Eindruck entstand, er speie Flammen“ (Gegen Rufin 3,31).

Ein anderer, deutlich polemischer Text (der auf Ri 7 anspielt) schildert das übertriebene Selbstbewußtsein Schimons und seiner Anhänger, ja ihre Hybris: „In der Stunde, da sie (Bar Kochba und seine Leute) in den Krieg zogen, sagten sie: Hilf uns nicht, aber quäle uns auch nicht! Das ist, was geschrieben steht (Ps 60,12): *Hast du, Gott, uns nicht verstoßen? So zieh auch nicht aus, Gott, mit unseren Heeren*“ (Echa Rabba 2,4 zu Klgl 2,2).

Der Führer des zweiten großen Aufstandes gegen Rom tauchte ebenso plötzlich und geheimnisvoll aus dem Dunkel der Geschichte auf, wie er nach der Katastrophe wieder darinnen verschwunden ist. Sogar vom Beinamen Schimons und seiner Aussprache gibt es erst seit den Brieffunden vom Toten Meer sichere Nachricht. Dort nennt er sich selber Kossba bzw. Kossewa (mit SAMÄCH, einem scharfen s, selten auch mit SIN)[1].

Die Tradition dagegen kennt verschiedene andere Formen: In den jüdischen Quellen, die nach Schimons Scheitern entstanden sind und ihn verächtlich machen wollen, heißt er durchweg BEN oder BAR KOSBA bzw. KOSIWA (mit SAJIN, einem stimmhaften s)[2], „Sohn der Lüge“.

Allein in christlichen Texten hat sich - in griechischer Umschrift - der Name BARCHOCHEBAS erhalten, der dem aramäischen BAR KOCHBA[3], „Sternensohn“, entspricht. Von jüdischen Quellen bewußt verschwiegen,

[1] כוסבא

[2] כוזבא oder כוזיבא.

[3] Βαρχωχεβας - בר כוכבא.

ist Schimon dennoch unter diesem Namen allgemein bekannt geworden, auch bei Juden. Alle drei Bezeichnungen klingen ganz ähnlich. Es ist deutlich, daß mit diesen verschiedenen Klängen bewußt „gespielt" worden ist. Dazu eignet sich das Hebräische besonders gut, da ja bloß die Konsonanten geschrieben und die Vokale je nach Bedarf (beim Sprechen) zugefügt werden.

Die Bezeichnung „Sternensohn" ist ein messianischer Ehrenname, den Schimon - und das ist typisch für alles Messiastum in Israel - nie für sich selbst gebrauchte, der ihm vielmehr von seinen Anhängern und Mitstreitern verliehen worden ist. Allerdings ist es wohl kein Zufall, daß auf manchen von Bar Kochba geprägten Aufstandsmünzen, die den Tempel zeigen, oberhalb der Tempelfassade ein Stern abgebildet ist. Zum Sternensohn wurde Schimon zum einen in Anklang an seinen Herkunftsnamen, zum anderen in Anspielung auf 4. Mose 24,17, wo der heidnische Prophet Bilam verheißt: „Aufgeht ein Stern aus Jakob, aufsteht ein Stab aus Israel. Er zerschmettert die Schläfen Moabs, er wirft nieder alle Söhne Sets". Dieser Vers ist von fast allen jüdischen Gruppen damals in messianischem Sinne verstanden worden.

Der Titel Messias (oder messianischer König) allerdings erscheint weder auf Dokumenten noch in Briefen oder auf Münzen. Nur in der (späteren) talmudischen Literatur kommt er an zwei Stellen ausdrücklich vor (tib Taanit 4,8,68d und Sanhedrin 93b), wird aber sofort bestritten. Dagegen erscheint auf Münzen (allerdings nur auf denen des 1. Aufstandsjahres) sowie in manchen Briefen als offizieller Titel Bar Kochbas der Ausdruck NASI, gewöhnlich mit „Fürst" übersetzt. (Übrigens wird auch der Präsident des modernen Staates Israel NASI betitelt.) Da Bar Kochba weder königlicher noch priesterlicher Herkunft war, wählte er wohl diesen alten und ehrwürdigen Titel, den die Anführer der zwölf Stämme getragen hatten (oft in 4.Mose in den Kapiteln 2; 7 und 34). Übrigens haben auch die Protestpriester von Kumran auf den „NASI der (ganzen) Gemeinde" gewartet, der „alle Söhne Sets zerschmettert" (Damaskus-Schrift VII,19ff in Auslegung von 4.Mose 24,17).

Der Prophet Hesekiel, der einst vom babylonischen Exil aus einen Bauplan für den neuen Tempelstaat im Israel-Land entworfen hatte, stellte in seinem Programm ausführlich die Aufgaben des NASI bei der Neuorganisation der Israelgemeinde dar. Zunächst hatte Hesekiel zwar eine Führergestalt aus der Davids-Dynastie erwartet, die über den wiedervereinigten Zwölfstämmebund herrschen sollte: „mein Knecht David wird ihr NASI sein für immer" (Hes 37,25). Aber im locus classicus mit der Aufgabenbeschreibung des NASI - in der Vision vom neuen Tempel und dem Gottwohlgefälligen Dienste darin (Hes 40ff) - fällt auf, daß im Zusammenhang mit dem NASI die Davidslinie nicht mehr erwähnt wird. Es scheint gemäß diesem Text, als ob Gott wegen der Schuld der Davidsnachfahren am Niedergang Israels mit dem NASI einen Neuanfang setzen wollte, was diesen Titel natürlich besonders attraktiv machte für einen Emporkömmling wie Bar Kochba.

Weil Schimon „von Haus aus" keine besondere Qualifikation mitbrachte, die seinen Führungsanspruch hätte begründen können, war er darauf angewiesen, daß ein Anderer, ein Angesehener diesen Anspruch öffentlich unterstützte, indem er das aussprach und bezeugte, was zwar andere ebenfalls hofften, aber nicht zu sagen wagten. Im Talmud wird berichtet, Rabbi Akiwa, der bedeutendste Lehrer seiner Zeit, habe als messianischer Prophet Schimon gleichsam offiziell als Messias bestätigt: „Rabbi Akiwa sagte nämlich, als er den Bar Kosba sah: Dieser ist der König Messias" (tib Taanit 4,8,68d).

Vor dem messianischen König steht Rabbi Akiwa als messianischer Prophet, der als Zeiger und Zeuge in diesem gesamtmessianischen Prozeß so unverzichtbar wichtig war wie Petrus für Jesu Messiastum. Die Talmudstelle ist demnach eine exakte Parallele zu dem Bericht von Mt 16, der dadurch in seiner Echtheit bestätigt wird.[1] Und wie dort das Messias-Bekenntnis des Simon-Kefa nachträglich durch den Redaktor des Evangeliums relativiert wurde, so ist auch im Talmud dem Akiwa der Skeptiker Jochanan ben Torda an die Seite gestellt, um Akiwas Worte - kaum daß er sie ausgesprochen - zu bestreiten. Denn ob einer der Messias ist oder nicht, zeigt sich eben erst nachträglich, am Erfolg oder Mißerfolg.

Neben den messianischen Propheten und den messianischen König tritt im Falle Bar Kochbas noch eine dritte Gestalt: der messianische Priester. Auf Münzen findet sich nämlich die Aufschrift „Elasar" und „Elasar der Priester". Da sich Münzen mit seinem Namen häufig im ersten, relativ selten im zweiten und auffallend häufig dann wieder im dritten Jahr des Aufstandes finden, ist darüber spekuliert worden, ob Elasar vorübergehend in Ungnade gefallen, dann aber wieder rehabilitiert worden sei. Wahrscheinlich ist er identisch mit einem gewissen Elasar aus Modiin, der nach dem (historisch allerdings unsicheren) Bericht des Midrasch Echa Rabba 2,4 (zu Klgl 2,2) bei der Belagerung von Betar - wo der Aufstand endgültig niedergeschlagen wurde - des Verrats bezichtigt und von Bar Kochba getötet worden sein soll.

[1] Dazu das Kapitel „Jesus von Nazaret - der unbekannte Messias", S.60.

So sind zum ersten und auch einzigen Mal alle drei messianischen Ämter - die schon bei Serubawel und den Makkabäern teilweise bzw. in Ämterkumulation vorhanden waren - nebeneinander festzumachen und mit konkreten Namen verbunden.

Das politische Programm Schimons wird vor allem aus den unter seiner Regierung geprägten Münzen deutlich, die allesamt überprägte römische Münzen sind. Damit demonstrierte Bar Kochba seine Souveränität und seinen - zumindest zunächst symbolischen - Triumph über Rom, indem er die Porträts der römischen Kaiser zerstörte und durch eigene Symbole ersetzte. So spielt etwa eine siebenarmige Palme auf die römischen Judäa-Capta-Münzen an[1]: nur fehlt hier der siegreiche römische Soldat ebenso wie die besiegte, am Boden kauernde Judäa.

Die verschiedenen Inschriften auf den Münzen sind nicht in der damals üblichen (aramäischen) Quadratschrift, sondern - wie schon bei den Makkabäern und bei den Aufständischen des ersten Krieges gegen Rom - in der althebräischen Form geschrieben, die bereits seit der Esra-Zeit, also rund 500 Jahre lang, nicht mehr in Gebrauch war. (G.Scholem hat in diesem Zusammenhang einmal von einer restaurativen Utopie gesprochen.) Die Tatsache, daß die Münzmeister zahlreiche Rechtschreibfehler gemacht haben, zeigt, wie fern und fremd ihnen die alte Schrift war. So vergaßen sie etwa bei dem Wort Israel das „r" oder vertauschten die Reihenfolge der Buchstaben, und sogar den Namen ihres Anführers Schimon schrieben sie manchmal falsch!

Entsprechend der Verwendung der althebräischen Buchstaben griff Schimon wahrscheinlich auch bei der Amtssprache auf das Hebräische zurück. Denn die Dokumente aus der Wüste sind zwar teils in der Umgangssprache Aramäisch (und selten in Griechisch), teils jedoch in Hebräisch - der Sprache der Bibel und der messianischen Ära - verfaßt. Den Beginn einer Ära betont auch eine neue Zählung, die sich auf den in der Wüste gefundenen Briefen und Verträgen wie auf den Münzen findet. Schon aus dem ersten Jahr des Aufstandes, als der Erfolg noch in den Sternen stand, gibt es von Bar Kochba geprägte Münzen mit der Aufschrift „Jahr eins" - der messianischen Zeit. Christen dagegen haben erst 525 Jahre nach dem Kommen ihres Christus „anno Domini" zu zählen begonnen.

Die wertvollsten Aufstands-Münzen - die silbernen Tetradrachmen (hebräisch SELA) - bilden allesamt den Tempel ab:

[1] Dazu die Quellen des Kapitels „Jeder gegen jeden - Aufstands-Messiasse des ersten jüdisch-römischen Krieges", S.287.

Inschrift der linken Seite: Schimon

Inschrift der rechten Seite, auf der außerdem der Feststrauß für das Sukkot-Fest zu sehen ist: J(ahr) 2 für die Freih(eit) Israels

Es ist umstritten, ob es sich um die äußere Tempelfassade handelt, da statt der zu erwartenden zwei Säulen vier zu sehen sind. Dies aber paßt zu einer (fast zeitgenössischen) Beschreibung des Allerheiligsten in der Wüste, als Israel unter der Führung des Mose aus der Knechtschaft in die Freiheit zog: „Im Inneren war die Hütte der Länge nach in drei Teile geteilt. Zehn Ellen vom Ende ab standen, wenig voneinander entfernt, vier Säulen ... Der hinter diesen Säulen befindliche Raum war das Allerheiligste" (Josephus, Jüdische Altertümer 3,6,4).

Möglicherweise handelt es sich bei dem Münzbild also nicht um eine realistische Abbildung des Jerusalemer Tempels - der im übrigen in der Bar Kochba-Zeit ja schon seit zwei Generationen in Trümmern lag und den kein jüdischer König oder Messiasanwärter zuvor je auf einer Münze hatte abbilden lassen -, sondern um das Symbol einer Idee, die wiederum auf die auch sonst idealisierte Frühzeit verweist, in der Gott und sein Volk in der Wüste einträchtig beieinander lebten. Trifft diese Deutung zu, läßt sich auch der (ebenfalls umstrittene) Gegenstand zwischen den innereren Säulen deuten: nämlich als die Bundeslade, welche (nach 2.Mose 40,3 und 1.Kö 8,6ff) im Allerheiligsten stand und in der die Gebotstafeln aufbewahrt wurden.

Auch die meisten anderen Münzbilder gehören in den Umkreis des Tempeldienstes: etwa Gefäße für Libationsopfer, Musikinstrumente (Harfen, Leiern, Trompeten, die auch auf dem Titusbogen zu sehen sind) oder Weinblätter und -trauben als Anspielung auf die goldene Wein-Dekoration, aber auch als Symbol der Fruchtbarkeit des Landes vor allem in der messianischen Zeit.

Es ist oft darüber spekuliert worden, ob es Bar Kochba tatsächlich gelungen sei, mit dem Wiederaufbau des Jerusalemer Tempels zu beginnen und den Opferdienst neu einzurichten. Sowohl jüdische als auch christliche Nachrichten könnten diese Vermutung bestätigen, etwa der Satz (Tosefta Brachot 7,2, Ausgabe Rengstorf), daß Ben Soma eine Menge Menschen auf dem Tempelberg gesehen habe. Einige Male wird jüdischerseits (etwa

Dewarim Rabba 3,13 zu 5.Mose 10,1) außerdem berichtet, Hadrian habe den Tempel entheiligt und zerstört, wobei allerdings recht wahrscheinlich ist, daß eine Verwechslung mit Titus vorliegt und vom zweiten Tempel die Rede ist. Am interessantesten ist ein Satz, der von Rabbi Jehoschua überliefert wird (Mischna Edujot 8,6): „Ich habe gehört, daß man Opfer darbringen kann, auch wenn der Tempel nicht steht, daß man vom Hochheiligen essen darf, auch wenn der Vorhang nicht hängt, und vom geringer Heiligen und Zweitzehnten, auch wenn die Mauer nicht steht. Denn die erste Heiligung (zur Salomo-Zeit) heiligte nicht nur für ihre Zeit, sondern auch für alle Zukunft." Dieser Satz könnte besagen, daß zur Bar Kochba-Zeit Opfer nur an einem einfachen Altar, ohne daß es ein Tempelgebäude oder eine schützende Mauer gegeben hätte, dargebracht worden sind.

Auch unter Christen hat man sich erzählt, daß Juden einen dritten Tempel erbaut hätten, wenn es etwa im Chronicon paschale (224. Olympiade) heißt: „er (Hadrian) zerstörte den Tempel der Juden in Jerusalem ... und gab der Stadt seinen eigenen Namen, nannte sie Aelia, da er Aelius Hadrianus hieß". Chrysostomos (Predigten gegen die Juden 6,2) behauptete sogar, daß die Juden „einmal, zweimal, dreimal, unter Hadrian, Konstantin und Julian" versucht hätten, ihren Tempel wieder aufzubauen, aber allemal zurückgeschlagen worden seien.[1]

Mit dem Problem des Tempelneubaus eng verknüpft ist die Frage, ob es Schimon gelungen ist, Jerusalem - zumindest teilweise - zu erobern. Eine recht vage Bemerkung der Fastenrolle: „Am 17. Elul zogen die Römer aus Jerusalem ab" ist von manchen so gedeutet worden, als sei die in Jerusalem seit dem ersten Krieg stationierte 10. Legion bald nach Ausbruch des Aufstandes gezwungen worden, die Stadt zu verlassen, worauf die Juden sie besetzt hätten.

Allerdings wird in keinem schriftlichen Dokument ausdrücklich bezeugt, daß die Rebellen in Jerusalem gewesen seien. Nur einmal (Tanchuma Buber Dewarim, Ergänzung zur Parascha Dewarim, Absatz 6) wird der Name Hadrians im Zusammenhang mit einer *Eroberung* Jerusalems genannt: „Als der Frevler Hadrian Jerusalem erobert hatte, brüstete er sich und rief: Ich habe Jerusalem mit Gewalt erobert! Da sagte Rabban Jochanan ben Sakkai zu ihm: Brüste dich nicht! Hätte der Himmel dies nicht gewollt, dann hättest du Jerusalem nicht erobert." Doch diese Aussage ist historisch schon deshalb höchst unwahrscheinlich, weil Jochanan ein Gesprächspartner des *Titus* war, falls er überhaupt mit Kaisern verkehrt haben sollte.

Auch in den hellenistisch-römischen Quellen ist nicht von einer Eroberung Jerusalems die Rede. Nur einige christliche Schriftsteller (etwa Euseb,

[1] Dazu auch das Kapitel „Aufkeimen messianischer Hoffnung zur Zeit Kaiser Julians".

Demonstratio Evangelica 2,3,86 oder Hieronymus, Habakuk-Kommentar 1,2,12-14) behaupteten Jahrhunderte später und offensichtlich aus apologetisch-polemischem Interesse, Jerusalem sei von Hadrian belagert worden - was dann zur Voraussetzung gehabt hätte, daß dort in den Trümmern Juden lebten.

Besonders interessant in diesem Zusammenhang sind wieder die Münzen im ersten Aufstandsjahr, welche die Aufschrift: „Jahr eins für die Erlösung (GE'ULA) Israels" tragen. Auf die Münzen des nächsten Jahres wurde als Motto und Schlachtruf geprägt: „Jahr zwei für die Freiheit (CHERUT) Israels". Für das Jahr drei gehen dann die Inschriften ganz speziell auf die Hauptstadt, wenn der Aufruf ohne Jahreszahl heißt: „Für die Freiheit Jerusalems".

Manche haben aus dem Wechsel von „Erlösung" zu „Freiheit" auf eine Eroberung Jerusalems innerhalb des ersten Aufstandsjahres oder bald danach schließen wollen und beziehen sich dafür auf die Münzen des *ersten* Krieges gegen Rom[1], von denen her sich der Unterschied zwischen GE'ULA und CHERUT anschaulich erfassen läßt. Beide Begriffe finden sich dort auf etlichen Münzen - allerdings gerade in anderer Reihenfolge als beim zweiten Aufstand: in den ersten Jahren, als Jerusalem noch nicht umkämpft, sondern in jüdischer Hand war, stellt die Münzpropaganda schlicht fest: CHERUT ZION - „Zion ist frei"; ab dem vierten Jahr aber - also zu der Zeit, als praktisch das gesamte Umland von den Römern unterworfen war und die Führer des Aufstandes sich in Jerusalem sammelten, worauf dann bald die Belagerung der Stadt begann - wurde die vorsichtigere, weil zukunftsgerichtete Parole LIGULAT ZION verwendet: „für die Erlösung Zions". GE'ULA meint also den Befreiungs*akt,* während CHERUT das *Leben* in Freiheit bezeichnet.

(Die von Christen manchmal vertretene Auffassung, daß „Erlösung" eher religiös-innerlich und „Freiheit" politisch zu verstehen sei, trifft nicht zu. Denn Religiöses und Politisches läßt sich im jüdischen Messiastum gerade nicht voneinander trennen. Es gab damals - auch im Umkreis Jesu - keine utopisch-unkonkret-unpolitische Heilserwartung im Sinne von Johannes 18,36: „Mein Reich ist nicht von dieser Welt". Die hebräische Bibel verwendet das Wort GE'ULA zunächst im Sinne von „Loskauf". Es geht dabei um einen juristischen Akt zur Wahrung von Besitzverhältnissen. In späteren Texten wird das Wort dann auf die Erlösung - und das meint Befreiung - aus Ägypten gedeutet.)

[1] Dazu auch das Kapitel „Jeder gegen jeden - Aufstands-Messiasse des ersten jüdisch-römischen Krieges".

Von den Münzen des ersten Krieges ausgehend, könnte der Wechsel von „Erlösung“ zu „Freiheit“ für den zweiten Aufstand also bedeuten: Als Schimon bar Kochba sein Befreiungswerk begann, war ein Erfolg nicht abzusehen, sogar eher unwahrscheinlich. So griff er zu dem Propagandamittel der Münzinschriften und verhieß zukünftige Befreiung - GE'ULA. Im Jahr 2 des Aufstandes, nach den überraschenden Anfangserfolgen und Siegen über Rom, war Schimon tatsächlich der Fürst über etliche jüdische Gebiete, vielleicht sogar über Jerusalem; ein Stück Freiheit - CHERUT - war in Israel Realität geworden. Aber spätestens bei den Münzen des dritten Jahres, in dem die Aufständischen immer mehr in die Defensive gerieten, ist die Inschrift „für die Freiheit *Jerusalems*“ mit diesem Schema nicht mehr zu erklären.

Während die literarischen Spuren also insgesamt kein klares Bild geben, ist der archäologische Befund eindeutig: es wurden nämlich unter den mehreren Zehntausend Bar Kochba-Münzen, die man im ganzen Land fand, nur ganz gezählte in Jerusalem gefunden, die ein römischer Soldat dort verloren haben mag. Es kann daher als sicher gelten, daß Bar Kochba Jerusalem niemals erobert hat.

Hesekiel schreibt in Kapitel 45,8f über das Verhältnis des Fürsten zum Israel-Land, daß der NASI das Volk hinfort nicht mehr bedrücken, sondern das Israel-Land an die Stämme neu verteilen soll, „denn so spricht der Herr: Nun ist's genug, ihr Fürsten Israels! ... Höret auf, mein Volk von Grund und Boden zu vertreiben! spricht Gott der Herr.“ Wie die römischen Unterdrükker den hier kritisierten Fürsten glichen, so machte sich Bar Kochba - als Eigner des Landes im Auftrag Gottes - daran, die von der Besatzungsmacht befreiten Gebiete als Lehen neu zu verteilen: mit ihm mußten jetzt die Pachtverträge ausgehandelt werden, von denen sich einige auf Dokumenten in der Wüste Juda erhalten haben. Wer sich weigerte, Abgaben an ihn zu entrichten, der wurde bestraft und sein Besitz eingezogen.

In etlichen Briefen wird Pachtzins in Form von Naturalien (und zwar als Weizen der besten Sorte) gefordert, den der Pächter an den Verwalter Bar Kochbas abzuliefern hat. Dieser wiederum sandte den zuvor abgesonderten Zehnten an das Magazin Bar Kochbas in Herodeion. Die Pachtverträge folgen alle einem festen Muster; es sind Vertragsformulare, die wohl in einem offiziellen Rahmen unterschrieben und überreicht wurden. Denn auffallend viele Dokumente datieren vom selben Tag: dem „20. Schwat des zweiten Jahres für die Befreiung Israels, von Schimon bar Kossba, dem Fürsten Israels, der in Herodeion residiert“. Schimon richtete sogar - ganz Bürokrat - eine Art Katasteramt ein, in dem auf Listen minutiös Datum, Namen von

Verpächtern und Pächtern, Dauer der Pacht und die Art der Zahlung (wenn als Geld, dann in alter und neuer Währung) aufgeführt wurden. Auch ein „Eichamt“ hat es vielleicht in der Nähe von Bet Guvrin gegeben - eine Gegend, die zeitweise als Verwaltungszentrum Bar Kochbas diente und wo sich ein Gewicht mit seinem Namenszug fand.

Der Fürst Israels trat also in wirtschaftlicher Hinsicht ganz in die Fußstapfen der Römer, so daß die jüdischen Bauern das von ihnen bewirtschaftete Land auch unter ihrem neuen Fürsten nicht selbst besaßen. Aber es bedeutete eben doch einen beträchtlichen Unterschied, ob sie die Pacht an den römischen Kaiser und damit an den Jupiter Capitolinus bezahlen mußten oder ob sie ihre Abgaben an Bar Kochba, den Mittelsmann des Israelgottes, entrichteten. Die neuerliche Landnahme durch Bar Kochba mag daher durchaus als Landgabe verstanden worden sein: als stets sich erneuerndes Lehen Gottes. Diese sozialrevolutionäre Tat ist einer der stärksten Erweise für das Messiastum Bar Kochbas.

Entsprechend der zentralen Bedeutung des Tempels für Schimon hat er auch sonst auf die genaue Einhaltung des Zeremonialgebots großen Wert gelegt und dafür beträchtliche Mühe auf sich genommen. Besonders anschaulich wird dies in einigen Briefen aus der Endphase des Krieges, als die Lage für die Bar Kochba-Kämpfer recht kritisch geworden war und der Fürst Israels aus großer Bedrängnis seine Anordnungen verschickte.

So sandte er zwei seiner eigenen Esel, die sonst für militärische Zwecke verwendet wurden, um anläßlich des Hüttenfestes für das ganze Heer eine Lieferung von Palmzweigen, Etrogim, Myrten und Bachweiden für den Feststrauß (der übrigens auch auf einigen Münzen abgebildet ist) herbeizuschaffen. Es traten also militärische und strategische Interessen hinter dem Gebotsgehorsam zurück.

Mit ihrer betont jüdischen Lebensweise setzten die Bar Kochba-Leute sich ausdrücklich gegen ihre heidnischen Römerfeinde ab. Die Gesandten Bar Kochbas bekamen etwa den Befehl, am Schabbat zu ruhen und eine dringend benötigte Getreidelieferung erst nach Ende des Ruhetags weiter zu befördern. Auch sollte ein Verhafteter, Elasar ben Chitta, zu Bar Kochba gebracht werden, noch bevor der Schabbat begann. Und in den Pachtverträgen ist das Erlaßjahr als Bezugspunkt für die Vertragsdauer von großer Bedeutung. Es sollte offenbar selbst dieses Gebot beachtet werden, das einen Verzicht von Saat und Ernte für ein Brachjahr bedeutet und in Kriegszeiten nur Nachteile bringen konnte.

Unsicher ist, wie sich das Heer Bar Kochbas zusammensetzte. Als Fürst Israels hatte Schimon sicher den Anspruch, Ganz-Israel zu führen, wobei ihm die Richterzeit als idealisiertes Vorbild gedient haben mag. Damals rief jeweils ein Stammesfürst (oder auch eine mutige Frau wie Debora), wann immer Gefahr von außen drohte, die Männer der zwölf Stämme zum heiligen Krieg auf. Diese milizartigen Verbände wurden sofort nach Beendigung des Kampfes wieder aufgelöst und die Krieger entlassen. Erst David und Salomo führten dann in Israel ein stehendes Heer, ein Berufsheer ein, das sich wohl vorrangig aus fremdländischen Söldnern, aus Kreti, Pleti und anderen rekrutierte.

Wenn Bar Kochba die alte Tradition des Heerbanns für seinen messianischen, heiligen Krieg wieder eingeführt und alle Männer Israels zu den Waffen gerufen hat, dann lassen sich manche Briefe, in denen er mit harter Strafe droht, als Versuch deuten, die Mobilmachung notfalls mit Gewalt zu erzwingen. So hatten Männer aus Tekoa wohl versucht, sich dem Gestellungsbefehl zu entziehen und waren nach Ein Gedi geflohen, wo sie sich verborgen hielten. Schimon drohte nun denjenigen, die sie versteckt hielten, mit schwerer Strafe, um so ihre Auslieferung zu erwirken: „Betreffend alle Männer aus Tekoa, die an eurem Orte gefunden werden - so werden die Häuser, in denen sie (gemeint sind: die Wehrverweigerer) wohnen, verbrannt und auch ihr bestraft werden ..." Und in einem anderen Brief heißt es: „Schimon bar Kossiba an Jehonatan und an Masabala ... Seht zu, daß alle Männer aus Tekoa und anderen Orten, die bei euch sind, zu mir gesandt werden ohne Verzögerung. Wenn ihr sie aber nicht senden werdet, sei euch zu Kund und Wissen, daß ihr bestraft werdet."

Andererseits aber behaupten vor allem spätere, stark polemische Texte, daß Schimon nur die tapfersten Männer als Krieger aufgenommen habe. Dies ist ein Motiv, das sich schon bei dem Richter Gideon findet, der in Richter 7 kurzerhand alle diejenigen, die sich fürchten (immerhin 22.000 Mann), nach Hause schickt! In Echa Rabba 2,4 (zu Klgl 2,2) heißt es: „Ben Kosiwa hatte 200.000 Soldaten mit abgehauenem Finger. Da schickten die Weisen zu ihm: Wie lange noch willst du Israel verstümmeln? Er sagte zu ihnen: Wie anders wäre es möglich, sie zu prüfen? Sie sagten zu ihm: Jeder, der nicht fähig ist, eine Zeder im Libanon auszureißen, werde nicht in dein Heer eingeschrieben." Natürlich machen sich hier die Talmudlehrer nachträglich über Schimon lustig, aber vielleicht ist doch ein wahrer Kern in solchen Geschichten enthalten.

Sicher aber ist in jedem Fall, daß Bar Kochba hart mit den Leuten umgegangen ist, die sich seinem Wunsch und Willen nicht fügten. Denn in den Originalbriefen sind fast alle Befehle mit Strafandrohungen verbunden.

In einem Brief Bar Kochbas werden „Galiläer" erwähnt. Von manchen Forschern ist vermutet worden, daß damit Judenchristen gemeint seien, die gezwungen werden sollten, sich am Krieg zu beteiligen. Aber diese mußten dem Messias Schimon die Gefolgschaft verweigern, hatten sie doch ihren eigenen Messias Jesus und konnten nicht zwei Herren dienen. Entsprechend schlecht wird es ihnen unter der Herrschaft des Fürsten Israels ergangen sein.

So war nach dem Ausschluß der Christen als Ketzer durch die in den Achtzehnsegen eingefügte Bitte (im Anschluß an den ersten jüdischen Aufstand gegen Rom) der Bar Kochba-Krieg der zweite entscheidende Schritt der Trennung von Juden und Judenchristen. Als dann auch noch der Einfluß der Heidenchristen in der Kirche immer größer wurde, war der Untergang der Judenchristen besiegelt. Eine Verständigung mit den Juden war unmöglich geworden, wie auch die beiden zeitgenössischen christlichen Dokumente, etwa der Barnabas-Brief und Justins Dialog mit dem Juden Tryphon, zeigen.

Um zu einer gerechten historischen Würdigung Bar Kochbas zu kommen und den Stellenwert seines Werkes im Rahmen der gesamtjüdischen Geschichte festmachen zu können, wäre es wichtig, die geographischen Ausmaße des Aufstandes zu kennen. Aber auch diese Frage ist - wie so vieles im Zusammenhang mit Bar Kochba - unter modernen Gelehrten strittig. Neben (vor allem jüdischen) Maximalisten stehen (vorrangig christliche) Gelehrte, die sich an ein Minimum der literarischen Überlieferung halten.

Einigkeit besteht darin, daß Betar (südwestlich von Jerusalem, etwa 10 km entfernt) ein Zentrum des Aufstandes und dann vor allem der Platz des letzten Aktes im Drama gewesen ist. Die meisten Orte, die sonst genannt sind, liegen in einem Dreieck, welches die Städte Betar, Jerusalem und Ramalla bilden. Außerdem werden die Gegend um das Herodeion bis nach Hebron und der westliche Küstenstreifen des Toten Meeres mit dem Zentrum in Ein Gedi häufiger genannt. Griechische und lateinische Inschriften weisen vielleicht auch auf Kampfhandlungen weiter im Westen und im Norden. Aber als gesichert gilt nur das Gebiet Judäas (also das Land südlich von Jerusalem) und ein Teil Süd-Samarias.

Nicht nur Bewohner des Israel-Landes, sondern auch Juden aus der Diaspora haben die Kämpfer unterstützt. Es war - so schrieb Cassius Dio - als ob die ganze Welt raste. Der Krieg nahm solche Ausmaße an, daß sich durch ihn das gesamte römische Imperium bedroht fühlte, weshalb Hadrian Abteilungen der besten, in aller römischen Welt stationierten Legionen ins Israel-Land beorderte.

Die jüdischen Aufständischen konnten in den beiden ersten Jahren des Krieges erstaunliche militärische Erfolge für sich verbuchen, weil sie sich nicht auf große Feldschlachten einließen, sondern einen Bandenkrieg mit häufigen, kleinen Überraschungsangriffen führten. Doch allmählich gewann der schwerfällige, aber gewaltige Militärapparat der Römer unter dem Oberbefehl des berühmten Generals Julius Severus die Oberhand.

Die Kämpfe waren hart und äußerst verlustreich, für beide Seiten. Cassius Dio berichtet (Römische Geschichte 69,14,1) von etlichen zerstörten jüdischen Festungen und Dörfern sowie von unzähligen Menschen, die bei den Überfällen getötet worden seien. Aber auch die Römer erlitten so ungewöhnlich große Verluste, daß Hadrian in seinem Schreiben an den Senat auf die übliche Eröffnungsphrase der Kaiser: „Wenn ihr und eure Kinder gesund seid, so ist es gut. Ich und die Legionen sind wohlauf" verzichtete (Cassius Dio, Römische Geschichte 69,14,3). Auch hat der Kaiser - im Gegensatz zu Vespasian nach dem Triumph des Jahres 70 - keine Judäa-Capta-Münzen prägen lassen, um seinen Sieg zu feiern.

Aus der Endphase des Krieges sind in der Wüste Juda erschütternde Dokumente gefunden worden, Zeugnisse zunehmender Bedrängnis und Verzweiflung der Aufständischen, die mit der Zeit auch unter Juden immer mehr an Unterstützung verloren: „Von Schimon bar Kossiba an die Männer von Ein Gedi, an Marsabala und an Jehonatan bar Bajan, Friede. Ihr sitzt behaglich, eßt und trinkt vom Eigentum des Hauses Israel und kümmert euch nicht um eure Brüder".

Bald darauf folgte das furchtbare Ende in Betar. Auf steilem Felsen gelegen war die Stadt samt Festung durch einen tiefen Graben von der üppigen Quelle im Tal getrennt. Um den Israelis den Zugang zum frischen Wasser abzuschneiden, errichteten die Römer daher, ähnlich wie einst in Mezada, einen Belagerungswall um den ganzen Berg. Über eine eigens im Südwesten aufgeschüttete Rampe drangen die Gegner im Spätsommer 135 in die jüdische Festung ein und richteten ein grausames Blutbad an. Auch Schimon, der Fürst Israels, wurde damals getötet, während sein messianischer Prophet, Rabbi Akiwa, gefangen und grausam zu Tode gefoltert wurde.

Die Überlebenden zerstreuten sich, soweit sie nicht von den Römern gefangen wurden. In ganz Judäa waren die Aufständischen auf der Flucht. Einige der Offiziere Bar Kochbas und ihre Familien verbargen sich mitsamt den Briefen ihres toten Messias für eine Weile in unzugänglichen Höhlen der wüsten Schluchten am Toten Meer: „Es geschah am Ende der Religionsverfolgungen, daß sie sich in Höhlen verbargen" (Schabbat 60a).

In der größten dieser Höhlen, der sogenannten Briefhöhle im nördlichen Nachal Chewer, fanden israelische Archäologen neben den Bar Kochba-Briefen auch private Dokumente: eine Frau namens Babata etwa hatte ihre gesamte Scheidungs- und Geschäftskorrespondez mitgenommen. Aber nicht nur Geschriebenes gab es in der Höhle, sondern ebenso Gebrauchsgegenstände wie Kochgeschirr und Messer, auch ungewöhnlich schöne Glas-Schalen und Bronzekannen, die - weil römischen Ursprungs - durch Beschädigung der heidnischen Bilder koscher gemacht worden waren. Daß auch Frauen in das Versteck geflohen waren, zeigen Kosmetikutensilien und Messingspiegel sowie rohe und gesponnene Wolle. Sie rechneten wohl mit einem längeren Aufenthalt und wollten die Zeit des Wartens sinnvoll nutzen. Die Flüchtlinge hatten außerdem ihren Schmuck und ihre Haustürschlüssel dabei - sie wollten also irgendwann nach Hause zurückkehren.

Doch dazu ist es nie gekommen. Denn die Römer spürten die Aufständischen auf. Vielleicht wurden sie von Juden denunziert, vielleicht verrieten sie sich auch selber, indem sie bei der Beschaffung von Wasser- und Nahrungsvorräten von den Römern beobachtet wurden.

Diese errichteten oberhalb der Höhle ein Lager für achtzig bis hundert Mann. An der Stärke der Besatzung läßt sich die große Bedeutung ablesen, welche die Römer diesen Juden - es wurden die Skelettreste von drei Männern, acht Frauen und sechs Kindern gefunden - zumaßen. Auch über einer anderen Höhle, auf der südlichen Seite derselben Schlucht, der Briefhöhle gegenüber gelegen, entstand ein römisches Lager, wo Archäologen 40 Tote - Männer, Frauen und Kinder - entdeckten. Beide Lager befanden sich in Sicht- und Rufweite und konnten gegenseitig die Ausgänge der Höhlen überwachen. So war es vollkommen unmöglich für die Eingeschlossenen zu entkommen, sie mußten elend verdursten. Die Verheißung aus 4.Mose 20,8 von der sich ein Fragment in der Briefhöhle fand, wurde nicht erfüllt: „Du sollst Wasser aus dem Felsen hervorbringen und die Gemeinde tränken und ihr Vieh“.

Der Krieg war schlimm, aber noch weit schlimmer muß die Zeit unmittelbar nach dem Ende des Krieges gewesen sein. Diese Epoche ist unter der Bezeichnung „hadrianische Verfolgung“ in die jüdische Geschichte eingegangen. Spätestens damals scheint sich Hadrian entschlossen zu haben, nicht mehr nur die am Aufstand Beteiligten zu bekämpfen, sondern das Judentum im Israel-Land insgesamt auszurotten.

Zunächst ließ Hadrian - endlich - die schon lange geplante heidnische Stadt Aelia Capitolina (Aelia nach seinem Familiennamen, Capitolina nach dem Jupiter Capitolinus von Rom) erbauen. Auf den Trümmern Jerusalems erstand eine typisch römische Stadt nach dem Vorbild eines Feldlagers mit quadratischem Umriß und zwei Hauptstraßen: dem Cardo und dem Decumanus. (Das Straßennetz der heutigen Altstadt stimmt noch immer weitgehend mit dem römischen überein.) Doch der Decumanus konnte nicht geradlinig geführt werden, weil - trotz aller Verheerung - die Grundmauern des Tempelareals noch immer standen. Darum leiteten die Römer ihre Prachtstraße nach Norden um, wo sie auch einen Triumphbogen für Hadrian errichteten. So entstanden - erst damals - die „Via Dolorosa" und der „Ecce-Homo"-Bogen.

Südlich des Decumanus befand sich das Lager der römischen 10. Legion, im Zentrum der Stadt lag das Forum mit einem Venus-Tempel (darüber wurde knapp 200 Jahre später die „Grabeskirche" erbaut); nördlich des Tempelberges wurden der Marktplatz und - an dem Teich, wo schon zu Jesu Zeiten Kranke wunderbar geheilt worden waren - ein Heiligtum des Aeskulap, Gott der Heilkunst, gegründet. Auf den Ruinen des einst prächtigen jüdischen Tempels errichtete Hadrian sich selbst eine riesige Statue sowie einen Jupitertempel. So standen nebeneinander Aelius und Capitolinus - Symbol des triumphierenden Heidentums über den Gott Israels.

Wie die neue Bezeichnung der Stadt den altehrwürdigen Namen Jerusalems verdrängen sollte, so ersetzte Hadrian auch den Namen des Israel-Landes durch Palästina - Philisterland. Mit der Auslöschung des Namens der Stadt und des Staates sollte nichts mehr an Juden erinnern. Als ganz bewußter Affront wurde das Land nach den Erzfeinden der Juden von Alters her benannt, die als Volk schon damals seit Jahrhunderten nicht mehr existierten. Nur zu gerne haben heidnische und heidenchristliche Judengegner immer wieder dieses Wort aufgenommen, das ein Ende markieren sollte, aus dem unter Hadrian ein „judenreiner" Anfang wurde.

Der Kaiser verbot allen Juden, seine neue Stadt zu betreten. Nicht einmal auf Sichtweite durften sie sich Jerusalem nähern. Doch er ging noch weiter: Unter seiner Regierung und der seines Nachfolgers Antoninus Pius wurde eine brutale und landesweite, nicht auf Judäa beschränkte Juden-Verfolgung durchgeführt. Zahlreiche Menschen, auch solche, die nicht aktiv am Aufstand beteiligt gewesen waren, wurden gefoltert und erlitten den Märtyrertod. Andere, wie der berühmte Schimon bar Jochai mitsamt seinem Sohn, lebten jahrelang im Untergrund. Bis in den Galil erstreckten sich die anti-jüdischen und teils recht willkürlichen Dekrete, die in der jüdischen Literatur zahlreiche Spuren hinterlassen haben.

Die Ausübung fast aller jüdischen Bräuche wurden verboten, um das innergemeindliche Rechtsleben zu zerstören. Wer etwa beim Torastudium angetroffen wurde, wer seine Söhne beschnitt oder Tefillin anlegte, dem drohte die Todesstrafe; wer Mazzot aß, sollte nach Aussage des Midrasch gar gekreuzigt werden. Gelehrte durften nicht mehr ordiniert, ein Prosbul oder Scheidebrief nicht mehr ausgestellt werden. Die Absonderung des Zehnten und der Priesterhebe soll ebenso verboten worden sein wie der

Besuch des Tauchbades. Auch das Feiern jüdischer Feste war untersagt, etwa die öffentliche Verlesung der Ester-Rolle an Purim - wohl wegen des politisch brisanten Inhalts, der sich jederzeit aktualisieren ließ - oder das Anzünden der Chanukka-Lichter, weil gerade dies Fest an den siegreichen Freiheitskampf der Makkabäer gegen frühere Judengegner erinnerte.

Die Weisen Israels reagierten auf die Verfolgungen schließlich mit der Aufhebung der Tora! Nicht die Messiasse, sei es Bar Kochba oder gar Jesus, sondern die Gelehrten selber haben es getan - für das Überleben Israels. Denn hätten Juden damals weiterhin die Weisungen erfüllt, so wäre Israel vergangen. Auf der Synode von Lud wurde eine zeitlich begrenzte Außerkraftsetzung der Tora beschlossen, und zwar mit einer biblischen Begründung (Sanh 74a): „Im Obergemach des Hauses Nitza zu Lud stimmten sie ab und beschlossen: Jede Übertretung, die in der Tora genannt ist, außer Götzendienst, Unzucht und Mord, darf ein Mensch übertreten, damit er nicht getötet werde, wenn sie zu ihm sagen: Übertritt, damit du nicht getötet wirst! ... Ein Schriftwort (3.Mose 18,5) sagt: *Er soll durch sie* (die Tora) *leben* und nicht: er soll durch sie sterben." Alles ist erlaubt, fast alles - nur nicht zu sterben. Israel war damals so zerstört, daß es sich nicht einmal die Befolgung der Tora leisten konnte!

Gleichzeitig aber, damit die Tora dennoch bewahrt bleibe, setzten die Gelehrten die nach dem ersten verlorenen Krieg begonnene Sammlung der Halacha noch intensiver fort, die - als Mischna - dann zwei Generationen später von Jehuda haNasi kanonisiert worden ist. Jehuda nannte sich wie Bar Kochba „der Fürst". Doch war sein Fürstentum anderer, nämlich nicht messianischer Art. Denn die Mischna ist ein ausgesprochen anti-messianisches Werk, in dem das Messiastum einfach verschwiegen wird. So setzten sich die Überlebenden ganz entschieden von ihren Vorgängern ab. Sie hatten endgültig genug von Kriegen und ihren Zerstörungen. Sie suchten nach neuen Grundlagen.

Zurücknahme des Messianischen im Talmud

Die Aufstände im Israel-Land und in der Diaspora waren eine große Katastrophe für das antike Judentum, das durch die Hellenisierung vor allem der städtischen jüdischen Bevölkerung gerade angehoben hatte, sich zu universalisieren und Weltbedeutung zu erlangen (ein Weg, den zu gehen so dem Heidenchristentum vorbehalten blieb). Israel wurde militärisch vernichtend besiegt und zog sich in sich selbst zurück. Durch die antijüdischen Maßnahmen Hadrians verlagerte sich das Zentrum der israelländischen Gelehrsamkeit vom Süden in den Norden: an die Stelle Jerusalems und Jawnes traten nun nacheinander Uscha, Zippori, Bet Schearim und vor allem Tiberias als Sitz des Sanhedrin. Dort entstand schließlich einer der beiden Talmudim, der im allgemeinen der Jerusalemer oder gar der palästinische Talmud genannt wird, passender jedoch als der tiberiensische Talmud bezeichnet werden sollte. Etwas später - um das Jahr 500 - schuf die jüdische Diaspora im Zweistromland einen eigenen, den babylonischen Talmud, der bis heute der maßgebliche bei Juden in aller Welt ist.

Beide Talmudim, bestehend aus der a-messianischen Mischna und ihrer Diskussion, der Gemara, wurden also mehrere Jahrhunderte nach dem letzten großen messianischen Krieg abgeschlossen. Aus einem solchen zeitlichen und teils auch geographischen Abstand zur Katastrophe konnte man, anders als in der Mischna, wieder über alles, also warum nicht auch über den Messias, diskutieren.

Das Thema blieb allerdings randhaft, denn vor allem im persischen Sassanidenreich ging es den Juden verhältnismäßig gut. Die Gemeinden achteten die Landesgesetzgebung nach der Devise „Das Staatsgesetz ist Gesetz“ (Nedarim 28a), zahlten der Obrigkeit zwar Steuern, konnten nach innen aber in weitgehender Selbständigkeit leben. Der Handel florierte, die Gelehrsamkeit in den Lehrhäusern blühte. Die Juden Babyloniens waren inzwischen so heimisch in diesem Land geworden, daß es keinen Grund zur Sehnsucht nach einem Messias gab, der sie nach Israel hätte führen sollen.

Nur im Traktat Sanhedrin wird die Messias-Frage ausführlicher diskutiert, allerdings im Zusammenhang mit der Frage nach der *kommenden* Welt, also in einer Art theologischer Abhandlung über „die letzten Dinge“ in haggadischer Form. Bemerkenswerter Weise bleiben dabei Bibeltexte, die Christen traditionell messianisch gedeutet haben - etwa Jesaja 11,6 und 65,25 (das friedliche Zusammenleben von Wolf und Lamm), Jesaja 7,14 (die „junge Frau“, die ein Kind namens Immanuel gebiert), Jesaja 11,10ff (der Stumpf Isais, „die Wurzel Jesse“) -, unerwähnt.

Recht verschiedene Vorstellungen und Meinungen, die sich oft auch widersprechen, werden vorgebracht. Das Spektrum reicht von vager Hoffnung bis zu schroffer Ablehnung. Allen Texten gemeinsam aber ist, daß jetzt Messiastum unpolitisch, transzendiert und der hiesigen Welt entrückt ist.

So dachten manche, der Messias sei schon vor langer Zeit, in den Tagen Hiskias, dagewesen, allerdings ohne in der Welt nachhaltige Spuren zu hinterlassen. Andere vertraten die Ansicht, daß er überhaupt nicht kommen werde. Und falls doch, so wollten sie ihm lieber nicht begegnen. Zu tief saß bei diesen noch die Furcht vor der Katastrophe, die bislang mit messianischen Bewegungen immer verbunden gewesen war.

Am häufigsten findet sich im Talmud die Überzeugung: nicht wir sollen auf den Messias warten, sondern er wartet auf uns. Das Tun der Tora beschleunigt seine Ankunft und steht darum im Mittelpunkt des gegenwärtigen Lebens. Hier findet eine Abkehr vom Wunderglauben hin zur tätigen Lebensumkehr statt. Damit aber ist das Messianische eigentlich aufgehoben; denn sobald Israel der Tora gemäß lebt, ist ein Messias nicht mehr nötig.

Einige Lehrer Israels schließlich waren der Meinung, es sei nicht entscheidend, daß der Messias einmal *da sein* werde, sondern daß er im *Kommen* sei. Juden sollten also eine optimistische Haltung einnehmen, in der Gegenwart zukunftsgewandt leben und auf das Heil hoffen. Solche talmudischen Texte werden nicht zufällig in modernen christlichen und jüdischen Publikationen über „den Messias im Judentum“ dargestellt, kommen sie doch der allgemeinen modernen Sehnsucht nach einer besseren Welt, einem Prinzip Hoffnung teilweise erstaunlich nahe. Dabei spielen konkrete messianische Persönlichkeiten keine Rolle mehr. Mit ihrer a-politischen Haltung bilden diese Talmudtexte geradezu einen Gegensatz zu jüdischem Messiastum.

Typisch für sie insgesamt ist also eine große Nüchternheit, die sich oft tiefsinnig und humorvoll gibt: die Abwertung von Wundertaten, die Ablehnung abgehobener Spekulationen und das Dämpfen des Geistes. Daher haben Christen oft behauptet, daß mit dem Abschluß des „Alten Testaments“ die Prophetie in Israel erloschen sei. Sie meinten sogar, sich dabei auf entsprechende talmudische Aussagen berufen zu können. Dabei haben sie jedoch übersehen, daß der Geist im Judentum nicht wirklich verschwunden war, sondern kontrolliert wurde, um dem Ungeist der Zerstörung zu wehren. Dies geschah etwa dadurch, daß *allen* Juden der Geist zugesprochen wurde. Durch solche Demokratisierung der Geistbegabung hatte diese ihre Spitze verloren.

Bemerkenswert ist eine Tradition, die sich seit der Mitte des zweiten Jahrhunderts nachweisen läßt: die Vorstellung von den zwei Messiassen, Ben Joseph (oder Ephraim) und Ben David. Der Messias Ben Joseph ist dadurch charakterisiert, daß er den Feind Israels im Krieg bekämpft (weshalb er auch den Titel MASCHUACH MILCHAMA, „Kriegs-Gesalbter", trägt) und dabei stirbt. Sein Leben und Sterben erst ermöglicht die Ankunft des Messias Ben David, der dann tatsächlich das messianische Friedensreich verwirklicht. Wahrscheinlich ist dieser theologische Entwurf ein Versuch, die Niederlage Bar Kochbas (und aller anderen gescheiterten Messiasse auch) als notwendigen Schritt auf dem Weg zur Erlösung zu erklären, ohne daß Bar Kochba als Lügenmessias bloßgestellt wird: er war tatsächlich der Messias Ben Joseph.

Aufkeimen messianischer Hoffnung zur Zeit Kaiser Julians

In den Jahrhunderten nach dem Bar Kochba-Aufstand wurde es recht still ums Messiastum in Israel. Es scheint, als ob der Schock über das Geschehene noch tief in Erinnerung geblieben sei und die bewußte Transzendierung des Messianischen durch die politisch verantwortlichen Lehrer ihre Wirkung gehabt habe. Dennoch verfolgten die Juden aufmerksam die politischen Entwicklungen vor allem im Osten. Als es etwa während der Parther-Kriege in der zweiten Hälfte des 2. Jahrhunderts d.g.Z. an der Ostgrenze des römischen Reiches zeitweise so aussah, als würden die Perser die Römer besiegen - diese erlitten nämlich einige furchtbare Niederlagen, ganze Heere wurden vernichtet -, da haben wohl manche leise gehofft, es möge den Persern endlich gelingen, was Israel nicht vergönnt gewesen war. Aber letztlich behielten die Römer doch die Oberhand, und die Juden mußten ihre Hoffnung fahren lassen.

Aber das römische Reich hatte sich verändert, seit die Kirche ihren Siegeszug in der Welt angetreten hatte. So zahlreich und gut organisiert waren die Christen, daß Kaiser Diokletian, der am Ende des 3. Jahrhunderts das in eine große Krise geratene römische Reich durch eine Strukturreform zu stabilisieren versuchte, daran ging, die Christen systematisch zu verfolgen. Denn die Kirche, die wie ein Staat im Staate mit einem reichsumfassenden Netz von Institutionen ausgestattet war, bedeutete ihm eine Gefahr. Doch die Reformen Diokletians scheiterten.

Daher versuchte Konstantin (306-337), der ihm einige Jahre später - nachdem er alle Konkurrenten brutal ausgeschaltet hatte - auf dem Thron folgte, nicht gegen, sondern mit der Kirche zu herrschen. Er machte sich diese zu Nutze, um die Einheit und den Zusammenhalt des Reiches zu fördern. Es waren also vornehmlich politische und nicht so sehr religiöse Motive, die ihn bewegten, das Christentum offiziell zu dulden, sich schließlich auf dem Sterbebett sogar taufen zu lassen. Das römische Reich war dabei, christlich zu werden.

Das hatte zur Folge, daß allerorten, vor allem aber in Jerusalem, Kirchen, Klöster und Pilgerhospize wie Pilze aus dem Boden schossen. Konstantin und seine Mutter förderten diese Bautätigkeiten an den „heiligen“ Stätten. So entstand etwa an der Stelle des römischen Venustempels die Auferstehungskirche mit dem Grab Jesu. Die heidnische Stadt Aelia Capitolina verwandelte sich in ein neues, ein christliches Jerusalem. Allein der Tempelberg blieb unbebaut und wüst. Gerade die Ruinen sollten für die Wahrheit des Christentums zeugen und Gottes vermeintliches Strafgericht an den

Juden dokumentieren, hatte doch Jesus nach Auskunft der Evangelien die Zerstörung des Tempels und der Stadt vorausgesagt, weil Israel die Gnadenzeit nicht erkannt habe (Lk 19,41-44, Mt 24,1-5 par). Damit verlagerte sich der religiöse Schwerpunkt Jerusalems vom Tempelberg zur Auferstehungskirche. Auch einige ältere, den Christen wichtige theologische Traditionen wanderten ab. So identifizierte die Kirche seit dem 4. Jahrhundert Golgata mit dem Berg Moria, auf dem einst Abraham seinen Sohn Isaak gebunden hatte, obwohl nach der Bibel (zwar nicht nach 1.Mose 22, aber nach 2. Chronik 3,1) auf Moria der Tempel Salomos errichtet wurde.

Währenddessen setzten sich die Unruhen an der Ostgrenze des römischen Reiches auch im 3. Jahrhundert fort. Im Jahr 351/52 endlich versuchten auch die Juden in Zippori unter der Führung eines gewissen Patricius einen Aufstand gegen Gallus, den römischen Herrscher des östlichen Reiches. Die Aufständischen hatten gehofft, daß ihnen die Perser und vor allem die Juden des Zweistromlandes zu Hilfe kommen würden. Die Kämpfe dehnten sich aus, die Rebellen bildeten sogar eine eigene Regierung, wagten es aber nicht, nach Jerusalem zu ziehen. Gallus sandte darauf seinen erfahrenen Feldherr Uriscinnus, der mit einem kaiserlichen Heer etliche Städte in Galiläa und der Küstenebene verwüstete.

Doch trotz solcher militärpolitischer Rückschläge war es den Juden mittlerweile immerhin möglich geworden, Jerusalem (dessen Besuch ihnen seit Hadrian verwehrt gewesen war) wenigstens am 9. Aw, dem Feiertag zur Erinnerung an die Tempelzerstörung, zu betreten. Christliche Pilger berichten von einer Synagoge am Südwesthügel des Tempelberges. Und um das Jahr 333 beobachtete ein Pilger aus Bordeaux sogar, daß einmal im Jahr Juden auf den Tempelberg kämen, um in der Nähe der Hadrian-Statuen mit Seufzen und Wehklagen einen „durchbohrten Stein“ zu salben[1], was seit den Zeiten der Bibel als ein Akt zur Gründung eines Heiligtums, mindestens der Erstellung eines Altars galt. Dies deutet darauf hin, daß das Hadrianische Verbot, Jerusalem zu betreten, allmählich, zumal unter christlicher Herrschaft, gelockert wurde.

Als Konstantin im Jahre 337 starb, wurde das Reich auf seine drei Söhne verteilt. Doch schon bald kam es unter ihnen zu einem Kampf um die Alleinherrschaft, aus dem 353 Konstantius als Sieger hervorging, nachdem er die Ermordung etlicher Verwandter zumindest geduldet hatte. Er war der erste christliche Kaiser, der das Heidentum mit Gewalt verfolgte: die Tempel wurden geschlossen und der Opferdienst bei Todesstrafe untersagt. Im

[1] Dazu auch die Quellen des Kapitels „David Reuweni und Schlomo Molcho, die Fahnenträger Gottes“, S.359.

Jahre 355 ernannte Konstantius seinen Neffen Julian zum Mitregenten. Als dieser jedoch von seinem Heer zum Augustus ausgerufen wurde, verhinderte nur der vorzeitige Tod des Konstantius einen erneuten Machtkampf. So wurde Julian, als letzter Nachfahre Konstantins, im Jahre 361 Kaiser.

Julian hatte sich, obwohl christlich erzogen, wieder den alten Göttern zugewandt und war zu einem entschiedenen Gegner der Kirche geworden, vor allem wegen des brutalen Verhaltens seiner christlichen Verwandten am Kaiserhof. Er betrachtete das Bündnis zwischen Staat und Kirche als Unglück und machte sich deshalb entschieden daran, das Hellenentum zu fördern, die heidnischen Kulte wieder einzuführen und das Christentum zurückzudrängen, was ihm von seiten der Kirche den Beinamen Apostata, der Abtrünnige, eingebracht hat.

Julian ging jedoch nicht gewaltsam gegen die Christen vor; anders als noch unter Diokletian kam es nicht zur direkten Verfolgung der Kirche. Vielmehr erhielten diejenigen Privilegien, die am heidnischen Glauben festhielten. Den Christen aber wurden ihre Vorrechte wieder entzogen. Außerdem mußten sie - im Zuge der Wiederöffnung aller Tempel - solche Kirchen, die zuvor Tempel gewesen waren, zurückgeben und wurden aus dem öffentlichen Leben verdrängt. Das sogenannte Lehrergesetz etwa verbot es Christen, hellenische Literatur und Rhetorik zu unterrichten, was den berühmten Theologen Apollinaris von Laodizea veranlaßte, als Beweis seiner griechischen Bildung die Tora in Hexametern und die Evangelien und Briefe in Form platonischer Dialoge nachzudichten, womit er einen für Theologen erstaunlichen Humor bewies. Julian erlaubte außerdem den von der Kirche als Ketzer Verurteilten die Rückkehr. Sogar häretische Bischöfe konnten ihr Amt wieder einnehmen. Damit wollte er die Christen gegeneinander ausspielen und ihre inneren Kämpfe um Theologie und Macht verschärfen, um so den Einfluß der Kirche zu mindern.

Demselben Zweck diente wohl auch Julians Bevorzugung des Judentums, dem er wesentlich positiver gegenüberstand als der Kirche. Zwar verachtete er - wie aus seiner Schrift „Gegen die Galiläer“ deutlich wird - das Judentum als Ursprung des Christentums, wegen seines Erwählungsanspruches, seiner Feindlichkeit anderen Göttern und Religionen gegenüber. Auch kritisierte er der Juden Mangel an Kultur, an bedeutenden Persönlichkeiten und Generälen. Dennoch würdigte er ihre Loyalität der eigenen Tradition gegenüber. Ja, er behauptete sogar eine größere Nähe des Hellenentums zu den Juden als zu den Christen; denn die Griechen würden, im Gegensatz zu den Christen, den Gott Abrahams, Isaaks und Jakobs verehren, nur unter anderen Namen.

Besonders positiv hob Julian den Sühnopferkult des Judentums hervor: während die Christen grundsätzlich nicht opferten, sei es den Juden nur gegenwärtig unmöglich, da ihr Heiligtum in Trümmern liege. Und so beschloß er, den Juden die Erlaubnis zum Wiederaufbau des Jerusalemer Tempels zu erteilen. Es ist deutlich, daß dies weniger aus Judenfreundschaft denn aus Christengegnerschaft geschah, gab es doch nichts, was die Kirche mehr empört hätte. Denn ein neuer jüdischer Tempel bedeutete die Aufhebung der Weissagungen Jesu und die Infragestellung des christlichen Wahrheitsanspruchs insgesamt, da die Christen behauptet hatten, die Zerstörung des Tempels, Symbol der Verwerfung Israels, werde für immer sein.

Neben seinem Christenhaß werden aber auch außenpolitische Erwägungen bei der Entscheidung Julians wirksam gewesen sein. Er plante nämlich einen Feldzug gegen die Perser und war daran interessiert, die Sympathien der Judenheit im Zweistromland zu gewinnen. Als er im Juli 362 zur Vorbereitung des Krieges von Konstantinopel nach Osten zog, empfing er in Antiochia eine jüdische Abordnung, bestehend aus Provinzoberhäuptern der Umgegend, und gab ihnen - wie ein zweiter Kyros - bei dieser Gelegenheit das feierliche Versprechen, den Tempel wieder aufbauen zu dürfen. Julian scheint auch die Rückgabe Jerusalems und seiner Umgebung an die Juden sowie die Entfernung der Christen aus der Stadt befohlen zu haben.

In der jüdischen Diaspora kam es daraufhin - nach dem einhelligen Zeugnis christlicher Autoren - zu einem ungeheuren Enthusiasmus und zum Wiederaufleben messianischer Hoffnungen. Juden aus Kleinasien machten sich bereit, ins Israel-Land zu ziehen, Geld und Schmuck wurde gesammelt zur Finanzierung des Tempelbaus. Doch wie immer bei solcher Gelegenheit gab es auch zurückhaltendere Reaktionen, besonders unter Juden, die dem Messiastum grundsätzlich kritisch gegenüber standen. Andere nahmen eine abwartende Haltung ein, da sie bezweifelten, daß Julian überhaupt in der Lage sei, das Unternehmen durchzuführen: stand er doch, als kinderloser Witwer, allein und hatte einen risikoreichen Krieg vor sich. Von daher ist das Schweigen des Talmud verständlich.

Julian beauftragte einen seiner Freunde mit Namen Alypios von Antiochia mit der Organisation der Bauarbeiten in Jerusalem. Im Frühjahr 363 begann dieser damit, die Ruinen des Hadrianischen Jupitertempels abzuräumen sowie Holz und Steine heranzuschaffen. Besondere Werkzeuge mußten hergestellt werden, die zur Errichtung des Tempels für den Israelgott nötig waren (Eisenwerkzeug etwa durfte nicht verwendet werden). Dadurch verzögerte sich der Baubeginn.

Kaum aber hatten die Arbeiten begonnen, mußten sie am 27. Mai 363 schon wieder eingestellt werden, weil ein Erdbeben die Stadt erschütterte.

Ammianus Marcellinus, ein Offizier im Heer Julians - zwar kein direkter Augen-, aber immerhin der einzige uns bekannte Zeitzeuge - berichtet von „Feuerkugeln“, die aus den Fundamenten hervorkamen und Arbeiter verbrannten. Wahrscheinlich waren Gase, die sich in unterirdischen Räumen gesammelt hatten, in Brand geraten.

Die Christen triumphierten. In ihren Berichten steigerte sich das Geschehen mit der Zeit immer mehr ins Wunderbare: schon zu Beginn der Arbeit habe man als Warnung Gottes den Anfang des Johannes-Evangeliums in den Ruinen gefunden, welches seit Anbeginn der Zeiten dort gelegen habe; Feuer sei vom Himmel gefallen, um die Juden zu verzehren; über Nacht hätten sich Kreuze an die Kleidung aller Bewohner Jerusalems geheftet, und zwar weiße Kreuze für die Christen und schwarze für die Juden, welche vergeblich versucht hätten, diese zu entfernen.

In der Forschung ist manchmal der Verdacht geäußert worden, die Christen selbst hätten das Feuer gelegt, ähnlich wie bei einem von Julian wieder geöffneten Apollotempel in Dafne bei Antiochia, der ebenfalls in Flammen aufging. Auf jeden Fall reicht ein Erdbeben, wie es gerade damals recht häufig im östlichen römischen Reich vorkam, als einzige Erklärung für den Abbruch der Arbeiten nicht aus. Die Naturkatastrophe verunsicherte jedoch viele und wurde als böses Omen gedeutet. Als dann im Juni Kaiser Julian im Krieg den Tod fand, wurde der Wiederaufbau des Tempels endgültig abgebrochen.

Die einzige sichtbare Spur, die der messianische Enthusiasmus in Jerusalem hinterlassen hat, ist wohl ein Stein in der Westmauer des Tempelbergs. Er trägt - von einem jüdischen Pilger dort eingeritzt - die leicht, aber bedeutungsvoll veränderte Fassung des Bibelverses Jesaja 66,14: Aus „Ihr seht, es freut sich euer Herz, eure Knochen sprossen wie Gras“ wurde in der Inschrift: „Ihr seht, es freut sich euer Herz, aber *ihre* (nämlich der Christen) Knochen *sind* wie Gras“.

In den folgenden Jahren wuchs der Einfluß der Kirche wieder. Allerdings wirkte die religiöse Toleranz des Julian zunächst nach, so daß sich die Lebensumstände der Juden verbesserten. Diese Situation mag auch darin begründet sein, daß Kaiser Valens (364-378) bei innerkirchlichen christologischen Streitigkeiten eine Minderheitsposition vertrat, die ihm viele mächtige Gegner einbrachte. Er war daher darauf bedacht, sich nicht auch noch die Juden zu Feinden zu machen. Allmählich aber nahm die Judenfeindlichkeit wieder zu. Im Jahre 380 erließ Kaiser Theodosius ein Edikt, mit dem das Christentum zur Staatsreligion und die Kirche zur Staatskirche erhoben wurde. Damit waren Juden von der Staatsbürgerschaft ausgeschlossen - ein Status, der im christlichen Kulturbereich bis ins 19. Jahrhundert andauerte.

Während der Regierungszeit des Theodosius wurde in Antiochia - neben dem Weihnachtsfest - ein christlicher Kult für die makkabäischen Brüder eingeführt, die der Tradition nach in dieser Stadt gestorben und begraben waren. Die jüdischen Märtyrer der Makkabäerzeit, vor allem die Mutter mit ihren sieben Söhnen[1], galten der Kirche damals als Christen, die für Christus in den Tod gegangen seien, obwohl sie doch viele Jahre vor dessen Geburt gestorben waren! Da dieser Anachronismus einigen Christen nicht einleuchten wollte, verteidigte der - wegen seiner äußerst judenfeindlichen Predigten berühmt-berüchtigte - Kirchenvater Johannes Chrysostomos („Goldmund“) das neue Fest vehement. Er schrieb sogar eine Predigt über „die heiligen Makkabäer und ihre Mutter“.

Wegen dieser christlichen Aneignung der Makkabäer-Tradition kam es zu Spannungen zwischen Christen und Juden. Im Zusammenhang mit einer Prozession zu Ehren der makkabäischen Brüder, die in Kallinikon, Syrien, stattfand, zündeten die Christen, aufgestachelt durch ihren Bischof, die örtliche Synagoge an. Als Theodosius daraufhin die Verfolgung der Brandstifter, den Wiederaufbau der Synagoge auf Kosten des Bischofs sowie die Rückgabe des gestohlenen Inventars an die Juden forderte, war der Einfluß der Kirche gegenüber dem Kaiser bereits so groß geworden, daß der Mailänder Bischof Ambrosius die Straffreiheit aller beteiligten Christen durchsetzen konnte. An dieser Episode wird der wahrhaft messianische Eifer der seit Konstantin Welt-beherrschenden Machtkirche beispielhaft deutlich, der einige Jahrhunderte später in den Kreuzfahrern mit ihrem Morden und Brandschatzen und ihrer Verehrung der Makkabäer eine Fortsetzung finden sollte.

[1] Dazu die Quellen des Kapitels „Die Makkabäer - die glorreichen Zehn“, S.220f.

Mittelalterliche Messiasse in der Welt des Islam

Die Erhebung der Kirche zur Staatskirche im 4. Jahrhundert, die vor allem dazu hatte dienen sollen, das Reich zu festigen, rettete die Macht Roms nicht: Kämpfe zwischen Ost- und Westrom sowie der Einfall immer neuer Germanenstämme im Rahmen der Völkerwanderung richteten zunächst das weströmische Reich zugrunde. Im Jahre 410 eroberten die Westgoten Rom, der letzte weströmische Kaiser wurde 476 von dem germanischen Heerführer Odoakar abgesetzt.

Mit dem Zerfall des römischen Reiches gewann die Kirche immer mehr an Bedeutung, wenn sie auch nicht mehr als Reichskirche fortdauerte. Die Germanen nahmen sehr schnell das Christentum an, allerdings meist zunächst die als ketzerisch geltenden Formen der Arianer und Nestorianer. Im Osten versuchten Syrer und Ägypter, sich vom Einflußbereich Byzanz' zu lösen, und gründeten eigene Nationalkirchen. Wieder einmal diente die Theologie politischen Zwecken, diesmal nicht der Reichseinigung, sondern verschiedenen Unabhängigkeitsbestrebungen.

Die schon Jahrhunderte währenden Konflikte mit den Persern dauerten auch noch im 5. und 6. Jahrhundert an. Zu Beginn des siebten Jahrhunderts begannen die persischen Sassaniden einen erneuten, energischen Vorstoß nach Westen gegen das oströmische, byzantinische Reich. Dies wurde von den Juden mit Genugtuung, ja mit Jubel begrüßt und verwandelte die stets vorhandene Hoffnung auf Befreiung in messianisches Erlösungsfieber. Viele schlossen sich - wie schon so oft - den Persern an, vor allem als deren Heere die Grenzen des Landes Israel überschritten. Jüdische Aufständische hatten erheblichen Anteil an der Eroberung Galiläas. Der Kern der jüdischen Erhebung scheint Tiberias gewesen zu sein, wo ein reicher Jude namens Benjamin sein Vermögen für den Aufstand einsetzte. Die jüdischen Angriffe richteten sich hauptsächlich gegen Christen, von denen sie so lange unterdrückt worden waren, und gegen christliche Einrichtungen.

Einen Höhepunkt bildete die Eroberung Jerusalems im Jahre 614. Die Perser übergaben die Stadt jüdischen Siedlern, an deren Spitze eine messianische Gestalt mit Namen Nechemja ben Huschiel stand, der sich vor allem bemühte, die Christen zu schädigen und zu schwächen. Vielleicht hat Nechemja sogar versucht, den bisher unmöglich gemachten Tempeldienst wieder aufzunehmen. Aus nicht ganz geklärten Gründen schloß jedoch der persische König plötzlich einen Waffenstillstand mit Kaiser Heraklius von Byzanz, dem sich die Judenschaft nicht anschloß. So mußte der Perserkönig oder sein Feldherr mit Gewalt gegen die bisherigen Helfer vorgehen. Dabei soll er selber den Messias Nechemja erstochen haben. Weitere Getreue erlitten das Martyrium.

Im Jahr 622 begann Heraklius trotz des Waffenstillstands mit einem Gegenangriff, drängte die Perser zurück und konnte 629 wieder in Jerusalem einziehen, um die fünfzehn Jahre zuvor von den Persern entwendeten Kreuzesreliquien zurückzubringen. Zwar versuchte der Kaiser, die Juden zu schonen, doch der Klerus drang auf Bestrafung und Rache. So war wieder eine messianische Hoffnung dahin.

Aber bald schon stand die Judenheit ebenso wie die Kirche vor einer veränderten Situation, die erneut messianische Unruhen auslöste. Im 7. Jahrhundert begann ein Vorstoß aus dem Süden, der neue Bewegung in das religiöse Leben bringen sollte: das Vordringen des Islam. Nach verhältnismäßig kurzen Auseinandersetzungen und Kämpfen nahmen die Stämme der arabischen Halbinsel den Glauben Mohammeds an, der ihrem Wesen und Temperament zu entsprechen schien. Rasch entfaltete die neue Religion ein ungeheures Energiepotential und trat einen Siegeszug zunächst nach Norden an, um eine Welt zu erobern, die sie bis heute beherrscht. Im Jahre 638 zogen die Araber in Jerusalem ein, wo sie etwa fünfzig Jahre später den prächtigen Felsendom errichteten, der als architektonisches Gegenstück zur Grabeskirche konzipiert wurde und diese an Pracht übertreffen sollte. So war der Tempelberg erstmals seit der Christianisierung Jerusalems wieder bebautes Gelände. Wie die Einöde unter der christlichen Herrschaft den Sieg über Israel hatte symbolisieren sollen, so demonstrierten die Muslime nun ihren Triumph über die Kirche durch ihre Bautätigkeit.

Der Islam mit seinen Siegen über alte Feinde und Unterdrücker Israels brachte heftigen und anhaltenden - wenn auch meist regional begrenzten - Auftrieb für jüdische Hoffnungen auf einen Messias, auf Erlösung. Die Erfolge der Muslime wurden besungen, und manche Juden schlossen sich sogar diesem neuen, als messianisch gedeuteten Glauben an.

Gleich zu Beginn der islamischen Eroberung gerieten die Juden in Begeisterung, als sie davon hörten, daß moslemische Araber gegen das Land anrückten. Soziale Spannungen, auch innerhalb der eigenen Gemeinde, verstärkten die Unruhen. Die Juden schlugen los und erzielten Erfolge, da sie die militärische Taktik der Muslime übernahmen. Um das Jahr 645 soll ein Jude behauptet haben, daß der Messias gekommen sei. Er versammelte Weber, Teppichmacher und Wäscher um sich, ungefähr 400 Mann. Diese verbrannten drei Kirchen und töteten den Vorsteher des betreffenden Ortes. Der messianische Führer dieser jüdischen Handwerker wurde gekreuzigt, seine Anhänger mitsamt ihren Familien massakriert. Von ähnlichen Ereignissen wird dann auch aus dem moslemischen Spanien des 8. und 9. Jahrhunderts berichtet.

Wahrscheinlich um die Mitte des 8. Jahrhunderts, während der Regierungszeit des omajadischen Kalifen Marwan ibn Muhammad, entstand in Persien eine jüdische Sekte, die eine messianische Bewegung auslöste. Ihr Urheber war Jizchak ben Jakob aus Isfahan, der Abu Isa genannt und von seinen Anhängern auch mit dem Namen Owadja (Gottesknecht) geehrt wurde. Er hielt sich für einen Propheten und verkündete, er sei der letzte Vorläufer des Messias, dessen Kommen unmittelbar bevorstehe. Seine Lehre, soweit sie von denen der Rabbis abwich, war eher streng, keine Erweichung der Gebote. So ordnete er - vielleicht in Überbietung der fünf täglichen Gebete sowie des Alkoholverbotes im Islam - sieben Gebetszeiten und den Verzicht auf Fleisch überhaupt (nicht nur auf Schweinefleisch) an. Doch hielt er sich an die allgemeinen jüdischen Schabbate und Feste mit den Hauptgebeten. Seine Anhänger wurden daher auch nicht gebannt, sondern als Juden anerkannt. Sie erzählten, er sei ein ungebildeter Mann, der seine Schriften göttlicher Inspiration verdanke.

Obwohl Owadja Jesus und Mohammed als Propheten achtete, die für Christen und Muslime entscheidende Bedeutung hätten, schürte er eine Revolte gegen die muslimische Obrigkeit, wohl um das Kommen des Messias vorzubereiten oder zu beschleunigen. Viele Juden Persiens sammelten sich um ihn, konnten sich einige Jahre behaupten und an Stärke zunehmen. So wagte Owadja schließlich eine Schlacht, in der seine Armee jedoch besiegt und er selbst getötet wurde. Es ging aber die Sage, er sei in einer Höhle verschwunden. Andere berichteten, er habe mit einem Myrtenzweig einen Kreis um seine Getreuen gezogen, in dem sie von den Feinden unerreichbar gewesen seien; er selbst habe den Kreis verlassen und die Gegner mit einem einzigen Schwertstreich erledigt. Dann sei er zu den verlorenen zehn Stämmen Israels hinter den Wüsten gereist, um ihnen zu predigen. Noch um 930 fand der karäische Gelehrte Al Kirkisani in Damaskus etwa zwanzig Anhänger der Sekte der Isanianer oder Isfahaner, die sich auf Abu Isa zurückführten. Seine Lehren wirkten auch in einigen Schülern weiter, besonders bei einem gewissen Judgan, den seine Anhänger ebenfalls für einen Messias hielten.

Die hohen Erwartungen, die manche Juden an das Erscheinen der Scharen Mohammeds geknüpft hatten, wurden nicht erfüllt. Doch auch Befürchtungen bewahrheiteten sich nicht: Die Muslime waren gegenüber den anderen biblischen Religionen verhältnismäßig tolerant und bekämpften diese nicht wie alles Heidentum als widergöttlich. So kehrte eine gewisse Ruhe ein, in der sich im Lauf der Jahrhunderte ein zum Teil sehr fruchtbares Zusammenwirken von Moslems und Juden entwickelte.

Nach seinem Siegeszug im Orient hatte der Islam sich bald auch nach Westen zum Mittelmeer gewandt, wo er die Vorherrschaft des Christentums brach. Als die Muslime aber von Spanien aus versuchten, ins Frankenreich vorzudringen, stellte sich ihnen der karolingische Hausmeier Karl Martell entgegen. Diesem neuen, allerdings christlichen Makkabäer (heißt doch „martel" auf französisch nichts anderes als hebräisch MAKKÄWÄT, nämlich: Hammer[1]) gelang es im Jahre 732 in der Schlacht von Tour und Poitiers, das Vorrücken der Araber endgültig zu stoppen. Das Abendland blieb also christlich. Die Folge war ein Erstarken des fränkischen Reiches ebenso wie der fränkischen Kirche, die sich mit dem römischen Papsttum verband, in den folgenden Jahrhunderten aufblühte und zur Weltmacht wurde. Von eben diesem Abendland aus machten sich 400 Jahre später die wohl messianischsten Christen aller Zeiten, die Kreuzfahrer, auf, um das „heilige" Land und die „heilige" Stadt für die Christenheit zurück zu erobern.

Der Anlaß der Kreuzzugsbewegung war vielfältig. Christliche Pilger hatten im 11. Jahrhundert davon berichtet, wie sie von Muslimen behindert worden seien, zu den heiligen Stätten zu gelangen, wobei sie auch nicht vergaßen, die Mißgunst der israelländischen Juden zu erwähnen. Außerdem bekämpften sich Türken und Araber im Osten, wodurch Konstantinopel sich derart bedroht fühlte, daß es den Westen um Hilfe anrief. Hier ging man bereitwillig darauf ein, zumal die Zurückdrängung der Araber, die noch immer in Spanien und Sizilien herrschten, aus wirtschaftlichen Gründen durchaus im eigenen Interesse lag. Auch war der Papst, der schon seit langem mit dem Kaiser um die Macht rang, nicht abgeneigt, einen „heiligen" Krieg zu führen, um auf diese Weise seine Ansprüche zu untermauern. Auf der Synode von Clermont im Jahre 1095 rief daher Papst Urban II. mit der Parole „Gott will es" das „von Gott geliebte und auserwählte" Volk der Franken auf, das Kreuz zu nehmen und Christus nachzufolgen (Mt 10,38 u.ö.), der mit seinem Tod die Stadt Jerusalem für sich erkauft habe.

Es ist kein Zufall, daß die Kreuzfahrer ausgerechnet das erste Makkabäerbuch, welches Bestandteil ihres Bibelkanons war, sehr liebten, verehrten und sich mit den Helden der Makkabäerzeit, diesen kriegerischen Befreiern Jerusalems, identifizierten; verstanden die Christen sich doch als das wahre Israel, das neue, von Gott auserwählte Volk. So zogen sie im Jahre 1096 unter Führung ihres himmlischen Feldherrn Christus, der wie einst Johannes Hyrkan das dreifache messianische Amt innehatte, aus, um die Taten der Makkabäer zu wiederholen. Allerdings waren die messianischen Ämter

[1] Dazu das Kapitel „Die Makkabäer - die glorreichen Zehn".

längst christlich-theologisch umgedeutet und überhöht: als Prophet hatte Christus - im System christlicher Dogmatik - zu Lebzeiten den Willen seines Vaters offenbart und damit aller weiteren Prophetie ein Ende gesetzt, als Großpriester (dem nach Joh 11,51 auch die Gabe der Prophetie gegeben ist) hatte er sich selbst als Opfer dargebracht, und nun herrschte er als himmlischer König über die Welt. (Die reformatorische Theologie prägte dafür später den Begriff des triplex munus Christi.)

Irdischer Stellvertreter dieses Christus war Gottfried von Bouillon, der als einer der ersten (gemäß Lk 18,28 und auch 1.Makk 2,27f) all seine Burgen und Güter verkaufte und das Kreuzfahrerheer anführte. Ein Haufen von Schatzsuchern, Abenteurern, Verschuldeten und Phantasten zog dem eigentlichen Heer voraus und veranstaltete unter den Juden des fränkischen Reiches, den „Ungläubigen im eigenen Land", schreckliche Pogrome. Vor allem den jüdischen Gemeinden im Rheinland blieb nur die Wahl: Taufe oder Tod. Gottfried dagegen ließ, allerdings erst nachdem er sich dafür hatte bezahlen lassen, die Gemeinden auf seinem Weg unversehrt.

Es paßt zu dem ganzen gewalttätigen Unternehmen, daß unterwegs, in Antiochien, ausgerechnet die heilige Lanze gefunden wurde, deren Echtheit allerdings umstritten war, weil sich in Konstantinopel bereits eine solche Reliquie befand - was ihrer Wirkung auf die inzwischen recht demoralisierten Kreuzfahrer aber keinen Abbruch tat. Es erstaunt, daß diese in der Stadt des Petrus nicht auch noch ein heiliges Schwert des Petrus entdeckt haben.

Nach einigen Unstimmigkeiten und erheblicher Verzögerung erreichte das Heer der Christen am 7. Juni 1099 endlich Jerusalem. Mehr als einen Monat lang konnten sich Juden und Moslems - die christlichen Einwohner waren beim Anmarsch des Heeres vom muslimischen Gouverneur ausgewiesen worden - gemeinsam verteidigen. Schließlich aber mußten sich die Juden in ihre Synagogen zurückziehen, die von den Kreuzfahrern in Brand gesteckt wurden. Auch Moslems in der Al-Aksa-Moschee fielen den christlichen Eroberern zum Opfer. Am 15. Juli nahmen diese nach einem furchtbaren Blutbad die Stadt ein. Wer überlebte, wurde in die Sklaverei verkauft, die jüdische Gemeinde hörte für viele Jahre auf zu bestehen.

Gottfried von Bouillon, der (gemäß seiner Grabstein-Inschrift) hoffte, nach seinem Tod mit Christus zu regieren, wie er ja schon zu Lebzeiten als weltlicher Statthalter Christi das Heer angeführt hatte, setzte sich in den folgenden Monaten mit politischem Kalkül gegen seine Konkurrenten durch und wurde schließlich „Beschützer des heiligen Grabes". Auf den Königstitel verzichtete er. Nicht so sein Bruder Balduin, der sein Nachfolger wurde und im Jahre 1100 offiziell als König gekrönt wurde. Er ersetzte den alten Schlachtruf „Gott will es" durch einen neuen: „Christus erobert,

Christus herrscht, Christus kommandiert". Auf seinem Grabstein ließ sich der erste christliche König Jerusalems als ein „zweiter Judas Makkabäus" verewigen.

Den Felsendom weihten die Kreuzfahrer (die ihn für den Tempel Salomos hielten und keine wesentlichen baulichen Veränderungen vornahmen), zu einer Kirche mit Namen „templum Domini", Tempel des Herrn. Die Al-Aksa-Moschee, fälschlicherweise von ihnen als Palast Salomos erachtet, wurde als „templum Salomonis" zur Residenz. Auch neue Kirchen und Klöster wurden erbaut, eigene Ritterorden entstanden, darunter die Fratres militiae Templi, die Templer, die rein militärische Aufgaben hatten. Jerusalem verwandelte sich vorübergehend wieder in eine christliche Stadt und wurde zur Hauptstadt des „regnum David", des neuen, christlich-messianischen Davidreiches.

Doch die Herrschaft der Kreuzfahrer währte nicht lange. Bald kam es - gut messianisch - zu Machtkämpfen unter ihnen, so daß die Moslems leichtes Spiel hatten. Schon der 2. Kreuzzug (1147-1149) endete in der Katastrophe. Bald darauf, im Jahre 1187, schlug Saladin die Kreuzfahrer bei den Hörnern von Hattin im Galil vernichtend und eroberte noch im selben Jahr Jerusalem zurück. Die nun folgenden Kreuzzüge blieben - soweit es Jerusalem betraf - erfolglos. Allerdings gelang es den Christen während des 4. Kreuzzugs, die christliche (!) Stadt Konstantinopel vor allem aus wirtschaftlichem Interesse zu erobern und zu plündern. Nur Kaiser Friedrich II., der sich als vom Papst Gebannter auf den 5. Kreuzzug begab, gelang es, allein durch Verhandlung und ohne Gewalt, sich im Jahre 1229 selbst zum König Jerusalems zu krönen - ein Affront vor allem gegen den Papst, der schon seit langem mit ihm um die Macht rang. Aber nur gut sechzig Jahre später wurden die Kreuzfahrer endgültig von den Moslems aus dem „heiligen Land" vertrieben.

Für die Juden bedeutete die Zeit der Kreuzfahrer eine Zeit der großen Not. Die sogenannte Blutlüge (der Vorwurf, Juden würden zu Pesach ein Christenkind schlachten, um dessen Blut in die Mazzen zu mischen) kam auf und führte immer wieder zu Pogromen unter denen, die sich vor den Kreuzfahrern hatten retten können. So wurde für Juden das Kreuz zum Schrekkenssymbol.

Die Kreuzzüge brachten - trotz des militärischen Mißerfolgs - dem christlichen Handel in Mitteleuropa einen enormen Aufschwung und führten damit zum sozialen Abstieg für die Juden. Denn der Welthandel, bisher in Europa eine jüdische Domäne, wurde nun von Christen übernommen. Juden blieb lediglich das Trödel- und das Geldgeschäft. Wie verzweifelt ihre

Situation war, läßt sich etwa daran erkennen, daß im Jahre 1211 mehr als dreihundert jüdische Gelehrte aus England und Frankreich sich nach Israel aufmachten. Sie hofften, so der Judenfeindschaft des christlichen Europa zu entkommen und in Jerusalem, das sich wieder in moslemischer Hand befand, in relativer Ruhe ihren Studien nachgehen zu können. Auch aus anderen Ländern, vor allem aus Nordafrika, zogen Juden nach Jerusalem - wahrscheinlich folgten sie einer Proklamation, die Saladin nach der Eroberung der Stadt an die Judenheit in aller Welt gerichtet hatte und mit der er sie einlud, sich dort niederzulassen.

Im Osten führten die Nachwehen der Kreuzzüge zu regelrechten messianischen Ausbrüchen. Sowohl von Juden als auch von Christen aus Saloniki wird berichtet, daß sich ihnen Elia - der Vorläufer des Messias - selbst offenbarte. Sogar Menschen, die allgemein in hohem Ansehen standen, bezeugten die Erscheinungen. Es herrschte eine starke Erregung; manche Juden verhielten sich so, als ob der Messias bereits da sei: sie gingen müßig und vernachlässigten die von Gott gebotene werktägliche Arbeit. Sie schickten Frohbotschaften nach Konstantinopel, und andere Gemeinden zogen bei ihnen Erkundigungen ein. Ein Gerücht wurde verbreitet, gemäß dem sich alle byzantinischen Judengemeinden in Saloniki treffen sollten, um von dort aus ins Israel-Land zu ziehen. Alles war erfüllt von unsicheren Nachrichten. Der Name einer bestimmten Persönlichkeit ist aber nicht überliefert.

Um 1120/1121 kam es in Bagdad zu messianischen Tumulten. Dort lebte eine Prophetin, Tochter von Joseph, dem Sohn des Arztes, die ein asketisches Leben führte und nur auf Druck des Vorstehers der Gemeinde geheiratet hatte. In einer Zeit, in der die Juden 1.000 Dinare Strafe zahlen mußten, wenn sie sich weigerten, ihre Frauen den diskriminierenden gelben Fleck tragen zu lassen, trat diese Prophetin öffentlich auf und erklärte, sie habe im Traum den Propheten Elia gesehen, der ihr gesagt habe, die Erlösung Israels sei nahe.

Dies löste bei den Juden Bagdads Begeisterung aus. Der Sultan aber hatte schon lange auf einen günstigen Zeitpunkt gewartet, den Juden zu schaden, da er gezwungen gewesen war, einen illegalen Steuererlaß gegen sie zurückzunehmen. Er nutzte darum die Gelegenheit um zu behaupten, die Juden würden - wenn sie erst ihren eigenen Staat aufgerichtet hätten - nicht eher ruhen, bis alle anderen Länder ihnen untertan seien. Er veranlaßte den Kalifen, die jüdische Gemeinde im kaiserlichen Münzpalast einzusperren, der ihm wohl der sicherste Ort zu sein schien.

Es wird erzählt, daß nun ein Disput zwischen Kalif und Kadi über die Frage stattfand, ob man zu einem entscheidenden Endschlag gegen die Juden ausholen solle, wie der Kalif wünschte, oder ob dies gefährlich sei, da Übeltaten an Juden nicht ungestraft blieben und das jüdische Volk ohnehin ewig bestehe, wie der Kadi zu bedenken gab. Doch blieben die Juden in Haft. Da erschien plötzlich ein Jude, offenbar ihr Gemeindevorsteher, in voller Freiheit am Gefängnistor und gab so allen die Hoffnung auf baldige Entlassung. Diese wunderbare Befreiung wurde natürlich der Prophetin und ihren Elia-Träumen zugeschrieben. Der Kalif wies dies verachtungsvoll von der Hand und befahl im Gegenteil, sie am nächsten Tag zu verbrennen. Doch in der Nacht erschien Elia dem Kalifen selbst und versetzte ihn in großen Schrecken. So konnte die Geschichte für die Juden zu einem guten Ende gelangen.

In derselben Zeit traf ein normannischer Proselyt namens Owadja mit dem karäischen Priester Salomo zusammen, der behauptete: „Ich bin der Mann, auf den Israel wartet." Owadja berichtet weiter, der Priester Salomo habe prophezeit, daß sich alle Juden innert der nächsten zweieinhalb Monate in Jerusalem um ihn sammeln würden. Owadja war erstaunt, daß es einen Messias aus dem Hause Aaron geben solle, er habe in all den Jahren, die er nun Jude sei und fleißig studiere, nichts davon gehört. Nur auf Elia und einen Davidsnachfahren warteten sie, nicht auf einen Sohn Levis. Diese Geschichte vermag zu zeigen, wie tief die Hoffnung auf einen Messias Ben David allgemein verwurzelt war, daß aber in den Kreisen der Sekte der Karäer, bei denen Traditionen der Essener weitergegeben wurden, der Glaube an einen Messias aus dem Aaron-Geschlecht so lebendig war, daß sie einen entsprechenden Prätendenten hervorbrachten. Auf die übrige Judenheit scheint dies aber wenig Eindruck gemacht zu haben.

Ein weiterer Messias, Moses al Dari, hatte großen Einfluß auf die Gemeinde der Stadt Fes in Marokko. Er war dort als angesehener Gelehrter und auch als Wundertäter bekannt. Im Jahr 1127 riet er seinen Juden kurz vor Pesach, dem Befreiungsfest, ihr Hab und Gut zu verkaufen sowie sich bei den Moslems hoch zu verschulden, da sie nach dem Pesachfest keinen mehr wiedersehen würden - gemeint war natürlich, daß er inzwischen die Erlösung herbeigeführt hätte. Doch Pesach kam, Pesach ging - und nichts geschah. Die Messiasgläubigen blieben tief verschuldet zurück, Moses al Dari konnte ins Israel-Land entkommen.

Rabbi Mosche ben Maimon (Rambam), Maimonides (1135 bis 1204), der bedeutendste Gelehrte seiner Zeit, der ein Menschenalter später auf der Flucht aus Spanien einige Jahre mit seiner Familie in Fes lebte, mochte die Geschichte dort gehört haben; jedenfalls hat er sie überliefert, und zwar in einem Brief an die Gemeinden im Jemen. Die Tatsache, daß Maimonides seine Schriften auf Arabisch verfaßte, zeigt, wie relativ gut das Verhältnis zwischen Moslems und Juden die meiste Zeit gewesen ist. Jüdische Gelehrte stiegen sogar zu höchsten Ämtern an den Höfen der Kalifen auf. Das erklärt, weshalb die mittelalterlichen Messiasbewegungen überwiegend nur einen regional begrenzten Umfang hatten. Es ging den Juden unter arabischer Herrschaft nicht so schlecht, wie es dann unter christlicher der Fall sein sollte.

Obwohl Maimonides, der in Messiasangelegenheiten häufig um Rat gefragt wurde, eher antimessianisch eingestellt war, galt diesem Messias aus Fes doch sein Wohlwollen, aus welchen Gründen auch immer. Er äußert sich befriedigt, daß Moses al Dari fliehen konnte, und gedachte seiner zum Segen. Außerdem hätten Menschen, die jenen Messias noch kannten, versichert, seine Voraussagungen der Schicksale nordafrikanischer Juden seien im Großen und Kleinen richtig gewesen.

Maimonides berichtet auch, daß um das Jahr 1100 ein Jude, bestimmt durch einen entsprechenden Traum, sich als Messias ausgegeben habe. Dieser, Ibn Arje mit Namen, sei aber von dem Gemeindeleiter erst geprügelt, dann gebannt worden, und damit sei der Fall erledigt gewesen. Rund vierzig Jahre zuvor sei außerdem ein wundertätiger Messias in Linon (gemeint ist wahrscheinlich das französische Lyon) aufgetreten. Dieser berief sich auf die Nachtschau des Danielbuches über den Menschensohn, der - mit Macht und Herrschaft ausgestattet - vom Himmel komme (dazu Dan 7,13, auch Lk 21,27f). Entsprechend kletterte dieser Messias nachts, wenn schon nicht in himmlische Höhen, so doch wenigstens auf die höchsten Bäume und flog von Krone zu Krone! Durch diese allen sichtbare Konkretisierung der exklusiven Vision Daniels wollte er seinen Anspruch legitimieren. Überhaupt dienten die zahlreichen Wunder, die von mittelalterlichen Messiassen überliefert werden, diesem Ziel. Ja, die Fähigkeit, Wunder zu vollbringen, galt damals im einfachen Volk geradezu als das entscheidende Kennzeichen des Messiastums.

Dies veranlaßte Maimonides, energisch zu bestreiten, daß Wundertätigkeit zum Aufgabenbereich des Messias gehöre. Er werde vielmehr das Davidreich wiederherstellen und das Israelvolk im Land sammeln. Schließlich werde er alle Menschen in Frieden vereinen, auf daß sie in Ruhe Tora studieren und Gotteserkenntnis erlangen können. Maimonides appellierte darum an die Juden, ihre Zeit nicht mit rätselhaft-prophetischen Texten zu vergeuden, deren Bedeutung sich erst mit der Ankunft des Messias erschließen werde. Selbst über den Propheten Elia und seine Aufgabe innerhalb des messianischen Erlösungswerkes bestehe gegenwärtig unter den Gelehrten keine Übereinstimmung. Darum solle jeder sich vor allem um die Tora bemühen, die zu Gottesfurcht und Gottesliebe führe.

Diese Meinung des Maimonides kann als klassisch gelten für die Haltung der meisten jüdischen Gelehrten gegenüber allem Messiastum. Sie zeichnet sich aus durch eine Skepsis gegenüber Versuchen messianischer Verwirklichung und durch die Ablehnung eines auf Wunder gerichteten Aberglaubens sowie spekulativer Schriftauslegung. Stattdessen wird die Bedeutung des Torastudiums betont und das Zurücknehmen konkreter Messias-Naherwartung zugunsten einer Haltung gefordert, die - offen für eine bessere Zukunft - ganz in der Wirklichkeit der hiesigen Welt lebt.

Unter den von Maimonides verfaßten dreizehn Grund-Sätzen (IKKARIM) des Gottesvertrauens, die einem christlichen Glaubensbekenntnis recht nahe kommen und ins jüdische Gebetbuch aufgenommen wurden, lautet der zwölfte: „Ich vertraue mit vollkommenem Vertrauen auf das Kommen des Messias. Und auch wenn er sich verzieht - trotzdem warte ich auf ihn an jedem Tag, daß er komme." Maimonides erteilt also auch hier den zeitgenössischen, konkreten Messias-Gestalten eine deutliche Absage. Dafür betont er das Zögern des Messias, in dem es auszuharren und treu zu bleiben gilt, trotz aller Anfechtung.

Doch nicht alle Juden teilten diese Meinung. Denn die Situation zur Zeit der Kreuzzüge war einer messianischen Stimmung besonders günstig, da wie üblich in unsicheren Zeiten Juden drangsaliert und verfolgt wurden. Als etwa der berühmte jüdische Weltreisende Benjamin von Tudela um 1170 in das abgelegene Kurdistan gelangte, fand er in der von den Moslems beherrschten Festungsstadt Amadija 25.000 aramäisch sprechende Juden, die sich auf die verlorenen zehn Stämme zurückführten. In dieser Gegend hatte im ersten christlichen Jahrhundert König Izates von Adiabene geherrscht, der - nach Auskunft des Flavius Josephus - ein Förderer des Judentums gewesen und sogar selber Jude geworden war. Benjamin hörte dort auch von einem Messias, der mehrere Jahrzehnte vorher in der Region für Aufruhr gesorgt hatte und von dem unterschiedliche Geschichten im Umlauf waren.

Außerdem wird berichtet, daß zu Beginn des Jahrhunderts - also am Anfang der Kreuzfahrerbewegung - in Amadija ein Jude namens Salomo sich als Elia ausgab. Er hatte so großen Zulauf, daß schließlich sein Sohn Menachem sich David nannte, um damit seinen Anspruch, messianischer König zu sein, zu betonen. Die intensive mündliche und schriftliche Propaganda dieses als David Alroy bekannt gewordenen Messias erlangte erheblichen Einfluß. Er schickte Sendschreiben in nahe und ferne Judengemeinden: die Zeit sei gekommen, da der Allmächtige seine Verheißungen erfülle und das Volk Israel auf Engelsflügeln von den Enden der Welt nach Zion, nach Jerusalem zurückführen werde. Alle sollten sich auf diesen noch nicht offenbarten Tag mit Beten und Fasten vorbereiten. Doch David Alroy selbst wartete nicht tatenlos auf die Stunde. Denn es heißt, er habe eine große Schar Juden gesammelt, die mit versteckt getragenen Waffen versucht hätten, heimlich in die Bergfestung Amadija einzudringen, um sie durch Handstreich zu erobern. Er wurde durch rebellische moslemische Sektierer ermutigt, die Ähnliches versucht hatten, und sein Ansehen stieg durch ein Gerücht, er sei von dem Sultan eingekerkert worden, habe sich aber durch Magie befreien können. Ob die Vorbereitungen wirklich zu einem Heerlager der Juden aus Aserbaidschan, Persien und Mossul geführt haben, bleibt unsicher. Ehe es zu entscheidenden Taten kam, wurde David Alroy ermordet - manche sagen auf Befehl der Behörden, andere berichten, er sei durch seinen Schwiegervater umgebracht worden, der sich hatte bestechen lassen. Dennoch gab es in Aserbaidschan auch noch nach Davids Tod eine Gruppe von Anhängern, die Menachemiten genannt wurden.

Als im Jahr 1172 im Jemen ein Messias auftrat, kam Unruhe in die dortige Gemeinde. Diese wandte sich um Rat an Maimonides, aus dessen Antwortbrief manche Einzelheiten über diesen Mann bekannt sind. Auffallend ist, daß Maimonides, der den Moses al Dari aus Fes so wohlwollend beurteilt hatte, sich diesem Jemeniten und seinen sozialen Ideen gegenüber ganz ablehnend verhielt. Er schrieb, der jemenitische Messias habe die Gemeinde ermuntert, ein jeder solle sein ganzes Geld verteilen und den Armen geben. Das aber sei gegen die Tora, die bestimme, ein Mensch solle nur einen Teil seines Vermögens spendieren. Außerdem führe es nur dazu, daß die Reichen arm und die Armen reich würden. Dann aber müßten die Neureichen ihr Geld wieder an die verarmten Reichen zurückgeben, so daß ein unendlicher, sinnloser Kreislauf entstehe.

Maimonides riet der Gemeinde im Jemen daher, den Messias-Prätendenten für verrückt zu erklären. Später (in seinem Brief über Astrologie) schrieb er an einen Schüler weitere Einzelheiten über diese Bewegung und ihr Ende: der jemenitische Mann sei nur ein Vorbote gewesen, der den Weg für den messianischen König habe bereiten wollen. Viele Menschen, Juden und Araber, hätten sich um ihn versammelt, dann sei er in die Berge gegangen, um sie dort neue Gebete zu lehren. Nach einem Jahr schon habe man ihn gefangen gesetzt, und alle, die bei ihm waren, seien geflohen. Von dem Araber, der ihn gefangen nahm, nach dem Erweise der göttlichen Beglaubigung seiner Botschaft befragt, soll er gefordert haben, ihn zu töten, da er sofort wieder auferstehen werde. Getötet wurde er dann zwar, aber dabei blieb es auch. Maimonides berichtete weiter, er habe davon gehört, daß es im Jemen immer noch eine Menge Narren gäbe, die daran glaubten, daß ihr Messias lebe und sie aufs Neue anführen werde.

Als in der Mitte des 13. Jahrhunderts Mongolenheere gegen Europa stürmten, kam es zu neuen messianischen Erregungen. Meschullam da Piera, ein spanischer Kabbalist, bezog sich in einem seiner Gedichte auf die Einnahme mehrerer syrischer Städte durch die Mongolen, die damals weithin die Herrschaftsgebiete der Moslems im Vorderen Orient ihrem riesigen Reich eingegliedert hatten. Schon die bloße Veränderung ihrer stets gefährdeten Lage versetzte viele Juden in einen Zustand hoffnungsvoller Erwartung: „In unsern Tagen wird das Königtum erneuert / für das verlorne Volk und die zerstreute Gemeinde. / Tribut wird nun gebracht dem Sohne Davids,/ Geschenke für die Herzöge und Fürsten./ Mein Tempel wird gebaut von neuem ..."

Zur gleichen Zeit, im Jahre 1240 wurde im spanischen Saragossa Abraham ben Samuel Abulafia geboren. Von seinem Vater in der traditionellen jüdischen Gelehrsamkeit unterwiesen, machte er sich nach dessen Tod mit achtzehn Jahren auf Reisen. Er besuchte den Orient, um den legendären Sambation zu finden, einen Fluß, der statt Wasser Steine führt, am Schabbat nicht fließt und an dessen Ufern die verlorenen zehn Stämme leben sollen. Doch in einem Land, in dem sich die immer siegreicheren Muslime und die wenigen widerstehenden Kreuzfahrer die letzten Schlachten lieferten, war für einen Juden, der alten Sagen nachforschte, kaum Bewegungsfreiheit. Abulafia reiste daher bald wieder ab, um in Griechenland und Italien ein Wander- und Studienleben zu führen.

Mit dreißig Jahren wandte er sich, wieder in Spanien, der Kabbala zu. Er fand einen eigenen Weg der Meditation durch Buchstabenkombinationen, die zu höchster Ekstase, zur Nähe der Gottheit führen konnte. In seinen Schriften erklärt er, wie auf dem Höhepunkt der Entkörperung er sich von einem herrlichen Öl gesalbt fühle. In solcher Entrückung, wo der Mensch sich selbst begegnet, wird er „Gesalbter", sein eigener Messias. So ist es nicht verwunderlich, daß sich Abulafia als Prophet fühlte; ja, messianische Ideen lagen nahe.

Unter dem Einfluß des berühmten jüdischen Gelehrten Nachmanides, der gesagt hatte, daß der Messias zu Beginn seiner Wirksamkeit auf Gottes Geheiß erst einmal vom Papst - als einem neuen Pharao - die Freiheit des Judentums verlangen müsse, scheint Abulafia im Sommer 1280 Papst Nikolaus III. seinen Besuch angekündigt zu haben. Dieser jedoch gab Anweisung, ihn nicht vorzulassen, sondern bei Erscheinen sofort abzuführen und zu verbrennen. Abulafia kümmerte sich aber nicht um das Todesurteil, sondern überließ sich seiner Inspiration. Als er an das Tor Roms kam, empfing ihn die Kunde, der Papst sei in derselben Nacht gestorben. Abulafia wurde zwar einen Monat lang eingekerkert, kam dann aber frei.

Nach dieser wunderbaren Rettung scheint er die Mission nicht nochmals versucht zu haben. Allerdings prophezeite er nun das gewisse Kommen des Messias für das Jahr 1290 und gewann damit viele Anhänger, die sich auf die Reise ins Israel-Land vorbereiteten. Doch hatte er einen starken Gegner in Salomon ben Abraham Adret aus Barcelona, der ein höchst einflußreicher jüdischer Gelehrter war. Er klagte Abulafia an, sich selbst zum Messias zu machen, und nannte ihn einen Scharlatan. Schließlich mußte der Beschuldigte (vielleicht auch wegen seiner Freundschaft mit manchen Christen) fliehen und widmete sich fortan auf einer einsamen Insel seinen kabbalistischen Studien. In der Kabbala gilt er als einer der Großen.

Zur selben Zeit sah Salomon Adret sich außerdem veranlaßt, einem gewissen „Propheten von Avila" zu widersprechen, der verheißen hatte, daß der Messias im Jahr 1295 erscheine, und der mit dieser Ankündigung eine große Anhängerschaft in Avila gewonnen hatte. Es gibt auch Nachrichten von einer messianischen Eruption um das Jahr 1350. Schmarjahu ben Elia, ein Philosoph und Bibelgelehrter aus Italien mit dem Beinamen der Kreter oder der Grieche, war nach Spanien gekommen, um zwischen den traditionellen Lehrern und den Karäern zu vermitteln, sie sogar zu versöhnen. Womöglich trug ihm diese ungewöhnliche Mission den Ruf eines Messias ein, den aber die Oberen nicht anerkannten. Sein Leben endete im Kerker.

Eine Verfolgung der Juden im christlichen Spanien im Jahr 1391 führte zu weiteren messianischen Unruhen. In der Umgebung von Burgos, wo es besonders viele jüdische Gemeinden gab, erschien ein Prophet, der das unmittelbar bevorstehende Kommen des Messias verkündete. Gerade auch die Conversos oder Marranen - wörtlich „Schweine", wie die mit mehr oder weniger Gewalt und Zwang zum Christentum „bekehrten" Juden der iberischen Halbinsel genannt wurden (sie selbst nannten sich ANUSIM, „Gezwungene") - setzten ihre Hoffnung auf das Kommen des Messias, was sie sogar mit dem neuen Glauben vereinbaren konnten.

Überall verstärkten die Pogrome die messianischen Hoffnungen der Juden. Diese kamen bei den verschiedensten Anlässen zum Ausdruck, etwa bei der unseligen und erzwungenen Disputation in Tortosa sowie in zahlreichen Werken der Gelehrten. Aber die Zeit war nicht mehr geeignet, daß einzelne Namen genannt wurden oder ein bestimmter Mann es gewagt hätte, sich zu einer solchen Mission zu bekennen: die Drohungen der Inquisition lagen zu schwer auf dem Leben der Marranen.

Ascher Lämmlein und das „Jahr der Umkehr“

Im Laufe des 15. Jahrhunderts setzten sich in Spanien die schon Generationen währenden Kämpfe der Christen gegen die Araber fort, die noch immer das Königreich Granada im Süden des Landes beherrschten. Der Krieg gegen die Moslems hatte das Nationalbewußtsein und den religiösen Fanatismus der christlichen Spanier geprägt und gefestigt, die dabei waren, ein rein christliches Spanien als vorherrschende Macht in Europa zu etablieren. Das konnte nicht ohne Folgen für die jüdische Bevölkerung bleiben, deren Lage sich immer mehr verschlechterte.

Im gleichen Maß aber wuchsen auch messianische Hoffnungen und Spekulationen. Nach der Eroberung Konstantinopels durch die Moslems im Jahre 1453 prophezeiten Männer und Frauen das baldige Kommen des Messias. Briefe aus Konstantinopel erzählten von der Geburt des Messias, von seinen Taten und von der Art seines Lebens. Die Juden träumten davon, auf wunderbare Weise aus den Exilen ins Israel-Land heimzukehren. Noch in den 80er Jahren soll ein Converso zu einem Juden gesagt haben: „Fürchte dich nicht! Bis zur Ankunft des Messias mußt du ins Gebirge fliehen. Und wenn ich höre, daß es dir schlecht ergeht, dann frohlocke ich, denn dann weiß ich, daß der Messias kommen wird. Sobald das Maß der Leiden voll ist - glücklich der Mann, der ihn sieht!“

1492 erreichte dann tatsächlich „das Maß der Leiden“ einen Höhepunkt. In diesem Jahr nämlich kam es in Granada, das ein Jahr zuvor kapituliert hatte, zu einem moslemischen Aufstand, der von den Christen blutig niedergeschlagen wurde. So fand nach 700 Jahren die Herrschaft der Moslems in Spanien ihr Ende. Bald darauf erließen Ferdinand und Isabella, dieses „höchst katholische“ Königspaar, in Granada die königliche Order, auch alle Juden (soweit sie nicht bereit waren zu konvertieren) aus Spanien zu vertreiben.

Wohl nicht zufällig fällt in dieselbe Zeit auch die Entdeckung Amerikas. Kolumbus hatte lange vergeblich nach Geldgebern für sein Unternehmen, einen Seeweg nach Indien über den westlichen Ozean zu finden, gesucht. 1492 endlich gelang es ihm in der Nähe des soeben eroberten Granada, das Admiralspatent zu erhalten. Die Entdeckung der Neuen Welt sollte der aufstrebenden Weltmacht Spanien einen enormen Reichtum und zudem ein weites Feld zur Verbreitung des „einzig wahren Glaubens“ bescheren.

Für die Juden Spaniens bedeuteten die politischen Entwicklungen eine Katastrophe. Die Wenigen, die gemäß dem königlichen Erlaß Christen wurden und sich als Marranen (Schweine) beschimpfen lassen mußten, waren als *Christen* der Inquisition unterworfen, die für *Juden* ja nicht zuständig war. Da die Neuchristen sehr oft dem Verdacht ausgesetzt waren, heimlich zu „judaisieren“, endeten viele auf dem Scheiterhaufen. Für diese Todesart beriefen sich die Männer der Inquisition ausgerechnet auf einen neutestamentlichen Text: „Ich bin der Weinstock, ihr seid die Reben. Wer in mir bleibt und ich in ihm, der trägt viel Frucht - denn ohne mich könnt ihr nichts tun. Bleibt aber jemand nicht in mir, so wird er weggeworfen wie die Rebe und verdorrt: man sammelt sie, wirft sie ins Feuer, und sie verbrennen“(Joh 15,5f).

Die Vielen unter den Juden, die ihre Heimat und gezwungenermaßen den Großteil ihres Besitzes verließen, wurden in alle Welt zerstreut. Der Vertreibung in Spanien folgten bald andere Länder: 1496 Portugal, 1498 die Provence (England und das übrige Frankreich waren bereits seit 200 bzw. 100 Jahren „judenrein“). Zugleich wurden auch aschkenasische Juden wieder aus den süddeutschen Städten vertrieben. Damit brach für die Juden eine ganze Welt zusammen, hatten sie doch viele Jahrhunderte in diesen Ländern West-Europas verbracht und sich trotz aller Widrigkeiten dort eingelebt.

Dennoch oder gerade wegen der Vertreibung hofften viele Juden auf wundersame Dinge. Auf der Suche nach einem Sinn der Ereignisse wurde die theoretische Kabbala im Verlauf des 16. Jahrhunderts zur praktischen Kabbala: Magie und Aberglaube breiteten sich aus. Wieder wuchs die verzweifelte Hoffnung auf das Kommen des Messias, der die Juden aus ihrer erneuten Zerstreuung sammeln werde.

Wie sehr die Menschen seit Ende des 15. Jahrhunderts von einem Gefühl des Aufbruchs erfüllt waren, zeigen etwa Briefe aus jener Zeit, die oft mit den Worten beginnen: „Höret die gute Botschaft unserer nahen Erlösung“ und in denen die Hoffnung auf die Wiederkehr der verlorenen Zehn Stämme aus den gerade neu entdeckten Kontinenten ausgesprochen wird. In einem Brief etwa ist die Rede von „den indianischen Juden“ - gemeint sind die amerikanischen Ureinwohner, von denen damals erste Nachrichten nach Europa drangen. Und Joseph Hayyun kommentierte den Vers „zu seiner Zeit wird Juda erlöst und Israel sicher wohnen“ (Jer 23,6) geheimnisvoll: Jeremia sage, daß Juda erlöst werde und nicht Israel. Das in alle Welt verstreute Juda nämlich brauche die Erlösung. Das Israel der Zehn Stämme dagegen bedürfe keiner Erlösung, weil es nicht in der Zerstreuung, sondern irgendwo als ein großes Volk unter der Herrschaft eines Königs lebe.

Im 16. Jahrhundert setzten sich die messianischen Unruhen fort, zumal der berühmte Kommentator Isaak Abrabanel damals die Aufmerksamkeit auf apokalyptische Ereignisse lenkte, worauf dann seine Anhänger den Zeitpunkt der Erlösung zwischen 1503 und 1541 festsetzten. Auch Christen blieben von all den Entdeckungen und messianischen Aufbrüchen nicht unberührt: die großen Reformationen gehören in diesen Zusammenhang.

Die herausragende messianische Gestalt zu Beginn des 16. Jahrhunderts war Ascher Lämmlein (auch Lamili oder Lammlin genannt). Lämmlein, wahrscheinlich aschkenasischer Herkunft, begann seine Aktivitäten um das Jahr 1500 in Nordost-Italien. Seine Bewegung dehnte sich später auch auf Deutschland aus. Er behauptete, wie so viele vor ihm, daß die Erlösung unmittelbar bevorstehe, weil der Messias schon gekommen sei. Johannes Pfefferkorn, ein zum Christentum übergetretener Jude, der sich bald als heftiger Judenhasser hervortat, berichtet außerdem, Lämmlein habe verkündet, daß zum Zeichen der Ankunft des Messias die christlichen Kirchen einstürzen würden.

Seine Schüler, die diese Frohbotschaft verbreiteten, erweckten eine asketische Umkehrbewegung von einer bis dahin in dieser Weltgegend unbekannten Intensität. Etliche Juden machten sich bereit, ins Israel-Land zu ziehen, wo der Tempeldienst wieder aufgenommen werden sollte. So brach etwa der Großvater des Prager Historikers David Gans seinen Mazzot-Ofen ab, weil er gewiß war, im folgenden Jahre sein Pesach-Brot im Israel-Lande backen zu können. Nach Pfefferkorns Bericht sollte auch dieser neue Exodus begleitet werden von einer göttlichen Wolken- und Feuersäule.

Weitere Einzelheiten von Lämmleins Leben und Werk sind nicht bekannt, außer der Tatsache, daß er sich mit Kabbala beschäftigte und an den GILGUL („Wälzung") glaubte - eine Art messianischer Rohrpost, die nach der Ankunft des Messias alle Juden in unterirdischen Röhren direkt ins Israel-Land bringen werde. Auch die weitere Entwicklung der Lämmlein-Bewegung liegt im Dunkel. Es scheint, daß sie mit dem Tod ihres Begründers, wohl im Jahre 1502, zu bestehen aufgehört hat. Aber noch lange wurde die Zeit von Lämmleins Auftritt (auch in christlicher Polemik) als „Jahr der Umkehr" erinnert. Dies geschah, zumindest teilweise, wohl mit einem ironischen Unterton, soll doch der Tod Lämmleins, der *vor* der versprochenen Erlösung eintrat, zu einer Welle von Umkehr: nämlich enttäuschter Anhänger vom Juden- zum Christentum geführt haben.

Einige Jahre nach den Ereignissen stellte ein Judenchrist namens Jochanan Jizchak Halevi, Professor in Köln, einen Zusammenhang zwischen Ascher Lämmlein und der Bewegung von Schlomo Molcho und David Reuweni her. Den Späteren erschien Lämmlein als messianischer Vorbote dieser beiden.

Christlich-messianische Bewegungen des 16. Jahrhunderts

Europa bot in der ersten Hälfte des 16. Jahrhunderts ein sehr unruhiges Bild. Karl V. aus dem Hause Habsburg, Enkel von Ferdinand dem Katholischen, der die Juden aus Spanien vertrieben hatte, herrschte als vom Papst gekrönter Kaiser des Heiligen Römischen Reiches über ein Gebiet, das sich über halb Europa und bis nach Südamerika hin erstreckte.

Doch seine Herrschaft war in ihrem Bestande von außen und in ihrer Einheit von innen bedroht: Sultan Selim, Herrscher über das gewaltige osmanische Reich, hatte dieses 1517 bis nach Jerusalem, Ägypten und die arabische Halbinsel erweitern können. Sein Sohn Suleiman „der Prächtige" wandte sich, nachdem er im Osten ein straffes Verwaltungssystem errichtet hatte, gen Westen. 1521 gelang es ihm, Belgrad zu erobern, 1526 besiegte er ein christlich-ungarisches Heer. 1529 standen die Türken schon vor Wien, bereit, den „König von Spanien", wie Suleiman Karl überlegen und spöttisch nannte, zu besiegen.

Obwohl Suleiman die Belagerung Wiens aufgeben mußte, blieben die Türken ein wesentlicher Faktor in den politischen und wirtschaftlichen Verwicklungen Europas. Denn im Kampf um die europäische Vormachtstellung zwischen Spanien und Frankreich - dieser Konflikt war zuletzt durch die Entscheidung der deutschen Kurfürsten, einen Spanier zum Kaiser zu wählen, erneut angefacht worden - verbündeten sich die Franzosen im Jahre 1535 ausgerechnet mit den Türken. Das war umso erstaunlicher, als ein weiterer Verbündeter Frankreichs, die Republik Venedig, wichtigen Besitz im Mittelmeer an die Türken verloren hatte, die mit ihrer Flotte dieses Meer beherrschten.

Doch nicht nur gegen Türken und Franzosen hatte Karl V. zu kämpfen. Auch Papst Clemens VII. rivalisierte mit ihm im Anspruch, Vertreter und Verteidiger der Christenheit zu sein. Diese Auseinandersetzung ging sogar so weit, daß 1527 kaiserliche Truppen Rom plünderten. Dabei wäre die Einigkeit der katholischen Mächtigen so wichtig gewesen: im Kampf gegen die moslemischen Türken im Osten ebenso wie gegen die reformatorischen Bewegungen vor allem in Deutschland und der Schweiz; war es doch Karls erklärtes Ziel, ein einheitliches, katholisches Europa zu schaffen.

Auf dem Reichstag zu Worms 1521 verhängte der Kaiser darum über Martin Luther, dessen wortgewaltige reformatorische Botschaft in ihrer Verbreitung durch die Erfindung des Buchdrucks noch begünstigt wurde, die Reichsacht und ordnete die Verbrennung seiner Schriften an. Aber wegen der langen Abwesenheit Karls von Deutschland, der ständig außenpolitisch gefordert war, wurde die Durchführung des Edikts verzögert, so daß die Reformation sich immer weiter ausbreitete und sogar verschiedene Landesfürsten sich ihr anschlossen. So nutzten die Herren kleinerer Länder die Konflikte der Großen, um ihre eigene Macht zu festigen. Dadurch entstand innerhalb Deutschlands ein Bündnis evangelischer Fürsten, die gegen die katholisch gebliebenen Landesherren kämpften.

Doch selbst die Protestanten bildeten keine geschlossene Gruppierung, sondern waren untereinander zerstritten und gespalten. Hinzu kamen soziale Unruhen, etwa die Aufstände der Bauern, die im Sog der allgemeinen Umwälzungen hofften, auch ihre Situation zu verbessern, von Luther allerdings energisch zurückgewiesen wurden. Denn er wußte zu genau, daß seine kirchlichen Reformen nur dann Erfolg haben konnten, wenn die Landesfürsten auf seiner Seite standen, die natürlich keinerlei Interesse an einer Sozialrevolution der Unterschichten hatten.

Inmitten all dieser Unruhen, dem Druck von außen und der Zersplitterung im Inneren, verbreitete sich unter vielen Christen eine Art Weltuntergangsstimmung, kompensiert durch die Bereitschaft zum Glauben an wunderbare Veränderungen. Das Empfinden eines katastrophalen Niedergangs einer alt gewordenen Welt verband sich mit phantastisch übersteigerten Hoffnungen auf Erneuerung aus der Zerstörung, die zum Teil jüdischer Messiaserwartung erstaunlich nahe kamen.

Überall erstanden selbsternannte Propheten, um althergebrachte Institutionen zu bestreiten und teils sogar gewaltsam zu bekämpfen. Wo Luther (der für das Jahr 1537/38 die Wiederkunft seines Christus erwartete) zu Ruhe und Ordnung mahnte, derbe Schriften gegen die aufständischen Bauern, gegen Katholiken, protestantische „Schwärmer“, Türken und Juden verfaßte und reaktionär Traditionelles stützte, predigten andere den offenen Aufruhr und verschärften die gespannte Lage, so daß in Deutschland eine allgemeine Anarchie auszubrechen drohte.

Der von Luther am meisten bekämpfte Schwärmer war der Pfarrer Thomas Münzer, ein Protestant der ersten Stunde, der sich - im Gegensatz zu Luther - mit den Aufständischen der unteren Gesellschaftsschicht verbunden hatte. Umgeben von zwölf „Aposteln“ und siebzig Jüngern, predigte er den Aufruhr und organisierte einen Aufstand in Thüringen. Er provozierte seine Gegner nicht allein mit scharfen Worten, sondern auch durch Mord und Brandschatzen. Gleichzeitig forderte er von den Seinen eine Leidensbereitschaft bis zum Sieg. In der Entscheidungsschlacht des Bauernaufstandes 1525 kämpfte Münzer auf Seiten der unterlegenen Bauern. Erschütternd ist das für apokalyptisches Messiastum bezeichnende Ende seines Revolutionsheeres, das - als die Niederlage nicht mehr abzuwenden war - nicht floh, sondern stand und sang: „Nun bitten wir den heiligen Geist“. Aber anstelle der erhofften göttlichen Hilfe kamen die kaiserlichen Truppen, um die Bauern erbarmungslos niederzumetzeln. Münzer wurde gefangen und enthauptet.

Die wohl messianischste aller christlichen Bewegungen der Reformationszeit ging aus der Gruppe der Wiedertäufer hervor, Protestanten, welche die katholische Säuglingstaufe für ungültig erklärten und die These vertraten, jeder aufrichtige, bekennende Christ müsse sich als Erwachsener erneut taufen lassen. Mit dieser besonderen Tauftheologie verband sich ein extrem schwärmerischer Zug. So verkündete etwa der Schwabe Melchior Hoffmann - eine Art messianischer Prophet, der in Nordeuropa, Ostfriesland und Straßburg wirkte, wo er 1543 im Gefängnis starb - enthusiastisch die bevorstehende Errichtung des himmlischen Jerusalem auf Erden und beeinflußte damit von Ostfriesland aus die Niederlande. In Amsterdam war sein glühendster Anhänger der Bäcker Jan Mathys. Dieser hielt sich bald für den Propheten Henoch und sandte Apostel aus, um die Botschaft der Täufer in ganz Holland zu verbreiten.

Von dort schwappte die Bewegung auf Münster in Westfalen über, das bereits auf Seiten der Reformation stand und sich bald immer mehr radikalisierte. 1534 kamen die Propheten Jan Beuckelssen aus Leiden und Jan Mathys selbst dorthin und gewannen rasch mit ihren Anhängern die Mehrheit im Stadtrat. Sie begannen mit der teils gewaltsamen Durchsetzung radikaler Maßnahmen wie der gesetzlichen Wiedertaufe und einer Besitzverteilung nach kommunistischem Muster. Endlich reagierte die katholische Kirche, indem der Bischof von Münster die Stadt mit einem Heer belagerte. Als Mathys im Kampf gegen die Bischöflichen fiel, verlor Jan von Leiden endgültig alles Maß, ließ sich zum König des „Königreichs Zion“ zu Münster salben, verkündete die nahe bevorstehende Erlösung und Eroberung der ganzen Welt. Außerdem erließ er ein Gesetz zur Vielweiberei.

All das war selbst für manche Münsteraner Bürger zu viel. Innerhalb der Stadt kam es daraufhin zu bürgerkriegsartigen Kämpfen, auch wütete infolge der Belagerung eine furchtbare Hungersnot. Im Juni 1535 schließlich wurde Münster erstürmt, der König von Zion, etliche seiner Anhänger hingerichtet sowie wahllos einfache Stadtbewohner niedergemacht und landesweit die „Schwärmer“ verfolgt. Münster wurde erneut katholisch und blieb es von da an.

Unter Juden hatte manch einer - wenigstens zu Beginn der gesellschaftlichen Unruhen - gehofft, daß mit der kirchlichen Reformation auch für

Israel die messianische Zeit begonnen habe. Noch stärker waren solche Erwartungen hundert Jahre zuvor während der Wirksamkeit des Reformators Jan Hus in Böhmen gewesen. Damals wurde von katholischer Seite gegen die Hussiten bald der Vorwurf des Judaisierens erhoben, weil diese das „Alte Testament" sehr hoch schätzten und Heiligen- sowie Reliquien-Anbetung ablehnten. Gerade deswegen aber sympathisierten Juden mit ihnen, nannten sie etwa die BNE HUSCHIM. Seit 1420 wurde ihnen sogar vorgeworfen, die Hussiten mit Waffen zu unterstützen. Die Folge waren Massaker und die Vertreibung der Juden aus Österreich und Bayern.

Auch die Hussiten wurden verfolgt, vertrieben, mußten fliehen und im Verborgenen leben. Ihre Nachfolger, die böhmischen Brüder, hatten ebenfalls eine große Nähe zum Judentum. Als sie zum Katholizismus gezwungen werden sollten, zogen es einige vor, zum Judentum zu konvertieren. Im 18. Jahrhundert wurde bekannt, daß es - als ungewolltes Ergebnis der Gegenreformation - eine Gruppe von „Abrahamiten" in Böhmen gab, welche die Trinitätslehre ablehnten, kein Fleisch aßen und am Schabbat ruhten. Einige praktizierten sogar die Beschneidung. Gegen sie strengten die Habsburger ein Verfahren an, das mit der Hinrichtung ihres Anführers und drei weiterer Abrahamiten endete. Auch ein Rabbiner, der mit ihnen Kontakt gehabt hatte, wurde 1750 auf dem Scheiterhaufen verbrannt. Danach existierte die Gruppe im Verborgenen, seit 1781 - als nichtchristliche Religionen offiziell geduldet wurden - offen weiter. Da ihre Mitglieder sich jedoch weigerten, eindeutig zu erklären, ob sie Juden oder Christen seien, wurden sie an die ungarische Grenze deportiert und die Männer zum Militärdienst gezwungen, wodurch die Gemeinde allmählich zerfiel.

David Reuweni und Schlomo Molcho, die Fahnenträger Gottes

Nicht nur Christen, auch Juden konnten sich dem messianischen Lebensgefühl, das Mitteleuropa im 15. und 16. Jahrhundert erfaßt hatte, kaum entziehen. Wie Luther zu Beginn seiner Reformation geglaubt hatte, daß in dieser Wendezeit Israel massenweise in die erneuerte Kirche strömen werde, so setzten auch manche Juden ihre Hoffnungen auf ihn als einen Wegbereiter des Messias, indem er durch seine Hochschätzung der Bibel auch Christen dieses jüdische Buch wichtig machte. Das erwies sich allerdings als Irrtum, sah doch Luther in den Juden nur Missionsobjekte, die er auf das wüsteste beschimpfte und deren Bücher, Häuser und Synagogen er zu verbrennen empfahl, nachdem deutlich geworden war, daß auch eine reformierte Kirche für die meisten Juden nicht anziehender war als eine katholische. Und so verließen sie sich lieber auf ihre eigenen messianischen Gestalten, unter denen zwei besonders hervorragen: David Reuweni und Schlomo Molcho, von denen sogar persönlich verfaßte Schriften vorliegen. So ergibt sich ein äußerst lebendiges und differenziertes Bild von ihrem Leben und Werk.

Die Herkunft David Reuwenis ist dunkel. Vielleicht aus Arabien kommend, soll er den Orient bereist und von Alexandria aus nacheinander Hebron, Jerusalem, Zfat und Damaskus besucht haben. Damals ist wohl sein großer Plan entstanden, das Israel-Land von der türkischen Herrschaft zu befreien. Darum behauptete David, als er in den Westen kam, er sei der Bruder eines gewissen Königs Joseph aus der Wüste Tawor oder Chawor, einem weit entfernten Land im Osten, in dem die Reste der verlorenen zehn Stämme in einem freien Königreich lebten - ein jüdisches Utopia, das gelehrte Schriftausleger in 1.Chronik 5,26 entdeckten, wo von der Deportation der ostjordanischen Stämme Ruben, Gad und Halb-Manasse durch den assyrischen König berichtet wird. Es heißt dort: „und er brachte sie nach Chlach und Chawor und zum Fluß Gosan *bis auf den heutigen Tag*".

Vor allem diese letzten Worte inspirierten Juden zu der Annahme, daß in jenen fernen Landen noch immer Juden leben könnten. Auch Christen wiesen solche Theorien in dieser Zeit der Entdeckung neuer Welten nicht einfach von sich. Und tatsächlich gab es damals ein unabhängiges „jüdisches" Königreich in Äthiopien: dort lebten nämlich die Falaschen, die von sich behaupteten, jüdischen Ursprungs zu sein, weshalb manche Forscher meinen, David Reuweni sei selbst ein Falasche gewesen. Ihrer eigenen Tradition nach stammen die Falaschen von adligen Jerusalemer Juden ab. Diese sollen den Sohn König Salomos und der Königin von Saba begleitetet haben, als er in sein Heimatland Saba zurückkehrte (dazu 1.Kö 10). Es ist nicht mehr sicher festzustellen, wo dieses wunderbare Land Saba gelegen hat. Die Identifizierung mit Äthiopien ist jedoch schon alt.

Historiker gehen davon aus, daß die Falaschen von Juden beeinflußt wurden, die in Südarabien lebten. Vielleicht hat es sogar ständige jüdische Siedlungen in Äthiopien selbst gegeben, die sich allmählich der einheimischen Bevölkerung anglichen, aber einen Teil ihrer Bräuche sowie die Bibel bewahrten. Es überrascht daher nicht, wenn im Neuen Testament ein hoher Beamter der äthiopischen Königin erwähnt wird, der nach Jerusalem zog, um im Tempel anzubeten (Apg 8,26ff).

Im 4. Jahrhundert trat ein Teil der Äthiopier zum Christentum über. Die übrigen, die an ihren jüdischen Bräuchen festhielten, zogen sich in die Berge nördlich des Tana-Sees zurück. Dort lebten sie mehrere Jahrhunderte politisch unabhängig unter einem eigenen König und mit eigenen Gesetzen. Ab dem 10. Jahrhundert kam es immer häufiger zu kriegerischen Auseinandersetzungen mit den christlichen Äthiopiern, die ebenfalls einen König hatten, der sich auf Salomo zurückführte. Ab dem 15. Jahrhundert schließlich wurden die Falaschen massiv von den Christen verfolgt und zur Taufe gezwungen. Viele, die sich weigerten, wurden getötet, andere praktizierten im Geheimen ihre jüdischen Bräuche weiter. Ihre Lage war also ganz ähnlich der Situation der Zwangsgetauften in Spanien und Portugal.

Als die Moslems in das Land vordrangen, verbündeten sich die jüdischen und christlichen Äthiopier zeitweise gegen diesen gemeinsamen Feind. In den folgenden Kämpfen wurde in der ersten Hälfte des 16. Jahrhunderts - zu Lebzeiten David Reuwenis - das falaschische Königspaar Gideon und Judit von den Moslems gefangen genommen. Von diesen Ereignissen drangen Nachrichten sogar bis nach Zfat.

Später kam es immer wieder zu Kämpfen zwischen den christlichen und jüdischen Äthiopiern, von denen etliche in die Sklaverei verkauft wurden. Im 17. Jahrhundert endete die politische Unabhängigkeit der Falaschen für immer. Sie fristeten von da an ihr Dasein als mehr oder weniger unterdrückte Minderheit. Im Jahre 1991, kurz vor Ausbruch eines Bürgerkrieges in Äthiopien, wurden im Rahmen der „Operation Salomo" von der israelischen Luftwaffe in einer einzigen Nacht 15.000 überlebende Falaschen nach Israel gebracht.

Von solch einer Heimkehr ins Israel-Land konnte David Reuweni im 16. Jahrhundert freilich nicht einmal träumen. Er, der sich wohl mit Bedacht Reuweni, Angehöriger des Stammes Ruben, nannte, behauptete nicht nur, mit jenem fernen und geheimnisvollen jüdisch-äthiopischen Königshaus verwandt zu sein. Er verkündete auch, daß dort ein großes Heer - 300.000 Mann unter Waffen - bereitstehe, welches nur auf seinen Befehl warte, den bedrängten Brüdern in der Diaspora zu Hilfe zu kommen. Mit dieser Geschichte, die er teilweise wohl vom Bericht eines jüdischen Reisenden des 9. Jahrhunderts namens Eldad, der Daniter, übernommen hatte, wollte David die Juden Europas dazu bringen, ein Heer zu sammeln, das er ausbilden werde.

Sogar den Papst und den Kaiser sowie andere christliche Herrscher versuchte er - in Erneuerung und Weiterführung der Kreuzzugsidee - zu veranlassen, gemeinsam mit den Juden für die Befreiung des Israel-Landes von den Moslems zu kämpfen. Dieser Plan - der auf den ersten Blick so überraschend wirkt in Anbetracht der christlichen Judenverfolgungen - entsprach übrigens genau der Situation in Äthiopien, wo sich ja ebenfalls die christlichen Bewohner und die Falaschen gegen die eindringenden Muslime verbündet hatten, trotz aller vorangegangenen Verfolgungen.

David Reuweni begann seine politische Mission in Venedig. Dort ritt er im Herbst 1523 in prächtiger Kleidung ein, mit einer weißen Seidenfahne, auf die das Zehn-Wort gestickt war - ein Geschenk der Frau des reichen Samuel Abrabanel. Seine Absicht war, mit den Vertretern der jüdischen Gemeinde Verhandlungen zu führen.

Die Vorsteher der Gemeinde gerieten über den Mann und sein Begehren in Streit. Die einen waren von der für Juden damals so ungewöhnlichen Aussicht, selbst Soldaten ausrüsten zu können und mit einem christlichen Heer das Israel-Land zu erobern, begeistert. Andere, die wußten, daß die augenblicklich günstige Lage der venezianischen Juden nicht fest und sicher war, wollten jedes Aufsehen bei der Regierung vermeiden. Auch Reuweni selbst verstand sich nicht als aufrührerischer Prophet oder gar Messias, sondern vor allem als Diplomat. Und so war ihm jede Unruhe unter den Juden unerwünscht, weil seinen Plänen zuwider.

Schließlich gelang es ihm, ein Empfehlungsschreiben für Rom zu erhalten, wo er im Februar 1524 ankam. Kardinal Egidio da Viterbo ebnete ihm freundlich weitere Wege, auch ein einflußreicher Bankier unterstützte ihn, so daß der Jude David tatsächlich von Papst Clemens VII. (1523-1534) empfangen wurde. Nach anfänglichem Interesse zögerten die Mächtigen Roms eine Entscheidung jedoch ständig hinaus.

Mit seinem Plan, auch Juden an einem von Christen in Aussicht genommenen Zug nach Jerusalem zu beteiligen, fand er beim Papst aber immerhin so viel Gehör, daß der ihn, wiederum mit Empfehlungen ausgestattet, zu seinem Verbündeten, dem portugiesischen König Johann III. (1522-1557), sandte. Dieser empfing ihn im Jahre 1525 mit allen Ehren wie einen offiziellen Diplomaten; stellte David ihm doch den Zugang zu den reichen Gewürzländern des Ostens sowie die Befreiung der von den Türken beherrschten Handelswege in Aussicht.

Nach einiger Zeit erhielt Reuweni von Johann tatsächlich die Zusage für acht Schiffe und viertausend Feuerwaffen. Die Erfüllung all seiner Hoffnungen schien greifbar nahe zu sein, als der König seine Meinung änderte und die Zusage zurücknahm. Der Grund dafür war die immer größer werdende Unruhe und messianische Begeisterung unter den Zwangsgetauften Portugals, die auf eine Verbesserung ihrer eigenen Lage hofften, da der ihnen sonst nicht eben freundlich gesonnene König ausgerechnet einem Juden solche Ehre erwies. Christlicher König und Klerus waren tief beunruhigt. Reuweni - obwohl persönlich frei von messianischen Ambitionen, die seiner diplomatischen Mission nur schaden konnten - wurde davor gewarnt, „Gegenmission“ zu treiben. Und das umso mehr, als Gerüchte aufkamen, daß Zwangsgetaufte seinetwegen aus Spanien nach Portugal gezogen seien.

Da erschien - um das Maß voll zu machen - als Sekretär und Beauftragter des Königs der junge, äußerst gebildete Diego Pires, ein hochgestellter Abkömmling von Zwangsgetauften, der es am portugiesischen Hofe bereits weit gebracht hatte. Wie Mose einst, der als ägyptischer Prinz aufgewachsen war (obwohl er von seiner jüdischen Abstammung wußte) und sich im Augenblick der Gefahr seinem eigenen Volk anschloß, bekannte auch Diego seine Zugehörigkeit zu Israel gerade zu der Zeit, als sich die Lage für die portugiesischen Marranen zuspitzte. Er warf sich David zu Füßen, gestand ihm seine jüdische Herkunft und begrüßte ihn enthusiastisch als Messias. Reuweni war höchst erschrocken über diesen Ausbruch und wies den jungen Mann schroff zurück. Dieser verstand es jedoch, sich ihm aufzudrängen, ging schließlich soweit, sich selber zu beschneiden (weil David ihm dies verweigert hatte), und nannte sich hinfort Schlomo Molcho - „König Salomo“. In Träumen schaute er die nahe Erlösung der Zwangsgetauften und Ganz-Israels. Reuweni schickte ihn daraufhin baldmöglichst in den Orient, da er einerseits um Schlomos Sicherheit fürchtete und andererseits ahnte, daß dessen Überschwang seiner Realpolitik nur schaden könne.

Doch vergeblich! Das Geschehene war so ungeheuer, es konnte nicht geheim bleiben. In der Marranen-Gemeinde entstanden Unruhen, messianische Parolen waren zu hören, und auch dem König wurde bekannt, daß sein hoffnungsvoller Diener zum Judentum übergetreten war. Die Furcht vor einem Aufruhr der Zwangsgetauften wuchs. Um zu verstehen, was der Übertritt Schlomos damals bedeutete, ist es notwendig, kurz auf die besondere Entwicklung in Portugal seit Ende des 15. Jahrhunderts einzugehen.

Seit in Spanien durch das „allerkatholischste“ Königspaar Ferdinand und Isabella 1481 die Inquisition erneuert worden und seitdem ohne Unterbrechung am Werk war, fielen ihr vor allem Zwangsgetaufte zum Opfer. Dabei verschonte man nicht einmal Verstorbene: ihre Knochen wurden wieder ausgegraben und öffentlich verbrannt. In Portugal verlief die Entwicklung zunächst recht anders. Im Jahre 1497 sah sich der portugiesische König Manuel I. in Nachahmung des mächtigen Nachbarn Spanien zwar veranlaßt, die Vertreibung der Juden aus seinem Land anzuordnen, zumal etliche spanische Juden in Portugal Zuflucht gefunden hatten. Da Manuel jedoch nur ungern auf deren ökonomische Kraft verzichten mochte, ließ er kurzerhand alle Juden zwangstaufen, so daß es niemanden mehr zu vertreiben gab.

Im Unterschied zu Spanien blieb den portugiesischen Juden also nicht die Wahl, das Land zu verlassen. Dafür aber erließ der König anschließend ein Gesetz, nach dem die Neuchristen für zwanzig Jahre keinerlei Verfolgungen ausgesetzt werden durften - ein Zeitraum, der später noch verlängert wurde. So hatten die zwangsgetauften Juden Portugals zunächst eine relativ ruhige Zeit, als in Spanien schon längst die Scheiterhaufen brannten.

Ab 1512 jedoch begannen portugiesische Unterhändler in Rom immer stärker auf die Einführung der Inquisition zu drängen. Während des Pontifikats von Clemens VII. verstärkten sich diese Bemühungen. Der Papst aber war den Zwangsgetauften sehr gewogen. Das hatte verschiedene Gründe: zunächst einmal hielt er das Vorgehen der Kirche gegen die Gezwungenen für unwürdig und beschämend. Aber auch die marranischen Bestechungsgelder, die ihm für seine milde Haltung reichlich zuflossen, verachtete er nicht. Und schließlich war sein Engagement zugunsten der portugiesischen Neuchristen auch ein Kampf gegen den Spanier Karl V., der die Zwangsgetauften haßte, womit er sich als „würdiger“ Enkel von Ferdinand und Isabella erwies. Außerdem hoffte Karl, daß sein Einfluß auf Portugal mit Einführung der Inquisition wachsen werde, zumal der portugiesische König bis dahin kinderlos geblieben war und Aussicht bestand, daß das Land nach dessen Tod Spanien einverleibt werden könnte.

Dem Papst war daran gelegen, den Einfluß des Kaisers in Portugal so gering wie möglich zu halten. Allerdings mußte er sich auch mit Karl arrangieren, vor allem im Kampf gegen die Türken und um der Einheit der katholischen Kirche willen. Denn gerade während seines Pontifikats kam es - neben den reformatorischen Kämpfen im deutschsprachigen Raum - zur Abspaltung etwa der englischen Kirche unter Heinrich VIII.. So war die Politik Clemens VII. geprägt von Taktieren und Intrigieren.

Im Dezember des Jahres 1531 setzte der portugiesische Hof nach langen vergeblichen Bemühungen durch, daß in Portugal drei Bluttribunale errichtet wurden. Viele Zwangsgetaufte dachten nun an Flucht. Doch wieder wurde ihnen dieser Ausweg verboten und Ausreiseversuche systematisch verhindert. Kapitänen etwa drohte die Todesstrafe, wenn sie Passagiere jüdischer Herkunft aufnahmen; auch durfte niemand deren Besitz aufkaufen, da dies Beihilfe zur Flucht darstellte. Etliche derer, die heimlich versuchten zu fliehen, wurden entdeckt, eingesperrt und verbrannt. Einigen gelang es dennoch, nach Italien zu flüchten, wo sie sich direkt an den Papst wandten und Klage führten wegen der Unmenschlichkeit, mit der die Inquisition vorging, und wegen des Unrechts, das ihnen angetan worden sei, indem ihnen das Recht, auszuwandern, verweigert werde.

Clemens ging auf diese Beschwerden ein. Er erwog, seine Inquisitions-Bulle zu widerrufen. Auch die Zwangsgetauften in Portugal bemühten sich um eine Rücknahme, indem sie einen Gesandten nach Rom schickten, der dort mehrere Jahre wirkte. Am Hofe Portugals wurden ebenfalls Intrigen für und gegen die Marranen gesponnen: die Partei, welche die Inquisition befürwortete, hoffte dadurch auf eine Annäherung an Spanien. Dagegen standen eher national Gesinnte, die für die Unabhängigkeit Portugals kämpften.

Nach monatelangem Hin und Her schließlich erließ der Papst im Oktober 1532 ein Breve, in dem er die Tätigkeit der Inquisition bis auf weiteres einstellen ließ. Im April 1533 folgte ein zweites Breve zugunsten der Zwangsgetauften: „Da sie mit Gewalt zur Taufe geschleppt worden waren, so können sie nicht als Glieder der Kirche gelten, und sie wegen Ketzerei und Abfall bestrafen, hieße die Prinzipien der Gerechtigkeit und Billigkeit erschüttern.“ Anders verhalte es sich allerdings mit den Kindern von Zwangsgetauften: sie gehörten der Kirche als freiwillig zugeführte Glieder an. Da sie aber in ihren Eltern ständig gelebtes Judentum vor Augen hätten, könne man sie nicht so streng bestrafen, wenn sie selbst jüdische Eigenarten annähmen.

Mit diesem Erlaß waren theoretisch alle Angeklagten, Verurteilten und Geflohenen amnestiert. Doch die Praxis sah anders aus. Der portugiesische Hof weigerte sich, die päpstlichen Anordnungen auszuführen, forderte neue Verhandlungen und warf dem Papst eine laue christliche Haltung vor. Eine offizielle Untersuchung wurde angeordnet, die bestätigte, wie unmenschlich die Inquisition den Zwangsgetauften gegenüber handele, so daß Clemens noch 1534 energisch versuchte, sein Breve durchzusetzen. Doch vereitelte sein Tod die gute Absicht.

Päpstlicher Nachfolger wurde Paul III., der ebenfalls gegen die Inquisition und projüdisch eingestellt war. Er selbst hatte gar einen jüdischen Leibarzt namens Jakob Mantin (einer der maßgeblichen Gegner Schlomo Molchos) und gestattete den geflohenen Zwangsgetauften, sich in Italien niederzulassen. Dabei schützte er sie, so daß sie nicht als kirchliche Ketzer verfolgt werden durften. Den portugiesischen Hof forderte er auf, das Breve Clemens' endlich durchzuführen. Der König aber weigerte sich; erneut verzögerten diverse Intrigen einen Fortschritt.

Schließlich erließ Papst Paul 1535 eine neue Bulle, worin er den Zwangsgetauften Absolution erteilte und sie in Schutz vor Strafe nahm. Wieder also war die Inquisition in Portugal offiziell aufgehoben, eingesperrte Zwangsgetaufte wurden freigelassen. Der portugiesische Hof aber wehrte sich erneut und wandte sich - nach einem fehlgeschlagenen Mordversuch am Sachwalter der Zwangsgetauften in Rom - schließlich an Karl. Dieser hatte gerade in Tunis eine wichtige Schlacht gegen die Moslems gewonnen und zog nun als Triumphator durch Italien. 1536 traf er in Rom ein und erbat vom Papst, als Belohnung für seinen Sieg über die „Ungläubigen", die Einführung der Inquisition in Portugal. Da den Zwangsgetauften allmählich das Gold ausging, so daß die Bestechungsgelder weniger reichlich flossen, gab der Papst schließlich nach. Im November desselben Jahres begannen in Portugal die Tribunale. Und weil deren Einführung so viel Mühe gekostet hatte, verfuhr die Inquisition besonders grausam. Neuchristen mußten von nun an sogar ein besonderes Zeichen an der Kleidung tragen, um sie von den anderen Christen zu unterscheiden. Sie waren damit auch äußerlich zu Christen zweiter Klasse degradiert.

Da versuchte der Papst erneut, seine Anordnung rückgängig zu machen. Doch ein Zwischenfall vereitelte seine Bemühungen endgültig. 1539 wurde in Lissabon an der Tür der Kathedrale ein Flugblatt gefunden, auf dem es hieß: der Messias sei noch nicht gekommen, Jesus sei nicht der Messias gewesen und das Christentum eine Lüge. Die Entrüstung darüber war groß, natürlich gerieten sofort die Zwangsgetauften unter Verdacht, und schon bald ward einer festgenommen, gefoltert und als Schuldiger verbrannt. Es folgten schlimme Zeiten für die portugiesischen Marranen. Im September 1540 wurde in Lissabon das erste Autodafé abgehalten. Wie 1.500 Jahre zuvor zur Hinrichtung von Juden auf Befehl der Obrigkeit die Kreuze zu Tausenden aufragten, so brannten jetzt die zahllosen Scheiterhaufen der Inquisition.

Inmitten all dieser Intrigen und Gefahren bewegten sich David Reuweni und Schlomo Molcho auf glattem diplomatischem Parkett. Natürlich konnte der portugiesische König einen solchen Affront, wie es der Übertritt - oder besser: die Rückkehr - Schlomos zum Judentum bedeutete, nicht dulden. Mit ihm fiel auch Reuweni samt seinem Plan in höchste Ungnade und wurde höflich, aber direkt des Landes verwiesen. Dabei soll der König ihm empfohlen haben, sich mit seinem Begehren doch an Karl V. zu wenden. Am Hafen, wo sich David einschiffen wollte, wurde ihm sein Eigentum weggenommen, an der spanischen Nordküste sein Schiff gekapert und er selbst in einer spanischen Festung eingekerkert. Es dauerte fast zwei Jahre, bis er, losgekauft, nach Südfrankreich in päpstliches Gebiet ziehen konnte.

Doch trotz aller Rückschläge gab Reuweni noch nicht auf: er setzte nun ganz auf den Kaiser, für den er in verschiedenen Städten Italiens versuchte, Empfehlungsschreiben zu erlangen. Im Jahre 1528 erreichte er abermals Rom, das inzwischen die große Plünderung durch kaiserliche Truppen, den „sacco di Roma", erlebt hatte und schlechte Zeiten durchmachte. Dementsprechend war die Bevölkerung der Unternehmung Davids nicht eben wohl gesonnen, seine politischen Hoffnungen drohten zu scheitern.

Aber nicht nur Davids Aktivitäten, auch die Schlomo Molchos wurden durch den „sacco di Roma" erheblich beeinflußt. Nachdem er Portugal in Richtung Osten verlassen, Städte wie Zfat, Jerusalem, Damaskus bereist und ausführlich Kabbala studiert hatte, hielt sich Schlomo nämlich zur selben Zeit in Saloniki auf, wo er in der jüdischen Gemeinde einen Schülerkreis um sich sammelte. Seine Predigten dort, die so eindrucksvoll waren, daß sie bald gedruckt wurden, handelten vor allem von der nahe bevorstehenden Erlösung. Die Plünderung des christlichen Rom durch Truppen des christlichen Kaisers deutete Schlomo als Beginn dieser Erlösung und machte sich darum im Jahre 1529 nach Italien auf, wo seine Predigten ebenfalls einen großen Hörerkreis fanden, sogar unter Christen. Ein Zeitgenosse berichtet, daß Schlomo „von sich gewöhnlich sagte, er sei ein Gesandter des Messias. Und er war besonders schön, fromm und vornehm."

Schließlich begab Schlomo sich nach Rom, wo er angesichts der Stadt, dem Machtzentrum des christlichen Abendlandes, eine Himmelsstimme vernommen haben soll: „Edom wird zu Israels Erbe werden; sein Fuß wird wanken, Israel aber den Sieg erringen". Zur Demonstration seiner eigenen Messianität setzte sich Schlomo dann in Nachahmung einer Legende des Talmud (Sanhedrin 98a) dreißig Tage lang als Leidens-Messias, mit geschwärztem Gesicht und in Bettlerkleidern, an die Tiberbrücke nahe dem Papstpalast, mitten unter die Armen und Kranken Roms. Es gelang ihm sogar, die Aufmerksamkeit und Sympathie des Papstes Clemens VII. zu gewinnen. Dieser war um so stärker von Schlomo beeindruckt, als einige von ihm vorausgesagte Zeichen und Katastrophen (ein Erdbeben und eine Überschwemmung) tatsächlich eintraten.

Gegen Ende des Jahres 1530 zog Schlomo, versehen mit Schutzbriefen des Papstes, nach Venedig, wo er nicht nur unter Juden Verehrer fand, sondern auch unter den dort politisch maßgebenden Christen. Die Handelsstadt Venedig war nämlich am Osten interessiert - hatte sie doch einige Besitztümer an die Türken verloren. Außerdem stand sie als unabhängige Republik nicht allein mit Papst und Kaiser in Spannung, sondern gerade mit letzterem sogar im Krieg. Da Karl mit seiner Politik die Stärke Venedigs zu schmälern suchte, betrieb die Stadt den Sturz des Kaisers. So groß war ihre Macht, daß sich etwa der Schweizer Reformator Zwingli mit der Bitte um ein Bündnis gegen den Kaiser an sie wandte.

Doch fand Schlomo in Venedig nicht nur Freunde und Anhänger, sondern zog sich auch die Feindschaft etwa des einflußreichen Juden Jakob Mantin zu. Dieser begann nun, gegen Schlomo zu intrigieren, dessen messianisches Gehabe ihm gefährlich erschien. Er folgte ihm nach Rom und machte die Inquisition auf Schlomo, den vom Christentum abgefallenen Zwangsgetauften, aufmerksam. Diese ließ ihn prompt einkerkern. Obwohl der Papst Schlomo schützen wollte, wurde er zum Tod auf dem Scheiterhaufen verurteilt - für einen übergetretenen Christen die damals übliche Strafe. Doch dann wurde auf Betreiben des Papstes ein anderer an seiner Stelle verbrannt! Schlomo aber entkam und verließ Rom. Seinen Anhängern mußte diese wunderbare Rettung, über deren genauere Umstände wenig nach außen gedrungen sein wird, wie eine Auferstehung aus dem Tod und als göttlicher Erweis seiner Sendung erscheinen.

Es ist wohl symptomatisch für die seltsamen Koalitionen dieser bewegten Zeit, daß ein Jude einen zum Judentum zurückgekehrten Zwangsgetauften an die christliche Inquisition verriet und dieser ausgerechnet vom Papst gerettet wurde, wodurch seine messianische Sendung in den Augen vieler Juden ihre Bestätigung fand.

In Norditalien traf Schlomo nach Jahren der Trennung wieder mit David zusammen, der 1530 ebenfalls nach Venedig zurückgekehrt und dort auf einhellige Ablehnung gestoßen war. Diese neuerliche Begegnung sollte beider Schicksal besiegeln. Hatte David sieben Jahre zuvor noch die Zusammenarbeit mit Schlomo verweigert, weil dessen Geistesüberschwang mit seiner eigenen nüchtern-diplomatischen Mission unvereinbar gewesen war, taten beide sich nun zusammen. Es bleibt im Dunkeln, wer von beiden Initiator der folgenden Ereignisse war. Jedenfalls machten sie sich 1532 im Monat Elul (August oder September) - also unmittelbar vor Neujahr, da Juden Gottes Königtum über alle Welt proklamieren - gemeinsam auf, um nach Regensburg zu reisen, wo Karl V. gerade einen Reichstag abhielt.

Der Zeitpunkt ihres Aufbruchs war einerseits durch exegetische Berechnungen bestimmt: der berühmte jüdische Kabbalist Raw Joseph Taitasak, einer der Lehrer Schlomos, und auch Schlomo selbst hatten nämlich das Jahr 1532 als Zeitpunkt der Erlösung errechnet. Andererseits war auch die politische Konstellation günstig: 1531 hatte in Portugal die Inquisition ihr blutiges Werk begonnen und 1532 flammte die Türkengefahr im Osten erneut auf, so daß die Zeit drängte und David sich einige Chancen für die Durchführung seines jüdisch-christlichen Kreuzzuges ausgerechnet haben mag.

Auf ihrem Weg über die Alpen trugen Schlomo Molcho und David Reuweni eine Fahne als Symbol jüdischer Souveränität mit sich. Ein Zeitgenosse, der diese Fahne neun Jahre später in Regensburg noch gesehen hat, berichtet, daß ihre Inschrift MAKKABI gelautet habe, ein Akrostichon für 2.Mose 15,11: MI KAMOCHA BAELIM ADONAI - „Wer ist wie Du unter den Göttern, Herr“ und gleichzeitig eine Erinnerung an die heldenhaften Makkabäer.

Neben dieser nur literarisch belegten Makkabi-Fahne gibt es allerdings noch eine weitere Fahne, die von der jüdischen Gemeinde Prags (mitsamt einem kostbaren Mantel) als Reliquie aufbewahrt und Schlomo Molcho zugeschrieben wurde. Aus gelbem Seidenstoff, mit rotem Garn beidseitig bestickt, enthält sie vor allem eine lange Reihe von Psalmversen, aus denen sich - falls die Zuschreibung historisch zutreffend ist, womit wir zum ersten Mal seit mehr als tausend Jahren ein authentisches Messias-Dokument in Händen hätten - Schlomos messianisches Programm ablesen läßt. Aber selbst wenn dies nicht der Fall sein sollte, spiegelt die Meinung der Prager Juden doch den Eindruck wider, den das Unternehmen Schlomos bei Teilen der europäischen Judenheit hinterlassen hat. Diese zweite Fahne ist daher in jedem Fall ein Dokument jüdischen Messiastums, ob sie von Schlomo selbst stammt oder nicht.

Bei den Psalmzitaten handelt es sich meist um einzelne Halbverse recht kriegerischen Inhalts, darunter etwa Psalm 83 (ein Gebet um Vernichtung der Feinde) und Psalm 47. Letzterer, ein wichtiger Psalm des jüdischen Neujahrfestes - Fest der Umkehr, des Gerichtes über die Welt und der Neuschöpfung -, proklamiert Gott als König über die ganze Welt. Dem korrespondiert der einzige Satz auf der Fahne, der nicht der Bibel, sondern der Neujahrsliturgie entnommen und dem Ganzen vorangestellt ist: „Der Herr ist König und wird König sein für Weltzeit und immer!“

Die nächsten Sätze bezeichnen die Durchführung dieses Wendzeit-Ereignisses; braucht doch Gott zur Verwirklichung seiner Königsherrschaft Menschen, die ihn rufen und sich seinem Schutz unterstellen. Zitiert wird aus dem Dankpsalm, den der Sieger nach großer und entscheidender Schlacht, durch die er zum Führer der Völker geworden, singt (2.Sam

22,35.38): „Er belehrt meine Hände zum Kampf, läßt meine Arme den Erzbogen spannen. Meinen Feinden jage ich nach, vernichte sie, kehre nicht um, bis sie vertilgt sind!“

Wer dieser Sieger ist, darüber gibt - für den, der Ohren hat zu hören - in geheimnisvoller Andeutung (mit der in einem kabbalistischen Text wohl gerechnet werden muß) die Anordnung der Zitate Auskunft: auf der einen Fahnenseite beginnen nämlich alle Verse mit SCHIN, die drei wichtigsten in der Mitte gar mit SCHIN und MEM - den Initialen Schlomo Molchos.

Aus einer zeitgenössischen Quelle ist zu erfahren, daß Schlomo mit dem Ziel nach Regensburg gekommen sei, den Kaiser bei seinem Kampf gegen die Türken zu unterstützen. Die Fahne konnte aber auch in einem anderen Sinn gelesen werden: Gott ist König geworden - des judenfeindlichen Kaisers Reich stürzt, der Gottestag der Rache kommt über die Frevler, der heilige Rest Israels aber triumphiert!

Der messianische Zug der beiden erregte unter den jüdischen Gemeinden großes Aufsehen. So erfuhr auch Jossel von Rosheim, Sprecher der deutschen Judenheit, davon. Er, der das stets gefährdete Wohlwollen der christlichen Obrigkeit zu wahren versuchte, schrieb einen Brief an Schlomo, um ihn von seinem Plan abzubringen; gleichzeitig warnte er auch Karl V. vor den beiden Enthusiasten. Denn der Realpolitiker Jossel fürchtete, daß messianische Unruhen den Juden im Heiligen Römischen Reich nur schaden würden. Um nicht in den Verdacht zu kommen, mit David und Schlomo gemeinsame Sache zu machen, verließ er - nachdem sein Brief sich als erfolglos erwiesen hatte - Regensburg noch vor deren Ankunft. Denn inmitten all der politischen, religiösen und sozialen Unruhen und Kriege wurde den Juden gerade auch in Deutschland immer wieder vorgeworfen, sich mit den Türken oder mit anderen aufständischen Bewegungen zu verbünden.

Ob Schlomo und David tatsächlich eine persönliche Audienz beim Kaiser erhielten, ist unsicher. Denn schon war ihnen eine weitere Warnung, durch den Marquis von Mantua, vorausgeeilt. Sie wurden festgenommen und nach Abschluß des Reichstags mit nach Süden geführt. David Reuweni endete nach Jahren sein Leben in spanischen Kerkern in der Stadt Llerena. Schlomo Molcho aber wurde 1532 in Mantua bei einem Autodafé verbrannt, nachdem er sich geweigert hatte, zu widerrufen und zum Christentum zurückzukehren.

Zwar war der Scheiterhaufen, auf dem Schlomo Molcho starb, einer von Tausenden. Dennoch beeindruckte gerade sein Tod die Juden stark. Kein Geringerer als Joseph Karo, Verfasser des berühmten und bis heute maßgeblichen halachischen Werkes SCHULCHAN ARUCH, träumte (im relativ sicheren Osten), daß Gott ihn würdige, in der Nachfolge Schlomos zur Heiligung des Namens verbrannt zu werden. Auf diese Weise wollte er, der selbst Nachfahre portugiesischer Zwangsgetaufter war, am Leidensschicksal der portugiesischen und spanischen Juden Teil haben - eine jüdische Weise der „imitatio Christi".

Manche Juden behaupteten sogar, Schlomo nach seinem Tod wieder gesehen zu haben, etwa in Zfat. Ein Freund habe den Auferstandenen acht Tage lang beherbergt. War er schon beim ersten Mal auf wunderbare Weise vom Scheiterhaufen errettet worden und wieder erschienen, warum nicht auch ein zweites Mal?

Wie sehr sein Schicksal noch über den Tod hinaus die Gemüter erregt hat, belegt vor allem der zeitgenössische Kabbalist Joseph von Orly, der Schlomos Parusie für das Jahr 1534 erwartete und Jes 60,9 auslegte: „... dann wird das Unglück sich (über die christliche Welt) wälzen, um das Verbrennen Molchos zu rächen. Israel, niedergeworfen und verbrannt - fünf Schiffe von den zehn Stämmen werden es erheben nach seinem Willen zu seiner Herrlichkeit, um zu retten die Heiligkeit seines Ebenbildes. Schlomos Gestalt wird der Feind erblicken. Diese Geheimnisse sind für ganz Israel, Heil hat Gott verordnet, Heilung für alle."

In Schlomo Molcho bündelte sich die Leiderfahrung einer ganzen jüdischen Generation. Im Schicksal des Einen spiegelte sich das Schicksal der Vielen. Wie einst den Anhängern Jesu ihr Messias stellvertretend für das ganze Volk hingerichtet worden war und in seinem Leiden das Leiden aller zum Ausdruck gebracht hatte, und wie Paulus hatte schreiben können (Gal 2,19): „ich bin mit Christus gekreuzigt", so auch jetzt: mit Schlomo Molcho verbrannte ganz Israel, mit seiner erhofften Wiederkehr sollte ganz Israel erlöst werden.

Lange haben Juden und Zwangsgetaufte unter dem Eindruck der Ereignisse um David Reuweni und Schlomo Molcho gestanden, die zwar nicht die einzigen, aber doch die bedeutendsten Messiasse dieses bewegten Jahrhunderts gewesen sind.

Joseph Nasi, jüdischer Herzog von Tiberias

Was David Reuweni und Schlomo Molcho nicht gelungen war, nämlich auf diplomatischem Wege die Sammlung der Juden im Israel-Land zu erreichen, das sollte - wenn auch nur in sehr bescheidenem Ausmaß - einem anderen gelingen: Joao Micas (1524-1579), besser bekannt unter dem Namen Don Joseph Nasi.

Im Jahre 1532, dem Jahr, in welchem Karl V. Schlomo Molcho auf dem Scheiterhaufen verbrennen und David Reuweni im Kerker verschwinden ließ, wurde in der großen und reichen Stadt Antwerpen ein Mann namens Diego Mendez unter dem Verdacht, im Geheimen Jude zu sein, ins Gefängnis geworfen. Dieser war einer der angesehensten und reichsten Männer der Stadt, der neben den führenden deutschen und italienischen Handelsherren ein Haus am Marktplatz bewohnte. Gut zwanzig Jahre zuvor war er aus Portugal gekommen, wo sein Bruder Francisco noch als Marrane lebte, mit dem ihn eine rege Geschäftstätigkeit verband. Durch das Monopol auf den Gewürzhandel - Pfeffer, Muskat, Nelken, Ingwer und andere begehrte exotische Güter - hatten die privilegierten Kaufleute großen Einfluß gewonnen, selbst auf die Herrschenden, was ihnen jetzt zugute kam. Als sich seine Freunde für ihn einsetzten, kam Diego Mendez nach sieben Wochen wieder frei. Der Vorwurf, ja selbst der Verdacht, wurde vergessen.

Nur vier Jahre später starb in Lissabon Francisco. Da er keinen Erben hatte, mußte der Sitz des Handelshauses nach Antwerpen verlegt werden. Die Witwe Beatrice de Luna nebst ihrer kleinen Tochter Reyna sowie ihrer Schwester Brianda machte sich mit dem ganzen beweglichen Vermögen zu Schiff auf den Weg nach den Niederlanden. Um keinen unnötigen Verdacht aufkommen zu lassen, war der Umweg über England geraten. Mit den weltweit guten Beziehungen glückte alles. In Antwerpen angekommen, heiratete Diego Mendez Brianda. Sie schenkte ihm bald eine Tochter, die auf den Namen Beatrice getauft wurde. Kurz darauf, im Jahre 1543, starb Diego. In seinem Testament vertraute er seiner Schwägerin, Dona Beatrice, die Direktion seines Hauses an, unterstützt durch einen Vetter und den jungen Neffen Dona Beatrices: Joao Micas.

Dona Beatrice bedrückte von nun an nicht allein die schwere Verantwortung für die Geschäfte des Handelshauses. Sie litt auch unter Verdächtigungen, Nachstellungen und den riesigen Geld-Forderungen, die Marie von Ungarn, die Schwester Karls V. und Regentin der Niederlande, ihr auferlegte. So plante sie heimlich die Flucht. Doch erst nach etwa vier Jahren gelang es ihr, mit den anderen weiblichen Familienmitgliedern von einer Badekur in Aix-la-Chapelle nicht mehr zurückzukehren. Sie reiste nach Venedig, wobei sie sogar einen großen Teil des Vermögens retten konnte.

Als die Flucht bekannt wurde, kam es zu einem Skandal, ja einer Staatsaffaire. Die Regentin Marie wollte sich eine solche Brüskierung nicht gefallen lassen: sie setzte alle Hebel in Bewegung, um zu dem geforderten Geld zu kommen. Joao Micas, der nun von Antwerpen aus die Geschäfte des Hauses führte und über gute Beziehungen selbst zum Kaiser verfügte, stritt sich jahrelang mit Schuldnern und Gläubigern, bis eine Einigung erzielt wurde. Dann verließ auch er die Stadt. Mit dem endgültigen Wegzug der Familie Mendez begann der Niedergang Antwerpens als einer Stadt, in der üppiger Wohlstand und verhältnismäßig große persönliche Freiheit - besonders für Menschen aus dem Judentum - eine Selbstverständlichkeit waren. Der Kaiser und mit ihm Marie von Ungarn reagierten gereizt auf den Verlust von Geld und Vertrauen und ließen es die übrigen Zwangsgetauften büßen, indem lange gewährte Privilegien entzogen wurden. Viele mußten die Stadt verlassen.

Beatrice Mendez war inzwischen über Venedig nach Ferrara gekommen, wo sie sich endlich offen als Jüdin geben konnte und den Namen Gracia Nasi annahm. 1554 reiste sie weiter nach Konstantinopel, nicht als arme Bittstellerin, sondern mit zahlreichem Gefolge, mit Kutschen und Gütern. Sie bezog ein stattliches Palais und gewann sogleich die Gunst von Sultan Suleiman, dem Prächtigen. Von nun an konnte sie sich mit mächtiger Unterstützung einer ausgedehnten Tätigkeit zugunsten verfolgter und vertriebener Zwangsgetaufter widmen. 1556 erreichte auch Joao Micas Konstantinopel, wo er sich umgehend beschneiden ließ und von nun an Joseph Nasi nannte - in deutlicher Anspielung auf den hebräischen Titel NASI, Fürst. Er, der zwar noch nicht Nasi war, aber immerhin schon so hieß, heiratete Reyna, die Tochter Gracias, und stieg schon bald zum wichtigsten Ratgeber des Sultans auf, mit dessen Sohn und Nachfolger auf dem türkischen Thron, Selim, er eine lebenslange Freundschaft schloß.

Im Jahre 1558 oder 1559 gelang es Dona Gracia, die neben ihrem Einsatz für die jüdischen Flüchtlinge aus Spanien und Portugal auch für ihre Förderung jüdischer Gelehrsamkeit weit bekannt war, die Rechte über die Ruinen von Tiberias am See Genezaret zu erhalten. Sie plante an diesem traditionsreichen Ort die Errichtung einer Talmudschule. Gegen eine Bezahlung von tausend Gulden pro Jahr erhielt sie gemeinsam mit ihrem Neffen die Erlaubnis, die Stadt Tiberias und sieben umliegende Dörfer wieder aufzubauen.

Joseph Nasi, der als Realist und Ökonom wußte, daß die Juden dort nicht nur von Gelehrsamkeit leben konnten, sorgte zunächst durch seinen Gesandten Rabbi Joseph ben Adret für den Wiederaufbau der Stadtmauer, die

1564/65 vollendet wurde und einen gewissen Grad an äußerer Sicherheit gewährte. Dann kaufte er Ländereien auf, ließ Maulbeerbäume für eine Seidenraupenzucht pflanzen, importierte Wolle aus Spanien und förderte eine Seiden- und Wollindustrie. Auch rüstete er ein Schiff aus, das zahlreiche Verfolgte aus Europa zur Ansiedlung brachte - die Sammlung der Zerstreuten hatte begonnen.

Als die Siedlung aufblühte, schien sie Joseph Nasi sehr wohl geeignet, das große jüdische und vor allem marranische Flüchtlingsproblem zwar nicht zu lösen, aber doch zu lindern. In Italien schickte er daher Rundbriefe an die jüdischen Gemeinden, um zur Ansiedlung im Israel-Land einzuladen. Eine Reaktion darauf ist überliefert: Die Juden von Cori in der Campania bereiteten sich vor, in das wieder aufgebaute Tiberias zu ziehen. Die Gemeinde schickte einen Antwortbrief auf die Einladung, worin der Freude darüber Ausdruck gegeben wurde, daß sich die Voraussagen des Maimonides und der Talmudisten nunmehr erfüllt hätten. Habe sich doch gerade in Tiberias der letzte Sanhedrin der alten Zeit ebenfalls unter Führung eines NASI versammelt. (Das jüdische Patriarchat im Israel-Land und sein „Parlament“, der Sanhedrin, waren um das Jahr 429 vom christlichen Kaiser Theodosius II. aufgehoben worden.)

Die in diesem Brief angedeuteten messianischen Hoffnungen kommen auch in einem Schreiben des französischen Gesandten in Konstantinopel, Monsieur de Petromol, zum Ausdruck, in dem er versichert, daß Joseph Nasi „sein Meisterwerk mit dem Ziel begann, wie man vermutet, um sich zum König der Juden zu machen.“ Mag sein, daß diese Vermutung übertrieben ist. Sie zeigt dennoch, wie die Aktivitäten Joseph Nasis auf seine Umgebung damals wirkten.

Ein Zeugnis für das wenigstens zeitweise Gedeihen der Siedlung in Tiberias, zugleich aber auch für ihre Unbeliebtheit in der Region, ist die Beschreibung von Giovanni Calaorra, einem Franziskaner von den Hütern der heiligen Stätten. Er betonte, daß die Araber der Umgebung das neuerliche jüdische Aufleben der Stadt mit Mißfallen betrachteten. Vor allem aber die Franziskaner selber wurden am Herrscherhof vorstellig, da sie nicht erlauben wollten, daß eine Synagoge am selben Platz errichtet werde, an dem sich einst eine christliche Kirche erhob, welche schon die heilige Helena erbaut hatte. (Bei den Bauarbeiten war man auf Ruinen einer Kreuzfahrerkirche gestoßen.) Weitere Klagen richteten die Mönche an die Großwesire Rustem und Ali Pascha, die ihnen allerlei Versprechungen machten, aber nichts taten. Trotz aller Schwierigkeiten und Widerstände war für knapp ein halbes Jahrhundert eine Heimstätte für Tausende jüdischer Flüchtlinge entstanden.

1568 oder 1569 starb Donna Gracia. Mit dem Tiberias-Projekt ging es von da an allmählich bergab. Die Gründe sind nur zu vermuten. Für die Flüchtlinge, die meist aus den großen Städten kamen, war es sehr ungewohnt, im Israel-Land von Landwirtschaft und Handwerk zu leben. Viele waren vor allem gekommen, um in den heiligen Schriften zu studieren. So übte wohl das nahe gelegene Zfat, dieses Zentrum jüdischer Gelehrsamkeit in den galiläischen Bergen, das weit bessere Lebensbedingungen bot, eine starke Anziehungskraft aus. Auch die vielen widrigen Umstände im sumpfigen Tal am See Genezaret, in dem es von Schlangen gewimmelt haben soll, mögen ein Grund gewesen sein, der die Siedler schließlich zur Aufgabe zwang und zur Abwanderung bewegte.

Außerdem verfolgte der ehrgeizige Joseph Nasi inzwischen andere, aussichtsreichere Pläne. Für den Europa-weit tätigen Unternehmer war die kleine Siedlung am See von Tiberias wohl eher ein Akt der Wohltätigkeit gegenüber jüdischen Flüchtlingen als ein wirtschaftlich lohnendes Unterfangen. Sicher ist, daß er selbst Tiberias nie besucht hat, wenn er auch den Titel „Fürst von Tiberias" bis zu seinem Tode trug. Wichtiger aber war ihm ein anderer Titel. Damals bot sich ihm nämlich die Gelegenheit, die Herrschaft über ein Herzogtum zu erlangen, das weit gewinnbringender war: 1566 setzte Selim seinen Freund als Herzog auf der Insel Naxos und dem umliegenden Archipel ein. Mit der Verwaltung seines Besitzes betraute Joseph den aus Spanien stammenden Zwangsgetauften Franz Coronello.

Joseph Nasi, Herzog von Naxos, ist wie in Tiberias, so auch nie auf seinen Inseln gewesen, bezog aber von ihnen immerhin reiche Steuern und Abgaben. In Tiberias dagegen versuchte derweil ein gewisser Don Solomon ibn Jaisch mit Erlaubnis des Sultans Murad III., die Siedlung weiter zu führen. Doch auch er hatte keinen langfristigen Erfolg. 70 Jahre nach dem Wiederaufbau lebten unter recht armseligen Bedingungen nur noch wenige sfardische Familien in Tiberias.

Schabbtai Zwi, der abtrünnige Messias

Die Geburt eines weiteren Messias, der wie kaum ein anderer das Judentum bis in die Moderne beeinflußt hat, fällt in die Zeit, da in Mitteleuropa der 30jährige Krieg wütete. Die Lage der Juden war besonders schlimm: von Christen und Moslems isoliert, wurden sie gedemütigt, verfolgt und gefangen gehalten. In Polen und Rußland hatten ganze jüdische Gemeinden unter schweren Massakern zu leiden, auch der schwedisch-russische Krieg traf sie hart. Doch die Verzweiflung im Exil verstärkte gerade die Hoffnung auf eine baldige Sammlung der Zerstreuten im Israel-Land.

Die jüdische Frömmigkeit wurde stark von der lurianischen Kabbala geprägt, die danach fragte, warum denn Etwas und nicht Nichts und wie denn dieses Etwas entstanden sei. Ihre Antwort: Gott, der allen Raum erfüllte, zog sich zusammen; so ward Platz frei für Materie und Sünde, je ferner von Gott, desto materieller und sündiger. Aber in der Materie, in den Schalen, seien göttliche Funken eingebunden, die wieder aus der Schale geschlagen werden müßten. Dabei zerbreche die materielle Welt, die Funken kehrten zu Gott zurück, und er werde wieder, was er im Anfang war: Einer in Allem.

Dies könne befördert werden durch gute Taten, Kasteiung, Fasten, Geboterfüllung, auch durch Amulette, durch magische Praktiken - und durch Messiastum! Die Beteiligung des Menschen an der Erlösung wurde TIKKUN haOLAM genannt: Verbesserung, Reparatur der Welt. Das Messianische wurde dabei durch die Verbindung mit der Kabbala zum Universal-Kosmischen entgrenzt und bekam eine spirituelle Dimension: vor die Sammlung der jüdischen Diaspora trat - als Voraussetzung der kommenden Erlösung - die Einsammlung der zerstreuten göttlichen Funken. Gegen die Mitte des 17. Jahrhunderts erlebte die praktische Kabbala ihre Blüte: in Persien, im Jemen, in Nordafrika, aber auch in Italien und im deutschsprachigen Judentum wehte der Geist mit Macht. Damals, im Jahre 1626, wurde Schabbtai Zwi in der türkischen Stadt Smyrna geboren.

Der Name Schabbtai besagt, daß Schabbtai Zwi an einem Schabbat auf die Welt kam, also ein „Sonntagskind“ war. Außerdem fiel sein Geburtstag auf den 9. Aw, Tag des Gedenkens an die Zerstörung Jerusalems, an dem nach alter jüdischer Legende der Messias geboren werden soll. Sein Vater und seine Brüder waren begüterte Kaufleute, Schabbtai sollte Rabbi werden. Zunächst besuchte er daher eine Jeschiwa, studierte bei dem berühmtesten Gelehrten der Stadt und wurde im Alter von 18 Jahren - das war damals nicht ungewöhnlich - zum Lehrer ordiniert. Eine andere Nachricht besagt freilich, daß er mit 15 die Schule verließ und in Einsamkeit und Enthaltsamkeit vor allem Kabbala weiterstudiert habe.

Schon früh litt Schabbtai an einer manisch-depressiven Psychose (Kyklothymie): tiefe Depression und Melancholie wechselten mit Anfällen verrückter Ekstase und Hochgestimmtheit. Dazwischen gab es Phasen von Normalität. Doch immer wieder während der Zeiten seiner Erleuchtung fühlte Schabbtai sich gezwungen, MAASIM SARIM, befremdliche, paradoxe Taten zu vollbringen. Die Inhalte konnten wechseln, aber die Vorliebe für Seltsames, gewaltsam Neues blieb zeitlebens ein durchgehender Zug. Er liebte es, in aller Öffentlichkeit Gebote zu übertreten. Während der Zeiten seiner Einsamkeit und Niedergeschlagenheit dagegen kämpfte er mit dämonischen Mächten, von denen er sich hart bedrängt und bedroht fühlte.

In den 30er Jahren drangen aus Portugal, das damals in Personalunion mit Spanien regiert wurde, immer häufiger Nachrichten über intensive Verfolgungen von Zwangsgetauften nach außen. Als ab 1648 auch noch die schrecklichen Chmielnicki-Massaker in Polen und der Ukraine bekannt wurden, - spätestens da brach die Seelenkrankheit Schabbtais aus. Vor aller Ohren sprach er den unaussprechlichen Gottesnamen aus - wohl in messianischer „Erfüllung“ einer Auslegung von 2.Mose 17,16, nach der man in dieser Welt den Namen nicht, in der kommenden Welt ihn aber doch spricht. Allein, zunächst bemitleidete man Schabbtai eher als daß man ihn befehdete.

Schabbtai, der gut aussah und außerdem hochmusikalisch war, sammelte einen kleinen Kreis von Freunden um sich, zu denen er von geheimen Offenbarungen Gottes sprach. Diese seien ihm aufgrund seiner besonders intimen Gottesbeziehung zuteil geworden. Immer häufiger veranlaßten seine Erleuchtungen ihn zu Gebotsübertretungen. Dies sowie sein Abheben von der Realität überhaupt nötigten seine Lehrer schließlich, ihn um das Jahr 1654 aus Smyrna zu verbannen. Er war zu einer Gefahr für die Gemeinde geworden.

Bei dem nun folgenden unsteten Wanderleben in der Türkei und in Griechenland fand er neue Freunde, besonders in Saloniki, das später zu einem Zentrum des Schabbatianismus werden sollte. Dorthin waren schon 100 Jahre zuvor zahlreiche Zwangsgetaufte aus Spanien und Portugal geflohen, so daß ihre Zahl die der Juden und Christen übertraf. Sie erwiesen sich als besonders aufgeschlossen für seine neuen Lehren.

Aber zunächst konnte Schabbtai auch hier seines seltsamen Verhaltens wegen nicht lange verweilen. So kam er 1658 nach Konstantinopel, wo er sich durch kabbalistische Praktiken von seinen dämonischen Zwängen befreien wollte. Zugleich erklärte er aber, die Tora sei abgeschafft und alle drei Wallfahrtsfeste seien in einer Woche zu feiern. Außerdem formte er einen traditionellen Segensspruch um. Durch die Veränderung nur eines Vokales (und Schärfung des S-Lautes) wurde aus: „Gesegnet Du Herr, König der Welt, der Gefangene befreit (MATTIR ASURIM)“ der Spruch: „Gesegnet Du Herr, König der Welt, der Verbotenes erlaubt (MATTIR ISSURIM)“! Dieser Segen ist später zu einem Schibbolet für die Schabbatianer geworden.

Auch aus Konstantinopel vertrieben, kehrte Schabbtai Zwi nach Smyrna zurück und blieb dort bis 1662. Dann brach er, über Rhodos und Kairo, nach Jerusalem auf, wo er weitere Kontakte knüpfte, Bewunderer seines enthaltsamen Lebenswandels fand, aber wegen seines aggressiven Verhaltens auch Ablehnung hervorrief. Von da aus erwanderte er die berühmten Stätten des Israel-Landes. Im Jahre 1663 schickte die Jerusalemer Gemeinde ihn als SCHALIACH, als Apostel, nach Ägypten, wo er bis zum Frühjahr 1665 blieb, sich mit dem Haupt der jüdischen Gemeinde befreundete und mit großem Erfolg Geld für die Armen Jerusalems sammelte. Damals beschloß Schabbtai (der bereits zwei gescheiterte Ehen hinter sich hatte) - wohl in Nachahmung der prophetischen Zeichenhandlung Hoseas (Hos 1,2ff) -, Sara, ein aschkenasisches Waisenmädchen zweifelhaften Rufes, zu heiraten.

Zu dieser Zeit hörte Schabbtai von einem jungen, aber herausragenden Gelehrten mit Namen Natan aus Gaza, der angeblich die Kraft besaß, Seelenkranke zu heilen, indem er jeden durchschaue und ihm seinen Platz im TIKKUN zeige, also den Platz in der Weltordnung, an dem er gebraucht werde und sich selbst verwirklichen könne. So ging Schabbtai im April 1665 zu Natan, um Heilung und Frieden für seine Seele zu finden. Doch es kam anders: denn Natan hatte gerade zwei Monate zuvor eine Vision gehabt, die ihm offenbarte, daß Schabbtai, von dem er in Jerusalem gehört hatte, der Messias sei. Als ihn dieser jetzt besuchte, heilte er ihn nicht, sondern sprach zu ihm: Du bist der Messias Gottes! Nach einigem Widerstreben ließ sich Schabbtai davon überzeugen. Und so wurde Natan, der als erster dessen phantastische Träume auch in der Öffentlichkeit, vor Gelehrten bestätigte und verteidigte, zum messianischen Propheten für Schabbtai.

Beide reisten zunächst ins Israel-Land und besuchten verschiedene heilige Stätten und Gräber. Nach ihrer Rückkehr Mitte Mai verfaßte Natan in Gaza eine Abhandlung, in der er Schabbtais Weg so erzählte, als ob er schon lange vorausgesagt gewesen sei und die Voraussage sich nun ganz und gar erfülle. Am 31. Mai 1665 schließlich präsentierte Schabbtai sich selbst als Messias Israels und wurde von der ganzen Gemeinde mit frenetischem Überschwang als solcher akzeptiert.

Während einiger Wochen messianischer Hochstimmung ritt Schabbtai hoch zu Roß einher und berief sich Schüler in seine persönliche Nachfolge und in den königlichen Dienst. Zwölf Auserwählte bestimmte er zu den Vertretern der zwölf Stämme Israels: damit war ein wichtiger Anfang gemacht - ist es doch die Aufgabe des Messias, die verlorenen Schafe des Hauses Israels immer wieder zu sammeln.

Auch im Israel-Land verbreitete sich das Evangelium von der Ankunft des Messias wie ein Lauffeuer. Zugleich wandten sich freilich bedeutende Lehrer gegen dieses Evangelium. Schabbtai, der kurz zuvor einen gewissen Najara aus Gaza zum Großpriester ernannt und seine Zwölf angewiesen hatte, ihn zum Tempelberg zu begleiten, um dort Opfer darzubringen, zog mit großem Gepränge und viel Anhang nach Jerusalem. In königlichem Aufzug umritt er dann, von vielen bejubelt, sieben Mal die Stadt. Während die türkischen Behörden sich zunächst abwartend verhielten, wurde er von der Mehrzahl der Gelehrten aus Jerusalem verbannt, wogegen er erstaunlicher Weise nichts unternahm.

Inzwischen wirkte Natan als Prophet und Propagandist: er wollte alle Welt erreichen, die Massen zur Umkehr bewegen und die nahe Erlösung beschleunigen, ein Unterfangen, gegen das auch die vorsichtigen Lehrer nichts einwenden konnten. Briefe gingen an Gemeinden in der ganzen jüdischen Diaspora, weltweit. In ihnen wurde von vielen Wundern berichtet, die der messianische König Schabbtai und sein Prophet Natan vollbracht hätten. Daneben ward aber auch, in einer gewissen Spannung dazu, ein Glaube gefordert, der sich nicht auf Wunder gründe; besonders dieser bedingungslose Glaube habe versöhnende Kraft. Außerdem erfuhren die Juden Europas, daß die zehn verlorenen Stämme wieder gekommen seien, sie hätten Mekka erobert und sich in der Wüste Sahra gesammelt. Ganze Gemeinden in Europa und vor allem im Orient waren bei solchen Nachrichten wie elektrisiert.

Im September 1665 schrieb Natan eine Offenbarung nieder: in der verborgenen oberen Welt haben sich umwälzende Veränderungen vollzogen, die Erlösung ist da. Und kein heiliger Funke befindet sich mehr unter der Herrschaft der Sünde. Selbst die Gegner können es nicht mehr leugnen und hindern. Schabbtai kann die größten Sünder gerecht sprechen. Wer daran zweifeln wollte - und wäre er der Gerechteste -, Schabbtai wird ihn heimsuchen und bestrafen.

Für die herrliche nahe Zukunft komponierte Natan passende Lieder: bald findet die Voll-Erlösung statt; Schabbtai erhält vom türkischen Sultan die Krone, dieser unterwirft sich ihm kampflos. Schabbtai zieht zum sagenhaften Sambation-Fluß, um von dort die verlorenen Stämme heimzuholen. Dann kehren auch die Völker der Welt um und bringen Gaben.

Schabbtai Zwi, dem sein messianischer Ruf bereits vorauseilte, reiste derweil nach Aleppo. Aber er verbarg sein Messiastum, was eine umso größere Erregung bewirkte. Eine regelrechte Geist- und Erweckungsbewegung entstand. Die Arbeit ruhte, die Gemeinden wurden aus einer Gemeinschaftsküche gespeist, sogar der Prophet Elia soll leibhaftiglich erschienen sein.

Schabbtai vollbrachte wieder seine seltsamen Taten, aber niemand wagte mehr, etwas gegen ihn zu sagen oder zu tun. Es war zu spät, nichts konnte die Fluten mehr hindern. Von dem wilden Chaos wurden nicht nur Juden, sondern randhaft auch christliche Kaufleute aus England, Italien und Deutschland mitgerissen. Sie alle schrieben begeisterte Briefe an Freunde und Bekannte daheim. An Chanukka tat Schabbtai erneut seltsame Taten, aß Verbotenes und zwang andere, es ihm nachzutun, erschien in Königsgewandung, sang in Ekstase. Einem Gerücht zufolge soll er sogar mit Jungfrauen Umgang gehabt haben, die anschließend immer noch Jungfrauen waren. Selbst eine Gelehrten-Delegation kam, um ihn als Messias Israels zu begrüßen.

Aber den vielen Begeisterten standen immer deutlicher die Wenigen, die Ungläubigen gegenüber. Die Kluft wurde tiefer, die Atmosphäre gespannter. Natans Briefe wurden von beiden Seiten benutzt: was die Anhänger immer unkritischer annahmen, das war den anderen Anlaß zu immer schärferer Kritik. Die Mischung von ernster Würde und hemmungsloser Freiheit war es, welche die Massen faszinierte. Von nun an wurde Schabbtai immer von Hunderten begleitet, die ihm blind folgten, vor allem Arme und einfache Leute, aber auch Gelehrte und Wohlhabende darunter.

Schabbtai wurde immer dreister: mit seiner Billigung stürmte die Menge das Haus eines seiner ärgsten Gegner. Tags darauf nahm er selber demonstrativ eine Axt zur Hand, schritt zur portugiesischen Synagoge, dem Zentrum des Widerstandes, und brach damit die verschlossene Tür auf. Drinnen las er an Stelle eines handgeschriebenen verbotener Weise einen gedruckten Tora-Text, sang ein weltliches Liebeslied und proklamierte sich als Erlöser Israels, als Gesalbten des Gottes Jakobs. Den Tag der Voll-Erlösung legte Schabbtai auf den 18. Juni 1666 fest. Einer der „ungläubigen" Rabbis, der ihn nach dem Erweis seiner Messianität fragte, wurde kurzerhand exkommuniziert. Die Gläubigen aber forderte er auf, wie zur Bekräftigung den Gottesnamen zu sagen.

Schabbtai führte eine neue, messianische Tora ein und sprach die Frauen vom „Fluch Evas" frei. Des Sultans Name wurde aus dem Gebet getilgt, außerdem ein Gebet mit dem Namen AMIRAH - Abkürzung von **A**DONENU **M**ALKENU **I**A**R**UM **H**ODO (unser Herr, unser König, erhaben seine Herrlichkeit) - für den neuen Messias eingeführt. Das Wort AMIRAH enthält wohl auch eine Anspielung auf den türkischen Titel des Emir, wodurch

Schabbtai seine Überlegenheit zum Ausdruck brachte. Die Gläubigen defilierten an ihm vorüber und küßten seine Hand. Aus aller Welt kamen Anhänger zu Schabbtai, viele weissagten, hatten Halluzinationen. Sie zitierten „messianische“ Sätze aus der Bibel und Worte Schabbtais. Manche sahen eine Krone und Schabbtai auf einem Throne sitzen. Festumzüge und Tanzereien fanden statt, Handel und Gewerbe lag darnieder. Psalm 21, „Herr, es freut sich der König deiner Kraft“, wurde als Lied für den Messias Schabbtai gesungen, der Mitregenten berief, unter denen er Königreiche verteilte. Sie begleiteten ihn bei seiner Fahrt nach Konstantinopel, der Hauptstadt des Reiches. Hier schlugen die Wellen der Begeisterung schon vor seiner Ankunft bei Juden hoch. Ein Prophet stand auf, der das Mysterium Schabbtais in der Sprache des Sohar verkündete. Das messianische Fieber erreichte seinen Höhepunkt.

Die türkischen Behörden waren durch solche Nachrichten tief beunruhigt. Und so bereiteten sie Schabbtais Gefangennahme vor. Noch auf dem Schiff wurde Schabbtai am 6. Februar 1666 gefangen genommen. Daß er nicht - gleich anderen Rebellen - sofort getötet wurde, stärkte den Glauben seiner Anhänger. In Ketten gefesselt kam er an Land. Es entstand ein unbeschreibliches Chaos, das den Lauf des normalen Lebens völlig lahmlegte. Schabbtai wurde vor Gericht gestellt, aber milde behandelt. Schließlich hielten ihn die Richter nur für verrückt und waren außerdem klug genug, keinen Märtyrer aus ihm zu machen. Zunächst zu dunklem Kerker verurteilt, bezog er später ein komfortables Appartement, wo er sogar Besuche empfangen konnte. Wahrscheinlich hätte er sich freikaufen lassen können. Aber seine Weigerung steigerte sein Ansehen unter Juden. In den folgenden Monaten wuchs in aller jüdischer Welt die Erregung. Alles wartete voller Spannung: jetzt ist es soweit, jetzt kommt die Erfüllung, auf die wir so lange vergeblich gewartet haben.

Und in der Tat, die große Wende kam - aber anders als erwartet. Am 3. September - der Tag der vorhergesagten Voll-Erlösung war längst vorüber - wurde Schabbtai infolge andauernder Unruhen erneut vor Gericht gestellt. Als Aufwiegler denunziert, führte man ihn dem Sultan vor, der ihn nach seinem Messiastum befragen ließ. Schabbtai verleugnete alles, trat - vor die Wahl gestellt, zu sterben oder Moslem zu werden - als Messias Israels ab und zum Islam über. Er sagte, er sei glücklich, Moslem zu werden, nahm den Turban und einen neuen Namen und Titel an: Asis Mehmed Effendi. Als „Hüter des Palasttores“ erhielt er eine Pension von 150 Piaster pro Tag. Sultan Mehmed IV. hoffte, auf diese Weise auch andere Juden zum Übertritt bewegen zu können.

Schabbtais Konversion schockierte und lähmte die jüdische Welt. Viele wollten es nicht glauben, die Enttäuschung und Verzweiflung, die folgte, war tiefer, als jene Höhen der Begeisterung hoch gewesen waren. Wie nach jeder messianischen Katastrophe standen auch jetzt die Gläubigen vor der Wahl: entweder zuzugeben, daß ihr Glaube nichtiger Wahn gewesen war und ihr Erlöser ein Betrüger, oder trotz allem und erst recht an ihrem Glauben festzuhalten im Angesicht der bitteren Erfahrung, daß die erhoffte Erlösung noch nicht geschehen war. Wer sich für diese Möglichkeit entschied, mußte vor sich und vor anderen eine neue Erklärung für das Entsetzliche, das völlig Unerwartete finden. Und viele wählten diese Möglichkeit: sie optierten tapfer und trotzig gegen die Wirklichkeit der hiesigen Welt und verinnerlichten das Geschehene.

Dabei half ihnen Natan aus Gaza als maßgeblicher Theologe der Bewegung, indem er die Apostasie des Schabbtai zum tiefen Geheimnis erklärte. Der Abfall des Messias konnte gerade den Zwangsgetauften als religiöse Verklärung ihres eigenen „Abfalls" vom Judentum erscheinen, der sie am meisten belastet hatte. Indem Schabbtai ihr Marranen-Schicksal erlitt und mit ihnen teilte, schien das eine Rechtfertigung und Sühne des eigenen Wegs zu sein. Natan reiste viel, um dieses neue Evangelium zu verkündigen, gleichsam Petrus und Paulus in einer Person. Aus einem politischen Messias wurde in seiner theologischen Umdeutung der tragische, leidende Messias.

Bibel, Talmud und kabbalistische Literatur wurden durchgemustert und nach Erweisen befragt. Wer sich erst einmal auf die Paradoxie eingelassen hatte, dem erschlossen sich viele Texte neu und bewährten sich damit als Voraussagen, die sich nun erfüllt hatten. So stützten selbst heilige Texte den Skandal. Wenn es in Sanhedrin 97a etwa heißt: „Rabbi Jizchak sagte: Der Sohn Davids kommt erst, wenn die ganze Königsherrschaft zu Ketzerei geworden ist", dann deuteten die Schabbatianer die Königsherrschaft nicht auf die weltliche Regierung, sondern auf die Königsherrschaft Gottes. Oder über das Buch Hiob schrieb Natan: „Alle Züchtigungen, die von Hiob berichtet werden, beziehen sich in Wirklichkeit auf ihn (Schabbtai), denn er erlitt manche schwere Züchtigungen". Auch Königin Ester galt als Vorbild für Schabbtai, weil sie um Israels willen am götzendienerischen Hofe ihres Mannes lebte. Und selbst Mose hatte ja lange Jahre im Palast des Pharao verbracht, - so auch Schabbtai am Hof des Großtürken.

Natan gab außerdem weitere Termine für die Erlösung Israels aus und veröffentlichte Texte von Schabbtai, nach denen dieser eine Art trinitarischer Theologie entfaltet hatte. Die Dreieinigkeit bestand aus ATTIKA KADISCHA (der heilige Alte = Gott Vater), MALKA KADISCHA (der heilige König = der Messias) und SCHCHINA (Gottes Gegenwart im Geist).

Neben Natan wirkte außerdem ein anderer bedeutender Schüler Schabbtais mit Namen Abraham Miguel Cardoso, ein Marrane aus Spanien, der in

Venedig zum Judentum zurückgekehrt war. Er hatte in Tripolis 1664 Visionen über das Kommen des Messias, als Nachrichten über Schabbtai und Natan dorthin gelangten. Cardoso war einer der ersten gewesen, die diesem neuen Messias und seinem Propheten anhingen und sie unterstützten. Er, der sein Geld als Arzt verdiente, hielt - wie Natan - Schabbtais Abfall für den Erweis seiner Messianität. So verbreitete er Natans Evangelium und verband dessen Briefe und Schabbtais Aussprüche zu einem geschlossenen, systematischen Entwurf. Ein zweijähriges Studium der katholischen Theologie, das er - noch als Marrane - in Spanien genossen hatte, kam ihm dabei zugute. Ausgerechnet die judenfeindliche Kirche hatte ihm das Instrumentarium an die Hand gegeben, mit dem er nun theologisch das Schicksal Schabbtais in Entsprechung zu den Marranen deuten konnte. So entwickelte Cardoso eine Theologie, nach der eigentlich Ganz-Israel hätte abfallen und das Schicksal der Zwangsgetauften teilen müssen. Doch Gott habe es den Juden erspart, indem er Schabbtai sandte und ihm auferlegte, dies stellvertretend für die Vielen zu leisten. Als Schrifterweis diente Cardoso der leidende Gottesknecht von Jesaja 53. Außerdem griff er die alte Lehre von den zwei Messiassen[1] auf: Schabbtai sei der Messias Ben David, er selbst aber der Messias Ben Joseph, des zum Zeichen er - wie einst Paulus (Gal 6,17) - Male des Messias an seinem Körper trage. Schließlich, nach Schabbtais Tod, gab er sich sogar als dessen Platzhalter bis zu seiner erwarteten Wiederkunft aus.

Nicht zuletzt auf Grund der christlichen Einflüsse, wie sie durch Cardoso in den Schabbatianismus hineingenommen wurden, haben manche gefragt, ob dieser nicht überhaupt eine Imitation des Christentums sei. Christen fragen ja immer gern danach, was original und was „nur“ Fälschung ist, um das Christentum als möglichst originell herauszustellen.

Sicher ist, daß die Anhänger Schabbtais sich nicht als Christen gefühlt und auch nicht so benommen haben, sonst hätten sie ja den einfacheren Weg gehen und Christen werden können. Stattdessen sind gerade die Marranen den umgekehrten Weg gegangen und haben ihr aufgezwungenes Christentum abgelegt bzw. schabbatianisch interpretiert. Tatsächlich sind durch Schabbtai Dinge ins Judentum eingebracht worden, die dem Christentum zum Teil sehr nahe kommen. Doch begründet wurde die neue Lehre mit *jüdischen* Schrift- und Talmudtraditionen. Viele Parallelen zum Christentum lassen sich als jüdisch-interne Entwicklung erklären: durch ähnliche historische Konstellationen und dadurch, daß das Christentum aus dem Judentum hervorging. Aber selbst dort, wo direkter christlicher Einfluß vorhanden ist - wie eben bei Cardoso -, wurde das Übernommene von

[1] Dazu das Kapitel „Zurücknahme des Messianischen im Talmud“, S.106.

den Anhängern Schabbtais als *jüdisch* akzeptiert, was angesichts der christlich-jüdischen Zergegnungsgeschichte um so bemerkenswerter ist.

Nachdem Schabbtai einige Jahre lang unbehelligt in Adrianopel gelebt hatte, dann aber wegen „Geheim-Judentums" und „sexueller Freizügigkeit" erneut verhaftet und nach Dulcigno in Albanien verbannt worden war, starb er 50jährig am Versöhnungstag des Jahres 1676. Natan verkündete, er sei auf geheimnisvolle Weise verschwunden, aufgefahren und von übernatürlichem Licht aufgenommen worden. In Verlängerung der Linie stetiger Vergöttlichung des Messias Schabbtai zu Lebzeiten war dies die konsequente Apotheose. Schon bald setzte sich die Vorstellung durch, daß Schabbtais Tod lediglich eine Verhüllung sei und er dereinst zurückkehren werde, um sich dann endgültig zu manifestieren: „Wer denkt, daß er wie alle Menschen starb und sein Geist zu Gott zurückkehrte, begeht eine schwere Sünde."

Wenn je ein Messias den Anspruch hat erheben dürfen, der „ganz andere" zu sein, dann war es Schabbtai Zwi. Denn als Märtyrer gestorben sind viele Messiasse, das war nicht neu. Konvertiert aber ist unter den vielen Messiassen nur er allein! Wo der Christus Jesus die Sünde auf sich nahm für die Vielen, ohne ein Sünder zu sein (2.Kor 5,21, Hebr 4,15), da wurde Schabbtai selbst zum Sünder, stieg durch seinen Abfall vom Judentum in die tiefste Sündenverstrickung, die einem Juden möglich ist, um so vor allem die marranische Welt zu erlösen.

Mit Schabbtai Zwis Tod endete für die meisten Juden die größte messianische Bewegung seit Schimon bar Kochba. Das Judentum war am Vorabend der Aufklärung derart über den Schabbatianismus zerstritten, daß die Meister meinten, einen solch zerstörerischen Luxus dürfe man sich künftig nicht mehr leisten.

Dennoch war die Bewegung nicht zu Ende. Vielmehr gab es auch weiterhin beachtliche Gruppen von Schabbtai-Messianern und Schabbtai-Christen überall in Europa, vor allem in Saloniki, aber auch in Prag, wo ja bereits die Fahne Schlomo Molchos aufbewahrt wurde. Seit 1.500 Jahren, nämlich seit der Entstehung des Christentum aus dem Judentum, hatte keine jüdische Bewegung mehr so viele Länder der Diaspora erfaßt. Der Einfluß des Schabbatianismus reichte in seiner Blütezeit vom Jemen bis Litauen, von Persien bis England. Und selbst der Zionist Theodor Herzl schlug 1902 in seinem utopischen Roman „Altneuland" vor, daß Schabbtai der umschwärmte Held einer zukünftigen National-Oper sein solle.

Zur weiteren Entwicklung der Schabbtai-Bewegung

Wegen ihrer beträchtlichen Nachwirkung hat die Geschichte der Schabbtai-Bewegung im Judentum weithin Unwillen erregt und ist verdrängt worden. Die Nachkommen der Schabbatianer hatten meistens kein Interesse, daß die Geschichte ihrer Vorfahren bekannt würde, und sie bemühten sich, jede Erinnerung zu tilgen - galt doch diese Phase jüdischer Geschichte vielen als Schädigung des Ansehens Israels. Dennoch gab es auch weiter Schabbatianer, die allerdings Verfolgungen ausgesetzt waren und daher oft im Verborgenen lebten. Ihre Schriften wurden zum Teil nicht einmal gedruckt und waren nur für die „Gläubigen" (wie sie sich selbst nannten) bestimmt. Da sich außerdem ihre Verfolger bemühten, alles zu vernichten, was sie erreichen konnten, ist die Quellenlage relativ schlecht. Doch gibt es trotz allem Überreste von Dokumenten, die vor allem in Anklagereden gegen die Schabbatianer enthalten sind und von der bewegten Geschichte dieser messianischen Gemeinden zeugen.

Die Anhänger Schabbtais waren nach seinem Abfall zum Islam und vollends nach seinem Tod mit der Tatsache konfrontiert, daß sich noch immer nichts verändert hatte. Die Erlösung war ausgeblieben. Doch wie schon Natan und Cardoso 1666 auf das Unmögliche reagiert hatten, indem sie die theologische Notwendigkeit von Schabbtais Übertritt begründeten, so entwickelte sich die schabbatianische Theologie in den folgenden Jahrzehnten immer weiter. Sie erwies sich dabei als so tragfähig, daß die Bewegung 150 Jahre lang (in der Türkei sogar bis in die Gegenwart) fortlebte.

Es waren vor allem sfardische Juden, ehemalige Zwangsgetaufte in Marokko, Ägypten, in der Türkei, im Israel-Land und auf dem Balkan, die ihrem Messias treu blieben. Diese Gemeinden standen untereinander in intensivem Kontakt, aber auch in kritischer Auseinandersetzung um die rechte Theologie und Auslegung des „heiligen Glaubens". Vor allem mit zwei Problemen hatten sie sich auseinander zu setzen: mit einer vertiefenden Begründung für Schabbtais Übertritt und mit der Frage, ob auch sie selbst das Judentum verlassen und konvertieren sollten.

Auf die brennende Frage nach dem Abfall Schabbtais gaben seine Anhänger dieselbe, nur ausführlichere paradoxe Antwort wie einst Natan: gerade in dem Übertritt zum Islam liegt das Geheimnis, auf das es ankommt. Durch die Ursünde sind einige Funken der Heiligkeit und des Guten in den Machtbereich der Unreinheit, der finsteren Gewalten der Welt geraten. Ein Ort, wo diese Kräfte besonderen Halt finden, sind die Völker der Welt. Darum muß der Erlöser, der Heiligste unter den Heiligen, in diese Tiefen hinabsteigen und alle Pforten der Unreinheit durchschreiten, um den Rest der heiligen Funken einzusammeln - gleich dem Zelt der Begegnung, das unter Israel weilt inmitten ihrer Unreinheit (3. Mose 16,16). Wenn aber die Funken erlöst sind, wird die sündige Sphäre kraftlos zusammenbrechen. Einer Variante dieser Theorie nach wird die sündige Sphäre durch den Eintritt des Messias so sehr mit Heiligkeit angefüllt, daß sie schließlich übersättigt platzt und die Heiligkeit erbricht.

Der wesentliche Unterschied zur „orthodoxen" Kabbala besteht bei der schabbatianischen Erlösungslehre darin, daß die göttlichen Funken nicht durch gute Taten der Juden und vor allem des Messias *empor* gezogen werden aus den sündigen Schalen, sondern daß sich der Messias in diese Niederung des Bösen *hinab*begibt - die Erlösung geschieht also durch Sünde!

Der Messias muß MAASIM SARIM, seltsame Taten vollbringen. Die befremdlichste Tat aber ist die Apostasie, der Übertritt zu einer Religion der Völker. Schabbtai hat die Kleider eines Marranen angelegt und ist dazu bestimmt, als Marrane - wie die Vielen - vom herkömmlichen Judentum nicht anerkannt zu werden. So liegt der tiefste Grund der neuen Lehre in dem zwiespältigen Lebensgefühl der Marranen und ihrer Nachkommen. Ohne diese psychische Disposition unter den ins Judentum zurückgekehrten Zwangsgetauften hätte sich die Theologie der Schabbatianer niemals derart verbreiten können.

In konsequenter Fortführung der MAASIM SARIM und der Losung Schabbtais: „Gesegnet Du, der Verbotenes erlaubt" entwickelte sich unter Schabbatianern eine Lehre von der Aufhebung der Tora. Entsprechend apokalyptischer Weltzeit-Theorien (ähnlich denen des Christentums, aber auch talmudischen Traditionen wie Sanhedrin 97ab) sprachen die Schabbatianer von verschiedenen Welten, denen verschiedene TOROT entsprächen: eine Tora, die *vor* der Erlösung gelte, und eine Tora, die während des Exils verborgen bleiben mußte, sich *nun* aber - nach dem Kommen des Messias Schabbtai - offenbart habe und die erste Tora aufhebe. Als Begründung solcher Theologie der Gesetzesfreiheit diente ein Wortspiel in Menachot 99b: „Resch Lakisch sagte: Manchmal ist die Aufhebung der Tora ihre Gründung, denn es steht geschrieben (5.Mose 10,2): *Die du zerbrochen hast* (ASCHER SCHIBARTA). Der Heilige, gesegnet Er, sprach zu Mose: Danke, daß du sie zerbrochen hast (JISCHAR SCHIBARTA)." Außerdem verhalte es sich mit der Weisung wie mit dem Weizen, der in der Erde faulen muß, um neues Getreide hervorzubringen. So müßten auch die Taten erst verrotten, damit die Erlösung aus ihnen sprießen könne. Welche Gebote aber im Einzelnen aufgehoben waren, darüber wurde ausgiebig gestritten.

Wenig Einigkeit herrschte auch bei der zweiten Frage: Sollten die Anhänger ihrem Messias nachfolgen und ebenfalls konvertieren? Darauf wurden verschiedene Antworten gegeben. Die gemäßigten Schabbatianer vertraten die Ansicht: Wir sollen Schabbtai nicht nachfolgen, sondern er hat an unserer Statt, stellvertretend für uns, die Apostasie vollzogen, wie es in Jesaja 53,6 heißt: „Gott ließ *ihn* treffen all unsere Schuld." Die Schabbatianer dieser Gruppierung blieben daher Juden. Dennoch entwickelten sie eine Theologie, die dem talmudischen Judentum, aber auch der Lehre Schabbtais ganz und gar nicht entsprach, sondern in der die antike Gnosis mit ihrer Vorstellung von zwei Göttern erneut lebendig wurde.

Sie unterschieden nämlich zwischen dem Schöpfergott (der prima causa, der ersten Ursache), auch ATTIKA KADISCHA (heiliger Alter) genannt, und dem Gott Israels (MALKA KADISCHA - heiliger König), der sich in Schabbtai offenbare und heilsgeschichtlich an Israel handle. Man versuchte außerdem, das Verhältnis dieser beiden zur SCHCHINA derart zu klären, daß eine Art jüdisch-gnostischer Trinitätslehre (die „drei Bänder des Glaubens") entstand. Dabei wurde allerdings - im Widerspruch zur christlichen Lehre - der Gedanke einer Inkarnation Gottes energisch bestritten und die christliche Trinitätslehre scharf kritisiert.

Die radikalen Schabbatianer dagegen meinten, daß sie ihren Messias auf seinem schweren Weg nicht allein lassen dürften. Auch sie müßten daher das Unreine mit der Kraft des Heiligen füllen, bis es platzt, und ebenfalls übertreten. Allen sei es auferlegt, Marranen zu sein. So kristallisierten sich allmählich drei Gruppen von Schabbtai-Anhängern heraus:

Da waren zunächst die Gläubigen vor allem im Westen, die Juden blieben, aber der neuen Theologie anhingen, im Verborgenen der neuen Tora folgten und die alte Tora brachen. Unter ihnen kam es um 1700 zu einer organisierten Einwanderungsbewegung nach Israel, da sie der Meinung waren, daß das Geheimnis Schabbtais sich nur dort offenbaren werde. Außerdem hofften sie wohl, auf diese Weise den Verfolgungen durch das Rabbinat entgehen zu können. So wanderten allein 1.500 Schabbatianer unter Führung eines gewissen Jehuda Chassid über Deutschland nach dem Israel-Land aus. Am Tag der Ankunft jedoch starb Jehuda - Not und Verzweiflung überfiel die übrigen, die sich bald zerstreuten. Andere Einwanderer waren bereits während der Reise gestorben. Nur eine kleine schabbatianische Gemeinde etablierte sich schließlich in Jerusalem, um auf die Wiederkunft Schabbtais zu warten. Diese Parusie erhofften die einen für das Jahr 1706 (40 Jahre nach der Apostasie), andere erst für 1716 (40 Jahre nach seinem Tod). Doch beide Daten verstrichen, ohne daß etwas geschah.

Dann gab es - vor allem in Saloniki - die große Gruppe derer, die Schabbtai in den Islam nachfolgten, innerlich aber ebenfalls jüdisch blieben. Sie wurden bald Dönme (türkisch: Abtrünnige) genannt und verstanden sich als „freiwillige Marranen". Noch im Jahre 1900 gab es in Saloniki etwa 10.000 Dönme. Die meisten von ihnen wurde 1922/23 wegen der Auseinandersetzung zwischen Griechen und Türken in die Türkei umgesiedelt. Dort leben bis heute einige Zehntausend Nachfahren dieser Gruppe. Neuerdings haben sie offen den Wunsch ausgesprochen, als Juden anerkannt zu werden. Ihr Vorsitzender reiste daher im Dezember 1996 nach Israel, um die Heimkehr vorzubereiten. Der sfardische Oberrabbiner ließ ihn jedoch wissen, daß - falls die Sekte zum Judentum zurückkehren wolle - sie, wie andere Fremde auch, erst konvertieren müsse.

Die Angehörigen der dritten Gruppe, ebenfalls radikale Schabbatianer, wählten einen ähnlichen Weg wie die Dönme, nur daß sie nicht zum Islam, sondern zum Christentum übertraten.[1]

Den radikalen Schabbtai-Leuten war gemeinsam, daß sie eine hohe „Christologie" vertraten, die von den Gemäßigteren abgelehnt wurde und bald zum erbitterten Streit führte. So erklärten die Radikalen Schabbtai Zwi zum inkarnierten Gott. Der Messias trat gewissermaßen an die Stelle des Gottes Israels, er wurde zum MALKA KADISCHA, zum heiligen König (traditionell war dies die aramäische Anrede Gottes in jüdischen Gebeten). Dieser sei Mensch geworden und im Leib des Messias hinabgestiegen in die Welt, um diese zu erlösen. Unter sfardischen Marranen war sogar die Auffassung verbreitet, die Seele Schabbtais habe sich nicht nur *einmal* inkarniert, sondern gehe über in jeden neuen Anführer der Sekte.

So übernahm in Saloniki Jakob Zwi, der Schwager Schabbtais, die Leitung der Gemeinde und behauptete, die Seele Schabbtais sei in ihm wiedergeboren. Er versuchte mitsamt seiner Schwester, der Witwe Schabbtais, dessen Werk weiter zu führen. Um zusätzlich den Eindruck einer messianischen Dynastie zu erwecken (was die Rechtmäßigkeit ihres Führungsanspruches stärken sollte), gab die Witwe den Jakob Zwi als ihren und Schabbtais leiblichen Sohn aus. Als Messias und Moslem wallfahrte er mit etlichen Anhängern nach Mekka, verstarb aber auf der Rückreise. Da übernahm sein Sohn Baruchja (1695-1740) die Gemeindeleitung. Auch er galt wieder als Verkörperung der Messias-Seele Schabbtais.

Doch nicht nur die Familie Schabbtais fühlte sich berufen, das messianische Werk fortzuführen. Auch ein gewisser Mordechai Mochiach aus Eisenstadt im Burgenland, ein Jünger Natans und Genosse Cardosos, meinte, daß er dazu erwählt sei, die Sendung Schabbtais zu erfüllen: jener sei nämlich reich gewesen und habe darum sein Werk nicht vollenden können, er selbst dagegen sei arm. So reiste Mordechai in den Jahren 1678-82 predi-

[1] Dazu das Kapitel „Jakob Frank, der inkarnierte Messias".

gend durch Böhmen und Mähren, Deutschland und Italien und verkündete, daß drei Jahre nach Schabbtais Tod die Erlösung komme, dann kehrten auch die verlorenen zehn Stämme wieder. Schabbtai - der gar nicht wirklich gestorben sei - werde zurückkehren und sich in ihm, Mordechai, offenbaren. Er werde dann in der Christenheit den Platz einnehmen, den Schabbtai zu Lebzeiten in der Türkei unter Moslems besetzt habe. Die Erfüllung dieser Verheißung sollte allerdings einem anderen vorbehalten bleiben: Jakob Frank, der zum Anführer der christlichen Schabbatianer wurde.

JAKOB FRANK, DER INKARNIERTE MESSIAS

Jakob Frank (1726-1791) stammte aus Podolien, einer Gegend der Ukraine, die damals zu Polen gehörte und unter den furchtbaren Chmielnicki-Massakern ein Jahrhundert früher ganz besonders gelitten hatte. Er wuchs in einem schabbatianisch geprägten Elternhaus auf. Von Beruf Händler, reiste er auf den Spuren Schabbtais vor allem durch die zum türkischen Reich gehörende Welt. Dabei knüpfte er enge Kontakte mit den Dönme in Saloniki, wo noch immer Baruchja, der Neffe Schabbtais, die Gemeinde leitete. Viele Jahre verbrachte Frank im osmanischen Reich, kleidete sich schließlich wie ein Türke und sprach Ladino. In dieser Zeit studierte er gründlich Kabbala.

Als er im Januar 1756 nach Podolien zurückkehrte, wurde er von den Schabbatianern dort, die ihn für einen Türken hielten, begeistert aufgenommen. Es entstanden besondere Frankisten-Gemeinden, in denen allein der Sohar, das Hauptwerk der Kabbala, als Lehre des Mose galt. Der Talmud dagegen und seine Anhänger wurden bekämpft. Sie nannten sich daher auch Soharisten und Kontra-Talmudisten. Diese Einstellung führte natürlich bald zu Spannungen mit den jüdischen Gegnern der Schabbatianer. Bei geheimen Versammlungen wurden die Anhänger Franks überrascht und eingesperrt, er „als Türke" jedoch freigelassen. Er floh in die Türkei, kehrte bald wieder zurück, wurde erneut verhaftet und ging wieder in die Türkei. Dort trat Frank zu Beginn des Jahres 1757 in der Nachfolge Schabbtai Zwis zum Islam über, was ihm gerade unter den Dönme große Sympathie einbrachte.

Inzwischen dauerten in Podolien die Verfolgungen und Bannungen der Schabbatianer fort. Toratreue Juden wandten sich in ihrer Ablehnung des Schabbatianismus damals sogar an die katholische Kirche, erreichten damit allerdings genau das Entgegengesetzte: die Frankisten erhielten gerade wegen ihrer Talmud- und Toragegnerschaft bischöflichen Schutz. Stattdessen begann nun eine anti*jüdische* Propaganda in Polen von seiten der Frankisten in gemeinsamer Front mit der Kirche. Die Frankisten verlangten die Durchführung einer Disputation mit den Talmud-Juden, um diese der Falschlehre zu überführen - womit automatisch die Richtigkeit ihrer eigenen Lehren bewiesen und damit die Duldung durch die Kirche erreicht werden sollte. Dazu wählten die Frankisten ausgerechnet eine klassische christliche Form der Auseinandersetzung mit den Juden, die in der mittelalterlichen Kirche vor allem dazu gedient hatte, diese zu missionieren und in die Enge zu drängen.

Im Juni 1757 war es dann so weit: die Frankisten legten eine Liste von IKKARIM, Glaubensprinzipien, vor, die in Kamieniec Podolski diskutiert werden sollten. Diese waren so formuliert, daß zwar ein Christ, nicht aber ein toratreuer Jude allem zustimmen konnte. Wenn die Frankisten etwa behaupteten, daß die talmudische Auslegung der Bibel falsch sei, konnten Christen leicht zustimmen. Oder wenn es hieß, daß Gott selbst menschliche Gestalt annähme, um die Welt zu entsühnen, so konnte ein Christ dies in bezug auf Jesus ebenso klar bejahen wie ein Frankist, der dabei natürlich nicht an den Christus Jesus, sondern an Schabbtai (oder auch an Jakob Frank als dessen Reinkarnation) dachte. Sogar die Dreieinigkeit konnten Frankisten vertreten, allerdings eine aus dem Sohar erlesene, kabbalistische, die mit der christlichen Trinität nicht wirklich übereinstimmte. Doch da keine Namen genannt wurden, war es möglich, daß auch hier Christen gemeinsam mit den Frankisten gegen die übrigen Juden Front machten.

Die theologischen Sätze, die als Gesprächsgrundlage dienen sollten, hatten im Grunde nicht viel mit den spezifischen Überzeugungen der Frankisten zu tun. Bewußt vage formuliert, waren sie vielmehr religionspolitisches Kalkül: der Versuch, sich durch Annäherung an die Kirche eine stärkere Position gegen die traditionellen Juden zu verschaffen. Und diese Rechnung ging tatsächlich auf, die Frankisten triumphierten: im Herbst 1757 befahl der zuständige Bischof Dembowski als Ergebnis der Disputation, daß alle Talmudim verbrannt werden sollten.

Frank, der sich bis dahin meist in der Türkei und nur heimlich in Polen aufgehalten hatte, kehrte daraufhin offiziell nach Polen zurück, wo er begeistert aufgenommen wurde und zur zentralen Figur der Schabbatianer in Osteuropa aufstieg. Auch die Schabbatianer Mährens erkannten ihn als ihren Führer an. Einer der wichtigsten Gegner Franks und der Schabbatianer, der Hamburger Gelehrte Jakob Emden, verfaßte daraufhin eine Auslegung von Psalm 14,3 („Niemand tut Gutes, auch nicht ein einziger"), in der er die unter Frankisten übliche kabbalistisch-schwärmerische Bibelinterpretation ironisierend aufnahm und erklärte: der Zahlenwert dieses Verses entspreche dem von „Mähren".

Emden, der schon als Reaktion auf die schabbatianische Vorliebe für den Sohar bewiesen hatte, daß dieses traditionell Schimon bar Jochai zugeschriebene Buch eine spätere „Fälschung" sei, veröffentlichte auch Gutachten über die Schabbatianer, aus denen hervorging, daß sie antinomistisch seien und nur nach außen Gebotstreue zeigten. Außerdem warf er ihnen sexuelle Ausschweifungen vor - ein Argument, das immer wieder benutzt wurde, um die Schabbatianer zu verunglimpfen. Doch zunächst konnten deren Gegner nicht viel ausrichten. Zu groß war die Sympathie seitens so mancher Kirchenleute für diese Gruppe, da sie meinten, von Frank und seinen Anhängern profitieren zu können, versprach er doch, die gesamte polnische Judenheit - wenn auch als judaisierende Sondergruppe - in die katholische Kirche einzubringen. Es ist schon ein Treppenwitz der Geschichte, daß die Kirche, die sich immerhin von dem jüdischen Messias Jesus herleitete, ausgerechnet auf den absurdesten aller jüdischen Messiasse, Jakob Frank, hereingefallen ist.

Frank war kein Toragelehrter, vielmehr rühmte er sich sogar seiner Unbildung, die ihn allerdings nicht daran hinderte, eine ausführliche und zuweilen recht krause Theologie zu entwerfen. Die Welt galt ihm nicht als Schöpfung des guten Gottes, sondern - wie ihm die Existenz des Todes zeige - als Werk einer bösen Macht. Der gute Gott sei bislang unbekannt und werde sich erst offenbaren. Da in dieser Welt der Tod noch herrsche, müßten die „unwürdigen Gesetze des Todes" aufgehoben werden. Um dies zu bewirken, habe der gute Gott seine Boten gesandt: die Patriarchen, Moses, Jesus, Schabbtai und schließlich ihn selbst, Jakob Frank. Doch nicht nur als Bote Gottes trat Frank auf, sondern auch als neu erstandener Schabbtai Zwi, der dessen Werk vollenden werde, und sogar als inkarnierter Gott! Er sei gesandt, das ewige Leben in die hiesige Welt zu bringen. Dazu wolle er den dreifachen Fluch tilgen, der über die Welt verhängt sei: daß die Menschen sterben, im Schweiße ihres Angesichts ihr Brot erwerben und daß Frauen unter Schmerzen gebären (dazu 1.Mose 3,16ff).

Frank verkündete, daß es auf dem Weg, der zum Leben führe, nötig sei, sich von allen Gesetzen, Satzungen und Religionen frei zu machen und jede Institution zu verachten: „Dies sage ich euch: Christus, von dem ihr wißt, sagte, er sei gekommen, die ganze Welt vom Satan loszukaufen. Ich aber bin gekommen, sie von allen bis jetzt gültigen Gesetzen und Satzungen zu lösen. Meine Aufgabe ist es, dies alles aufzuheben, dann wird der gute Gott sich offenbaren." Die Aufhebung aller Religion sollte dadurch erfolgen, daß Frank als Jude zunächst Moslem und dann auch noch Christ wurde, um die Religionen von innen her auszuhöhlen. Auf diesem Weg - der schließlich in den Nihilismus führen mußte - hatten seine Anhänger ihm zu folgen. Eine eigentümliche Lust am Untergang ist zu spüren, wenn Frank sagte: „Ich bin nicht gekommen, um euch zu erheben, sondern um euch zu erniedrigen bis auf den Grund des Abgrunds, wo es keinen weiteren Abstieg mehr gibt und wo kein Mensch aus eigener Kraft wird aufstehen können, allein Gott wird ihn mit mächtiger Hand aus der Tiefe erheben."

Daß der Weg der Erlösung über die Taufe führe, leitete Frank aus der Bibel ab: Er nannte sich selbst den wahren Jakob, der gekommen sei, um den Weg des biblischen Jakob zu Ende zu gehen. Dieser habe nämlich auf die Einladung Esaus hin versprochen, zu ihm zu kommen, dies aber nicht erfüllt (1.Mose 33,12ff). Nun aber vollende der wahre Jakob diesen Weg, indem er zum Christentum (in jüdischer Tradition oft abwertend als Esau bezeichnet) gehe. Immer stärker trat die „offizielle" Theologie der Schabbatianer, wie sie vor allem in den Schriften Natans vorlag, in den Hintergrund: wenn etwa die schabbatianische „Trinität" dergestalt umgeformt wurde, daß Schabbtai an die Stelle des heiligen Alten und Frank an die des heiligen Königs trat. Auch die traditionelle Kabbala wurde von Frank verworfen; immer freier entwickelte er eigene Vorstellungen, die sich - wenigstens formal - mehr und mehr christlichem Gedankengut anglichen.

Als die Situation in Polen für die Frankisten besonders günstig war, starb plötzlich der frankisten-freundliche Bischof Dembowski. Die Stimmung verkehrte sich - zunächst - ins Gegenteil. Nicht Talmud-Juden, sondern die Frankisten wurden nun wieder verfolgt. Viele flohen daraufhin in die Türkei, manche wurden Moslems und schlossen sich den Dönme an. Erneut wandte sich Frank an die christliche Obrigkeit mit der Bitte um Duldung und Rehabilitation. Im Juni 1758 erhielten er und seine Anhänger vom polnischen König tatsächlich einen Schutzbrief, in dem sie als Menschen, die der christlichen Gotteserkenntnis nahe seien, als „mosaische Anti-Talmudisten" bezeichnet und anerkannt wurden. Viele Frankisten sammelten sich damals um das Städtchen Iwanie, wohin auch Frank gegangen war.

Ende Februar 1759 baten die Frankisten den Lemberger Bischof schließlich, in die Kirche aufgenommen zu werden. Sie wollten außerdem eine zweite Disputation mit den Juden durchführen, in der sie neben anderem sogar „beweisen" wollten, daß im Talmud - für jeden nicht schabbatianischen Juden verpflichtend - der Ritualmord an Christen gefordert werde, deren Blut zu Pesach gebraucht werde. Dies war eine uralte Beschuldigung gegen Juden, welche die Christen besonders seit dem 12. Jahrhundert wieder aufgegriffen und als Vorwand für die Ermordung zahlloser Juden benutzt hatten und der im Polen des 18. Jahrhunderts so häufig wie nie zuvor erhoben wurde. Mit solch einer unerhörten Anklage - denn erstmals erhoben nicht Christen, sondern Juden selber diesen Vorwurf - wollten sich die Frankisten an den Talmud-Juden rächen, die sie für ihre Verfolgungssituation verantwortlich machten. Außerdem versuchten sie dabei nicht allein die kirchliche, sondern auch die staatliche Gewalt zum Eingreifen zugunsten der Frankisten zu bewegen. Die Priester ihrerseits sahen die neue Disputation als Chance, ihre eigenen judenmissionarischen Interessen zu wahren, und unterstützten die Frankisten darum erneut. Auch protestantische Missionare blieben übrigens damals nicht untätig: Graf Zinzendorf, Haupt der Brüdergemeinde, hatte schon 1758 einen Konvertiten zu den Schabbatianern nach Polen geschickt, allerdings nur mit mäßigem Erfolg.

In den nächsten Monaten verschickte Frank Botschaften an diverse kirchliche und staatliche Autoritäten in ganz Polen, um seine Pläne und Vorstellungen bezüglich des bevorstehenden Übertritts seiner Anhänger zu verkünden. Er forderte die Erlaubnis, auch nach der Taufe Schläfenlocken, Bart sowie die traditionelle jüdische Kleidung tragen zu dürfen; neben dem neuen, christlichen Namen wollten die Frankisten auch ihre jüdischen Namen weiterhin benutzen und zusätzlich zum Sonntag den Schabbat feiern; Schweinefleisch würden sie auch als Getaufte weiterhin nicht essen, außerdem einen Teil ihrer kabbalistisch-jüdischen Literatur beibehalten; nur untereinander seien sie bereit zu heiraten und baten darum, daß man ihnen königliche Güter als gesondertes Wohngebiet zuweise, wo sie siedeln und wirtschaftlich produktiv sein könnten: „also es uns leichter sein wird, unser Brot auf ehrliche und erlaubte Art zu verdienen". Wenn dieser Forderungskatalog erfüllt werde - der praktisch auf eine judenchristliche Sonderexistenz innerhalb und mit Billigung der katholischen Kirche hinauslief -, dann würden sie sich allen anderen Wünschen willig unterwerfen.

Aus Franks letzter Forderung wird klar, daß das Israel-Land in seiner Theologie längst bedeutungslos geworden war. Schon 1757 hatte er verkündet, daß Jerusalem niemals erbaut werde. Seine Anhänger sollten sich lieber in der Diaspora um Erlösung bemühen. Polen, als neues Israel, sei nun das den Vätern versprochene Land und Erbe Gottes - so wollte er es bereits in Saloniki durch Visionen erkannt haben. Damit wandelte sich auch die Vorstellung von der Sammlung der Zerstreuten: Frank hielt zwar an der Hoffnung fest, daß einst alle Juden gerettet würden. Doch dies könne nur geschehen, indem ganz Israel durch den Jordan der Taufe ins gelobte Land, nämlich ins Christentum, einziehe.

Die Antwort der katholischen Kirche auf den Katalog konnte nur negativ ausfallen. Es war allzu offensichtlich, daß der Übertritt der Frankisten zum Christentum nicht aus innerer Überzeugung erfolgen sollte. Denn Frank lehrte, daß die verschiedenen Religionen bloß Stufen auf dem Weg zur wahren Gotteserkenntnis seien. Für seine Anhänger bedeutete die christliche Taufe daher lediglich einen weiteren Schritt auf dem Weg des wahren Glaubens an den wahren Messias und lebendigen Gott Jakob Frank! Er selbst wußte allerdings nur zu genau, daß dieser Weg in die Anarchie führen mußte, sagte er doch: „Wo immer der ADAM RISCHON, der erste Adam, hinkam, da wurde eine Stadt gebaut (dazu Brachot 31a). Aber wo ich gehe, wird alles zerstört, denn ich bin nur gekommen, um alles zu zerstören."

Die geplante Disputation kam trotz der unverschämten Forderungen Franks zustande, und zwar im Sommer 1759 in der Kathedrale von Lemberg, wo sich viel Volks versammelte, um die infame Veranstaltung zu verfolgen. Dreißig Rabbiner traten gegen die frankistischen Vertreter an. Die Legende besagt, sogar der Baal Schem Tow, Begründer des Chassidismus[1],

[1] Dazu das Kapitel „Demokratisierung des Messianischen im Chassidismus".

sei dabei gewesen. Frank selbst nahm nur an der letzten Sitzung teil, in der die Blutbeschuldigung verhandelt wurde. Noch stärker als früher glichen die Schabbatianer ihre Thesen denen christlicher Theologie an, der Name Jesu fiel dabei jedoch bezeichnender Weise wieder nicht. So konnte sich jeder unter dem menschgewordenen Gott oder Messias mit Namen ADONAI („mein Herr"), der gekommen sei, um die Menschen von ihrer Sünde loszukaufen, je nachdem, ob er christlich oder frankistisch war, Jesus Christus oder Jakob Frank vorstellen.

Dennoch erreichte die Disputation nicht das von den Frankisten gewünschte Ziel. Zwar erklärte man in den theologischen Diskussionspunkten die Rabbiner für besiegt. Aber in der Frage der Blutbeschuldigung wurde eine Entscheidung auf Initiative der katholischen Kirche verschoben, wohl um zu erwartende Pogrome zu verhindern. Nochmals erbat Frank sich vom König einen Teil Podoliens, „an der türkischen Grenze ..., wo er mit seiner Kompanie sich niederlassen könne" - doch wieder ohne Erfolg. Trotzdem traten einige Frankisten, an ihrer Spitze Jakob Frank selbst, am Ende zum Christentum über und ließen sich taufen. In Lemberg allein waren es mehr als 500 Menschen. Zwei Monate später ließ Frank sich in Warschau in königlicher Zeremonie noch ein zweites Mal taufen - kein Geringerer als der polnische König war sein Taufpate - und nannte sich von nun an Joseph Frank.

Dieser Massenübertritt von Juden - denn die Vielen unter den Christen unterschieden nicht zwischen Juden und Schabbatianern, da letztere bis dahin vor allem im Verborgenen gelebt hatten - erregte großes Aufsehen. Unter Juden war man geteilter Meinung. Die einen trauerten, etwa der Baal Schem Tow, der sagte: die SCHCHINA beklage diesen Abfall, weil jeder Jude ein Glied der SCHCHINA sei. Andere dagegen waren froh, diese problematische Gruppe endlich los zu sein. Auch unter den Schabbatianern bestand keine Einigkeit, und selbst die Mehrzahl der bisherigen Anhänger Franks folgten ihm diesmal nicht. Die Bewegung zerfiel.

Nicht einmal alle Katholiken waren erfreut über die Massentaufe. Manche verdächtigten die Frankisten, daß sie nicht wirklich als Christen lebten. Und sie sollten Recht behalten: Im Februar 1760 wurde Frank verhaftet und verhört, weil einige der übergetretenen Frankisten öffentlich bekannt hatten, er sei der inkarnierte Gott. Er wurde daraufhin auf die kirchliche Festung Tschenstochau gebracht, um ihn von seinen Anhängern zu trennen und weitere „Lästerungen" dieser Art zu verhindern. Die Frankisten mußten ihrem Anführer auf kirchlichen Druck hin abschwören und zerstreuten sich teilweise. Dieser Verrat enttäuschte Frank tief.

Dreizehn Jahre lang blieb er in „Ehren-Schutzhaft". Nach einer Zeit der Isolation gelang es Frank, wieder Kontakt zu einigen seiner Anhänger zu bekommen, die sich in Warschau und Krakau im Untergrund neu organisierten. Schon bald erhielt er im Gefängnis regelmäßig auch Besuch von Getreuen, die sich ab 1762 wieder in der Nähe ansiedeln durften. So sammelte sich die Gemeinde der Frankisten allmählich erneut. Auch traten die Anhänger Franks in den Jahren seines Gefängnisaufenthaltes immer wieder als Blutbeschuldiger auf, was den Tod etlicher Juden zur Folge hatte. Die 60er Jahre waren in Polen geprägt von zunehmenden politischen Spannungen mit Rußland, die 1772 schließlich zur Teilung Polens führten. Frank, der schon lange den Kontakt zu Rußland gesucht hatte, profitierte von der politischen Entwicklung: als Tschenstochau russisch wurde, ließ man ihn frei.

Mit seiner Tochter Rachel-Eva zog er nach Warschau und von dort mit einigen Anhängern nach Brünn in Slowakien, wo er einen eigenen Hof gründete, über den er als absoluter Fürst herrschte. Sogar eine „Armee" - eine Leibgarde als Anfang eines geplanten größeren Heeres - stellte er auf, mit eigener Uniform und scharfem Drill. Frank träumte von militärischen Erfolgen und Gebietseroberungen, von der langersehnten und auf diplomatischem Wege nicht erreichten Schaffung eines eigenen Reiches in Podolien, weshalb alle seine Anhänger die Kriegskunst lernen sollten. Im Jahre 1775 besuchte Frank Wien, wo ihn tatsächlich Kaiserin Maria Theresia empfing, da er ihr versprochen haben soll, mit seiner Armee bei der Bekämpfung der Türken zu helfen.

1786 oder 1787 übersiedelte Frank mit seinem Hof nach Offenbach, wo er als orientalischer Exot auftrat und behauptete, seine Tochter, die er von seinen Anhängern mittlerweile fast göttlich verehren ließ, sei das illegitime Kind der russischen Kaiserin Katharina - ein letzter, eher hilfloser Versuch, seine Stellung im Hochadel Europas durchzusetzen.

Aber Franks hochfliegende Pläne erfüllten sich nicht. Und so sprach er am Ende seines Lebens immer häufiger von verpaßten Chancen. Er, für dessen Machtgier der Ausspruch charakteristisch ist: „Wenn Schabbtai Zwi alle Stufen dieser Welt durchmachen mußte - warum hat er dann den Geschmack der Herrschaft nicht gekostet?", mußte am Ende seines Lebens erkennen, daß er gescheitert war. Doch nicht sich selbst, sondern seine Anhänger machte er für seinen Mißerfolg verantwortlich: wenn sie während seiner Gefängnisjahre ihm treuer geblieben wären, hätte ihm Esau - das katholische Polen - ein Stück des Landes gegeben. Dann wäre er, Frank, nach seiner Freilassung, in Warschau jubelnd empfangen worden. Seine Anhänger hätten dann laut rufen können: Hoch lebe der König! - und alle anderen hätten mitgerufen. So weit verstieg Frank sich in Träume, daß er behauptete, die Polen hätten sogar ihren eigenen König in die Weichsel geworfen und statt seiner ihn, Frank, auf den polnischen Thron gesetzt. 1791 starb er und wurde unter großer Anteilnahme seiner Gläubigen begraben.

Nach Franks Tod verlor die Bewegung viel von ihrer Radikalität. Zu sehr war sie ein Produkt seiner charismatischen Persönlichkeit gewesen. Seine Tochter Rachel-Eva übernahm nun die Leitung des Hofes. Frank hatte in seinen letzten Lebensjahren gelehrt, daß am Ende des Weges von Esau schließlich Rachel warte, die Jungfrau. Sie sei der wahre Messias, in ihre Hand würden alle Waffen des Königs gelegt. Sie sei die göttliche Weisheit, um deretwillen alle befremdlichen Taten geschähen. Während der Gefängnisjahre in Tschenstochau hatte er seine Anhänger erstmals dazu gebracht, zunächst seine Ehefrau, nach deren Tod dann Rachel-Eva zu verehren - in Analogie zum Marienkult der berühmten schwarzen Madonna. Doch die so Verehrte hatte als Franks Nachfolgerin kein Glück. Rund zehn Jahre später hatten fast alle Frankisten Offenbach verlassen und sich zerstreut.

Dennoch wirkte Jakob Frank in zweierlei Hinsicht weiter: zum einen im Chassidismus und dessen Institution des charismatischen Führers mit einem eigenen Hof, zum anderen in der Emanzipation und Assimilation vieler Juden infolge der Aufklärung. Im Zusammenhang mit der französischen Revolution kam es etwa zu diesem kuriosen Nachspiel der frankistischen Bewegung: Im Jahre 1800 versandten Frankisten die sogenannten „roten Briefe“ - mit roter Tinte geschrieben in Anspielung auf den Namen Esau-Edom, der im Hebräischen „rot“ (ADOM) bedeutet. Mit ihnen forderten sie etliche jüdische Gemeinden auf, „zur heiligen Religion Edoms“ - zum Christentum - überzutreten. Es waren Briefe voller geheimnisvoller Anspielungen und Bibelzitate. Kein Wunder, daß - als die Briefe von Regierungsbeamten abgefangen wurden - diese sich des Verdachtes nicht erwehren konnten, hier handele es sich um eine politische Konspiration, da in bedeutungsschwangeren Wendungen von „Jakob“ die Rede war, woraus die Beamten messerscharf schlossen, daß die Verfasser wohl Jakobiner, französische Revolutionäre, sein müßten, die in den jüdischen Gettos für den Umsturz werben wollten! Nach eingehender Prüfung stellte sich dieser Verdacht jedoch als unbegründet heraus.

Dennoch hatten die Frankisten wie die Schabbatianer überhaupt - mit ihrer Überschreitung von traditionellen Gesetzen und ihrer Bekämpfung aller Institutionen - eine gewisse Affinität zu Aufklärung und Revolution. Sie gehörten mit zu denen, die der jüdischen Assimilation den Weg bahnten. Ihr

Programm einer Aufhebung der Tora angesichts der nahenden Erlösung verlagerte sich im Zuge der französischen Revolution am Ende des 18. Jahrhunderts ins Universale. Manch ein Frankist träumte nun von einer Erneuerung der Welt.

Moderne messianische Bewegungen ohne Messias: Aufklärung, Sozialismus und Zionismus

Wie ein Schofar-Signal, welches das Kommen des Messias ankündigt, erschien vielen Juden im Jahre 1789 die Losung der französischen Revolution: Freiheit, Gleichheit und Brüderlichkeit für alle Menschen, also auch für sie, die von einer weithin christlichen Gesellschaft bislang immer ausgeschlossen gewesen waren. Besonders solche Juden, die gerade den turbulenten Nachwehen der Schabbtai-Bewegung entkommen waren, sahen damals alte biblisch-prophetische Ideale und Forderungen allein durch den Gang der Geschichte, ohne daß dazu ein Messias nötig gewesen wäre, Wirklichkeit werden.

Als sich die Tore der Gettos öffneten, strömten viele, von einem Freiheits-Taumel erfaßt, hinaus, was allerdings die Preisgabe ihrer traditionellen Jüdischkeit bedeutete. Denn schon im Dezember 1789 hatte der entscheidende Satz in einer Debatte der französischen Nationalversammlung gelautet: den Juden als Einzelnen alle Rechte, den Juden als Nation keine. Damit war die jüdische Identität, die wesentlich an der Gemeindezugehörigkeit hängt, im Kern getroffen. Die Juden sollten eben nicht als Juden, sondern als Menschen kommen. Allgemeine Rechte wurden nur denen zugesprochen, die willens und fähig waren, ihre eigenständige jüdische Religion und Kultur aufzugeben, um ganz Franzosen zu werden. Die konfessionellen Religionen insgesamt, auch das Christentum, wurden damals weithin durch eine Religion der Vernunft, ein allgemeines Ethos ersetzt, der Glaube versittlicht. Wo aber das Dogmatische zugunsten des Moralischen zurücktrat, da konnten sich Juden und Christen endlich gleichberechtigt begegnen.

Die von der Aufklärung inspirierten Politiker wollten eine neue, von Vernunft geprägte Gesellschaft schaffen, in der Herrschaft nur auf einer Übereinkunft aller, einem Gesellschaftsvertrag, beruhen kann. In Frankreich wurde daher der Adel abgeschafft und durch eine radikale Demokratie ersetzt. Jeder Bürger sollte frei geboren werden und ein Recht auf Leben und Glück haben. Auch in wirtschaftlicher Hinsicht erhofften sich die Menschen einen Fortschritt durch die Beseitigung der feudalen Verhältnisse. So führte die französische Revolution zusammen mit der einsetzenden Industrialisierung allmählich einen Strukturwandel in Europa herbei, der auf allen Ebenen der Gesellschaft liberale und demokratische Entwicklungen einleitete und für die soziale Bewegung des 19. Jahrhunderts die Voraussetzung schuf.

Doch erlitt die so verheißungsvoll begonnene revolutionäre Bewegung bald schon Rückschläge. Nur wenige Jahre nach dem Sturm auf die Bastille kam es in Frankreich zu Gewalttaten etwa gegen Sympathisanten der Royalisten; sogar der König selbst, der Bourbone Ludwig XVI., wurde hingerichtet, und die Schreckensherrschaft des Robespierre führte zu bürgerkriegsartigen Verhältnissen. Hinzu kam, daß Frankreich den noch bestehenden Monarchien etwa in Österreich, Preußen und Großbritannien den Krieg erklärt hatte. Durch ganz Europa zog ein Revolutionsheer mit dem Ziel, die aufklärerischen Ideen missionarisch zu verbreiten. Aber schon bald geriet Frankreich in Bedrängnis, da die Koalition der anderen Staaten zu mächtig war. Aus dieser Not war es vor allem ein Mann, der den militärischen Siegeszug Frankreichs anführen sollte: Napoleon.

Er hatte zunächst innerhalb Frankreichs auf seiten der Revolutionäre gegen die Royalisten gekämpft, war dann aber auch in anderen Ländern militärisch erfolgreich gewesen. Beflügelt von seinen Siegen, unternahm er 1799 einen Staatsstreich gegen die vom Volk gewählte, aber erfolglose Regierung und wurde zum Ersten Konsul Frankreichs ernannt. Es gelang Napoleon bald, die innere Ordnung wieder herzustellen, und so krönte er sich 1804 mit Zustimmung weiter Teile der Bevölkerung selbst zum Kaiser. Frankreich wurde wieder eine Erbmonarchie und die Revolution durch eine Militärdiktatur abgelöst. Nach zehn Jahren, in denen Napoleon die Revolutionskriege in seinem Sinne weiterführte und ganz Europa mit Krieg überzog, scheiterte er bei dem Versuch, Rußland zu erobern. Er wurde verbannt, an seiner Stelle herrschten nun wieder die Bourbonen, das alte Königsgeschlecht Frankreichs.

Für die Juden bedeutete die Herrschaft Napoleons eine Zeit der Hoffnung. Denn wohin immer er bei seinen Feldzügen auch kam, wirkte er für ihre Freiheit und Gleichberechtigung; 1806 berief er sogar einen Sanhedrin ein. So wundert es nicht, daß dieser französische Kaiser in den Augen mancher messianische Züge annahm, besonders seit in der Judenheit das Gerücht verbreitet wurde, Napoleon habe bei seinem Feldzug im Orient ein Dekret erlassen, gemäß dem er das Israel-Land den Juden zur Besiedlung freigeben werde.

Während die Juden im Westen begeistert ob den neuen politischen Rechten waren, die der kleine Korse eingeführt hatte, weckte bei einem Teil der Juden im Osten dann vor allem der französische Feldzug gegen Rußland ein messianisches Feuer. Er wurde als Beginn des endzeitlichen Krieges zwischen Gog und Magog angesehen, der dem Kommen des Messias vorausgeht. Die Juden, die beiderseits der Frontlinie lebten, diskutierten heftig darüber, ob Napoleon oder der russische Zar durch Gebete unterstützt werden müsse, um den Messias endlich herbeizuzwingen.

Zu Pesach des Jahres 1814 soll Rabbi Jakob Jizchak, der „Seher von Lublin", versucht haben, durch magische Vereinigung aller Zaddikim in der Sedernacht das Kommen des Messias zu beschleunigen. Doch das Werk mißlang, angeblich weil sein Gegenspieler gleichen Namens, Rabbi Jakob Jizchak, „der gute Jude“ genannt, seine Beteiligung an diesen Zauberpraktiken abgelehnt hatte, wodurch der magische Kreis nicht geschlossen werden konnte.

Der Sturz Napoleons und die anschließende Zeit der Restauration stellte auch für die Juden einen Rückschlag dar: denn auf dem Wiener Kongreß 1815 schränkten die Herrscher Europas deren neu gewonnenen Rechte wieder ein. Wer um der verheißenen, gesellschaftlichen Integration willen seine Jüdischkeit aufgegeben hatte, wurde nun bitter enttäuscht. Vereinzelt und unbehaust, von den eigenen Wurzeln abgeschnitten, holte ihn der Judenhaß erneut ein. Vielleicht sind aufgrund dieser Erfahrung der Entwurzelung die verschiedenen Gruppen der osteuropäischen HASKALA einen anderen Weg gegangen: in der Nachfolge des deutsch-jüdischen Aufklärers Moses Mendelssohn und in Auseinandersetzung mit ihm hat diese jüdische Nebenform der Aufklärung während des 19. Jahrhunderts versucht, modernes Gedankengut aufzunehmen unter *Beibehaltung* von Jüdischem.

Trotz aller restaurativer Tendenzen seit dem Wiener Kongreß konnte die bereits begonnene Umgestaltung der europäischen Gesellschaftsordnung nicht mehr vollständig rückgängig gemacht werden. Eine dauerhafte Frucht der Revolution war etwa die Entstehung des Sozialismus, dessen drei bedeutendste Vertreter im 19. Jahrhundert, Karl Marx, Moses Hess und Ferdinand Lassalle, allesamt aus dem Judentum kamen.

Jüdische Gelehrte wie Herman Cohen, Leo Baeck, Martin Buber und Ernst Bloch haben das Werk der frühen sozialrevolutionären Theoretiker mit den Propheten der Bibel in Verbindung gebracht, die gegen Großgrundbesitz einer kleinen Oberschicht und für die Armen, gegen Sklaverei und Bodenspekulation, für Gerechtigkeit und Menschenwürde eingetreten sind. So erweist sich der Sozialismus, der durch die Aufnahme traditioneller jüdischer Ideale den Glanz einer quasi-religiösen Bewegung erhielt, als ein weithin säkularisierter, entnationalisierter und demokratisierter Messianismus ohne Messias, ein atheistischer Glaube an die Erneuerung der Welt.

Diese Neuinterpretation des Messiastums geschah zu einer Zeit, als auch unter den politisch konservativ orientierten Juden im Westen eine messianische Hoffnung im herkömmlichen Sinne bereits erloschen war. Nicht mehr ein Messias als eine von Gott geschickte Einzelpersönlichkeit wurde erwartet, sondern nur noch „das Messianische“. Entsprechend wurden in liberalen Gemeinden alle Stellen im Gebetbuch, die an den Messias, an den Tempel, an Jerusalem und das Israel-Land erinnerten, bei der Übersetzung und gottesdienstlichen Lesung ausgelassen.

Karl Marx, 1818 in Trier geboren, stammte väterlicher- und mütterlicherseits von bedeutenden Rabbinerfamilien ab. Allerdings trat sein Vater 1824 zusammen mit den Kindern zum Christentum über, und der junge Karl wandelte sich schon bald zu einem erklärten Atheisten und - wie so oft bei Konvertiten - zum entschiedenen Judengegner. Judenemanzipation konnte seiner Meinung nach nur die Emanzipation der Menschheit *vom* Judentum bedeuten. Denn er hatte ausschließlich das jüdische Bürgertum vor Augen, das es im Verlauf der zweiten Hälfte des 19. Jahrhunderts zu einem gewissen Wohlstand gebracht hatte und das stets jeden Bezug zwischen Judentum und Sozialismus abgelehnt hat. Vor allem die wenigen jüdischen Bankiers galten Marx als Inbegriff des zu bekämpfenden Kapitalismus. Das zahlreiche jüdische Proletariat dagegen, sei es im Londoner East End oder in Osteuropa, scheint er übersehen zu haben.

Doch trotz aller Judenfeindschaft waren die politischen Ziele Karl Marx' deutlich verwandt mit den Idealen der jüdischen Messiasse von einst: Umsturz der herrschenden Verhältnisse, Befreiung der Unterdrückten von Fremdbestimmung und Erlösung der „von oben" Ausgebeuteten. Selbst der berühmte Satz, mit dem das von Marx 1848 (also im Jahr der deutschen Revolution) verfaßte Kommunistische Manifest schließt, wurzelt noch im traditionellen jüdischen Messianismus: mit der Forderung „Proletarier aller Länder, vereinigt euch!" ist die messianische Aufgabe der Sammlung der Zerstreuten von einer nationalen auf eine internationale und soziale Ebene versetzt worden. Dies ist nicht verwunderlich, hielt Marx das jüdische *Volk* doch lediglich für eine „schimärische Nation" oder religiöse Sekte.

Im Unterschied zu Marx zeigte sein zeitweiliger Mitarbeiter und späterer Rivale Ferdinand Lassalle, der 1825 als Sohn eines jüdischen Kaufmanns geboren worden war, zunächst ein gewisses Interesse am Judentum. Doch auch er wandte sich später davon ab zugunsten eines erklärten Atheismus. Lassalle war in Deutschland eine Zeit lang *der* Arbeiterführer auf dem Weg zur Sozialdemokratie. Dies brachte ihm den Neid von Marx ein, der ihn in unflätiger und rassistischer Weise als „jüdischen Nigger" beschimpfte.

Moses Hess wurde 1812 in Bonn, ebenfalls als Sohn einer Kaufmannsfamilie, geboren und erhielt eine traditionelle jüdische Erziehung, die sein ganzes Leben entscheidend prägte. Obwohl er zunächst ein Freund und Mitarbeiter von Marx war, vertrat er die Meinung, daß nicht der Atheismus, sondern die Rückkehr der Religionen zu ihrem gemeinsamen Ursprung zur Befreiung der Menschheit führen werde. Von Marx als Kommunistenrabbi tituliert, befaßte Hess sich seit 1860 intensiv mit dem Judentum. Die angestrebte Emanzipation der Juden hielt er wegen des im Rahmen der Entstehung europäischer Nationalstaaten aufkommenden modernen Antisemitismus nur in einem eigenen Juden-Staat für realisierbar, der dann die Keimzelle für eine Befreiung der gesamten Menschheit werden solle. 1862 schrieb er - als eine Mischung von aufgeklärtem Nationalismus und ethischem Sozialismus - ein Buch mit dem Titel „Rom und Jerusalem“, das als Klassiker der zionistischen Literatur gilt und von der Wiedergeburt des jüdischen Volkes als einer freien und egalitären Gesellschaft handelt. Denn - so Hess - der Geist des Judentums sei ein sozialdemokratischer von Haus aus und „mosaisch“ gleichbedeutend mit „sozialistisch“.

Hess machte auch ganz konkrete Vorschläge zur Sammlung und „Erlösung der Juden aus dem (nach Ägypten und Babylonien) dritten (europäischen) Exil“ durch die landwirtschaftliche Besiedlung des Israel-Landes, die mit der Unterstützung Frankreichs geschehen sollte. Die Gründung einer „Gesellschaft zum Anbau des heiligen Landes“ wurde geplant, die unter den Juden Europas Geld sammeln sollte, um im Israel-Land Boden zu kaufen und an jüdische Einwanderer zu verpachten. Mit all dem ist Hess zum wohl frühesten Vertreter des modernen politischen Zionismus geworden.

Ganz ähnliche Pläne verfolgte rund 20 Jahre später ein jüdischer Arzt aus Odessa, Leon Pinsker mit Namen, der (auf Deutsch) von der „Autoemanzipation“ (1882) der Juden schrieb: was die Altvordern von Gott her erwartet hätten, das müßten moderne Menschen aus eigener Kraft erreichen - die nationale Wiedergeburt des jüdischen Volkes als Nation unter Nationen durch den Erwerb einer eigenen Heimat. Es kam daraufhin zur Gründung von Vereinen wie CHIBBAT-Zion („Zions-Liebe“) oder CHOWEWE-Zion („Liebhaber Zions“), die konsequent für die Besiedlung des Israel-Landes arbeiteten. Unter größten Opfern wurden die landwirtschaftlichen Siedlungen Petach Tikwa („Tor der Hoffnung“, dazu Hos 2,16f) und Rischon le-Zion („Erster für Zion“, dazu Jes 41,27) gegründet. Innerhalb von zwölf Jahren zogen etwa 25.000 Siedler ins Israel-Land, die sich BILU-Leute nannten - ein Akrostichon aus Jes 2,5: „Haus Jakobs, auf, wir wollen aufbrechen!“ (BET JAAKOW LCHU WNELCHA). Auslöser für diese erste ALIJA waren die Pogrome in Rußland infolge der Ermordung des Zaren im Jahre 1881.

Als Begründer der Zionismus gilt schließlich Theodor Herzl, ein assimilierter jüdischer Journalist in Wien, der - aufgeschreckt durch den anti-jüdisch inszenierten Prozeß gegen den jüdischen Hauptmann Dreyfus in Paris - zu der Erkenntnis kam, daß die Juden als Nation auch einen eigenen Staat brauchen. Seine Schrift „Der Judenstaat“ (1896), die einerseits einen ganz modernen Staatsentwurf enthält, andererseits aber voll von utopisch überhöhtem Messianismus ist, sollte trotz ihres bescheidenen Umfangs von gerade einmal 80 Seiten die Welt bewegen und zumindest die jüdische Welt verändern. „Wir sind ein Volk - der Feind macht uns ... dazu, wie das immer in der Geschichte so war. In der Bedrängnis stehen wir zusammen, und da entdecken wir plötzlich unsere Kraft. Ja, wir haben die Kraft, einen Staat, und zwar einen Musterstaat zu bilden. Wir haben alle menschlichen und sachlichen Mittel, die dazu nötig sind.“

Wie sehr Herzl sein Vorhaben in der Tradition jüdischer Messiasse verstand, zeigt vor allem der Schluß des „Judenstaates“: „Der Gedanke muß hinausfliegen bis in die letzten jammervollen Nester, wo unsere Leute wohnen. Sie werden aufwachen ... und der Zug wird schon ein gewaltiger. Und welcher Ruhm erwartet die selbstlosen Kämpfer für die Sache! Darum glaube ich, daß ein Geschlecht wunderbarer Juden aus der Erde wachsen wird. Die *Makkabäer* werden wieder auferstehen ... Wir wollen endlich als freie Männer auf unserer eigenen Scholle leben und in unserer eigenen Heimat ruhig sterben. Die Welt wird durch unsere Freiheit befreit ... Und was wir dort nur für unser eigenes Gedeihen versuchen, wirkt machtvoll und beglückend hinaus zum Wohle aller Menschen.“

Für die Verwirklichung des alten messianischen Traums von der Sammlung der Zerstreuten opferte Herzl sein Vermögen, seine Kraft, Familie und Gesundheit. Durch seine Initiative kamen auf dem ersten Basler Zionistenkongreß im Jahre 1897 zum ersten Mal seit der Zerstörung des jüdischen Staates durch die Römer die verschiedensten Repräsentanten des Judentums zusammen, um angesichts der allgemeinen Judenfeindschaft nach einer politischen Antwort auf die gescheiterte Emanzipation und Assimilation der europäischen Juden zu suchen.

Auf Widerstand stieß Herzl mit seinen Plänen vor allem bei der Mehrheit der assimilierten Juden im Westen. Aber auch die Zionisten untereinander, die ein breites Parteienspektrum bildeten, hatten recht verschiedene Vorstellungen von der zu schaffenden Heimstatt des jüdischen Volkes. Hess und Pinsker wollten einen richtigen Staat im Israel-Land, Herzl (zunächst) in Uganda; Achad haAm erstrebte lediglich ein geistiges Zentrum und auch Martin Buber ein Reich Zion, das vom Israel-Land in die Welt ausstrahlen, sie verwandeln und so den Anbruch der Königsherrschaft Gottes bringen solle.

In den folgenden Jahren wanderten sehr verschiedene Juden ins Israel-Land ein, das bis zum Ende des ersten Weltkrieges unter türkischer Herrschaft, anschließend unter britischer Mandatshoheit stand. Es kamen vollkommen säkulare Juden ebenso wie traditionelle, die aus religiösen Gründen zwar einen modernen Staat ablehnten, solange der Messias noch nicht gekommen sei, die aber dennoch dort leben wollten, weil sich die Tora nur im Israel-Land ganz erfüllen läßt. Nach erneuten Pogromen in Rußland zwischen 1902 und 1905 setzte eine starke Einwandererwelle ein.

Viele der Neuankömmlinge hatten zuvor für die russische Revolution gekämpft. Sie kamen mit der Vision der sozialistischen Befreiung und glaubten an eine neue Ordnung, in der durch Arbeit und Liebe das Land nicht erobert, sondern erlöst wird. 1909 entstand in Deganja am See Genezaret der erste KIBBUZ („Sammlung") - eine ideale, kommunistisch-kollektive Form des Zusammenlebens, in der jeder leistet, so viel er vermag, und alle bekommen, was sie brauchen. Die Kibbuzim sollten Keimzellen einer neuen Gesellschaft sein, in der es weder Vorgesetzte noch Untergebene, sondern nur gleichberechtigte Menschen gibt. Jüdische Organisationen sammelten weltweit Geld, um im Israel-Land Grund und Boden von den arabischen Eigentümern zu erwerben für die Ansiedlung neuer, jüdischer Einwanderer.

Eine wichtige Etappe auf dem Weg zur jüdischen Eigenstaatlichkeit war 1917 die Balfour-Deklaration mit der Zusage der britischen Regierung, daß sie die Schaffung einer nationalen Heimstatt für das jüdische Volk mit Wohlwollen betrachte und die größten Anstrengungen machen werde, um die Erreichung dieses Zieles zu erleichtern. Währenddessen wanderten immer neue Juden, vor allem aus Osteuropa, ein. 1925 wurde in Jerusalem die „Hebräische Universität" eröffnet. Nach heftigen Auseinandersetzungen hatten sich die Zionisten nämlich gegen Deutsch und für das Hebräische als gemeinsame Sprache aller Juden entschieden, wodurch die moderne Gemeinschaft ihre enge Verbundenheit mit den alten biblischen und talmudischen Überlieferungen bewahren wollte.

Im Jahre 1933, mit Beginn der Hitler-Diktatur in Deutschland, setzte eine Massenflucht aus Europa ein. Der weitere Lauf der Geschichte, die Judenausmordungen durch die Nationalsozialisten, sollte denjenigen Zionisten Recht geben, die für einen jüdischen Staat plädiert hatten, in dem jeder Jude Einwanderungs- und Bürgerrecht besitzt. Viele, die - gerade auch in Deutschland - als Zionisten nicht hatten kommen wollen, kamen nun als Flüchtlinge ins Israel-Land, da kein anderes Land bereit war, sie aufzunehmen. Nach dem Ende des zweiten Weltkrieges strömten, gegen den Widerstand der Briten und zunehmend auch der arabischen Bevölkerung, Überlebende der Schoa ins Land. Damals entschied die UNO-Vollversammlung im Herbst 1947, das Land unter den beiden Völkern aufzuteilen und einen jüdischen Staat zu gründen - ein Plan, der jedoch am Widerspruch der Araber scheiterte.

Im Mai 1948, direkt nach Ablauf des britischen Mandats, wurde in Tel Aviv die Gründung des Staates Israel ausgerufen und durch eine Unabhängigkeitserklärung manifestiert, in der jedem Juden das Recht auf Einwanderung zugeprochen wurde. Damit war der messianische Traum einer erneuten jüdischen Eigenstaatlichkeit Wirklichkeit geworden. Das Ziel, um das sich so viele Messiasse vergeblich und mit katastrophalen Folgen für Israel bemüht hatten, die politische und staatliche Selbständigkeit, war erstmals seit dem Jahre 70 wieder erreicht. Vielen Juden galt, vor allem nach dem massenweise verordneten Tod, die Gründung Israels als Erweis der Auferstehung im Sinne der messianischen Vision des Propheten Hesekiel (Kap. 37).[1]

Vor allem aus arabischen Staaten zogen jetzt zahlreiche Juden nach Israel. Andere, etwa in Amerika, zogen es vor, auch weiterhin in der Zerstreuung zu bleiben. Die Sicherheit, in Notzeiten in Israel Zuflucht finden zu können, gab ihnen den Mut, selbstbewußt auch in fremden Ländern ihr Judentum zu leben. Gleichzeitig hätte ohne die politische und wirtschaftliche Unterstützung dieser großen Diaspora der junge Staat Israel sicher nicht lange Bestand gehabt. Denn unmittelbar nach der Bekanntgabe der Staatsgründung erklärten die angrenzenden arabischen Länder Israel den Krieg, der bis 1949 dauerte und dem in den nächsten Jahrzehnten weitere Kriege folgen sollten: 1956 der Sinai-Krieg, 1967 der Sechstage-Krieg, 1973 der Jom Kippur-Krieg, 1982 der Libanon-Krieg und 1991 der Golf-Krieg.

Zu den außenpolitischen Konflikten kamen die wachsenden Spannungen zwischen Juden und Palästinensern innerhalb Israels und in den seit dem Sechstage-Krieg von Israel besetzten Gebieten. Schon früh hatten sich jüdische Politiker mit der Frage auseinandergesetzt, wie mit den im Lande ansässigen Arabern zu verfahren sei. Während die einen dafür plädierten, diese zu integrieren (wie es auch die Unabhängigkeitserklärung vorsieht), forderten andere einen rein jüdischen Staat in den biblischen Grenzen, also mit Einschluß des Ostjordanlandes. Der Streit um solch ein Groß-Israel (JISRAEL haSCHLEMA) dauert bis heute an und spaltet die israelische Gesellschaft immer mehr.

[1] Dazu das Kapitel „Serubawel, Messias gegen Persien".

Demokratisierung des Messianischen im Chassidismus

Parallel zur Aufklärung und Judenemanzipation entwickelte sich im 18. Jahrhundert im Südosten Polens eine neue jüdische Bewegung: der Chassidismus. Er war eine Reaktion auf die als beengend und kopflastig empfundene, nur der Gelehrsamkeit hingegebene jüdische Orthodoxie, aber auch auf verschiedene politische Erschütterungen und Juden-Pogrome sowie auf den Messianismus Schabbtai Zwis und Jakob Franks.

Chassidismus bedeutet „Frömmigkeit" und entspricht damit in gewisser Weise dem evangelischen Pietismus, einer zur selben Zeit auf christlicher Seite aufkommenden Erweckungsbewegung. Begründet wurde der Chassidismus durch Israel ben Elieser, genannt Baal Schem Tow, „Herr des guten Namens" (nämlich Gottes), der als berühmter Wunderheiler umher reiste. Nach einer besonderen Offenbarung in den 30er Jahren begann er öffentlich zu missionieren und wurde zum Führer einer eigenen Bewegung. Als er 1760 starb, hinterließ er einen Kreis vieler schlichter Anhänger und überzeugter Bewunderer, für die damals eine Zeit der Verunsicherung begann, da niemand wußte, wie es nach dem Tod ihres charismatischen Lehrers weiter gehen sollte. Schließlich - einigem Widerspruch zum Trotz - übernahm einer seiner Schüler die Führerschaft.

In den folgenden Jahrzehnten breitete sich die Bewegung in Osteuropa aus, immer mehr (teils heftig miteinander streitende) Gemeinden entstanden. Dabei bildete sich allmählich das für den Chassidismus grundlegende Modell der erblichen Nachfolge heraus: es kam zu regelrechter Dynastiebildung innerhalb der einzelnen Gemeinden. Charismatische Führer, auf den Geschmack des Herrschens gekommen, sammelten - wie einst Jakob Frank - jeweils einen Hof mit recht eigenem Stil um sich, nach dessen geographischer Lage sich ihre Gemeinde nannte. Diesen ZADDIKIM („Gerechte") wurde von ihren Anhängern bedingungslos vertraut, geglaubt und gehorcht. Denn ein Zaddik überragt dadurch alle anderen Juden, daß seine Gedanken ununterbrochen auf Gott gerichtet sind, was einfachen Menschen nicht möglich ist. Er tritt darum als Mittler zwischen Gott und die Gemeinde, etwa beim Gebet. Außerdem hat er von Gott die Kraft, zu heilen und Wunder zu tun.

Einer der berühmtesten, aber auch umstrittensten Zaddikim war Rabbi Nachman von Bratslav (1772-1811), ein Ur-Enkel des Baal Schem. Seine Mutter soll den heiligen Geist besessen haben, und er selbst fühlte die messianische Seele des Messias Ben David und des Messias Ben Joseph in sich. Er war darum davon überzeugt, daß einer seiner Nachkommen der Messias sein werde. Nach Raw Nachman, der eine ausführliche Theorie des Zaddikismus entwarf, hat der Zaddik eines jeden Geschlechts etwas

Messianisches an sich, denn er „erduldet (wie der Gottesknecht des zweiten Jesaja) Qualen um der Gesamtheit Israels willen, um deren Los zu erleichtern“. Zeitlebens wurde Nachman von anderen Chassidim bekämpft, die ihm vorwarfen, heimlich ein Schabbatianer oder gar Frankist zu sein, für die er sich im Rahmen seiner kabbalistischen Studien tatsächlich interessiert hatte. Als er starb, bestimmten die Bratslaver Chassiden keinen Nachfolger an seiner Stelle. Sein Stuhl blieb leer und wird bis heute in Jerusalem von seinen Anhängern verehrt - wohl sorgsam aufbewahrt für den, der da kommt.

Die Lehre des Chassidismus war eine volkstümliche Weiterführung der praktischen Kabbala und zeichnete sich vor allem durch eine anti-asketische und stark charismatische Tendenz aus. Das Studium der Tora trat in den Hintergrund zugunsten des intensiven Gebets. Durch Meditation strebte ein Chassid danach, sich in Gott zu versenken. Er selbst sollte vollkommen leer, sein Ich (ANI) zu Nichts (AIN) werden, auf daß Gott ihn ganz erfülle. Das Besondere dieser mystischen Vereinigung bestand darin, daß der Mystiker nicht bei der einsamen Erfahrung blieb, sondern ihr Dauer verlieh im Leben der Gemeinde.

Dieses Leben soll geprägt sein von Freude, von brennender Begeisterung, die in Musik und Tanz ihren Ausdruck findet. Zu Trauer oder Verzweiflung besteht nach chassidischer Lehre kein Anlaß, denn Gott ist in allem. Daher kann man ihn auch mit allem preisen, sogar durch physische Akte wie Essen, Trinken oder Sex. Die oft ärmlichen Lebensverhältnisse der osteuropäischen Juden wurden jedoch nicht einfach ignoriert. Sondern jedem Glied der Gemeinschaft ist es auferlegt, sich um die Freude der anderen zu sorgen, er ist also in die soziale Verantwortung gestellt.

Wegen seiner pan-entheistischen Gottesvorstellung, aber auch wegen der Vernachlässigung des Torastudiums und des scheinbar ungezügelten Lebenswandels ist der Chassidismus scharf kritisiert worden. So entstand die Gegenpartei der MITNAGGDIM unter Leitung des Gaon Elia von Wilna. Immer wieder wurde den Chassidim vorgeworfen, unter schabbatianischem Einfluß zu stehen. Sogar vor der Obrigkeit verleumdete eine jüdische Partei die andere.

Der Messianismus wurde im Chassidismus, nicht zuletzt als Reaktion auf die Erfahrungen des Schabbatianismus, deutlich entschärft, und zwar in zweierlei Weise: Zum einen wurde die Hoffnung auf Erlösung mystisch verinnerlicht. Zum anderen ist es nicht mehr allein das Volk Israel, sondern Gott selbst, den es zu erlösen gilt. Denn seit der Schöpfung ist er ebenfalls im Exil, sind die göttlichen Funken zerstreut in der ganzen Welt. Sie zu sammeln ist die Aufgabe eines jeden Juden, der durch einen guten Lebenswandel sein Teil zur Erlösung beitragen kann. Damit aber wird im Grunde jeder zum Messias, eine Demokratisierung des Messias-Gedankens hat stattgefunden. Wo aber jeder Messias ist, da ist keiner mehr der Messias.

Entsprechend solch einer Neuinterpretation des messianischen Auftrags von der Sammlung der Zerstreuten trat die Bedeutung des Israel-Landes für die Chassidim zurück. Dennoch zogen immer wieder einzelne Gruppen dorthin und siedelten sich in den heiligen Städten Tiberias, Zfat, Hebron und Jerusalem an. Weitaus zahlreicher waren allerdings die Chassidim, welche nach der Ermordung des Zaren Alexander II. im Jahre 1881 und den sich anschließenden heftigen Pogromen gen Westeuropa und in die USA auswanderten.

Auf die wachsende Säkularisierung reagierten die chassidischen Gemeinden, indem sie sich gegen äußere Einflüsse immer mehr abschotteten und ihre alten Lebensgewohnheiten, etwa ihre Kleidung oder die jiddische Sprache, sowie die traditionellen geistigen Werte konservierten. Um der Haskala widerstehen zu können, wurden erstmals chassidische Jeschiwot gegründet, in denen die Frommen durch das Studium der Tora gleichsam gegen die Aufklärung immunisiert werden sollten.

Während des ersten Weltkrieges flohen viele Chassidim in die großen Städte. Der Zerfall der österreich-ungarischen Monarchie sowie die Revolution in Rußland führten dazu, daß ganze Gemeinden von ihrem Zaddik geographisch abgeschnitten wurden. Durch die Herrschaft des Bolschewismus wurden viele Chassidim gezwungen, in den Untergrund zu gehen, um auch weiterhin jüdisch leben zu können. Manche wanderten daher ins Israel-Land aus, wo die chassidischen Siedlungen Bne Barak und Kfar Chassidim entstanden.

Der zweite Weltkrieg mit dem deutschen Vernichtungskrieg im Osten bedeutete das Ende des osteuropäischen Judentums. Ganze chassidische Gemeinden wurden damals ausgerottet, ihre Führer ermordet. Wenige nur konnten fliehen und gründeten in den USA, vor allem in New York, neue chassidische Zentren. Manche unterstützten nach 1945 von dort aus enthusiastisch den neugegründeten Israelstaat, andere bekämpften ihn als unjüdisch, weil seine säkulare Verfassung nicht den Prinzipien von Tora und Halacha entspräche.

DER LUBAWITSCHER REBBE - EIN MESSIAS AUS BROOKLYN

Aus dem Chassidismus stammt auch der - vorläufig - letzte Messias in der langen Reihe jüdischer Messiasse: Menachem Mendel Schneurson, der Lubawitscher Rebbe. Obwohl er erst 1994 starb, bereitet es schon jetzt erhebliche Schwierigkeiten, in der Darstellung seiner Person und seines Werkes Dichtung und Wahrheit voneinander zu trennen, trotz der unüberschaubar vielen Veröffentlichungen von ihm selbst und über ihn. Sogar Filmmaterial ist reichlich vorhanden - war der Rebbe zu Lebzeiten doch ein Fachmann für public relations, der die modernsten Medien einsetzte.

Aber seine Anhänger haben, als sie begannen, in ihm den Messias zu sehen, ein verklärtes Bild von ihm gezeichnet. Zeitungen berichteten vor allem über sensationelle Details, etwa Wundergeschichten, weil diese immer ein Publikum finden. So wird am Lubawitscher Rebbe besonders deutlich, wie problematisch überhaupt unser Wissen über so herausragende, charismatische Gestalten ist und daß über Glaubwürdigkeit oder Unglaubwürdigkeit der Quellen nicht unbedingt ihr Alter entscheidet. Wenn aber schon hier, nach wenigen Jahren, der feste historische Boden unter den Füßen interessierter Leserinnen und Leser schwankt, um wieviel mehr gilt dies für die Messiasse vergangener Jahrhunderte und Jahrtausende.

Menachem Mendel Schneurson war der Zaddik einer chassidischen Dynastie, die sich nach dem Ort Lubawitsch in Rußland nennt. Gründer der Lubawitscher Chassidim war Schneur Salman von Lyady (1745-1813), ein sehr vielseitig begabter Mann: einer der besten Talmudkenner seiner Zeit, mit Kenntnissen auch in Wissenschaften und Mathematik, ein Komponist chassidischer Melodien, Mystiker und geistbegabter Führer. Nachdem er sich ohne Erfolg um die Verständigung mit den jüdischen Gegnern des Chassidismus bemüht hatte, veröffentlichte er im Jahre 1797 die Schrift LIKKUTE AMARIM („Gesammelte Reden“), bekannt als TANJA, eine systematische Darstellung des Chassidismus der Schneur'schen Art, die bis heute das geschriebene Gesetz der Lubawitscher ist und zum täglichen Studium empfohlen wird.

Der Chassidismus vor Schneur Salman hatte kaum Ordnung oder Lernmethode. Er erst verwandelte ihn in ein lern- und lehrbares System. Dazu war allerdings eine intellektuelle Annäherung nötig, und so ist es kein Zufall, daß der Chassidismus der Lubawitscher eine gewisse Affinität zur Haskala hatte. Schneur Salman betonte die Notwendigkeit spiritueller Übungen *und* regelmäßigen Studiums. Charakteristisch für den Lubawitscher Chassidismus ist daher eine stärkere Betonung des Verstandes. Im Zentrum stehen die drei Begriffe CHOCHMA, BINA, DAAT (Weisheit, Verstehen, Erkennen), deren Akrostichon CHABAD der gesamten Bewegung ihren besonderen Namen gab.

Obwohl Schneur Salman mehrmals ins Gefängnis mußte, weil jüdische Gegner des Chassidismus ihn bei der Obrigkeit denunziert hatten, unterstützte er während des napoleonischen Feldzuges die Russen. Solch politisches Engagement sowie seine vielseitigen Begabungen hat der erste Lubawitscher Rebbe mit all seinen Nachfolgern gemeinsam, von denen fast jeder ebenfalls einige Zeit im Gefängnis verbrachte. Nach seinem Tod wurde sein ältester Sohn Dov Bär sein Nachfolger. Er siedelte sich in dem kleinen Ort Lubawitsch an und kümmerte sich neben dem Studium vor allem um ökonomische Belange, indem er etwa seine Anhänger ermutigte, handwerkliche Beschäftigungen aufzunehmen. Wie schon sein Vater unterstützte er Juden im Israel-Land und sorgte dafür, daß alle Lubawitscher, die inzwischen dort lebten, sich in der Stadt Hebron sammelten, das zu einem israel-ländischen Zentrum der Bewegung wurde.

Auf Dov Bär folgte in der dynastischen Kette Menachem Mendel, ein Enkel des ersten Rebbe, der vor allem als Toralehrer berühmt war. Auch er förderte die Gemeinde in Hebron. Innenpolitisch wandte der dritte Lubawitscher Rebbe sich gegen die russische Assimilationspolitik, welche die Jüdischkeit aufzuweichen drohte, ebenso wie gegen die jüdische Aufklärung, die solche Bemühungen der Russen unterstützte.

Nach seinem Tod konnten die Lubawitscher sich nicht über einen Nachfolger einigen. So führten seine Söhne eine Zeit lang verschiedene Zweige der Bewegung. Der nächste Rebbe, der wieder ganz CHABAD führte, wurde Schalom Dov Bär, wiederum ein Familienmitglied. Er gründete 1897 die erste Jeschiwa der CHABAD-Bewegung, so daß der Weg frei war für eine geplantere, effektivere und systematischere Erziehung der Lubawitscher Chassidim.

Joseph Jizchak (1880-1950), sein Sohn und Nachfolger, war ein begabter Organisator, der das jüdische Leben nicht nur der Lubawitscher Chassiden nach den Revolutionsunruhen in Rußland neu ordnete. Er kämpfte sogar während der kommunistischen Herrschaft im Untergrund für die Durchführung religiöser Aktivitäten, so daß das russische Judentum unter ihm eine spirituelle Wiedergeburt erlebte. 1927 wurde der Rebbe wegen seiner umfassenden Aktivitäten von den Bolschewiken zum Tode verurteilt, durfte Rußland dann aber verlassen. Er ging nach Riga, wo er neue CHABAD-Zentren gründete und mit dem Aufbau einer weltweiten Organisation begann. 1934 zog er weiter nach Polen, wo er sein Aufbauwerk fortsetzte.

Nach der deutschen Besetzung Polens zu Beginn des zweiten Weltkriegs emigrierte er in die USA. Im Frühjahr 1940 ließ Joseph Jizchak sich in

Brooklyn - unter der inzwischen berühmt gewordenen Adresse 770 Eastern Parkway, Crown Heights - nieder und führte den Ausbau der CHABAD-Bewegung weiter. 1948 gründete er als deren neues Zentrum in Israel die Stadt Kfar Chabad. Sein Nachfolger wurde zwei Jahre später - als der siebte Lubawitscher Rebbe - sein Schwiegersohn Menachem Mendel Schneurson.

Menachem Mendel Schneurson wurde am 18.April 1902 in Nikolajew in der Ukraine geboren. Sein Vater war einer der bekanntesten Rabbiner in Rußland und entschiedener Gegner der Kommunisten, seine Mutter die Tochter des Oberrabbiners der Stadt. Die an ihn gestellten Erwartungen waren riesig, zumal von seinen zwei Brüdern der eine Kommunist wurde und schließlich nach Israel ging, während der andere von den Nationalsozialisten ermordet wurde.

Im Alter von 5 Jahren war Menachem Mendel den anderen Kindern schon so weit überlegen, daß er aus dem CHEDER, der jüdischen Kinderschule, genommen wurde und von nun an Privatunterricht bei einem Lehrer erhielt, der ihn - neben der traditionell jüdischen Ausbildung - auch in Sprachen, Mathematik und Naturwissenschaften unterrichtete. Seine Umgebung unterdrückte die besonderen Begabungen Mendels in diesen Bereichen zwar nicht gerade, förderte sie aber auch nicht. Sein Vater erlaubte dem Heranwachsenden auf Anfrage hin lediglich, in „seinen freien Stunden“ (also außerhalb eines mit Torastudium bereits gut ausgefüllten Tages) am örtlichen Gymnasium zu lernen. Trotz dieser Bedingung brauchte er weniger als 6 Monate, um das Gymnasium zu beenden.

1923 traf Menachem Mendel den damaligen Lubawitscher Rebbe Joseph Jizchak, mit dem gemeinsam er zuerst nach Riga, dann nach Warschau ging, wo er 1929 dessen zweite Tochter heiratete. Kurz nach der Hochzeit reiste das Paar nach Berlin, wo es bis 1933 blieb. In den offiziellen Biographien wird peinlich übergangen, was Schneurson in Deutschland tat. Die Lektüre von Aristoteles und Plato des Studenten der Mathematik und Philosophie betrachtete man wohl nicht gerade als passend für einen CHABAD-Chassiden.

Mit dem Aufstieg der Nationalsozialisten verließen die Schneursons Deutschland und gingen nach Paris. Dort absolvierte der zukünftige Rebbe ein Schiffsbau-Studium. Kurz vor der Besetzung Frankreichs durch die Deutschen im Jahre 1941 reiste er in Richtung New York ab, wo ja bereits sein Schwiegervater lebte. Dort wurde Menachem Mendel Vorsitzender des neugegründeten Netzwerkes der CHABAD-Organisationen und war verantwortlich für Sozialdienste und Öffentlichkeitsarbeit.

Als der alte Rebbe 1950 starb, kam es zum Kampf um seine Nachfolge zwischen den zwei Schwiegersöhnen Menachem Mendel und Raw Schmarjahu Gorari. Letzterer hatte die besseren Chancen, weil er die ältere Tochter des Rebben geheiratet hatte und auch selbst älter als Mendel war, was nach den Bräuchen der Chassidim von Bedeutung ist. Außerdem war er des verstorbenen Rebben rechte Hand gewesen und Leiter der CHABAD-Jeschiwot. Menachem Mendel Schneurson dagegen galt als zu modern und „aufklärerisch". Um so erstaunlicher ist die Geschichte, die in CHABAD-Kreisen über seinen Aufstieg zum Rebben überliefert wird:

Schmarjahu soll damals zu Mendel gegangen sein, um sich mit ihm wegen der Nachfolge zu beraten. Mendel sagte ihm, er ringe mit dieser wichtigen und schicksalhaften Angelegenheit und wolle am Grab des Rebben fragen, was zu tun sei. Vom Grab zurückgekehrt, ließ er Schmarjahu wissen, daß der Verstorbene ihm eine wunderbare Botschaft habe zukommen lassen: nämlich daß er, Mendel, den Stuhl des Rebben in Besitz nehmen solle. Schmarjahu, der zugeben mußte, daß er selbst nicht mit seinem toten Schwiegervater reden konnte, erkannte daraufhin Menachem Mendel als den neuen Rebben an. Und so wurde Menachem Mendel Schneurson der siebte Rebbe der Lubawitscher.

Bald schon erwies er sich tatsächlich als geborener Leiter, der aus der CHABAD-Bewegung ein machtvolles Imperium, eine weltweite Organisation machte. Unter seinem Regiment wurden die Lubawitscher zur größten und einflußreichsten Gruppe der chassidischen Bewegung mit vielen zig-Tausenden von Mitgliedern. Viele neue Anhänger fand CHABAD unter den nach dem zweiten Weltkrieg in alle Welt zerstreuten Juden Osteuropas. Oft die einzigen Überlebenden der Schoa in ihrer Familie, fanden sie neuen Halt und Orientierung bei den Lubawitscher Chassidim - KIBBUZ haGALUJOT, Sammlung der Zerstreuten einmal anders. Aber auch sonst begannen die CHABAD-Leute mit einer intensiven inneren Mission, um der Tradition entfremdete Juden überall zur Umkehr, zu einem Leben gemäß der Halacha zu bewegen.

Bald entstanden zahlreiche neue Zweige, 1953 etwa eine Frauen- und 1955 die Jugendorganisation. Ein Netzwerk von Jeschiwot, bäuerlichen Betrieben und Erziehungsgesellschaften wurde gegründet, außerdem ein Verlag und sogar ein eigener Fernsehsender. In alle Welt wurden Chabadniks ausgesandt, um für ihre Bewegung zu werben. Sogar in der UdSSR waren die Lubawitscher - noch vor der Perestroika - im Untergrund aktiv. Nach dem Reaktor-Unglück von Tschernobyl sorgten sie dafür, daß betroffene Kinder zur ärztlichen Behandlung nach Israel gebracht wurden. Nach der Öffnung des Ostens wurde Rußland - nun offiziell - ein Hauptmissionsfeld. Doch auch in anderen Ländern, wo immer neue Zentren entstanden, und in Israel selbst kümmerten und kümmern die Lubawitscher sich vorrangig um russische Emigranten, die von jüdischer Tradition meist nichts mehr wissen und auf diese Weise zum ersten Mal sinnlich erfahren, was es heißen kann, jüdisch zu leben.

An vielen Straßen in Israel stehen täglich Chabadniks und werben für das Anlegen von Tefillin. Sie gehen von Tür zu Tür oder stehen auf belebten Plätzen, um Flugblätter und Schabbatkerzen zu verteilen. In der Abflughalle des Tel Aviver Flughafens hat CHABAD ebenfalls Informationsstände aufgebaut. In aller Welt werden von CHABAD organisierte Talmud-Kurse, Sommercamps, Ski-Freizeiten abgehalten, auch um Juden in amerikanischen Gefängnissen kümmert man sich. Und sogar unter den GOJIM, denen aus den Völkern, werben Lubawitscher - allerdings nicht für einen Übertritt zum Judentum, sondern für ein Leben gemäß den sieben Noachidischen Geboten. Diese definieren ein Minimum an Halachot, deren Einhaltung nötig ist, wenn auch die „Heiden" ihren Teil zur Erlösung beitragen wollen.

CHABAD steht nicht nur für Frömmigkeit, sondern auch für den kämpfenden Chassidismus. Schon die ganze innere Organisation erinnert ans Militär. Eine CHABAD-Jugendzeitschrift etwa heißt „Im Heerlager Gottes" (dazu 1.Mose 32,3 und 1.Chr 12,23), und gern wird auf Lubawitscher Broschüren das Anzünden der Schabbat-Lichter abgekürzt mit dem hebräischen Wort für „Waffe": NÄSCHÄK (als Akrostichon von HADLAKAT **NE**ROT **SCH**ABBAT **K**ODESCH). Der Rebbe trug den Titel „Generalstabschef". Er ermutigte seine Leute, auch in den Militärbasen von ZAHAL, der israelischen Armee, aktiv zu werden, etwa Gottesdienste zu feiern und jüdische Feiertage zu gestalten oder für die Familien gefallener Soldaten zu sorgen.

Nicht allen im säkular geprägten Israel war das missionarische Engagement der Lubawitscher recht. Ein Offizier etwa sagte einmal lakonisch, die Luftwaffe habe mehr Leute an die Lubawitscher verloren als in allen Kriegen zusammen - können sich doch ultra-orthodoxe Juden vom Militärdienst befreien lassen. Wegen der wachsenden Kritik versuchte daher der Sicherheitsminister, solche CHABAD-Aktivitäten zu unterbinden, doch zunächst ohne Erfolg. Erst als Raw Schneurson immer einseitiger politisch Stellung zu nehmen begann, untersagte man seinen Leuten, weiter an staatlichen Institutionen wie dem Militär oder in Schulen zu wirken.

Schneurson, obwohl in Amerika lebend, war zutiefst mit Israel verbunden. In zahlreichen Ansprachen vor seinen Anhängern betonte er immer wieder das Recht des jüdischen Volkes - auch derer im Exil - auf das Land Israel und ihre Verantwortlichkeit für alles, was dort geschieht: „Ich weiß, daß man sich über mich aufregt und mich als einen kritisiert, der in Eastern Parkway sitzt und seine Festung ausbreiten will bis Jerusalem. Ganz Israel hat Teil am Israel-Land, wie auch ganz Israel an der kommenden Welt Teil hat. Wie hat Rabbi Jehuda haLevi gesagt: Ich im Osten und mein Herz am Ende des Westens. Unsere ganze religiöse Existenz ist verbunden mit dem Israel-Land."

Mit dem Israel-*Land* - nicht aber mit dem modernen *Staat* Israel. Ihn lehnen die CHABAD - wie viele andere ultra-orthodoxe Juden auch - als reines Menschenwerk, das dem Messias vorgreift, ab. Offizielle Lubawitscher Verlautbarungen benutzen daher den Begriff „Staat Israel" nicht. Dennoch hat Schneurson - im Gegensatz zu anderen chassidischen Gruppen, die auf jegliches politisches Engagement verzichten - immer versucht, die Politik Israels massiv mit zu bestimmen. So instrumentalisierte er den ungeliebten Staat, um für das geliebte Land aktiv sein zu können. Sein Einfluß wurde mit den Jahren derart groß, daß religiöse politische Parteien seinen Rat und Segen ebenso einholten wie Israels Spitzenpolitiker.

Immer wieder meldete der Rebbe sich zu aktuellen Ereignissen lautstark und am rechten äußeren Ende des politischen Spektrums zu Wort. Am Vorabend des Sechstage-Krieges etwa veröffentlichte er eine Proklamation, in der er versicherte: „Der Allmächtige ist dabei, das gelobte Land zu verteidigen". Die Besetzung eroberter Gebiete in der Westbank und im Golan begrüßte er sehr, die bald darauf ausgegebene Verhandlungsparole „Land für Frieden" dagegen schon weniger. Während des Jom Kippur-Krieges empfahl er, doch gleich Damaskus zu erobern. Und während des - in Israel sehr umstrittenen - Libanon-Feldzuges war er dafür, auch in Beirut einzumarschieren.

In den Friedensverhandlungen zwischen Israel und Ägypten ließ Schneurson, als vehementer Vertreter eines Groß-Israel, den damaligen israelischen Regierungschef Menachem Begin wissen: „Ein Jude muß zu einem GOJ klare Worte sagen über das Recht des Volkes Israel auf das gelobte Land, welches gegründet ist auf die Tora Gottes." Als es 1977 dennoch zum Friedensschluß mit Ägypten kam und der Sinai geräumt wurde - teils mit Gewalt von seiten des israelischen Militärs, da einige jüdische Siedler nicht freiwillig gehen wollten -, fragte der Rebbe anklagend: „Wie lange werdet ihr keine Lehren ziehen aus den Versäumnissen der Vergangenheit? Eins ums andere Mal haben sie die früheren Fehler bei Gesprächen über Verzicht und Rückzug wiederholt. Ich bin nicht gegen Frieden. Aber es schmerzt mich, daß es möglich gewesen wäre, zu einer Unterzeichnung des Friedens zu kommen auch ohne (Land-)Verzicht".

1981 besetzten jüdische Siedler mit dem Segen des Rebben in Hebron ein Haus, aus dem im Verlauf der blutigen arabischen Aufstände 1929 Angehörige der Schneursons vertrieben worden waren. Auch sonst befürwortete Menachem Mendel den Bau jüdischer Siedlungen in den besetzten Gebieten. Er war für eine massive, aber stille Besiedlung des Landes, nach dem Motto: erst Fakten schaffen, dann erübrigen sich Verhandlungen.

Im Jahre 1988 begann der Rebbe, offen Agudat Jisrael zu unterstützen, jene politische Partei, die für die Bewahrung des traditionellen jüdischen Lebens nach der Halacha eintritt und in Israel die Errichtung einer Theokratie anstrebt. Prompt kam diese bei der Wahl - statt bisher auf zwei - auf fünf Sitze, und zwei Chabadniks zogen als Abgeordnete in die Knesset ein. Ihre Weigerung zwei Jahre später, für die Arbeiterpartei zu stimmen, führte zum Bruch der sogenannten Einheitsregierung, einer großen Koalition zwischen dem rechten Likud-Block und der linken Arbeiterpartei.

Raw Schneurson war ein entschiedener Gegner aller Friedensverhandlungen, die nach der Maxime „Land für Frieden“ geführt wurden. Als die Regierung signalisierte, daß sie zur Rückgabe besetzter Gebiete an Palästinenser oder an Jordanien bereit sei, organisierten Chabadniks mit der Parole: „Israel-Land in Gefahr“ eine groß angelegte Kampagne gegen die Friedensverhandlungen. Unter orthodoxen Juden wurde damals darüber diskutiert, ob es nach der Halacha erlaubt sei, auf Teile des Israel-Landes zu verzichten oder nicht.

Während Raw Schach, Oberhaupt der Litauer Juden, der traditionellen Gegner des Chassidismus, entschied, daß gemäß der Halacha die Rettung von Menschenleben - und daher auch ein Friedensschluß, der dies verheiße - höher zu bewerten sei als das Festhalten am von Gott gegeben Land, forderte der Lubawitscher Rebbe, auch nicht den kleinsten Teil des Landes aufzugeben:

„Schomron (der nördliche Teil der Westbank) ist keine Sache, über die man feilschen und über deren Übergabe an GOJIM man verhandeln kann. Denn ... der Segen des ganzen Israel-Landes hängt an Schomron.“ Auch gehe es nicht an, in der Frage des Siedlungsbaus die Meinung der PLO-Sympathisanten einzuholen (damals verhandelten israelische Politiker offiziell noch nicht mit der PLO, weil diese als terroristische Vereinigung galt). „Man soll die Ansiedlungen nicht verschieben, nicht einmal um eine kleine Stunde; es ist schade um jeden Augenblick, der vorübergeht.“

Immer wieder unterstellte Schneurson, daß israelische Politiker, die nach Frieden strebten, dabei vor allem auf ihren Ruf bei den GOJIM und nicht zuerst auf das Wohlergehen Israels achteten. Statt Land preiszugeben, sollten lieber möglichst viele Juden der Diaspora heimkehren, um gemäß dem Gebot Gottes das Israel-Land zu besiedeln. So warb der Rebbe einerseits für eine möglichst hohe Einwanderungsrate, andererseits aber forderte er auch, das staatliche Einwanderergesetz, nach dem jeder (auch säkulare)

Jude sich in Israel niederlassen darf, zu ergänzen durch den Zusatz: Jeder, der Jude ist *gemäß der Halacha.*

Mehr als 40 Jahre stand Menachem Mendel Schneurson, dessen Haltung in bezug auf das Land Israel durch und durch zelotisch war, an der Spitze von CHABAD. Während dieser ganzen Zeit jedoch besuchte er nicht ein einziges Mal Israel, geschweige denn, daß er für sich selbst eine Einwanderung erwog. Nach dem Grund gefragt, antwortete er: „Jeder Chassid, der kommt um zu fragen, ob er nach Israel einwandern soll und der nicht eine wichtige Aufgabe in der jüdischen Erziehung inne hat, dem sagen wir: Wandere ein ... Das Problem besteht im Zusammenhang mit denen, die Erziehungsaufgaben haben und deren Gemeinden sich auflösen würden, wenn sie diese verließen. Zu ihnen sagen wir: Geh und sei ein Führer für ein Schiff im stürmischen Meer. Der Kapitän ist immer der letzte, der das Schiff verläßt. Zuerst ist es an ihm, die Reisenden zu retten." Sich selbst verstand der Rebbe als obersten Kapitän der Judenheit in der Diaspora, das CHABAD-Zentrum von Brooklyn als *den* jüdischen Vorposten der Diaspora.

Erst wenn der Messias komme - so hatte Schneurson immer wieder verkündet - wolle auch er nach Israel ziehen. Als er daher 1985 in Kfar Chabad plötzlich eine genaue Kopie seines Hauses aus Brooklyn nachbauen ließ, versetzte dies seine Chassidim verständlicherweise in Aufregung. Als der Rebbe in den folgenden Jahren dann immer öfter von der nahe bevorstehenden Ankunft des Messias sprach, wuchs die messianische Hoffnung unter seinen Anhängern. Manche äußerten die vorsichtige Vermutung, wer sonst als der eigene Rebbe sei würdig, der zu sein, der da kommen sollte?!

Dann fiel Ende der 80er Jahre ganz unerwartet der „Eiserne Vorhang". Mit der Öffnung des Ostblocks, in dem CHABAD so viele Jahre im Untergrund gearbeitet hatte, setzte eine Masseneinwanderung russischer Juden nach Israel ein. Auch dies wurde als Zeichen der nahenden Erlösung gedeutet. 1991 folgte - von CHABAD als weiteres messianisches Zeichen interpretiert - der Golfkrieg, dessen Umstände und für Israel relativ glimpflichen Verlauf Schneurson angeblich vorausgesagt hatte („Israel ist der sicherste Platz der Erde"). Als dann findige Kabbalisten auch noch entdeckten, daß die Hausnummer Schneursons in New York, 770, nach der Gematria dem Zahlenwert von BET MASCHIACH, Haus des Messias, entspricht, schien vielen alles klar zu sein.

Doch da, 1992, nur wenige Wochen vor seinem 90. Geburtstag, erlitt Schneurson einen Schlaganfall, der ihn seines Sprachvermögens beraubte. Dies entmutigte aber nicht etwa seine Anhänger, sondern veranlaßte vielmehr etliche Chabadniks, öffentlich zu bekennen, daß er der Messias sei. Der zweifelnden Frage, wie denn ein so alter, gebrechlicher Mann Messias sein könne, begegneten sie mit dem Argument: auch Mose sei erst als alter Mann von Gott berufen worden, Israel aus der Knechtschaft zu führen. Dann starteten sie eine perfekt organisierte „Willkommen, König Messias"-Kampagne. Dies rief starke, aber erfolglose Kritik von verschiedenen Seiten - selbst innerhalb von CHABAD - hervor. Viele, vor allem Ältere warnten, daß dies nicht im Sinne des Rebben sei und die Lubawitscher nur in eine Krise führen werde. Wie viel Schneurson selbst mit zunehmender Krankheit von all dem noch bewußt erlebte und was er darüber dachte, wußte wohl niemand so recht.

Daß die CHABAD-Organisation mit den modernsten Mitteln der public relation vertraut war, kam den Messianern nun zugute. Es wurden Plakate, Flugblätter, Aufkleber, Trinkbecher, Armbanduhren und vieles mehr hergestellt, auf denen - neben dem Konterfei Schneursons oder einer aufgehenden Sonne - zu lesen war: Macht euch bereit für die Ankunft des Messias. Videoaufnahmen von Versammlungen, auf denen dem Rebbe gehuldigt wurde, zeigte man auf riesigen Leinwänden in Meron, wo sich zum Lag baOmer-Fest Tausende von Chassidim am Grab des berühmten Rabbi Schimon bar Jochai versammeln. In wichtigen Zeitungen wie der New York Times erschienen große Anzeigen: „Die Zeit deiner Erlösung ist gekommen". Und die Parole der bedeutendsten Friedensbewegung in Israel mit Namen „Frieden jetzt" verwandelten die Lubawitscher in: „Nicht Frieden jetzt, sondern Messias jetzt". Deutlicher hätten die Messianer unter den Chabadniks nicht zum Ausdruck bringen können, daß ein Messias gerade *kein* Friedefürst ist.

Zahlreiche Wundergeschichten wurden über Menachem Mendel Schneurson in Umlauf gebracht, die seine Glaubwürdigkeit als Messias untermauern sollten und von der Boulevard-Presse mit einer Mischung aus Sensationslust und Spott verbreitet wurden. Etliche unfruchtbare Frauen etwa konnten Kinder bekommen, nachdem sie den Segen des Rebben erhalten hatten. Ein schwer verletztes Unfallopfer, das die Ärzte schon aufgegeben hatten, träumte von einem Chabadnik, der ihm sagte, daß der Rebbe helfen und alles in Ordnung kommen werde. Verwandte schickten daraufhin ein Fax zum Rebben und baten um seinen Segen. Er faxte zurück, und kurz darauf erwachte der Todkranke zum Leben. Ein ganz besonderes Wunder geschah einem Herzkranken, der sich selbst als nicht religiös bezeichnete: Als alle Ärzte ihm nicht helfen konnten, riet ein Chabadnik, an den Rebben zu schreiben. Er tat es und erhielt als Antwort die Anweisung, doch einmal sämtliche Mesusot seines Hauses zu prüfen. Der Mann untersuchte daraufhin die einzige Mesusa, die er hatte, nämlich die an seiner Haustür, und siehe da: das Wort „dein Herz“ (aus dem Vers in 5. Mose 6,5: „Du sollst den Herrn, deinen Gott, lieben mit deinem ganzen Herzen“) war beschädigt. Er tauschte die Mesusa sofort aus und spürte seitdem fast nichts mehr von seinen Problemen mit dem Herzen ...

Einer der heftigsten Gegner der Messias-Kampagne außerhalb von CHABAD war Raw Elieser Schach in Jerusalem, der Schneurson als einen „falschen Messias“ und seine Anhänger als Heiden beschimpfte. Nicht Menschen und ihre Werbe-Anstrengungen hätten für das Kommen des Messias zu sorgen, sondern dies sei allein Sache Gottes. „Es ist verrückt, das Kommen des Messias zu beschleunigen, indem man ihn verkauft wie Coca-Cola.“ Auf einem Kongreß erklärte Raw Schach: „Ich will euch einige Dinge sagen, und ich fürchte mich nicht, sie zu sagen. In der Tora gibt es 13 IKKARIM (Glaubensgrundsätze). Einer davon ist der Glaube an das Kommen des Messias[1]. Im Verlauf all der Geschlechter hofften Juden auf das Kommen des Messias. Und da kommt einer, ohne viel Worte und Verstand, und sagt, daß der Messias da ist. Ihr glaubt, daß er der Messias ist? Er ist ein Lügen-Messias. Man sollte ihn unter den Bann tun. Wir haben schon viele Lügen-Messiasse hinter uns, und das Volk Israel ist lebendig und beständig. Aber wenn Lügen-Messiasse erstanden, wurden viele Juden als Folge davon zu Ketzern und ließen sich taufen. Rambam (Maimonides) sagt: Was ist der Messias? und fügt hinzu, daß bis zu seinem Kommen niemand weiß, was er ist. Was für ein armseliger ‘Messias’, der Unterschriften und Reklame auf den Straßen nötig hat.“

Ähnlich drastisch äußerte sich auch der orthodoxe Jeschajahu Leibowitz, ein äußerst unabhängiger und bei vielen Israelis hoch geschätzter Intellektueller: Das Wesen des Messias sei seit je, daß er *zukünftig* kommen *wird*. Wenn er aber jetzt schon *kommt*, sei er ein Lügen-Messias. „Wer an Gott glaubt, braucht keinen Messias. Messianismus war immer ein Glaubensersatz und nicht eine Ergänzung des Glaubens ... Der Glaube an einen Messias hat sich immer als Glaube an einen Lügen-Messias erwiesen, und immer hat er am Ende Unglück über die Juden und das Judentum gebracht.“ Die Anhänger solcher Messiasse hätten oft das Judentum verlassen. „Dieser Rabbi ist entweder ein Psychopath oder ein Hochstapler ... Er pflanzt leere Hoffnungen in die Herzen der Menge. Der Glaube an die Tage des Messias hat immer Zerstörung gebracht.“

[1] Dazu das Kapitel „Mittelalterliche Messiasse in der Welt des Islam“, S.122.

Mit solchen Äußerungen stehen Raw Schach und Leibowitz ganz in der Tradition des anti-messianischen Judentums, das an die Stelle des Geistüberschwanges stets die Nüchternheit des Talmud stellte. Doch die Messianer unter den Lubawitschern ließen sich dadurch nicht beirren. Nicht einmal der sich immer mehr verschlechternde Gesundheitszustand Schneursons konnte ihre Hoffnungen dämpfen. Im Gegenteil: gerade in seiner Krankheit erweise der Rebbe sich als der wahre Messias, von dem schon Jesaja im 53. Kapitel gekündet habe: „Unsere Krankheiten hat er getragen und unsere Schmerzen auf sich genommen". Der Messias sei ein „Mann der Schmerzen und vertraut mit Krankheit", der anfangs zwar von vielen verachtet und verspottet werde; am Ende aber offenbare er sich als einer, der höher und höher steige. Sein Zustand sei nur die letzte in einer Reihe von Prüfungen, in denen sich Israel als seines Kommens würdig erweisen müsse. Angesichts der politischen Entwicklung in Israel allerdings, wo Politiker bereit seien, auf Gott-gegebenes Land zu verzichten zugunsten von Verträgen mit Arabern, bestehe die Gefahr, daß Israel die Prüfung nicht bestehe. „Der Rabbi, er möge leben, wird gezüchtigt mit seinen Züchtigungen und seinen Schmerzen. Und wir wissen: das Volk Israel im Israel-Land wurde auf gefährliche Wege gezogen".

Im Frühjahr 1994 erlitt Schneurson einen zweiten Schlaganfall, der ein Koma verursachte, aus dem er nicht mehr erwachte. Nachdem der Gehirntod festgestellt worden war, unternahmen die Ärzte mit Zustimmung der Berater des Rebben alles, um ihn künstlich am Leben zu erhalten, doch vergeblich. Im gesegneten Alter von 92 Jahren starb in einem New Yorker Krankenhaus der siebte Lubawitscher Rebbe Menachem Mendel Schneurson.

Als sein Tod bekannt wurde, überführten seine Anhänger die Leiche sofort in sein Haus, vor dem sich Tausende Chassidim versammelten. Viele weinten, aber manche, vor allem Jüngere, tanzten auch: den RIKKUD MASCHIACH (Messias-Tanz). Denn nach Meinung der Messianer war der Tod des Rebben nur ein weiterer Schritt in Richtung der Erlösung. Ein messianisches Mahl wurde abgehalten, auf dem reichlich Alkohol floß, während die Leiche des Rebben nur wenig entfernt aufgebahrt lag. „Der Rebbe wird sofort erscheinen. Wir dachten, er werde sich von seiner Krankheit wieder erholen. Aber was macht das eigentlich für einen Unterschied? Nun wird er zur Belebung (der Toten) auferstehen. Das wird sogar ein noch größeres Wunder sein."

In Israel bot sich ein ähnliches Bild. In den Nachrichten war der Tod des Rebben die erste Meldung, sämtliche Tageszeitungen des Landes hatten nur eine Schlagzeile auf ihrer Titelseite, außerdem eine Sonderbeilage, eigens dem Lubawitscher Rebben und seinen Messianern gewidmet. Den ganzen Tag über wurden Sendungen ausgestrahlt, die über Schneurson informierten und in denen seine Anhänger, aber auch seine Gegner interviewt wurden. In Kfar Chabad sah man Chassidim tanzen und singen: „Es lebe unser Herr, unser Lehrer und Rebbe, königlicher Messias." Anwesenden Journalisten wurde gesagt: Entscheidet nicht zu schnell über eine Schlagzeile für die morgige Ausgabe. Sie wird nämlich lauten: Der Messias lebt. Denn schon in diesem Augenblick ändert sich alles, der Rebbe erscheint. Dies ist ein glücklicher Tag, weil er der letzte Tag des Exils ist.

In der CHABAD-Jeschiwa von Jerusalem lernten die Chassidim zur selben Zeit Abschnitte, die von der Belebung der Toten handelten, um herauszufinden, wann des Rebben Auferstehung zu erwarten sei: „Im Midrasch ist geschrieben, daß Gott, gesegnet sein Name, den Messias mit dem Leichenhemd bekleiden wird, und dann läßt er ihn hinabsteigen zur Erlösung des Volkes Israel." Ein jugendlicher Chabadnik sagte einem Journalisten: „Heute ist der Tag der Erlösung. Unser Rebbe leidet, und er entsühnt mit seinem Leiden die Sünden des ganzen Volkes. So bereitet er uns vor auf die Erlösung. Er wird noch zurückkehren. Ihr werdet sehen, er wird sich auf seine Füße erheben. Die Tage des Messias kommen. Ich bin sicher, das Wunder wird Wirklichkeit werden. Man muß Wodka holen und tanzen. Nicht soll man SCHIWA (die sieben-tägige Trauerzeit) über den Rebben machen ..." Allerorten war das Lied „Moschiach, Moschiach, Moschiach", die inoffizielle CHABAD-Hymne der Messianer, zu hören.

In der Schalterhalle des Tel Aviver Flughafens drängelten sich Lubawitscher Juden, um die letzten Plätze nach New York zu ergattern und an der Beerdigung teilzunehmen. Die Fluggesellschaft EL AL ließ eigens Sonderflüge einrichten, um das Gedränge etwas zu verringern. Verkauft wurden überwiegend nur Karten für den Hinflug: „Wir haben one-way-tickets gekauft; von New York werden wir mit dem Rebben zurückkehren, direkt nach Jerusalem, und dann brauchen wir natürlich keine Flugzeuge mehr" - so einer der Glücklichen, die ein Ticket nach New York bekommen hatten.

Am Begräbnis auf dem Montefiore Cemetery in Queens, New York, nahmen Zehntausende teil. Im Trauermarsch gingen so illustre Persönlichkeiten wie der israelische Oberrabbiner Lau und der israelische Botschafter der USA mit. Selbst Israels Ministerpräsident Rabin - den der Rebbe wohl als seinen größten politischen Gegner angesehen hatte - ließ eine Trauernote veröffentlichen, Präsident Clinton schickte einen Kondolenzbrief. Immer wieder wurde vor allem des Rebben Einsatz für die Juden im Ostblock gerühmt. In Israel verfolgten Tausende per Satellitenübertragung die Trauerfeier.

Doch bald darauf setzte eine gewisse Ernüchterung ein. Denn die erwartete Auferstehung des Rebben blieb aus. Manche seiner Anhänger fühlten sich betrogen, äußerten Zweifel, ob Menachem Mendel Schneurson wirklich der Messias gewesen sei, und fielen ab. Andere sagten, man müsse sich mit dem Geschehenen abfinden und auch weiterhin danach streben, den Willen des Rebben zu erfüllen: „Vielleicht waren wir des Messias noch nicht würdig.“ Eine Gruppe von messianischen Chabadniks jedoch hielt trotz allem treu zu ihrem Messias, auch über seinen Tod hinaus. Diese „MESCHICHISTIM“ (wie sie sich selbst nennen) trösteten sich damit, den Tod des Rebben als letzte Prüfung zu sehen vor der Ankunft des Erlösers und der Rückkehr nach Zion.

Das Grab Schneursons ist derweil zu einer Pilgerstätte geworden. Täglich finden sich viele Menschen dort ein. Ganz wie zu Lebzeiten des Rebben, als Menschen zu ihm kamen, um Rat und Segen zu erhalten, besuchen sie nun sein Grab. Oft werden Wünsche auf Papier geschrieben und an das Mausoleum geklemmt. Es sollen sich auch schon Wunder dort ereignet haben. Am Hinterausgang des Friedhofs wurde von den Messianern ein Informations-Zentrum errichtet, das durchgehend geöffnet ist. Per Fax treffen hier Gebete aus aller Welt ein, die dann zum Grab gebracht werden, das inzwischen fast zu einem amerikanischen Gegenstück der Jerusalemer Westmauer geworden ist.

Viele Juden sehen diesen Kult als eine Form des Aberglaubens mit großem Unbehagen. Aber die Verehrung des Rebben hat vor allem damit zu tun, daß es noch keinen Nachfolger gibt und auch keiner in Aussicht steht. Denn Schneurson starb kinderlos (ausgerechnet er, der so vielen Paaren zu Kindersegen verholfen hatte) und hat selbst keinen Nachfolger bestimmt. Die Messianer deuten dies im Sinne einer baldigen Wiederkunft . Von den noch lebenden Angehörigen der Lubawitscher Dynastie wurde - wenn man den Zeitungsberichten glauben darf - einer 1986 beim Diebstahl von wertvollen Teilen der CHABAD-Bibliothek erwischt, während ein anderer (ein direkter Nachkomme des 1., 2. und 3. Lubawitscher Rebben) in Israel lebt und selbst kein Chabadnik ist. Beide kommen als Nachfolger also nicht in Frage.

So fürchten manche, es könnte über der Frage des nächsten Rebben zu einer Spaltung der CHABAD-Bewegung kommen. Von großem Einfluß sind diejenigen, welche die medizinische Betreuung des Rebben in den letzten zwei Jahren seines Lebens in Händen hatten. Doch sind sie untereinander keineswegs einig. Einer von ihnen berief wegen der notwendigen Neuorganisation inzwischen eine Konferenz ein, auf der beschlossen wurde, vor allem junge Rabbiner in Führungspositionen zu berufen.

Im Februar 1997 wurde von einem Teil der Lubawitscher der 30jährige Rabbiner Schaul Schimon Deutsch zum neuen Lubawitscher Rebben ernannt. Doch es ist fraglich, ob er allgemeine Anerkennung finden wird oder ob seine Ernennung der Beginn der Spaltung ist. Daß diese Gruppe eine eigene Jeschiwa sowie andere eigene Institutionen besitzt, spricht eher für letzteres. Raw Deutsch hatte nach dem Tod Schneursons erklärt: „Ich glaube, er war der Messias dieser Generation ... Der Tradition nach gibt es für jede Generation ihren Messias. Nun ist ein neuer Messias geboren. Wir wissen nur noch nicht, wer es ist.“

Unmessianischer Ausblick

Die Reihe von Messiassen, die in diesem Buch vorgestellt wurden, war lang und facettenreich. Es waren darunter tragische ebenso wie wunderliche, teils in ihrer Gewalttätigkeit auch abstoßende Gestalten. Gemeinsam war ihnen allen der Wunsch, als unerträglich empfundene politische und soziale Verhältnisse zu ändern, damit Israel sollte leben können. Doch das meist katastrophale Ergebnis ihrer Bemühungen hat Juden bereits früh auf Abstand zu derartigen Versuchen messianischer Verwirklichung gehen lassen.

Für christliche Leserinnen und Leser stellt sich daher die Frage: Was nun? Was gehen *uns* die Messiasse Israels an? Und vor allem: wie sollen wir uns zu jenem Messias Jesus stellen, der - eingestellt in die Reihe der Vielen - plötzlich so fremd erscheint?

Warum wir keine Christianer sein können

Eine Antwort scheint sich - zumindest auf den ersten Blick - nahe zu legen: Mit solchen jüdischen Messiassen wollen wir als moderne Menschen nichts zu tun haben; vielleicht hat die christliche Kirche doch gut daran getan, schon früh alles spezifisch Jüdische, alles Partikulare in der Überlieferung Jesu zu eliminieren und sich stattdessen für den Heiland Christus zu entscheiden, der gekommen ist, um „der Welt Sünden zu tragen“ und den Frieden zu bringen.

Doch wer so antwortet, übersieht allzu schnell, welch katastrophale Folgen der Verlust an jüdischem Inhalt für das Christentum, vor allem aber für das Judentum gehabt hat. Die unheilvolle Entwicklung begann bereits wenige Jahrzehnte nach Jesu Tod:

Jakobus übernahm schon bald die Leitung der Jerusalemer Gemeinde. Er war kein Messianer, sondern ein Verehrer des Tora-Lehrers Jesus, dessen Schriftauslegungen Leben fördern sollten. Und so gründete er in der Tradition seines Bruders ein Lehrhaus, das sich - von den Behörden unbehelligt - in der Hauptstadt halten konnte. Wenn es in Apostelgeschichte 8,1 heißt: „An jenem Tag kam eine große Verfolgung über die Gemeinde in Jerusalem. Alle wurden über die Lande Judäas und Samarias hin versprengt - außer den Aposteln“, so sind damit wohl die Jakobus-Leute gemeint. Denn urspünglich gab es eine deutliche Trennung zwischen den messianischen Zwölf unter Simon-Kefa einerseits und den Aposteln andererseits, die Jakobus zugeordnet waren. Dies geht aus 1.Korinther 15,5.7, der wahrscheinlich ältesten Nachricht im Neuen Testament, noch klar hervor und wurde erst später verwischt: „Er (der Auferstandene) erschien Kefa, darauf den Zwölf ... Dann dem Jakobus, darauf sämtlichen Aposteln.“

Die Jesus-Tora-Gemeinde, bestehend vor allem aus Aramäisch und Hebräisch sprechenden Juden, blühte unter des Jakobus Leitung eine ganze Generation lang, bis sie auf Grund mehrerer schwerer geschichtlicher Schläge unterging:

Zunächst wurde im Jahre 62 Jakobus selbst von einem korrupten Großpriester widerrechtlich hingerichtet. Der laute Protest von seiten der Pharisäer, sogar „der eifrigsten Beobachter der Tora" (Josephus, Jüdische Altertümer 20,9,1), der zur Absetzung des Großpriesters durch den römischen Prokurator führte, beweist, daß die Jakobus-Gemeinde damals vollkommen in die jüdische Gemeinde integriert war.

Der nächste Schlag, nur acht Jahre nach dem Verlust des Gemeinde-Leiters, war die Zerstörung des Gemeinde-Zentrums Jerusalem im Jahre 70 und dic anschließende Ausscheidung der Gesamtgemeinde (als NOZRIM) durch den Ketzerspruch im Achtzehnsegen.[1] Die Jesus-Jakobus-Gemeinde begann zu zerfallen. Versprengte Reste, die nach dem Bar Kochba-Krieg noch vorhanden waren, wurden durch die inzwischen von Hellenenchristen dominierte Großkirche ausgeschieden. Damit aber waren ganze Traditionsschichten, die von Jesus, dem Lehrer handelten - soweit sie nicht in der Logienquelle Q erhalten geblieben waren und in die Evangelien aufgenommen wurden -, für immer verloren. So sind etwa vom sogenannten Hebräer-Evangelium nur noch wenige Zitate in den Werken früher christlicher Schriftsteller überliefert.

Einen recht anderen Weg als die Anhänger des Tora-Lehrers gingen die messianischen Jünger Jesu unter Leitung Simon-Kefas. Sie flohen sofort nach der Gefangennahme und Kreuzigung ihres Anführers in den Galil, um der Verfolgung als Aufrührer zu entgehen. Dort haben sich die meisten wohl zerstreut. Kefa aber kehrte bald wieder nach Jerusalem zurück und versuchte, eine messianische Gemeinde an dem Ort zu etablieren, der das Ziel fast aller Messiasse ist. Doch in Jerusalem begegnete ihm der entschiedene Widerstand der Tempelbehörde, für die seine Gruppe als eine terroristische Nachfolge-Organisation galt. Einige Mitglieder wurden verhört, verfolgt, gefangen, zum Teil sogar getötet (Apg 12,1-17). Kefa selbst konnte schließlich auf wunderbare Weise fliehen und verließ Jerusalem. Damit war die Sache des jüdischen Messias Jesus an ihr Ende gekommen - nicht aber die des Christus Jesus.

Schon früh gab es in der Jerusalemer jüdischen Gemeinde einen Kreis von Hellenisten, Griechisch sprechenden Juden aus der Diaspora, darunter vor allem Ältere, die ins Land gekommen waren, um dort zu sterben und

[1] Dazu das Kapitel „Jochanan ben Sakkai und Gamliel II. - Aufbau aus dem Untergang".

am Ölberg begraben zu werden, wo sie den Beginn der messianischen Totenbelebung erwarteten. Die Apostelgeschichte berichtet (Kap.6,1ff), daß es unter diesen Hellenisten auch eine Gruppe von Jesus-Anhängern gab, deren Anführer Stephanus hieß und die mit der Tora freier umgingen als etwa die Jakobus-Leute. Vor allem aber kritisierten sie lautstark den Tempeldienst, was zu ihrer Verfolgung durch das Establishment führte.

Die damals Zerstreuten flüchteten überall (Apg 8,4) hin; hauptsächlich durch sie verbreitete sich die Botschaft von Jesus bald in den großen Weltstädten Alexandrien, Antiochien und Rom. Über Antiochien berichtet Lukas (Apg 11,19ff), daß dort „die Heilsbotschaft von dem Herrn Jesus" zuerst nur Juden, dann aber auch hellenistischen Heiden bekannt gemacht wurde. Wohl von anderen, von Fremden und Gegnern, wurden die Glaubenden damals als eigene, von anderen jüdischen Gemeinden unterschiedene Gruppe erkannt und - nicht eben schmeichelhaft - CHRISTIANOI, Christianer - „Angestrichene", genannt (das Wort CHRISTOS bedeutet auf Griechisch „angestrichen, ölig", im Gegensatz zu PISTOS: „flüssig", auch „treu, zuverlässig").

CHRISTIANOI ist zwar die getreuliche Übersetzung von „Messianer". Doch waren hellenistische Christianer keine israelländischen Messias-Anhänger. Für griechische Hörer und Leser war dieses Wort ohne Inhalt, weshalb sie schon früh diesen ursprünglichen Titel als Beinamen Jesu (miß)verstanden. Als neue Bezeichnung stellten sie dann vor diesen „Doppelnamen" den Titel KYRIOS, „Herr". Aus dem CHRISTOS KYRIU (Gesalbter des Herrn) wurde der KYRIOS CHRISTOS (Herr Christus). Damit war im Grunde der entscheidende Schritt für den weltweiten Missionserfolg der Kirche getan: denn „Herren" kannten damals alle Hellenen aus ihren Mysterien-Kulten ebenso wie als Titel für den vergotteten Kaiser. Wie schnell sich der neue Titel unter Christen durchsetzen konnte, wird schon daran deutlich, daß fortan ihre Versammlungshäuser nicht mehr Synagogen, sondern nach ihrem Kyrios KYRIAKE, Kirche, genannt wurden.

Erfolgreich also war der KYRIOS JESUS CHRISTOS, aber mit dem jüdischen Messias Jesus hatte er nichts mehr zu tun. Vielmehr war er in einer judenfeindlichen Welt akzeptabel, ja sogar konkurrenzfähig geworden, weil einer Vergottung Jesu nun nichts mehr im Wege stand.

Diese wurde noch dadurch befördert, daß der Kyrios-Titel bei Griechisch sprechenden Juden wohl damals schon teilweise den unaussprechlichen Gottesnamen ersetzte, der - laut vorgetragen - auf Hebräisch ADONAI („mein Herr"), griechisch aber KYRIOS gelesen wurde (so etwa in Röm 4,7f, wo Paulus Ps 32,1f zitiert). Die Bedeutung dieses Tatbestandes kann darum kaum überschätzt werden, weil die ersten Jesus-Anhänger-Generationen ja außer der griechischen Bibel, der Septuaginta, noch kein eigenes

Buch (von der Art des späteren Neuen Testamentes) besaßen. Wenn sie dann in ihrem heiligen Buche lasen: der Kyrios hat die Welt erschaffen, der Kyrios ist mein Hirte, der Kyrios vergibt Sünden, dann hörten zumindest Christen aus den Völkern nicht zuerst den Gott Israels daraus, sondern fast notwendig ihren Herrn Christus, der damit an die Stelle Gottes trat. Da steht Weltgeschichte im Wörterbuch!

Paulus war seit seinem Anfang als Apostel unter Hellenen tätig, denen er einmal den Gottessohn, ein anderes Mal den Davids-Sproß, vor allem aber den Kyrios verkündigte (etwa Röm 1,1-7). Oft blieb dabei (mit ganzem Bedacht?) in der Schwebe, ob der Israel-Gott oder der Christus gemeint war, etwa bei biblischen Zitaten. Judenchristliche Hörer werden an den Israelgott, Hellenenchristen dagegen an ihren Herrn Jesus Christus gedacht haben. Schon in der nächsten Generation war dann - durch den Gang der Geschichte bedingt - alles zu Gunsten des Christus entschieden. Die Heiden-Christen waren spätestens seit dem Bar Kochba-Krieg in der Kirche unter sich: ohne Juden und gegen Juden. Denn letzteren war es ganz unmöglich, an einen Christus zu glauben, der nichts mehr mit einem jüdischen Messias, dafür aber viel mit hellenistischen Göttern zu tun hatte.

Selbst das in seiner Weise jüdischste aller Evangelien, das des Johannes, hat entschieden die Entschränkung und damit die Entleerung aller konkreten jüdischen Bestandteile der Jesus-Botschaft betrieben. Zwar wagt Johannes den Satz (Joh 4,22): „Das Heil kommt von den Juden“ - dem allerdings in Kapitel 8,44 die Behauptung entgegensteht, daß Jesus gesagt habe: „Ihr (Juden) habt den Teufel zum Vater“. Auch kommt der hebräische Titel „Messias“ (in gräzisierter Form statt in Übersetzung) allein in diesem Evangelium vor. Und doch hat er mit einem jüdischen Messias nichts mehr zu tun, wenn Johannes den Erhöhten sagen läßt (Joh 18,36): „Mein Reich ist nicht von dieser Welt.“

Schon im Prolog des Evangeliums, in Kapitel 1,17, wird eindeutig zugeteilt: „Die Tora ward durch Mose gegeben, die Gnade und Wahrheit geschah durch Jesus Christus.“ Damit ist das spezifisch Jüdische, die Tora, ebenso ausgeschieden wie das Politisch-Konkrete allen Messiastums - eine Methode, die sich die gesamte Christenheit zu eigen gemacht und bis in die Gegenwart bewahrt hat.

Der Schritt von einer jüdischen über eine a-jüdische zu einer anti-jüdischen Kirche war also bald getan, zunächst „nur“ verbal, dann auch in der Praxis. Der Messias Jesus, der angetreten war, Israel zu erlösen, brachte als Christus der Kirche großes Unheil über die Juden, etwa in der Zeit der Kreuzzüge, als ganze Judengemeinden vernichtet wurden, oder in den zahllosen Vertreibungen und Diskriminierungen. Dies war in solchem Umfang allerdings nur möglich, weil die Kirche ab dem 4. Jahrhundert ihrem eigenen Messias-Ideal - nämlich dem Friedefürsten - untreu wurde, den johanneischen Satz, daß der Christen Reich nicht von dieser Welt sei, hintanstellte und fortan jede Gelegenheit nutzte, um an der Weltherrschaft zu partizipieren. In dieser neuen, „christlichen" Form eines politischen Messianismus stieg der Kyrios Christos folgerichtig zum strahlenden Herrscher der Welt auf, dessen irdische Stellvertreter - zunächst der Kaiser, später dann in Konkurrenz zu diesem der Papst und schließlich auch evangelische Landesfürsten - sich in nichts von anderen Politikern unterschieden.

Als die weltliche Macht der Kirche in der Moderne abzunehmen begann, als ihre Autorität angesichts wachsender Bildung der Bevölkerung und immer neuer naturwissenschaftlicher Erkenntnisse ins Wanken geriet, ja als nicht einmal mehr „christliche" Argumente zur „Begründung" der Judenfeindschaft nötig waren, weil inzwischen eine pseudo-wissenschaftliche Rassenlehre die „Gründe" lieferte, da wußten manche Kirchenleute sich keinen anderen Rat: sie eiferten denen nach, die ihnen längst den Rang abgelaufen hatten.

So gab es sogar den Versuch eines Theologie-Professors während der NS-Zeit in Deutschland, einen „arischen" Jesus aus dem Neuen Testament zu konstruieren. Zu einer Zeit, da die Organisation der „Endlösung" bereits begonnen hatte, war dies nur eine weitere, groteske Konsequenz auf dem langen verhängnisvollen Weg, der seinen Anfang nahm, als Christen sich von allem Jüdischen lossagten.

Dieser Schritt erwies sich als fataler Irrweg der Kirche. Wir können und wollen auf diesem Weg als „Christianer" nicht weitergehen - das ist die deutliche Lehre aus der Geschichte. So einfach dürfen wir es uns also nach allem, was die Kirche gegenüber Israel verschuldet hat, nicht mehr machen. Was aber ist die Alternative? Sollen wir etwa Anhänger des jüdisch-partikularen Messias Jesus werden? Die peinliche Erinnerung an *christlich*-messianische Bewegungen (etwa die Kreuzfahrer) zeigt ebenso wie ein Blick auf die lange Geschichte *jüdischer* Kritik an den Versuchen messianischer Verwirklichung, daß auch dies kein gangbarer Weg sein kann - ein Eindruck, der sich angesichts der gegenwärtigen politischen Szene in Israel noch verstärkt.

Warum wir keine Messianer sein können

Zwar hat der Zionismus, diese säkular entschärfte Form des Messianismus, wesentlich dazu beigetragen, daß es zur Gründung eines modernen Staates Israel kommen konnte. Doch immer mehr Juden erkennen, daß der zionistische Traum von einer besseren Gesellschaft gescheitert ist. Vor allem jüngere Israelis identifizieren sich nicht mehr mit den Idealen von einst; sie wollen einen ganz normalen Staat, der weder besser noch schlechter ist als es andere moderne, demokratische Staaten auch sind. Nur noch wenige alte Pioniere trauern vergangenen Zeiten nach, während ihre Kibbuzim in normale Dorfgemeinschaften umgewandelt werden.

Seit Beginn des Friedensprozesses im Nahen Osten, der nach Jahrzehnten der Bedrohung und kriegerischen Auseinandersetzung zu Friedensverträgen zwischen Israel und mehreren arabischen Staaten geführt hat, sind die innerhalb der isralischen Gesellschaft bestehenden Konflikte immer stärker sichtbar geworden. Solange der Staat in seiner Existenz von außen massiv bedroht war, hielt die gemeinsame Gefahr seine jüdischen Bewohner zusammen. Das hat sich geändert: die Kluft zwischen Armen und Reichen, Neueinwanderern und Alteingesessenen, zwischen orientalischen und europäischen Juden, Linken und Rechten, vor allem aber der Graben zwischen Säkularen und Religiösen ist so stark aufgebrochen wie nie zuvor und vertieft sich zusehends. Ein regelrechter Kulturkampf ist ausgebrochen, dessen Ende nicht abzusehen ist.

Maßgeblich vorangetrieben wird dieser Kampf von religiös-nationalistischen Kreisen, die - vor allem nach dem Jom Kippur-Krieg im Jahre 1973 - begannen, in den besetzten Gebieten zu siedeln. Dort hatte es seit dem Sechstage-Krieg 1967 zunächst nur strategisch und sicherheitspolitisch begründete Siedlungen gegeben. Denn die politische Parole hieß: „Land für Frieden", so daß an ständige jüdische Niederlassungen gar nicht gedacht war. Weil aber die angrenzenden arabischen Staaten damals nicht zu Verhandlungen bereit waren, zogen mit den Jahren immer mehr jüdische Siedler in die Westbank und den Gaza-Streifen. Inzwischen leben dort etwa 100.000 Juden, die zwar eine Minderheit von gerade einmal 2 Prozent der gesamten Bevölkerung Israels bilden, aber durch ihre Entschlossenheit, den Friedensprozeß zu blockieren, das politische Klima im Land wesentlich mitbestimmen. Von recht verschiedenen Seiten werden diese Siedler dem messianischen Lager zugeordnet.

Schon in den 80er Jahren hat der bekannte israelische Philosoph Jeschajahu Leibowitz eine der bedeutendsten Siedler-Organisationen, GUSCH ÄMUNIM (Block der Glaubenden), mit Messianismus in Verbindung gebracht hat. Angesprochen auf die Bedeutung von messianischen Visionen sagte er: „Ich bin in der Hinsicht ein hartnäckiger Materialist; ich stelle nämlich die Frage: Worin - oder wie - wird eine Idee oder Vision konkret? Die Antwort in bezug auf die messianische Vision ist - in nichts! Aber in den Fällen, in denen die messianische Idee begann, konkrete Früchte zu tragen, ist das jüdische Volk daran beinahe untergegangen. Da wurden das

Christentum geboren und der Schabbatianismus und heutzutage GUSCH ÄMUNIM“ (Gespräche über Gott und die Welt, 1990).

Aber nicht nur in der Besiedlung von Israel-Land mit Berufung auf biblische Landverheißungen wird die Messianität moderner nationalistischer Kreise in Israel deutlich, deren Eifer durch den Lubawitscher Rebben noch befördert wurde. Auch verschiedene Versuche von radikalen Splittergruppen, den Grundstein für einen neuen Tempel zu legen (ein Unternehmen, das etwa im Herbst 1990 mehrere Menschen das Leben kostete), gehören hierher, ebenso die Aktivitäten eines gewissen „Tempelinstituts“, dem während der Regierung Rabin von offizieller Seite „rechtsextremistische Umtriebe“ bescheinigt wurden. Dieses Institut verbreitet unter anderem Fotomontagen, auf denen an Stelle des Felsendoms und der Al-Aksa-Moschee ein neuer Tempel auf dem Tempelberg inmitten des modernen Jerusalem zu sehen ist.

Zu solchen Tempelbau-Träumen paßt, daß ausgerechnet während der Unruhen in Israel im Zusammenhang mit dem Bau der Siedlung Har Choma nahe Jerusalem im Frühjahr 1997 die Nachricht verbreitet wurde, daß in einem Stall in Kfar Chassidim nach 2.000 Jahren erstmals wieder eine vollkommen rote Kuh geboren worden sei - die zehnte rote Kuh insgesamt, die (nach Maimonides, Mischne Tora, Kapitel PARA ADUMMA 3,4) den Messias und den Bau des Tempels ankündigen soll. Denn nur mit einem bestimmten Reinigungswasser, das aus der Asche einer solchen Kuh gewonnen wird, könnte der Tempeldienst wieder aufgenommen werden.[1]

Vollends zelotisch war im Herbst 1995 die Ermordung des israelischen Ministerpräsidenten Jizchak Rabin, der den Friedensprozeß maßgeblich vorangebracht hatte, durch einen extremistischen Juden. Der bekannte amerikanische Rabbiner Arthur Hertzberg schrieb danach in The New Yorker (zitiert nach Freiburger Rundbrief 2,1996): „Was in letzter Zeit geschah, ist dem ähnlich, was zwischen 66 und 70 ... passiert ist. In diesen vier Jahren vor der Tempelzerstörung ermordeteten die Zeloten die Gemäßigten ... Wenn sich heute jemand in ein messianisches Denken hineinbegibt, dann befindet er sich auf einem feindlichen Pol gegenüber dem demokratischen Denken ... Ich teile die messianischen Erwartungen verschiedener orthodoxer und chassidischer Kreise nicht. Wenn ein Messias zu kommen hätte, dann hätte er in die nazistischen Todeslager kommen müssen. Ein Messias, der nicht in Auschwitz war, hat auch im Eastern Parkway (gemeint ist das Haus des Lubawitscher Rebben) und in der West Bank

[1] Dazu auch die Quellen des Kapitels „Schabbtai Zwi, der abtrünnige Messias“, S.397f.

nichts zu suchen. Unsere Politik kann sich nur auf die menschliche Vernunft stützen."

Der Gegensatz zwischen messianischen Nationalisten und gemäßigten Kräften in Israel, der sich seit dem Regierungswechsel 1996 noch verschärft hat, führte dazu, daß jüngst der bekannte israelische Schriftsteller Joram Kaniuk resigniert vorschlug, das Land zu teilen: die religiösen Juden sollten die Berge, die in den besetzten Gebieten liegen, bekommen, die heiligen Stätten in Jerusalem und Hebron eingeschlossen; er selbst wolle mit den übrigen Israelis lieber in der Küstenebene (dem alten Philisterland) sowie im Negev und Galil leben. Kaniuk unterscheidet bei den Religiösen zwischen relativ harmlosen fundamentalistischen Ultra-Orthodoxen und „zionistische(n) Nationalisten, eine neue Spezies, die zum großen Teil in den Siedlungen in den besetzten Gebieten lebt, eine jüdische Hamas-Bewegung". Sie hätten eine Atmosphäre geschaffen, in der die Ermordung Rabins erst möglich geworden sei.

Leibowitz, Hertzberg und Kaniuk stehen für die Mehrzahl der Juden in Israel sowie auf der ganzen Welt, die sich - selbst noch als säkulare Juden - in der Nachfolge der Lehrer des Talmud und deren Ehrfurcht vor der Heiligkeit des Lebens verstehen. Es ist im Grunde der uralte Konflikt zwischen Messianern und Gemäßigten, der erneut, wenn auch in leicht gewandelter Form, aufgebrochen ist. Doch Juden haben in Jahrhunderten eine Streitkultur, zugleich eine Kraft entwickelt, die es ihnen - hoffentlich - ermöglichen wird, menschenwürdige und lebenschaffende Lösungen zu finden.

Unterwegs zu einer neuen Gemeinschaft zwischen Christen und Juden

Verantwortlich nachvollziehen und vertreten lassen sich also nach allem weder Israel-vergessene und judenfeindlich-kirchliche Traditionen noch extrem messianische Positionen!

Notwendig ist vielmehr eine grundsätzliche, von der israelischen Tagespolitik unabhängige Solidarität mit Israel - im Vertrauen darauf, daß die gemäßigten Kräfte sich schließlich durchsetzen werden. Sie hat es unter Juden zu allen Zeiten gegeben: die vielen anti-messianischen Lehrer Israels zeugen davon ebenso wie die zahlreichen Befürworter des Friedensprozesses, ohne deren Engagement dieser gar nicht so weit hätte gedeihen können.

Es kann in seiner Bedeutung gar nicht hoch genug eingeschätzt werden, daß die Regierung Israels sich im Friedensabkommen von Oslo im September 1993 bereit erklärt hat, gerade solche Teile des Landes arabischer Souveränität zu unterstellen, die in jüdisch-biblischer Tradition von zentraler

Bedeutung sind: stimmen doch die besetzten Gebiete weitgehend mit dem Bergland von Samaria und Judäa überein, wo Hebron liegt, die Stadt der Erzväter, Betlehem, die Stadt Davids, oder Sichem, wo Jakob sich niederließ, nachdem er den Ehrennamen Israel erhalten hatte.

Nach der Ermordung Rabins 1995 sprach sich bei einer Umfrage die große Mehrheit von 75 Prozent der Bevölkerung beider Seiten - Israelis und Palästinenser - *für* die Durchführung des Oslo-Abkommens aus. Aber aufgeschreckt durch eine Serie von arabischen Selbstmord-Attentaten, bei denen zahlreiche jüdische Zivilisten umkamen, entstand bei manchen Israelis ein verstärktes Bedürfnis nach Sicherheit; und so gewann bei den Wahlen kurz darauf nicht der als radikaler Friedensmann bekannte Perez von der Arbeiterpartei, sondern - mit einer äußerst dünnen Mehrheit von 0,9 Prozent der Stimmen - der eher unbekannte Netanjahu, dessen diffuse Wahlkampfparole gelautet hatte: „Frieden mit Sicherheit".

Doch bedeutete dieses Wahlergebnis nicht einfach ein Votum gegen den Friedensprozeß. Wie aktiv viele Israelis für eine Verständigung mit der arabischen Bevölkerung eintreten, beweisen nicht nur zahlreiche Friedensbewegungen - etwa die bekannteste „Frieden jetzt" (SCHALOM ACHSCHAW) oder die religiös orientierte „Stärke und Frieden" (OS weSCHALOM) - sondern ebenso Organisationen, die mit gezielten Programmen den Dialog zwischen Juden und Arabern fördern. Stellvertretend seien etwa genannt die „Friedens-Oase" Newe Schalom, eine Dorfgemeinschaft, in der Juden, arabische Moslems und arabische Christen miteinander leben; oder das Friedenszentrum Givat Chaviva, das sich in zahlreichen Projekten für die jüdisch-arabische Koexistenz einsetzt. Auch kommen noch immer vor allem jüngere Israelis auf den Jerusalemer Herzlberg, um am Grab Jizchak Rabins zu demonstrieren, daß sie dem von ihm eingeschlagenen Weg auch weiter folgen werden.

Mit all diesen Menschen in Israel gilt es sich zu solidarisieren, besonders in schwierigen Zeiten. Partnerschaftliches Mit-Tragen, Mit-Hoffen und auch Mit-Trauern sind gefragt, nicht aber wohlfeile, aus sicherer Entfernung vorgebrachte Ratschläge von Christen. Unsere Stellung zum modernen Staat Israel kann schon deshalb keine Geschmacksfrage sein, weil seine Entstehung die klare Folge der von Deutschen durchgeführten Judenausmordung in Europa ist. Spätestens da ist deutlich geworden, daß es eines Staates bedarf, in dem Juden - sobald es erneut zu Verfolgungen kommt - rechtlich garantierte Aufnahme finden. Aber auch schon vor 1933 ist in Europa niemand aus Spaß Zionist geworden, sondern aus der nüchternen Einsicht, daß nach Jahrhunderten in der Zerstreuung der Versuch, dort heimisch zu werden, am Widerstand der christlichen Bevölkerung gescheitert war. Wir sollten daher nicht vergessen, daß es die Mehrheit unserer Vorfahren war, die diesen Staat letztlich notwendig werden ließ.

Niemals ist es leicht gewesen, in Israel zu leben; heißt es doch schon in der Bibel, daß dieses Land seine Einwohner frißt (4.Mose 13,32). Das gilt in gewissem Sinne bis heute, weil auf engstem Raum recht verschiedene Völker mit ihren je eigenen Nationalismen aufeinandertreffen: mit unterschiedlichen Sprachen, Kulturen, Religionen, Geschichtserfahrungen und Hoffnungen. Doch gerade wegen der schwierigen Zeiten sollten abendländische Christen - auch wenn die derzeitige Regierung es den Freunden Israels nicht gerade leicht macht - *für* Israel eintreten und nicht etwa die aktuellen Probleme dieses Staates zur Wiederbelebung alter Vorurteile mißbrauchen. Denn das hieße Ursache und Wirkung zu vertauschen, eben weil viele der modernen Schwierigkeiten Folge des (früheren) Judenhasses sind.

Wie unter Juden die Antimessianer stets eine Mehrheit bildeten, so hat es auch bei Christen - selbst in der NS-Zeit - immer Gemäßigte gegeben, deren Vorbild weder der Christus der Kreuzfahrer noch der triumphierende Christus kirchlicher Herrschaftsgelüste war. Und meistens haben sie unter ihrer Kirche zu leiden gehabt, zumal wenn diese mit der weltlichen Obrigkeit kollaborierte. In dem Protest solcher Christen war stets etwas enthalten von dem, was wir heute aufgrund unseres historischen Wissens nicht mehr dem Messias, sondern dem Tora-Lehrer Jesus zuordnen können, der in der langen Reihe der Lehrer Israels steht.

Wer sich an diesem festmacht, hat darum beides: ein mit Israel verbundenes Christentum, das nicht mehr in der Gefahr steht, antijüdisch zu werden, und gleichzeitig Gemeinschaft mit den gemäßigten Kräften im Judentum, die den Talmud hervorgebracht haben und die heute für eine Politik eintreten, die helfen soll, das Leben möglichst vieler zu fördern.

Auch die Tradition der Kirche wird damit nicht einfach abgetan. Denn ethische Ideale wie etwa das Doppelgebot der Liebe, das in christlicher Tradition stets einen hohen Stellenwert genoß, sind gerade nicht charakteristisch für den Messias Jesus, sondern gehören zu seinem jüdischen Lehrertum.

Nicht einmal eine Theologie des Kreuzes müßte aufgegeben werden. Denn auch die Lehrer Israels sind bereit gewesen, zu sterben; nur waren sie eben nicht bereit, selber zu töten. Selbst große Gelehrte wie Joseph Karo haben sich mit leidenden und sterbenden Messiassen identifiziert: zwar nicht mit deren politischen Programmen, wohl aber mit ihrem Leidensschicksal, das stellvertretend für ganz Israel galt.

Wird aber in dieser Perspektive nicht Jesu Martyrium und seine Bedeutung überhaupt relativiert? Wird Jesus dadurch nicht zu Einem unter Vielen, austauschbar etwa mit Rabbi Akiwa, der ja ebenfalls Tora-Lehrer und Messianer war und dafür hingerichtet wurde?

Für *Juden* ist Jesus - von seiner Wirkungsgeschichte einmal abgesehen - tatsächlich nur einer von vielen, dessen Bedeutung gegenüber einem berühmten Gelehrten wie Akiwa klar zurücktritt. Dennoch liegt in dieser Einschätzung auch die Chance für ein besseres Verstehen zwischen Juden und Christen. Denn beide verbindet dann nicht allein Jesu Lehrersein, sondern sogar sein Leiden und Sterben. Die Erkenntnis, daß Jesus einer der vielen leidenden Messiasse Israels war, läßt Christen teilnehmen am Leidensschicksal der Juden. Dies könnte ein neuer Zugang zu einem wesentlichen Teil der Israelwirklichkeit werden. Auch für den jüdisch-christlichen Dialog wäre Entscheidendes geleistet, wenn wir uns endlich von der Fixierung auf die scheinbar so zentrale Messianität Jesu befreiten und die Messiasfrage nicht als ein Problem zwischen Juden auf der einen und Christen auf der anderen Seite verstehen würden, sondern als ein Problem, das beiden gemeinsam ist.

In *christlicher* Sicht wird Jesu einmalige Bedeutung für die Kirche keineswegs dadurch bestritten, daß er sowohl ein Lehrer als auch ein Messias unter vielen war. Denn allein durch ihn - Jesus von Nazaret, der in den 20er Jahren als Lehrer im Galil wirkte und um das Jahr 30 als „König der Juden“ von den Römern gekreuzigt wurde - und eben nicht durch Akiwa haben Christen Teil an der Geschichte Gottes mit seinem Volk.

Den entscheidenden Anlaß für das schon bald nach seinem Tod weltumspannende Aufsehen, das Jesus erregte, gab nicht sein Lehrertum, sondern sein Auftritt als Messias. So können und wollen wir uns zwar - mit dem Herrenbruder Jakobus - nicht an dieser kurzen Phase seines Lebens festmachen. Aber ohne diese wäre weder die Botschaft des *Lehrers* Jesus über das Judentum hinaus bekannt (sondern allenfalls eine weitere Notiz auf wenigen Seiten des Talmud) geworden, noch hätte die Bibel - auf welchen Um- und Irrwegen auch immer - ihren Weg bis zu uns gefunden.

Damit ist - in seltsamer Verkehrung des Üblichen - einmal nicht ein Lehrer zum Bringer der Tora geworden (wie einst Esra oder Hillel), sondern ausgerechnet ein Messias: Durch den Messias Jesus von Nazaret kam die Bibel zu den Völkern der Welt - eine Tatsache, für die Christen gar nicht dankbar genug sein können, besonders wenn ihnen bewußt ist, welch hohen Preis Juden im Verlauf der Kirchengeschichte dafür zahlen mußten. Das vorliegende Buch über die Messiasse Israels läßt uns also nicht unbehaust zurück, sondern hilft uns vielmehr, das Haus der Bibel frisch zu beziehen.

Reicher auch um das Wissen von schlimmen Erfahrungen, die Juden in einer langen Zergegnungsgeschichte mit Christen gemacht haben, lesen wir die Bibel wieder neu und anders, entdecken ihre Schönheit und Weite - gerade auch Partien, die in der kirchlichen, eng christologisch ausgerichteten Lesetradition ausgegrenzt blieben: etwa die Vätergeschichten, die Geschichte vom Zug aus der Knechtschaft in die Freiheit, die Höhepunkte um Mose (4.Mose 12) und Bilam (4.Mose 22-24), die grandiosen ersten elf Kapitel des 5.Mose-Buchs, aber auch das Liebeslied der Lieder und die Weisheit Israels im Prediger - lauter Kostbarkeiten, die wie am ersten Tag entdeckt werden können.

Eine Schatzkammer ist aufgetan, in der sich die Fülle findet, alles (und weit mehr) als wir brauchen zu einem erfüllten Leben, heißt es doch in den Vätersprüchen 5,22 von der Tora: „Wende sie hin und her, denn es ist alles in ihr". Daß auch wir dies endlich erkennen und nicht nur ganz wenige, zugespitzte Teile der Schrift rezipieren, dabei helfen uns seit einigen Jahren sogar jüdische Lehrer: mit ihrer meist besseren Kenntnis des Landes und der Sprache, mit ihrer Kenntnis auch der jüdischen Literatur und vor allem durch ihren erfrischend anderen Zugang, mit dem sie sich spielerisch-ernst den biblischen Texten nähern und sie für die Gegenwart immer neu auslegen. Was unsere Vorfahren noch nicht zu träumen wagten, ist etwa für Studierende der Theologie, die am Programm „Studium in Israel" teilnehmen, möglich geworden: bei Juden, mit Juden zusammen zu lernen.

Die Lehrer des Talmud haben einmal gesagt, daß noch die letzte Frage des letzten Schülers bereits in der Bibel enthalten sei (Schmot Rabba 47,1). Das bedeutet: jede Antwort ist vorläufig und keine Frage unzulässig. Begnügen darum auch wir uns nicht länger mit alten und teils überholten Antworten, sondern hören immer neu die Frage Jesu (Mt 16,13.15): Wer sagen die Leute und wer sagt denn ihr, daß ich sei?

Teil II

Quellen

Kyros, der persische Messias

Persische Texte über Kyros als Befreier

Er (Marduk) suchte einen gerechten Herrscher nach seinem Herzen,
dessen Hände er erfasse.
Kyros ... seinen Namen sprach er aus,
zur Herrschaft über die ganze Welt berief er ihn.
Das Land Kuti ... legte er zu seinen Füßen.
Die schwarzköpfigen Menschen, die er seine Hände gewinnen ließ,
mit Recht und Gerechtigkeit nahm er sich ihrer an.
Marduk, der große Herr, der Hüter seiner Menschen,
blickte freudevoll auf seine frommen Taten und sein gerechtes Herz.
Nach seiner Stadt Babylon zu ziehen, befahl er ihm ...
Ohne Kampf und Schlacht ließ er ihn einziehen in Babylon, seine Stadt.
Babylon bewahrte er vor Not.
Nabonid, den König, der ihn nicht verehrte, übergab er in seine Hände.
Die Leute von Babylon in ihrer Gesamtheit ... beugten sich unter ihn,
küßten seine Füße, freuten sich seiner Königsherrschaft,
ihr Angesicht leuchtete.
Den Herrn, der mit seiner Macht Tote zum Leben erweckt ...
segneten sie freudig und bewahrten seinen Namen.

Inschrift eines persischen Tonzylinders
(zitiert nach H.Gressmann, Altorientalische Texte zum Alten Testament,
Berlin, Leipzig 1926, S.369)

Das Land Kuti lag im Nordosten des Zweistromlandes (dazu auch 2.Kö 17,24).

(Für die Bewohner von Babyl)on herrscht Freude,
(den Gefan)genen öffnen sich die Gefängnisse,
(befreit sind die Schwachen, die von den Mächt)igen bedrückt waren,
(... freudig) blickt man auf sein Königtum.

Aus dem Schmähgedicht auf Nabonid
(zitiert nach K.Galling, Textbuch zur Geschichte Israels, Tübingen 1950, S.70)

Kyros, Messias des Israelgottes

So spricht der Herr zu Kyros, seinem Messias:
Du, den ich bei der Rechten ergriffen,
daß ich Völker vor dir niederwerfe
und die Lenden von Königen entgürte,
daß ich Türen vor dir auftue

und daß Tore nicht verschlossen bleiben -
Ich, vor dir will ich gehen und Schwellen will ich ebnen,
Türen aus Erz will ich zerbrechen und Riegel aus Eisen zerhauen,
ich will dir geben Finsternis-Schätze und Vorräte aus Verstecken,
um deswillen du erkennest, daß ich, der Herr,
dich mit deinem Namen rufe, der Israelgott,
um meines Knechtes Jakob willen und Israels, meines Erwählten.
Ich rief dich mit deinem Namen,
ich gab dir deinen Beinamen, da du mich nicht kanntest.
Ich, der Herr und niemand sonst, außer mir ist niemand Gott,
ich will dich gürten, aber du kanntest mich nicht.
Um deswillen sollen sie erkennen,
vom Sonnenaufgang und vom Abend her,
daß Nichts neben mir.
Ich, der Herr, und niemand sonst:
Lichtformer und Finsternis-Schöpfer,
Friedenmacher und Böses-Schöpfer,
ich, der Herr, mache all dies ...

Jesaja 45,1-7

So spricht der Herr, dein Erlöser ..., der sagt zu Jerusalem: Werde besiedelt! und zu den Städten Judas: Werdet erbaut!, und ihre Ruinen will ich gewiß aufrichten; ... der sagt zu Kyros: Mein Hirte! Und all meine Lust wird er vollenden und zu Jerusalem sagen: Werde gebaut! und zum Tempel: Werde gegründet!

Jesaja 44,24-28

Eben derselbe fremde Herrscher wird auch als ein Mensch betitelt, den der Herr liebe (Jes 48,14).

Das Kyrosedikt

Im ersten Jahr des Königs Kyros befahl König Kyros: Das Gotteshaus zu Jerusalem betreffend: Das Haus soll gebaut werden an der Stätte, wo man Schlachtopfer opfert und Feueropfer darbringt ... Die Kosten hat der königliche Fiskus zu tragen. Auch sollen goldene und silberne Geräte des Gotteshauses, die Nebukadnezar aus dem Tempel zu Jerusalem weggenommen und nach Babel gebracht hat, zurückgegeben werden, und sie sollen wieder in den Tempel zu Jerusalem an seinen Ort kommen; du sollst sie im Gotteshaus niederlegen.

Esra 6,3-5

So spricht Kyros, König Persiens, aller Königreiche der Erde:
Der Herr, Gott des Himmels, gab mir
und er befahl mir, ihm ein Haus zu bauen
in Jerusalem, das in Judäa ist.
Wer unter euch aus all seinem Volk ist
- der Herr, sein Gott, sei mit ihm -
er steige auf!

2.Chronik 36,23

Serubawel, Messias gegen Persien

Visionen aus der Exilszeit über die Rückkehr ins Land

Es widerfuhr mir die Hand des Herrn, er führte mich hinaus im Geist des Herrn, er ließ mich nieder inmitten des Tals, und es war voller Gebeine ... und da, sehr verdorrt waren sie. Er sagte zu mir: Menschenkind, werden diese Gebeine leben? Ich sagte: Mein Herr, du weißt es. Er sagte zu mir: Künde über diese Gebeine, sprich zu ihnen: Ihr verdorrten Gebeine, hört das Wort des Herrn. So spricht der Herr Herr zu diesen Gebeinen: Da, ich bringe Geist in euch, ihr sollt leben. Ich gebe Sehnen auf euch, ich lasse Fleisch über euch kommen. Ich ziehe Haut über euch, ich gebe Geistbraus in euch. Ihr sollt leben. Ihr sollt wissen, daß ich der Herr bin.

Ich kündete, wie mir geboten wurde. Es entstand ein Geräusch, als ich kündete, und da, ein Lärm, Gebeine rückten zusammen, Gebein zu seinem Gebein. Ich sah, und da - über ihnen Sehnen, und Fleisch kam über sie, Haut überzog sie von oben, aber Geistbraus gab es nicht in ihnen. Er sagte zu mir: Künde dem Geistbraus, künde, Menschenkind, sage zu dem Geistbraus: So spricht der Herr Herr: Von den vier Brausewinden, komm, Geistbraus, wehe in diese Ermordeten, damit sie leben. Ich kündete, wie er mir befahl. Es kam in sie der Windbraus, sie lebten. Sie stellten sich auf ihre Beine, ein sehr, sehr großes Heer.

Er sagte zu mir: Menschenkind, diese Gebeine, sie sind das ganze Haus Israel. Da, sie sagen: Vertrocknet sind unsere Gebeine, verloren unsere Hoffnung, abgetrennt sind wir. Darum künde, sage zu ihnen: So spricht der Herr Herr: Da, ich öffne eure Gräber, ich lasse euch heraufsteigen aus euren Gräbern, mein Volk, ich lasse euch kommen zum Ackerboden Israels. Ihr sollt erkennen, daß ich der Herr bin.

Hesekiel 37,1-13

Hesekiel, Angehöriger der Jerusalemer Oberschicht, wurde bereits bei der ersten Eroberung der Stadt im Jahre 597 nach Babylonien deportiert. Bis zur Zerstörung Jerusalems elf Jahre später trat er als Unheilskünder auf. Nach der Katastrophe von 586 und der zweiten Exilswelle jedoch begann er, dem Volk Trost zuzusprechen, um es zum Durchhalten zu bewegen. Seine Themen sind durchgängig von politischer Art und zielen auf die Wiedervereinigung von Gott, Volk und Israel-Land.

Hesekiel 37 handelt also nicht von einer individuellen Auferstehungshoffnung im Sinne eines christlichen Osterglaubens, sondern kündet von einer Auferstehung des Israelvolkes aus dem Tod des Exils für das Leben im Israel-Land.

Er (Gott) ließ mich zum Eingang des Tempels zurückkehren. Da, Wasser geht hervor unterhalb der Schwelle des Tempels ostwärts ... Das Wasser floß herab von der rechten Schulterseite des Tempels, südlich des Altars. Er ließ mich hinausgehen ... da, Wasser sprudelte von der rechten Schulterseite her ... ein Fluß, den ich nicht zu überqueren vermochte, denn das Wasser hatte sich erhoben, Schwimmwasser, ein Fluß, der nicht überquert werden kann ... Als ich zurückkehrte, da - am Ufer des Flusses sehr viele Bäume, diesseits und jenseits. Er sagte zu mir: Dieses Wasser geht heraus in den östlichen Landstrich, es fließt hinab zur Steppe, kommt zum (Toten) Meer, zu dem sauren Meer hin, das Wasser wird heil. Es soll geschehen, alles lebende Wesen, das sich regt, wohin immer der Fluß kommt, wird leben, die Fische werden sehr viele sein ... Und am Fluß steigen empor an seinem Ufer, diesseits und jenseits, allerhand Essensbäume, deren Laub nicht verwelkt und deren Frucht nicht aufhört. Monatsweise trägt es Erstlinge, denn sein Wasser - vom Heiligtum geht es aus. Seine Frucht taugt zum Essen und sein Laub zum Heilmittel.

Hesekiel 47,1-12

In ausführlichen Visionen führt Gott den Künder Hesekiel ins Israel-Land und läßt ihn dort schauen, was geschehen ist und was geschehen wird. Im Zentrum steht dabei der Tempel, aus dem Gott im Jahre 586 ausgezogen ist, um auf dem benachbarten Ölberg zu warten, bis das Exil zu Ende geht. Dann soll dieser Tempel wieder Mittelpunkt sein, von dem alles Leben und alle Fruchtbarkeit des Landes ausgehen wird.

Einladung zum Aufbruch nach Zion

Mit offener Mauer soll Jerusalem wohnen, ob der Menge von Menschen und Tieren in seiner Mitte. Ich selbst - Spruch des Herrn - will ihm eine Feuermauer sein ringsum, und zur Herrlichkeit werde ich ihm inmitten. Auf, auf, flieht aus dem Lande des Nordens! - Spruch des Herrn. Denn wie die vier Winde des Himmels habe ich euch zerstreut - Spruch des Herrn. Auf, nach Zion entrinne, Bewohnerin der Tochter Babel! Denn so spricht der Herr der Heere über die Völker, die euch beraubten: Wer euch antastet, der tastet seinen Augapfel an. Da, ich schwinge meine Hand gegen sie, Raub sollen sie werden für ihre Knechte ... Jauchze, freue dich, Tochter Zion! Denn da, ich komme und will in deiner Mitte wohnen, Spruch des Herrn. Viele Völker werden dem Herrn anhangen an jenem Tag, und sie werden mir zum Volk.

Sacharja 2,8-15

Israels Versagen verhindert den Tempelbau und die Fruchtbarkeit des Landes

Ist etwa für euch die Zeit gekommen, in getäfelten Häusern zu wohnen, während dies Haus verwüstet ist? Und nun, spricht der Herr der Heere: Achtet doch auf eure Wege. Ihr habt gesät und bringt wenig ein, ihr habt gegessen, doch nie zum Sattwerden, habt getrunken, doch nie zum Rausch, habt euch gekleidet, doch nie, daß einem warm wurde, wer um Lohn schafft, schafft Lohn in löchrigen Beutel ... Weswegen? - Spruch des Herrn - Wegen meines Hauses, das verwüstet ist, und ihr rennt jeder nach seinem Haus. Drum hält der Himmel den Tau zurück und die Erde ihren Ertrag. Ich habe eine Verwüstung über das Land gerufen und über die Berge und über das Korn und über den Most und über das Frisch-Öl und über alles, was die Erde hervorbringt, über den Menschen und über das Vieh und über alles Mühen der Hände.

Haggai 1,4-6.9-11

Serubawel, der königliche Messias

Das Wort des Herrn erging an Haggai ... : Sage zu Serubawel, dem Statthalter von Juda: Ich erschüttere den Himmel und die Erde. Ich werfe um den Thron von Königreichen, ich vernichte die Stärke von Königreichen der Völker. Ich werfe um Wagen und seine Fahrer. Hinab fahren Pferde und ihre Reiter, ein jeder durch das Schwert seines Bruders. An jenem Tage ... werde ich dich, Serubawel, als meinen Knecht nehmen und dich wie einen Siegelring hinstellen, denn dich habe ich erwählt.

Haggai 2,20-23

Dies ist das Wort des Herrn zu Serubawel: Nicht mit Heer und nicht mit Kraft, sondern mit meinem Geistbraus, sagt der Herr der Heere. Wer bist du, großer Berg? Vor Serubawel wirst du zur Ebene. Er führt heraus den Schlußstein unter dem Jubelruf: Anmutig, anmutig ist er ... Die Hände Serubawels legen den Grund zu diesem Tempel, und seine Hände werden ihn auch vollenden.

Sacharja 4,6-9

Das ideale Programm: der königliche und der priesterliche Messias

Ich sehe, da, ein Leuchter, ganz von Gold, und ein Ölgefäß oben auf und sieben Lampen auf ihm ... und zwei Ölbäume neben ihm, einer zur Rechten des Ölgefäßes und einer zu seiner Linken ... Was bedeuten diese beiden Ölbäume auf der rechten Seite der Menora und auf der linken? ... Dies sind die beiden Frisch-Öl-Söhne, die vor dem Herrn der ganzen Erde stehen.

Sacharja 4,2f.11.14

JIZHAR ist heuriges, darum frisches, noch wohlduftendes Öl, das meist zusammen mit anderen Früchten des Israel-Landes wie Honig und süßer Wein genannt wird.

Vorbereitungen für die Inthronisation der Messiasse

So erging das Wort des Herrn an mich: Nimm von der Verbannung ... , die von Babel gekommen sind. Nimm Silber und Gold, mache Kronen und setze auf das Haupt des Jehoschua, Sohn von Jehozadak, des Großpriesters.

Sage zu ihm: So spricht der Herr der Heere: Da, ein Mann, Sproß sein Name, unter ihm sprießt es hervor, er baut die Halle des Herrn. Ja, er, er wird erbauen die Halle des Herrn, ja er, er wird Hoheit tragen, er wird sitzen, wird herrschen auf seinem Thron. Es wird ein Priester auf seinem Thron sein, und Friedensrat wird sein zwischen den *beiden*. Die *Kronen wird* sein ... zur Erinnerung in der Halle des Herrn. Sacharja 6,9-14

Der Text ist im Wortlaut schwierig und weist Spannungen auf, da er in zwei verschiedenen Stufen überarbeitet, zensiert worden ist.

Der ursprüngliche Text enthielt ein klares messianisches Programm, entsprechend Sach 4,14: für zwei Männer, den königlichen und den priesterlichen Messias, stehen zwei Throne und zwei Kronen bereit. Aufgabe des Königs ist es, wie bei Salomo, den Tempel zu erbauen und zu herrschen. Der Text hat vermutlich folgenden Wortlaut gehabt, den die griechische Übersetzung der hebräischen Bibel teilweise bewahrt hat:

„Du sollst nehmen Silber und Gold, Kronen machen und sie auf das Haupt des Serubawel setzen. Du sollst zu ihm sagen: So spricht der Herr der Heere: Da, ein Mann, Sproß sein Name, unter ihm sprießt es hervor, er baut die Mauern der Halle des Herrn. Ja, er, er wird erbauen die Halle des Herrn, ja, er, er wird tragen Hoheit, er wird thronen, er wird herrschen auf seinem Thron. Auch wird ein Priester zu seiner Rechten auf seinem Thron sein, und Friedensrat wird sein zwischen diesen beiden."

Nach dem gescheiterten Putschversuch wurde dann zunächst - um den Persern Genüge zu tun und deutlich zu machen, daß im Israel-Land die Gemeinde lediglich als religiöse weiterbesteht - in V.11 Serubawel durch Jehoschua ersetzt, so daß statt dem königlichen Messias Serubawel der Priester Jehoschua auf dem Thron sitzt, der allerdings dieselben Funktionen hat wie der König, nämlich zu herrschen und den Tempel zu bauen. Entsprechend wurde V.13, der ja von zwei Personen spricht, gekürzt. Die überflüssig gewordene Königskrone wird im Tempel aufbewahrt - vielleicht für spätere, veränderte Zeiten, in denen es wieder einen König geben wird, wie ja auch der ZÄMACH jeden Juden an das Jesajawort von dem Sproß, der ausgehen wird aus Isai, erinnert, also die Hoffnung ausdrückt, daß einmal wieder ein König Messias kommen wird.

In einem zweiten Schritt haben ein Jahrtausend später die Massoreten durch einen kleinen Eingriff, eine andere Vokalisation, nicht nur eine, sondern beide Kronen ins Museum getan und so den Text politisch ganz entschärft. Man war fertig mit Messiastum überhaupt, sei es ein königliches oder ein priesterliches, welches sich aber in der Praxis von ersterem nicht unterschied.

Nechemja und Esra, die Bauleute der Gemeinde

Der Vorwurf, Nechemja erhebe messianischen Anspruch

Ich kam nach Jerusalem, ich war drei Tage dort. Dann stand ich nachts auf, ich und wenige Männer mit mir, denn ich hatte keinem Menschen gemeldet, was mein Gott mir ins Herz gab, für Jerusalem zu tun ... Ich zog nachts zum Schluchttor hinaus, auf den Drachenquell zu und zum Misttor, ich betrachtete die Mauern Jerusalems, die in Breschen, und seine vom Feuer verzehrten Tore ... Die Präfekten aber wußten nicht, wohin ich gegangen war und was ich tat ... Ich sagte zu ihnen: Ihr seht den Übelstand, in dem wir sind, daß Jerusalem verödet ist und seine Tore im Feuer verbrannt sind, geht daran, erbauen wollen wir die Mauer Jerusalems, daß wir nicht mehr eine Schmach seien ... Sie sagten: Machen wir uns auf und bauen wir ... Als aber Sanballat ... und Towja ... davon hörten, höhnten sie uns und spotteten unser. Sie sagten: Was für eine Sache ist das, was ihr tut? Ihr wollt euch wohl gegen den König empören? Ich gab ihnen Antwort, ich sagte zu ihnen: Der Gott des Himmels, er wird es uns gelingen lassen. Wir, seine Knechte, machen uns auf und bauen. Ihr aber habt keinen Anteil noch Anspruch noch Gedächtnis in Jerusalem. Nechemja 2,11-20

Sanballat schickte ... seinen Diener zu mir mit einem offenen Brief in seiner Hand. Darin war geschrieben: Unter den Stämmen ist zu hören ..., du und die Judäer planten sich zu empören, darum bauest du die Mauer auf, du wollest ihr König werden ... Auch Künder habest du bestellt, über dich in Jerusalem auszurufen: König in Juda! Nechemja 6,5-7

Esra, Bringer der Tora

Sie versammelten sich, alles Volk, wie ein Mann auf dem Platz, der vor dem Wassertor ist. Sie sagten zu Esra, dem Schreiber, er solle das Buch der Weisung Moses bringen, die der Herr Israel geboten hatte. Esra, der Priester, brachte die Weisung vor die Gemeinde ... Er las daraus ... von der Frühe bis zur Tageshälfte ... Esra, der Schreiber, stand auf einem Holzturm, den sie dafür gemacht hatten. Nechemja 8,1-4

Die Makkabäer - die glorreichen Zehn

Die katastrophale Situation in Jerusalem vor Ausbruch des Makkabäer-Aufstandes

Wehe mir! Warum ward ich geboren, um den Ruin meines Volkes und meiner Stadt zu sehen und müßig zu sitzen, während sie in die Hand der Feinde, das Heiligtum in die Hand Fremder gegeben wird? Ihr Haus ward wie das Haus eines entehrten Mannes; die herrlichen Gefäße wurden als Raub hinweggeführt. Ihre Kinder wurden auf den Straßen gemordet, ihre Jünglinge durch des Feindes Schwert. Welches Volk hat sich nicht ihre Herrschaft angeeignet und ihrer Beute sich bemächtigt? All ihr Schmuck ward hinweggenommen, aus einer Freien wurde sie zur Magd. Ja, was wir Heiliges hatten, unsere Schöne und unsere Herrlichkeit wurde verwüstet.

1.Makkabäer 2,7-12

Da kam große Trauer über Israel an allen seinen Wohnsitzen, und es jammerten Oberste und Vornehme, Jungfrauen und Jünglinge wurden kraftlos, und der Frauen Schönheit schwand dahin. Jeder Bräutigam brach in Wehklage aus, die im Brautgemache saß, war in Trauer. Das Land erbebte wegen seiner Bewohner, und das ganze Haus Jakob war mit Schmach bedeckt.

1.Makkabäer 1,25-28

Von der Burg zu Jerusalem heißt es:

Sie wurde zum Hinterhalt für das Heiligtum und zu einem schlimmen Widersacher für Israel allezeit. Sie vergossen unschuldiges Blut rings um das Heiligtum und bemakelten das Heiligtum. Da flohen ihretwegen die Bewohner Jerusalems, und sie ward zum Wohnsitz für Fremde, daß sie fremd ward ihren Sprößlingen, und ihre Kinder sie verließen. Ihr Heiligtum verödete wie eine Wüste, ihre Feste wurden in Trauer verkehrt, ihre Schabbate in Schmach, ihre Ehre in Verachtung. Wie einst ihre Herrlichkeit, so groß wurde nun ihre Entehrung, und ihre Hoheit wurde in Trauer verkehrt.

1.Makkabäer 1,36-40

Jerusalem war unbewohnt wie eine Wüste, niemand ging ein und aus von ihren Kindern. Das Heiligtum lag zertreten, Ausländer hausten in der Akra, eine Herberge war die Stadt für die Völker. Die Freude war aus Jakob hinweggenommen, es schwiegen Flöte und Harfe. 1.Makkabäer 3,45

Der Ausbruch des Aufstandes

Es kamen aber die Gesandten des Königs, die zum Abfall nötigen sollten, nach der Stadt Modiin, um sie zum Opfern zu veranlassen. Und viele aus

Israel liefen ihnen zu. Mattathias aber und seine Söhne sammelten sich. Da begannen die Gesandten des Königs zu Mattathias zu sagen: Du bist ein Oberster, angesehen und groß in dieser Stadt, stark durch Söhne und Brüder. So tritt nun zuerst heran und tue, was der König befiehlt - wie alle Völker taten und die Männer von Juda und die in Jerusalem Zurückgebliebenen. Dann wirst du und dein Haus zu den Freunden des Königs gehören, und du und deine Söhne, ihr werdet mit Gold und Silber und vielen Geschenken geehrt werden. Mattathias aber antwortete und rief mit lauter Stimme: Wenn alle Völker, die sich im Bereich der Herrschaft des Königs befinden, ihm gehorchen, indem ein jeder der Religion seiner Väter untreu wird, und sie sich nach seinen Geboten richten, so wollen doch ich und meine Söhne und meine Brüder in dem Bund unserer Väter wandeln. Gott bewahre uns davor, daß wir von der Tora und den Geboten abtrünnig werden sollten. Dem Gesetz des Königs werden wir nicht gehorchen, indem wir von unserer Religion zur Rechten oder zur Linken abwichen.

Als er eben diese Rede beendigt hatte, trat vor aller Augen ein jüdischer Mann herzu, um auf dem Altar zu Modiin gemäß dem Befehl des Königs zu opfern. Als Mattathias das sah, geriet er in Eifer, und sein Innerstes erbebte. Voller Zorn, wie es sich gebührte, lief er hin und zerfleischte ihn am Altar. Zugleich tötete er auch den königlichen Beamten, der zum Opfern nötigen sollte, zerstörte den Altar und eiferte so für die Tora wie Pinchas einst gegenüber Simri, dem Sohne des Salu tat. Dann ließ Mattathias in der Stadt den lauten Ruf erschallen: Jeder, der für die Tora eifert und den Bund aufrichten will, ziehe aus, mir nach! So flohen er und seine Söhne ins Gebirge, und sie ließen all ihren Besitz in der Stadt zurück.

1.Makkabäer 2,15 - 28, in Anspielung auf Josua 24 und 4.Mose 25,6ff

Das Martyrium der Mutter und ihrer sieben Söhne

Es geschah auch, daß sieben Brüder samt ihrer Mutter ergriffen und mit Geißeln und Riemen gepeitscht wurden, weil der König (Antiochus) sie zwingen wollte, von dem durch das Gesetz verbotenen Schweinefleisch zu essen. Einer aber von ihnen, der als Wortführer auftrat, sprach also: Was willst du viel fragen und von uns erfahren? Wir sind entschlossen, lieber zu sterben, als unsere väterlichen Gesetze zu übertreten. Da ergrimmte der König und befahl ..., daß man dem, der als ihr Wortführer aufgetreten war, die Zunge ausschneide, ihn ringsum (durch Abziehen der Kopfhaut) nach skythischer Weise behandle und ihm die Hände und Füße abhaue, wobei die übrigen Brüder und die Mutter zusehen mußten. Den ganz und gar verstümmelten Körper ließ er noch lebendig zum Feuer bringen und in der Pfanne braten. Als nun der Dampf aus der Pfanne sich weithin verbreitete, ermahnten sie einander samt der Mutter, edel zu sterben, und sprachen also: Gott, der Herr, sieht es und erbarmt sich gewißlich über uns ...

Nachdem der zweite Bruder ähnlich gemartert worden war, sprach er:

Du verruchter Mensch, du nimmst uns zwar jetzt das zeitliche Leben, aber der König der Welt wird uns, die wir um seines Gesetzes willen sterben, zu ewigem Wiedererstehen wahren Lebens erwecken. 2.Makkabäer 7,1-9

Im weiteren Verlauf werden auch die anderen Brüder grausam hingerichtet, bis nur noch der Jüngste übrig ist. Ihn versucht Antiochus zu bestechen, indem er ihm ein gutes Leben verspricht, falls er dem Judentum abschwören sollte. Doch der verspottet den König nur und wird daraufhin mitsamt seiner Mutter ebenfalls zu Tode gefoltert. Eine weit ausführlichere Fassung dieser Geschichte berichtet das sogenannte 4.Makkabäer-Buch (Kap.8-17), in dem jedes blutige Detail beschrieben wird.

Die Tora wird zum Teil außer Kraft gesetzt

Als Mattathias und seine Freunde dies (die Tötung zahlreicher Juden, die sich am Schabbat nicht verteidigten) erfuhren, trauerten sie gar sehr über sie. Einer sprach zum Anderen: Wenn wir alle so tun, wie unsere Brüder taten, und (schabbats) nicht für unser Leben und unsere Gebote gegen die aus den Völkern kämpfen, so werden sie uns gar bald von der Erde vertilgen! Daher faßten sie den Beschluß: Wenn uns jemand am Schabbat-Tag angreift, so wollen wir gegen ihn streiten, damit wir nicht alle sterben wie unsere Brüder in den Verstecken starben. 1.Makkabäer 2,39-41

Der fromme Kriegsheld Judas Makkabäus

Als sie dann das starke und wohlverschanzte Heer der Gegner erblickten, ... sprach Judas zu den Männern, die bei ihm waren: Fürchtet euch nicht vor ihrer Menge und erschreckt nicht vor ihrem Ansturm! Denket dran, wie unsere Väter im Roten Meer errettet wurden, als sie der Pharao mit Heeresmacht verfolgte. Laßt uns nun zum Himmel schreien, ob er Gefallen an uns haben, des Bundes mit den Vätern gedenken und dieses Heer heute vor unseren Augen aufreiben will, damit alle Völker erkennen, daß es Einen gibt, der Israel erlöst und rettet ...

Bei der Rückkehr sangen sie Loblieder und dankten zum Himmel hin dafür, daß köstlich, daß immer während seine Gnade sei. Israel widerfuhr nämlich an jenem Tag eine große Errettung. 1. Makkabäer 4,7-11 und 24f

Als er (ein nächstes Mal) das (gegnerische) Heer in solcher Stärke erblickte, betete er und sprach: Gesegnet du, du Retter Israels, der du den Ansturm des Riesen durch deinen Knecht David zunichte gemacht und das Heer der

Fremden in die Gewalt Jonatans, des Sohnes Sauls, und seines Waffenträgers überliefert hast. Übergib nun auch dieses Heer in die Gewalt deines Volkes Israel, daß sie mit ihrer Kriegsmacht und Reiterei zuschanden werden. Jage ihnen Furcht ein und laß ihren trotzigen Mut schwinden. Mögen sie erschüttert werden durch ihre Aufreibung! Wirf sie nieder durch das Schwert derer, die dich lieben, damit dir alle, die deinen Namen kennen, mit Lobliedern danken.

1. Makkabäer 4,30 -32, mit Hinweis auf 1. Samuel 17,42ff und 14,1ff

Lobeshymne auf Judas

Er schaffte seinem Volke weithin Ruhm,
legte den Harnisch an wie ein Held
und umgürtete sich mit seinen kriegerischen Waffen.
Er lieferte Schlachten, indem er das Heer mit dem Schwerte schützte.
Er glich einem Löwen in seinen Taten
und einem Jungleu, der nach dem Raube brüllt.
Er spürte die Frevler auf und verfolgte sie
und verbrannte, die sein Volk zerrütteten.
Die Frevler wurden bestürzt aus Furcht vor ihm,
und alle, die Frevel verübten, mußten erbeben.
Es glückte die Rettung durch seine Hand.
Er erbitterte viele Könige
und machte Jakob durch seine Taten frohlocken.
Sein Gedenken bleibt für immer in Segen.
Er durchzog die Städte Judas
und vertilgte die Gottlosen daraus.
Er machte, daß sich der (Gottes-)Zorn von Israel wandte.
Sein Ruhm erscholl bis ans Ende der Erde,
und er sammelte die Zerstreuten.

1. Makkabäer 3,2-9

Der Tod des Judas

So schied Judas, der heldenhafte Kriegsmann, aus dem Leben. Er ist den Geboten seines Vaters Mattathias treu geblieben und war bereit, für die Freiheit seiner Landsleute alles zu tun und alles zu leiden. Durch seine Tapferkeit befreite er das Volk aus der makedonischen Knechtschaft und erwarb sich dadurch hohen Ruhm und ein immerwährendes Andenken. Bei seinem Ableben war er drei Jahre lang Großpriester gewesen.

Josephus, Jüdische Altertümer 12,11,2

Mit der „makedonischen Knechtschaft“ ist die Herrschaft der Seleukiden, der Nachfolger des Makedoniers Alexander, gemeint.

Wie ist der Held gefallen (2.Sam 1,19), der Retter Israels! 1.Makkabäer 9,21

Das Friedensreich des Simon

Das Land hatte Ruhe, solange Simon lebte. Er war auf das Beste seines Volkes bedacht, und sie hatten allezeit an seiner Macht und an seinem Ruhme Wohlgefallen. Und zu all seinem Ruhm kam noch, daß er Jaffa zum Hafen gewann und damit einen Zugang für die Inseln des Meeres schuf.
Er erweiterte seinem Volke die Grenzen
und herrschte über das Land.
Er brachte viele Gefangene heim
und machte sich zum Herrn von Geser, Bet-Zur und der Akra.
Er entfernte die Makligkeit aus ihr,
und es gab niemanden, der ihm widerstand.
Sie konnten in Frieden ihr Land bebauen,
das Land gab seinen Ertrag
und die Bäume auf dem Feld ihre Frucht (dazu 3.Mose 26,4; Hes 34,27).
Greise saßen auf den Straßen (dazu Sach 8,4),
unterredeten sich alle übers Gemeinwohl,
und die Jünglinge kleideten sich mit dem Schmucke des Kriegsgewandes.
Die Städte versorgte er mit Speise
und rüstete sie aus mit Befestigungswerken,
daß sein ruhmvoller Name genannt wurde bis zu den Enden der Erde.
Er schaffte Frieden im Land,
und Israel ward hoch erfreut.
Ein jeder saß unter seinem Weinstock und Feigenbaum,
ohne daß jemand sie erschreckte (dazu Mi 4,4 und 1.Kö 5,5).
Es war niemand mehr, der sich auf Erden bekriegte,
und die Könige wurden gedemütigt in jenen Tagen.
Er richtete auf alle Elenden seines Volkes,
er war voller Eifer für das Gebot
und beseitigte jeden Abtrünnigen und Bösen.
Er machte das Heiligtum herrlich
und vermehrte die Geräte des Heiligtums. 1.Makkabäer 14,4-15

Das Lied erinnert nach Inhalt und Stil an die messianischen Lieder im Lukas-Evangelium: Kap.1,46-45 und 68-79.

Messianische Zeitrechnung

Jonatan starb, nachdem er vier Jahre lang Großpriester und Vorsteher des Volkes gewesen war. Der an seiner Stelle zum Großpriester gewählte Simon befreite im ersten Jahre seines Amtes das Volk vom Joch der Makedonier, so daß es denselben keine Abgaben mehr zu zahlen hatte. Diese Freiheit und Steuerlosigkeit erlangten die Juden nach Ablauf des 170. Jahres der assyrischen Herrschaft (142 v.d.g.Z.), gerechnet von der Besitznahme Syriens durch Seleukos Nikator. Das Volk war aber derart begierig, den Simon zu ehren, daß alle öffentlichen wie privaten Schriftstücke gezeichnet wurden: Im ersten Jahre Simons, des Fürsten und Wohltäters der Juden.

Josephus, Jüdische Altertümer 13,6,5f

So wurde im Jahre 170 das Joch der Völker von Israel genommen und das Volk fing an, in den Urkunden und Verträgen zu schreiben: Im ersten Jahre Simons, des großen Großpriesters, Feldherrn und Anführers der Juden.

1. Makkabäer 13,41f

Zwangsmissionierung

Hyrkan eroberte ferner in Idumäa die Städte Adora und Marissa und unterwarf alle Idumäer, gestattete ihnen aber, im Lande zu bleiben, wenn sie die Beschneidung einführen und nach jüdischen Gesetzen leben wollten. Wirklich nahmen sie auch aus Liebe zu ihrer Heimat die Beschneidung wie die übrigen Gewohnheiten der Juden an und waren also von dieser Zeit an ebenfalls Juden.

Josephus, Jüdische Altertümer 13,9,1

Um diese Zeit besaßen die Juden auch schon viele Städte der Syrer, Idumäer und Phönizier ... (es folgt eine lange Aufzählung von Orten, darunter auch) Pella, dieses zerstörten sie, weil die Bewohner nicht versprechen wollten, die jüdischen Gebräuche anzunehmen, sowie noch eine Reihe bedeutender Städte Syriens, die gleichfalls zerstört wurden.

Josephus, Jüdische Altertümer 13,15,4

Die Entwicklung der messianischen Ämter

Das zweifache Amt:

Der König Alexander schrieb Jonatan, er möge sich zu einer Zusammenkunft mit ihm einstellen. So zog er denn mit Gepränge nach Ptolemais und traf mit den beiden Königen zusammen. Und er gab ihnen und ihren Freunden Silber, Gold und zahlreiche Geschenke und fand Gnade vor ihnen.

1. Makkabäer 10,59f

König Alexander entbietet seinem Bruder Jonatan seinen Gruß! Wir haben von dir vernommen, daß du ein tapferer Mann und geeignet seist, unser Freund zu sein. So bestellen wir dich heute zum Großpriester deines Volkes und wollen, daß du ein Freund des Königs heißest (er sandte ihm zugleich ein Purpurgewand und eine goldene Krone), und daß du auf unserer Seite stehest und Freundschaft mit uns haltest. Jonatan legte dann im siebten Monat des Jahres 160 am Hüttenfest das heilige Gewand an, zog Truppen zusammen und veranstaltete große Rüstungen. 1.Makkabäer 10,18-21

Das dreifache Amt:

Er (Hyrkan) war in der Tat sehr glücklich zu preisen ... Hatte er doch allein drei höchste Würden inne: die Herrschaft über das Volk, die großpriesterliche Würde und die Gabe der Prophetie. Denn es redete zu ihm die Gottheit, so daß ihm nichts von den kommenden Dingen unbekannt blieb.

Josephus, Jüdischer Krieg 1,2,8; dazu auch Jüdische Altertümer 13,10,7

Auf den Münzen Hyrkans wird allerdings nur das Amt des Großpriesters sowie teilweise der Titel: „Haupt der Gemeinde der Juden" erwähnt, eine Anspielung auf den Titel des Ethnarchen, den Julius Caesar ihm verlieh. Bemerkenswert ist, daß alle Makkabäer-Hasmonäer auf ihren Münzen die althebräische Schrift verwenden:

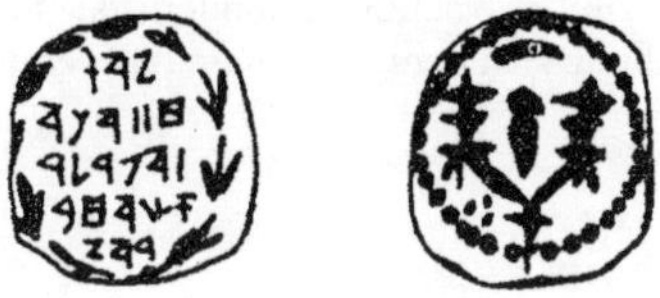

linke Seite:
„Jochanan der Großpriester, Haupt der Gemeinde der Juden"

rechte Seite:
Doppelfüllhorn, verziert mit Bändern und Granatäpfeln

Errichtung des Königtums:

Als Hyrkan gestorben war, beschloß sein ältester Sohn Aristobul aus eigener Machtvollkommenheit, die bisherige Regierungsform in ein Königtum umzuwandeln, und setzte sich 481 Jahre und drei Monate nach der Rückkehr des Volkes aus der babylonischen Knechtschaft zuerst wieder die Krone auf. Josephus, Jüdische Altertümer 13,11,1

Da Aristobul 104-103 v.d.g.Z. regierte, setzt die Rechnung mit 481 Jahren voraus, daß an Zedekia als letzten König von Juda gedacht ist, der im Jahre 587/86 ins babylonische Exil geführt wurde.

Herodes, Messias von Roms Gnaden

Der gefälschte Stammbaum des Herodes

Es hatte aber Hyrkan einen Freund namens Antipater, der, Idumäer von Geburt, sehr reich, auch von Charakter tatkräftig und verwegen war ... Nikolaus von Damaskus leitet seine Herkunft von den ersten Juden ab, die aus Babylonien nach Judäa zurückkehrten. Doch sagt er das wohl nur, um seinem Sohne Herodes, der durch Zufall König der Juden wurde, ... einen Gefallen zu erweisen. Josephus, Jüdische Altertümer 14,1,3

Wären Vorfahren des Herodes tatsächlich Heimkehrer aus Babylonien gewesen, hätte das erhebliche Bedeutung:
1. er wäre dann jüdischer und nicht idumäischer Herkunft,
2. er wäre ein Nachfahre derer, die nach dem Exil das Land wieder aufbauten,
3. er könnte Davids-Nachkomme sein, weil sich die deportierte Oberschicht neben Handwerkern vor allem aus Priestern und Leuten aus dem Königshaus zusammensetzte.
Josephus mißtraute zu Recht nicht nur dieser speziellen Nachricht, sondern der Geschichtsschreibung des Nikolaus überhaupt und rühmte sich demgegenüber, daß *er* sine ira et studio schreibe.

Einheirat in das hasmonäische Königshaus

Damals aber heiratete er (Herodes) Mariamne, die Tochter von Aristobuls Sohn Alexander und Enkelin Hyrkans, und wurde so Glied der königlichen Familie. Josephus, Jüdischer Krieg 1,12,3; dazu auch Jüdische Altertümer 14,12,1

Kampf gegen messianische Gruppen im Galil

Dann brach er (Herodes) gegen die in Höhlen wohnenden Räuber auf, die weite Teile des Landes durchstreiften und den Einwohnern nicht weniger Not machten als ein Krieg ... Diese Höhlen lagen in steilen Bergabhängen und waren von nirgends her unmittelbar zugänglich; sie hatten nur schräge, sehr enge Einstiegsmöglichkeiten. Die Felsmasse, an der sich ihre Eingänge befanden, fiel in sehr tiefe Schluchten ab, steil und zerklüftet.

Der König war deshalb lange Zeit infolge der Unzugänglichkeit des Geländes in Verlegenheit, schließlich kam er auf einen freilich sehr gefährlichen Einfall. Er befahl nämlich, die stärksten seiner Leute in Kästen an Seilen herabzulassen, und verschaffte ihnen dadurch den Zugang zu den Öffnungen der Höhlen. Diese Krieger machten dann die Räuber samt deren Familien nieder und schleuderten Feuerbrände auf die, welche sich zur Wehr setzten. Herodes wollte einige von diesen auch gern am Leben erhalten und ließ sie deshalb durch Heroldsruf auffordern, sie sollten zu ihm heraufkommen. Aber niemand ergab sich freiwillig, und von denen, die dazu genötigt wurden, zogen viele den Tod der Gefangenschaft vor.

Damals aber wurde einer von den Alten, Vater von sieben Söhnen, von diesen Söhnen samt ihrer Mutter um Erlaubnis gebeten, wegen der Zusage (der Verschonung) hinausgehen zu dürfen. Da tötete er sie auf folgende Weise: Er befahl ihnen, einzeln hervorzukommen, stellte sich selbst an den Eingang der Höhle und stieß den von den Söhnen, der jeweils hervorkam, nieder. Herodes, der das von fern sah, wurde von Mitleid ergriffen, streckte dem alten Mann seine Rechte entgegen und redete zu ihm, seine Söhne doch zu schonen. Auf ihn aber machte keines dieser Worte Eindruck, sondern im Gegenteil, er schmähte Herodes noch wegen seiner niedrigen Herkunft, tötete außer den Söhnen auch seine Frau, warf die Leichen in den Abgrund und stürzte sich selbst hinterher.

Josephus, Jüdischer Krieg 1,16,2 und 4; dazu auch Jüdische Altertümer 14,15,5

Herodes kämpfte im Jahr 38 v.d.g.Z. gegen die Aufständischen, die sich in den Chule-Sümpfen und in den Arbela-Höhlen versteckt hielten.

Dieser (Herodes), der von Natur entschlußkräftig war, fand alsbald Gelegenheit für seinen Tatendrang. Er griff nämlich den Räuberhauptmann Hiskia an, der mit seiner zahlreichen Bande die benachbarten Gebiete Syriens durchzog; als er ihn gefaßt hatte, tötete er ihn und viele von seinen Räubern. Dieses Geschehen wurde bei den Syrern in dankbarem Ansehen gehalten; man pries Herodes in den Dörfern und Städten, weil er ihnen Frieden und Wohlstand wiedergebracht hatte.

Josephus, Jüdischer Krieg 1,10,5; dazu auch Jüdische Altertümer 14,9,2

Die Vorzüge des Herodes

Er (Herodes) verfügte über einen Leib, der seiner Seele entsprach; stets war er ein ausgezeichneter Jäger, dabei kam ihm seine Fertigkeit im Reiten in hohem Maße zustatten. So erlegte er einmal an einem einzigen Tage vierzig Stück Wild ... Als Krieger war er unüberwindlich. Auch schon bei den Wettspielen waren viele betroffen, wenn sie ihn sahen, wie sicher er den Speer warf und wie glücklich er als Bogenschütze sein Ziel traf. Zu den Vorzügen des Leibes und der Seele kam hinzu, daß er immer Glück hatte; denn selten unterlag er im Krieg, und schuld an seinen Niederlagen war nicht er selber, sondern der Verrat weniger Leute oder die Voreiligkeit seiner Soldaten.

Josephus, Jüdischer Krieg 1,21,13

Wundergeschichten über Herodes

Ein gewisser Essener namens Menachem, der wegen der Ehrbarkeit seines Wandels in gutem Rufe stand und von Gott mit der Gabe, die Zukunft vorherzusehen, ausgestattet war, sah Herodes eines Tages an und sagte zu ihm, er werde dereinst König der Juden werden. Herodes aber, der Meinung, Menachem kenne ihn entweder nicht oder aber treibe seinen Scherz mit ihm, antwortete, er sei doch nur von gewöhnlicher Herkunft. Menachem lächelte darüber, schlug ihn auf die Schenkel und sagte: Du wirst in der Tat König werden und, weil dich Gott für dessen würdig hält, eine glückliche Regierung führen. Erinnere dich dann der Schläge Menachems und laß sie dir zum Zeichen dafür dienen, daß alles Glück wandelbar ist.

Josephus, Jüdische Altertümer 15,10,5

Als aber Herodes in Dafne in Antiochien war, kündigten deutliche Träume den Tod seines Bruders an, und als er erregt vom Lager sprang, traten die Boten mit der Unglücksnachricht ein. Er klagte nur kurze Zeit über den Verlust, verschob aber die förmliche Trauer im wesentlichen auf spätere Zeit und drängte gegen die Feinde; bei diesem Marsch überschritt er fast die Grenzen seiner Kraft. Als er an den Libanon kam, warb er achthundert der dortigen Gebirgsbewohner ...

Mit diesen Bundesgenossen fiel er, ohne den Tagesanbruch abzuwarten, in Galiläa ein und schlug die Feinde, die ihm entgegentraten, an den Platz zurück, von dem sie ausgegangen waren ... Weiterhin setzte er seinen Marsch durch das Gebiet von Jericho fort in der Absicht, so schnell wie möglich gegen die Mörder seines Bruders vorzugehen. Dort widerfuhr ihm ein von höherer Hand gefügtes wunderbares Ereignis, und weil er wider Erwarten bewahrt hervorging, gewann er den Ruf, besonders mit göttlicher Huld begnadet zu sein. Denn es hatten viele Vornehme an jenem Abend mit ihm gespeist. Als die Tafel aufgehoben war und alle ins Freie getreten waren, fiel plötzlich das Haus in sich zusammen. Dies verstand er als Vorzeichen für beides, Gefahren und Rettung in den kommenden Kriegen.

Josephus, Jüdischer Krieg 1,17,3 und 4

Hierin erblickte man allgemein einen Beweis dafür, daß Herodes ein Liebling Gottes sei, da er einer so großen und unversehenen Gefahr entgangen war.

Josephus, Jüdische Altertümer 14,15,11

Herodes der königliche Tempel-Bauherr

Im fünfzehnten Jahre seiner Regierung ließ er den Tempel umbauen, den Tempelbezirk um das Doppelte erweitern und eine feste Mauer ringsum aufführen - alles mit unermeßlichen Kosten und unübertrefflichem Aufwand an Pracht. Davon zeugen besonders die großen, den Tempel umgebenden Säulenhallen und die im Norden an denselben stoßende feste Burg.

Josephus, Jüdischer Krieg 1,21,1

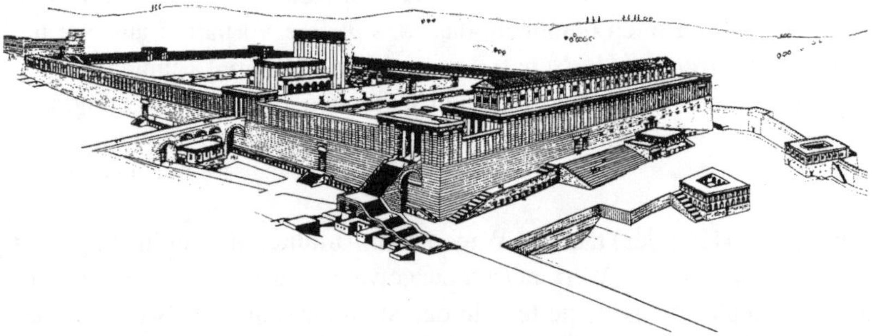

Rekonstruktion des herodianischen Tempels

Josephus läßt Herodes anläßlich des Plans zum Tempelausbau eine lange, messianisch ausgerichtete Rede halten:

Liebe Landsleute! Ich halte es für unnötig, von den anderen Werken vor euch zu reden, die ich seit Beginn meiner Regierung vollbracht habe, obgleich sie alle von der Art sind, daß sie mehr eurer Sicherheit als meinem Ruhme dienen. Und da ich auch in den Zeiten schlimmer Not euch beizustehen nicht außer Acht ließ und bei der Ausführung meiner Bauten mehr eure Sicherheit als die meine besorgte, so bin ich überzeugt, daß ich nach dem Willen Gottes das Volk der Juden zu einem Glücke geführt habe, wie es dasselbe früher nie gekannt hat. Doch ich halte es, wie gesagt, für überflüssig, euch alles einzeln aufzuzählen, was ich im Lande vollführt und wie ich durch Erbauung von Städten sowohl in eurem Gebiet als auch in den dazugehörenden Landesteilen euer Volk zu großem Ansehen erhoben habe, da euch das ja wohlbekannt ist.

Ich will euch jetzt nur mit wenigen Worten zeigen, daß das Werk, das ich jetzt in Angriff nehmen will, ebenso sehr der Ehre Gottes als auch eurem Ruhme dienen soll. Dieser Tempel ist von euren Vorfahren dem höchsten Gott erbaut worden, als sie aus Babylonien zurückgekehrt waren. Doch fehlten ihm an seiner Höhe noch sechzig Ellen, um die der früher von Salomo erbaute (Tempel) ihn überragte. Das ist aber nicht etwa dem Mangel an Frömmigkeit bei unseren Vorfahren zuzuschreiben, weil es nicht bei ihnen stand, dem Tempel die frühere Größe zu geben. Vielmehr schrieben Kyros und Darius ihnen die Art, wie sie den Bau errichten sollten, vor, so daß sie, da sie zuerst diesen Königen, dann deren Nachkommen und später den Makedoniern untertan waren, nicht die Macht besaßen, dieses Denkmal ihrer Gottesfurcht in derselben Größe wie ehemals aufzuführen.

Weil ich nun mit Gottes Gnade zur Regierung gelangt bin, einer langen Friedenszeit mich erfreue, mir große Reichtümer gesammelt habe, bedeutende Einkünfte beziehe und, was das Wichtigste ist, mit den Römern, den Herren der Welt, wie ich wohl sagen darf, in freundschaftlichem Verkehr stehe, so will ich mich bemühen, das, was unsere Vorfahren aus Not und weil sie unter fremder Herrschaft standen nicht ausführen konnten, zu vollenden und dadurch Gott für die vielen Wohltaten, die er mir während meiner Regierung erwiesen hat, frommen Dank zu erstatten.

Josephus, Jüdische Altertümer 15,11,1

... erst als er (Herodes) tausend Wagen zum Anfahren der Steine beschafft, zehntausend erfahrene Werkmeister ausgewählt, tausend Priestern priesterliche Gewänder gekauft, sie teils in der Steinmetzkunst, teils im Zimmerhandwerk hatte unterrichten lassen, und überhaupt alles aufs sorgfältigste vorbereitet hatte, nahm er das Werk in Angriff ...

Nach einer Beschreibung der verschiedenen Höfe und Teile des Tempels heißt es in bezug auf die inneren Gebäude:

In keinen dieser drei inneren Räume trat Herodes ein, da er kein Priester war und ihm somit der Eintritt nicht freistand. Vielmehr besorgte er nur den Aufbau der Säulenhallen und der äußeren Einfriedungen, den er in acht Jahren vollendete. Nachdem nun auch der eigentliche Tempelbau von den Priestern in einem Jahr und sechs Monaten errichtet worden war, freute sich das gesamte Volk ...

Josephus, Jüdische Altertümer 15,11,2. 5 und 6

Es wird gesagt: Wer den Tempelbau des Herodes nicht gesehen hat, der hat seiner Lebtage keinen schönen Bau gesehen. Woraus hat er ihn gebaut? Rabba sagte: Aus gelben und weißen Mamorsteinen ... Er beabsichtigte, ihn mit Gold zu überziehen. Da sagten unsere Meister zu ihm: Laß ihn, so ist er nämlich viel schöner; er sieht aus wie Schaum von Meereswellen.

Bawa Batra 4a (ähnlich auch Sukka 51b)

Bauherr im Israel-Land, im Vorderen Orient und in Griechenland

Seinen eigenen Königspalast legte er in der oberen Stadt an und benannte die zwei größten und schönsten Flügel desselben, mit denen nicht einmal der Tempel den Vergleich aushielt, nach seinen hohen Freunden: Caesareum und Agrippeum ... Doch nicht bloß einzelne Gebäude weihte er dem

Gedächtnis und Namen dieser Männer, sondern er ging noch weiter und tat, um sie zu ehren, dasselbe mit ganzen Städten. So umgab er im Samariterland eine Stadt mit einer hervorragend schönen Mauer im Umfang von etwa zwanzig Stadien, versetzte achttausend Einwohner dorthin, wies denselben fruchtbare Böden zu, erbaute mitten in der neugegründeten Stadt einen gewaltigen Tempel mit einem freien Platz von anderthalb Stadien zu Ehren des Kaisers und nannte die Stadt Sebaste (=Auguste). Ihren Bewohnern aber gab er eine ausgezeichnete Gemeindeverfassung.

Als ihm dann der Kaiser noch weitere Gebiete schenkte, erbaute ihm Herodes auch dort einen Tempel von weißem Marmor - und zwar an den Quellen des Jordan. Der Ort heißt Panium ... Auch zu Jericho ließ der König zwischen dem Kastell Kypros und dem früheren Königspalast ein neues, besseres und bequemeres Gebäude aufführen, das er nach seinen Freunden benannte. Es gab also keinen Ort in seinem Reiche, den er, falls er sich sonst dazu eignete, nicht mit Bauwerken zu Ehren des Kaisers versehen hätte.

Josephus, Jüdischer Krieg 1,21,1ff

In ähnlicher Weise berichtet Josephus des weiteren über den Bau von Caesarea, Antipatris in der Scharon-Ebene, und Agrippium, von Kastell Kypros, der nahe dabei gelegenen Stadt Phasaelis und des Herodeions, an anderer Stelle von Mezada, Machärus, Hebron, Jericho.

Nachdem er sein eigenes Land mit Tempeln angefüllt hatte, ließ er es auch in der Provinz nicht an Ehrenmalen für Augustus fehlen und errichtete in vielen Städten Caesareen.

Josephus, Jüdischer Krieg 1,21,7; dazu auch Jüdische Altertümer 15,9,5

Als er diese großartigen Bauwerke vollendet hatte, bewies er auch einer Anzahl auswärtiger Städte seine Seelengröße. So versah er Tripolis, Damaskus und Ptolemäus mit Ringschulen, Byblus mit einer Stadtmauer, Berytus und Tyrus mit Säulengängen, Hallen, Tempeln und Märkten, Sidon und Damaskus mit Theatern, die Seestadt Laodizea mit einer Wasserleitung, Askalon mit prachtvollen Bädern und Brunnen, außerdem mit Säulenhallen von erstaunlicher Größe und Kunst ... Den abgebrannten Tempel des pythischen Apoll baute er auf seine Kosten und schöner als zuvor wieder auf. Wozu soll ich noch die Schenkungen erwähnen, die er den Lykiern und den Samiern zukommen ließ? Oder die Freigebigkeit, mit der er in ganz Jonien so manche Not linderte? Sind nicht Athen und Lakedämon, Nikopolis und die mysische Stadt Pergamos voll von Weihgeschenken des Herodes? Und hat er nicht die wegen ihres Schmutzes gemiedene Hauptstraße von Antiochien zu Syrien in einer Länge von zwanzig Stadien mit geglättetem Marmor pflastern und zum Schutz vor Regen mit einem ebenso langen Säulengang schmücken lassen?

... Was übrigens seine Freigebigkeit am meisten hemmte, war die Furcht, dadurch Neid zu erregen oder in Verdacht zu geraten, als ob er, indem er den Städten größere Wohltaten erwies als ihre eigenen Gebieter, weiter ausgreifende Pläne verfolge.

Josephus, Jüdischer Krieg 1,21,11f

Herodes der Wohltäter

Von den Einheimischen schlossen sich (dem zukünftigen Herrscher) die einen aus alter, noch von seines Vaters Zeit herrührender Freundschaft, die anderen aus Begeisterung für seinen Ruhm oder aus Dankbarkeit für die von Vater und Sohn erhaltenen Wohltaten ihm an ...

Josephus, Jüdischer Krieg 1,15,4

Brot und Spiele

Von einer Dürre im Israel-Land wird berichtet, der eine große Hungersnot folgte. Auch das Saatgut wurde verzehrt. Die königlichen Steuereinnahmen entfielen.

Herodes sann in dieser traurigen Lage auf Mittel, um die Not zu lindern. Das war recht schwierig ... Da er es aber für richtig hielt, nichts unversucht zu lassen, um dem Elend abzuhelfen, ließ er alles, was sich an Gold- und Silbergerät im Königspalast fand, einschmelzen und verschonte selbst die kostbarsten und kunstvollsten Sachen nicht. Das dadurch gewonnene Geld schickte er dann nach Ägypten (der antiken Kornkammer) ... Obgleich sich nicht wenige, die in derselben Not waren, um Hilfe an (den römischen Legaten von Syrien) Petronius wandten, wollte er doch als besonderer Freund des Herodes zuerst dessen Untertanen das Leben erhalten. Er gestattete deshalb ihnen vor anderen, das Getreide auszuführen, war ihnen auch beim Ankauf und der Ausfuhr desselben in jeder Hinsicht behilflich ... Als nun die Gesandten mit dem Getreide ankamen, sorgte Herodes zunächst dafür, daß das Volk diese Hilfe nur ihm zuschrieb, und brachte dadurch nicht nur denen, die ihm früher feindlich gegenüber standen, eine bessere Meinung bei, sondern zeigte auch offenkundig, wie sehr er auf das Wohl des Volkes bedacht gewesen war.

... Niemand wandte sich in seinem Elend an ihn, dem er nicht nach Kräften geholfen hätte. Ganze Völker und ganze Städte, ... die in Not geraten waren, erlangten Gewährung ihrer Anliegen ... Durch diese seine Fürsorge und Güte gewann sich Herodes so sehr die Zuneigung der Juden, daß sie ihn nicht genug zu loben wußten, und daß der Haß, den er sich durch seine Mißachtung heimischer Bräuche zugezogen hatte, aus dem Herzen seiner

Untertanen getilgt war. Allerseits war man jetzt überzeugt, er habe durch seine opferwillige Hilfe in schwerer Notzeit seine früheren Fehler wieder gutgemacht. Auch bei den Auswärtigen stieg sein Ruhm, und es scheint, daß das unsägliche Elend, das sein Reich so schwer gedrückt hatte, dazu bestimmt gewesen sei, den Glanz seines Namens zu erhöhen.

Josephus, Jüdische Altertümer 15,9,2

Besonders von Caesarea beschreibt Josephus die von Herodes errichteten Bauten: Pferderennbahn, Amphitheater und Theater, die immer noch zu besichtigen und teils wieder in Betrieb sind. Und es heißt weiter:

Dann stiftete der König fünfjährige Kampfspiele, die er ebenfalls nach dem Kaiser benannte, und setzte fürs erste in der 192. Olympiade selbst bedeutende Kampfpreise aus, wobei nicht nur die eigentlichen Sieger, sondern auch die Zweit- und Drittbesten nach ihnen seine königliche Freigebigkeit erfuhren.

Josephus, Jüdischer Krieg 1,21,8

Der Heiland Herodes

Bei der Belagerung Jerusalems im Jahre 37 v.d.g.Z. ließ Herodes

rings um die Stadtmauern bekannt machen, er sei zum Heil (SOTERIA) des Volkes und der Stadt gekommen und wolle nicht einmal seinen erklärten Feinden etwas zuleide tun, sondern selbst seinen erbittertsten Gegnern Vergessenheit für alle wider ihn begangenen Verfehlungen zusichern.

Josephus, Jüdische Altertümer 14,15,2; dazu auch Jüdischer Krieg 1,15,5

Göttliche Verehrung des Herodes?

(Er) verfolgte mit der Zügellosigkeit seiner Leidenschaft Freunde und Verwandte nicht anders als man sonst Todfeinde verfolgt, und zwar aus dem Grunde, weil er allein geehrt sein wollte. Wie heftig diese Leidenschaft war, kann man aus den Ehren ersehen, die er dem Kaiser, dem Agrippa und seinen anderen hohen Freunden erwies. Wie er nämlich Mächtige ehrte, so wollte auch er selbst geehrt sein. Seine eigenen großen Aufwendungen in diesem Punkt bewiesen klar, daß er auf gleiche Behandlung von anderen rechnete. Das jüdische Volk aber war seinen Gesetzen zuliebe allen derartigen Veranstaltungen abgeneigt und daran gewöhnt, Recht und Gerechtigkeit höher zu schätzen als eitlen Ruhm. Daher kam es, daß die Juden keine Gnade vor ihm fanden. Sie verstanden es eben nicht, durch Errichtung von Bildsäulen, Tempeln und ähnlichen Bauwerken dem Ehrgeiz des Königs zu schmeicheln. Darin scheint mir der Grund zu liegen, weshalb Herodes seine Angehörigen und Freunde so schlecht behandelte, während er die Auswärtigen und Fremden mit Wohltaten zu überhäufen suchte.

Josephus, Jüdische Altertümer 16,5,4

Im Gebiet des Tempels von Sia bei Kanata, einer nabatäischen Stadt an der Ostgrenze des herodianischen Reiches (in der Region Auranitis) fand sich auf einer Herodes-Statue eine Inschrift des Inhalts:

Für Herodes, den König und Herrn (BASILEI ... KYRIO), habe ich ... auf meine Kosten dieses Standbild aufgestellt.

Inscriptiones Graecae ad Res Romanas Pertinentes Band III, S.1243

Unruhen anläßlich des Todes des Herodes

Es waren zwei Gelehrte in der Stadt, die als sehr genaue Kenner der väterlichen Gebote galten und darum beim Volk in außerordentlich hohem Ansehen standen, Judas, der Sohn des Sepheraios, und der andere Mathias, Sohn des Margalos. Zu ihrer Auslegung der Tora strömten nicht wenige herbei, und sie sammelten Tag für Tag ein Heerlager von jungen Männern um sich. Als sie Kunde davon erhielten, daß der König unter Gram und Krankheit dahinsieche, ließen sie in ihrem Bekanntenkreis die Bemerkung fallen, gerade jetzt sei die geeignetste Zeit, Gott sein Recht zu verschaffen und all die Bildwerke herunterzureißen, die gegen die väterlichen Gebote verstießen. Denn es sei wider das göttliche Gesetz, wenn am Tempel Statuen, Tierbilder oder andere Figuren angebracht seien, die einem Lebewesen glichen. Der König hatte nämlich über dem großen Tor einen goldenen Adler anbringen lassen; die Gelehrten forderten nun auf, diesen herunterzuschlagen. Sie sagten: auch wenn eine gewisse Gefahr dabei entstünde, sei es doch gut, für das Gesetz der Väter zu sterben ...

Während sie noch so sprachen, kam das Gerücht auf, der König liege im Sterben. Umso entschlossener schritten darauf die jungen Männer zur Ausführung der Tat. Zur Mittagszeit, als viele Menschen sich im Heiligtum aufhielten, ließen sie sich an starken Seilen vom Dach herab und schlugen den goldenen Adler mit Äxten herunter. Das wurde sofort dem königlichen Befehlshaber gemeldet, der mit einer beträchtlichen Mannschaft die Treppe hinauf eilte, etwa vierzig Leute verhaftete und sie zum König brachte ... Der forderte ihre Bestrafung als Frevler gegen Gott ... Er ließ, die sich vom Dach heruntergelassen hatten, zusammen mit den Gelehrten lebendig verbrennen. Die übrigen Verhafteten übergab er seinen Leibwächtern zur Hinrichtung.

Josephus, Jüdischer Krieg 1,33,2ff

„Judas, Sohn des Sepheraios": andere Handschriften bezeugen „Sariphaios". Wahrscheinlich ist hier kein Personenname gemeint, sondern der Stadtname Zippori (Sephoris). Aus Judas von Sephoris wurde dann in Unkenntnis der Geographie: Sohn des Sephoris bzw. Sariphaios. Später, so in der Parallelstelle Jüdische Altertümer 17,6,2ff, wuchs die Verwirrung noch: aus „Sepheraios" wurde nun „Pharisaios" - Judas der Pharisäer.

Messianische Aufstände nach dem Tod des Herodes

Um diese Zeit entstanden in Judäa auch noch vielerlei andere Unruhen ... So taten sich in Judäa selbst zweitausend Mann, die einst unter Herodes gedient hatten, zusammen und begannen, die Königlichen zu belagern ... Ferner sammelte ein gewisser Judas, der Sohn des Räuberhauptmanns Hiskia, der eine große Macht besaß und von Herodes nur mit Mühe niedergehalten worden war, bei Zippori, einer Stadt in Galiläa, eine Schar verkommener Menschen, griff damit das Zeughaus an, bemächtigte sich der daselbst befindlichen Waffen ... Ja, er strebte sogar nach der Königsherrschaft[1] ...

Auch ein gewisser Simon, ein Knecht des Königs Herodes und ein Mensch von hoher, schöner Gestalt, wollte aus der allgemeinen Verwirrung Nutzen ziehen und wagte, sich die Königskrone aufzusetzen. Dann sammelte er eine Menge Abenteurer um sich, ließ sich von diesem sinnlosen Haufen als König begrüßen und glaubte von sich selbst, daß er mehr als alle anderen der Königsherrschaft würdig sei. Er plünderte darauf den Königspalast in Jericho und äscherte ihn ein ... Nach einem langen und scharfen Gefecht wurde die Bande des Simon ... gänzlich vernichtet. Simon selbst wurde, als er, um sein Leben zu retten, durch einen Engpaß entfliehen wollte, von Gratus eingeholt und enthauptet.

Auch bei Ammatha, einer Stadt am Jordan, wurde ein königliches Schloß von einer Horde, die der des Simon ähnlich war, in Brand gesteckt. Ein solcher Taumel war damals über das Volk gekommen, weil es keinen eigenen König mehr hatte ...

Hierauf vermaß sich auch ein gewisser Athronges, ein Mann, der sich weder auf vornehme Herkunft, noch auf Tüchtigkeit und Reichtum berufen konnte, sondern ein einfacher Schafhirt war und sich durch nichts anderes als durch einen riesigen Körperbau und gewaltige Stärke auszeichnete, seine Hand nach der Krone auszustrecken ... Er hatte vier Brüder, welche ... ihm sehr nützlich bei der Behauptung der errungenen Herrschaft sein konnten. Jeder von diesen vier Brüdern befehligte eine Rotte Abenteurer, ... und sie schlugen sich für Athronges. Er selbst aber setzte sich die Königskrone auf, hielt Rat ... und ordnete alles nach seiner Willkür an. So hielt er sich lange Zeit, führte den Titel König und tat, was ihm beliebte ... So war Judäa eine wahre Räuberhöhle, und wo sich nur immer eine Schar von Aufrührern zusammentat, wählten sie gleich Könige...

Josephus, Jüdische Altertümer 17,10,4-8

[1] Dazu das Kapitel „Die Messias-Dynastie des Hiskia im Galil".

Nach dem Tode des Herodes maßte sich gleich ein gewisser Simon den Königstitel an, ohne erst lang auf die Verleihung durch Caesar zu warten. Simon wurde von Quintilius Varus, dem Statthalter Syriens, seiner Strafe zugeführt, und die Herrschaft über das in seine Schranken gewiesene Volk übernahmen die Söhne des Herodes, jeder über ein Drittel des Landes.

Tacitus, Historien, Buch 5,9

Zur gleichen Zeit geriet das Land auch an vielen anderen Stellen in Aufruhr, und die Lage der Dinge stachelte viele dazu auf, nach der Königswürde zu streben. In Idumäa griffen 2.000 ehemalige Soldaten des Herodes gemeinsam zu den Waffen und bekämpften die Königspartei ...

Josephus, Jüdischer Krieg, 2,4,1

Hillel, ein Schüler Esras

Die Abstammung Hillels

Rabbi Levi sagte: Ein Geschlechtsregister fand man in Jerusalem, und darinnen war geschrieben: Hillel aus dem (Haus) Davids. tib Taanit 4,2,68a[1]

Hillel und die Tora

Ein Reicher und ein Armer kommen vors himmlische Gericht. Sie sagen zu dem Armen: Weshalb hast du dich nicht mit der Tora befaßt? Wenn er sagt: Arm war ich, darum kümmerte ich mich um meinen Lebensunterhalt, so sagen sie zu ihm: Warst du etwa ärmer als Hillel? Joma 35b

Einer aus den Völkern, der gern Jude werden wollte, kam vor Hillel und bat ihn, daß er ihm den ganzen Inhalt der Tora sagen solle, solange er auf einem Bein stehen könne. Darauf Hillel:

Was dir verhaßt ist, das tu auch deinem Nächsten nicht! Das ist die ganze Tora. All der Rest ist Kommentar. Gehe hin und lerne! Schabbat 31a

Der Prosbul bewirkt, daß nicht erlassen wird. Das ist eines von den Dingen, die Hillel der Ältere angeordnet hat. Als er sah, daß sich das Volk abhalten ließ, zu leihen, und sie damit übertraten, was in der Weisung steht (5.Mose 15,9): *Hüte dich, daß in deinem Herzen kein nichtswürdiger Gedanke sei* ..., da ordnete er den Prosbul an. Mischna Schwiit 10,3

Nach biblischem Gebot (5.Mose 15,1-6) sollten in Israel alle ausstehenden Schulden am Ende eines jeden Jahrsiebents erlassen werden. Was als soziale Maßnahme gedacht war, führte in der Praxis jedoch dazu, daß es vor allem gegen Ende der siebenjährigen Frist für Arme schwer wurde, einen Kredit zu bekommen. Hillel hob daher dieses Gebot praktisch auf. Der Prosbul (griechisch: PROS BULE „beim Gericht") ist ein besonderer Schuldschein, der durch das Siebentjahr *nicht* ungültig wird.

Eine Geschichte von Hillel dem Älteren: Er stand gewöhnlich am Tor von Jerusalem und Menschen gingen zur Arbeit hinaus. Er sagte zu ihnen: Wieviel werdet ihr heute verdienen? Dieser sagte: einen Denar, und jener sagte: zwei Denare. Er sagte zu ihnen: Was werdet ihr mit dem Geld machen? Sie

[1] „tib" steht für: tiberiensischer Talmud. Der frühe Talmud sollte weder - mit einem vom Judenhasser Hadrian verordneten Wort - der palästinische Talmud genannt werden, noch ist die (allgemein übliche) Bezeichnung Talmud Jeruschalmi angemessen, da er nicht in Jerusalem, sondern in Tiberias entstand - war es Juden seit Hadrian doch verboten, Jerusalem zu betreten, so daß sie in den Galil auswichen.

sagten: Wir werden damit bezahlen, was wir zum Leben brauchen. Er sagte zu ihnen: Wollt ihr nicht mit mir kommen und euch Wissen aus der Tora erwerben, damit ihr (beides) gewinnt: Leben in der hiesigen und Leben in der kommenden Welt? So machte es Hillel alle Tage. Damit hat er viele unter die Fittiche des Himmels gebracht.

Awot de Rabbi Natan, Textversion 2, Abschnitt 26

Hillels Selbstbewußtsein

Wenn ich nicht für mich bin, wer ist dann für mich?
wenn ich aber nur für mich bin, was bin ich?
wenn nicht jetzt, wann sonst?

Awot 1,14

Wenn ich hier bin, dann ist alles hier.
Wenn ich aber nicht hier bin - wer ist dann hier?

Sukka 53a

Obwohl er (Hillel) den ganzen Tag saß und sie lehrte, nahmen sie es nicht von ihm an, bis er sagte: So ist es auf mich gekommen, so hörte ich es von Schmaja und Awtaljon! Als sie das von ihm hörten, standen sie auf und machten ihn zum NASI (Fürst) über sich.

tib Pesachim 6,1,33a

Hillel - Schüler Esras

Als zuerst die Tora in Israel in Vergessenheit geraten war, da kam Esra aus Babylonien und begründete sie. Später geriet sie wieder in Vergessenheit, da kam Hillel, der Babylonier, und begründete sie.

Sukka 20a

Sie waren im Obergemach des Hauses Gurja in Jericho versammelt, da ging plötzlich eine Stimme hervor: Einer unter euch ist würdig, daß die SCHCHINA auf ihm ruhe. Allein, seine Zeit ist dessen nicht würdig. Da richteten sich aller Augen auf Hillel den Älteren. Als er starb, hielten sie auf ihn folgende Trauerrede: Oh Frommer, oh Sanftmütiger - Schüler Esras!

Sota 48b

Exkurs: Vielfältige messianische Erwartungen im frühen Judentum

Messianische Erwartungen in den Texten von Kumran

Der Lehrer der Gerechtigkeit

Nun aber hört, ihr alle, die ihr Gerechtigkeit erkannt habt und Einsicht habt in die Werke Gottes! Denn er geht vor gegen alles Fleisch, und er wird Gericht halten über alle, die ihn mißachten. Denn wegen ihrer Treulosigkeit, um derentwillen, die ihn verlassen hatten, hat er sein Antlitz vor Israel und vor seinem Heiligtum verborgen und hat sie dem Schwert ausgeliefert. Weil er aber des Bundes mit den Vätern gedachte, ließ er einen Rest in Israel und gab sie nicht der Vernichtung preis. Und in der Zeit des Zorns, 390 Jahre nachdem er sie der Hand Nebukadnezars, des Königs von Babel, ausgeliefert hatte, hat er sie heimgesucht, und er ließ aus Israel und aus Aaron eine Wurzel der Pflanzung sprießen, damit sie in Besitz nehme sein Land und reich werde an den Gütern seines Bodens. Und sie sahen ihre Bosheit ein und erkannten, daß sie schuldige Menschen waren. Aber sie waren wie Blinde und wie Leute, die im Dunkeln tappend den Weg suchen, 20 Jahre lang. Und Gott betrachtete ihre Werke, denn mit vollkommenem Herzen hatten sie ihn gesucht. Und er erweckte ihnen einen Lehrer der Gerechtigkeit, um sie zu führen auf den Weg, der seinem Herzen lieb ist, und um kundzutun den letzten Geschlechtern, was er tun will an einem letzten Geschlecht, an der Gemeinde der Verräter. Damaskusschrift (CD I,1-12)

Die genannten Jahreszahlen ergeben keinen Sinn. Setzt man den Beginn des babylonischen Exils 587/86 an, kommt man auf die Zahl 177/76. Das aber liegt ein Jahrzehnt *vor* Beginn der Makkabäer-Unruhen.

Der priesterliche Messias

Nachdem ihre Bestrafung durch den Herrn erfolgt ist, wird der Herr dem Priestertum einen neuen Priester erwecken, welchem zukünftig alle Worte des Herrn enthüllt werden. Er selbst wird auf der Erde ein Gericht der Wahrheit halten in einer Menge von Tagen. Es wird sein Stern am Himmel aufgehen wie ein König, ausstrahlend Licht und Erkenntnis wie durch die Sonne am Tag. Er wird verherrlicht auf der Erde bis zu seiner Aufnahme. Dieser wird leuchten wie die Sonne auf der Erde und jedes Dunkel von der Erde wegnehmen, und es wird Friede auf der ganzen Erde sein. Die Himmel werden jauchzen in seinen Tagen, die Erde wird sich freuen, die Völker werden frohlocken. Die Erkenntnis des Herrn wird ausgegossen werden auf der Erde wie Wasser der Meere. Die Engel der Herrlichkeit des Angesichts des Herrn werden sich über ihn freuen. Die Himmel werden sich öffnen, aus dem Tempel der Herrlichkeit wird Heiligkeit über ihn kommen mit väterlicher Stimme wie von Abraham, dem Vater Isaaks. Die Herrlichkeit des Höchsten wird über ihn gesprochen werden, der Geist des Verstandes und der Heiligung wird auf ihm ruhen in dem Wasser. Er selbst wird die Majestät des Herrn seinen Söhnen geben in Wahrheit für immer. Er wird keinen Nachfolger haben bis in die fernsten Geschlechter für immer.

Zur Zeit seines Priestertums wird jede Verfehlung vergehen, die Frevler werden aufhören, Böses zu tun. Die Gerechten aber werden bei ihm Ruhe finden. Er selbst wird die Türen des Paradieses öffnen, er wird wegstellen das gegen Adam drohende Schwert und wird den Heiligen zu essen geben vom Holze des Lebens. Der Geist der Heiligkeit wird auf ihnen sein. Und Belial wird von ihm gebunden werden, er wird seinen Kindern Kraft geben, auf die bösen Geister zu treten. Der Herr wird frohlocken über seine Kinder, der Herr wird Wohlgefallen haben an seinen Geliebten für immer. Dann wird Abraham jauchzen, Isaak und Jakob. Ich werde mich freuen, alle Heiligen werden Frohlocken anziehen.

Testamentum Levi 18

Die Testamente der Zwölf Patriarchen sind in griechischer Sprache seit langem bekannt. Verwandte, auf Hebräisch abgefaßte Fragmente fanden sich auch in Kumran.

Die zwei Messiasse aus Aaron und Israel und der prophetische Messias

Und sie sollen geleitet werden durch die früheren Anordnungen, in denen die Mitglieder der Gemeinschaft anfangs unterrichtet wurden, bis zur Ankunft eines Propheten und der Messiasse aus Aaron und Israel.

Gemeinderegel (1QS IX,11)

Wie schon bei den Makkabäern, so sind auch hier alle drei messianischen Ämter beieinander: der priesterliche aus Aaron, der königliche aus Israel und der prophetische Messias.

Der Stern aus Jakob

Danach wird euch aufgehen ein Stern aus Jakob in Frieden, es wird aufstehen ein Mensch aus meinem Samen wie die Sonne der Gerechtigkeit, der wandelt mit den Menschen in Sanftmut und Gerechtigkeit. Kein Fehl wird an ihm gefunden werden. Es werden sich die Himmel über ihm öffnen, auszugießen den Segen des Geistes vom Vater der Heiligkeit. Er selbst wird ausgießen über euch den Geist der Gnade, ihr werdet seine Söhne in Wahrheit sein und werdet wandeln in seinen Geboten, den ersten und den letzten.

Dieser ist der Sproß des höchsten Gottes, dies ist die Quelle des Lebens für alles Fleisch. Dann wird aufleuchten das Szepter meines Königreiches, an eurer Wurzel wird ein Schößling entstehen. Durch ihn wird ein Szepter der Gerechtigkeit für die Völker aufgehen, zu richten und zu retten alle, die den Herrn anrufen.

Testamentum Juda 24

Nicht unsere Kraft und die Stärke unserer Hände haben Macht bewiesen, sondern durch deine Kraft und die Stärke deiner großen Macht. Wie du es uns verkündet hast seit ehedem mit folgenden Worten: *Es geht ein Stern auf aus Jakob, es erhebt sich ein Szepter aus Israel und zerschmettert die Schläfen Moabs und tritt nieder alle Söhne Sets. Er geht hervor aus Jakob und vernichtet die (aus der) Stadt Entronnenen. Und der Feind wird zum Besitz, und Israel übt Macht aus* (4.Mose 24,17-19). Und durch deine Messiasse, die Seher der Bestimmungen, hast du uns verkündet die Zeit(en) der Kriege deiner Hände, dich zu verherrlichen an unseren Feinden, die Scharen Belials zu fällen.

Kriegsrolle (1QM XI,5-8)

Und der Stern, das ist der Erforscher der Tora, der nach Damaskus kommt, wie geschrieben steht: *Es geht ein Stern auf aus Jakob, und ein Szepter hat sich erhoben aus Israel* (4.Mose 24,17). Das Szepter, das ist der Fürst der ganzen Gemeinde; und wenn er auftritt, wird er niederwerfen alle Söhne Sets.

Damaskusschrift (CD VII,18-21)

Der heilige Krieg

Aber allen, die Gebote und Satzungen verachten, soll die Vergeltung der Gottlosen heimgezahlt werden, wenn Gott das Land heimsucht ... (sie) werden dem Schwert ausgeliefert werden, wenn der Messias kommt aus Aaron und Israel; wie es gewesen ist zur Zeit der ersten Heimsuchung, von der er durch Hesekiel gesagt hat (Kap. 9,4): *Das Zeichen zu zeichnen auf die Stirn derer, die seufzen und stöhnen.* Aber die übrigen werden dem Schwert übergeben, das die Bundesrache vollstreckt. Und ebenso wird das Gericht über alle sein, die in seinen Bund eingetreten sind, aber nicht an diesen Gesetzen festhalten, daß er sie heimsuchen wird zur Vernichtung durch Belial.

Damaskusschrift (CD XIX,5-14)

Das Heer der Engel zieht mit in den Krieg

Das Volk der heiligen Helden und das Heer der Engel ist in unserer Mannschaft. Der Held des Krieges ist in unserer Gemeinde und das Heer seiner Geister mit unseren Schritten.

Kriegsrolle (1QM XII,8)

Die Menge der Heiligen ist bei dir im Himmel und der Engel Heere in deiner heiligen Wohnstatt ... zu mustern die Heere deiner Erwählten nach ihren Tausenden und Myriaden zusammen mit deinen Heiligen und mit deinen Engeln für die Macht der Hand im Krieg. Kriegsrolle (1QM XII,1 und 4)

Alle sollen willige Männer sein, makellos an Geist und Fleisch, bereit zum Tage der Rache. Jeder Mann, der nicht tauglich ist von seinem Ursprung her am Tage des Krieges, soll nicht mit ihnen hinabziehen, denn die heiligen Engel sind zusammen mit ihren Heeren. Kriegsrolle (1QM VII,5ff)

Die Messiasse bringen Sühne für die Gottlosen

Und dies ist die Bestimmung der Rechtssätze, in (denen sie wandeln sollen während der Zeit der Gottlosigkeit, bis aufsteht der Mess)ias Aarons und Israels, und ihre Sünde wird er entsühnen. Damaskusschrift (CD XIV,18f)

Das Evangelium für die Zerschlagenen und Trauernden

Und du öffnetest eine Quel(le), um dem Lehmgebilde seinen Weg zurechtzuweisen und die Verschuldungen des Weibgeborenen gemäß seinen Taten und um zu öffnen ... deine Wahrheit für das Gebilde, das du stütztest mit deiner Kraft ... gemäß deiner Wahrheit, verkündend (MWASSER) ... deine Güte, um frohe Botschaft zu verkünden (LWASSER) den Demütigen gemäß der Fülle deiner Erbarmungen ... aus der Quelle ... denen, die zerschlagenen Geistes sind, und Trauernden zu immerwährender Freude.

Hymnen (1QH XXIII,12-15)

In prophetischen Heilsankündigungen, vor allem beim zweiten Jesaja (etwa Jes 52,7 u.ö.) ist von LWASSER die Rede, das bereits in der Septuaginta mit EUANGELIZESTAI wiedergegeben wird. Von diesem Verb leitet sich „Evangelium“ ab.

Der Fels

Denn du wirst das Fundament auf den Felsen legen und das Gebälk auf die Schnur der Gerechtigkeit und das Lot der Wahr(heit), um die erprobten Steine zu (prüfen) und zu bau(en) ein starkes (Bauwerk), das nicht erschüttert wird. Und alle, die hineintreten, werden nicht wanken.

Hymnen (1QH XIV,25-27)

Tischgemeinschaft der Essener mit den Messiassen

Von der Sitzung der Männer mit angesehenem Namen, (berufen) zur Vereinigung für den Rat der Gemeinschaft, wenn (Gott) de(n) Messias unter ihnen gez(eu)gt haben wird.

(Der messianische Priester) trete an der Spitze der ganzen Gemeinde Israels ein, dann alle seine Brü(der, die Söhne) Aarons, die Priester, (berufen) zur Vereinigung, Männer mit angesehenem Namen; und sie sollen sich setzen v(or sein Angesicht, jeder) seiner Würde entsprechend.

Und darauf tr(ete der Mess)ias aus Israel ein; und die Häupter der Tausendschaften Israels sollen sich v(or sein Angesicht setzen, jeder) seiner Würde entsprechend, nach (seiner Stellung) in ihren Lagern und während ihrer Reisen; dann alle Häupter der Fa(milien der Ge)meinde mit den Weisen (der heiligen Gemeinde), sie sollen sich vor ihnen setzen, jeder entsprechend seiner Würde.

Und (wenn) sie zusammenkommen zum (Ti)sch der Gemeinschaft (oder um Neu-We)in (zu trinken) und sie den Tisch der Gemeinschaft richten (und) den Neu-Wein zum Trinken (mischen), (strecke niemand) seine Hand aus nach den Erstlingen des Brotes und (des Neu-Weines) vor dem Priester; denn (er s)egne die Erstlinge des Brotes und des Neu-Wein(es und strecke) seine Hand über das Brot zuerst aus. (Und darauf se)gne die ganze Gemeinde der Gemeinschaft, je(der entsprechend) seiner Würde.

Und dieser Ordnung gemäß sollen sie verfahre(n) bei jeder Mah(lzeit, wenn) wenigstens zehn Person(en) (zus)ammen kommen.

Zusatz zur Gemeinderegel (1Q 28a II,11-22)

Die Klammern zeigen Beschädigungen des Pergamentes an.

Der Täufer Johannes

Gesegnet der Herr, der Gott Israels!
Denn er hat hergesehen und seinem Volk Erlösung geschaffen,
hat aufgerichtet uns ein Horn der Rettung
im Hause Davids, seines Knechts,
wie er gesprochen durch den Mund
seiner heiligen Propheten seit Weltzeit:
Rettung aus unseren Feinden
Und aus der Hand all unserer Hasser.
Erbarmen zu schaffen an unseren Vätern
und zu gedenken seines heiligen Bundes,
des Eides, den er zugeschworen Abraham, unserem Vater.
Zu schenken uns, daß wir, furchtlos der Hand der Feinde entrissen,
ihm dienen in Lauterkeit und Gerechtigkeit
vor ihm all unsere Tage.
Du aber, Kind: Prophet des Höchsten wirst du gerufen,
denn voran gehst du vor dem Herrn, seinen Weg zu bereiten,
zu schenken Erkenntnis der Rettung seinem Volk
und Nachlaß ihrer Verfehlungen.
Durch das innerste Erbarmen unseres Gottes,

in dem uns angesehen hat der Aufgang aus der Höhe,
um aufzuscheinen denen,
die in Finsternis und Todesschatten sitzen
und zu lenken unsere Füße auf dem Weg des Friedens.

Lobgesang des Zacharias (Lukas 1,68-79)

Manche Juden waren der Ansicht, der Untergang der Streitmacht des Herodes (Antipas) sei nur dem Zorne Gottes zuzuschreiben, der für die Tötung des Täufers Johannes die gerechte Strafe gefordert habe. Den nämlich hatte Herodes hinrichten lassen, obwohl er ein edler Mann war, der die Juden anhielt, nach Vollkommenheit zu streben, indem er sie ermahnte, Gerechtigkeit gegeneinander und Frömmigkeit gegen Gott zu üben und so zur Taufe zu kommen. Dann werde, verkündigte er, die Taufe Gott angenehm sein, weil sie dieselbe nur zur Heiligung des Leibes, nicht aber zur Sühne ihrer Sünden anwendeten. Die Seele nämlich sei dann ja schon vorher durch ein gerechtes Leben entsündigt.

Da nun infolge der wunderbaren Anziehungskraft solcher Reden eine gewaltige Menschenmenge zu Johannes strömte, fürchtete Herodes, das Ansehen des Mannes, dessen Rat allgemein befolgt zu werden schien, möchte das Volk zum Aufruhr treiben. Er hielt es daher für besser, ihn rechtzeitig aus dem Weg zu räumen, als beim Eintritt einer Wendung der Dinge in Gefahr zu geraten und dann, wenn es zu spät sei, Reue empfinden zu müssen. Auf diesen Verdacht hin ließ also Herodes den Johannes in Ketten legen, nach der Festung Machärus bringen und dort hinrichten. Sein Tod aber war nach der Überzeugung der Juden die Ursache, weshalb das Herodes-Heer aufgerieben worden war, da Gott in seinem Zorn diese Strafe über den Tetrarchen verhängt habe.

Josephus, Jüdische Altertümer 18,5,2

Herodes Antipas (4 v.d.g.Z.-39 d.g.Z.) war ein Sohn des großen Herodes.

Die Psalmen Salomos

Du, Herr, hast David erkoren zum König über Israel, und du hast ihm geschworen über seinen Samen für alle Zeit, daß sein Königtum nicht aufhören solle vor dir. Aber wegen unserer Sünden erhoben sich Gottlose gegen uns, es fielen uns an und stießen uns aus Leute, denen du keine Verheißung gegeben. Sie raubten mit Gewalt und gaben nicht deinem herrlichen Namen die Ehre. Prunkend setzten sie sich die Krone auf in ihrem Stolz, verwüsteten Davids Thron in prahlerischem Übermut.

Du aber, Gott, warfst sie nieder und nahmst ihren Samen aus dem Land hinweg, indem ein Ausländer gegen sie auftrat, der nicht von unserem Geschlechte war ... Sieh darein, o Herr, und laß ihnen erstehen ihren König, den Sohn Davids, zu der Zeit, die du erkoren, Gott, daß er über deinen Knecht Israel regiere. Und gürte ihn mit Kraft, daß er ungerechte Herrscher zerschmettere, Jerusalem befreie von den Völkern, die es kläglich zertreten.

Weise und gerecht treibe er die Sünder weg vom Erbe, zerschlage des Sünders Übermut wie Töpfergefäße. Mit eisernem Stabe zerschmettere er all ihr Wesen, vernichte die gottlosen Völker mit dem Worte seines Mundes, daß bei seinem Drohen die Völker vor ihm fliehen, und er die Sünder zurechtweise ob ihres Herzens Gedanken.

Dann wird er ein heiliges Volk sammeln, das er mit Gerechtigkeit regiert. Er wird richten die Stämme des vom Herrn, seinem Gotte, geheiligten Volkes. Er läßt nicht zu, daß ferner Unrecht in ihrer Mitte weile, und niemand darf bei ihnen wohnen, der um Böses weiß. Denn er kennt sie, daß sie alle Söhne ihres Gottes sind. Er verteilt sie nach ihren Stämmen über das Land, weder Beisaß noch Fremder darf künftig unter ihnen wohnen ...

Er wird Jerusalem rein und heilig machen, wie es zu Anfang war, so daß Völker vom Ende der Erde kommen, seine Herrlichkeit zu sehen, und ihre erschöpften Söhne als Geschenk bringen, und um zu schauen des Herrn Herrlichkeit, mit der sie Gott verherrlicht hat. Er aber (herrscht als) gerechter König, von Gott unterwiesen, über sie, und in seinen Tagen geschieht kein Unrecht unter ihnen, weil sie alle heilig sind, und ihr König der Messias des Herrn (CHRISTOS KYRIU) ist. Psalm 17

Herr, deine Gnade über die Geschöpfe deiner Hände ist ewig, deine Güte mit reicher Gabe über Israel. Deine Augen sehen auf sie, so daß keines von ihnen Mangel leidet; deine Ohren hören auf des Ärmsten hoffende Bitte. Deine Gerichte (ergehen) über die ganze Erde voll Erbarmen, und deine Liebe auf den Samen Abrahams, die Kinder Israels. Und deine Züchtigung ergeht über uns wie über einen erstgeborenen, einzigen Sohn, daß du folgsame Menschen von unbewußter Verirrung abbringest. Gott, reinige Israel auf den Tag der heilsamen Gnade, auf den Tag der Auswahl, wenn sein Messias zur Herrschaft kommt.

Selig, wer in jenen Tagen leben wird und schauen darf das Heil des Herrn, das er dem kommenden Geschlecht schafft unter der Zuchtrute des Messias des Herrn in der Furcht seines Gottes, in geistgewirkter Weisheit, Gerechtigkeit und Stärke, daß er leite einen jeden in Werken der Gerechtigkeit durch Gottesfurcht, sie allesamt darstelle vor dem Antlitz des Herrn: Ein gut Geschlecht voll Gottesfurcht in den Tagen der Gnade! Psalm 18

Messiaserwartungen bei Philon von Alexandria

Hervorgehen wird ein Mann (4.Mose 24,17 nach der Septuaginta) aus diesem Volk, der als Heerführer im Krieg große und volkreiche Nationen unterwerfen wird, da Gott die den Frommen gebührende Hilfe senden wird: sie besteht aber in der unerschrockenen Kühnheit der Seele und in der gewaltigen Kraft des Körpers, Eigenschaften, von denen schon eine allein etwas Furchtbares für die Feinde hat, die aber vereint ganz unwiderstehlich sind. Manche von den Feinden werden gar nicht wert sein, daß ihnen von Menschen eine Niederlage bereitet wird: Wespenschwärme wird Gott ihnen entgegenstellen, die statt der Frommen kämpfen und die Feinde schmählich verderben werden. Die Frommen werden aber nicht nur den im Krieg errungenen unblutigen Sieg festhalten, sondern auch die unüberwindliche Machtherrschaft zum Vorteil für die Unterworfenen, die entweder durch Zuneigung oder durch Furcht oder durch Ehrfurcht gewonnen wird.

Über Belohnungen und Strafen (Über die Segnungen) § 95ff

Und selbst wenn sie (die Juden) an den äußersten Enden der Erde als Knechte dienen werden bei den Feinden, die sie kriegsgefangen weggeführt, sollen sie wie auf eine Verabredung alle an *einem* Tag frei werden, weil ihre völlige Bekehrung zur Tugend ihren Herren Schrecken einjagen wird: sie werden sie freilassen, weil sie sich scheuen, über Bessere zu herrschen. Wenn sie aber die unerwartete Freiheit erlangt haben, werden die vorher in Hellas und im Barbarenlande, auf den Inseln und auf den Festländern Zerstreuten mit *einem* Male sich erheben und von allen Seiten nach *einem* ihnen angewiesenen Orte hineilen, geleitet von einer göttlichen, übermenschlichen Erscheinung, die für andere unsichtbar und nur für die Wiedergeretteten sichtbar ist, und unterstützt von drei Helfern, um die Versöhnung mit dem himmlischen Vater zu erlangen:

Der eine ist die Milde und Güte des Angerufenen, der stets die Vergebung der Strafe vorzieht; der zweite ist die Frömmigkeit der Erzväter des Volkes, die mit ihren vom Körper losgelösten Seelen die reine und lautere Verehrung dem Herrn darbringen und die Gebete für ihre Söhne und Töchter an ihn zu richten pflegen, die nicht unerfüllt bleiben, da der Vater ihnen zur Belohnung die Erhörung ihrer Gebete gewährt hat; die dritte Hilfe leistet ihnen das, weshalb ihnen hauptsächlich das Wohlwollen der beiden ersten Helfer vorausgeht, das ist die Besserung der zum Frieden und zur Versöhnung mit Gott Zurückgeführten, die nur mit Mühe von dem Abweg auf jenen Weg gelangen konnten, dessen Ziel kein anderes ist als Gott wohlgefällig zu sein wie ein Sohn dem Vater.

Nach ihrer Rückkehr aber werden die Städte, die eben noch in Trümmern lagen, wieder aufgebaut werden, die Wüste wird bevölkert werden und die unfruchtbar gewordene Erde wird zur früheren Fruchtbarkeit zurückkehren; die glücklichen Verhältnisse der Väter und Vorfahren werden geringfügig erscheinen im Vergleich zu dem gegenwärtigen Überfluß, der sich, wie aus unversiegbaren Quellen, durch die Gnade Gottes ergießen und jedem einzelnen wie allen insgesamt reichen Segen bringen wird, an den kein Neid herantritt. Ein Umschwung in allen Dingen wird plötzlich eintreten; denn Gott wird die Flüche gegen die Feinde der Reumütigen kehren, die sich ob der unglücklichen Schicksale unseres Volkes gefreut und es geschmäht und verspottet haben, als ob sie die Gegner nur immer in beständigem und unwandelbarem Unglück sehen würden, das auch für die späteren Geschlechter aufbewahrt sei ...

Die Feinde aber, die ihre Klagen verspottet und ihre Unglückstage zum Anlaß von Schmausereien nahmen und überhaupt glücklich waren über das Unglück anderer, sie werden, wenn sie erst den Lohn für ihre Grausamkeit empfangen, dann schon erkennen, daß sie sich nicht gegen ein unansehnliches und verachtetes Volk vergangen haben, sondern gegen ein adliges.

Über Belohnungen und Strafen (Über die Segnungen) § 164-171

Petronius (damals römischer Legat in Syrien) ... verschleppte daher die Ausführung des Befehls (nämlich im Jerusalemer Tempel eine riesige Statue des Kaisers Caligula aufzustellen). Denn er überlegte sich, an welch großes Wagnis er Hand zu legen hätte. Er berief alle vernünftigen Möglichkeiten des Nachdenkens zu einer Art Ratsversammlung, befragte jede nach ihrer Meinung und fand sie alle darin einmütig, man dürfe keine der seit Urzeiten geheiligten Bestimmungen erschüttern, zuerst mit Rücksicht auf das natürliche Rechts- und Frömmigkeitsgefühl, dann wegen der Gefahr, die nicht nur von Gott, sondern auch von den aufgebrachten Massen her drohte. Ihm ging es durch den Kopf, welch große Menschenzahl dem jüdischen Volk angehöre, das nicht wie bei jeder anderen Nation der Umfang des ihm allein gehörenden Landes umfaßt, sondern, fast muß man sagen, die ganze Welt. Denn es ist über die Kontinente und alle Inseln verstreut, so daß es nicht viel schwächer als die Landesbewohner zu sein scheint.

Wäre es also nicht höchst bedenklich, sich die Feindschaft solcher Massen zuzuziehen? Unausdenkbar, wenn sie von überall her einmütig zur Verteidigung heranrückten! Eine militärisch unlösbare Lage ergäbe sich, ganz zu schweigen von den unzähligen gestählten und beherzten Bewohnern Judäas, die es vorziehen würden, für der Väter Gesetze zu sterben ...

Es beunruhigten ihn aber auch die Kräfte jenseits des Euphrat. Denn daß Babylon und viele andere Satrapien von Juden besiedelt seien, wußte er ... So stieg die berechtigte Furcht in ihm auf, sie könnten auf die Kunde von der gewaltsamen Errichtung der Statue plötzlich losziehen, die Römer von beiden Seiten umfassen, sich schließlich vereinigen und die Eingeschlossenen in eine üble Lage bringen. Gesandtschaft an Caligula § 213-217

Die bedrohte Situation der Juden als Minderheit kehrt Philon um in eine Stärke Israels, die selbst Rom fürchten sollte. Die Drohung, daß alle Juden weltweit sich gemeinsam erheben könnten, findet sich auch sonst, wenn Philon etwa alle Länder aufzählt, in denen Juden lebten (Gesandtschaft an Caligula § 46-48, 245, 281ff; ähnlich auch Josephus, Altertümer 14,7,2; Jüdischer Krieg 7,3,3).

Messianische Erwartungen bei den Samaritanern

Über Mose

Dann sagte er (Gott): Ich bin der Gott deiner Väter. Nimm von mir Göttlichkeit, und mit ihr mache dein Prophetentum stark ... Du bist der letzte der Gerechten der Welt. Memar Marka I, § 2

Laßt uns folgen dem großen Propheten Mose, der uns gut führt, denn unser Herr hat ihn zu uns gesandt. Wo ist ein Prophet wie Mose, der ein guter Vater war für ganz Israel, der sie aufzog und für sie sorgte, Sühne bewirkte für sie durch sein Fasten und ihnen auch Leben gab durch sein Gebet. Er rettete sie aus der Hand ihrer Feinde und gründete sie in vollkommenem Glauben. Er war ein guter Arzt, der heilte und belohnte ... Seine Worte waren Worte des Herrn. Glaubt an ihn - und ihr werdet gerettet vor allem Zorn, am Tag der Vergeltung werdet ihr Ruhe finden, ihr werdet nicht im Feuer sein, es wird keine Macht über euch haben. Wer an ihn glaubt, der glaubt an seinen Herrn (MAR). Wehe uns, wenn wir uns daran nicht erinnern. Laßt uns glauben an den Herrn (Gott) und an Mose, seinen Knecht (ÄWÄD).

Memar Marka IV, § 7

Siehe, ich mache dich zum Gott für Pharao, und Aaron, dein Bruder, soll dein Prophet sein (2.Mose 7,1).

Siehe, ich mache dich zum Gott für Pharao, so daß du Rache fordern wirst von ihm für die Gemeinde.

Siehe, ich mache dich zum Gott für Pharao, damit er und sein Volk vernichtet werden.

Siehe, ich mache dich zum Gott für Pharao, durch den Stab, den ich dir gab, um Wunder zu offenbaren.

Siehe, ich mache dich zum Gott für Pharao durch meinen Willen. Vernichte alle Ägypter in einem Augenblick.

Siehe, ich mache dich zum Gott für Pharao. Ich werde ihn in deine Hand geben, und du wirst ihn töten im Gericht.

Siehe, ich mache dich zum Gott für Pharao. Du bist der Erlöser des Blutes der Söhne der Gerechten.
Siehe, ich mache dich zum Gott für Pharao. Fürchte dich nicht vor ihm, denn ich habe ihn in deine Gewalt gegeben.
Siehe, ich mache dich zum Gott für Pharao. Er ist besiegt vor dir, du hast keine Hilfe nötig.

Memar Marka I, § 4

Friede über dich, der du dich der tiefen Finsternis genähert hast. Friede über dich, der du dich kleidetest mit den Strahlen des Lichts ... Bei deinem Leben, o Apostel (SCHALIACH) Gottes, bleibe noch etwas länger bei uns. Bei deinem Leben, o Siegel der Propheten, halte ein wenig inne mit uns. Aber Gott rief ihn leise: Mach schnell!

Memar Marka V, § 3

Der TAHEB

... tritt auf deine Füße, und ich will hören lassen das Lob des Propheten Mose und des vorzüglichen TAHEB. Und nimm dir ein Teil von diesem und ein Teil von jenem, und baue darauf einen Standpunkt. Und höre das Lob des Amram-Sohnes (Mose), daß dir wohl werde und du dich freuest; denn ich habe den TAHEB mit gutem und vorzüglichem Lob gepriesen und erklärt, was von ihm in der vollkommenen Tora verhüllterweise gesagt ist. Alles das ist um des Mose willen, denn dessen Prophetie ist gewaltig, und die Prophetie des TAHEB wird in der Vollendung erkannt werden ... Ich habe es teilweise gehört: Einen Propheten werde ich (Gott) ihnen erwecken aus der Mitte ihrer Brüder, wie du bist, und er wird König sein und mit Fruchtbarkeit bekleidet sein, dann wird nicht fürder Sünde, kein Zorn und Geheimfrevel sein.

Aus einem samaritanischen Liederzyklus für den Vorabend des Versöhnungstages
(zitiert nach A.Merx, Der Messias oder Ta'eb der Samaritaner.
Nach bisher unbekannten Quellen, BZAW 17, Gießen 1909, S.8f)

Dositheus und Simon Magus

Da waren Simon, der samaritanische Magier, und Dositheus, der aus demselben Land kam wie der vorige. Der eine sagte, daß er die sogenannte Große Kraft Gottes sei, während der andere sagte, daß er selbst Gottes Sohn sei. Nirgend in der Welt gibt es mehr Simonier ... Auch die Dosithäer gediehen nicht einmal in ihren frühen Tagen. Zur Zeit ist ihre gesamte Zahl so gering, daß sie nicht mehr als dreißig beträgt.

Origenes, Gegen Celsus 6,11

Nach der Zeit Jesu wollte Dositheus, der Samaritaner, ebenfalls die Samaritaner davon überzeugen, daß er der von Mose angekündigte Christus sei.

Und er scheint einiges Volk für seine Lehren gewonnen zu haben. Aber wir dürfen vernünftigerweise den sehr weisen Ausspruch Gamliels zitieren, gemäß der Apostelgeschichte (Kap.5,38f), um zu zeigen, daß diese Männer nichts zu tun hatten mit dem Versprechen (des Mose), und daß sie weder Söhne Gottes noch seine Kraft waren, während Jesus, der Christus, wahrhaftig Gottes Sohn war. Gamliel sagt dort: *Sollte dieses Werk oder diese Lehre von Menschen stammen, wird es zunichte werden* - genau wie jene untergingen, als sie starben; *aber wenn es von Gott stammt, so werdet ihr sie nicht vernichten können. Ihr möchtet sonst sogar als solche erfunden werden, die gegen Gott streiten.* Simon, der samaritanische Magier, wollte ebenfalls einiges Volk durch Magie ablenken, und er hatte zeitweise Erfolg mit seinem Betrug. Jetzt aber ist es, glaube ich, nicht möglich, unter allen Simoniern in der Welt dreißig zu finden, und vielleicht habe ich die Zahl noch übertrieben. Es sind sehr wenige in Palästina, während in der übrigen Welt nirgend einer erwähnt wird, obwohl es seine Absicht war, seinen Ruhm in ihr zu verbreiten.

Origenes, Gegen Celsus 1,57

Hegesipp zählt sieben christliche Sekten auf:

Zu diesen zählte ... Dositheus, der Stifter der Dosithianer ... Ihnen entstammen die Falsch-Christusse (PSEUDOCHRISTOI) ..., welche die Einheit der Kirche durch verderbliche Lehren über Gott und seinen Christus zerstört haben.

Euseb, Kirchengeschichte 4,22,5f

Von vielen wurde er (Simon) als Gott verehrt, und er schien sich auch selbst dafür zu halten. Manchen Juden erschien er als der Sohn, in Samaria als der Vater, und unter den anderen Völkern als der heilige Geist.

Irenäus, Gegen die Häresien, I,23, §1

Die Messias-Dynastie des Hiskia im Galil

Hiskia

Da (Antipater) sah, wie träg und nachlässig Hyrkan sich benahm, ernannte er seinen ältesten Sohn Phasael zum Befehlshaber von Jerusalem und Umgebung, während er dem zweitältesten, Herodes, Galiläa anvertraute. Dieser war noch sehr jung, da er erst 25 Jahre zählte, zeigte aber keinerlei Schwächen seines Alters, sondern fand, weil er entschlossenen Charakters war, bald Gelegenheit, seine Fähigkeiten zu zeigen. Als er nämlich dem Räuberhauptmann Hiskia, der mit einer großen Schar die Nachbargegenden von Syrien durchzog, zufällig begegnete, ließ er ihn ergreifen und mit vielen seiner Raubgenossen hinrichten. Wegen dieser Tat hielten ihn die Syrer in hohen Ehren, hatte er ihnen doch das Land gesäubert, das sie so sehr von den Räubern befreit zu sehen wünschten. In Stadt und Dorf feierte man ihn, weil er Frieden und Sicherheit geschaffen hatte ...

Einige Juden jedoch verklagten Herodes wegen seiner Taten vor dem König Hyrkan:
Denn nicht deine *Verwalter* sind Antipater und dessen Söhne, wie du dir vielleicht trügerischerweise einredest, sondern sie werden für die *wirklichen Herrscher* gehalten. Herodes hat zudem den Hiskia und dessen Genossen in durchaus gesetzwidriger Weise hinrichten lassen. Denn das Gesetz verbietet ausdrücklich, einen wenn auch noch so verbrecherischen Menschen umbringen zu lassen, ehe er vom Sanhedrin zum Tode verurteilt ist. Und doch hat Herodes das ohne deine Ermächtigung gewagt. - Durch diese Anklagen ließ sich Hyrkan schließlich bereden, zumal sein Zorn noch durch die Mütter der von Herodes Ermordeten entfacht wurde. Denn diese ließen nicht nach, Tag für Tag im Tempel den König und das Volk zu bitten, sie möchten den Herodes für seine Taten vor dem Sanhedrin zur Verantwortung ziehen ...

Josephus, Jüdische Altertümer 14,9,2ff

Judas, Hiskias Sohn

Es sammelte ein gewisser Judas - Sohn des Räuberhauptmanns Hiskia, der eine große Macht besaß und von Herodes nur mit Macht niedergehalten worden war - in Zippori, einer Stadt in Galiläa, eine Schar verkommener Menschen, griff damit das Zeughaus an, bemächtigte sich der darin befindlichen Waffen, teilte sie unter den Seinen aus, raubte auch das dort aufbewahrte Geld und verbreitete allseitig Schrecken, indem er jeden, der ihm in die Hände fiel, plünderte und mit sich fortschleppte. Ja, er strebte sogar nach der Königsherrschaft und glaubte dieselbe nicht so sehr durch Tapferkeit als vielmehr durch zügellose Zerstörungssucht erlangen zu können.

Josephus, Jüdische Altertümer 17,10,5

... als Jesus wohl schon geboren war, brachte ein gewisser Judas aus Galiläa viele aus dem Volk der Juden zu sich, als ob er ein weiser Mann sei und in eine neue Lehre einführe. Aber als auch er durch seinen Tod gestraft wurde, gingen seine Lehren unter und erhielten sich nur unter sehr wenigen, unbedeutenden Leuten.

Origenes, Gegen Celsus 1,57

Judas der Galiläer ... wollte ebenfalls den Eindruck erwecken, als sei er eine große Persönlichkeit, und vor ihm war Theudas[1]. Aber ihre Lehren waren nicht von Gott, so daß sie getötet und all ihre Gläubigen zerstreut wurden.

Origenes, Gegen Celsus 6,11

Gründung der Zeloten-Partei durch Judas

Außer diesen drei Parteien (Sadduzäer, Essener, Pharisäer) gründete der Galiläer Judas eine vierte (nämlich die der Zeloten), deren Anhänger in allen anderen Stücken mit den Pharisäern übereinstimmen, dabei aber mit großer Zähigkeit an der Freiheit hängen und Gott allein als ihren Herrn und König anerkennen. Sie unterziehen sich auch jeder möglichen Todesart und machen sich selbst nichts aus dem Mord ihrer Verwandten und Freunde, wenn sie nur keinen Menschen als ihren Herrn anzuerkennen brauchen.

Da ihre Hartnäckigkeit allgemein durch Augenschein bekannt ist, glaube ich, von weiteren Bemerkungen über sie absehen zu können. Ich brauche ja nicht zu fürchten, meine Worte könnten keinen Glauben finden. Viel eher müßte ich besorgen, daß mir nicht genug Worte zur Verfügung stehen, um solchen Heldenmut und solche Standhaftigkeit zu schildern. Diese Tollkühnheit war es auch, die das Volk in Aufruhr brachte, als der Prokurator Gessius Florus durch den Mißbrauch seiner Amtsgewalt dasselbe so zur Verzweiflung trieb, daß es von den Römern abfiel.

Josephus, Jüdische Altertümer 18,1,6

Widerstand gegen den römischen Zensus

Nach Theudas trat der Galiläer Judas in den Tagen der Schätzung auf und brachte eine Volksschar dazu, unter seiner Führung einen Aufstand zu machen. Auch er kam um, und alle, die ihm folgten, wurden zerstreut.

Apostelgeschichte 5,37

[1] Dazu auch die Quellen des Kapitels „Wunder-Messiasse“, S.255f.

Es begab sich in jenen Tagen, daß vom Kaiser Augustus ein Befehl ausging, daß der ganze Erdkreis sich einschätzen lassen sollte. Diese Schätzung war die erste und geschah, als Quirinius Statthalter in Syrien war. Und es machten sich alle auf ...

Lukas 2,1ff

Der hier erwähnte Quirinius kommt auch bei Josephus, im Zusammenhang mit Judas, vor:

... Judas, der Galiläer genannt, ein sehr bedeutender Gelehrter, der zur Zeit des Quirinius die Juden geschmäht hatte, daß sie nicht nur Gott, sondern auch den Römern untertan sein wollten.

Josephus, Jüdischer Krieg 2,17,8

(Damals) verleitete ein Mann aus Galiläa mit Namen Judas die Einwohner der genannten Provinz zum Abfall, indem er es für einen Frevel erklärte, wenn sie bei der Steuerzahlung an die Römer blieben und neben Gott irgend welche sterblichen Gebieter auf sich nehmen würden. Es war aber dieser Mann ein Wanderredner einer eigenen Partei, der den anderen Juden in nichts glich.

Josephus, Jüdischer Krieg 2,8,1

Die Söhne des Judas: Jakobus, Simon und Menachem

Auf Fadus folgte (im Jahr 45 d.g.Z.) Tiberius Alexander ... Alexander ließ auch Jakobus und Simon, die Söhne des Galiläers Judas, der während der Schätzung des Quirinius das Volk zum Aufruhr verleitete, ans Kreuz schlagen.

Josephus, Jüdische Altertümer 20,5,2

Zu gleicher Zeit (im Aufstand gegen Rom 67-70) war ein gewisser Menachem, der Sohn des Galiläers Judas ... mit seinen nächsten Freunden nach Mezada gezogen, hatte dort das Zeughaus des Herodes aufgebrochen und außer seinen Landsleuten auch noch andere Räuber bewaffnet, um diese als Leibgarde zu verwenden. Nun kam er wie ein König nach Jerusalem zurück, wurde Führer des Aufstandes und übernahm den Oberbefehl bei der Belagerung.

Josephus, Jüdischer Krieg 2,17,8

Elasar ben Jaïr

Nur wenige (der Menachem-Leute) konnten sich dadurch retten, daß sie heimlich nach Mezada entkamen. Unter ihnen war Elasar, Jaïrs Sohn, ein Verwandter Menachems, der später den Oberbefehl in Mezada führte.

Josephus, Jüdischer Krieg 2,17,9

An der Spitze der Sikarier, welche die Festung (Mezada) besetzt hielten, stand Elasar, ein machtvoller Mann. Er war ein Nachkomme jenes Judas, von dem bereits berichtet wurde, daß er zur Zeit, als Quirinius zur Festsetzung der Steuer nach Judäa gesandt worden war, eine nicht geringe Zahl von Juden dazu verleitet hatte, sich der Schätzung zu widersetzen.

Josephus, Jüdischer Krieg 7,8,1

Sikarier, Dolch-Männer, waren die Radikalsten unter den Zeloten.[1]

[1] Weitere Texte über Angehörige der Galil-Dynastie stehen im Zusammenhang mit der Tempelzerstörung; dazu auch die Quellen des Kapitels „Jeder gegen jeden - Aufstands-Messiasse des ersten jüdisch-römischen Krieges“.

Wunder-Messiasse

Wiederholung des Zuges Israels durch das Wasser

Als die Israelis bei ihrer Flucht aus der Knechtschaft Ägyptens an das Schilfmeer kamen, geschah ein Wunder:
„Mose reckte seine Hand aus über das Meer. Der Herr trieb das Meer die ganze Nacht durch einen starken Ostwind zurück und legte das Meer trocken. Die Wasser spalteten sich, die Israelis gingen mitten im Meer auf dem Trockenen, während die Wasser ihnen zur Rechten und zur Linken wie eine Mauer standen. Die Ägypter jagten nach und zogen hinter ihnen her, alle Rosse des Pharao, seine Streitwagen und Reiter, mitten ins Meer.“

2.Mose 14,21-23

„Und der Herr sagte zu Josua: Heute will ich anfangen, dich groß zu machen vor ganz Israel, damit sie erkennen, daß ich mit dir sein werde, wie ich mit Mose gewesen bin. Du aber gebiete den Priestern, welche die Bundeslade tragen: Wenn ihr an den Rand des Wassers des Jordan kommt, so bleibt im Jordan stehen ...

Als nun das Volk aufbrach aus seinen Zelten, um über den Jordan zu gehen, indem die Priester, welche die Bundeslade trugen, vor dem Volk einherzogen, und als die Träger der Lade an den Fluß kamen und die Füße der Priester, welche die Lade trugen, in den Rand des Wassers tauchten - der Jordan tritt während der ganzen Erntezeit allenthalben über die Ufer -, da blieb das Wasser, das von oben her kam, stehen; es erhob sich als ein Damm sehr weit weg ... Das Wasser aber, das zum Meer der Steppe, dem Salzmeer, herabfloß, verlief sich ganz. Also ging das Volk hindurch gegenüber Jericho. Und die Priester, welche die Lade trugen, standen im Jordan still auf dem Trockenen, während ganz Israel trockenen Fußes hindurchging, bis alles Volk den Fluß völlig überschritten hatte.“

Josua 3,7-17

Noch während Fadus Prokurator von Judäa war, bewog ein Betrüger namens Theudas eine ungeheure Menschenmenge, ihm unter Mitnahme ihrer gesamten Habe an den Jordan zu folgen. Er gab sich für einen Propheten aus und behauptete, er könne durch sein Machtwort die Fluten des Jordan teilen und seinem Gefolge einen bequemen Durchgang ermöglichen. Durch solche Spiegelfechtereien gelang es ihm, viele zu täuschen. Aber Fadus duldete nicht, daß ihr sinnloses Treiben Schaden anrichte, indem er eine Abteilung Reiter gegen sie ausschickte, die unversehens über sie herfiel, viele von ihnen tötete und andere gefangen nahm. Auch Theudas geriet in Gefangenschaft, worauf er enthauptet und sein Kopf nach Jerusalem gebracht wurde.

Josephus, Jüdische Altertümer 20,5,1

Nach einer Rede des Petrus vor dem Sanhedrin stand Gamliel auf und sagte:
Ihr Israelis, sehet euch bei diesen Leuten vor, was ihr tun wollt! Denn vor diesen Tagen trat Theudas auf, der sich für etwas Besonderes ausgab und dem eine Anzahl Männer, etwa 400, anhing. Der wurde erschlagen, und alle, die ihm folgten, wurden zersprengt und zunichte gemacht.

Apostelgeschichte 5,34-36

... unter den Juden war ein gewisser Theudas vor Jesu Geburt, der behauptete, daß er ein Großer sei. Nach seinem Tod wurden die von ihm Getäuschten zerstreut.

Origenes, Gegen Celsus 1,57

Über 400 Jahre später trat übrigens ein Nachzügler dieses Wundermessias auf. Socrates Scholasticus berichtet in seiner Kirchengeschichte 12,33, daß im Jahr 448 d.g.Z. auf der Insel Kreta ein Jude erschienen sei, der von sich gesagt habe, er sei der wieder erstandene Mose und werde die Juden dieser Insel ohne Schiffe durch das Meer nach Judäa bringen. Er bestimmte für dieses Ereignis einen Termin, an dem er seinen Anhängern befahl, ins Meer zu springen. Dabei seien, die nicht schwimmen konnten, ertrunken.

Wiederholung des Sinai-Wunders

„Da sagte der Herr zu Mose: Steige herauf zu mir auf den Berg und bleibe dort, daß ich dir die steinernen Tafeln gebe, sowohl die Tora als auch das Gebot, die ich aufgeschrieben habe, sie zu unterweisen. Und Mose machte sich auf mit seinem Diener Josua und stieg auf den Berg Gottes.“

2.Mose 24,12-13

Die Gebotstafeln wurden fortan im Zelt der Begegnung aufbewahrt und von dort in den Jerusalemer Tempel überführt, nachdem Salomo diesen vollendet hatte. Als die Israelis zur Zeit des Propheten Jeremia ins babylonische Exil gehen mußten, führten sie der Tradition nach die Geräte des Mose mit sich:

„Ferner stand in der Schrift, wie der Prophet (Jeremia) infolge göttlichen Bescheids sich das Zelt und die Lade nachtragen ließ, wie er zu dem Berge (Nebo) hinzog, wo Mose hinaufgestiegen war und Gottes Erbland geschaut hatte. Als Jeremia dorthin kam, fand er eine geräumige Höhle und brachte das Zelt und die Lade und den Räucheraltar dort hinein und verstopfte den Eingang ... und er sprach: Der Ort soll unbekannt bleiben, bis Gott sein Volk wieder zusammenbringt und sich gnädig erweisen wird.“

2.Makkabäer 2,4-7

Diese Nebo-Tradition ging im samaritanischen Schrifttum dann auf den Garizim über.

Unterdessen hatten auch die Samaritaner sich empört, aufgereizt von einem Menschen, der sich aus Lügen nichts machte und dem zur Erlangung der Volksgunst jedes Mittel recht war. Er forderte das Volk auf, mit ihm den Berg Garizim zu besteigen, der bei den Samaritanern als heiliger Berg gilt, und versicherte, er werde dort die heiligen Geräte vorzeigen, die von Mose daselbst vergraben worden seien. Diesen Worten schenkten die Samaritaner Glauben, ergriffen die Waffen, sammelten sich in einem Dorfe mit Namen Tirathana und zogen immer mehr Menschen an sich, um in möglichst großer Zahl auf den Berg rücken zu können. Pilatus aber kam ihnen zuvor und besetzte den Weg, den sie zurücklegen mußten, mit Reiterei und Fußvolk. Diese Streitmacht griff die Aufrührer an, hieb eine Anzahl von ihnen nieder, schlug den Rest in die Flucht und nahm noch viele gefangen, von welch letzteren Pilatus die Vornehmsten und Einflußreichsten hinrichten ließ.

Josephus, Jüdische Altertümer 18,4,1

In der samaritanischen Textüberlieferung der Tora ist nach der Offenbarung des Zehnwortes von 2.Mose 20,17 ein zusätzliches Gebot eingeschaltet, dem gemäß ein Heiligtum auf dem Garizim gegenüber von Sichem errichtet werden soll.

Wiederholung der Wüstenwunder

„Sie brachen auf von Sukkot, sie lagerten in Etam am Rand der Wüste. Und der Herr ging dauernd vor ihnen her, tags in einer Wolkensäule, sie des Wegs zu leiten, und nachts in einer Feuersäule, ihnen zu leuchten, zu gehen tags und nachts. Nicht wich die Wolkensäule tags und die Feuersäule nachts vor dem Volk." 2.Mose 13,20ff

„Die Israelis sagten zu ihnen (Mose und Aaron): Wer gäb's, wir wären gestorben durch die Hand des Herrn im Ägyptenland, da wir saßen über dem Fleischtopf, bei unserem Brotessen zur Sättigung. Denn ihr habt uns herausgeführt in diese Wüste, um sterben zu lassen diese ganze Gemeinde durch Hunger. Der Herr sagte zu Mose: Da, ich laß regnen für euch Brot vom Himmel ... Ihr werdet erkennen, daß ich Herr, euer Gott bin.

Es geschah am Abend. Es stieg auf ein Wachtelschwarm, er bedeckte das Lager. Und es geschah am Morgen, die Tauschicht lag rings um das Lager. Die Tauschicht stieg auf, und da: auf der Fläche der Wüste etwas Feines ... Mose sagte zu ihnen: Das ist das Brot, das der Herr euch zum Essen gegeben hat." 2.Mose 16,3-4.12-15

„Sie lagerten in Refidim. Es gab kein Wasser zu trinken für das Volk. Das Volk stritt mit Mose, sie sagten: Gebt uns Wasser, daß wir trinken ... Mose schrie zum Herrn: Was soll ich tun für dieses Volk? Noch ein kleines, und sie steinigen mich. Der Herr sagte zu Mose: ... nimm in deine Hand (deinen Stab) und geh. Da, ich stehe dort vor dir auf dem Felsen am Horeb, du schlägst auf den Fels, Wasser kommen aus ihm, das Volk trinkt."

2.Mose 17,1-6, dazu auch 4.Mose 20,1-11

An diese und andere Geschichten dachten Menschen in Israel, wenn von Wundern in der Wüste gesprochen wurde.

Der Wahnsinn der Sikarier steckte übrigens, wie eine Seuche, sogar Kyrene (in Nordafrika) und dessen Nachbarstädte an. Dorthin nämlich hatte sich ein äußerst verruchter Mensch namens Jonatan, seines Zeichens ein Weber, geflüchtet, der eine beträchtliche Zahl besitzloser Leute an sich zog und sie in die Wüste führte, wo er ihnen Wunder und Erscheinungen zu zeigen versprach ...

(Als der Statthalter davon erfuhr), schickte er Reiterei und Fußsoldaten aus, die den unbewaffneten Haufen leicht überwältigten. Der größte Teil von ihnen fiel im Handgemenge, einige wurden jedoch gefangen und vor Catullus geführt. Der Anstifter des ganzen Unternehmens, Jonatan, war allerdings fürs Erste entkommen; erst lange und sorgfältige Nachforschungen im ganzen Land führten dann schließlich doch zu seiner Verhaftung. Als er vor Catullus gebracht wurde, verstand er die Sache so hinzudrehen, daß er straflos ausging.

Josephus, Jüdischer Krieg 7,11,1

Einige Zeit später jedoch

wurde Jonatan die verdiente Strafe zuteil; er wurde nämlich zunächst gegeißelt und sodann bei lebendigem Leib verbrannt.

Josephus, Jüdischer Krieg 7,11,3

Die Wiederholung des Jericho-Wunders

In der hebräischen Bibel wird die Ankunft der Israelis in Jericho sehr ausführlich erzählt, weil sich an diesem Ort die schon lange zuvor verheißene Gabe des Landes das erste Mal ereignete.

„Jericho schließt und ist verschlossen vor den Israelis: Keiner geht heraus, keiner kommt hinein. Der Herr sagte zu Josua: Siehe, ich gebe Jericho in deine Hand, auch seinen König, die tüchtigen Helden. Umringt die Stadt all ihr Kriegsmänner, umkreise die Stadt einmal! So tue sechs Tage! Und sieben Priester sollen sieben Widdertrompeten vor der Lade tragen. Und am siebten Tag umringt die Stadt siebenmal, und die Priester sollen in die Trompeten stoßen! Es soll geschehen: wenn sie mit dem Widderhorn langziehen, wenn ihr den Schall der Trompete hört, soll all das Volk auflärmen einen großen Lärm. Dann fällt die Mauer der Stadt unter sich zusammen, das Volk steigt auf, jedermann gerade sich gegenüber.“

Josua 6,1-5

Während der Prokuratur des Felix - zwischen 52-60 d.g.Z. - trat ein Messias auf:

Um diese Zeit kam auch ein Mensch aus Ägypten nach Jerusalem, der sich für einen Propheten ausgab und das gewöhnliche Volk verleiten wollte, mit ihm auf den Ölberg zu steigen, der in einer Entfernung von fünf Stadien der Stadt gegenüber liegt. Dort, so sagte er, wolle er ihnen zeigen, wie auf sein Geheiß hin die Mauern Jerusalems zusammenstürzten, durch welche er ihnen dann einen Zugang in die Stadt bahnen würde. Als Felix davon Kunde erhielt, ließ er die Besatzung alarmieren, machte mit einer starken Abteilung von Reitern und Fußsoldaten einen Ausfall, um den Ägypter mit seinen Anhängern anzugreifen. Von Letzteren fielen 4.000, ihrer 200 wurden gefangen genommen. Der Ägypter selber aber entkam, da geschah's - er wurde unsichtbar.

Josephus, Jüdische Altertümer 20,8,6

„Er wurde unsichtbar“ - APHANÄS EGENETO: Ganz parallel heißt es auch von Jesus, er sei unsichtbar geworden und verschwunden (Lk 24,31.51 und Apg 1,9).

Der (ältere) Parallel-Bericht des Josephus erzählt nicht von Wunder-Erwartung, sondern vom Plan konkreter militärisch-politischer Aktionen:

Außerdem bildete sich eine weitere Bande von nichtswürdigen Menschen, ... die nicht weniger als die Meuchelmörder zur Zerstörung des Glückes der Stadt beitrugen. Sie waren nämlich Schwarmgeister und Betrüger, die unter dem Vorwand göttlicher Eingebung Unruhe und Aufruhr stifteten und die Menge durch ihr Wort in dämonische Begeisterung versetzten. Schließlich führten sie das Volk in die Wüste. Dort werde ihnen Gott Wunder zeigen, die Freiheit ankündigen. Auf Felix machte dies den Eindruck, als handele es sich um den ersten Schritt zum Aufruhr, weshalb er auch Reiter und Schwerbewaffnete schickte und eine große Menschenmenge töten ließ.

Einen weit größeren Schaden fügte der falsche Prophet aus Ägypten den Juden zu. Der kam nämlich als betrügerischer Wundertäter ins Land, gab sich für einen Propheten aus und sammelte 30.000 Opfer seines Betruges um sich. Er führte sie auf Umwegen von der Wüste auf den sogenannten Ölberg. Von dort hätte er mit Hilfe seiner bewaffneten Begleiter gewaltsam in Jerusalem eindringen, die römische Besatzung überrumpeln und sich zum Herrscher über das Volk machen können. Felix kam aber seinem Angriff zuvor und trat ihm mit römischen Soldaten entgegen. Auch das ganze Volk beteiligte sich an der Abwehr. Zwar konnte der Ägypter während des Gefechtes mit wenigen fliehen. die meisten seiner Anhänger wurden aber getötet oder gefangen. Der Rest zerstreute sich und jeder versuchte, sich daheim zu verbergen.

Josephus, Jüdischer Krieg 2,13,4f

Nach Apostelgeschichte 21,38 wurde Paulus bei seiner Gefangennahme fast mit „dem Ägypter" verwechselt, der (allerdings nur 4.000) Dolchmänner aufgewiegelt und in die Wüste geführt habe.

Wiederholung des Tempelwunders

Nicht schon David, sondern erst Salomo durfte dem Herrn einen Tempel bauen. Dabei sollen ihm nach späteren jüdischen und christlichen Überlieferungen magische Kräfte geholfen haben. Als nach sieben Jahren der Bau vollendet war, ereignete es sich, daß der Herr aller Himmel in ihm auf Erden Wohnung nahm (dazu etwa 1. Kö 8,27ff); alle Verheißungen, durch Mose gegeben, waren damit erfüllt (1.Kö 8,56).

Herodes baute rund 1.000 Jahre später noch wunderbarer, großzügiger, aufwendiger: er rühmte sich, nachdem er den Plan zur Vergrößerung und Verschönerung des hasmonäischen Tempels gefaßt hatte, gemäß der von Josephus gestalteten Rede: die Altvordern durften es noch nicht, ich aber darf es und kann es.

Hätte Josephus, Gewährsmann für die anderen Geschichten über Wunder-Messiasse, die Jesus-Bewegung nicht (mit souverän-polemischem Schweigen) übergangen, sondern von ihr ebenfalls berichtet, dann könnte es sich etwa so anhören:

Aus Anlaß des Pesach-Festes zog ein Handwerker aus Nazaret mitsamt seinen erregten Anhängern aus Galiläa, die ihn für den Messias hielten, in Jerusalem ein, wobei sie mit allen Mitteln versuchten, die Aufmerksamkeit der Jerusalemer zu erregen. Als sie sich dem Tempelbezirk näherten, riefen sie: Hilf uns doch, König, hilf uns doch, Davidssohn. Als er dann auch noch mit den Wechslern vor der Tempelmauer Streit anfing, wurden die Behörden wachsam.

Sie ließen ihn aber zunächst im Kreis seiner Anhänger das Pesach-Lamm essen. Dabei soll er - wie schon zuvor, am Beginn seiner Pilgerreise - angedeutet haben, daß er sterben müsse. Im Lauf des Abends schickte die von Vielen im Volke verhaßte Großpriesterschaft ihre Büttel, verstärkt durch eine Abteilung prokuratorischer Soldaten, zum Ölberg, wo die (zumindest teilweise bewaffneten) Galiläer nächtigten. Nach kurzem Wortwechsel und Geplänkel wurde er - während seine engste Anhängerschaft floh - verhaftet, dann zu einem Vorverhör ins Vorzimmer des Großpriesterpalastes gebracht.

Nach seiner Identifizierung durch Beamte des Großpriesters (die ja allein solchermaßen Verdächtige auf Hebräisch oder auf Aramäisch befragen konnten), soll er - der schon früher von sich gesagt hatte, er sei größer als Salomo, der ja einst den ersten Tempel bauen ließ - angekündigt haben, daß er den von Herodes in langjähriger Arbeit prächtig ausgebauten Tempel zerstören wolle. An dessen Stelle sollte ein neuer, nicht von Menschenhand erbauter Tempel erstehen, und zwar innert dreier Tage.

Nach dem Verhör wurde er in den benachbarten Palast des Herodes überstellt, in dem Pilatus während der Festtage residierte. Der, ein engstirniger Rechtsbeuger, hat ihn, wie es seine Gewohnheit war, ohne Urteilsspruch zum Richtplatz führen und dort mitsamt anderen Räubern kreuzigen lassen.

Im Neuen Testament haben sich - anders als bei Josephus - *tatsächlich* Nachrichten über das angekündigte Tempelwunder Jesu erhalten. Allerdings deuten die Evangelisten es im Nachhinein als Mißverständnis: Bei Markus und Matthäus (Mt 26,59-61) wird die Ankündigung des Tempelwunders Falschzeugen zugeschrieben, die bei dem Prozeß gegen Jesus aussagen. Johannes erklärt sogar, daß Jesus nicht den konkreten Jerusalemer Tempel gemeint, sondern seine Auferstehung aus dem Tod nach drei Tagen vorausgesagt habe. Die Evangelien versuchen also ganz gezielt, von den konkreten, politischen Aktivitäten Jesu abzulenken.

Es standen aber einige auf, zeugten trügerisch gegen ihn und sagten: Wir selber hörten ihn sagen: Ich werde diesen Tempel - das Gemächt von Menschenhand - niederreißen und innert dreier Tage einen anderen, nicht von Menschenhand gemachten, aufbauen.

Markus 14,57f

Jesus fing an und sagte zu ihnen: Löst diesen Tempel auf und ich werde ihn innert dreier Tage wieder errichten. Die Juden sagten: In sechsundvierzig Jahren wurde dieser Tempel gebaut - und du willst ihn innert dreier Tage errichten? Jener aber redete vom Tempel seines Leibes.

Johannes 2,19-21

Jesus von Nazaret, der unbekannte Messias

Jesus in außerchristlichen Quellen

Da die Juden unter ihrem Anführer Chrestus beständig Unruhe stifteten, vertrieb er (Kaiser Claudius) sie aus Rom.

Sueton, Leben der Caesaren, Über Claudius 25

Die Vertreibung der Juden, von der auch Judenchristen, nicht aber Heidenchristen betroffen waren, fällt wahrscheinlich in das Jahr 49/50 (dazu auch Apg 18,2). Ob der Name Chrestus sich tatsächlich auf Christus bezieht, ist allerdings fraglich.

Also schob Nero (nach dem Brand Roms im Jahre 64) ... die Schuld auf andere und bestrafte sie mit den ausgesuchtesten Martern. Es waren jene Leute, die das Volk wegen ihrer angeblichen Schandtaten haßte und mit dem Namen „Christen" belegte. Dieser Name stammt von Christus, der unter Tiberius vom Prokurator Pontius Pilatus hingerichtet worden war. Dieser verderbliche Aberglaube war für den Augenblick unterdrückt worden, trat aber später wieder hervor und verbreitete sich ...

Tacitus, Annalen 15,44

Messianische Psalmen des Lukas-Evangeliums anläßlich der Geburt Jesu

Und Maria sprach:
Groß rühmt mein Leben den Herrn,
mein Geist jubelt ob Gott, meinem Retter ...
Heilig ist sein Name, sein Erbarmen: Geschlecht um Geschlecht
über denen, die ihn fürchten.
Gewaltiges tut er mit seinem Arm,
zersprengt die im Herzen hochmütig Gesinnten.
Machthaber stürzt er von Thronen
und Arme erhöht er.
Hungernde füllt er mit Gutem
und Reiche schickt er leer weg.
Er nimmt sich Israels, seines Knechtes, an, eingedenk des Erbarmens -
wie er zu unseren Vätern gesprochen,
Abraham und seinem Gesproß - auf Weltzeit hin.

Lobgesang der Maria (Lukas 1,46-55)

Nun entlasse deinen Knecht, o Gebieter,
nach deinem Wort in Frieden:
Denn meine Augen haben Deine Rettungstat geschaut,

die du bereitet hast vor aller Völkerstämme Angesicht:
enthüllend Licht - den Völkern.
und Herrlichkeit - deinem Israelvolk. Lobgesang des Simon (Lukas 2,29-32)

Der Psalm des Simon erinnert an das Augustus-Evangelium aus einer Inschrift in Priene. Lukas stellt Jesus bewußt als Weltheiland im Stile des römischen Kaisers dar, um diesen noch zu überbieten.

Der Weltheiland Augustus auf der Inschrift von Priene

Die sogenannte Kalenderinschrift von Priene (aus dem Jahre 9 v.d.g.Z.) feiert den Geburtstag des Augustus als den Tag der Geburt eines Gottes, des göttlichsten Kaisers. Auf zwei Steinen aus der Nordhalle des Marktplatzes steht unter anderem:

Da die Vorsehung, die alles in unserem Leben ordnet, Eifer und Ehrgeiz beweisend, das Beste für unser Leben bestimmte, sandte sie Augustus, den sie zum Heile der Menschen mit Würde erfüllte, und den Heiland für uns und unsere Nachkommen schickte, der den Kriegen ein Ende macht und alles in Ordnung bringt. Und da der Kaiser, auf Erden erschienen, die Hoffnung aller, die in ihren Hoffnungen vorausnahmen, übertraf: weil er nicht nur alle Wohltäter, sie vor ihm waren, überragt, sondern auch der Nachwelt keine Hoffnung hinterläßt, ihn zu übertreffen. Es war aber der Geburtstag des Gottes für die Welt der Anfang aller Dinge, die um seinetwillen Evangelien sind. W.Dittenberger, Orientis Graecii Inscriptiones, Band 2, Nummer 458

(Der Senat) erklärte Augustus für unsterblich und bestimmte für ihn Priester und heilige Kulte und bestimmte Livia, die bereits Julia und Augusta genannt wurde, zu seiner Priesterin ... Jene aber wendete einem Numerius Atticus, einem Senator und gewesenen Prätor, eine Million Sesterzen zu, da er geschworen hatte: er habe Augustus zum Himmel auffahren sehen, so, wie das von Proculus über Romulus erzählt wird. Und ihm wurde in Rom ein Heiligtum errichtet ... und andere an vielen anderen Plätzen, mit oder auch ohne den Wunsch der jeweiligen Städte. Auch das Haus in Nola, in dem er verschieden ist, wurde zum heiligen Bezirk erhoben. Während nun sein Heiligtum in Rom errichtet wurde, stellten sie ein goldenes Standbild von ihm auf einem Ruhebett im Tempel des Mars auf und erwiesen jenem alle Ehren, die sie seinem Standbilde später erweisen sollten.
Cassius Dio, Römische Geschichte 56, 46,1-4

Jüdische und heidnische Wundertäter

Choni der Kreiszieher

Es begab sich, daß sie zu Choni dem Kreiszieher sagten: Bete, daß Regen falle. Er sagte zu ihnen: Geht hinaus und bringt die Pesach-Öfen hinein, damit sie nicht aufweichen. Er betete, aber es kam kein Regen. Was tat er? Er zog einen Kreis und stellte sich in seine Mitte. Er sprach vor Ihm: Herr der Welt, deine Söhne haben mir ihr Angesicht zugewandt, denn ich bin wie ein Haussohn vor dir. Ich schwöre bei deinem großen Namen, daß ich von hier nicht weichen werde, bist du es über deine Söhne regnen läßt.

Da begann der Regen zu tröpfeln. Er sprach: Nicht darum hatte ich gebeten, sondern um Regen für Zisternen, Gruben und Höhlen. Da begann es wild zu prasseln. Er sprach: Nicht darum hatte ich gebeten, sondern um einen wohlgefälligen, segensreichen und milden Regen. Da regnete es ordentlich, bis Israel wegen des Regens aus Jerusalem zum Tempelberg hinaufstieg.

Sie kamen und sprachen zu ihm: Wie du gebetet hast, daß es regne, so bete nun, daß es sich verziehe. Er sprach zu ihnen: Geht hinaus und seht, ob der Stein der Suchenden sich schon aufgelöst hat.

Da sandte Schimon ben Schetach zu ihm: Wärst du nicht Choni, verhängte ich den Bann über dich. Aber was soll ich bei dir machen, der du vor dem Heiligen, gesegnet er, frech wirst - und er tut deinen Willen: Wie ein Sohn, der vor seinem Vater frech wird, und er tut ihm seinen Willen. Über dich sagt die Schrift (Spr 23,25): *Es freue sich dein Vater samt deiner Mutter, es jauchze, die dich geboren hat.* Mischna Taanit 3,8

„Pesach-Öfen": Aus ungebranntem Lehm gefertigte Öfen, um zu Pesach die Mazzot, die ungesäuerten Brote, backen zu können. Diese Öfen würden sich im Wasser auflösen. Es geht also auf Pesach, ohne daß es im Winter ausreichend geregnet hätte. Dürre aber bedeutet Hunger.

„Stein der Suchenden": Ort in Jerusalem, an dem Fundsachen abgegeben wurden. Wichtig ist hier, daß sich ein Stein erst unter enormem Wasserdruck auflöst - so stark regnete es also.

Niemand käme aufgrund dieses Wunders auf die Idee, an Choni zu glauben. Im Gegenteil: Schimon ben Schetach, ein großer Gelehrter zur Zeit des Alexander Jannäus (um 100 v.d.g.Z.), kritisiert den kindischen Erpressungsversuch Chonis milde.

Apollonius von Tyana

Es wird auch folgendes Wunder erzählt: Ein Mädchen war am Tage seiner Hochzeit gestorben (so schien es wenigstens), und der Bräutigam folgte schon jammernd der Bahre und klagte, daß seine Ehe so ganz unerfüllt geblieben sei. Aber auch ganz Rom trauerte mit ihm, da das Mädchen aus einer vornehmen Konsularenfamilie stammte. Als aber Apollonius dem Trauerzuge begegnete, sagte er: Legt die Bahre nieder! Ich will euren Tränen über das Mädchen ein Ende machen. Zugleich fragte er nach dem Namen des Mädchens. Die Menge glaubte, er werde eine Trauerrede halten, wie sie so üblich sind bei solchen Anlässen, um den Jammer zu beschwören. Er aber berührte nur die Tote, sprach einige unverständliche Worte und erweckte so das Mädchen aus dem Scheintod. Diese begann zu sprechen und kehrte ins Elternhaus zurück - wie Alkestis, als sie von Herakles ins Leben zurückgerufen worden war ... Ob er nun noch einen Lebensfunken an ihr wahrgenommen hatte ... oder ob er das erloschene Leben wieder zurückgerufen und angefacht hatte, dies vermag ich nicht zu ergründen, und auch die Anwesenden hätten es nicht ermitteln können.

Philostratos, Das Leben des Apollonius von Tyana 4,45

Apollonius (4-96 d.g.Z.) war einer der bekanntesten Wanderprediger und Wundertäter seiner Zeit. Über ihn schrieb etwa hundert Jahre später (auf Grund älterer Nachrichten) Philostratos einen biographischen Roman. In den ersten sechs Büchern schildert er Wunder-volle Reisen dieses Gottesmannes, von dem sich die Mächtigsten der Zeit beraten ließen. Die beiden letzten Bücher beschreiben seinen Aufenthalt in Rom, wo Apollonius, ein mutiger Vertreter von Freiheit und Menschenwürde, gar dem Tyrannen Domitian trotzte. Schon früh wurden (vor allem bei Gegnern der Christen) deutliche Parallelen zwischen den Berichten über Jesus und denen über Apollonius gesehen. Von Kaiser Severus Alexander (208-235) wird berichtet, daß er auf seinem Hausaltar ein Bildnis des Apollonius neben dem des Abraham, Orpheus und Christus aufgestellt habe.

Am Schluß, in Buch 8,30, erzählt Philostratos, wie Apollonius, der schon auf wunderbare Weise geboren worden war, starb: er soll in Lindos (Malta), wo er den Tempel der Athene betreten habe, plötzlich an Ort und Stelle verschwunden sein. Nach anderen habe er in Kreta auf eine noch wunderbarere Weise sein Ende gefunden: er sei zum Tempel der Diktynna geeilt, dessen Tore sich vor ihm geöffnet und wieder geschlossen hätten, nachdem er eingetreten sei. Von innen habe man die Stimmen singender Jungfrauen vernommen, deren Gesang etwa so lautete: Verlasse die Erde und komme zum Himmel!

Josephus als Beispiel für einen Mann des Übergangs

Im Alter von 16 Jahren faßte ich den Entschluß, unsere Gruppen zu prüfen. Ich glaubte dadurch nämlich die beste herausfinden zu können, daß ich sie alle kennen lernte. Unter harten Abtötungen und zahlreichen Mühen durchlief ich die Gemeinden. Als ich dann meinen Wissensdrang noch immer nicht für befriedigt hielt, wurde ich eifriger Schüler eines gewissen Bannus, der, wie ich vernahm, in der Wüste lebte, Kleider von Baumrinde trug, wildwachsende Kräuter aß und sich zur Entmakelung öfters tags und nachts mit kaltem Wasser wusch. Bei ihm verbrachte ich drei Jahre und kehrte, nachdem ich meine Absicht erreicht hatte, wieder in die Stadt zurück. In meinem 19. Lebensjahr begann ich dann meine öffentliche Laufbahn als Anhänger (das meint: als Mitglied) der Pharisäerpartei.

Josephus, Autobiographie 2

Der Toralehrer Jesus

Denkt nicht, ich sei gekommen, um die Tora oder die Propheten aufzuheben. Ich bin nicht gekommen um aufzuheben, sondern um zu erfüllen. Denn wahr ist's, ich sage euch: Bis der Himmel und die Erde dahingehen -

nicht ein Jota oder ein Häkchen von der Tora wird dahingehen, bis alles geschieht. Wer also eine dieser Weisungen, der geringsten eine, auflöst und so die Menschen lehrt - der Geringste wird er heißen im Königtum der Himmel. Wer sie aber tut und lehrt - ein Großer wird er heißen im Königtum der Himmel.

Matthäus 5,17-19

Ihr habt gehört, daß gesagt ward den Alten: Morde nicht! Wer mordet - verfallen ist er dem Gericht. Ich sage euch: Wer seinem Bruder zürnt - verfallen ist er dem Gericht. Wer seinen Bruder einen Hohlkopf nennt - verfallen ist er dem Sanhedrin. Und wer ihn einen Schlappschwanz heißt - verfallen ist er der Feuerhölle ...

Ihr habt gehört, daß gesagt ward: Brich nicht die Ehe! Ich sage euch: Wer eine Frau begehrlich ansieht, hat in seinem Herzen mit ihr die Ehe gebrochen.

Matthäus 5,21f. 27f

Diese Beispiele aus den fälschlicher Weise so genannten „Antithesen" zeigen, daß Jesus die Tora nicht aufhebt, sondern eher strenger auslegt als manche andere Pharisäer. Wenn es in Übersetzungen heißt: „ich aber sage euch" und dadurch der Eindruck eines Gegensatzes erweckt wird, so ist dies schlichtweg falsch. Im Griechischen steht lediglich die Partikel DE, die nicht „aber" bedeutet und - nach Auskunft maßgeblicher Lexika - bei der Übersetzung entfallen sollte. Außerdem entspricht die Formulierung „ich sage euch" der im Talmud geläufigen Wendung: WeANI OMER - und ich sage.

Jesu messianisches Programm

Glücklich ihr Armen, denn euer ist das Königtum Gottes.
Glücklich die ihr jetzt hungert, denn ihr werdet satt gemacht werden.
Glücklich die ihr jetzt weint, denn ihr werdet lachen.

Lukas 6,20f

Wohl von Lukas selbst, in Anlehnung an die ersten Preisungen verfaßt, stammen die Weherufe in V.42f, wo in der Umkehrung das Programm noch deutlicher wird:

Weh euch, ihr Reichen, denn weg habt ihr eure Ermutigung.
Weh euch, die ihr jetzt vollgestopft seid, denn ihr werdet hungern.
Weh euch, die ihr jetzt lacht, denn ihr werdet trauern und klagen.

Die matthäischen Glücklichpreisungen sind insgesamt durch den Evangelisten ins Innerliche umgedeutet worden - so werden etwa aus den Armen die „aus dem Geiste Armen". Dennoch schimmert auch bei ihm noch Konkretes durch, das von den Übersetzungen allerdings meist geglättet wird:

Glücklich die Unterdrückten, denn sie werden das Land erben.

Matthäus 5,5

Matthäus spielt klar auf Psalm 37,11 an: „Die Unterdrückten werden das Land gewinnen" - nachdem die Gottlosen vertrieben sind.

„Der Menschensohn“

In der Verhörszene in Lukas 22,69, aber auch in Matthäus 25,31ff u.ö. wird auf Daniel 7 angespielt. Nach einer Vision Daniels, in der mehrere furchtbare Tiere aufgetreten sind, die jeweils verschiedene Königreiche symbolisieren, heißt es dort:

Ich schaute in den Nachtgesichten und siehe: mit den Wolken des Himmels kam einer *wie* ein Mensch (keWAR ENOSCH). Der gelangte vor den Alten der Tage, wurde vor ihn geführt. Ihm ward gegeben Herrschaft und Ehre und Reich: alle Völker, alle Nationen und Sprachen sollen ihm dienen. Seine Herrschaft ist eine währende, die nimmer vergeht. Sein Reich wird nimmer zerstört.
Daniel 7,13f

Die vorausgegangenen Weltreiche - mit wilden Tieren verglichen - sind bestialisch. Sie sollen durch Gottes Eingreifen abgelöst werden von der Herrschaft Israels, die einem Menschen verglichen wird, also menschlich, human sein wird.

Wenn daher Jesus vom Menschensohn spricht, klingt Daniel 7 mit: die römische Herrschaft, unter deren Bestialität Juden leiden, wird abgelöst durch ein jüdisches und humanes Königreich, das in der Person Jesu, der den Umsturz ausführen wird, nahe herbei gekommen ist.

Jesu bewaffnete Jünger

Als ich euch ohne Beutel und Ranzen und Schuhe aussandte, hat euch da etwas gemangelt? Nichts, sprachen sie. Sprach er zu ihnen: Aber jetzt - wer einen Beutel hat, nehme ihn mit; und wer einen Ranzen - desgleichen. Und wer nichts hat, verkaufe sein Obergewand und kaufe einen Dolch ... Sie aber sprachen: Herr, da! Zwei Dolche sind hier!
Lukas 22,35-38

Und da! Einer von denen mit Jesus streckte die Hand aus, zückte seinen Dolch, schlug nach dem Büttel des Großpriesters und hieb ihm ein Ohr ab ... (Da sagte Jesus:) Oder meinst du, ich könnte es meinem Vater nicht zumuten, daß er mir sofort mehr als zwölf Legionen Engel zur Seite stelle?
Matthäus 26,51-53

Verteilung der Posten für die Zeit nach dem Sieg

Ihr aber seid es, die mit mir durchgehalten haben in meinen Prüfungen. Und ich überstelle euch (vertraglich) das Königtum, wie es mein Vater mir überstellt hat: daß ihr essen und trinken sollt an meinem Tisch in meinem Königtum und sitzen auf Thronen, um zu richten die zwölf Stämme Israels.
Lukas 22,28-30

Zukünftige Rache an den Gegnern des Königs Jesus

Als sie aber dies hörten, sprach er und setzte ein Gleichnis hinzu; denn - weil er nah bei Jerusalem war - wähnten sie, alsbald werde das Königtum Gottes erscheinen. Er sprach also:

Ein hochgeborener Mensch reiste in ein fernes Land, um Königswürde für sich zu empfangen und dann heimzukehren. Er rief also zehn von seinen Knechten, gab ihnen zehn Minen (Geld) und sprach zu ihnen: Macht Geschäfte damit, bis ich komme. Seine Mitbürger aber haßten ihn, sandten eine Gesandtschaft hinter ihm her und ließen sagen: Wir wollen nicht, daß dieser über uns König wird.

Und es geschah: Bei seiner Wiederkehr - nachdem er die Königswürde empfangen - sprach er, es sollten jene Knechte, denen er das Geld gegeben hatte, gerufen werden (die im folgenden je nach Verdienst mit der Herrschaft über Städte belohnt wurden) ... Doch diese meine Feinde, die nicht wollten, daß ich König über sie würde - bringt sie her und macht sie vor meinen Augen nieder!

Und nachdem er so gesprochen hatte, zog er voran, hinauf nach Jerusalem. Lukas 19,11-28

Dort bestieg er ein Eselsfüllen und zog als König in Jerusalem ein.
Lukas verknüpft zwei verschiedene Überlieferungen miteinander: das Gleichnis von den anvertrauten Minen (Talenten), das auch in Matthäus 25,14ff überliefert ist und ursprünglich der Spruchquelle Q entstammt, und die Geschichte von dem Mann, der auszog, König zu werden, die allein im Lukas-Evangelium enthalten ist.

Der Märtyrertod Jesu

Er (ein äthiopischer Beamter, der in Jerusalem angebetet hatte) war auf dem Rückweg und saß auf seinem Wagen und las den Propheten Jesaja ... Philippus lief hin, hörte ihn den Propheten Jesaja lesen und sprach: Verstehst du auch, was du liest? Der aber sprach: Wie könnte ich denn, wenn keiner mich anleitet? Und er ermutigte Philippus, aufzusteigen und sich mit ihm zusammenzusetzen. Der Abschnitt der Schrift aber, den er eben las, war dieser (Jes 53,7f): *Wie ein Schaf ward er zur Schlachtung getrieben. Und wie ein Lamm vor seinem Scherer ohne Laut, so tut er nicht auf seinen Mund. Durch seine Niedrigkeit wurde weggenommen sein Gericht. Sein Stamm - wer kann davon berichten? Denn weggenommen von der Erde wird sein Leben.*

Der Eunuch wandte sich an Philippus und sprach: Ich flehe dich an, von wem sagt das der Prophet - von sich selbst oder von einem anderen? Philippus tat seinen Mund auf und verkündete ihm, ausgehend von dieser Schrift, das Evangelium von Jesus. Apostelgeschichte 8,28-35

Bleibende Erwartung der Jünger auch nach dem Tod ihres Messias

Die nun zusammengekommen waren, fragten ihn und sagten: Herr, ob du in dieser Zeit für Israel das Königtum wiederherstellst? Apostelgeschichte 1,6

Jeder gegen jeden - Aufstands-Messiasse des ersten jüdisch-römischen Krieges

Die Achtzehn Bestimmungen der Schammai-Pharisäer

Es lehrte Rabbi Schimon bar Jochai: An jenem Tag erließen sie Bestimmungen gegen ihr (der Heiden) Brot und gegen ihren Käse und gegen ihren Wein und gegen ihren Essig und gegen ihre Fischlake und gegen ihre Brühe, gegen ihr Eingelegtes, gegen ihr Gekochtes, gegen ihr Gesalzenes, gegen die Grütze, gegen das Geriebene und gegen den Gerstenbrei, gegen ihre Sprache, gegen ihr Zeugesein, gegen ihre Opfergaben, gegen ihre Söhne, gegen ihre Töchter und gegen ihre Erstlinge.

Rekonstruktion von H.Graetz, Geschichte der Juden, Band 3,1, 1888, Note 26
(aufgrund von Mischna Schabbat 1,4 und Schabbat 13b-17b)

Von den Vertretern des Hauses Hillel wurde „jener Tag" später in den finstersten Farben beschrieben. Er galt ihnen noch lang als Trauertag.

Achtzehn Bestimmungen erließen sie an diesem Tag. Und dieser Tag war so hart für Israel wie der Tag, an dem das goldene Kalb gemacht wurde ... Rabbi Jehoschua Onaja lehrte: Die Schüler des Hauses Schammai bezogen oben Stellung und töteten Schüler des Hauses Hillel. Es wurde gelehrt: Sechs von ihnen gingen nach oben, und der Rest von ihnen bezog Stellung gegen sie mit Schwertern und Speeren. tib Schabbat 1,7,3c

Da steckten sie ein Schwert im Lehrhaus auf und riefen: Wer hereinkommen will, trete ein; hinausgehen aber darf niemand! An diesem Tag saß Hillel vor Schammai gebeugt wie ein Schüler. Schwer war dieser Tag für Israel wie der Tag, an dem das Kalb gemacht wurde. Schabbat 17a

Die Texte lassen erkennen, daß es bei der Auseinandersetzung um die Achtzehn Bestimmungen zu Blutvergießen gekommen ist. Wahrscheinlich hat es unter Hillel-Schülern sogar Männer gegeben, die für ihre Überzeugung ihr Leben geben mußten und von pharisäisch-schammaitischen Parteifreunden getötet wurden.

Tacitus über den Beginn des Aufstandes

Nach dem Tod des Herodes maßte sich ein gewisser Simon den Königstitel an, ohne erst lange auf die Verleihung durch Caesar zu warten ... Unter Kaiser Tiberius herrschte Ruhe. Danach sollten die Juden auf den Befehl des Gaius Caesar (Caligula) sein Bild im Tempel aufstellen, griffen aber lieber zu den Waffen und erregten einen Aufstand, der erst nach dem Tod des Kaisers zu Ende ging. Nach dem Tode bzw. der Machtbeschränkung der Herrscher überließ Claudius die Provinz römischen Rittern oder Freigelassenen. Zu den letzteren gehörte Antonius Felix, der, eine rechte Sklavenseele, die königlichen Machtbefugnisse mit aller Grausamkeit und Willkür ausübte ... Die Juden aber hielten in Geduld aus, bis Gessius Florus Prokurator wurde; unter ihm kam es zum Krieg. Tacitus, Historien 5,9f

Elasar ben Chananja und die Einstellung des Kaiseropfers

Um diese Zeit geschah es, daß Elasar, der Sohn des Großpriesters Chananja, ein verwegener junger Mann, der damals die Tempelwache befehligte, die diensttuenden Priester überredete, keine Gaben oder Opfer mehr von Fremden anzunehmen. Damit war der Grund zum Krieg gegen die Römer gelegt. Denn so verwarfen sie das für diese und den Kaiser dargebrachte Opfer. Obgleich nun die Großpriester und die angesehenen Bürger dringend mahnten, das gewohnte Opfer für die Herrscher nicht fallen zu lassen, gaben diese Priester doch nicht nach, ... weil sie sich nach dem Tempelhauptmann Elasar richteten. Josephus, Jüdischer Krieg 2,17,2

Menachem der Galiläer

Zu gleicher Zeit war ein gewisser Menachem - Sohn des Galiläers Judas, ein sehr bedeutender Gelehrter, der einst zur Zeit des Quirinius die Juden geschmäht hatte, daß sie nicht nur Gott, sondern auch den Römern untertan sein wollten - mit seinen nächsten Freunden nach Mezada gezogen, hatte dort das Zeughaus des Herodes aufgebrochen und außer seinen Landsleuten auch noch andere Räuber bewaffnet, um diese als Leibgarde zu verwenden. Nun kam er wie ein König nach Jerusalem zurück, wurde der Führer des Aufstandes und übernahm den Oberbefehl bei der Belagerung.
Josephus, Jüdischer Krieg 2,17,8

Der zunächst erfolgreiche Kampf gegen die Römer

Cestius Gallus, der Statthalter Syriens, der sich daran machte, die Erhebung niederzuschlagen, hatte eine Reihe unentschiedener, öfters allerdings unglücklicher Gefechte zu bestehen. Als er gestorben war ..., sandte Nero den Vespasian, der durch sein Glück, seinen Ruf und die Unterstützung ausgezeichneter Helfer mit seinem siegreichen Heer im Verlauf von zwei Sommern das gesamte Flachland und mit Ausnahme Jerusalems alle Städte in seine Hand brachte und besetzt hielt. Tacitus, Historien 5,10

Der Kampf des Elasar gegen Menachem in Jerusalem

Am folgenden Tag wurde der Großpriester Chananja, der sich im Wasserkanal der Königsburg versteckt hatte, von den Räubern hervorgezogen und mitsamt seinem Bruder Hiskia ermordet. Die Aufrührer hatten auch die Türme umstellt und hielten strenge Wache, damit keiner der Soldaten entkäme. Menachem aber stieg die Bezwingung der festen Plätze und der Tod des Großpriesters Chananja so sehr in den Kopf, daß er grausam wurde. Und da er glaubte, daß er keinen Gegner habe, der ihm die Herrschaft streitig machen könnte, zeigte er sich als unerträglicher Tyrann.

Die Männer um Elasar (Sohn des ermordeten Großpriesters) empörten sich jedoch gegen Menachem und machten untereinander Bemerkungen von der Art: sie seien von den Römern aus Liebe zur Freiheit abgefallen und dürften diese deshalb nicht einem einfachen Mann aus dem Volke preisgeben und einen Gewaltherrscher dulden, der, selbst wenn er keine Gewalttat beginge, doch seiner Herkunft nach weit unter ihnen stünde. Denn wenn es auch notwendig sei, daß einer die Führung des Ganzen in die Hand nehme, so komme sie doch jedem anderen mehr zu als diesem Menschen. Sie trafen darum eine Verabredung und griffen ihn im Tempel an, als er stolz und im Schmuck königlicher Kleidung zum Gebet hinaufschritt, wobei ihm eine Schar bewaffneter Eiferer folgte.

Als dann die Anhänger Elasars auf ihn eindrangen, hob auch das übrige Volk, um seiner Erbitterung Ausdruck zu verleihen, Steine auf und begann, auf den wortgewandten Volksverführer zu werfen. Sie glaubten nämlich, durch seine Ermordung dem ganzen Aufruhr ein Ende machen zu können. Menachems Leibwache leistete kurze Zeit Widerstand. Als sie aber sah, daß das ganze Volk auf sie losstürmte, ergriff sie die Flucht. Jeder floh, wohin er konnte. Die man ergreifen konnte, wurden getötet, die sich versteckt hielten, spürte man auf. Nur wenige konnten sich dadurch retten, daß sie heimlich nach Mezada entkamen. Unter ihnen war Elasar, Jaïrs Sohn, ein Verwandter Menachems, der später den Oberbefehl in Mezada führte.

Auch Menachem selber war zum Ophel geflohen. Dort hatte er sich feige versteckt. Doch man fing ihn lebendig, zog ihn ans Licht und tötete ihn unter vielen Foltern.

Josephus, Jüdischer Krieg 2,17,9

Der Kampf des Josephus gegen Jochanan aus Gusch Chalaw im Galil

Während Josephus die Verwaltung Galiläas organisierte, erstand ihm ein hinterlistiger Gegner in Gusch Chalaw, Jochanan ben Levi - ein Mensch, der durch seine Heimtücke und Verschlagenheit alle übertraf, die sich durch besondere Schlechtigkeit auszeichneten. Von Haus aus arm, hatte ihn der Mangel an Vermögen lange Zeit gehindert, seine Bosheit in die Tat umzusetzen. Stets hatte er eine Lüge parat, auch verstand er es bestens, seine Lügengebilde glaubhaft zu machen. Den Betrug hielt er für eine Tugend, auch im Umgang mit seinen nächsten Freunden. Er konnte Menschenfreundlichkeit heucheln, auch schreckte er, wenn ein Gewinn zu erhoffen war, vor keinem Mord zurück. Immer jagte er hohen Zielen nach, nährte aber seine Hoffnungen durch die gemeinsten Verbrechen.

Zunächst war er als Räuber ein Einzelgänger gewesen, später fand er dann für seine Unternehmungen auch Genossen. Zwar waren es anfangs nur wenige, aber mit seinen Erfolgen wuchs auch ihre Zahl. Dabei achtete er darauf, keinen Schwächling aufzunehmen, sondern suchte sich Männer aus, die durch kräftigen Körperbau, Entschlossenheit und Kriegserfahrung hervorragten. So brachte er schließlich eine Bande von 400 Spießgesellen zusammen, meist Flüchtlinge aus dem Gebiet von Tyros und den dortigen Dörfern. Mit ihnen brandschatzte er Galiläa und wurde zu einer wahren Landplage für die Masse der Bevölkerung, die sich angesichts des bevorstehenden Krieges ohnehin in heller Aufregung befand.

Schon dachte er daran, Feldherr oder gar noch mehr zu werden, aber der Geldmangel behinderte ihn. Als er sah, daß Josephus an seiner Tatkraft großen Gefallen fand, überredete er ihn zuerst, ihm den Wiederaufbau der Mauer seiner Heimatstadt anzuvertrauen. Dabei bereicherte er sich beträchtlich auf Kosten der Wohlhabenden ...

Für den Fall, daß er Josephus beseitigen würde, rechnete er damit, selbst den Oberbefehl über Galiläa zu erhalten. Darum trug er seinen Räubern auf, sich noch nachdrücklicher aufs Plündern zu verlegen, um so, wenn die Menge in verstärkte Unruhe geriete, entweder den Feldherrn irgendwie umzubringen, wenn er zu Hilfsmaßnahmen ausrückte, oder aber ihn bei den Einwohnern verhaßt zu machen, falls er sich nicht darum kümmern sollte. Zudem hatte er seit längerem die Verleumdung ausgestreut, Josephus würde die jüdische Sache an die Römer verraten. Auch durch viele andere Umtriebe dieser Art suchte er den Sturz dieses Mannes herbeizuführen.

Josephus, Jüdischer Krieg 2,21,1f

Bei einem Besuch der Stadt Tiberias entging Josephus nur knapp einem Mordanschlag seines Rivalen Jochanan.

Die Bevölkerung der Umgebung rottete sich, als sie von dem Verrat und seinem Urheber hörte, in drohender Haltung gegen Jochanan zusammen, der sich indessen bereits durch die Flucht in seine Vaterstadt gerettet hatte. Aus allen Städten Galiläas strömten dann viele Tausende Bewaffneter zu Josephus und erklärten, sie seien gekommen, um gegen Jochanan, den gemeinschaftlichen Feind, zu ziehen und ihn, samt der Stadt, die ihn aufgenommen habe, zu verbrennen ...

Jochanan mußte sich mit den ihm noch verbliebenen Anhängern zurückziehen, versuchte aber gleichzeitig, neue Intrigen zu spinnen:

In aller Stille sandte er Boten nach Jerusalem, um Josephus seiner gewaltigen Streitmacht wegen zu verdächtigen, und ließ sagen, gar bald werde der Statthalter wohl als Tyrann in die Hauptstadt ziehen, wenn man sich seiner Person nicht vorher versichere. Das Volk hatte dies vorhergesehen und achtete nicht darauf. Die Vornehmen aber und einige obrigkeitliche Personen schickten heimlich Geld an Jochanan, damit er Söldner anwerbe und gegen Josephus zu Felde ziehen könne. Auch beschlossen sie unter sich, jenen von seinem Befehlshaberposten abzuberufen. Da sie jedoch einsahen, der Beschluß allein werde dazu nicht genügen, sandten sie 2.500 Schwerbewaffnete ...

Seine Freunde hatten Josephus von dem Anmarsch einer Truppenabteilung brieflich in Kenntnis gesetzt, den Grund hatten sie ihm aber nicht angeben können, weil der Plan der Feinde geheim gehalten worden war. Er traf deshalb auch keine Vorbereitungen, und so fielen vier Städte zu den Gegnern ab: Zippori, Gamla, Gusch Chalaw und Tiberias. Schnell aber brachte er dieselben ohne Schwertstreich wieder auf seine Seite, bekam dann durch List auch die vier Anführer sowie die Mächtigsten der Bewaffneten wieder in seine Gewalt und schickte sie nach Jerusalem zurück ... Aus Furcht vor Josephus hielt sich Jochanan von da an innerhalb der Mauern Gusch Chalaws auf.

Josephus, Jüdischer Krieg 2,21,7f

Der Übergang des Josephus zu den Römern

Als die Römer Jotapata belagerten und sich Josephus in aussichtsloser Lage befand,

... stieg in ihm die Erinnerung an die nächtlichen Träume auf, durch die ihm Gott die über die Juden hereinbrechenden Schicksalsschläge und das künftige Geschick der römischen Kaiser gezeigt hatte. Josephus verstand sich nämlich auf die Deutung von Träumen und auf die Auslegung von Gottessprüchen, die zweideutig geblieben waren. Da er selbst ein Priester war und aus einem priesterlichen Geschlecht stammte, waren ihm die Weissagungen der heiligen Schriften gut bekannt ...

Nachdem Josephus durch einen Trick (er selber nennt es freilich „durch glücklichen Zufall oder durch göttliche Fügung") überlebt hatte, wurde er als Gefangener vor Vespasian geführt. Da verlangte er, mit dem Feldherrn unter vier Augen zu reden, was ihm gewährt wurde:

Du bist freilich der Meinung, Vespasian, in Josephus nur einen Kriegsgefangenen in die Hand bekommen zu haben; ich komme aber zu dir als Bote

(ANGELOS) großer Ereignisse. Denn wäre ich nicht von Gott gesandt, so hätte ich gewußt, was das Gesetz der Juden bestimmt und wie es einem Feldherrn zu sterben ziemt ... Du, Vespasian, wirst Kaiser und Alleinherrscher, sowohl du wie dieser dein Sohn. Josephus, Jüdischer Krieg 3,8,3 und 9

Eine ganz ähnliche Szene wird übrigens auch von Jochanan ben Sakkai berichtet.

Die Weissagung, daß der Weltherrscher aus Judäa komme

Was sie (die Juden) aber am meisten zum Krieg aufstachelte, war eine zweideutige Weissagung, die sich ebenfalls in den heiligen Schriften fand, daß in jener Zeit einer aus ihrem Land über die bewohnte Erde herrschen werde. Dies bezogen sie auf einen aus ihrem Volk, und viele Weisen täuschten sich in ihrem Urteil. Der Gottesspruch zeigt vielmehr die Herrscherwürde des Vespasian an, der in Judäa zum Kaiser ausgerufen wurde.

Josephus, Jüdischer Krieg 6,5,4

Mit den „heiligen Schriften" wird wohl auf 1.Mose 49,10, 4.Mose 24,17 und Daniel 7,14 angespielt.

... die Mehrzahl (der Juden) war überzeugt von dem in den alten priesterlichen Aufzeichnungen enthaltenen Wort, daß zu eben dieser Zeit das Morgenland erstarke und daß man von Judäa aus sich der Weltherrschaft bemächtigen werde. Dieser rätselhafte Ausdruck hatte auf Vespasian und Titus hingedeutet, die Volksmenge aber legte menschlicher Begehrlichkeit entsprechend diese so hochwichtige Weissagung zu ihren Gunsten aus und ließ sich nicht einmal durch allerhand Mißerfolge zur Anerkennung der Wahrheit bekehren. Tacitus, Historien 5,13

Im ganzen Orient war der alte, sich hartnäckig behauptende Glaube verbreitet, es sei vom Schicksal bestimmt, daß zu dieser Zeit Leute aus Judäa die Herrschaft erlangen würden. Wie die Ereignisse nachher zeigten, bezog sich diese Voraussage auf einen römischen Kaiser. Die Juden aber bezogen sie auf sich, machten einen Aufstand ...

Sueton, Leben der Caesaren, Über Vespasian 4

Die Flucht des Jochanan nach Jerusalem

Allein das Städtchen Gusch Chalaw war in Galiläa noch unbezwungen ... Vespasian sandte dann Titus an der Spitze von 1.000 Reitern gegen sie aus ... Als Titus mit seiner Reiterschar vor Gusch Chalaw angelangt war, hätte er die Stadt ohne sonderliche Mühe durch Überrumpelung nehmen können. Er zog es aber vor, die Stadt durch Übergabe mittels eines Vertrages zu gewinnen. Er wandte sich daher an die in großer Anzahl auf der Mauer stehenden Männer ..., denn (die Mauer) war ganz von den Räubern besetzt. Auch an den Toren standen Wachen, damit niemand zu einer Unterhandlung hinausginge ...

Nur Jochanan ergriff das Wort und entgegnete, er sei mit den Vorschlägen einverstanden und werde die, welche sie nicht annehmen wollten, durch gute Worte oder mit Gewalt dazu bringen. Er müsse aber diesen Tag, der ein Schabbat war, nach dem Gesetze der Juden feiern, da es ihnen an einem solchen ebensowenig gestattet sei, Friedensverhandlungen zu führen als die Waffen zu ergreifen ... Im Übrigen bringe dieser Aufschub für Titus nicht den geringsten Schaden. Denn was könne jemand in der Nacht weiter unternehmen als einen Fluchtversuch, den der römische Befehlshaber durch Umstellung der Stadt doch zu verhindern vermöge ...

Mit solchen Worten hinterging er Titus, denn es war ihm nicht sowohl um den Schabbat als vielmehr um seine persönliche Sicherheit zu tun - mußte er doch fürchten, nach der Einnahme der Stadt alsbald im Stiche gelassen zu werden, wogegen er in der Nacht durch die Flucht sein Leben retten zu können hoffte. Daß Titus dann nicht allein der listigen Bitte um Aufschub Gehör schenkte, sondern sogar sein Lager etwas weiter weg von der Stadt ... verlegte, war sicherlich eine Fügung Gottes, der Jochanan zum Verderben Jerusalems aufbewahren wollte.

In der Nacht, da er in der Umgebung der Stadt keine feindlichen Wachposten mehr bemerkte, brach Jochanan, die günstige Gelegenheit nützend, nicht nur mit seinen eigenen bewaffneten Anhängern, sondern auch mit einer Menge müßiger Leute und deren Familien auf, um gen Jerusalem zu fliehen ...

Josephus, Jüdischer Krieg 4,2,1-4

Die Tyrannei des Jochanan in Jerusalem

Als Jochanan in Jerusalem einzog, strömte das ganze Volk zu ihm hin. Und um jeden der ihn begleitenden Flüchtlinge sammelten sich große Massen von Menschen ...

Josephus, Jüdischer Krieg 4,3,1

Jochanan bekundete ein merkliches Gelüst, den Tyrannen zu spielen. Er hielt es unter seiner Würde, nur derselben Ehre wie seine Genossen teilhaftig zu sein, zog daher bei verschiedenen Gelegenheiten einige der Schlechtesten an sich und machte sich so allmählich von seiner Partei unabhängig. Da er den Beschlüssen der anderen stets den Gehorsam versagte, seine eigenen aber in herrischem Ton als Befehle hinstellte, konnte es keinem Zweifel mehr unterliegen, daß er nach Alleinherrschaft strebte. Einige fügten sich ihm aus Furcht, andere aus Ergebenheit - er verstand es nämlich meisterlich, sich durch List und Trug einen Anhang zu verschaffen -, andere auch, weil sie es im Interesse ihrer eigenen Sicherheit für zweckmäßig hielten, daß die Verantwortlichkeit für die bisherigen Freveltaten statt von vielen von einem einzigen Manne getragen würde ... Immerhin blieb eine beträchtliche Gruppe von Gegnern übrig ... die meisten schreckte die Furcht vor der Herrschaft eines Einzigen ... Aus diesen Gründen kam es zu einer Trennung von Jochanan, der seinerseits wie ein König über seine Parteigänger herrschte ... Josephus, Jüdischer Krieg 4,7,1

Empörung gegen Jochanan

Inzwischen hatten Bosheit und Frechheit auch die Manneszucht unter den galiläischen Truppen aufgelöst. Denn nachdem Jochanan mit ihrer Hilfe den Gipfel der Macht erklommen hatte, erlaubte er ihnen dafür kraft seiner nunmehrigen Stellung als Herrscher, alles zu tun, wonach es sie gelüstete. Unersättlich war nun ihre Raubgier ...

Infolgedessen brach unter dem Kriegsvolk eine Empörung gegen Jochanan aus, indem sämtliche (vor Simon in die Stadt geflüchteten) Idumäer in demselben sich von den übrigen trennten, um gegen den Tyrannen, auf dessen Macht sie eifersüchtig waren und dessen Grausamkeit ihren Haß erregte, einen Schlag zu versuchen. Alsbald kam es zum Handgemenge, in dem viele Zeloten ihr Leben verloren ... Die Idumäer, die mit den Zeloten in den Palast gelangt waren, drängten die letzteren von da weiter in den Tempel und machten sich dann an die Plünderung der Schätze des Jochanan. Denn der erwähnte Palast, in dem er wohnte, diente ihm auch als Platz für die Aufbewahrung der Beute, die seine Tyrannis ihm einbrachte.

Josephus, Jüdischer Krieg 4,9,10f

Simon bar Giora und sein Kampf in Juda und Idumäa

Ein junger Mann aus Gerasa, Simon bar Giora, der dem in der Hauptstadt bereits allgewaltigen Jochanan zwar an Verschlagenheit nachstand, ihn aber an Körperkraft und Waghalsigkeit übertraf und deswegen vom Großpriester Chananja aus der Toparchie Akrabatene, wo er den Herrscher spielte, vertrieben worden war, hatte sich den Räubern angeschlossen, die Mezada besetzt hielten. Anfangs hatten sie ihm zwar mißtraut und ihm nur gestattet, mitsamt den Frauen, die er mitbrachte, den unteren Teil der Festung zu bewohnen, während sie selbst den höheren einnahmen. Bald jedoch durfte er, weil er sich als echter Spießgeselle erwies und sich allmählich Zutrauen erworben hatte, an ihren Raubzügen teilnehmen und half, die

Umgebung Mezadas zu verwüsten, vermochte aber die Banditen nicht zu größeren Unternehmungen zu bewegen. An die Festung gewöhnt, hatten sie nämlich Bedenken, sich von diesem Schlupfwinkel zu entfernen.

Simon aber wollte höher hinaus: sein Ziel war die Tyrannen-Herrschaft. Sobald er daher vom Tod des Chananja gehört hatte, trennte er sich von ihnen, schlug sich ins Gebirge, ließ durch Herolde den Sklaven Freiheit und den Freien Belohnungen versprechen. So scharte er die Schlechten aus der ganzen Gegend um sich. Josephus, Jüdischer Krieg 4,9,3

Bald hatte er eine starke Bande beisammen und plünderte zunächst die Dörfer im Gebirge aus. Als er aber immer größeren Zulauf erhielt, wagte er sich auch in die Ebene hinab. Selbst den Städten erschien er jetzt furchtbar. Zugleich veranlaßte seine Macht und der glückliche Verlauf seiner Unternehmungen eine Reihe angesehener Leute, auf seine Seite zu treten, so daß sein Heer bereits nicht mehr aus Sklaven und Räubern allein bestand, sondern auch nicht wenige seßhafte Bürger aufwies, die ihm wie ihrem Könige gehorchten. Nunmehr dehnte er seine Streifzüge ... bis in den Bezirk Idumäa aus ... Daß er es mit diesen Übungszügen seiner Bande und mit den sonstigen Zurüstungen auf eine Unternehmung gegen Jerusalem abgesehen hatte, konnte keinem Zweifel unterliegen. Josephus, Jüdischer Krieg 4,9,4

Aus Furcht vor einem heimlichen Überfall und um das Emporkommen eines Mannes, dessen Macht zu ihrem Schaden tagtäglich anwuchs, zu verhindern, rückten die Zeloten (Jerusalems) in großer Zahl bewaffnet gegen ihn aus. Simon ließ sich auf das Treffen ein, machte bei demselben eine Menge seiner Gegner nieder und trieb die Übrigen in die Stadt zurück. Da er aber seinen Streitkräften noch nicht soweit traute, daß er einen Sturm auf die Mauer hätte wagen können, zog er ab, um zunächst Idumäa zu erobern ...

Josephus, Jüdischer Krieg 4,9,5

Simon zog dann, wie er es wohl selbst nicht erwartet hatte, ohne Blutvergießen in Idumäa ein. Er nahm durch Überraschung die Stadt Hebron, wo er reiche Beute machte und eine große Menge Getreide raubte. Die Einheimischen behaupten, daß Hebron älter als die übrigen Städte dieser Gegend sei ... Die Sage macht sie auch zum Wohnsitz Abrahams ... Die aus dem schönsten Marmor mit großer Macht hergestellten Grabmäler (der Patriarchen) werden noch heute in jenem Städtchen gezeigt ...

Josephus, Jüdischer Krieg 4,9,7

Widerstand gegen Simon

Von hier aus durchzog also Simon ganz Idumäa und verheerte nicht nur die Dörfer und Städte, sondern verwüstete auch das ganze Ackerland ... Diese

Vorgänge rüttelten die Zeloten aus ihrer Untätigkeit auf. Simon in offener Feldschlacht zu bekämpfen, getrauten sie sich freilich nicht: dagegen legten sie in einem Engpaß einen Hinterhalt, der die Frau Simons und deren zahlreiches Gefolge aufgriff. Jubelnd, wie wenn sie Simon selber gefangen hätten, zogen sie in die Hauptstadt ein und erwarteten nichts geringeres als daß er sogleich die Waffen strecken und demütig um Freilassung seiner Frau bäte. Ihn aber erfüllte kein Mitleid, sondern nur der Zorn wegen dieses Raubes. Und alsbald erschien er vor Jerusalems Mauern und ließ wie ein angeschossenes Wild, das den, der es verwundet, nicht erreichen kann, an allen, die ihm in die Quere kamen, seine Wut aus.

Wer, um Gemüse oder Holz zu holen, sich vor die Stadttore hinauswagte, mochten es auch Unbewaffnete oder Greise sein, ward ergriffen und zu Tode gepeinigt. Es fehlte nur noch, daß Simon in seiner Raserei die Leichen der Gemordeten verzehrte. Viele schickte er mit abgehauenen Händen in die Stadt zurück, teils um seinen Feinden Schrecken einzujagen, teils auch, um dadurch das Volk gegen die Schuldigen aufzureizen. Den Unglücklichen hatte man aufgetragen zu melden, Simon schwöre bei Gott dem Allwissenden: wenn sie nicht auf der Stelle seine Frau herausgäben, so werde er die Mauer stürmen und, ohne irgend ein Alter zu schonen oder die Schuldigen von den Unschuldigen zu trennen, allen Bewohnern der Stadt gleiches antun. Diese Drohungen setzten nicht nur das Volk sondern auch die Zeloten in Bestürzung, und alsbald gab man ihm seine Frau zurück, worauf er, ein wenig besänftigt, in dem beständigen Blutvergießen eine Pause eintreten ließ.

Josephus, Jüdischer Krieg 4,9,7-11

Simon als Herrscher über Jerusalem

Sie kamen (in Jerusalem) zusammen und überlegten mitsamt den Großpriestern, wie man sich gegen solche Anschläge (des Jochanan) sichern könne. Gott wandte ihre Gedanken auf einen schlimmen Weg, so daß sie ein Rettungsmittel ersannen, das schlimmer war als der völlige Untergang: um nämlich Jochanan zu stürzen, beschlossen sie, Simon in die Stadt aufzunehmen und unter demütigem Flehen sich einen zweiten Tyrannen auf den Hals zu laden. Ein solcher Beschluß kam auch wirklich zustande. Sie sandten den Großpriester Mattathias aus, um den vielgefürchteten Simon zu bitten, daß er in die Stadt kommen möge. Dieser Bitte schlossen sich, in der Hoffnung, ihre Häuser und ihr Vermögen wieder zu bekommen, auch die an, die vor den Zeloten aus Jerusalem geflohen waren. Voll Übermut gewährte Simon ihnen die Gnade, ihr Despot zu sein, und zog in die Stadt, unter dem Vorgeben, sie von den Zeloten befreien zu wollen - weshalb das Volk ihn als seinen Retter und Beschützer (SOTER KAI KEDEMON) begrüßte. Kaum aber war er mit seinen Truppen drinnen, als er seine Aufmerksamkeit auch nur noch auf das richtete, was seine Oberherrschaft fördern konnte, und, die ihn geladen hatten, ebenso als Feinde ansah wie die, gegen welche er gerufen worden war.

So wurde Simon im dritten Jahr des Krieges (Frühjahr 69) Gewalthaber von Jerusalem ...

Josephus, Jüdischer Krieg 4,9,11f

Jerusalem in der Gewalt dreier Tyrannen

Da gab es eines Tages drei Anführer und ebenso viele Heerhaufen: die äußerste, weitläufigste Mauer war von Simon besetzt, die Mittelstadt von Jochanan, den Tempel aber hatte Elasar gesichert. Die Stärke des Jochanan und Simon beruhte auf der Zahl und Ausrüstung ihrer Anhänger, die Elasars auf seiner Stellung. Bei den zwischen ihnen entbrannten Gefechten aber kam es zu Hinterlist und Brandstiftung, wobei eine große Menge Getreide in Flammen aufging. Später ordnete Jochanan einige seiner Leute ab, angeblich zum Opfern, tatsächlich aber zur Ermordung des Elasar und seiner Mannschaft, wobei er sich auch des Tempels bemächtigte. Somit zerfiel die Bevölkerung nur noch in zwei Parteien. Schließlich rief bei Annäherung der Römer der Krieg mit den auswärtigen Feinden die innere Einigkeit hervor.

Tacitus, Historien 5,12

Was Tacitus kurz und prägnant zusammenfaßte, erzählt Josephus ausführlich:

(Ein gewisser) Elasar ben Simon ... stiftete scheinbar aus Entrüstung über die unaufhörlichen Greueltaten des immer noch mordgierigen Jochanan, in Wirklichkeit aber, weil er sich dem später hochgekommenen Tyrannen nicht beugen wollte, aus Begier nach der obersten Gewalt und bloßer Herrschsucht, eine neue Partei ...

Was Jochanan ihnen mit seiner zahlreicheren Mannschaft voraus hatte, das büßte er durch die Ungunst seiner Stellung wieder ein. Denn da die Feinde sich über seinem Haupte befanden, mußte jeder Angriff auf sie mit Verlusten verbunden sein. Seine zornige Aufregung ließ ihn nicht ruhen. Und obwohl er mehr Schaden erlitt, als er Elasar und dessen Anhängern zufügen konnte, nahmen die Feindseligkeiten kein Ende ...

Auch Simon bar Giora, jener Tyrann, den das Volk in seiner Verzweiflung zu Hilfe gerufen und der außer der Oberstadt auch einen großen Teil der unteren in seiner Gewalt hatte, setzte nun dem Jochanan und dessen Leuten, weil sie schon von oben bedrängt wurden, umso nachdrücklicher zu. Freilich mußte er ebenso von unten herauf gegen Jochanan ankämpfen, wie dieser gegen die höher stehende dritte Partei. Und natürlich war Jochanan um soviel gegen die letztere im Nachteil, als er vor Simon durch seine höher gelegene Stellung voraus hatte.

Josephus, Jüdischer Krieg 5,1,2f

So waren denn die inneren Feinde der Stadt in drei unter sich verfeindete Lager gespalten. Elasar mit seinem Anhang, in dessen Gewahrsam sich die heiligen Erstlingsfrüchte befanden, tobte gegen Jochanan. Dessen Bande raubte die Bürger aus und lag mit Simon im Streit; auch ihn mußte die Stadt für den Kampf wider die Gegenaufrührer mit Proviant versehen ... Ließen die Angreifer den Jochanan oben einmal freier aufatmen, wenn, wie so oft, Trunkenheit und Ermattung dieselben in Untätigkeit versetzte, so machte er mit stärkeren Streitkräften desto kühnere Ausfälle gegen Simon und steckte, soweit er diesen in die Stadt hinuntertrieb, stets die mit Getreide und allerhand sonstigem Vorrat gefüllten Häuser in Brand. Zog aber Jochanan sich wieder zurück, so tat der ihm nachsetzende Simon das gleiche, als ob sie den Römern zulieb alles, was die Stadt für die Zeit der Belagerung angesammelt hatte, vernichten und den Nerv ihrer eigenen Macht durchschneiden wollten ...

Josephus, Jüdischer Krieg 5,1,4

Während der äußere Krieg für kurze Zeit ruhte, erwachte der Parteienhader im Inneren aufs neue. Vor der Tür stand das Fest der ungesäuerten Brote ..., auf das die Juden den Anfang ihrer Befreiung von der ägyptischen Knechtschaft setzen. Elasars Anhänger öffneten daher die Tore und ließen das Volk ... in den Tempel ein. Jochanan aber mißbrauchte das Fest, um einen hinterlistigen Anschlag ins Werk zu setzen. Er versah nämlich die weniger bekannten unter seinen Leuten ... insgeheim mit Waffen und ließ sie mit der übrigen Menge das Heiligtum betreten, in der Absicht, sich desselben zu bemächtigen. Kaum waren sie drinnen, da warfen sie ihre Oberkleider ab und zeigten sich plötzlich in voller Rüstung. Sogleich entstand im Tempel die größte Bestürzung und Verwirrung ... Eine Menge ruhiger Bürger fiel bei dieser Gelegenheit der Rachsucht und dem persönlichen Haß ihrer Feinde zum Opfer, von denen sie wie Anhänger der Gegenpartei ermordet wurden ... Sie selbst (die Jochanan-Anhänger) waren damit in den Besitz des inneren Tempels und seiner sämtlichen Vorräte gelangt und faßten dann umso mehr Mut zum Kampfe gegen Simon. Auf diese Weise entstanden aus den bisherigen drei Parteien von Empörern deren zwei.

Josephus, Jüdischer Krieg 5,3,1

Belagerung Jerusalems durch die Römer - die innerjüdischen Streitigkeiten dauern an

Das nächste Jahr (nach den zwei Jahren, in denen Vespasian das Land mit Ausnahme Jerusalems erobert hatte), das ganz dem (römischen) Bürgerkrieg gewidmet war, ging, soweit es Judäa betraf, in Ruhe dahin. Nach Herstellung des Friedens in Italien aber kehrten auch die Sorgen um die auswärtigen Angelegenheiten wieder. Der Gedanke, daß einzig die Juden im

Widerstand verharrten, vermehrte die Erbitterung gegen sie. Dabei erschien es mit Rücksicht auf all die Erfolge und Mißerfolge, die dem neuen flavianischen Regiment begegnen konnten, als vorteilhaft, wenn Titus bei den Heeren bleibe. So schlug er ... vor den Mauern Jerusalems sein Lager auf ...

Tacitus, Historien 5,11

Von den streitbaren Empörern bildeten - die Idumäer nicht gerechnet - 10.000 den Anhang Simons, und diese 10.000 standen unter fünfzig Anführern, über die Simon selbst als Oberbefehlshaber gebot. Die Idumäer, die zu ihm hielten, zählten 5.000 Mann unter zehn Führern ... Jochanan, der den Tempel besetzt hielt, hatte 6.000 Schwerbewaffnete unter zwanzig Anführern. Ihm hatten sich, nach Beilegung des früheren Streites, auch die Zeloten angeschlossen, die, 2.400 Mann stark, unter ihrem ehemaligen Befehlshaber Elasar ... standen.

Die zwei Hauptparteien befehdeten sich noch immer. Und das Volk mußte dabei ... den Kampfpreis hergeben, indem die Bürger, die das frevelhafte Treiben nicht mitmachen wollten, von beiden ausgeplündert wurden. Simon hatte die obere Stadt und die große Mauer bis zum Kidron sowie von der alten Mauer den Teil inne, der seine Front bei der Siloa-Quelle nach Osten wendet ... Ferner gehörten zu Simons Machtbereich die Quelle, dann die Akra (das ist die untere Stadt) und der Bezirk bis zum Palast der Helena.

... Jochanan dagegen gebot über den Tempel und einen beträchtlichen Teil seiner Umgebung, sowie über den Ophel und das Kidrontal. Durch Einäscherung der zwischen ihren beiderseitigen Gebieten gelegenen Stadtteile hatten sich die Parteihäupter für ihre Kämpfe gegeneinander Raum verschafft. Denn selbst als die Römer bereits vor den Mauern Jerusalems lagerten, ließen sie die Waffen nicht ruhen. Und kaum, daß sie nach dem ersten Ausfall etwas klüger geworden waren, so fielen sie auch schon wieder in die vorige Krankheit zurück, entzweiten sich, bekämpften einander und taten alles, was die Belagerer nur wünschen konnten.

Josephus, Jüdischer Krieg 5,6,1

Jochanan blieb aus Furcht vor Simon in seiner Stellung, so sehr auch seine Leute den Feinden vor der Stadt entgegenzurücken verlangten. Simon dagegen ruhte schon deshalb nicht, weil er sich näher an den Belagerungsmaschinen befand, sondern stellte auch die dem Cestius abgenommenen und die von der Besatzung der Burg Antonia erbeuteten Wurfmaschinen an verschiedenen Punkten der Mauer auf. Ihr Besitz war den Juden freilich von keinem besonderen Nutzen, weil sie nicht damit umzugehen verstanden.

Josephus, Jüdischer Krieg 5,6,3

Jetzt endlich, da sie sich von gemeinsamer Gefahr bedroht sahen, dachten die beiden Parteien daran, sich auch gemeinsam zu verteidigen. Laut riefen sich die Entzweiten zu, sie arbeiteten ja eigentlich nur den Feinden in die Hände, während sie ... doch wenigstens für den Augenblick Frieden schließen und gegen die Römer zusammenhalten müßten. In der Tat ließ nun Simon denen im Tempel durch einen Herold Sicherheit verbürgen, wenn sie sich zur Mauer begeben wollten. Und Jochanan ging, wenn auch mißtrauisch, darauf ein: Haß und Zwietracht schien vergessen, wie ein Mann standen sie zusammen ... Josephus, Jüdischer Krieg 5,6,4

Später griff Simon mit den Seinen auch die Wälle an, wo die Römer bereits die Sturmböcke herangerückt hatten und mit ihnen die Mauer erschütterten ... Tollkühnere Männer und gefürchtetere als sie hatte die Stadt in diesem Kriege nicht aufzuweisen ... sie zeigten weder Furcht noch Bedenken ...

Josephus, Jüdischer Krieg 5,11,5

Als das Metall zur Waffenherstellung und die Nahrungsmittel in Jerusalem knapp geworden waren,

verlegte sich Jochanan, als beim Volk nichts mehr zu holen war, auf die Beraubung des Tempels. Eine Menge der darin befindlichen Weihgeschenke, Geräte, Gefäße, Schüsseln und Tische ließ er einschmelzen. Nicht einmal die von Augustus und seiner Gemahlin gestifteten Weinkrüge schonte er ... Gottgeweihte Gegenstände, sagte er zu seiner Umgebung, dürfe man ohne Bedenken zu Ehren der Gottheit verwenden.

Und es sei in Ordnung, daß, die fürs Heiligtum kämpften, auch von ihm lebten. Deshalb holte er auch das im Heiligtum gelagerte Öl und den heiligen Wein ... hervor und verteilte beides unter seine Leute.

Josephus, Jüdischer Krieg 5,13,6

Der Caesar (Titus) ... befahl Josephus zu sich und trug ihm auf, dem Jochanan vorzustellen: er möge, wenn gar so schlimme Kampflust ihn beseele, mit einer beliebigen Anzahl Streiter hervortreten, ohne die Stadt und den Tempel mit sich ins Verderben zu reißen, und endlich aufhören, das Heiligtum zu schänden und gegen Gott zu freveln ... Diese Worte nahm das Volk mit traurigem Schweigen entgegen. Der Tyrann aber überhäufte Josephus mit Schmähungen und Flüchen und erklärte schließlich, er fürchte die Eroberung nun und nimmer, denn die Stadt stehe unter Gottes Schutz ...

Josephus, Jüdischer Krieg 6,2,1

Jetzt endlich ließen die Tyrannen und deren Spießgesellen, da sie von allen Seiten von den Römern bedrängt und durch die Ringmauer auch jeden Weg zur Flucht abgeschnitten sahen, den Caesar um eine Unterredung bitten ... (Auf das Angebot des Titus, den sich Ergebenden das Leben zu schenken) entgegneten die Empörer: Gnade könnten sie von ihm nicht annehmen, denn sie hätten geschworen, dies nie und nimmer zu tun. Dagegen bäten sie um freien Abzug mit Frauen und Kindern durch die Ringmauer. Sie würden dann in die Wüste ziehen und ihm die Stadt überlassen. Titus war darüber empört, daß die Besiegten ihm noch wie Sieger Bedingungen stellten ...

Josephus, Jüdischer Krieg 6,7,2f

Von den Aufständischen geprägte Münzen

Inschrift: Ein Israel-Schekel, Jahr 2
Bild: Kelch

Inschrift: Das heilige Jerusalem
Bild: Zweig mit drei Granatäpfeln

Inschrift: Jahr 4, halber (Schekel)
Bild: im Zentrum ein Etrog, umgeben von zwei Lulav-Sträußen

Inschrift: Für die Erlösung Zions
Bild: siebenarmige Palme mit zwei Dattelzweigen, umgeben von gefüllten Körben

Vorzeichen, welche die Katastrophe ankündigten

Josephus beschreibt eine Fülle von Zeichen und Wundern, die allesamt auf die Zerstörung des Tempels hinwiesen:

So ließ sich das elende Volk damals von Verführern und Betrügern, die sich fälschlich als Gesandte Gottes ausgaben, beschwatzen. Den deutlichen Zeichen aber, welche die kommende Verwüstung im Voraus anzeigten, schenkten sie weder Beachtung noch Glauben, sondern wie wenn sie vom Donner gerührt wären und weder Augen noch Sinne hätten, überhörten sie die Warnungen Gottes. So war es, als über der Stadt ein schwertähnliches Gestirn erschien und ein Komet ein ganzes Jahr lang am Himmel blieb. Oder als vor dem Aufstand und der Bewegung, die zum Kriege führte, sich das Volk zum Pesachfeste versammelte ... und nachts zur neunten Stunde ein so großes Licht den Altar und den Tempel umstrahlte, daß es schien, als wäre es heller Tag - was eine halbe Stunde lang anhielt.

Den Unerfahrenen schien das zwar etwas Gutes zu bedeuten, die Gelehrten der heiligen Schrift aber deuteten es sofort auf das, was dann gekommen ist. Bei demselben Fest warf eine Kuh, als man sie zur Schlachtstätte führte, mitten im Tempel ein Kalb. Das Osttor des inneren Tempelbezirks, das von Erz und außerordentlich schwer war und abends von zwanzig Mann nur mit Mühe geschlossen werden konnte, das außerdem durch eisenbeschlagene Querbalken versperrt wurde und senkrechte Riegel hatte, die tief in die aus einem einzigen Stein bestehende Schwelle eingelassen wurden - dieses Tor sah man nachts zur sechsten Stunde sich von selbst öffnen. Die Tempelwächter liefen zum Tempelhauptmann. Als der heraufkam, vermochte er kaum, das Tor zu schließen.

Wiederum schien das den Unkundigen ein sehr gutes Omen dafür zu sein, daß Gott ihnen das Tor zum Guten öffne. Die Einsichtigen aber glaubten, daß die Sicherheit des Tempels sich von selbst auflöse und das Tor den Feinden zum Geschenk geöffnet würde, und erklärten es untereinander als offenbares Zeichen der Verwüstung. Nach dem Fest, gar nicht viele Tage später ..., zeigte sich eine unheimliche, kaum glaubliche Erscheinung ... Vor Sonnenaufgang nämlich zeigten sich im ganzen Lande Lufterscheinungen, Wagen und bewaffnete Heerscharen, die durch die Wolken stoben und die Städte umzingelten. Als (am Schawuot-Fest) die Priester nachts in den inneren Tempelbezirk kamen, um nach ihrer Gewohnheit ihren heiligen Dienst zu verrichten, hätten sie, wie sie sagten, zuerst eine Bewegung und ein Getöse wahrgenommen, danach aber einen vielfältigen Ruf: Laßt uns von hier fort ziehen.

Josephus, Jüdischer Krieg 6,5,3

Zeichen und Wunder wurden gesehen, deren Entsühnung durch Schlachtopfer und Gelübde nach Ansicht des dem Aberglauben ergebenen, echter Religion abholden Volkes jedoch nicht erlaubt ist. Man sah, wie am Himmel Heere zusammenstießen, Waffen funkelten, sah den Tempel aufleuchten vom plötzlichen Feuerschein der Wolken. Auf einmal sprangen die

Pforten des Heiligtums auf, und es erscholl übermenschlich laut der Ruf, die Götter zögen aus. Zugleich vernahm man ein gewaltiges Getöse wie von einem Auszug.

Tacitus, Historien 5,13

Die Zerstörung des Tempels

Titus zog sich hierauf (nach Einnahme der übrigen Stadt) in die Antonia zurück, entschlossen, am folgenden Tage in aller Frühe mit seiner ganzen Heeresmacht anzugreifen und den Tempel zu umzingeln. Über diesen jedoch hatte Gott schon längst das Feuer verhängt, und es war endlich im Lauf der Zeiten der Unglückstag ... gekommen, an dem auch der frühere Tempel vom Babylonierkönig eingeäschert worden war; nur waren es diesmal die Einheimischen selbst, durch deren Veranlassung und Schuld er den Flammen zum Opfer fiel.

Kaum nämlich hatte Titus sich entfernt, als die Empörer nach kurzer Rast abermals gegen die Römer ausrückten. Hierbei kam es zum Handgemenge zwischen der Besatzung des Tempels und denjenigen Mannschaften, die das Feuer in den Gebäuden des inneren Vorhofs löschen sollten. Als nun die letzteren ... bis zum Tempelgebäude vorgedrungen waren, ergriff einer der Soldaten, ohne den Befehl abzuwarten oder die schweren Folgen seiner Tat zu bedenken, wie auf höheren Antrieb einen Feuerbrand und schleuderte ihn ... ins Innere ...

Ein Eilbote meldete es dem Titus. Schnell sprang dieser von seinem Lager im Zelt, wo er eben vom Kampf ausruhte, auf und lief, wie er war, zum Tempel hin, um dem Brand Einhalt zu tun ... Der Caesar wollte durch Schreien und Handbewegungen den Kämpfenden zu verstehen geben, man solle löschen; sie aber hörten sein Rufen nicht ... Als nun der Caesar dem Ungestüm seiner wie rasend gewordenen Soldaten nicht mehr zu wehren vermochte und die Flammen immer weiter um sich griffen, betrat er mit den Offizieren das Allerheiligste ...

Da nun die Flammen noch an keiner Stelle nach innen gedrungen waren, sondern erst die rings um das Tempelgebäude liegenden Gemächer verheerten, glaubte Titus ..., man könne das Bauwerk noch vor den Flammen retten. Er eilte also nach draußen, versuchte, durch persönliche Ermahnungen die Soldaten zum Löschen des Feuers zu veranlassen, und befahl dann noch ..., mit Stockschlägen diejenigen in Schach zu halten, die den Anordnungen des Caesar nicht gehorchten. Aber mächtiger als die Scheu vor dem Caesar ..., der sich ihnen in den Weg stellte, lebten in ihnen jetzt die Wut, der Haß gegen die Juden und eine überwallende Kampfesgier ... Auf diese Weise ging also das Tempelgebäude wider den Willen des Caesar in Flammen auf.

Josephus, Jüdischer Krieg 6,4,5-7

Josephus ist, wie sonst auch, sehr bemüht, die Flavier - seine Mäzene - in Schutz zu nehmen und sie als edle, kultivierte Herrscher und Heerführer darzustellen. Nicht Titus also, sondern Gott selbst hat den Untergang des Tempels beschlossen; ein Soldat ist sein Werkzeug dazu.

Recht anders aber klingt die Einschätzung des Tacitus, der hier mehr Vertrauen verdient, da er freier und unabhängiger urteilt:

Titus soll nach Beiziehung eines Kriegsrates zuerst überlegt haben, ob er einen so kostbaren Tempel zerstören solle. Einigen nämlich schien es, daß ein geweihtes, alle Menschenwerke überragendes Gebäude nicht zerstört werden dürfe, da seine Erhaltung ein Zeugnis maßvoller römischer Art, seine Vernichtung einen dauernden Schandfleck der Roheit darstelle. Hingegen meinten andere und Titus selbst, daß vor allem der Tempel zu zerstören sei, damit die Religion der Juden und Christen umso vollständiger beseitigt werde. Denn diese Religionen hätten trotz ihrer Gegensätzlichkeit dieselben Urheber; die Christen seien aus den Juden hervorgegangen. Wenn man die Wurzel beseitige, werde der Stamm leicht umkommen.

Sechshundertausend Juden sind, wie Cornelius und Sueton berichten, in diesem Krieg gefallen.

Tacitus, Historienfragmente 2f

Die Gefangennahme des Jochanan und des Simon bar Giora

Jochanan, der mit seinen Brüdern in den unterirdischen Gängen Hunger litt, bat um Gnade bei den Römern, die er so oft verachtet hatte. Simon gab nach langem Ringen gegen das Verhängnis sich selbst dahin ... Beide wurden in Haft genommen: Simon, um als Schlachtopfer im Triumphzug aufgeführt zu werden, Jochanan, um lebenslänglich Gefangener zu bleiben. Die Römer steckten auch die entlegensten Teile der Stadt in Brand und schleiften die Mauern.

Josephus, Jüdischer Krieg 6,9,3f

Die Epiphanie des Simon

(In Caesarea Philippi) erfuhr Titus von der Gefangennahme des Simon bar Giora. Simon hatte bekanntlich während der Belagerung die obere Stadt besetzt. Als aber das Römerheer innerhalb der Mauern war und die ganze Stadt verwüstete, nahm er seine vertrautesten Freunde samt einigen Steinhauern sowie die nötigen Eisenwerkzeuge und Proviant, der für mehrere Tage reichen konnte, mit und begab sich in Begleitung dieser Männer in eines der finsteren Gelasse. So lange nun der Gang fortlief, folgten sie demselben. Als sie aber auf festes Erdreich stießen, gruben sie weiter, in der Hoffnung, bei fernerem Vordringen an einer sicheren Stelle hervorschlüpfen und sich auf diese Weise retten zu können. Beim Versuch mußten sie sich aber bald von der Aussichtslosigkeit ihrer Bemühungen überzeugen, denn die Arbeiter waren unter großen Anstrengungen nur wenige Schritte vorwärts gekommen, als die Lebensmittel, so sparsam man auch mit ihnen umgegangen war, auszugehen drohten.

Da zog Simon, um die Römer durch Erregung von Schrecken zu täuschen, einen weißen Leibrock an, befestigte darüber ein purpurnes Obergewand und stieg an derselben Stelle, wo früher der Tempel gestanden hatte, aus der Erde empor. Zuerst war es den Soldaten, die ihn sahen, gruselig, und sie blieben stehen. Dann aber traten sie näher und riefen ihn mit „Wer da?“ an. Simon gab ihnen darauf keine Antwort, sondern ersuchte sie, den Feldherrn zu holen. Eiligst liefen sie zu Terentius Rufus, der auch gleich erschien (er war nämlich als Befehlshaber des Heeres zurückgeblieben).

Als er von Simon den ganzen Sachverhalt erfuhr, ließ er ihn fesseln und bewachen und teilte dem Caesar mit, auf welche Weise man seiner habhaft geworden ... Simons Auftauchen aus der Erde bewirkte, daß in jenen Tagen auch die anderen Anführer noch massenhaft in den unterirdischen Gängen entdeckt wurden. Als Titus nach Caesarea am Meer zurückgekehrt war, führte man ihm den Tyrannen gefesselt vor, worauf er befahl, ihn für den Triumph aufzubewahren, den er in Rom zu feiern gedachte.

Josephus, Jüdischer Krieg 7,2,1

Sogar unter diesen Bedingungen wurden viele Gefangene gemacht, unter ihnen war Bar Giora, ihr Anführer. Er war der einzige, der im Zusammenhang mit dem Triumphzug getötet wurde.

Cassius Dio, Römische Geschichte 66,7,1

Cassius Dio (160-230) war ein römischer Historiker und Staatsmann. Er schrieb eine römische Geschichte in griechischer Sprache, ein wichtiges Zeugnis für die ersten Jahrhunderte der Kaiserzeit. Er war außerdem ein ausgezeichneter Kenner der sozialen und kulturellen Situation in den Städten Kleinasiens, wo Juden und Griechen in enger Nachbarschaft lebten. Seine Schriften bilden die wichtigste Quelle für die grausamen Ereignisse der jüdischen Geschichte während der römischen Herrschaft, besonders der Zeit Trajans und Hadrians.[1]

Simon als leidender Messias

Das Ziel des Festzuges war der Tempel des Jupiter Capitolinus, wo man Halt machte. Es ist nämlich eine alte Sitte, dort zu warten, bis ein Bote den Tod des feindlichen Heerführers meldet. Dies war Simon bar Giora, der mit den anderen Gefangenen im Triumph aufgeführt worden war. Jetzt wurde ihm ein Strick umgeworfen und er auf eine Höhe über dem Forum ge-

[1] Dazu das Kapitel „Messianische Unruhen in der Diaspora während der Trajanszeit“.

schleppt, während seine Führer ihn zugleich geißelten. An dieser Stelle werden nach römischem Recht die verurteilten Verbrecher hingerichtet. Als dann sein Tod verkündet ward, erhob sich ein allgemeines Jubelgeschrei, und es begannen die Opfer, die unter den vorgeschriebenen Gebeten glücklich zu Ende geführt wurden, worauf die Imperatoren in den Palast zurückkehrten. Einige der Festteilnehmer zogen dann selbst zur Tafel; für die übrige Menge aber waren zu Hause üppige Mahlzeiten bereitet. Denn diesen Tag feierte die Stadt Rom als Dankfest für den siegreichen Feldzug, als das Ende der inneren Wirren und als den Anfang einer, wie man hoffte, glücklichen Zukunft.

Josephus, Jüdischer Krieg 7,5,6

Die Folgen des Krieges

Judäa-Capta-Münze:

Vespasian in Soldatenuniform, der triumphierend seinen Speer und Dolch erhebt, mit dem linken Fuß auf einem Helm stehend; daneben eine Dattelpalme und die trauernde Judäa, zusammengesunken und besiegt.
Inschrift:
Judaea Capta („gefangene Judäa")

Porträt des Vespasian
Inschrift:
Imp(erator) Caes(ar) Vespasian Aug(ustus) P(ontifex) M(aximus) Tr(ibunus) P(otestas) P(ater) P(atriae) Co(n)s(ul) III
(„Herrscher, Kaiser, Vespasian, Augustus, Großpriester, mächtiger Tribun, Vater des Vaterlandes, Konsul, (Jahr) 3")

Um diese Zeit erteilte der Kaiser ... den schriftlichen Befehl, das ganze Land der Juden zu verpachten. Denn ... er behielt sich das Land persönlich vor. Nur 800 verabschiedeten Angehörigen des Heeres gab er einen Siedlungsraum, der Emmaus hieß und 30 Stadien von Jerusalem entfernt war. Außerdem legte er den Juden, wo immer sie sich aufhalten mochten, eine

Kopfsteuer auf. Jährlich hatten sie zwei Drachmen an das Kapitol zu entrichten, entsprechend der Steuer, die sie vorher an den Jerusalemer Tempel gezahlt hatten.

Josephus, Jüdischer Krieg 7,6,6

Jerusalem wurde am Saturntag zerstört; das ist der Tag, dem die Juden am meisten Ehre erweisen. Von dieser Zeit an wurde den Juden, die weiterhin an ihren väterlichen Sitten festhielten, verordnet, einen jährlichen Tribut von zwei Denaren an den Jupiter Capitolinus zu zahlen.

Cassius Dio, Römische Geschichte 66,7,2

Ferner wird berichtet, daß Vespasian nach der Eroberung Jerusalems wünschte, es solle kein Jude aus dem königlichen Geschlecht mehr am Leben bleiben, und deshalb den Befehl erließ, alle Nachkommen aus dem Geschlecht Davids ausfindig zu machen. Dies habe eine neue, sehr schwere Verfolgung der Juden veranlaßt.

Euseb, Kirchengeschichte 3,10,12

Sogar noch danach (nach dem Fall Mezadas) mußten in Alexandria, also Ägypten, viele unter den Juden ihr Leben lassen. Es hatten sich nämlich einige aus dem Aufstand der Sikarier dorthin retten können. Jedoch wollten sie sich nicht mit ihrer Rettung allein begnügen, vielmehr unternahmen sie sogleich neue Taten und überredeten viele von denen, die ihnen Unterschlupf gegeben hatten, sich für die Freiheit zu erheben ... Mit stürmischer Gewalt ging man gegen die Sikarier vor und nahm sie fest ... Es gab niemanden, der nicht in Erstaunen gesetzt worden wäre über die Standhaftigkeit der Gefangenen ... Denn obschon man gegen sie Folterung und Verstümmelung ersann, nur um sie dazu zu bringen, die Anerkennung des Kaisers als ihres Herrn auszusprechen, gab doch niemand von ihnen nach. Sie verweigerten diese Aussage und bewahrten trotz des Zwangs standhaft ihre Gesinnung, so als ob der Körper im Erleiden der Folter und des Feuers keinerlei Empfindung habe und die Seele sich beinahe erfreut zeige ...

Damals verwaltete Lupus Alexandria. Er gab so schnell als möglich dem Kaiser Nachricht über diese Unruhen. Der Kaiser freilich hegte den Verdacht, daß die umstürzlerische Gesinnung unter den Juden niemals aufhören werde. Er befürchtete, daß sie sich erneut zu einer einheitlichen Bewegung zusammenschließen und dabei auch andere noch für sich gewinnen würden. Daher befahl er dem Lupus, den Tempel der Juden in dem sogenannten Oniasbezirk zu zerstören.

Josephus, Jüdischer Krieg 7,10,1f

Jochanan ben Sakkai und Gamliel II. - Aufbau aus dem Untergang

Jochanan kündigt die Zerstörung des Tempels an

Unsere Meister lehrten: Vierzig Jahre vor der Zerstörung des Tempels geriet das Los nicht in die Rechte, wurde der rote Wollstreifen nicht weiß, brannte die westliche Lampe nicht und öffneten sich die Tempeltore von selbst. Bis Rabban Jochanan ben Sakkai sie anschrie und sprach: Tempel, Tempel, was beunruhigst du dich (tib Talmud: uns)? Ich weiß über dich, daß dein Ende sein wird, daß du zukünftig zerstört wirst; hat doch schon Sacharja ben Ido über dich geweissagt (Sach 11,1): *Öffne deine Tore, Libanon, damit das Feuer deine Zedern verzehre.*

Joma 39b (ähnlich auch tib Joma 6,3,43c)

Jochanan läßt sich im Sarg aus Jerusalem tragen und verkündet Vespasian das Kaisertum

Nach drei Tagen ging Rabban Jochanan ben Sakkai aus, um auf dem Markt spazieren zu gehen. Da sah er, daß (die Menschen) Stroh kochten und das Wasser davon tranken. Er sagte: Können Menschen, die Stroh kochen und das Wasser davon trinken, dem Heere Vespasians Widerstand leisten? Er sagte: Hier gibt es kein anderes Mittel, als daß ich mich hinaus begebe.

Er schickte zu (seinem Neffen) Ben Batiach: Laß mich von dir hinausgehen! Er sagte zu ihm: Wir haben beschlossen, daß kein Mensch von hier hinausgehe, es sei denn ein Toter. Er (Jochanan) sagte: So laß mich unter dem Schein eines Toten hinaustragen. Rabbi Elieser trug ihn am Kopf, Rabbi Jehoschua an den Füßen, und Ben Batiach ging voran. Am Tor angekommen, wollten die Wachen in die vermeintliche Leiche stechen, aber Ben Batiach sagte ihnen: So ihr es wollt, so wird es heißen: Ihr Lehrer ist gestorben und sie haben ihn durchstochen. Weil er ihnen dies sagte, unterließen sie es. Sie zogen aus dem Tor hinaus, trugen sie (die „Leiche"), legten sie auf den Friedhof und kehrten in die Stadt zurück.

Rabban Jochanan ben Sakkai spazierte zum Lager Vespasians und fragte: Wo ist der König? Man ging und meldete dem Vespasian: Ein Jude fragt nach deinem Wohlbefinden. Der König sagte: Er mag kommen. Er sagte: „VIVE MARI APLATOR". Er (Vespasian) sagte: Du hast mich als König begrüßt, ich bin es aber nicht. Wenn es der König erfährt, so läßt er dich umbringen. Er (Rabban Jochanan) sagte: Wenn du auch jetzt noch nicht König bist, so wirst du es einst doch werden, denn nicht wird der Tempel zerstört, es sei denn, er werde durch die Hand eines Königs vernichtet, wie es heißt (Jes 10,34): *Und der Libanon stürzt durch mächtige Hand.*

Echa Rabba 1,31 zu Klagelieder 1,5

VIVE MARI APLATOR - Im Original mit hebräischen Buchstaben geschrieben, ist der Gruß des Jochanan ben Sakkai eine Mischung aus Lateinisch und Aramäisch:
VIVE - lateinisch: Lebe,
MARI - aramäisch: mein Herr,
APLATOR - lateinisches Lehnwort, in syrischen Texten gebräuchlich: Imperator.
So ergibt sich die übliche Anrede für einen römischen Kaiser: Lebe, Herr, Herrscher!, in lateinischer Sprache: Vive Domine Imperator! (In einigen Textüberlieferungen des Midrasch steht sogar in hebräischer Umschrift: DOMINE IMPERATOR.)

Die Einfügung der Ketzerbitte in den Achtzehnsegen

Unsere Meister lehrten: Schimon, der Flachshechler, ordnete die achtzehn Segenssprüche in ihrer Reihenfolge vor Rabban Gamliel in Jawne. Rabban Gamliel sagte zu den Weisen: Gibt es etwa einen, der einen Segensspruch von den Ketzern festzusetzen versteht? Da stand Schmuel der Kleine auf und setzte ihn fest.

Brachot 28b/29a

Den Abtrünnigen sei keine Hoffnung, die freche Herrschaft nimm schnell hinweg in unseren Tagen. Die NOZRIM und die Ketzer mögen in einem Augenblick verschwinden. Sie sollen aus dem Buche des Lebens gelöscht und nicht mitsamt den Bewährten aufgeschrieben werden. Gesegnet du, Herr, der die Frechen beugt.

Aus dem Achtzehnsegen
nach der ältesten erhaltenen Handschrift aus der Kairoer Genisa
(zitiert nach K.G.Kuhn, Achtzehngebet und Vaterunser, Tübingen 1950, S.24)

In Joh 19,19, aber auch mehrfach in der Apostelgeschichte wird Jesus „der Nazoräer" genannt. Daraus wurde im Hebräischen haNOZRI. Bis heute ist NOZRIM die hebräische Bezeichnung für Christen.

In der Mitte des 2. Jahrhunderts beschuldigte der Kirchenvater Justin (und andere Christen nach ihm) die Juden, daß in ihren Synagogen die Christusgläubigen verflucht würden (Dialog mit dem Juden Tryphon 16,4).

Schon lange wird der Abschnitt in dieser Form in den Synagogen jedoch nicht mehr gesprochen. In modernen Gebetbüchern heißt es allgemeiner: „Den Verleumdern sei keine Hoffnung, und alle Ruchlosen mögen im Augenblick untergehen, alle mögen sie rasch ausgerottet werden, und die Trotzigen schnell entwurzle, zerschmettre, wirf nieder und demütige sie schnell in unseren Tagen. Gesegnet Du, Herr, der die Feinde zerbricht und die Trotzigen demütigt."

Allein die Hillel-Tradition bekommt Rechtskraft

Drei Jahre stritten Haus Schammai und Haus Hillel. Die einen sagten: Die Halacha entspricht uns; und die anderen sagten: Die Halacha entspricht uns. Da ging eine Himmelstimme aus, die sagte: Diese und diese sind Worte des lebendigen Gottes. Aber die Halacha entspricht dem Haus Hillel.

Wenn aber die Worte der einen und der anderen Worte des lebendigen Gottes sind, weshalb war es dem Haus Hillel beschieden, daß die Halacha nach ihr entschieden wurde? Weil sie verträglich und bescheiden war.

Eruwin 13b

Trauer über die Zerstörung des Tempels

Unsere Meister lehrten: Als der Tempel zum zweitenmal zerstört wurde, mehrten sich die Abgesonderten in Israel, die kein Fleisch aßen und keinen Wein tranken. Da gesellte sich Rabbi Jehoschua zu ihnen und sagte zu ihnen: Meine Söhne, warum eßt ihr kein Fleisch und trinkt ihr keinen Wein? Da sagten sie zu ihm: Sollen wir Fleisch essen, von dem man beständig auf dem Altar geopfert hat - und jetzt hat das aufgehört! Sollen wir Wein trinken, von dem man beständig geopfert hat - und jetzt hat das aufgehört!

Er sagte zu ihnen: Dann dürften wir ja auch kein Brot essen, da die Speiseopfer unlängst aufgehört haben. Sie sagten zu ihm: Es ist möglich, von Früchten zu leben. Er sagte zu ihnen: Auch Früchte dürften wir nicht essen, da die Erstlingsgaben unlängst aufgehört haben. Sie sagten zu ihm: Es ist möglich, von anderen Früchten zu leben. Er sagte zu ihnen: Auch Wasser dürften wir nicht trinken, da die Wasserspende unlängst aufgehört hat. Da verstummten sie. Er sagte zu ihnen: Meine Söhne, kommt her, denn ich will euch sagen: Gar nicht trauern geht nicht an, ... aber übermäßig trauern geht ebenfalls nicht an ...

Bawa Batra 60b

Hoffnung auf einen zukünftigen Wiederaufbau des Tempels

Ein anderes Mal geschah es, daß sie (einige Juden) nach Jerusalem hinaufgingen. Als sie den Skopusberg erreichten, zerrissen sie ihre Kleider. Als sie den Tempelberg erreichten, sahen sie einen Fuchs, der aus dem Raum des Allerheiligsten kam. Da fingen sie an zu weinen. Aber Rabbi Akiwa lächelte. Sie sagten zu ihm: Warum lächelst du? Er sagte zu ihnen: Warum weint ihr? Sie sagten zu ihm: In dem Ort, von dem geschrieben steht (4.Mose 1,51): *Aber der Fremde, der sich naht, soll sterben,* in dem gehen jetzt Füchse umher - wie sollten wir da nicht weinen! Er sagte zu ihnen: Eben deshalb lächle ich. Denn ... von Uria steht geschrieben (Mi 3,12): *Darum soll euretwegen Zion zum Feld umgepflügt werden* ... Bei Sacharja steht geschrieben (Sach 8,4ff): *Bis Greise und Greisinnen auf den Plätzen Jerusalems sitzen* ... Solange die Weissagung Urias sich nicht erfüllt hatte, konnte ich fürchten, daß sich die Weisssagung Sacharjas nicht erfülle. Jetzt, da sich die Weissagung Urias erfüllt hat, ist es gewiß, daß sich auch die Weissagung Sacharjas ganz wörtlich erfüllt. Sie sagten zu ihm: Akiwa, du hast uns getröstet, Akiwa, du hast uns getröstet. Makkot 24b

Der Prophet Sacharja, der nach der Rückkehr aus dem babylonischen Exil auftrat, entwirft in seinem 8. Kapitel ein idyllisches Bild vom zukünftigen Leben in Jerusalem, wie es nach dem Wiederaufbau des Tempels sein wird. In Sach 8,9 wird der Tempelbau direkt erwähnt. Dies bezieht Akiwa auf seine eigene Zeit, also auf die erneute Errichtung des im Jahre 70 zerstörten Tempels.

Messianische Unruhen in der Diaspora während der Trajanszeit

Alexandria, strahlendes Zentrum der jüdischen Diaspora

Wer die Doppelhalle zu Alexandria in Ägypten nicht gesehen hat, hat die Herrlichkeit Israels nicht gesehen. Man erzählt, sie sei eine Art große Basilika gewesen, eine Galerie innerhalb einer Galerie, in der oft zweimal sechszig Myriaden, doppelt so viel Menschen wie einst aus Ägypten ausgezogen, anwesend waren. Da waren einundsiebzig goldene Sessel ... In der Mitte war eine Tribüne aus Holz, auf welcher der Gemeindediener mit einem Tuch in der Hand stand, und wenn Amen zu sprechen war, schwenkte er das Tuch, und das ganze Publikum antwortete Amen. Sukka 51b

Im selben Abschnitt, nur wenige Zeilen früher, wird vom Jerusalemer Tempel in ganz ähnlicher Weise gesprochen[1]. Die Hauptsynagoge Alexandrias hatte für die Juden dort also eine ganz parallele Bedeutung wie der Tempel für die Israelländer. Ihre Zerstörung war daher ein weiterer schwerer Schlag gegen die Juden.

Der Aufstand in Ägypten und in der Kyrenaika

Als der Kaiser (Trajan) das achtzehnte Jahr seiner Regierung angetreten hatte, erhob sich ein neuer Aufstand der Juden, der sie viele Leute kostete. In Alexandria wie im übrigen Ägypten, aber auch in Kyrene, ließen sie sich, von einem bösen, revolutionären Geiste ergriffen, dazu herbei, sich gegen ihre griechischen Mitbürger zu erheben. Da sie den Aufstand weithin ausdehnten, entfachten sie im folgenden Jahr, während Lupus Statthalter von ganz Ägypten war, einen nicht unbedeutenden Krieg. Im ersten Treffen siegten die Juden über die Griechen, welche nach Alexandria flohen, wo sie die daselbst wohnenden Juden gefangennahmen und niedermachten.

Die Juden in Kyrene fuhren, obwohl sie von den alexandrinischen Juden keine militärische Unterstützung mehr zu erwarten hatten, fort, unter Führung des Lukuas Ägypten zu plündern und seine Fluren zu verwüsten. Der Kaiser entsandte daher gegen sie Marcius Turbo mit Fußsoldaten, Kriegsschiffen und auch Reiterei. Dieser führte in zahlreichen Gefechten einen langwierigen, mühsamen Krieg und vernichtete zu Zehntausenden die kyrenäischen Juden, aber auch ägyptische Juden, die sich ihrem König Lukuas angeschlossen hatten.

Da der Kaiser befürchtete, es möchten sich auch die Juden Mesopotamiens gegen die Mitwohnenden erheben, befahl er dem Lucius Quietus, die

[1] Dazu die Quellen des Kapitels „Herodes, Messias von Roms Gnaden", S.230.

Provinz von diesen Leuten zu reinigen. Dieser rüstete und vernichtete eine sehr große Anzahl der dortigen Juden. Zur Belohnung für diese Tat erhob ihn der Kaiser zum Statthalter von Judäa. Euseb, Kirchengeschichte 4,2,1-5

Die Grausamkeit des Krieges

Die Juden im Gebiet von Kyrene hatten inzwischen einen gewissen Andreas zu ihrem Oberhaupt gemacht und vernichteten Römer und Griechen. Sie aßen das Fleisch ihrer Opfer, machten sich Gürtel aus ihren Eingeweiden, salbten einander mit ihrem Blut und kleideten sich in ihre Haut. Viele sägten sie entzwei, vom Kopf an abwärts. Andere gaben sie den wilden Tieren, und wieder andere zwangen sie, als Gladiatoren zu kämpfen. Alles in allem kamen 220.000 Menschen um. Sie drangen auch nach Ägypten ein mit ähnlichen Ausschreitungen und nach Zypern unter einem gewissen Artemion. Dort kamen auch 240.000 um. Und deshalb kann kein Jude seinen Fuß auf diese Insel setzen; sogar wenn einer vom Sturm an Land getrieben wird, töten sie ihn. Unter denen, welche die Juden unterdrückten, war auch Lucius, den Trajan gesandt hatte. Cassius Dio, Römische Geschichte 68,32,1-3

Die Geschichte über die jüdischen Grausamkeiten spiegeln die Härte und Unerbittlichkeit des Kampfes wider, sind aber, was die Ausgestaltung im Einzelnen angeht, vorgegebene polemische Schablonen, die von Dio übernommen und hier eingestellt worden sind. Wäre die Wirklichkeit tatsächlich so grausam gewesen, hätte Euseb, der vorzugsweise Negatives über Juden berichtet, sich diese günstige Gelegenheit wohl kaum entgehen lassen.

Eine kurze Nachricht im Talmud deutet auf das Blutbad in Zypern hin:
Es schwängerte sich ihr Blut mit ihrem Blut. Es floß das Blut im Meer bis nach Zypern hin. tib Sukka 5,1,55b

Unruhen auch im Israel-Land

Die Frau des Trajan, seine Knochen sollen zerbrochen werden, war am 9. Aw niedergekommen, da ganz Israel (wegen der Tempelzerstörung) trauerte. Das Neugeborene verstummte an Chanukka. Israel sagte: Sollen wir (die Chanukka-Lichter) anzünden oder sollen wir nicht anzünden? Sie sagten: Wir zünden an, mag kommen, was da will. Sie zündeten an.

Man ging und verleumdete sie bei der Frau des Trajan: Diese Juden - bei deiner Niederkunft haben sie getrauert, und beim Tod deines Neugeborenen haben sie Lichter angezündet. Sie sandte und schrieb an ihren Mann: Ehe du die Barbaren besiegst, - komm und besiege jene Juden, die gegen dich einen Aufstand machen. Er schiffte sich ein und dachte, in zehn Tagen dorthin zu kommen, aber der Wind brachte ihn in fünf Tagen hin.

Die Juden waren gerade damit beschäftigt, über 5.Mose 28,49 zu diskutieren: *Der Herr wird über dich bringen ein Volk von Ferne, vom Ende der Erde, wie der Adler herabschießt.* Er sagte zu ihnen: Ich bin der Adler, der ich dachte, in zehn Tagen hierherzukommen, und ich bin durch einen Wind in fünf Tagen eingetroffen. Seine Legionen umzingelten sie und töteten sie.

Er sagte zu ihren Frauen: Erhört meine Legionen, wenn aber nicht, werde ich euch ebenso tun, wie ich euren Männern getan habe. Sie sagten zu ihm: Tue den Irdischen an, was du den Erhöhten angetan hast. Sofort umzingelten die Legionen sie und töteten sie. Und ihr Blut wurde geschwängert mit dem Blut jener. Und das Blut brach durch und floß, bis es an den Fluß Kyprus kam. Und der heilige Geist sagte (Klgl 1,16): *Über diese weine ich.*

Echa Rabba 1,45 zu Klagelieder 1,16

Nach dieser haggadischen Tradition wurden im Israel-Land unter Trajan also Juden getötet, weil sie sich an die für Römer unverständlichen Zeremonialgebote hielten. Der 9.Aw ist der Tag der Zerstörung des Tempels im Krieg gegen Rom, Chanukka erinnert an den Sieg der Makkabäer gegen die Seleukiden, die Israel hellenisieren wollten.
„Erhört meine Legionen" - die Frauen sollten den Soldaten willfährig sein.
„Erhöhte" - die ermordeten Männer haben als Märtyrer Teil an der kommenden Welt.

Warnung an die Juden des Israel-Landes, sich dem Aufstand in Ägypten anzuschließen

An drei Stellen (der Bibel) hat Gott Israel gewarnt, nicht nach Ägypten zurückzukehren. Denn es heißt (2.Mose 14,13): *Denn so, wie ihr die Ägypter heute seht, werdet ihr sie niemals wieder sehen.* Und (5.Mose 17,16): *Der Herr hat euch gesagt: Ihr sollt niemals wieder auf diesem Weg zurückkehren.* Und (5.Mose 28,68): *(Der Herr wird dich auf Schiffen nach Ägypten führen,) auf dem Weg, von dem ich dir gesagt habe: Du sollst ihn nie mehr sehen.*

Und doch sind sie dreimal zurückgekehrt und dreimal gefallen. Einmal in den Tagen Sanheribs, denn es heißt (Jes 31,1): *Wehe denen, die hinabziehen nach Ägypten um Hilfe.* Das zweite Mal in den Tagen Jochanan ben Kareachs, denn es heißt (Jer 42,16): *Das Schwert, welches ihr fürchtet, dort im Land Ägypten wird es euch erreichen.* Das dritte Mal in den Tagen Trajans. Diese drei Male kehrten sie zurück, und diese drei Male fielen sie.

Mechilta de Rabbi Jischmael,
Abschnitt WAJEHI BESCHALACH, Kapitel 3 zu 2.Mose 14,13

Es gab im Israel-Land offenbar zelotische Kreise, welche die Aufständischen in Ägypten unterstützen wollten, da sonst diese Warnung nicht nötig gewesen wäre.

Die „Tage Sanheribs": Der Assyrerkönig Sanherib belagerte im Jahre 701 v.d.g.Z. Jerusalem, nachdem der judäische König Hiskia mit Ägypten eine anti-assyrische

Koalition geschlossen hatte. Das Ergebnis war, daß Juda als Königreich praktisch aufhörte zu bestehen und Hiskias Herrschaft auf den Stadtstaat Jerusalem beschränkt wurde.

Die „Tage Jochanan ben Kareachs“: Nach der Zerstörung Jerusalems im Jahre 587/86 wurde der babylonische Verwaltungsbeamte, der für das Israel-Land zuständig war, von Judäern ermordet. Aus Furcht vor babylonischen Strafaktionen flüchteten diejenigen Judäer, die der Deportation hatten entkommen können, unter Führung des Jochanan ben Kareach nach Ägypten (dazu Jer 40ff).

Schimon bar Kochba - Aufgang und Absturz eines Sterns

Kaiser Hadrian auf der Durchreise im Israel-Land

Im Jahre 130 reiste Hadrian über das Israel-Land nach Ägypten. Zur Erinnerung ließ er Propaganda-Münzen prägen, auf denen Judäa den Kaiser freundlich begrüßt. Sie steht vor einem Opferaltar, umgeben von zwei Kindern, die Palmzweige halten. Es ist nicht bekannt, ob dieser Münzentyp vor Ausbruch des Krieges oder nach dem Sieg Hadrians geprägt wurde.

Die vermeintliche Erlaubnis, den Jerusalemer Tempel wieder aufzubauen, als Auslöser des Kriegs

In den Tagen des Jehoschua, Chananjas Sohn, befahl die frevelhafte Regierung, daß das Heiligtum erbaut werde. Pappus und Julianus stellten Tische von Akko bis Antiochia auf und besorgten für die Pilger aus der Diaspora Gold und Silber und all ihren Bedarf. Da gingen die Samaritaner hin und sagten: Der König soll wissen, daß sie dem König keine Steuern davon geben werden, wenn diese Stadt erbaut wird und die Mauern vollendet sind ... Er sagte zu ihnen: Was soll ich tun, denn siehe, ich habe es schon befohlen. Sie sagten zu ihm: Sende zu ihnen und sage: Sie sollen entweder den Ort verändern oder fünf Ellen zufügen oder um fünf Ellen verkleinern, und dann werden sie von selbst von ihrem Vorhaben abstehen.

Bereschit Rabba 64,10 zu 1.Mose 26,28

Der Kaiser - vielleicht Hadrian - soll dieser Tradition zufolge die Erlaubnis zum Bau eines jüdischen Tempels gegeben haben. Daraufhin sorgten die Juden dafür, daß alle ihr Geld in „heiliges" Geld umtauschten, welches allein im Tempelbereich gültig war. Das aber bedeutete, daß nicht der Kaiser Nutzen vom Bau gehabt hätte in Form von Steuergeldern, sondern die Priesterschaft. Die Samaritaner warnten den Kaiser davor und schlugen ihm - da er seine Erlaubnis nicht einfach rückgängig machen konnte - eine vornehme Art des Rückzugs vor: er solle der Erlaubnis nachträglich Auflagen in bezug auf den Bau zufügen, die für Juden nicht akzeptabel wären, so daß sie auf den Bau „freiwillig" verzichteten.

Weiter aber will ich auch vom Tempel euch sagen, wie die Unglücklichen in ihrem Irrtum auf den Bau ihre Hoffnung gesetzt haben - und nicht auf ihren Gott, der sie erschaffen hat -, als ob er ein Haus Gottes sei. Sie haben ihn ja doch beinahe wie die Heiden in den Tempel wie in einen heiligen Bezirk eingeschlossen ... Ihr habt erkannt, daß ihre Hoffnung eitel ist. Des weiteren sagt er (Jes 49,17 nach der Septuaginta): *Siehe, die diesen Tempel zerstört haben, sie selbst werden ihn bauen.* Es geschieht. Denn in Folge ihres Krieges ward er zerstört von den Feinden. Jetzt werden wirklich die Diener der Feinde ihn wieder aufbauen. Barnabas-Brief 16,1ff

Die Übersetzung des letzten Satzes ist unsicher, da einige wichtige Handschriften lesen: „Jetzt werden sie (die Juden) und die Diener der Feinde ihn wieder aufbauen". Demnach könnte also ein jüdischer Tempel gemeint sein, da sonst Juden sich nicht am Bau beteiligen würden. Im ersteren Fall wären es allein die Römer, die einen Tempel der neuen Stadt Aelia Capitolina errichteten; dies wäre dann aber kein jüdischer Tempel.

Die beiden Texte sind sehr vage. Für sich genommen vermögen sie die These von einer kaiserlichen Erlaubnis, den Tempel wieder aufzubauen, nicht zu tragen. Da es außerdem keine weiteren Hinweise, etwa literarischer oder archäologischer Art, gibt, erweist sich die Theorie, ein Tempelbau zu Jerusalem sei Auslöser des Krieges gewesen, als unwahrscheinlich.

Das Beschneidungsverbot als Kriegsanlaß

Zu dieser Zeit begannen die Juden auch mit dem Krieg, weil ihnen verboten worden war, die Beschneidung zu praktizieren (mutilare genitalia).
Spartian, Historia Augusta, Hadrian 14,2

Der Name Bar Kochbas

Schimon bar Kossba (כוסבה), der Fürst über Israel, an Jonatan und Masabala, Friede. Brief aus der Wüste Juda, IEJ 11, 1961, S.41

Ananos an Jonates, den Bruder, mit Grüßen ... Simon Chosiba (Χωσιβα) hat mir geschrieben ... Brief aus der Wüste Juda, IEJ 11, 1961, S.44

Dies ist der Beginn eines schlecht erhaltenen Briefs in griechischer Sprache, das einzige Dokument, in dem Schimons Name auf Griechisch erhalten ist. Der Absender Ananos (an anderer Stelle liest Yadin „Aelianos") ist wohl kein Jude. Er schrieb zuerst nur „Simon" und fügte dann nachträglich - zwischen den Zeilen - zur näheren Bestimmung das Wort „Chosiba" ein.

Der messianische Titel „Sternensohn"

Schimon - Sternensohn

a)

Rabbi Schimon bar Jochai lehrte: Mein Lehrer Akiwa war gewohnt zu lehren: *Ein Stern* (KOCHAW) *tritt hervor aus Jakob* (4. Mose 24,17) - Kosba

(כוזבא) tritt hervor aus Jakob! Rabbi Akiwa sagte nämlich, als er den Bar Kosba sah: Dieser ist der König Messias. Da sagte Rabbi Jochanan ben Torda zu ihm: Akiwa, Gras wird aus deinem Kinnbacken sprossen, aber der Sohn Davids wird immer noch nicht erschienen sein. tib Taanit 4,8,68d

b)

Rabbi Jochanan sagte: Rabbi legte aus *Ein Stern tritt hervor aus Jakob* (4. Mose 24,17). Lies nicht KOCHAW, Stern, sondern KOSEW, Lügner. Als Rabbi Akiwa den Bar Kosiba sah, sagte er: Dieser ist der König Messias. Da sagte Rabbi Jochanan ben Torda: Akiwa, Gras wird aus deinem Kinnbakken sprossen, aber er wird immer noch nicht gekommen sein ...

Und was tat Ben Kosiba? Er fing die Schleudersteine (der Römer) mit einem seiner Knie auf und warf sie zurück. Damit erschlug er viele Menschen. Darauf hat Rabbi Akiwa die obigen Worte gesagt.

Echa Rabba 2,4 zu Klgl 2,2

c)

Führer der Juden war ein Mann namens Barchochebas (Βαρχωχεβας), was Stern bedeutet. Er war zwar eine rechte Mörder- und Räubernatur, aber durch die Kraft seines Namens wurde er sklavisch als das Licht verehrt, das den Bedrängten vom Himmel herabgestiegen und ihnen aufgeleuchtet sei.

Euseb, Kirchengeschichte 4,6,2

Die Überlieferung, wie sie in Text a) und b) vorliegt, hat eine sehr komplizierte Geschichte hinter sich, wobei Text a) wahrscheinlich die frühere Tradition ist. Eine Rekonstruktion dessen, was dieser idealtypischen Szene historisch zugrunde liegen könnte, sieht folgendermaßen aus:

Daß Akiwa ein Anhänger des Messias Schimon gewesen war, ist damals allgemein bekannt gewesen. Auch nach dem Scheitern des Aufstandes - was als Beweis dafür galt, daß Schimon ein falscher Messias war und der bedeutendste Gelehrte sich also geirrt hatte - wurde die Meinung Akiwas nicht verschwiegen, wie diese Texte mit der Erwähnung seines Messias-Bekenntnisses zeigen; hatte er doch teuer genug dafür bezahlt und war als Märtyrer von den Römern umgebracht worden, so daß sein Irrtum ihm nichts von seinem Ruhme nehmen konnte. Allerdings stellte man - um ja keinen Zweifel daran aufkommen zu lassen, daß Schimon *nicht* der Messias gewesen war - dem Akiwa sofort nach dessen Bekenntnis den kritischen Rabbi Jochanan ben Torda zur Seite, um seinen Irrtum nochmals zu betonen.

Akiwa hat ursprünglich den Vers 4. Mose 24,17 wohl so ausgelegt: „Ein Stern - KOCHAW tritt hervor aus Jakob - Kossba (der richtige Name Schimons) tritt hervor aus Jakob!“ Diesen damals allgemein messianisch verstandenen Bibeltext auf Schimon zu beziehen, drängte sich wegen dessen Taten und wegen des Gleichklangs von Kochba (die aramäische Form von KOCHAW) und Kossba geradezu auf.

Die Weisen des Talmud aber scheuten sich, den messianischen Namen Schimons, Sternensohn, niederzuschreiben. Und so legten sie wider besseres Wissen polemisch bereits dem Akiwa den Spottnamen Lügensohn - Kosba - in den Mund. Dabei nahmen sie in Kauf, daß das Wort KOSBA keine hebräische, grammatikalisch korrekte Form des

Verbs כזב - lügen, sondern eine künstliche (nachträgliche) Bildung ist. Korrekt müßte es KOSEW heißen, aber dann wäre der Bezug auf 4. Mose 24,17 sprachlich nicht mehr einsichtig: KOCHAW und KOSEW klingen nicht eben ähnlich.

Da der Text a) so, wie er dasteht, in sich nicht mehr schlüssig ist - einerseits sagt Akiwa „Lügensohn", andererseits bekennt er „Dieser ist der Messias" -, wurde in einer späteren Fassung (Text b) die Auslegung des Bibelwortes nicht mehr von Akiwa, sondern von Rabbi, der zwei Generationen später lebte, überliefert, einem bekannten Bestreiter der Messianität Schimons. Da so die Begründung, warum Akiwa Schimon für den Messias gehalten hatte, entfällt, wird nun eine neue genannt: nämlich dessen wunderbare Fähigkeit, Schleudersteine aufzufangen.

Als Text überliefert ist der messianische Sternen-Name ausgerechnet nur von christlichen Autoren, etwa bei Euseb (Text c), der in Schimon natürlich einen Lügenmessias sah. Eusebs Vorstellung von der Messiasverehrung Schimons ist stark gefärbt von seinem eigenen „Messias" Christus, der eher dem heidnischen Sol Invictus, dem unbesiegbaren Sonnen- und Lichtgott, gleicht als einem jüdischen Widerstandskämpfer gegen Rom.

Messianische Auslegung von 4.Mose 24,17 im damaligen Judentum

In zahlreichen jüdischen Quellen verschiedener Gruppierungen wird 4.Mose 24,17 messianisch gedeutet. Hier nur einige Beispiele:

Die aramäische Bibelübersetzung gibt 4.Mose 24,17 folgendermaßen wieder:

Wenn aufsteht der König aus Jakob und mächtig wird der Messias aus Israel, wird er die Großen Moabs töten und herrschen über alle Menschen.

Targum Onkelos

In den Testamenten der zwölf Patriarchen - jüdisch-apokalyptische Texte, die in großer Nähe zur Kumrangemeinde und auch zu den Christen stehen - heißt es:

Dann wird euch aufgehen ein Stern aus Jakob in Frieden und es wird aufstehen ein Mensch aus meinem Samen wie die Sonne der Gerechtigkeit, ... keine Sünde wird an ihm gefunden werden. Es werden sich über ihm die Himmel öffnen, auszugießen den Segen des Geistes vom heiligen Vater. Er selbst wird ausgießen den Geist der Gnade über euch. Ihr werdet seine Söhne in Wahrheit sein und werdet wandeln in seinen Geboten, den ersten und den letzten. Dieser ist der Sproß des höchsten Gottes, und dieses ist die Quelle zum Leben für alles Fleisch. Dann wird aufleuchten das Szepter meines Königtums.

Testamentum Juda 24

In einem Text der Kumran-Gemeinde heißt es:

Aufgeht ein Stern aus Jakob, aufsteht ein Stab aus Israel. Der Stab - das ist der Fürst der ganzen Gemeinde, bei seinem Auftreten zerschmettert er alle Söhne Sets.

Damaskus-Schrift (CD VII,19-21)

Philo, der große Denker der jüdischen, griechisch-sprechenden Diaspora, schreibt:

Wie er (Bilam) sich nun gegen die Wüste wendet, sieht er die Hebräer nach Stämmen gelagert, und in Bewunderung ihrer großen Zahl und der Ordnung, die den Anblick einer Stadt und nicht eines Lagers bot, kündet er in

Verzückung: So spricht der wahrhaft schauende Mann, der im Schlaf eine deutliche Gotteserscheinung mit den immerwachen Augen seiner Seele sah. Wie schön sind deine Wohnungen, Heer der Hebräer, deine Zelte wie schattige Talgründe, wie ein Lustgarten am Fluß, wie Zedern am Wasser. Einst wird ein Mann aus eurer Mitte hervorgehen und über viele Völker obsiegen, und seine Herrschaft wird täglich ansteigend hoch sich erheben.

Leben des Mose I, § 288ff

Bemerkenswert ist, daß im Neuen Testament, etwa bei Matthäus mit seiner Vorliebe für Erfüllungszitate, 4.Mose 24,17 nicht wörtlich aufgegriffen wird. Für jüdische Ohren klingt dieser Vers allerdings mit, wenn es heißt:

Sie (die Magier aus dem Morgenland) sagten: Wo ist der neugeborene König der Juden? Denn wir haben seinen Stern gesehen im Morgenland und sind gekommen, ihm zu huldigen.

Matthäus 2,2

Das messianische Programm des Bar Kochba

Re-Judaisierung Israels

Wer die Vorhaut vorgezogen hat, muß (noch einmal) beschnitten werden. Rabbi Jehuda sagte: Wer die Vorhaut vorgezogen hat, braucht nicht beschnitten zu werden, weil er dadurch in Lebensgefahr geriete. Sie sagten zu ihm: Viele haben sich in den Tagen Ben Kosebas (zum zweiten Mal) beschneiden lassen und hatten Kinder und sind nicht gestorben. Denn es heißt (1.Mose 17,13): *Beschnitten, ja beschnitten soll werden*, selbst hundertmal.

Tosefta Schabbat 15,9 (Parallele in tib Schabbat 19,1,17a)

Verpachtung und Besteuerung des Landes durch Bar Kochba

Am 28. des Marcheschwan im 3. Jahr des Schimon bar Kossba, Fürsten von Israel, zu Ein Gedi.

Aus eigenem freien Willen wünschen an diesem Tag Elasar, Sohn Elasars, Sohn des Chita, und Elieser, Sohn des Schmuel, beide aus Ein Gedi, und Techina, Sohn des Schimon, und Alma, Sohn des Jehuda, beide aus Lulit im Küstendistrikt von Agaltain, jetzt wohnhaft zu Ein Gedi, untereinander die Grundstücke zu teilen, die sie von Jehonatan, ... Administrator von Schimon ben Kossba, Fürsten von Israel, zu Ein Gedi gepachtet haben.

Brief aus der Wüste Juda
(zitiert nach Y.Yadin, Bar Kochba, Hamburg 1971, S.175f)

Am 20. des Schwat, Jahr 2 der Befreiung von Israel. Mit obrigkeitlicher Erlaubnis von Schimon ben Kossba, Fürst Israels, im Lager mit Sitz in Herodeion. Jehuda, Sohn des Rabba, hat zu Hillel, Sohn des Garis, gesagt: Ich,

aus freiem Willen, habe heute dieses Land von dir gepachtet ... das du gepachtet hast von Schimon ben Kossba, Fürst Israels. Dieses Land habe ich ab dem heutigen Tage von dir gepachtet, bis zum Beginn des Erlaßjahrs ...
Die Zahlung soll in Naturalien erfolgen:
zu Herodeion, in gutem und reinem Weizen.

Brief aus der Wüste Juda, DJD II, S.131

Unter den in der Wüste gefundenen Pachtverträgen finden sich etliche, die am 20. Schwat des 2. Jahres geschlossen wurden. Es scheint, als habe es einen regelrechten Landtag gegeben, an dem man zusammenkam und auf vorbereiteten Formularen (die Verträge sind nach ganz ähnlichem Muster verfaßt) Geschäfte besiegelte.

Die Bedeutung des Zeremonialgebots

Das vorhergehende Dokument erwähnt das Erlaßjahr - die biblische Bestimmung aus 5.Mose 15, wonach alle sieben Jahre die Schuldner entschuldet und die Sklaven befreit wurden -, welches in der Landverteilung und -verwaltung des Schimon offenbar von Bedeutung gewesen ist.

Ein anderes Beispiel für die Einhaltung von Zeremonialgeboten findet sich im folgenden Brief, in dem Schimon für Sukkot den Feststrauß organisiert:

Schimon an Jehuda bar Menasche in Kirjat Arawaia. Ich habe euch zwei Esel gesandt, damit ihr mit ihnen zwei Mann senden sollt an Jehonatan bar Beajan und Masabala, damit sie packen und senden in das Lager, zu euch, Palmzweige und Etrogim. Und ihr, aus eurem Ort, sendet andere, die euch Myrten und Bachweiden bringen sollen. Sehet zu, daß sie verzehntet werden, und sendet sie in das Lager ... Friede.

Brief aus der Wüste Juda, IEJ 11, 1961, S.48f

Auch der Schabbat wurde von den Kämpfern beachtet:
Schimon bar Kossba an Jehonatan bar Beajan und Masabala bar Schimon: daß ihr mir Elasar bar Chitta sofort sendet, vor dem Schabbat ...

Brief aus der Wüste Juda, IEJ 11, 1961, S.44

Von Schimon an Jeschua (Jesus) ben Galgula Friede. Daß du dich anschickst, Getreide zu senden ... durch die Leute meines Hauses. Bereite jedem einen Gastplatz, daß sie am Schabbat bei dir bleiben und das Herz eines jeden Wohlgefallen habe ... Ich habe jemandem befohlen, dir seinen Weizen zu geben, daß sie es nach dem Schabbat zurückbringen.

Brief aus der Wüste Juda, DJD II, S.161f

Der folgende Brief war vielleicht so dringend, daß er - auf Griechisch verfaßt - von einem aus den Völkern trotz des Schabbat-Feiertages geschrieben wurde:

Der Brief ist Griechisch geschrieben, weil wir niemanden haben, der Hebräisch kann ... wegen des Feiertags ... Brief aus der Wüste Juda
(zitiert nach Y.Yadin, Bar Kochba, Hamburg 1971, S.130)

Cassius Dio berichtet ebenfalls, daß sich am Aufstand gegen Rom Männer aus anderen Nationen beteiligten:

Auch viele andere, darunter Fremdstämmige, haben sich ihnen (den Juden) zugesellt, begierig nach Profit. Die ganze bewohnte Welt, könnte man sagen, war darüber recht erregt. Deswegen sandte Hadrian seine besten Generäle gegen sie. Cassius Dio, Römische Geschichte 69,12,2

Die Kampftaktik der Juden

Um sicher zu gehen, wagten sie (die Juden) nicht, ihre Kräfte auf offenem Feld mit den Römern zu messen, sondern besetzten die vorteilhafteren Stellungen im Land und befestigten sie mit Gräben und Wällen, damit sie Fluchtorte hätten, falls sie stark unter Druck kommen sollten, und sich unbeobachtet unterirdisch versammeln könnten. Und sie durchbrachen in Abständen diese unterirdischen Gänge von oben, damit Luft und Licht hineinkäme. Cassius Dio, Römische Geschichte 69,12,3

Viele solche unterirdischen Gänge mit Menschenfallen und Vorratslagern sind archäologisch nachgewiesen, etwa in der Umgebung von Bet Guvrin. Die Gänge waren so schmal, daß es für Römer mit ihren Rüstungen unmöglich war, sich dort fortzubewegen.

Die römische Taktik

Severus wagte es nicht an einem einzigen Platz, seine Gegner offen anzugreifen, im Blick auf deren Zahl und Verzweiflung; aber indem er kleine Gruppen absonderte, dank der Zahl seiner eigenen Soldaten und Unteroffiziere, und indem er ihnen Nahrung vorenthielt und sie einschloß, vermochte er sie zwar sehr langsam, aber gefahrlos zu zermalmen, zu entkräften und auszurotten. In der Tat überlebten sehr wenige.
Cassius Dio, Römische Geschichte 69,13,3 und 14,1

Der Kampf um Betar

So übertrieben die folgenden Zahlen auch sein mögen - sie zeugen doch von der Furchtbarkeit des Bar Kochba-Krieges:

50 ihrer (der Juden) bedeutendsten Festungen und 985 der bekanntesten Dörfer wurden zerstört bis auf den Grund. 580.000 Männer wurden bei den

Überfällen und Kämpfen geschlachtet. Die Zahl derer aber, die an Hunger, Krankheit und Feuer zugrunde gingen, ist unerforschlich, so daß beinahe ganz Judäa verwüstet worden wäre. Cassius Dio, Römische Geschichte 69,14,1

Rabbi Jochanan sagte: 300 Kinderhirnschädel wurden auf einem Stein und 300 Büchsen zerschnittener Tefillin wurden in Betar gefunden. Jede einzelne faßte drei Sea. Wenn du das berechnest, so kommen dreihundert Sea heraus.

Rabban Gamliel sagte: 500 (Kinder)schulen waren in Betar, die kleinste derselben faßte nicht weniger als 300 Kinder. Sie sagten: Wenn die Hasser über uns kommen sollten, so ziehen wir mit diesen Schreibgeräten hinaus und erstechen sie. Als nun die Sünden es mit sich brachten, daß die Hasser einrückten, wickelte sich jedes Kind in seine Schreibrolle, und sie verbrannten sich mit ihr. Niemand blieb übrig von ihnen außer mir.

Echa Rabba 2,4 zu Klagelieder .2,2

1 Sea entspricht etwa 7,3 Liter.

Als im 18. Jahr der kaiserlichen Regierung der Kampf gegen Bether, eine kleine, stark befestigte, nicht weit von Jerusalem entfernte Stadt, seinen Höhepunkt erreicht, sich die Belagerung immer mehr in die Länge gezogen, Hunger und Durst die Aufständischen ins äußerste Verderben gebracht hatte und der Urheber des Wahnsinns in verdienter Weise bestraft worden war, wurde durch Gesetzesbestimmung und durch Verordnungen Hadrians dem gesamten Volk verboten, das Gebiet um Jerusalem von nun ab überhaupt noch zu betreten ... Euseb, Kirchengeschichte 4,6,3

Verfolgungen im ganzen Land

Hadrian, seine Gebeine mögen zermalmt werden, setzte drei Wachposten ein: einen in Chamta, einen im Dorf Lakitija und einen in Betel in Judäa. Er sagte: Wer von hier entflieht, wird dort gefangen, und wer von hier entflieht, wird dort gefangen. Er ließ Herolde ausgehen und verkünden: Wenn es (verborgene) Juden gibt, so mögen sie hervorkommen, denn der König will ihnen etwas geben. Die Herolde verkündeten ihnen dies und die Juden eilten herbei ... Die Vorsichtigen kamen nicht heraus, aber die Unvorsichtigen versammelten sich alle in der Ebene von Bet Rimmon. Da sagte er (Hadrian) zu seinem Heerführer: Ehe ich dieses Weißbrothörnchen und diesen Hühnerschenkel verzehrt habe, wünschte ich, daß ich auch nicht einen von ihnen mehr fände! Sogleich ließ er sie von seinen Legionen umzingeln und töten. Das Blut brach durch und floß, bis es zum Fluß Kyprus gelangte. Und der heilige Geist schreit laut und sagt (Klgl 1,16): *Über diese weine ich*!

Echa Rabba 1,45 zu Klagelieder 1,16

Die Aufständischen verbargen sich in Höhlen

Es geschah am Ende der Religionsverfolgungen, daß sie sich in Höhlen verbargen und verabredeten: Wer hereinkommen will, komme herein, hinausgehen aber darf niemand. Als einst einer seine Sandale verkehrt anhatte, glaubten sie, jemand sei hinausgegangen und von den Feinden bemerkt worden, die sie nun überfallen würden. Dadurch entstand ein Gedränge, und sie töteten einander mehr, als (die) Feinde unter ihnen töteten. Rabbi Ileai ben Elasar erzählte: Sie saßen in der Höhle und hörten ein Geräusch von oben. Da entstand ein Gedränge, und sie töteten einander, mehr als die Feinde unter ihnen getötet hatten.

Schabbat 60a

Vielleicht ist dieser Text Ausdruck der Angst vor Denunzianten am Ende des Krieges. Auch die letzten Briefe des Bar Kochba selbst zeugen von der Spaltung unter den Juden. Als der Krieg entschieden war, fürchteten die Verborgenen vielleicht Verrat, daher durfte jeder hinein, aber keiner hinaus, damit das Versteck nicht verraten werde. Der Hinweis auf das gegenseitige Töten unter den Zeloten ist wohl eine kritische Anspielung auf ein Phänomen, wie es sich schon im ersten Aufstand während der Belagerung Jerusalems so drastisch gezeigt hatte.

Der Bau der Aelia Capitolina als Folge des Krieges

In Jerusalem gründete er (Hadrian) eine Stadt anstelle derjenigen, die bis auf den Grund geschleift war, und nannte sie Aelia Capitolina, und an der Stelle des Tempels des Gottes errichtete er einen neuen Tempel für Jupiter.

Cassius Dio, Römische Geschichte 69,12,1

Wo einmal ein Tempel und ein Kult des Gottes war, da ist eine Hadrianstatue und ein Jupiterbild aufgestellt.

Hieronymus, Kommentar zu Jesaja 1,2

Seit den Zeiten Hadrians bis zur Herrschaft Konstantins, so ungefähr 180 Jahre lang, war am Platz der Auferstehung ein Jupiterabbild, in der Kreuzesschlucht eine Mamorstatue der Venus von Heiden aufgestellt.

Hieronymus, Briefe 58,3,5

Ferner sind dort (auf dem Tempelberg) zwei Statuen Hadrians.

Bericht des Pilgers von Bordeaux (zitiert nach H.Donner, Pilgerfahrt ins Heilige Land. Die ältesten Berichte christlicher Palästinapilger, Stuttgart 1979, S.56)

Der Pilger von Bordeaux hielt sich im Jahre 333 in Jerusalem auf. Sogar im 4. Jahrhundert, als Jerusalem eine christliche Stadt geworden war, standen also die heidnischen Bilder noch. Das hängt wohl mit der Tatsache zusammen, daß der Tempelberg damals bewußt dem Verfall preisgegeben und sogar als städtische Müllhalde benutzt wurde.

Die Vertreibung aller Juden aus Jerusalem und das Verbot, die Stadt zu betreten

... (nach Ende des Krieges) wurde durch Gesetzesbestimmung und durch Verordnungen Hadrians dem gesamten Volke verboten, das Gebiet um Jerusalem von nun ab überhaupt noch zu betreten. Nach der Weisung Hadrians sollten die Juden den heimatlichen Boden nicht einmal mehr aus der Ferne sehen ... Nachdem auf solche Weise die Stadt vom jüdischen Volk entblößt und der alten Einwohner vollständig beraubt worden war und Fremde sie bevölkert hatten, änderte die nun erstandene römische Stadt ihren Namen und nannte sich zu Ehren des Kaisers Aelius Hadrianus: Aelia. Da nun die Kirche in Jerusalem sich aus Heiden zusammensetzte, wurde dort, als erster nach den Bischöfen aus der Beschneidung, Markus mit dem Dienst an den dort Zugewanderten betraut. Euseb, Kirchengeschichte, 4,6,3f

Narzissus war der 15. Bischof seit dem jüdischen Krieg unter Hadrian. Daß die Kirche in Jerusalem erst von diesem Krieg an aus Heidenchristen sich zusammensetzte, nachdem sie zuvor aus Leuten der Beschneidung bestanden hatte, ... haben wir bereits mitgeteilt. Euseb, Kirchengeschichte 5,12,1

Schwere Verfolgungen und das Verbot jüdischen Lebens

Als besonders schwer ist das Verbot des Torastudiums empfunden worden:

Rabbi Schimon ben Gamliel sagte: Da man über uns verhängt hat, nicht Tora zu lernen, müßten wir über Israel verhängen, nicht zu heiraten. Damit würde Israel öde werden und Abrahams Same aufhören ... Aber es ist besser, wenn sie irren und nicht getötet werden. Tosefta Sota 15,10

Wenn niemand mehr Tora lernt, kann auch niemand mehr eine Hochzeit gemäß der Halacha ausrichten. Konsequent wäre es daher, auf Hochzeiten ganz zu verzichten. Dies aber würde bedeuten, daß auch keine ehelichen Kinder mehr geboren werden könnten. Es ist daher besser, trotz allem Hochzeiten zu feiern und dabei zu riskieren, aus Unwissenheit gegen die Tora zu verstoßen.

Viele Gelehrte setzten sich jedoch über das Verbot des Torastudiums hinweg:

Unsere Meister lehrten: Einst ordnete die frevelhafte Regierung an, daß sich Israel nicht mit der Weisung befasse. Da kam Pappus, Jehudas Sohn, und fand Rabbi Akiwa, wie er öffentlich Gemeinden versammelte und sich mit der Weisung befaßte. Er sagte zu ihm: Akiwa, fürchtest du dich denn nicht vor der frevelhaften Regierung?

Er sagte zu ihm: Ich will es dir mit einem Gleichnis erklären. Womit ist die Sache zu vergleichen? Mit einem Fuchs, der an einem Fluß entlang ging. Da er Fische sah, die sich bald an diesem Ort, bald an jenem Ort versammelten, sagte er zu ihnen: Wovor flieht ihr denn? Sie sagten zu ihm: Vor den Netzen, die Menschenkinder über uns bringen. Er sagte zu ihnen: So möge es euch gefallen, aufs Trockene zu steigen, damit wir beisammen wohnen, ich und ihr, wie meine Väter mit euren Vätern gewohnt haben. Sie sagten zu ihm: Bist du es, den man den Klügsten unter den Tieren nennt? Du bist nicht klug, du bist dumm. Wenn wir uns schon am Ort unseres Lebens fürchten, um wieviel mehr am Ort unseres Todes. So auch wir: Wenn es schon jetzt so ist (daß wir Angst haben), da wir sitzen und uns mit der Weisung befassen, von der geschrieben steht (5.Mose 30,20): *Das ist doch dein Leben und die Länge deiner Tage*, - um wieviel mehr ist es so, wenn wir gehen und uns von ihr lossagen.

Brachot 61b

Man sagte: Nur wenige Tage vergingen, bis sie Rabbi Akiwa ergriffen und ihn im Gefängnis fesselten ... In der Stunde, da sie Rabbi Akiwa zur Hinrichtung hinausführten, war es Zeit, das *Höre Israel* zu bekennen. Als sie sein Fleisch mit Kämmen aus Eisen kämmten, nahm er das Joch der Herrschaft des Himmels auf sich. Seine Schüler sagten zu ihm: Unser Meister! Bis hierher? Er sagte zu ihnen: Alle Tage meines Lebens habe ich mich über diesen Vers gegrämt: *Mit deinem ganzen Leben* (5.Mose 6,5) - sogar wenn er den Lebensodem wegnimmt. Ich sagte mir: Wann wird es mir zuteil werden, daß ich es erfüllen kann? Und jetzt, da es mir zuteil wird, soll ich es nicht erfüllen? Er dehnte das *Einer* (des „Höre Israel", 5.Mose 6,4) so lange, bis sein Odem bei *Einer* ausging.

Da ging eine Art Stimme hervor, die sprach: Wohl dir, Rabbi Akiwa, daß dein Odem bei *Einer* ausging. Die Dienstengel sagten vor dem Heiligen, gesegnet er: Solche Weisung, solcher Lohn? *Von den Sterblichen? Durch deine Hand, Herr! Von den Sterblichen ...?* Er sprach zu ihnen: *Ihr Anteil ist im Leben* (Ps 17,14). Da ging eine Art Stimme hervor, die sprach: Wohl dir, Rabbi Akiwa, denn du bist bestimmt zum Leben der kommenden Welt.

Brachot 61b

Mose hatte sich ins Lehrhaus des Akiwa gesetzt und kein Wort von dessen Tora-Auslegung verstanden. Erst als er hörte, daß all das dem Mose schon am Sinai gegeben worden sei, lehnte er sich beruhigt zurück. Nach dieser eher humorvollen Geschichte heißt es dann weiter:

Da wandte sich Mose, kam vor den Heiligen, gesegnet er, und sagte vor ihm: Herr der Welt, du hast einen Menschen wie diesen, und du gibst die

Weisung durch mich? Er sprach zu ihm: Schweige, so erstand's im Plan vor mir.

Da sagte er vor ihm: Herr der Welt, du hast mich seine Weisung sehen lassen - laß mich seinen Lohn sehen. Er sprach zu ihm: Wende dich nach hinten. Er wandte sich nach hinten und sah, wie sein (Akiwas) Fleisch auf der Fleischbank ausgewogen ward. Er sagte vor ihm: Herr der Welt! Solche Weisung und solcher Lohn? Er sprach zu ihm: Schweige, so erstand's im Plan vor mir.

Menachot 29b

Als Rabbi Akiwa in Caesarea getötet wurde, kam die Kunde zu Rabbi Jehuda ben Bawa und zu Rabbi Chanina ben Tradjon. Sie standen auf und umgürteten ihre Lenden mit Säcken und sagten: ... Nicht mehr lange und man wird keinen Ort im Israel-Land mehr finden, an dem nicht Getötete hingestreckt sein werden ... Man sagte: Nur wenige Tage vergingen, bis ein Krieg kam und die ganze Welt durcheinander brachte.

Semachot 8,9

Von Chanina ben Tradjon, der gegen das Verbot der Römer, Tora zu lehren, verstieß, wird berichtet:

Als sie (die Römer) zurückkehrten, fanden sie Rabbi Chanina ben Tradjon, wie er dasaß, sich mit der Weisung befaßte, öffentlich eine Gemeinde versammelt hatte und wie eine Rolle der Weisung in seinem Schoß lag. Sie holten ihn, umwickelten ihn mit der Rolle der Weisung, umringten ihn mit Rebenbüscheln und entzündeten an ihnen das Feuer. Dann holten sie wollene Lappen, tauchten sie in Wasser und legten sie auf sein Herz, damit sein Odem nicht so schnell hinausgehe.

Da sagte seine Tochter zu ihm: O Vater, muß ich dich so sehen! Er sagte zu ihr: Wäre ich allein verbrannt worden, so wäre mir dies schwer gewesen; jetzt aber, da ich verbrannt werde und die Rolle der Weisung mit mir, so wird Er, der auf die Beleidigung einer Rolle der Weisung achtet, auch auf meine Beleidigung achten. Seine Schüler sagten zu ihm: Meister, was siehst du? Er sagte zu ihnen: Die Pergamente verbrennen, und die Buchstaben fliegen hoch ...

Der Scharfrichter sagte zu ihm: Meister, wenn ich die Flamme vergrößere und den wollenen Lappen von deinem Herzen wegnehme (damit der Tod schneller eintrete und die Qual verkürzt werde), bringst du mich dann in das Leben der kommenden Welt? Er sagte zu ihm: Ja. Schwöre mir! Er schwor ihm. Sofort vergrößerte er die Flamme und nahm den wollenen Lappen von seinem Herzen weg. Da ging sein Odem schnell aus. Da sprang auch dieser auf und ließ sich ins Feuer fallen. Da ging eine Art Stimme aus, die sprach: Rabbi Chanina ben Tradjon und der Scharfrichter, sie sind zum Leben der kommenden Welt bestimmt.

Awoda Sara 18a

Rabbi Chanina ben Tradjon soll sich sein ganzes Leben nur mit dem Torastudium und der Lehre befaßt haben. Er gehörte wohl zu denen im Israel-Land, die sich zwar an dem messianischen Aufstand nicht beteiligt hatten, dafür aber um so mehr nach dessen Scheitern dafür arbeiteten, das jüdische Leben auf eine neue, beständigere, Tora-gemäße Basis zu stellen. Dafür aber bezahlte er, als Folge des Krieges, den er nicht befürwortet hatte, mit dem Leben.

Chaninas Schicksal zeigt auch, daß die Römer nicht differenzieren konnten oder wollten. Ihnen galt - nach drei Kriegen und ständigen Auseinandersetzungen - alles Jüdische als gefährlich, das Messianische ebenso wie das nur Tora-Gemäße.

Raw Jehuda sagte im Namen Raws: Einst verhängte die frevelhafte Regierung ein Dekret über Israel, daß jeder Ordinator und jeder (zum Lehrer) Ordinierte hingerichtet werde. Die Stadt, in der sie ordinieren, solle zerstört, und die Gebiete, in denen sie ordinieren, sollten ausgetilgt werden.

Was aber tat Jehuda ben Bawa? Er ging hin und ließ sich zwischen zwei großen Bergen, zwischen zwei großen Städten, zwischen zwei Schabbat-Gebieten, zwischen Uscha und Schfaram nieder, um dort fünf Älteste - nämlich Rabbi Meir, Rabbi Jehuda, Rabbi Schimon, Rabbi Jose und Rabbi Elasar ben Schamua - zu ordinieren.

Als ihre Feinde dies bemerkten, sagte er zu seinen Schülern: Meine Söhne, flieht! Sie antworteten ihm: Rabbi, was wird mit dir? Er antwortete ihnen: Ich bin vor sie hingeworfen wie ein Stein, den man nicht einmal umdreht. - Man erzählt: Die Römer gingen erst von dort weg, als sie ihn mit 300 eisernen Lanzen durchbohrt und wie ein Sieb gemacht hatten.

Sanhedrin 14a

Uscha und Schfaram waren die ersten beiden Plätze, an denen der Sanhedrin residierte, nachdem die Meister infolge des Bar Kochba-Krieges Jawne aufgeben und in den Galil umziehen mußten. Durch diese Erzählung soll auch die fortgesetzte Traditionskette aufgezeigt werden.

Rabbi Natan sagt: *Denen, die mich lieben und meine Gebote bewahren* (2. Mose 20,6), das sind die Israelis, die im Lande wohnen und ihr Leben für die Gebote lassen. - Warum wirst du zur Hinrichtung geführt? Weil ich meinen Sohn beschnitten habe. Warum wirst du zur Verbrennung geführt? Weil ich in der Tora gelesen habe. Warum wirst du zur Kreuzigung geführt? Weil ich Mazzot gegessen habe. Warum wirst du ausgepeitscht? Weil ich den Lulaw (den Hüttenfeststrauß) getragen habe.

Mechilta de Rabbi Jischmael, Abschnitt BACHODESCH (Jethro),
Kapitel 6 zu 2.Mose 20,6

Einst verhängte die frevelhafte Regierung ein Dekret über Israel, daß man jedem, der Tefillin an seinem Kopf anlegt, das Gehirn durchbohre. Elischa legte die Tefillin an und ging auf den Marktplatz. Als ihn ein Quästor entdeckte, lief er vor ihm weg, und dieser rannte hinter ihm her. Als der Quästor ihn einholte, nahm Elischa die Tefillin von seinem Kopf und verbarg sie in seiner Hand. Der Quästor fragte ihn: Was hast Du in Deiner Hand? Er antwortete: Taubenflügel! Als er seine Hand ausstreckte - befanden sich wirklich Taubenflügel darin. Deshalb nannten sie ihn: den Flügelmann.

Schabbat 130a

Neben der Brutalität ist vor allem die Willkürlichkeit des Mordens den Juden in Erinnerung geblieben:

Ein Jude ging an Hadrian vorüber und fragte nach seinem Wohlbefinden. Der fragte ihn: Wer bist du? Er sagte zu ihm: Ein Jude. Er (Hadrian) sagte zu ihm: Geht denn ein Jude an Hadrian vorbei und fragt nach seinem Wohlbefinden? Er sagte: Geht und schneidet seinen Kopf ab.

Ein anderer (Jude) ging vorbei, sah, was seinem Vorgänger passierte und fragte (darum Hadrian) nicht nach seinem Wohlbefinden. Der fragte ihn: Wer bist du? Er sagte zu ihm: Ein Jude. Er (Hadrian) sagte zu ihm: Geht denn ein Jude an Hadrian vorbei und fragt nicht nach seinem Wohlbefinden? Er sagte: Geht und schneidet seinen Kopf ab.

Da sagten seine Berater zu ihm: Wir wissen nicht, was jene getan haben, daß du ihnen so übel mitgespielt hast. Denn: fragen sie nach deinem Wohlbefinden, tötest du sie, und fragen sie nicht nach deinem Wohlbefinden, tötest du sie. Er sagte zu ihnen: Wollt ihr mir etwa raten, wie ich meine Hasser töten soll?

Echa Rabba 3,200 (zum Buchstaben RESCH) zu Klagelieder 3,58f

Imikentaron schrieb an Kaiser Hadrian und sagte zu ihm: Wenn du hassest, die sich beschneiden - da gibt es auch die Ismaeliter; wenn du hassest, die den Schabbat halten - da gibt es auch die Samaritaner! In Wahrheit hassest du niemanden außer dieses (jüdische) Volk allein - sein Gott wird denselben Mann bestrafen.

Kohelet Rabba 2,16 zu Prediger 2,17

Imikentaron ist der Deckname eines Juden, der anonym bleiben will, um wegen seiner Kaiserkritik nicht verhaftet zu werden. In dem Namen klingt das Verb LKANTER - provozieren an.

Schimon als Falschmessias

Über eine Münze, die bebildhauert und dadurch für untauglich erklärt wurde, aber die (gegenwärtige) Regierung akzeptiert sie (als Währung), sagt

Rabbi Jose im Namen Rabbi Jonatans: Sie ist wie ungeprägtes Metall. Rabbi Chija sagt im Namen Rabbi Jonatans: Sie ist wie eine Münze der frühen Könige. Angenommen, ihr Design wäre noch erkennbar - (dann ist sie) gültig, wenn nicht - ungültig; eine Aufstandsmünze, etwa von Bar Kosiba - ungültig.

tib Maaser Scheni 1,2,52d

Münzen, die mit Bildern beprägt sind, waren in Israel wegen des Bilderverbots ein Problem. Es galt zu klären, ob man solche Münzen benutzen dürfe oder nicht.

Während andere alte Münzen auch mit Bild weiter benutzt werden durften, haben die Gelehrten des Talmud die Bar Kochba-Münzen aus dem Verkehr gezogen und für ungültig erklärt. Wahrscheinlich wollten sie dem in ihren Augen falschen Messias Schimon, der auch noch seinen Namen auf den Münzen verewigt hatte, nachträglich das Recht absprechen, eigenes Geld prägen zu dürfen. Das hatte zur Folge, daß Archäologen zahlreiche perforierte Münzen des Bar Kochba gefunden haben: sie dienten Späteren nämlich als Kettenanhänger, vielleicht als sentimentale Erinnerung an den Traum von Freiheit und Eigenstaatlichkeit.

Rund 1.000 Jahre nach Bar Kochba schrieb der große jüdische Gelehrte Maimonides, dessen Meinung als repräsentativ für das gemäßigte Judentum gelten kann, über Messiasse allgemein und über Bar Kochba im Besonderen:

... Rabbi Akiwa, der ein großer Weiser unter den Weisen der Mischna war,- er war der Waffenträger des Königs Ben Kosiba, und er sagte über ihn, daß er der König Messias sei. Sowohl er als auch alle Weisen seiner Generation hielten ihn für den König Messias, bis er wegen Sünden getötet wurde. Weil er getötet wurde, erkannten sie, daß er es nicht war.

Maimonides, Mischne Tora (Jad Chasaka), Buch Schoftim,
Abschnitt Melachim (Könige), Kapitel 11,3

Hadrian - Feind oder Freund der Juden?

Hadrian galt bei Juden neben Antiochus IV. Epiphanes und Titus als *der* große Verfolger und ist wie jene entsprechend negativ geschildert worden. Daneben finden sich aber im Talmud auch recht neutrale oder gar positive Geschichten, in denen er als weiser, welterfahrener Herrscher, als jovialer Weltbürger auftritt, der er tatsächlich auch gewesen ist. Diese Geschichten aus jüdischem Mund sind nur zu verstehen als Kritik am Bar Kochba-Aufstand, der die Gewalttaten der Römer erst provoziert habe.

Als Hadrian die Steigung nach Chammat Gader hinaufzog, traf er ein kleines jüdisches Mädchen auf dem Kamm der Anhöhe von Chammat Gader und sagte zu ihr: Wer bist du? Sie antwortete ihm: Eine Jüdin bin ich! Sogleich stieg er von seinem Wagen und verneigte sich vor ihr. Da zürnten alle Großen seines Reiches über ihn und sagten zu ihm: Was ist mit dir, daß du dich erniedrigst und dich vor diesem verächtlichen Mädchen verneigt hast, das doch unsauber und schmutzig ist? Er antwortete ihnen: Ihr Dummlinge. Werden sich nicht dereinst alle Völker vor ihnen verneigen, denn so steht's doch geschrieben: *So spricht der Herr, der Erlöser Israels, sein Heiliger, zu dem unter den Menschen Verachteten, den die Leute verschmähen, zum Knecht der Herrschenden: Könige werden es sehen und Fürsten aufstehen und sich verneigen...* (Jes 49,7).

Midrasch Tannaim, Auslassungen und Zusätze 20-21, zu 5.Mose 26,15-19

Dazu paßt eine lateinische Notiz:

In seinen Gesprächen auch mit den Erbärmlichsten zeigte er (Hadrian) sich überaus höflich und verachtete jene, die ihm gewissermaßen als Hüter der kaiserlichen Würde dieses Vergnügen der Menschlichkeit mißgönnten.

Spartian, Historia Augusta, Hadrian 20,1

Die Christen und Bar Kochba

Von Schimon ben Kossba an Jeschua ben Galgula und an die Männer der Festung: Friede! Ich rufe den Himmel zum Zeugen gegen mich an, daß, wenn irgendeiner von den Galiläern, die bei euch sind, Schaden erleidet (?), ich an eure Füße Fesseln legen werde, wie ich dem Ben Aflul getan habe. Schimon ben Kossba persönlich.

Brief aus der Wüste Juda, DJD II, S.160f

Deutlich ist von Galiläern die Rede, die schlecht behandelt wurden - der einzige sichere Beleg dafür, daß sich auch Galiläer im Heere Bar Kochbas befanden. Manche haben vermutet, daß es sich bei den Galiläern um Judenchristen gehandelt habe. Denn die Bezeichnung „Galiläer" war, wie etwa Mt 26,69 zeigt, eine geläufige Charakterisierung der Jesus-Anhänger. Andere deuten diesen Brief allgemeiner auf jüdische Flüchtlinge oder reguläre Wehrpflichtige, die sich dem Kriegsdienst durch Flucht entzogen. Interessant ist die Übersetzung Yadins, die jedoch recht umstritten, weil sprachlich problematisch ist: „Wenn ihr nicht *mobilisiert* (Leute) von den Galiläern ..."

Allerdings ist der Brief an entscheidender Stelle eingerissen: Die Lesart des den Sinn bestimmenden Verbs als „Schaden erleiden" ist fraglich, da der letzte Buchstabe fehlt und frei ergänzt werden muß.

Während des zu unserer Zeit entbrannten jüdischen Krieges ließ nämlich Barkochba, der Führer der jüdischen Abfallsbewegung, nur gegen die Christen vorgehen, welchen er schwere Strafen auferlegte, wenn sie nicht Jesus Christus verleugneten und schmähten.

Justin, Apologie I,31

Zurücknahme des Messianischen im Talmud

Die Aufstände im Israel-Land und in der Diaspora - *eine* große Katastrophe

Im Krieg des Vespasian verbot man die Bräutigamskränze und die Handtrommel. Im Krieg des Quietus verbot man die Brautkränze und daß ein Mensch seinen Sohn Griechisch unterrichtet. Im letzten Krieg verbot man, die Braut unter einem Baldachin durch die Stadt zu führen. Unsere Meister aber erlaubten, die Braut unter einem Baldachin durch die Stadt zu führen.

Mischna Sota 9,14 und 15

Der erste jüdisch-römische Krieg, der Diaspora-Aufstand und der Aufstand Bar Kochbas stehen in dieser Aufzählung nebeneinander. Der „Sternensohn" wird allerdings nicht direkt genannt. Auch den Namen des Quietus wollten Spätere ausscheiden und schrieben (durch Änderung eines Buchstabens) stattdessen „Titus" - eine Lesart, die sich in den meisten Handschriften durchgesetzt hat.

Sicher mit Bedacht folgt einige Sätze später eine abschätzige Bemerkung über den Messias (der in der Mischna nur sehr selten überhaupt erwähnt wird) und vor allem über seine Anhänger:

An den Fersen des Messias wird die Frechheit groß werden.

Der Messias hat Israel ins Unglück gestürzt

Einst geschah es bei einem Juden, welcher dastand und pflügte, daß seine Kuh brüllte. Ein Araber ging vorbei und hörte ihre Stimme. Dieser rief ihm zu: Jude, Jude, binde deinen Ochsen ab und binde deine Pflugschar ab. Denn siehe, das Heiligtum ist zerstört. Da brüllte sie zum anderen Mal. Jener rief: Jude, Jude, schirre deinen Ochsen an und schirre deine Pflugscharen an. Denn siehe, geboren ward der König, der Messias. Der Jude sagte zu ihm: Welches ist sein Name? Menachem (Tröster) ... Der Jude: Von wo ist er? Er sagte: Aus dem Königspalast in Betlehem in Judäa.

Der Jude ging hin, verkaufte seine Ochsen und Pflugscharen und wurde ein Verkäufer von Windeln. Er ging stadtein, stadtaus, bis er nach Betlehem kam. Alle Frauen kauften, aber Menachems Mutter kaufte nichts. Er hörte die Stimmen der Frauen, die sagten: Mutter Menachems, Mutter Menachems, komm und kaufe für deinen Sohn! Sie sagte: Ich möchte ihn (den Windelverkäufer) erwürgen, weil er einer der Feinde Israels ist! Denn an dem Tag, da er (nämlich ihr Sohn Menachem) geboren wurde, ist das Heiligtum zerstört worden.

Er sagte zu ihr: Wir sind festen Vertrauens, daß es seinetwegen zerstört ist, aber auch seinetwegen erbaut werden wird ... Nach einigen Tagen kam er wieder nach Betlehem und sagte: Wie geht es dem Kind? Sie sagte:

Nachdem du mich gesehen hattest, kamen Winde (RUCHIN) und Stürme und rissen es aus meinen Händen.

tib Brachot 2,4,5a (ähnlich Echa Rabba 1,51 zu Klagelieder 1,16)

Der Text spiegelt verschiedene Haltungen wider, die es in Israel bezüglich des Messias gab:

Manche sagten, daß wegen des messianischen Aufstandes der Tempel zerstört worden sei, was ja den historischen Tatsachen entsprach, und lehnten Messiastum daher ab - etwa die Mutter in der Geschichte.

Der Bauer - später Windelverkäufer -, der als „Feind Israels" beschimpft wird, steht dagegen für solche, die auch weiter am Messias festhalten und beim geringsten Anzeichen (wie der Bemerkung irgendeines Passanten) alles verkaufen und losrennen. Sie treibt die Hoffnung, daß mit dem Kommen des Messias auch der Tempel wieder errichtet werde.

Doch in dem Moment, wo man versucht, den Messias geschichtlich festzumachen, entschwindet er, ist nicht mehr faßbar. Das besagt: Messianische Hoffnungen sind erlaubt, ein konkreter Messias nicht.

Daß RUCHIN („Winde", aber auch Mehrzahl von „Geist") den Messias wegreißen, ist vielleicht eine Anspielung auf den Geistüberschwang der Messiasse und ihrer Anhänger überhaupt.

Es ist wohl kein Zufall, daß ausgerechnet im tiberiensischen Talmud, der im vom Krieg verheerten Israel-Land entstand, dem Messias die Schuld für das Unglück gegeben wurde.

Der Messias war schon da

Rabbi Hillel sagte: Es gibt für Israel keinen Messias mehr, denn sie haben ihn schon in den Tagen Hiskias geschmeckt. Sanhedrin 99a

Raw Giddel sagte, Raw habe gesagt: Zukünftig schmeckt Israel die Jahre des Messias. Raw Joseph sagte: Das ist doch klar; wer sonst sollte sie denn schmecken? Sollte sie denn Hinz und Kunz schmecken? Dies wurde nur gesagt, um auszuschließen, was Rabbi Hillel gesagt hatte: Es gibt für Israel keinen Messias mehr, denn sie haben ihn schon in den Tagen Hiskias geschmeckt. Sanhedrin 98b

Mit den „Tagen Hiskias" ist wohl nicht die Herodes-Zeit gemeint, in der Hiskia im Galil den Aufstand probte, sondern das 8. Jahrhundert v.d.g.Z.:

Die Zeit des Königs Hiskia, der um das Jahr 697 starb, wird in der Bibel (in 2.Chr 29ff, 2.Kö 18-20 und in der Prophetie des ersten Jesaja) nicht nur positiv geschildert. Zwar wird Hiskia als fromm und rechtschaffen beschrieben, so daß unter allen Königen Judas keiner ihm gleich kam (2.Kö 18,5f), sein Verdienst um die Wasserversorgung Jerusalems gerühmt. Auch weiß die Bibel von einer wunderbaren Rettung während der Belagerung Jerusalems durch die Assyrer zu berichten. Aber Hiskia selbst war es, der diese Belagerung durch seine Politik verschuldet hatte.

Denn er sammelte gegen alle Vernunft eine anti-assyrische Koalition, um den Einfluß der Assyrer im Israel-Land zurückzudrängen. In der Folge eroberte der Assyrerkönig

Sanherib ganz Juda, bis Jerusalem isoliert da stand, von assyrischen Truppen „gleich einem Vogelkäfig eingeschlossen“ (Taylor-Zylinder). Doch als die Lage der Juden aussichtslos war, zogen die Assyrer plötzlich ab: nach 2.Kö 19,35 wegen einer Gott-gesandten Pest; nach assyrischen Quellen und 2.Kö 18,14ff kaufte Hiskia sich frei, unterwarf sich und durfte dafür König bleiben - allerdings nur noch in der königlichen Domäne Jerusalem (die seit David persönliches Eigentum des Königs war und rechtlich weder zum Nord- noch zum Südreich gehörte). Das Südreich Juda aber wurde abgetrennt und Assur-treuen Philisterfürsten zur Ausbeutung freigegeben - davon zeugen Worte des zeitgenössischen Propheten Jesaja (Jes 1,7-9), der ein scharfer Kritiker der Außenpolitik Hiskias war.

Immer wieder hatte Jesaja zur Neutralität aufgerufen (etwa Jes 18,4), war also ein „Anti-Messianer“, der vor dem Aufstand gegen die Fremdherrschaft warnte, weil er wußte, daß dies nur zum Untergang führt. Es ist bezeichnend, daß ausgerechnet manche *seiner* Aussprüche von Christen als „messianische Weissagungen“ verstanden worden sind. Diese Texte sind in Wirklichkeit Kritik an den herrschenden Königen mit ihrer kriegstreibenden Politik, denen als Vorbild ein Idealkönig, ein Friedensherrscher gegenüber gestellt wird. Was also in Israel anti-messianisch war, das wurde bei Christen zum Messianischen - eine völlig unhistorische Verwendung des Begriffs „messianisch“.

Der Messias kommt nicht

Im Lehrhaus Elias wurde gelehrt: 6.000 Jahre währt die Welt: 2.000 Jahre Wirrung, 2.000 Jahre Weisung und 2.000 Jahre Messias-Zeit. Aber wegen unserer Verschuldungen, die zahlreich geworden, sind von ihnen dahingegangen, wie sie eben dahingegangen sind. Sanhedrin 97a/97b

Rabbi Jochanan sagte: Der Sohn Davids kommt nur in einem Zeitalter, das ganz würdig oder ganz schuldig ist. In einem Zeitalter, das ganz würdig ist, denn es steht geschrieben (Jes 60,21): *Und dein Volk besteht aus lauter Bewährten, für immerdar nehmen sie das Land in Besitz.* In einem Zeitalter, das ganz schuldig ist, denn es steht geschrieben (Jes 59,16): *Er sah, daß kein Mensch da war, er entsetzte sich, daß kein Anwalt da war*, ferner steht geschrieben (Jes 48,11): *Um meinetwillen tue ich's.* Sanhedrin 98a

Beide Extreme gibt es in der Realität nicht. Mit dem Kommen des Messias wird also gar nicht ernsthaft gerechnet.

Der Messias - eine zwiespältige Angelegenheit

Wenn immer Rabbi Seïra Gelehrte fand, die sich damit (mit dem Kommen des Messias) befaßten, sagte er zu ihnen: Ich bitte euch, schiebt es nicht hinaus! Es wird nämlich gelehrt: Drei kommen, wenn niemand daran denkt; diese sind es: der Messias, ein Fund und ein Skorpion.

Sanhedrin 97a

Ulla sagte: Mag er kommen, aber ich will ihn nicht sehen. So sagte auch Rawa: Mag er kommen, aber ich will ihn nicht sehen. Raw Joseph sagte: Mag er kommen und ich gewürdigt sein, im Schatten des Mistfladens seines Esels zu sitzen!

Abbaje sagte zu Rawa: Welchen Grund hast du? Soll das besagen: Wegen der Geburtswehen des Messias? So wird doch gelehrt: Die Schüler fragten Rabbi Elasar: Was kann ein Mensch tun, damit er aus den Geburtswehen des Messias gerettet werde? Er befasse sich mit der Tora und mit der Erfüllung von Liebestaten.

Sanhedrin 98b

Die „Geburtswehen des Messias" bezeichnen schwere Zeiten, die mit messianischen Bewegungen stets verbunden sind.

König Schawor sagte zu Schmuel: Ihr sagt: Der Messias kommt auf einem Esel. Ich will ihm ein blitzendweißes Pferd schicken, das ich habe. Er sagte zu ihm: Hast du etwa ein farbloses buntes?

Sanhedrin 98a

König Sapor I. (241-272 d.g.Z.) war König von Persien und ein Freund Schmuels. Sein Versuch, den zukünftigen König Israels zu ehren, wird von Schmuel mit einer polemischen Bemerkung abgetan.

Nicht Israel warte auf den Messias, sondern dieser wartet auf Israel

Rabbi Jehoschua, Levis Sohn, fand einst Elia am Eingang der Grabhöhle von Rabbi Schimon, Jochais Sohn, stehen und sagte zu ihm: ... Wann kommt der Messias? Er sagte zu ihm: Geh und frage ihn selbst! Und wo sitzt er? Am Eingang von Rom. Und was ist sein Erkennungszeichen? Er sitzt unter Armen, die mit Krankheiten beladen sind. Sie alle lösen und binden auf einmal, nur er löst einzeln und bindet einzeln; denn er sagt sich: vielleicht werde ich verlangt, dann will ich nicht aufgehalten sein.

Er ging zu ihm hin und sagte zu ihm: Friede sei mit dir, mein Meister und mein Lehrer! Er sagte zu ihm: Friede sei mit dir, Levis Sohn! Er sagte zu ihm: Wann kommst du, Herr? Er sagte zu ihm: Heute!

Er kam zu Elia ... Er sagte zu ihm: Belogen und betrogen hat er mich, hat er doch zu mir gesagt: Heute komme ich. Aber er ist nicht gekommen. Er sagte zu ihm: Dies wollte er dir damit sagen (Ps 95,7): *Heute - wenn ihr seine Stimme hört.*

Sanhedrin 98a

Das Tun der Tora fördert die Erlösung

Rabbi Jehuda sagte im Namen Raws: Hätten die Israelis den ersten Schabbat gehalten, so hätte keine Nation und kein Sprachstamm über sie Gewalt gehabt ... Rabbi Jochanan sagte im Namen des Rabbi Schimon, Jochais Sohn: Würden die Israelis zwei Schabbate nach Vorschrift halten, so würden sie sofort erlöst werden. Schabbat 118b

Das Tun der Tora bewirkt Erlösung. Der Messias ist dann im Grunde gar nicht mehr nötig.

Der Messias - wie heißt er?
In der Schule von Rabbi Schila sagten sie, er heiße Schilo, denn es heißt (1.Mose 49,10): *bis Schilo kommt.*
Rabbi Janai sagte, er heiße Jinon, denn es heißt (Ps 72,17): *Im Angesicht der Sonne wird sein* Name *JINON (hebräisch: sprossen).*
In der Schule von Rabbi Chanina sagten sie, er heiße Chanina, denn es heißt (Jer 16,13): *Nicht werde ich euch CHANINA (Erbarmen) schenken ...*
Unsere Meister sagten: Aussätziger des Lehrhauses ist sein Name, denn es heißt (Jes 53,4): *Fürwahr, er trägt unsere Krankheiten und unsere Schmerzen, sie lädt er auf; und wir - wir halten ihn für den Geplagten, der von Gott geschlagen und gebeugt ist.*
Raw Nachman sagte: Wenn er unter den Lebenden ist, ist er wie ich, denn es heißt (Jer 30,21): *Sein Edler soll aus ihm sein, und aus seiner Mitte geht sein Herrscher hervor.*
Raw sagte: Wenn er unter den Lebenden ist, ist er wie unser heiliger Meister. Wenn er unter den Toten ist, ist er wie Daniel, der Liebling.

Sanhedrin 98b

Nacheinander treten die Meister auf und stellen mit Hilfe der Schrift und in Anspielung auf die Wortbedeutung von Eigennamen augenzwinkernd fest, daß sie selber oder ihre Lehrer Messias sein könnten.

Mit dem „heiligen Meister“ ist Jehuda haNasi („der Fürst“) gemeint, der geachtetste Lehrer seiner Zeit, der die Mischna redigierte und bekannt für seinen autoritären Führungsstil war. Er duldete in der Gemeinschaft der Gelehrten niemanden über oder neben sich.

Der Text zeigt, wie die Besten der Lehrer zum Vorbild der messianischen Erwartung geworden sind.

Aus der Reihe fällt die Deutung „Aussätziger des Lehrhauses“. Die Aufnahme von Jesaja 53 und die Deutung des Messias als dem Leidenden, der unsere Schuld trägt, kommt christlichen Messias-Vorstellungen recht nah.

Entscheidend ist das *Kommen* des Messias, nicht sein Dasein

Rabbi Schmuel, Nachmans Sohn, sagte, Rabbi Jonatan habe gesagt: Ein Sturm soll deren Knochen verwehen, die Endzeit-Termine berechnen und dann sagen: da der Endzeittermin eingetroffen, der Messias aber noch nicht gekommen ist, so kommt er auch nicht mehr. Nicht doch: sondern harre seiner, denn es heißt (Hab 2,3): *Wenn er verzieht, so harre seiner!* Vielleicht möchtest du sagen: Wir harren zwar, aber er harrt nicht, so besagt doch die Schrift (Jes 30,18): *Darum harrt der Herr, sich euch zuzuneigen, darum erhebt er sich, sich euer zu erbarmen.* Wenn nun aber wir harren und er harrt - wer hält ihn auf? Das strenge Recht hält ihn auf. Wenn nun aber das strenge Recht ihn aufhält, warum harren wir? Um Lohn zu empfangen. Denn es heißt (Jes 30,18): *Wohl allen, die seiner harren.* Sanhedrin 97b

Franz Rosenzweig hat (in einem Brief an Eugen Rosenstock vom 9.11.1916) einmal geschrieben, daß die Juden am Ende nur gefragt würden: Hast du auf das Heil gehofft? Juden sollen also ein Leben der Hoffnung führen.

Ganz entsprechend kommt es auch nach diesem Talmud-Text nur darauf an, der Zukunft zugewandt zu leben. Der Messias selbst ist gar nicht so wichtig, sondern das Auf-ihn-Warten und ein Leben gemäß der Tora, auf daß Israel würdig ist der kommenden Erlösung.

Die Nüchternheit des Talmud: Nicht der Geist oder die Fähigkeit, Wunder zu wirken, ist entscheidend, sondern das Studium der Tora

Es wird gelehrt: An jenem Tag brachte Rabbi Elieser alle Einwendungen der Welt vor. Aber sie nahmen diese nicht von ihm an. Er sagte zu ihnen: Wenn die geltende Norm meiner Meinung entspricht, so wird es dieser Johannisbrotbaum beweisen. Da rückte der Johannisbrotbaum hundert Ellen weit von seinem Ort, andere sagten: vierhundert Ellen. Sie sagten zu ihm: Vom Johannisbrotbaum bringt man keinen Erweis.

Wiederum sagte er zu ihnen: Wenn die geltende Norm meiner Meinung entspricht, so wird es dieser Wasserlauf beweisen. Da zog sich der Wasserlauf zurück. Sie sagten zu ihm: Vom Wasserlauf bringt man keinen Erweis.

Wiederum sagte er zu ihnen: Wenn die geltende Norm meiner Meinung entspricht, so werden es die Wände des Lehrhauses beweisen. Da neigten sich die Wände des Lehrhauses, um einzustürzen. Da bedrohte sie Rabbi Jehoschua und sagte zu ihnen: Wenn Gelehrte miteinander um den Sieg der geltenden Norm ringen - ihr da, was ist denn das für eine Art von euch! Sie stürzten nicht ein wegen der Ehre Rabbi Jehoschuas, und sie richteten sich nicht auf wegen der Ehre Rabbi Eliesers. Und noch immer stehen sie geneigt.

Wiederum sagte Rabbi Elieser zu ihnen: Wenn die geltende Norm meiner Meinung entspricht, so werden sie es vom Himmel her beweisen. Da ging eine Art Stimme hervor, die sprach: Was habt ihr mit Rabbi Elieser? Die geltende Norm ist auf jeden Fall, wie er sagt. Da stellte sich Rabbi Jehoschua auf seine Füße und sagte (5.Mose 30,12): *Nicht im Himmel ist sie.*

Was bedeutet: „Nicht im Himmel ist sie“? Rabbi Jirmeja sagte: Daß die Weisung schon am Berg Sinai gegeben worden ist. Wir kümmern uns nicht um eine Art Stimme, denn schon am Berg Sinai hast Du in die Weisung geschrieben (2.Mose 23,2): *sich zur Mehrheit neigen.*

Rabbi Natan traf Elia und sagte zu ihm: Was tat der Heilige, gesegnet er, in dieser Stunde? Er sagte zu ihm: Er lächelte und sprach: Meine Söhne haben mich besiegt, meine Söhne haben mich besiegt. Bawa Mezia 59b

Von Geistbegabung

Von Rabbi Schimon bar Jochai, einem Schüler Akiwas, wird berichtet, er habe sich während der hadrianischen Verfolgungen mitsamt seinem Sohn Elasar in einer Höhle verborgen. Nachdem er die Höhle verlassen hatte, ging er nach Tiberias und sagte:

Wir wollen Tiberias tauglich machen. Er nahm Lupinen, zerschnitt sie und warf sie umher. Überall wo sich ein Toter befand, kam er zum Vorschein und stieg an die Oberfläche empor. Ein Samaritaner hatte ihn beobachtet und gesagt: Ob ich hingehen soll, um diesen Alten der Juden lächerlich zu machen? Er nahm einen Toten, ging hin und verscharrte ihn an einer Stelle, die jener tauglich gemacht hatte. Dann kam er zu Rabbi Schimon, Jochais Sohn, und sagte zu ihm: Hast du nicht die und die Stelle tauglich gemacht? Komm mit, so will ich dir dort einen Toten hervorholen. Rabbi Schimon, Jochais Sohn, hatte im heiligen Geist (RUACH HAKODESCH) gesehen, daß jener ihn dorthin gelegt hatte und sagte: Ich verordne über die Oberen, daß sie hinabfahren - und über die Unteren, daß sie emporkommen. Und so geschah es. tib Schwiit 9,1,38d

Damit Tiberias für Juden wieder bewohnbar werden kann, müssen alle Leichen dort beseitigt werden. Das tut Schimon auf wunderbare Weise, weil er den heiligen Geist besitzt. Doch der Text hat einen ironischen Unterton: Schimon benutzt den Geist nicht (wie man erwarten könnte), um Tote aufzuwecken, sondern er läßt nur die Leichen an die Oberfläche kommen, und das zudem noch durch Umherwerfen von Lupinen. Auch über die Lebenden hat er Macht und bringt den Samaritaner unter die Erde.

Alle Israelis haben den Geist

Schon in der Bibel heißt es:

Wollte Gott, daß alle im Volk des Herrn Propheten wären, daß der Herr seinen Geist auf sie legte! 4.Mose 11,29

Rabbi Pinchas, Jaïrs Sohn, sagte: Die Tora führt zur Achtnahme, die Achtnahme führt zur Vorsicht, die Vorsicht führt zur Reinheit, die Reinheit führt zur Sonderung, die Sonderung führt zur Lauterkeit, die Lauterkeit führt zur Frömmigkeit, die Frömmigkeit führt zur Demut, die Demut führt zur Sündenscheu, die Sündenscheu führt zur Heiligkeit, die Heiligkeit führt zum heiligen Geist, der heilige Geist führt zur Belebung der Toten.

Awoda Sara 20b

Rabbi Awdimi aus Haifa hat gesagt: Seit dem Tage, da das Heiligtum zerstört ward, ist die Prophetie zwar von den Propheten genommen, dafür aber den Gelehrten gegeben worden. So wären also die Gelehrten vordem keine Propheten gewesen? Er hat es so gemeint: Obwohl sie von den Propheten genommen worden ist,- von den Gelehrten ist sie nicht genommen worden.

Bawa Batra 12a

Rabbi Jose drückte sein Mißfallen über eine unsinnige Diskussion der Gelehrten einmal aus, indem er sagte:

Prophetengefasel!

Bawa Batra 12a

Rabbi Jochanan hat gesagt: Seit dem Tage, da das Heiligtum zerstört worden ist, wurde die Prophetie genommen und Narren und Kindern gegeben.

Bawa Batra 12b

Die beiden letzten Texte üben Kritik an einzelnen Charismatikern, die von sich behaupten, in *besonderer Weise* den Geist zu besitzen.

Die Messiasse Ben Joseph und Ben David

Und es ward mir Rind und Esel (1.Mose 32,5) ... Die Weisen sagten: Rind - das ist der Kriegsmessias, denn es heißt (5.Mose 33,17): *Sein (Josephs) erstgeborener Stier (Ephraim), prachtvoll ist er und seine Hörner sind die eines Wildochsen, mit denen stößt er die Völker nieder.* Esel - das ist der Königsmessias, denn es heißt (Sach 9,9): *Arm und reitend auf einem Esel.*

Bereschit Rabba 75,6 zu 1.Mose 32,5

Die Weisen lehrten: Der Heilige, gesegnet er, wird zum Messias Ben David, der schnell und in unseren Tagen kommen wird, sagen: Verlange etwas von mir, und ich will es dir gewähren ... Sobald er aber sehen wird, daß der Messias Ben Joseph getötet wird, wird er vor ihm sprechen: Herr der Welt, ich verlange von dir nichts weiter als Leben! Darauf wird er zu ihm sprechen: Bevor du noch um Leben bittest, weissagte dein Ahn David über dich, denn es heißt (Ps 21,5): *Leben erbat er von dir, du gabst es ihm.*

Sukka 52a

Aufkeimen messianischer Hoffnung zur Zeit Kaiser Julians

Messianische Hoffnungen während der persisch-römischen Kriege im 3. Jahrhundert

Auf eine gewisse Aufmerksamkeit gegenüber den Ereignissen im Perser-(Parther-) Reich und deren Konsequenzen für die Befreiung Israels von Fremdherrschaft könnte folgender Text hinweisen:

Rabbi Abba bar Kahana sagte: Wenn du die Sessel im Israel-Land mit Babyloniern besetzt siehst, so kannst du den Fußspuren des Königs Messias entgegensehen ... Rabbi Schimon bar Jochai hat gelehrt: Wenn du ein persisches Pferd an Gräber des Israel-Landes gebunden siehst, dann kannst du die Fußspuren des Messias erwarten.

Schir haSchirim Rabba 8,9,§3 zu Hoheslied 8,10

Der verwüstete Tempelberg als Mahnmal gegen die Juden in christlicher Tradition

In den Evangelien, die aus der Zeit nach 70 stammen, gibt es mehrere Stellen, die von der Zerstörung Jerusalems handeln: etwa Lk 19,41-44 oder Mt 24,1-5 (Parallelen Mk 13,1ff und Lk 21,5f). Die Evangelisten legen Jesus mehr als vierzig Jahre nach seinem Tod Worte in den Mund, gemäß denen er die Zerstörung vorausgesagt hat als Strafe für den Unglauben Israels. Nicht aber Jesus, sondern christliche Schriftsteller deuten hier das bereits Geschehene als Strafe Gottes an den Juden.

Etliche der Kirchenväter haben an solche Traditionen angeknüpft und diese noch radikalisiert:

... an dem Grabmal des Erlösers wurde das *neue* Jerusalem aufgeführt, gerade jenem *alt*berühmten (Jerusalem) gegenüber, welches nach jener schmachvollen Tötung des Herrn gänzlich verwüstet worden war und so die Gottlosigkeit seiner Bewohner büßte. Diesem gegenüber also ließ der Kaiser (Konstantin) das Denkmal von dem Sieg des Erlösers über den Tod mit größtem Aufwand und reichster Pracht errichten. Ob dies nicht jenes neue, junge Jerusalem gewesen sein sollte, das die Weissagungen der heiligen Schrift durch zahlreiche Aussprüche des heiligen Geistes feiern?

Euseb, Leben Konstantins 3, Kapitel 33

Noch weiter ging Chrysostomos, der behauptete, Gott höchst persönlich habe Jerusalem vernichtet, die Juden zerstreut und ihnen das Betreten der Stadt verboten. Als Grund gibt der Kirchenvater an: Gott habe den Opferdienst am Tempel niemals gewollt, daher diesen Ort zerstört und

auch den ganzen übrigen Bau dieser Glaubensgemeinschaft aufgelöst, und zwar total.

Chrysostomos, Reden gegen die Juden 4,6

Erwähnung Julians im Talmud (?)

Als der König Lulianus hinunterzog nach Babylonien, zogen mit ihm 120 Myriaden.

tib Nedarim 3,2,37d

Mit Lulianus könnte Julian gemeint sein, als er in den Krieg nach Osten zog. Im Aramäischen steht statt Babylonien „dort“. Dies ist eine stehende Wendung, mit der die israelländischen Juden das Zweistromland und seine jüdischen Gemeinden bezeichnen.

Die Erlaubnis zum Wiederaufbau des Tempels

Bei einer Erörterung der göttlichen Vorsehung schreibt Julian:

... die Propheten der Juden, was haben sie zu sagen über ihren eigenen Tempel, der dreimal niedergerissen wurde und sogar bis heute nicht wieder aufgerichtet ist? Das erwähne ich nicht als Vorwurf gegen sie, denn ich selbst habe die Absicht, ihn nach so langer Zeit wieder herzustellen zur Ehre des Gottes, dessen Name mit ihm verbunden ist.

Brieffragment des Julian, Nr.89b, 295c
(zitiert nach M.Stern, Greek and Latin Authors II, S.555f)

Aus dem „dreimal“ haben manche gefolgert, daß entweder zur Zeit Trajans oder während des Bar Kochba-Aufstandes ein Versuch unternommen worden sei, den Tempel wieder aufzubauen.

... wenn ich den Krieg mit Persien erfolgreich abgeschlossen und mit eigenen Anstrengungen die heilige Stadt Jerusalem wieder aufgebaut habe, die bewohnt zu sehen ihr seit vielen Jahren begehrt habt, dann werde ich sie besiedeln und mit euch zusammen dort den Erhabeneren verehren.

Brief Julians an die Gemeinde der Juden, Nr.204
(zitiert nach M.Stern, Greek and Latin Authors II, S.560f)

Die Echtheit dieses Briefes ist von Historikern angezweifelt worden - mit guten Gründen. So erwähnt er Konstantius „in ehrenvollem Andenken“, was im Munde Julians recht unwahrscheinlich ist. Seine Existenz ist aber seit dem 5. Jahrhundert nachzuweisen. Wenn es sich also um eine Fälschung handeln sollte, dann um eine sehr frühe.

Und König Julian, als er auszog gegen die Perser, schrieb den Juden folgendermaßen: Mit äußerster Inbrunst errichte ich den Tempel des höchsten Gottes.

Johannes Lydos, De mensibus IV, 53

Lydos, geboren 490, war ein Gelehrter und Günstling am Hofe Justinians. In seinen Werken zitiert er meist aus griechischen Quellen, häufig aus zweiter Hand.

Derselbe Julianus aber ... befahl, auch den Tempel der Juden in Jerusalem wieder aufzubauen. Und während er die Christen aus der Stadt warf, erlaubte er den Juden, (dort) zu wohnen.

Artemisii Passio 58
(zitiert nach J.Bidez, Philostorgius: Kirchengeschichte, mit dem Leben des Lucian von Antiochien und den Fragmenten eines arianischen Historiographen, Leipzig 1913, S.95)

Reaktionen der Juden auf die Erlaubnis

Rabbi Acha, ein bedeutender israelländischer Gelehrter, kehrte den Satz: der Tempel werde erst erbaut, wenn der Messias komme (mit dem das Messiastum transzendiert und in die Unbestimmtheit ferner Zukunft verschoben wurde) um:

Der Tempel ist zukünftig zu erbauen, *bevor* das Königtum des Davidhauses (errichtet wird).

tib Maaser Scheni 5,1,56a

Damit wurden die Tempelbaupläne des heidnischen Kaisers Julian von Acha und seinen Freunden akzeptiert und die Hoffnung auf das Kommen des - jüdischen - Messias wieder aktualisiert.

Das Scheitern des Tempelbaus

Und obwohl er (Julian) jede mögliche Art von Ereignissen ängstlich bedachte und die vielen Vorbereitungen für sein Unternehmen mit brennendem Eifer vorantrieb, ... hatte er den Plan, den einst prächtigen Tempel in Jerusalem, der nach vielen erbitterten Kämpfen während der Belagerung durch Vespasian und später durch Titus kaum hatte erstürmt werden können, mit riesigen Kosten wieder herzustellen. Er hatte die schnelle Ausführung dieser Arbeit Alypius von Antiochien anvertraut, der einmal Vizepräfekt in Britannien gewesen war. Aber, obwohl dieser Alypius die Arbeit mit Nachdruck vorantrieb, unterstützt vom Gouverneur der Provinz, entluden sich schreckliche Feuerkugeln aus der Umgebung der Fundamente des Tempels und machten den Ort unzugänglich für die Arbeiter, von denen einige in den Flammen zu Tode kamen. Und seit auf diese Weise die Urgewalt sie nachhaltig abhielt, stockte das Unternehmen.

Ammianus Marcellinus, Res Gestae XXIII,1,2-3

Ammianus Marcellinus war ein römischer Historiker, der, um 330 in Antiochia geboren, am Perserfeldzug Julians teilnahm. In seiner Darstellung der Geschichte des römischen Reiches bemühte er sich um Unparteilichkeit.

... Dabei hoffte er (Julian), der Irre, der Tor, er könne den Urteilsspruch Christi, der jenen Tempel nicht auferstehen läßt, außer Kraft setzen (durch seine Erlaubnis und Unterstützung der Juden beim Tempelbau). Doch ... als sie sich an jenes widergesetzliche Unternehmen herangemacht hatten und die Fundamente bloßzulegen begannen, als sie viel Erde ausgehoben hatten und endlich mit dem Bau beginnen wollten, sprang sogleich aus den Fundamenten ein Feuer hervor und versengte viele Menschen, auch die Steine an jenem Ort, und ließ (so) nicht nur diejenigen, welche das Werk in die Hand genommen von diesem unzeitgemäßen, deplazierten Ansinnen abstehen, sondern es sind auch viele Juden, als sie das sahen, erschrocken und haben sich beschämt gefühlt. Als das Kaiser Julian hörte, fürchtete er, wenn er weiterbaue, das Feuer auf sein Haupt herabzurufen. Deshalb hat er ... davon abgelassen, besiegt mit seinem ganzen Volk. Noch heute wirst du die bloßen Fundamente sehen, wenn du nach Jerusalem kommst ...

Chrysostomos, Reden gegen die Juden 5,11

Jüdische Inschrift der Westmauer

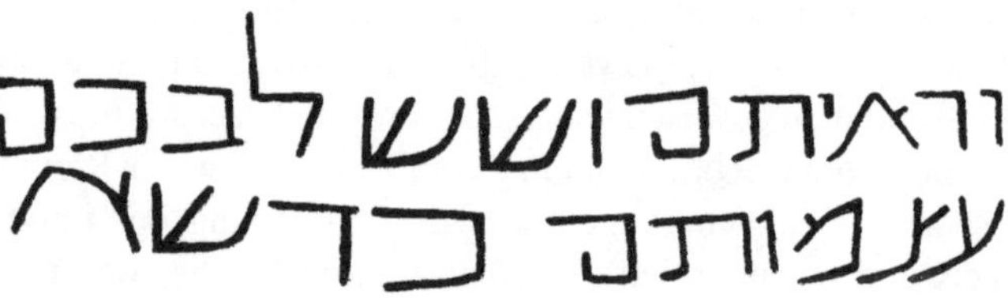

Aus „Ihr seht, es freut sich euer Herz, eure Knochen sprossen wie Gras“ (Jes 66,14) wurde in der Inschrift: „Ihr seht, es freut sich euer Herz, aber *ihre* (nämlich der Christen) Knochen *sind* wie Gras“.

Mittelalterliche Messiasse in der Welt des Islam

Hoffnungen zu Beginn der arabischen Eroberungen

Der Piut, der die Hochstimmung unter Juden zu Beginn der arabischen Eroberung ausdrückt, ist wohl noch vor der Einnahme Jerusalems durch die Muslime im Jahr 636 entstanden:

Eines Tages wird kommen der Messias, Davids Sohn,
zu seinem Volke, dem geknechteten.
In aller Welt wird man die Zeichen sehen, die davon künden:
verdorren werden Erde und Himmel,
verkrüppeln werden Sonne und Mond,
verstummen alle Menschen im Land.

Zwei Könige aus Westen und Osten
begegnen sich in erbittertem Kampf,
und das Heer aus dem Westen hält sicher das Land.
Und ein König wird kommen aus dem Lande des Joktan,
erobert mit seinen Heeren das Land,
die Erdenbewohner werden gerichtet,
aus den Himmeln regnet hernieder der Staub,
und Winde fegen durchs ganze Land.

Gog und Magog stürmen heran,
entzünden Furcht in den Herzen der Christen,
und Israel wird ledig aller seiner Sünden
und nicht mehr verbannt vom Haus des Gebets.
Segen und Trost wird es reichlich empfangen
und im Buche des Lebens verewigt sein.
Keine Könige mehr aus dem Lande Edom,
das Volk von Antiochia steht auf und schließt Frieden.
Getröstet werden Machusa, Samaria,
Akko und Galiläa wird Gnade zuteil.
Edomiter und Ismael - sie kämpfen im Tale von Akko,
bis die Pferde sinken zu Boden im Blut.
Gaza samt Töchtern, sie werden zu Stein.
Askalon und Aschdod erstarren vor Grauen.

Piut aus der Kairoer Genisa (zitiert nach B.Lewis,
Die Juden in der islamischen Welt, München 1987, S.89f)

„Joktan" (2.Strophe) gilt in der Bibel (1.Mose 10,26ff, 1.Chr 1,20ff) als Vater von dreizehn Söhnen, deren Namen größtenteils mit arabischen Stämmen oder Ortsnamen identifiziert werden können. „Gog und Magog", ursprünglich der Name eines Königs und seines Landes (Hes 38f), dienen in jüdischer Tradition zur Bezeichnung eines Israel feindlich gesinnten Volkes, das kurz vor der Ankunft des Messias den entscheidenden Krieg beginnen wird. In dem Piut sind allerdings die heranstürmenden Moslems - „Ismael“ - gemeint, die sich mit den Christen, den „Edomitern“ im Israel-Land Schlachten liefern. Besonders der Beginn der dritten Strophe zeigt, wie sehr die Juden vom Krieg zwischen Christen und Moslems, den „Königen aus Westen und Osten“, zu profitieren hofften.

Abu Isa al-Isfahani (Owadja) und der Aufstand im Zweistromland

... (Danach) erschien Owadja, bekannt als Abu Isa al-Isfahani. Er behauptete, ein Prophet zu sein. Das ereignete sich in der Zeit des Kalifen Abd al-Malik ibn Marwan. Er soll der Führer eines Aufstandes gegen die moslemische Regierung gewesen sein. Einige Leute folgten ihm, bis er eine Armee hatte, aber er wurde in der Schlacht besiegt und getötet. Einige seiner Nachfolger sagen, er sei nicht getötet worden, sondern in eine Gebirgshöhle gegangen und man hörte nichts mehr von ihm.

In der Meinung seiner Anhänger liegt sein Wunderbarstes in der Tatsache, daß, wie sie sagen, er ein ungebildeter Schneider gewesen sei, der weder schreiben noch lesen konnte und trotzdem Bücher und Pamphlete herausgab, ohne von jemand angeleitet worden zu sein. In Damaskus ist eine Gruppe seiner Anhänger als Isunianer bekannt.

Nach Abu Isa erschien Judgan, der von seinen Anhängern „der Hirte“ genannt wurde, gemeint war: der Hirte des Volkes Israel. Er soll ein Schüler von Abu Isa Owadja gewesen sein und gab auch vor, ein Prophet zu sein. Seine Jünger versichern, daß er der Messias ist.

... Wir haben oben gesagt, daß Abu Isa vorgab, ein Prophet zu sein, und daß gemäß seinen Anhängern das Wunderbarste die Tatsache sei, daß er - obwohl Analphabet und unfähig, Bücher zu schreiben oder zu lesen, Bücher herstellte, was unmöglich ist außer durch Prophetie. Was seine Lehre und Satzung betrifft, so verbot er die Scheidung wie (einst) die Sadduzäer und Christen. Er schrieb sieben tägliche Gebete vor, abgeleitet von dem Spruch Davids (Ps 119,164): *Siebenmal am Tag lobe ich Dich.*

Er verbot auch Fleisch und berauschende Getränke, nicht aufgrund der Schrift, sondern betonend, daß Gott es ihm in direkter Offenbarung geboten habe. Er achtete und ehrte die Rabbis hoch, bis zu dem Grad, daß er sie mit den Propheten gleichstellte. Nach den Gelehrten versicherte er, Gott habe ihm geboten, den Achtzehnsegen und das SCHMA zu beten. Er tat dies nur, um die Herzen des einfachen Volkes und der allgemeinen Gesellschaft zu sich zu ziehen; denn aus diesem Grund verwerfen die Gelehrten und die allgemeine Gesellschaft die Isunianer nicht und schauen nicht mit denselben Augen auf sie wie auf ... die Karäer.

Ich fragte Jakub ibn Ibrahim: Warum seid ihr den Isunianern geneigt und warum verheiratet ihr euch mit ihnen, obwohl ihr wißt, daß sie Menschen

Prophetentum zuschreiben, die überhaupt nichts damit zu tun haben? Er antwortete: Weil sie sich von uns nicht in der Einhaltung der Feiertage unterscheiden.

Diese Antwort zeigt, daß bei ihnen die Äußerung von Unglauben verzeihlicher ist als das Zeigen von Unterschieden in der Einhaltung der Feiertage, die sie selbst erfunden haben. Abu Isa anerkannte das Prophetentum von Jesus, Sohn der Maria und des Meisters der Muslime; er versicherte, daß jeder von ihnen zu seinem eigenen Volk gesandt sei, und er schrieb das Lesen des Korans und der Evangelien sowie ihrer Kommentare vor. Er sagte, daß die Muslime und Christen die Religion einhalten sollen, die sie jetzt bekennen, wie auch die Juden die Religion einhalten sollten, zu der sie sich jetzt bekennen.

Weiter sagt Al Kirkisani, Abu Isa habe die anderen nur anerkannt, um seine eigene Sache dadurch zu fördern, sei aber enttäuscht worden.

Auch Judgan gab vor, ein Prophet zu sein; seine Anhänger versichern, daß er der Messias war und daß er nicht starb; sie erwarten seine Rückkehr. Die Judganiten verbieten Fleisch und berauschende Getränke und üben eine große Anzahl von Gebeten und Fasten. Sie versichern, daß Schabbate und Feste in der Jetztzeit nicht mehr verpflichtend seien, nur noch Erinnerungstage.

Al Kirkisani, Über die jüdischen Sekten, Kapitel 1 und 11f
(zitiert nach A.S.Aeschkoli, Die messianischen Bewegungen, S.117f)

Kalif Abd al-Malik ibn Marwan ließ in den Jahren 687-691 den Felsendom erbauen.

Die Kreuzfahrer - christliche Messianer

Im Jahr 1096 rief Papst Urban II. auf der Synode von Clermont mit einer messianischen Rede zum Kreuzzug auf. Ihr Originalton ist zwar nicht erhalten, aber es gibt verschiedene Berichte über sie, die in den Grundgedanken übereinstimmen und vom Selbstbewußtsein der Kreuzfahrer zeugen.

Volk der Franken! Wie aus vielen eurer Taten hervorgeht, von Gott geliebt und auserwählt - an euch wendet sich meine Rede ... Besonders soll euch bewegen das heilige Grab unseres Herrn und Erlösers und die heiligen Orte, die jetzt von unreinen Völkern entweiht und beschmutzt werden. Tapfere Krieger, Abkömmlinge unbesiegter Väter! ... Ihr werdet euch doch der Tugenden eurer Ahnen erinnern ..., schlagt ein den Weg zum heiligen Grab und entreißt jenes Land einem abscheulichen Volk. Gott selbst hat dies Land den Söhnen Israels gegeben. Jerusalem ist der Mittelpunkt der Erde, das zweite Paradies. Der Erlöser hat diese Stadt durch seine Ankunft, seinen Wandel, sein Leiden, seinen Tod und sein Begräbnis geheiligt, verherrlicht und für sich erkauft. Diese königliche Stadt in der Mitte der Welt wird jetzt von Feinden beherrscht, ist eine Sklavin der Gottlosen. Sie ruft und schreit um Befreiung, und von euch besonders verlangt sie Hilfe.

Historia Hierosolyma des Mönches Robert von Reims (zitiert nach C.J.von Hefele, Conciliengeschichte. Nach den Quellen bearbeitet, Band 5, Freiburg 1886, S.229f)

Robert war ein Zeuge der Rede Urbans, schrieb seine „Geschichte Jerusalems" aber erst einige Jahre später nieder. Diese Rede, vor allem der Beginn und der Ausdruck „Söhne Israels" zeigt, wie sehr sich die fränkischen Kreuzfahrer als das „wahre Israel" verstanden, welches die Juden in der Erwählung durch Gott abgelöst habe.

Den Namen „Clermont" („heller Berg"), wo mit der großen Synode die Kreuzzugsbewegung ihren Anfang genommen hatte, verdrehten Juden später polemisch zu „ Berg des Trübsinns, der Dunkelheit".

Führende Kreuzfahrer, welche auf dem ersten Kreuzzug die Araber besiegen und Jerusalem nach einem furchtbaren Blutbad hatten erobern können, ließen sich auf ihren Grabsteinen als wahre „Christen" - als Mitregenten der Welt an der Seite ihres Messias Christus und als neue Makkabäer - verewigen:

Hier liegt der berühmte Herzog Gottfried Bouillon, der diesen gesamten Erdkreis erobert hat für den christlichen Glauben. Seine Seele herrsche mit Christus. Amen.

(zitiert nach K.Bieberstein, H.Bloedhorn, Jerusalem. Grundzüge der Baugeschichte vom Chalkolithikum bis zur Frühzeit der osmanischen Herrschaft, Band 2, Wiesbaden 1994, S.212)

König Balduin, ein zweiter Judas Makkabäus,
Hoffnung des Vaterlandes, Stärke der Kirche, Tugend beider,
den die fürchten, die ihm Geschenke, Tribute brachten:
Cedar, Ägyptus, Dan und das menschenmordende Damaskus,
o Schmerz, er ist in diesem bescheidenen Grab bestattet.

(zitiert nach K.Bieberstein, H.Bloedhorn, S.213)

Maimonides über verschiedene Messiasse

Ich will euch nun kurz einige Episoden erzählen, die der Errichtung des Arabischen Königreiches folgten, aus denen ihr einigen Nutzen ziehen werdet. Eine davon handelt vom Auszug einer nach Hunderten von Tausenden zählenden Menge von Juden aus dem Osten jenseits von Isfahan, die von einem angeführt wurde, der behauptete, der Messias zu sein. Sie wurden mit militärischem Rüstzeug und gezogenen Schwertern ausgestattet und schlugen alle, die sich ihnen entgegenstellten. Nach dem Bericht, den ich erhielt, erreichten sie die Umgebung von Bagdad. Dies ereignete sich am Beginn der Herrschaft der Omajaden.

Der König sagte zu allen Juden seines Königreiches: Laßt eure Gelehrten hinausgehen, diese Menge zu treffen und sich zu versichern, ob ihre Behauptungen wahr sind und er unmißverständlich der von euch Erwartete ist.

Wenn es so ist, werden wir Frieden mit euch schließen unter jeder von euch bevorzugten Bedingung. Aber wenn es Verstellung ist, werde ich Krieg gegen sie führen.

Als die Weisen diese Juden trafen, erklärten letztere: Wir gehören zu den Leuten des Gebiets hinter dem Fluß. Sie fragten sie dann weiter: Wer stiftete euch an, diesen Aufstand zu machen? Darauf erwiderten sie: Dieser Mann hier, einer der Nachkommen Davids, den wir als fromm und tugendhaft kennen; dieser Mann, von dem wir wußten, daß er des Nachts aussätzig war, der stand am andern Morgen gesund und munter auf.

Sie glaubten, daß Aussatz eines der Merkmale des Messias sei, wozu sie eine Anspielung in den Versen fanden (Jes 53,4): *Von Gott geschlagen, geplagt und niedergebeugt*, das heißt durch Aussatz. Die Weisen sagten ihnen, daß diese Auslegung unrichtig sei und daß er nicht einen der Züge des Messias habe, geschweige denn alle. Weiter rieten sie ihnen folgendes: O Brüder, ihr seid eurem Heimatland noch nahe und habt die Möglichkeit, dahin zurückzukehren. Wenn ihr in diesem Land hier bleibt, werdet ihr nicht nur zugrunde gehen, sondern auch die Lehren Moses untergraben, indem ihr das Volk verführt zu glauben, der Messias sei erschienen, aber er ist besiegt worden, während ihr keinen Propheten in eurer Mitte habt noch ein Zeichen, das seine Ankunft deutet.

Sie wurden durch diese Argumente überzeugt. Der Sultan wandte an sie soundsoviel tausend Dinare durch Gastlichkeit, damit sie sein Land verlassen konnten. Aber nachdem sie heimgekehrt waren, wandte sich sein Herz gegenüber den Juden um, denen er eine Geldstrafe für seine Ausgaben auferlegte. Er befahl ihnen, ein bestimmtes Merkzeichen auf ihr Gewand zu machen, nämlich die Schriftzüge des Wortes *verflucht* und ein eisernes Band davor und dahinter zu machen. Seither haben die Gemeinden von Kurasan und Isfahan die Drangsale der Verbannung erfahren. Diese Episode haben wir durch mündliche Berichte kennen gelernt.

Den folgenden Vorfall haben wir nachgeprüft und für wahr erkannt, weil er sich vor kurzem ereignete. Vor etwa fünfzig Jahren kam ein frommer und rechtschaffener Mann mit Namen Moses al Dari aus Darral in die Provinz Andalusien, um unter Rabbi Joseph haLevi ibn Migasch, gesegnet sein Andenken, zu studieren, ein Lehrer, von dem ihr sehr wahrscheinlich gehört habt. Später zog er nach Fes, dem Zentrum des Magreb. Die Leute strömten zu ihm wegen seiner Frömmigkeit, Tugend und Gelehrsamkeit. Er teilte ihnen mit, daß der Messias im Begriff sei zu kommen, was ihm als göttliche Offenbarung im Traum zuteil geworden sei. Doch behauptete er aufgrund der göttlichen Verbindung nicht, wie der frühere Wahnsinnige, daß er der Messias sei. Er versicherte nur, daß der Messias erscheinen würde. Viele Leute wurden seine Anhänger und setzten ihren Glauben auf ihn.

Mein Vater und Lehrer, gesegnet sein Andenken, bemühte sich, die Leute abzumahnen und abzuschrecken, ihm zu folgen. Jedoch wurden nur wenige durch meinen Vater beeinflußt, während die meisten, nein, beinahe alle Rabbi Moses anhingen.

Schließlich sagte dieser Ereignisse voraus, die - komme was da wolle - eintreffen würden. So sagte er etwa: Gestern wurde mir mitgeteilt, daß das und das sich ereignet; und es ereignete sich genau, wie er vorausgesagt hatte. Einmal weissagte er einen heftigen Regen für den kommenden Freitag und daß die fallenden Tropfen Blut sein würden. Dies wurde für ein Zeichen der nahenden Ankunft des Messias gehalten, von dem der Text sagt (Joel 3,3): *Erweise gebe ich aus am Himmel und an der Erde: Blut und Feuer und Rauchsäulen.* Diese Episode trug sich im Monat Marcheschwan zu. Ein sehr starker Regen fiel an jenem Freitag und die Flüssigkeit, die herabkam, war rot und zäh wie mit Lehm gemischt. Dies Wunder überzeugte alle Leute davon, daß er zweifellos ein Prophet sei. In sich selber ist es nicht unvereinbar mit den Lehren der Tora, denn die Prophetie wird, wie ich erklärt habe, vor der messianischen Ankunft zu Israel zurückkehren.

Als die Mehrheit des Volkes ihr Vertrauen in ihn setzte, sagte er voraus, der Messias werde noch in eben diesem Jahr am Vorabend von Pesach kommen. Er riet den Leuten, ihr Eigentum zu verkaufen und bei den Muslimen Schulden zu machen mit dem Versprechen, zehn Dinare für einen zurückzuzahlen, um so die Vorschriften der Tora über das Pesachfest zu befolgen - denn sie würden sie niemals wiedersehen. Und so taten sie.

Als Pesach kam und nichts passierte, waren die Leute ruiniert, da die meisten von ihnen ihr Eigentum für eine geringfügige Summe veräußert hatten, und so wurden sie von Schulden überwältigt. Als die Heiden in der Nachbarschaft und ihre Sklaven von diesem Streich hörten, waren sie gesonnen, ihn zu beseitigen, wo immer sie ihn ausfindig machten. Als dieses muslimische Land ihm nicht länger Schutz bot, zog er ins Israel-Land, wo er starb, möge sein Andenken gesegnet sein. Wie mir von solchen, die ihn noch gesehen haben, berichtet wurde, machte er bei seinem Wegziehen Voraussagen über große und kleine Ereignisse im Magreb, die sich später erfüllten.

Mein Vater, gesegnet sein Andenken, erzählte mir, daß etwa fünfzehn oder zwanzig Jahre vor diesem Geschehen angesehene Leute in Cordoba, dem Zentrum Andalusiens, von denen einige der Astrologie ergeben waren, der einhelligen Meinung waren, der Messias werde noch in jenem Jahr erscheinen. Nacht für Nacht suchten sie nach Offenbarung im Traum und stellten fest, daß der Messias ein Mann der Stadt sei. Sie machten eine fromme und ehrenhafte Person mit Namen Ibn Arje aus, der die Leute unterrichtet hatte. Sie wirkten Wunder und machten Voraussagen, gerade wie Al Dari, bis sie die Herzen aller Leute gewonnen hatten. Als die einflußreichen und gelehrten Männer unserer Gemeinde davon hörten, versammelten sie sich in der Synagoge, ließen Ibn Arje dorthinbringen und ließen ihn öffentlich peitschen. Ferner legten sie ihm eine Geldstrafe auf und taten ihn in den Bann, weil er durch sein Schweigen den Beteuerungen seiner Anhänger beigepflichtet habe, statt ihnen zu widerstehen und ihnen darzulegen, daß sie unserer Religion widersprachen. Dasselbe taten sie den Personen, die sich um ihn geschart hatten. Die Juden entrannen dem Zorn der Heiden nur mit größter Schwierigkeit.

Etwa vierzig Jahre vor dem Ereignis mit Ibn Arje in Andalusien behauptete ein Mann aus Linon (Lyon?), einem großen, 10.000 Juden zählenden Zentrum im Herzen Frankreichs, er sei der Messias. Angeblich hat er folgendes Wunder getan: In Mondnächten pflegte er hinauszugehen und auf Gipfel hoher Bäume im Feld zu klettern und wie ein Vogel von Baum zu Baum zu segeln. Er zitierte einen Vers aus dem Daniel-Buch (Kap.7,13f) um zu beweisen, daß ein solches Wunder in der Macht des Messias stünde. *(Ich schaute in der Nachtschau:) Und siehe, da kam einer ... wie ein Mensch ... mit den Wolken des Himmels, und es war ihm Herrschaft und Ehre und Königtum gegeben.* Viele, die Zeugen des Wunders waren, wurden seine Verehrer. Die Franzosen entdeckten dies, plünderten und brachten viele seiner Anhänger zu Tode zusammen mit dem Prätendenten. Manche von ihnen jedoch halten daran fest, daß er sich bis zum heutigen Tage verborgen hält.

Maimonides, Brief an die Gemeinden im Jemen

Maimonides (1135-1204) oder Rabbi Mosche ben Maimon (abgekürzt Rambam) war ein sehr bedeutender jüdischer Gelehrter des Mittelalters. Geboren in Spanien, verbrachte er einige Zeit in Fes (Marokko) und schließlich in Kairo, wo er zum Arzt des Sohnes von Saladin aufstieg und außerdem Vorsteher der jüdischen Gemeinde wurde. Neben zahlreichen medizinischen Abhandlungen verfaßte Maimonides (vorwiegend auf Arabisch) vor allem religionsphilosophische Werke, die auch auf die christliche Philosophie des Mittelalters Einfluß hatten. Als führende jüdische Autorität seiner Zeit erhielt er viele Anfragen von Gemeinden, etwa bezüglich auftretender Messiasse.

Maimonides über einen Messias im Jemen

... (über) den Mann, der sagt, daß er der Messias sei, in den Bergen Jemens - wisse, ... daß er ohne Zweifel verrückt ist ..., daß er ein Ungebildeter ist, der befohlen hat, daß ein Mensch all sein Geld verteilen soll, und sie freiwillig zu Armen werden. Alle, die auf ihn hören, sind dumm, und er ist ein Sünder, der das Gegenteil der Tora tut. Denn es ist unserer Tora nicht würdig, Wohltat zu tun von *all* seinem Geld, sondern von einem *Teil*, denn ... es sagten die Überlieferer des Gehörten (in Arachin 28a): Von allem, was er hat, und nicht: alles, was er hat ...

Ohne Zweifel hat sein Verstand und sein Herz ihn überhoben zu sagen, daß er der Messias sei - er, der sich selbst erhoben hat, den Menschen zu befehlen, all ihren Besitz zu verlassen und freiwillig arm zu werden. Und als es (so) geschah, waren sie arm, und die Armen waren reich und nun - gemäß der Rechtsprechung (des selbsternannten Messias) verpflichtet, ihrerseits ihnen ihr Geld zurück zu geben. Und so kreiste das Geld auf diesem Weg zwischen den Armen und Reichen hin und her - und das ist erklärte Dummheit!

Maimonides, Brief an die Gemeinden im Jemen

Aber im Jemen stand ein Mann auf, das ist heute etwa 22 Jahre her, der sagte, daß er auf direktem Wege vor dem König Messias hergeschickt worden sei, und er sagte ihnen, daß der Messias im Lande Jemen sei. Und es sammelten sich viele Leute, Juden und Araber; das geschah in den Bergen ringsum. Und unsre Brüder schrieben mir, daß es im Jemen ein großes Schreiben gebe: sie ließen mich seinen Weg, sein Gesetz und seine Neuerungen wissen, die ihnen in den Gebeten neu waren und was er sagt. Und sie sagten, was sie schon von seinen Wundern gesehen hätten, dies und jenes. Und sie fragten mich darüber.

Ich verstand aus allen ihren Worten, daß jener arme Mann verrückt und gottesfürchtig sei, daß aber überhaupt keine Weisheit in ihm (wohne). Und daß alles, was sie über ihn sagen, er habe es getan oder es sei von seiner Hand gesehen worden, Trug und Lüge sei. Ich fürchtete für die dortigen Juden und verfaßte für sie drei, vier Traktate in Sachen des Messias und seiner Zeichen und der Zeichen der Zeit, in welcher er erscheinen soll. Ich mahnte sie zur Vorsicht, daß sie sich vor diesem Mann vorsehen sollten, damit er doch gewiß die Gemeinden nicht verderbe. Kurz gesagt: nach einem Jahr wurde er gefaßt, und alle Begleiter flohen.

Der König der Araber, die ihn faßten, sagte zu ihm: Was ist es, das du getan hast? Er sagte zu ihm: Wahrheit habe ich getan und nach dem Wort des Herrn habe ich getan. Er sagte zu ihm: Und was ist dein Wunder? Er sagte zu ihm: Mache meinen Kopf herunter und ich werde sofort belebt. Er sagte zu ihm: Du hast kein größeres Zeichen als dies. Daraufhin werde ich und die ganze Welt glauben und wissen, denn dann hätten meine Väter Trug ererbt. Sofort töteten sie jenen Armen. Möge sein Sterben Versöhnung bewirken für ihn und für ganz Israel. Sie verhängten Geldstrafen über die Juden in den meisten Orten. Aber bis jetzt gibt es dort Verrückte, die noch sagen: Jetzt wird er belebt, jetzt wird er auferstehen.

Maimonides, Brief über Astrologie

Über David Alroy und seine Wirkung bei den Juden von Bagdad

... Er (David Alroy) pflegte den Juden Beweise durch Lügenzeichen zu geben und sagte ihnen, daß der Heilige, gesegnet er, ihn gesandt habe, Jerusalem zu erobern und euch aus dem Joch der Völker herauszuführen. Es glaubten an ihn manche Juden und nannten ihn: „unser Messias". Der König von Persien hörte von der Sache und schickte zu ihm, er solle kommen, um mit ihm zu sprechen. Er ging zu ihm ohne Furcht, und bei der Begegnung sagte er zu ihm: Bist du der König der Juden? Er antwortete und sagte zu ihm: Ich bin's. Da erzürnte der König über ihn und gebot, ihn zu ergreifen und in den Kerker zu legen - ein Ort, an dem die Gefangenen des Königs gefangen waren bis zum Tag ihres Todes ...

Nach drei Tagen saß der König da, um mit seinen Ministern über die Angelegenheiten der Juden zu reden, die gegen ihn die Hand erhoben hatten. Da kam David vor sie, der sich selbst aus dem Kerker befreit hatte, ohne Erlaubnis eines Menschen. Als der König ihn sah, sagte er zu ihm: Wer hat dich hergebracht und wer hat dich befreit? Er sagte zu ihm: Meine Weisheit und meine Listen, denn ich fürchte mich nicht vor dir und deinen Dienern. Gleich schrie der König seine Diener an und sagte: Ergreift ihn! Die Diener antworteten ihm: Wir sehen seinen Körper nicht, wir hören nur seine Stimme. Da staunten der König und alle seine Minister und Diener über seine Weisheit. David sagte zum König: Nun geh ich meines Wegs.

Er ging und der König ihm nach ... Und seine Minister und seine Diener gingen hinter ihrem König, bis sie zum Ufer des Flusses kamen. Er nahm sein Tuch und breitete es auf dem Wasser aus und ging auf ihm hinüber. In jener Stunde sahen ihn alle Diener des Königs, daß er auf dem Tuch das Wasser überquerte. Sie sprangen ihm nach auf kleinen Booten, um ihn zurück zu bringen und konnten's nicht. Sie sagten: Es gibt keine Zauberei in der Welt wie diese.

An jenem Tag ging er kraft des Gottesnamens einen Gang von zehn Tagen zu der Stadt Amadija, um den Juden alles zu sagen, was ihm geschehen war, und alle staunten über seine Weisheit.

Aus dem „Buch der Reisen" des Benjamin von Tudela
(zitiert nach A.S.Aeschkoli, Die messianischen Bewegungen, S.164f)

Benjamin von Tudela (Spanien), der in den 60er und 70er Jahren des 12. Jahrhunderts den Mittelmeerraum und den ganzen Orient bis Persien bereiste, verfaßte einen ausführlichen Reisebericht, der 1543 erstmals gedruckt wurde.

Als die Kunde von ihm (Menachem, genannt David Alroy) Bagdad erreichte, beschlossen zwei jüdische Gauner, listige Älteste, Briefe Menachems an die Juden Bagdads zu fälschen, die ihnen die gute Botschaft brachten, auf welche jene schon seit Alters gewartet hatten: er werde für sie eine bestimmte Nacht festsetzen, in der sie alle nach Jerusalem fliegen würden. Die Juden von Bagdad - obwohl sie beanspruchten, scharfsinnig zu sein und stolz auf ihre Schlauheit waren - wurden alle verführt, es zu glauben. Ihre Frauen brachten ihr Geld und ihre Juwelen, damit alles verteilt würde als Almosen für diejenigen, die von den zwei Alten für würdig erachtet wurden. Auf diese Weise gaben die Juden den Hauptteil ihres Reichtums hin. Sie zogen grüne Gewänder an und versammelten sich in jener Nacht auf den Dächern, um die Engel zu erwarten, die sie auf ihren Flügeln nach Jerusalem tragen würden. Die Mütter, die Kinder zu stillen hatten, waren weinend besorgt: Vielleicht würden sie vor ihren Kindern fliegen oder ihre Kinder vor ihnen, und wegen der Verspätung der Mahlzeit würden die Kinder sterben. Die Moslems hielten sich zurück, die Juden zu verfolgen und staunten über die ganze Sache ...

Die ganze Nacht versuchten die Juden zu fliegen, bis das Morgengrauen aufleuchtete. Dann aber wurde ihnen klar, daß sie irre geführt und zum Gelächter gemacht worden waren ... Man nannte jenes Jahr das „Jahr des Fluges", und danach rechnete Alt und Jung.

Aus der Schrift „Demütigung der Juden" des Samuel al-Mugribi
(zitiert nach A.S.Aeschkoli, Die messianischen Bewegungen, S.167f)

Samuel al-Mugribi, ein Zeitgenosse des Benjamin von Tudela, war ein zum Islam konvertierter Jude, der in seinen Schriften gegen das Judentum polemisierte.

Maimonides über Messias*erwartungen*

Der König Messias wird in Zukunft aufstehen und das Königtum Davids in seinem früheren Rahmen zurückbringen, das Heiligtum erbauen und die Zerstreuten Israels sammeln. Es werden die Gebote wieder gelten in seinen Tagen wie ehemals. Opfer werden dargenaht, nach den Vorschriften der Tora wieder Ablaß- und Jobeljahre gefeiert. Jeder, der nicht an ihn glaubt oder nicht auf sein Kommen harrt, der leugnet nicht allein die Propheten, sondern auch die Tora und Moses, unseren Lehrer.

Denn die Tora bezeugt (5. Mose 30,3-5): *Der Herr, dein Gott, kehrt um deine Rückkehr. Er erbarmt sich dein. Er kehrt um, er sammelt dich aus all den Völkern, dahin dich der Herr, dein Gott, zerstreut hat. Wenn auch deine Versprengtheit selbst am Ende des Himmels wäre - von dort sammelt dich der Herr, dein Gott, von dort holt er dich. Der Herr, dein Gott, läßt dich zu dem Land kommen, das deine Väter erbten - du ererbst es.* Diese allgemeinen Worte der Tora enthalten all die Worte, die gesagt sind durch alle Propheten.

Auch in der Erzählung von Bilam wird dies erwähnt. Dort wird von zwei Messiassen gesprochen: der erste war David, der Israel aus der Hand seiner

Feinde errettete, und der letzte Messias, der aus seinen Nachkommen stammen wird, der Israel retten wird. Dort heißt es (4.Mose 24,17): *Ich sehe ihn, aber nicht jetzt* - das ist David; *Ich schaue ihn, aber noch nicht nahe* - das ist der König Messias. *Ein Stern wird aus Jakob hervorgehen* - das ist David; *ein Stamm aus Israel auferstehen* - das ist der König Messias ...

Laß es Dir nicht in den Sinn kommen, daß der König Messias Zeichen und Wunder vollbringen, Neues in der Welt schaffen, die Toten erwecken oder Ähnliches tun wird. Solches wird nicht gelten ... Wenn ein König aus dem Hause Davids ersteht, der in der Tora forscht und nach den Geboten handelt wie sein Vorfahr David, entsprechend der schriftlichen und mündlichen Tora, wenn er ganz Israel verpflichtet, in ihr(en Wegen) zu gehen, ... und wenn er Kriege des Herrn kämpft, dann ist dieser sicher der Messias. Wenn er (alles) tat und Erfolg hatte und das Heiligtum an seinem Ort erbaute und die Zerstreuten Israels sammelte - dann ist er der wahre Messias.

Er wird die ganze Welt ordnen, daß sie gemeinsam dem Herrn diene, wie geschrieben steht (Zeph 3,9): *Dann will ich den Völkern eine klare Sprache geben, daß sie alle den Herrn in seinem Namen anrufen und ihm einträchtig dienen ...*

Man soll sich nicht vorstellen, daß sich in den Tagen des Messias etwas ändere am Laufe der Welt. Oder daß sich etwas im Schöpfungswerk ändere. Sondern die Welt wird weiter laufen wie gewohnt. Was die Weissagung des Jesaja (Kap.11,6) betrifft von dem Wolf, der beim Schafe wohnt, und vom Leopard, der beim Zicklein lagert - so ist das ein Gleichnis und ein Rätsel. Es bedeutet, daß Israel in Sicherheit wohnen wird mit den Bösen der Völker, die ja mit Wolf und Leopard verglichen werden ... Alle werden zur wahren Religion zurückkehren, werden nicht mehr rauben und verwüsten, sondern nur das Erlaubte essen, mit Israel zusammen in Ruhe leben, wie es heißt (Jes 11,7): *Der Löwe wird Stroh fressen wie das Vieh.* So sind auch andere Erscheinungen in Verbindung mit dem Messias nur Gleichnisse, die erst in den Tagen des Königs Messias allen bekannt und gedeutet sein werden, und was damit gemeint war.

Unsere Weisen sagten: Der einzige Unterschied zwischen dieser Welt und den Tagen des Messias ist die Unterwerfung der Staaten. Nach dem einfachen Wortsinn der Prophetenworte scheint es (so zu sein), daß zu Beginn der Tage des Messias der Krieg zwischen Gog und Magog ausbricht. Und vor dem Krieg zwischen Gog und Magog wird für Israel ein Prophet erstehen, der das Volk erzieht und sein Herz umkehrt, wie geschrieben steht (Mal 3,23f und Mischna Edujot 8,7): *Siehe ich schicke euch den Propheten Elia vor dem Kommen des großen und furchtbaren Tages des Herrn.* Er kommt nicht, um das Maklige für tauglich und das Taugliche für maklig zu erklären ..., sondern um Frieden in der Welt zu stiften, wie es heißt: *Er soll umkehren das Herz der Söhne zu ihren Vätern.*

Einige der Weisen sagen, daß vor dem Kommen des Messias Elia erscheinen wird. Aber all diese Dinge weiß kein Mensch, ehe sie sich nicht erfüllen. Denn die Worte der Propheten sind manchmal unverständlich. Auch die Weisen haben keine überlieferte Erklärung für sie, sondern jeder erklärt anders. Darum bestehen bei ihnen Meinungsverschiedenheiten in diesen Dingen. Es besteht auf diesem Gebiet kein klares Verständnis, und ihre Erklärungen sind keine Glaubenssätze. Niemals sollte sich ein Mensch mit solchen Fragen beschäftigen und nicht bei den entsprechenden Midraschim verweilen. Sie sollen nicht die Hauptsache des Lernens sein, denn sie bringen uns weder (Gottes)furcht noch (Gottes)liebe. Auch errechne man nicht die Endzeit - unsere Weisen sagten: Verflucht seien die Errechner der Endzeit! -, sondern man erwarte und glaube an die Dinge im Ganzen - wie oben erklärt ...

Die Weisen und die Propheten ersehnten die Tage des Messias - nicht um die ganze Welt zu beherrschen und nicht um die Völker untertan zu machen, ... nicht um zu essen und zu trinken und zum Vergnügen, sondern um dann frei zu sein für die Tora und ihre Weisheiten: daß es keinen Unterdrükker oder Verderber für sie gebe; damit sie der kommenden Welt würdig seien, wie wir in den Vorschriften über die Umkehr erklärt haben.

In derselben Zeit wird es keinen Hunger und keinen Krieg geben, nicht Neid noch Wettstreit. Überall wird es gut sein und voller Annehmlichkeiten. Die ganze Welt wird nur damit beschäftigt sein, den Herrn allein zu erkennen. Darum werden Israels (Menschen) große Weise sein, die gar unverständliche Dinge verstehen und nach Maßgabe des menschlichen Ermessens die Gedanken des Schöpfers ermessen können. Denn es steht geschrieben (Jes 11,9): *Die Erde wird erfüllt sein von der Erkenntnis des Herrn, wie Wasser das Meer bedeckt.*

Maimonides, Mischne Tora (Jad Chasaka),
Buch Schoftim, Abschnitt Melachim (Könige), Kapitel 11,1. 3-4 und 12,1-2. 4-5

Ascher Lämmlein und das „Jahr der Umkehr“

Und auch heute ... stand auf ein Mann ..., sein Name Rabbi Ascher Lamili, der sich überhob zu sagen: Ich werde als König herrschen ... Und er brachte die ganze Menge der Diaspora Edoms (gemeint ist wohl Italien) zu großer Umkehr und zur Beglaubigung seiner (Person) und seiner Voraussagungen und dazu, daß sie fasteten und sich kasteiten, weil sie sagten, daß der Erlöser da sei. Aber schließlich war es Wahn und Nichtigkeit.

Abraham Farissol, Magen Abraham, Abschnitt 24
(zitiert nach A.S.Aeschkoli, Die messianischen Bewegungen, S.307)

Abraham ben Mordechai Farissol (1451-1525), Vertreter der jüdischen Gemeinde zu Ferrara, war ein Zeitgenosse Ascher Lämmleins.

Es geschah in jenen Tagen, da stand ein Mensch auf in Istrien bei Venedig, ein deutscher Jude, Lämmlein sein Name, *närrisch ist der Prophet, verrückt der Mann des Geistes* (Hos 9,7). Die Juden strömten ihm zu und sagten: Ha, ein Prophet ist er, denn der Herr hat ihn geschickt, um Fürst über sein Volk *Israel zu sein, und die Zerstreuten Judas wird er sammeln aus den vier Flügeln der Erde* (Jes 11,12). Und auch einige Weise folgten ihm nach, sie setzten Fastenzeiten fest und umgürteten sich mit Säcken, und sie kehrten um, ein jeder von seinem schlechten Weg, zu dieser Zeit, denn sie sagten: *Nahe ist unser Heil zu kommen* (Jes 56,1), *der Herr wird es zu seiner Zeit beschleunigen* (Jes 60,22).

Joseph haKohen, Tal der Tränen
(zitiert nach A.S.Aeschkoli, Die messianischen Bewegungen, S.308f)

Joseph haKohen (1496-1578) war ein sehr bedeutender Historiker und Gelehrter in Italien.

„Fürst“: im Hebräischen steht nicht NASI, sondern NAGID. Die Wurzel N-G-D bedeutet ursprünglich „sich erheben“ bzw. im Passiv „erhaben sein“. Ein NAGID ist also ein Erhabener. In der Bibel wird Saul so genannt, um auszudrücken, daß er zum Königtum designiert ist, aber sein Amt noch nicht angetreten hat. Ab dem 11. Jahrhundert d.g.Z. bezeichnet NAGID - in der Nachfolge des NASI (Fürsten)-Titels - die Repräsentanten und Sprecher etwa der spanischen und jemenitischen Judenheit in der islamischen Welt.

In jener Zeit ... stand auf ein Jude im Bezirk Istrien, sein Name war Rabbi Ascher Lamlen, ein Deutscher. Der machte sich selbst zum Propheten und sagte dauernd, daß sie fasten und wahrhaft umkehren sollten. Denn nahe sei die Errettung. Und so glaubte die ganze Diaspora Italiens seinen Worten, sie kehrten um, ein jeder von seinem schlechten Weg, mit all ihrer Kraft. Beinahe wie die Umkehr Ninives. Der Mann starb, aber der Messias war nicht gekommen und verursachte eine große Übertrittswelle. Denn als die, welche sich hatten verführen lassen, sahen, daß der Messias nicht gekommen war, da traten sie über. Und noch immer wird jenes Jahr genannt das „Jahr der Umkehr“.

Gedalja ibn Jechia, Die Kette der Überlieferung
(zitiert nach A.S.Aeschkoli, Die messianischen Bewegungen, S.309)

Mit der Umkehr Ninives spielt Gedalja auf das Jona-Buch an, in dem die Umkehr ebenfalls eine doppelbödige Sache ist: Jona versteht nämlich das Wort Gottes, in vierzig Tagen werde Ninive „umgekehrt“ (HAFACH), im Sinne von „das Unterste zu oberst kehren“, „zerstören“, während Gott und die Bewohner Ninives an „Umkehr“ (TSCHUWA) denken.

Es stand auf in Istrien bei Venedig ein aschkenasischer Jude, der sich selbst zum Propheten machte und sagte, daß ihn der Herr gesandt habe als Designierten über sein Volk Israel. Auch solle er die Zerstreuungen Judas einsammeln von den vier Enden der Erde. Und viele Adlige, Offiziere und Weise Israels folgten ihm nach. Es gelang ihm, anzuordnen über sie Fasten und Ruhen. Und nicht wichen sie von seiner Verkündigung. Wahrlich, viele Sünder Israels kehrten um, ein jeder von seinem schlechten Weg und von der Gewalttat, die an seinen Händen war. Und danach tauchten sie unter in machtvollen Wassern und stiegen herauf mit Dreck in ihren Händen, in Sünden, wie es sich auch in dieser Zeit ereignete - in Sünden.

Joseph ben Jizchak Sambari, DIWRE JOSEF (Worte Josephs, dazu 1.Mose 45,27)
(zitiert nach A.S.Aeschkoli, Die messianischen Bewegungen, S.312)

Joseph ben Jizchak Sambari (1640-1703) war ein bedeutender ägyptischer Chronist, ein Zeitgenosse und Kritiker des Messias Schabbtai Zwi. Zwar war er einer der weniger wichtigen Gelehrten seines Landes, aber dennoch gilt er als *der* jüdische Historiker des 17. Jahrhunderts. Sein Geschichtswerk DIWRE JOSEF enthält vor allem Information über islamische Herrscher sowie über deren Beziehungen zu den Juden und über die Situation der jüdischen Gemeinden in Ägypten. Als Quellen benutzte er u.a. Joseph haKohen.

Mit den „machtvollen Wassern“ und dem „Dreck in den Händen“ greift Joseph eine im Mittelalter gängige Polemik gegen die christliche Taufe auf: als Reaktion vor allem auf die vielen Zwangstaufen unter Todesandrohung sprachen Juden vom Eintauchen ins „Schmutzbecken“, „Abwasser“ oder in die „Kloake“.

260. (1499/1500) Rabbi Lemmlen. Er verbreitete die Frohbotschaft über die Ankunft des Messias im Jahre 260, und in allen Zerstreuungen Israels glaubten sie seinen Worten. Auch unter den Völkern wuchs die Kunde mehr und mehr. Auch viele von ihnen glaubten seinen Worten. Und mein Vater und Lehrer, nämlich mein Großvater Seligmann Gans, sein Andenken zum Segen, zerstörte und zerschmetterte den speziellen Ofen für Mazzot in seinem vollem Vertrauen darauf, daß er im folgenden Jahr Mazzot im heiligen Land backen werde. Und ich, der Schreibende, hörte es aus dem Mund des alten Lehrers, unseres Lehrers, des großen Raw Elieser, Vater des Gerichtshofs der heiligen Gemeinde Frankfurt: daß es keine leere Sache gewesen

sei und daß er Zeichen und Wunder vollbracht habe; und er sagte: Vielleicht haben unsere Verfehlungen verursacht, daß sie ihn aufhielten.

David Gans, ZÄMACH DAVID (Sproß Davids, dazu Jer 23,5 und 33,15)
(zitiert nach A.S.Aeschkoli, Die messianischen Bewegungen, S.308)

David Gans (1541-1613) war ein berühmter Historiker, Astronom und Mathematiker in Prag und Autor einer 1593 erschienenen chronikartigen Weltgeschichte. Elieser Trewes, ein bedeutender Frankfurter Rabbiner im 16. Jahrhundert, war sein Lehrer. Das Urteil des David Gans zeigt, wie sehr die Meinungen über Ascher Lämmlein auseinander gingen.

„Vater und Lehrer", „unser Lehrer, der große Raw", „Vater der Gemeinde" sind übliche jüdische Titel.

Von einer kabbalistischen Disputation zwischen Ascher Lämmlein und Mosche Chafez berichtet der berühmte italienische Kabbalist Rabbi Joseph ibn Schraga zu Anfang des 16. Jahrhunderts:

... über den GILGUL ... und dazu antwortete der oben erwähnte Weise Rabbi Ascher (Lämmlein):

(Das Wort ADAM - Mensch) A-D-M - das meint die Anfangsbuchstaben von **A**DAM - **D**AVID - **M**ASCHIACH. Denn es ist gesagt: der ADAM, der (erste) Mensch hat gesehen, daß er zukünftig kommen werde im Körper des David ... Und David hat gesehen, daß er zukünftig kommen werde im Körper des Messias. Darum hat er den Psalter gemacht.

Und er (Lämmlein) sagt: Sie (die Weisen des Talmud) - ihr Andenken sei gesegnet - haben gesagt (Nidda 13b): „(der Sohn Davids, der Messias wird erst dann kommen), wenn vollendet werden alle Seelen, die im GUF (Körper) sind". Damit wollten sie sagen: im Körper des Menschen, nämlich des Messias, der ja der letzte (Buchstabe) von ADAM ist.

(zitiert nach A.S.Aeschkoli, Die messianischen Bewegungen, S.310)

Dieses Protokoll einer kabbalistischen Argumentation ist ein gutes Beispiel für die Abgehobenheit messianischer Spekulationen vor allem in Kreisen der Kabbala, in denen dies sehr verbreitet war.

Lämmlein interpretiert hier eine traditionelle Vorstellung von dem „Seelenpool" (GUF), in dem alle ungeborenen Seelen darauf warten, verkörpert zu werden. Erst wenn sie alle den Pool verlassen haben, wird der Messias kommen, um sie erneut zu sammeln. Nach Lämmlein ist der GUF aber nicht dieser Pool, sondern konkret der Körper - nämlich der des Messias.

Die Vorstellung, daß eine Seele mehrere Körper durchwandert (hier die des Adam, König Davids und schließlich des Messias), ist vor allem in der Kabbala verbreitet gewesen und wird als GILGUL (Wälzung) bezeichnet. Im Talmud (Ketubot 111a) kommt dieser Begriff ebenfalls vor, hier allerdings in einem viel konkreteren Sinne: Wer unter Juden in der Diaspora stirbt, wird zur Auferstehung durch unterirdische Hohlräume ins Israel-Land gewälzt.

Die Deutung des ersten Adam als des Messias erinnert an christologische Vorstellungen vom himmlischen Logos, dem Wort, das am Anfang war (Joh 1), Fleisch wird, um am Ende alle Menschen zu sich zu ziehen.

In Erinnerung ist es mir wie auch euch, daß es im Jahre 1502 unter euch ... zu Aufregung und Unruhe gekommen ist. Angestiftet wurde sie durch einen Juden namens Lemmel. Der hatte sich unterfangen und es gewagt, allen zu verkündigen, daß jeder sich mit Reue und Buße vorbereiten solle auf die Ankunft des Messias. Weil er nahe sei, setzte er ein halbes Jahr fest für diese Vorbereitung. Kommen werde danach, wie er sagte, eine Wolke von Gott her, die unser Volk umschließt wie einst unsere Vorfahren. Erscheinen werde die Feuersäule als Führerin nach Jerusalem. Darzubringen seien wiederum die Opfer ... Er fügte zur Beglaubigung seiner Lügenprophetie hinzu, daß ein gewaltiges Wunderzeichen geschehen werde: unmittelbar vor diesem Zeitpunkt würden die Sakralbauten der Christen einstürzen und zugrunde gehen.

Ihr wißt wohl, Brüder, so wie ich, welch schwere Bußübungen und fast unerträgliche Sühneleistungen durch die Unsrigen damals geleistet worden sind. Wo ist denn nun die Frucht eurer Buße und Sühne-Qual? Wo bleibt sie nun? Anfänglich erwarteten eure Vorfahren und ihr alle die erhoffte Ankunft des Messias auf das Jahr 1500 nach der Geburt Christi. Über den Zeitpunkt hinaus, den ihr als äußerstes festgesetzt habt, sind nun schon sechs Jahre ins Land gegangen.

Johannes Pfefferkorn, Judenspiegel I, 100,3
(zitiert nach H.Graetz, Geschichte der Juden Band 9, S.527)

Dieser Text entstammt der ersten judenfeindlichen Schrift, die Johannes Pfefferkorn im Jahre 1507 verfaßte. Pfefferkorn, ein ungebildeter Jude, der 1505 zum Christentum übergetreten war, wurde zu einem heftigen Judengegner, der eine Judenschmähschrift nach der anderen schrieb. Er betrieb am Vorabend der Reformation maßgeblich den Streit um den Talmud, dessen Verbrennung er forderte, weil er der eigentliche Grund für die Verstocktheit der Juden sei. Auch sollten Juden zwangsweise in den Kirchen Predigten hören und schwere, niedrige Arbeiten verrichten, verjagt und ihre Synagogen geschleift, an ihrer Stelle Kapellen und Kirchen gebaut werden.

Im Jahre 1509 erließ Kaiser Maximilian I. auf Pfefferkorns Antrag hin den Befehl an alle Juden, ihre Bücher zur Prüfung an diesen auszuliefern. Gegen die Konfiszierung protestierte der Mainzer Kurfürst und Erzbischof, weil er darin eine Mißachtung seiner eigenen Rechte sah. Es wurden daher verschiedene Gutachten eingeholt. Einzig der Christ und Jurist Reuchlin sprach sich eindringlich für die Erhaltung des hebräischen Schrifttums aus.

Während sich damals hinter den Judenfresser Pfefferkorn der ganze Dominikanerorden mitsamt dem Inquisitor Hoogstraten stellte, fand Reuchlin Unterstützung bei Leuten wie Ulrich von Hutten, die mit ihren „Dunkelmännerbriefen“ die Dominikaner öffentlich verhöhnten. Seit 1515 jedoch wurden alle jüdischen Bücher zensiert, seit 1559 der Talmud verboten, in Rom und Venedig die vorhandenen Talmudim verbrannt und seit 1578 nur noch zensierte, von vermeintlich antichristlichen Passagen „gereinigte“ Talmudim gedruckt.

Christlich-messianische Bewegungen des 16. Jahrhunderts

Das Königreich Zion zu Münster

Nach dem ergangenen Sturm (nach dem Sieg über die bischöflichen Truppen 1534) ist Johann van Leiden eine große Offenbarung gekommen, daß er König über das Neue Israel und über die ganze Welt sein solle und nächst Gott sein solle ... So hat Johann van Leiden die Offenbarung verkündigt dem gemeinen Volk, daß Gott ihm so geoffenbart habe, daß er ein König der Gerechtigkeit sein und die Ungerechtigkeit in der Welt strafen und nächst Gott sein solle. Das gemeine Volk hat stillgeschwiegen in der Stadt. Der eine hat das mit der Offenbarung geglaubt und der andere nicht. Die Obersten von den Wiedertäufern in der Stadt sind sich einig darüber geworden ... Die haben Johann van Leiden zum König gemacht.

Meister Heinrich Gresbecks Bericht von der Wiedertaufe in Münster
(zitiert nach R.v.Dülmen, Das Täuferreich zu Münster 1534-1535, S.147)

Als Satan sah, daß sein Reich nicht so sehr unter der Regierung vieler, als unter der Herrschaft und Tyrannei eines einzelnen ausgebreitet werden könnte, erweckte er in der Stadt einen Propheten namens Johannes Dusentschur, einen Goldschmied aus Warendorf. Dieser berief das Volk auf den Markt und hielt folgende Ansprache:

Allerchristlichste Brüder, der Vater hat mir vom Himmel offenbart und zur Verkündigung an euch angetragen, daß Johann Bockelson aus Leiden, der Mann Gottes und heilige Prophet, über den ganzen Erdkreis König sein soll. Er wird über alle Kaiser, Könige, Fürsten und alle Gewalten der Erde herrschen; er wird über allen Obrigkeiten stehen, aber keine über ihm. Er wird das Szepter und den Stuhl Davids, seines Vaters, einnehmen, bis Gott das Reich von ihm zurückfordern wird ...

Dann forderte er die Ältesten auf, ihm ein Schwert zu geben.

Er gab es dem bereits designierten König in die Hand und sagte: Empfange das Schwert der Gerechtigkeit und mit ihm alle Gewalt, mit dem du alle Völker der Erde unterwerfen und das du so gebrauchen wirst, daß du Christo, wenn er zum Gericht wiederkehrt, Rechenschaft geben kannst.

Zugleich salbte er ihn mit einem wohlriechenden Öl und sprach: Ich salbe dich auf Befehl des Vaters zum Könige des neuen Tempels und rufe dich im Angesichte des ganzen Volkes zum König des neuen Zion aus.

... Dann wandte er (Johann van Leiden) sich zum Volk und sagte: Liebste Brüder, ich habe schon vor vielen Tagen durch Offenbarung des Vaters gewußt, daß dies geschehen würde, aber es mußte von einem anderen verkündet werden, damit es nicht den Anschein hätte, daß ich aus eigenem Antrieb das Königreich unter euch erstrebte ... Jetzt ist mir also über alle Nationen des ganzen Erdreiches Gewalt gegeben und das Recht des Schwertes zum Schrecken der Bösen und zur Verteidigung der Guten. Deshalb beflecke sich in dieser heiligen Stadt keiner mit Freveltaten und widerstrebe dem Willen Gottes, sonst wird er ohne Nachlaß der Strafe mit dem Schwerte getötet werden.

Einige Zuhörer bezweifelten allerdings den Anspruch Johanns. Daraufhin wurden sie niedergeschrieen, und

außerdem belehrten der Prophet und die übrigen Prädikanten drei ganze Tage lang das Volk, daß Jeremias Kap. 23 und Hesekiel Kap. 37 über dies israelitische Volk und über diesen seinen gerechten König geweissagt hätten. Was nämlich die Propheten hier von den zerstreuten Resten der Söhne Israels und ihrer Vereinigung an einem Orte schreiben, das deuteten sie auf sich, und was von dem gerechten König David, den Gott in den letzten Zeiten erwecken soll, gesagt wird, das sei, so redeten sie dem Volke vor, von diesem Könige geschrieben.

H.Kerssenbrock, Anabaptistici fuoris Monasterium inclitam
Westphaliae metropolim evertentis historica narratio
(zitiert nach R.v.Dülmen, Das Täuferreich zu Münster 1534-1535, S.147-149)

Als nun der König verkündigt hatte, daß die Erlösung an Ostern sein sollte, da haben sich die Leute gefreut auf dieses Ostern. So haben sich die Mannsleute gerüstet mit Gewehr und mit Rüstung und haben sich gekleidet mit Hosen und Wämsen nach Landsknechtsart.

So ließ der König jede Woche alle Männer einmal auf den Domhof kommen mit ihrem Gewehr und ... gingen dort in Schlachtordnung und machten da eine Schlacht gegeneinander, gleich als wenn sie am Feind wären, damit sie lernen sollten, wie sie sich verhalten müßten, wenn sie heute oder morgen eine Schlacht mit den Feinden schlagen würden ...

Und es ist Ostern gekommen, die Erlösung aber ist ausgeblieben. Da hat das gemeine Volk gesagt, daß alles Lügen seien ... So hat der König in der Predigt gesagt: „Von euch gehen welche und sagen, daß die Erlösung nicht zu Ostern gekommen ist, wie ich es euch verkündigt habe ... nun, liebe Brüder und Schwestern, habt ihr das so eng aufgefaßt? Wollt ihr Gott Zeiten setzen? Nein, Gott will keine Zeit gesetzt haben. Ihr müßt erst rein von Sünden sein, von allen Sünden, so wird uns Gott wohl erlösen.“ So hat der König das Volk beruhigt.

Dann aber

ist die Erlösung einiges eher gekommen, als ihnen lieb war. Denn der Hunger und Kummer sind hervorgekommen. Wer nicht fasten konnte, der mußte vor Hunger aus der Stadt laufen und sich tot schlagen lassen. Das war ihm eine schwere Erlösung. Die Erlösung wollten sie haben, wie die rechten Wiedertäufer sagten, daß sie lieber tothungern wollten, als die Stadt aufzugeben und von der Taufe zu lassen. Wenn sie dann Hungers stürben, so täten sie das um Gottes willen ...

So hat sich der Hunger erhoben und ist ihnen ein Prophet gewesen und hat ihnen die rechte Wahrheit gesagt und hat ihnen nichts vorgelogen. Von der Erlösung sollten sie so alle Dinge außer acht lassen und auf ihren Vater warten. Aber der Vater blieb zu lange aus.

Meister Heinrich Gresbecks Bericht von der Wiedertaufe in Münster
(zitiert nach R.v.Dülmen, Das Täuferreich zu Münster 1534-1535, S.231-233. 237)

Die Eroberung Münsters durch die bischöflichen Truppen

Die Soldaten durchsuchten nun aufs genaueste alle Häuser und Winkel der Stadt, zogen die Wiedertäufer, die sie vorfanden, hervor und erschlugen sie mit dem Schwert ... Solche blutigen Schauspiele wurden fast acht Tage lang mit denen aufgeführt, die der Landsknecht oder der Hunger aus ihren Verstecken heraustrieb. Und da alle Wiedertäufer bleich aussahen, so glaubten sie, daß alle Bleichen Wiedertäufer seien. Deshalb wurde vielen Fremden und Unbekannten ihr bleiches Aussehen zum Verhängnis ...

Darauf wurden die Leichen der Getöteten ihrer Kleider beraubt und von den Bauern in großen Gruben, die man auf dem Domplatz gegraben hatte, beerdigt.

H.Kerssenbrock, Anabaptistici fuoris Monasterium inclitam Westphaliae metropolim evertentis historica narratio
(zitiert nach R.v.Dülmen, Das Täuferreich zu Münster 1534-1535, S.261f)

Hinrichtung der Anführer

Als von allen zuerst der König zum Richtplatz geführt wurde, der etwas über den Boden erhöhet war, sprach er kniend und mit gefalteten Händen nur dieses: *Vater, in Deine Hände befehle ich meinen Geist* (Lk 23,46). Er wurde an einen Pfahl gebunden und nachher mit feurigen und glühenden Zangen gemartert und getötet, gewiß unter großem Beifall und Freude der Priester, an denen Münster immer sehr reich gewesen ist ...

Als die verdiente Strafe an den verbrecherischen Menschen verübt war, wurden sie endlich eingeschlossen, einzeln in Körbe, von Eisen und gitterförmig, so daß sie von weitem gesehen und erkannt werden konnten, und nachher hoch an den Turm St.Lamberti befestigt ...

Brief des Predigers Anton Corvinus an Georg Spalatin
(zitiert nach R.v.Dülmen, Das Täuferreich zu Münster 1534-1535, S.282f)

Münster in der Beurteilung durch Sebastian Franck

Anno 1533 hat sich eine schädliche Sect der Wiedertäufer zu Münster in der Hauptstadt Westfalen gemehrt, welche auf jüdische Manier die Restitution Israels hie auf Erden verhofften und sich ja für die hielten, die den Erdboden von dem gottlosen Wesen räumen und das Reich Israel, das reine himmlische Jerusalem, aufrichten sollten mit dem Schwert und *allein im Land sicher wohnen* (3.Mose 25,18 u.ö.) ...

Ach Gott, die elenden Leute gehen jetzt mehr denn zehn Jahr mit der Phantasei um und sehen, daß ihnen allenthalben fehlet und sie darob zu schanden gemacht tot bleiben, noch lassen sie nicht von ihrer Torheit und sehen nicht, daß all ihr Fürnehmen wider das Zeugnis der Schrift ist, da der Tag des Herrn den Greuel an der heiligen Statt sitzend finden und ohne Schwert, nicht sie mit dem Schwert stürzen sollen.

Sebastian Franck (zitiert nach R.v.Dülmen,
Das Täuferreich zu Münster 1534-1535, S.287)

Sebastian Franck, der dies im Jahr 1538 schrieb, war Lutheraner und der bedeutendste Vertreter einer spekulativen evangelischen Mystik.

David Reuweni und Schlomo Molcho, die Fahnenträger Gottes

Luthers Reformation erweckt Hoffnungen unter Juden

... Da, jetzt bald kommen gläubige Juden nach Jerusalem aus deutschen und böhmischen Landen. Auch Berichte gehen von Mund zu Mund, bezeugen und erzählen von ihrem Interesse an dem Mann, der in jenen Ländern aufstand, dessen Name Martin Luther ist. Er ist der Mann, von dem in allen Ländern die Kunde geht, daß er im Jahre 5285 (1524) begonnen hat, die Religion der Unbeschnittenen zu teilen und ihnen zu zeigen, daß ihre Väter Lüge geerbt hatten, Windhauch und zu nichts nütze. Und aus ihren Worten ist klar, daß ... er Worte offenbart hat, die in ihm waren, und er in der Öffentlichkeit die Fälschung ihres Glaubens gezeigt hat und daß ihr Opferwein Lüge ist. Er zeigte auch sich selbst als Gegner des (ans Kreuz) Gehängten und machte sich stark gegen alle, die an diesen glauben. Und er wurde erhoben zur Höhe ... Und es wurden zu ihm viele Völker versammelt mit starker Hand, sie vernichteten ihre Götzenbilder und verbrannten sie im Feuer. Sie verbanden sich mit ihm zu einem Volk, ihre Herzen wurden angezogen von seiner Weisheit und der Süße seiner Worte. Er aber brachte sie immer noch ein bißchen näher zur Religion des Mose.

Ich habe keinen Zweifel, daß die Hand des Herrn dies getan hat an denselben Juden, die in den Ländern im Begriffe sind, erlöst zu werden. Und die Zwangsgetauften haben ihr Haupt erhoben, und für die Juden wird es hell ...

Denn alle Völker in allen Ländern werden erlöst, wenn sich die Hand des erhabenen Mannes ausstreckt. Sie erheben die Juden ... Siehe, das sind wunderbare Dinge. Und zu jeder Stunde werden sie immer stärker und bestätigen sich. Und die Völker neigen sich den Worten jenes Mannes zu, sie werden immer stärker. Und alle Verehrer des Gehängten werden weniger, und ihre Priester werden zum Abscheu und Greuel in den Augen all derer, die sie sehen. Denn man sagt: Sind's nicht diese Menschen, die zum Greuel gemacht haben und die zerstört haben unsere Seelen und die Seelen unserer Väter seit dem Tag, da sich der Fluch Gottes ausgebreitet hat in der Welt in Gestalt des Gehängten?

Die letzte Formulierung erinnert stark an Galater 3,13: „Christus hat uns losgekauft vom Fluch des Gesetzes, indem er für uns zum Fluch geworden ist, denn es steht geschrieben: *Verflucht ist jeder, der am Holz hängt* (5.Mose 21,23 nach der Septuaginta)." Doch während Paulus den verflucht am Kreuz Hängenden zum Erlöser der Welt umdeutete, ist er für Juden tatsächlich zum Fluch geworden, nicht zum Segen. Das mußte Rabbi Abraham, der die Vertreibung aller Juden aus dem christlichen Spanien erlebte, am eigenen Leib erfahren.

... Und wer kennt die Gedanken des Herrn seit je, gesegnet und erhoben er? Nämlich daß das Herz vieler Völker sich wendet in den Ländern der Vorhäutigen, um zu studieren die heilige Sprache und die Literatur Israels. Und dadurch wenden sie sich radikal um, ein jeder zu dem Allgegenwärtigen, dessen Hand ihn berührt hat ... Und ohne Zweifel kehren viele von ihnen ... um zu dem Höchsten, wie die wahren und gerechten Propheten bezeugen und sagen ...

Und er (Gott), gesegnet er,- seine rechte Hand ist ausgestreckt, um sie aufzunehmen, bevor der Messias kommt. Denn danach werden sie nicht mehr aufgenommen, wie die Weisen sagten.

Brief des Rabbi Abraham ben Elieser haLevi aus dem Jahre 1525
(zitiert nach A.S.Aeschkoli, Die messianischen Bewegungen, S.331f)

„Wie die Weisen sagten" bezieht sich auf Jewamot 24b: „In den Tagen des Messias nehmen sie keine Proselyten an, gleichwie sie keine Proselyten annahmen, weder in den Tagen Davids noch in den Tagen Salomos. Rabbi Elieser sagte: Welches ist der Schriftvers? *Siehe, wenn einer ganz Proselyt wird - allein um meinetwillen* (Jes 54,15 in einer eigenwilligen Übersetzung)".

Rabbi Abraham ben Elieser haLevi (etwa 1460-1530) war ein berühmter Kabbalist. Geboren in Spanien, bewirkte der Schock der Vertreibung, daß er sich vor allem mit Berechnungen der kommenden Erlösung beschäftigte, deren Beginn er für das Jahr 1524 erwartete. Der Messias selbst werde 1530/31 erscheinen. Mit seinen Schriften ist er ein Wegbereiter Schlomo Molchos geworden. Er wanderte nach 1492 durch Italien, Griechenland und Ägypten, um sich schließlich 1514 in Jerusalem niederzulassen.

Rabbi Abrahams Darstellung der Reformationsbewegung, in der Luther als Werkzeug Gottes erscheint, mit dem die Erlösung einsetzt, veranschaulicht, welches Bild sich Außenstehende, etwa Juden, von den Ereignissen in Mitteleuropa machten und welche Gerüchte davon noch bis nach Jerusalem drangen. Die Spaltung der Kirche, die (zunächst) innerkirchliche Front gegen den Papst, die Bestreitung eines besonderen Priesterstandes, der Streit um das Abendmahl, die Auseinandersetzungen um die sogenannten Bilderstürmer, der humanistische Einschlag der Reformatoren, die sich um die alten Sprachen, auch um das Hebräische bemühten - von all dem hat Rabbi Abraham im Israel-Land offenbar gehört.

Doch verbinden sich diese Informationen, in denen allerdings nicht differenziert wird zwischen den verschiedenen und sich gegenseitig bekämpfenden reformatorischen Richtungen, zu einem recht seltsamen Luther-Bild: dieser erscheint als Wegbereiter des *jüdischen* Messias, der die Erlösung *Israels* bringen wird, an der auch die protestantischen Christen teil haben werden, da sie sich der „Religion Moses" wieder nähern. Es ist eine Ironie der Geschichte: Wo Luther zu Beginn der Reformation gehofft hatte, die Juden würden zu Hauf Christen werden, da dachten Juden, Christen würden nun endlich jüdischer werden.

Der erstaunliche Eindruck, daß Luther ein Gegner des Gekreuzigten sei, entstand bei manchen Juden wohl dadurch, daß Vertreter der radikalen Reformpartei, etwa die Zwikkauer Propheten, 1521/22 damit begonnen hatten, alle bildlichen Darstellungen aus öffentlichen Gebäuden und den Kirchen zu zerstören - darunter auch Christus-Bildnisse.

Unser Heil wird eintreten zu der Zeit, wenn der Glaube an Jesus zur Erde fallen wird durch viele seltsame Religionen und Gesetze. M(artin Luther) wird Neuerung einführen gegen Völker und Fürsten; denn seine Herrschaft wird stark sein für immer. Rom wird zur Beute, eine Weichende und Vertriebene; Götzen - für immer werden sie zerstört ...

Aus einer kabbalistischen Bibelauslegung des Joseph von Orly
(zitiert nach H.Graetz, Geschichte der Juden, Band 9, Leipzig 1891, S.547f)

Messianische Gerüchte und Träume des 15. und 16. Jahrhunderts

Seltsame Zeichen am Jerusalemer Tempelberg

... Und außerdem bezeugt man euch, unsre Brüder, Söhne unsres Bundes, frohe Botschaften, tröstliche und glaubwürdige, von Zeichen unserer Erlösung: Im Jahr 5214 (um 1454) in der Nacht des 9. Aw (Tag des Gedenkens an die Tempelzerstörung) ... hörten wir viele und starke Stimmen auf dem Tempelberg, und auch die Jischmaeliten (die Moslems) hörten die Stimmen ... Und sie zitterten mit sehr großem Zittern ... Und viele Juden verstanden die Rede der Stimmen. Denn sie sagten: *Wache auf, wache auf ... erstrahle* (wohl Mischzitat aus Jes 51,9, Jes 52,1 und Jes 60,1). Am Morgen aber sahen wir ein noch größeres Wunder als dieses ... Denn das Tor des Erbarmens, ... das vom Gebäude des ersten Tempels übrig geblieben ist, erhob sich höher als sechs Ellen. Da zitterten die Jischmaeliten und wunderten sich mit großem Zittern ...

Brief aus den Ländern des Ostens nach Jerusalem
(zitiert nach A.S.Aeschkoli, Die messianischen Bewegungen, S.321)

Weitverbreitete Gerüchte über die verlorenen zehn Stämme Israels

... Wir kamen zum Fluß Sambation, der sie (die Söhne Moses?) umgab in der Entfernung von drei Monatsreisen. Vor ihnen und hinter ihnen loderte eine Flamme, die sie umgab, mit sieben Herrlichkeitswolken. Und jetzt soll Eurer Hoheit bekannt gemacht werden:

Unsere Brüder, die unter der Hand der Zerstreuung Edoms und Jischmaels sind, sie sind vertrieben unter die Völker, ausgeblutet und ausgelöscht. Jetzt aber schicken wir einige unserer Gesandten, Helden und Starke, um zu erkunden das Land, und um in der Welt nachzusehen, von welchem Ort aus sie ins Land Israel kommen und von welcher Stadt aus wir anfangen, da ja schon der Fluß Sambation aufgehört hat (zu fließen) und vertrocknet ist. Unsere Brüder zogen aus, der Stamm Manasse ohne Zahl. Wir alle versammelten uns gemeinsam und kamen zu einer Stadt, die man Ancona nennt. Dort machten wir zum König über uns den König Joseph, Sohn des Schlomo, aus der Wurzel Jesse, erhaben sei seine Herrlichkeit, erhoben seine Exzellenz. Er brachte uns vier Fahnen, auf denen geschrieben stand der unaussprechliche Name und die Zehn Worte in hebräischer Quadratschrift.

Die Fahne des Lagers von Ruben, Gad und Ascher, ihnen (sind) unterstellt im Alter von 20 und aufwärts: 32 mal zehntausend Mann, sie alle wehrhafte Helden, starke Kriegsleute.

Und neben ihnen lagern: die Fahne Sebulons, Dans und Naphtalis, ihnen unterstellt im Alter von 20 und aufwärts: 26 mal tausend Kriegshelden gesamt. Und neben ihnen lagern: Ephraim und Isaschar und Halbstamm Manasse, ihnen unterstellt 37.500 Mann, allesamt Helden. Der Stamm Levi aber allen gegenüber, mehr als 5 Mal so viel, ohne Zahl.Und alle diese insgesamt Helden, Schwertträger und kriegserfahren, einer verfolgt Tausend, und zweie verjagen Zehntausend.

Und um unserer Verfehlungen willen blieb von uns nichts übrig außer dem Stamm Juda und Benjamin und dem Halbstamm Manasse, die jetzt in der Zerstreuung in Edom und Jischmael sind. Aber die vierte Fahne lagert in der Lade bei König Joseph, bis er sie bringt zum Stamm Juda und Benjamin, die in der Zerstreuung leben.

Wir aber, wir haben viel Vieh, Pferde und Kamele. Wir haben Silber und Gold in Fülle, und das ist nicht nichts. Wir haben zehn Sorten Edelsteine, und diese sind's: Odem, Pitda, Bareket, Tarschisch, Schoham, Jaschpe, Nofech, Saphir, Jahalom und Gold, um auf ihnen Jerusalem zu gründen.

Dies sind neun von den zwölf Steinen, die nach 2.Mose 28,17ff (und 39,10ff) auf der Brusttasche des Priesters angebracht sind. Drei fehlen, weil ja nur neun Stämme unter den Fahnen versammelt sind.

In Hes 28,13 erscheinen die neun genannten Steine in fast derselben Reihenfolge als Schmuck des Menschen im Gottesgarten Eden. Der Schoham-Stein stammt ebenfalls aus dem Paradies (1.Mose 2,12).

Ein Teil der Namen, deren Übersetzung recht unsicher ist, erscheint auch in der neutestamentlichen Offenbarung des Johannes (Kap.21,12ff) im Zusammenhang mit den zwölf Grundsteinen des neuen Jerusalem.

Wir haben zwei Jerusalemtore aus geschliffenem Granat, und Karfunkelsteine, um sie in die Jerusalemtore einzulegen. Und es gibt verborgen im Tempel ein Fläschchen Manna, einen Schofar, die Lade, die Cherubim und das Messias-Öl, auch die Urim und Tummim.

Und in naher Zukunft herrschen wir über die ganze Welt von Küste zu Küste. Und an den Völkern der Welt werden wir große Rache üben. Und sie alle werden dienen der Versammlung Israels, wie es heißt (Jes 60,12): *Denn das Volk und das Königreich, die dir nicht dienen wollen, werden untergehen, und die Völker veröden zu Ödnis.*

Im Folgenden wird den Christen und den Moslems ein scharfes Gericht angedroht. Die Welt wird per Los zur Eroberung unter den Stämmen Israels aufgeteilt:

Ephraim, Isaschar und Manasse gehen zu ihnen nach Westen, um Israel zu sammeln und an den Völkern der Welt Rache zu üben. Und der Stamm der Mose-Söhne geht von Eden aus, um unsere Brüder zu bringen, die dort in der Zerstreuung sind ... Denn nahe ist die Stunde und das kommende Heil.

Aus dem „Brief der Stämme"
(zitiert nach A.S.Aeschkoli, Die messianischen Bewegungen, S.398f)

Überschwenglich wird dann noch das Auftreten Elias, des Propheten, sowie eines Königs aus der Wurzel Jesse geschildert.

Der „Brief der Stämme“, der in Ägypten in einer Genisa gefunden wurde, wird den Kreisen David Reuwenis zugeschrieben und schildert die Eroberung der ganzen Welt durch die verlorenen zehn Stämme Israels, die bisher verborgen, aber frei im Osten jenseits des Sambation gelebt haben. Vorbild des Briefes ist der Reisebericht eines gewissen Eldad, des Daniten, aus dem 9. Jahrhundert. Dieser Bericht wurde im Jahre 1480 in Mantua bereits gedruckt, was für seine Beliebtheit spricht. Phantastische Geschichten über die verlorenen Stämme waren damals weit verbreitet, so daß David Reuwenis Geschichte - die dem gegenüber relativ nüchtern und realistisch klingt -vielerorts auf fruchtbaren Boden fiel.

Messianische Schriftauslegung: Sieg der zehn Stämme über Kaiser und Könige

Ein Weiser aus Spanien fragte durch eine Traumanfrage, daß ihm verkündigt werde die Zukunft. Dies wurde ihm verkündigt: *Versammeln, versammeln werde ich dich, Jakob, in deiner Gesamtheit, sammeln, sammeln werde ich den Rest Israels in eins* (Mi 2,12). Der Weise hatte damit nicht genug, denn er verstand die Antwort nicht. Da fragte er ein zweites Mal den Herrn des Traumes, und der antwortete ein zweites Mal mit den Anfangsbuchstaben des oben genannten Verses: Ich werde künden Geheimnisse von Wundern, ich werde herabführen, ich werde erniedrigen Samael und König Franz, er wird kämpfen mit Karl in Kriegen, um seine Kraft zu hindern, die Krone Karls in Kriegen seiner Bedränger. Ich hebe auf den Kaiser innert 90 Jahren, ich werde zerstören Rom und die Türkei. Zehn Stämme, ihre Häupter werde ich sammeln zu ihrem Messias, Joseph, ein Freund Davids.

Aus einer Handschrift, die Abraham,
Bruder des Meir von Rothenburg, zugeschrieben wird
(zitiert nach A.S.Aeschkoli, Die messianischen Bewegungen, S.368)

Der Text ist eine Akrostichon-Auslegung von Micha 2,12, bei der jeder hebräische Buchstabe dieses Verses zu einem eigenen Wort ergänzt wird. So entsteht aus „Jakob“ etwa „er wird kämpfen mit Karl in Kriegen“, oder aus „Israel“ wird „zehn Stämme - ihre Häupter werde ich sammeln zu ihrem Messias“.

Jakob, der seinen Ehrennamen Israel erhielt, weil er mit Gott gekämpft hatte (1.Mose 32), kämpft nun mit Kaiser Karl, der dem Satan recht nahe steht. Denn Samael - ursprünglich der Todesengel, seit dem 3. Jahrhundert bei Juden auch der Hauptname des Satan - wird hier offenbar auf Karl V. bezogen. Samael hat nach jüdischer Tradition Macht über alle Nationen, mit Ausnahme von Israel.

Die Bibelauslegung spiegelt auch den Konkurrenzkampf zwischen Kaiser Karl und dem französischen „König Franz“ wider, der von Juden als Zeichen der kommenden Erlösung gedeutet wurde.

Vielleicht sind die letzten Worte eine kryptische Verkürzung der auch sonst belegten Formel: Joseph, König von Chawor, und sein Gesandter David. Mit dem zu Beginn erwähnten „Weisen aus Spanien“ könnte Schlomo Molcho gemeint sein. Doch ist diese Art von Bibelauslegung zu verschlüsselt und andeutungshaft, als daß sichere historische Informationen aus ihr erlesen werden könnten.

Micha 2,12 hat übrigens eine vielsagende Fortsetzung in Vers 13, die Juden immer mithörten, auch wenn nur V.12 direkt zitiert wurde: *Es steigt auf der Durchbrecher vor ihnen, sie brechen durch, durchziehen das Tor, ziehen heraus. Ihr König zieht vor ihnen her, der Herr an ihrer Spitze.*

Ein Falasche in Jerusalem - David Reuweni?

In der vergangenen Woche in den Tagen von Chanukka war eben jener Jude (hier), der auf dem Meer gefangen wurde und von Hand zu Hand weiter verkauft wurde, bis er nach Alexandria in Ägypten verkauft wurde. Und die Juden gaben ein großes Bestechungsgeld, durch das sie ihn befreiten. Er ist beinahe wie ein Äthiopier. Er erzählte uns, daß es in seinem Land einige Tausend und Myriaden von Juden gibt, daß sie einen großen König haben, der jeden Tag Krieg führt mit den Christen, die an ihn grenzen. Er lebt am Nil, dem Fluß Ägyptens, außer ihm gibt es einen anderen König ... Er hat Jischmaeliten (Moslems) und Christen unter sich ...

Vielleicht ist der freigekaufte Jude identisch mit einem Äthiopier, von dem im weiteren Verlauf des Briefe die Rede ist:

Heute sprach ich mit unserem Herrn, dem Nagid (von Jerusalem), es lebe der Fromme und sein Same, über die Angelegenheit der zehn Stämme. Er sagte, daß sich in seinem Haus ein Jude einquartiert hat, der die äthiopische Sprache, die biblische Sprache und die hebräische Sprache beherrscht. Er sagte, daß es in ihrem Land kein geschriebenes Buch von der mündlichen Tora gibt, und in all ihren Urteilen sagen sie: „Es sagte Josua aus dem Munde des Mose und aus dem Munde des Allmächtigen".

Er sagte auch, ... daß es in seinem Land zwei Stämme gibt ... einige von ihnen befassen sich mit der Tora und einige mit dem Krieg. Denn die Stämme sind Nachbarn von Christen. Und es gibt viele Türme an der Grenze, und in jedem einzelnen Turm sind junge Männer Israels versammelt, die Tapfersten, die sich finden. Und immer, wenn sie sich zur Schlacht sammeln, machen sie am Tag zum Zeichen Rauch in den Türmen und nachts Feuer. Und sofort versammeln sich alle, um mit ihnen zu kämpfen ...

Einmal brachten die Kuschiten einen Juden aus Portugal zu sich und befragten ihn über die Menschen der Zerstreuung und Jerusalem und den Tempel. Er sagte zu ihnen, daß wir in großer Not sind und von Volk zu Volk gehen, im Exil und in Not, und daß der Tempel zerstört ist und Jerusalem verwüstet durch die Hand Fremder. Sofort zerrissen sie ihre Kleider und weinten ein großes Weinen viele Tage. Und sie stimmten zu, sich zu versammeln, um mit Heeresmacht nach Jerusalem zu kommen. Bis der Fürst zu ihnen sagte: Wartet, bis ich frage, welche Weisung sie mir vom Himmel geben ... Sie antworteten vom Himmel: Die Zeit des Heils ist noch nicht gekommen. Und es soll auch kein Mann ausziehen von seinem Ort. Aber das Heil ist nahe zu kommen.

Damals aber sprangen (je) zehn (Männer) von Zehn (Stämmen) auf und gingen freiwillig von Königreich zu Königreich und von Volk zu Volk, bis sie nach Jerusalem gelangten. Und sie, die Äthiopier, reisten auf Schiffen bis zu den Ländern, die der König Portugals erobert hatte. Da schickte der König Portugals nach ihnen. Und als sie ihm erzählten von der Schwere ihres Reichtums, von ihrer Stärke und ihrem Heldentum ..., da schämte er sich, daß er die Vertreibung (der Juden) veranlaßt hatte. Und er wünschte nicht, daß in seinem Königreich gehört werde, daß es noch immer eine bessere Situation (bei) einem Rest des israelischen Volkes gäbe. Sofort verordnete er (darum), daß sie nicht an Land gehen sollten ... (auf einer Insel) ließ er sie für einige Monate ruhen.

Danach schickte er zu ihnen, um zu sagen: Was ist eure Meinung? Sie sagten zu ihm: Wir meinen, daß wir nach Jerusalem gehen. Er sagte zu ihnen: Wenn das so ist - geht an Bord meines Schiffes, und ich lasse euch nach Jerusalem gehen.

Als sie aufs Meer kamen, fielen Piraten über sie her; die nahmen ihre Frauen und kleinen Kinder gefangen und raubten alles, was sie hatten. Und sie verkauften sie als Sklaven und Mägde.

Aus einem Brief des Rabbi Jisrael aus Jerusalem an Rabbi Abraham in Perugia (zitiert nach A.S.Aeschkoli, Die messianischen Bewegungen, S.326f)

Rabbi Jisrael, der ursprünglich aus Italien stammte, war geehrtes Oberhaupt der aschkenasischen Jeschiwa in Jerusalem. Bei dem erwähnten Nagid handelt es sich um den berühmten Gelehrten Jizchak Scholal (gestorben 1524), der 1517 von Ägypten nach Israel eingewandert war und in Jerusalem lebte. Er war ein Freund des Kabbalisten Abraham ben Elieser haLevi, engagierte sich für die jüdische Besiedlung des Israel-Landes und für die Integration der jüdischen Flüchtlinge aus Spanien.

In diesem Brief werden die bekannten Gerüchte über die verlorenen Stämme Israels verbunden mit dem selbständigen jüdischen Königreich in Äthiopien, dessen Existenz unter Juden im östlichen Mittelmeerraum allgemein bekannt war.

Es sieht so aus, als ob der Äthiopier, der während seines Jerusalemer Aufenthaltes bei dem Nagid gewohnt hat, mit David Reuweni identisch ist. Denn viele Motive der abenteuerlichen Geschichte passen zum Selbstzeugnis Davids (dazu unten mehr). Allerdings wird sein Name nicht erwähnt. Der Text könnte daher auch lediglich eine vage Erinnerung daran sein, daß früher schon einmal Kontakte zwischen äthiopischen Juden und portugiesischen Niederlassungen bestanden haben, von denen sich dann David inspirieren ließ, über Italien ausgerechnet nach Portugal zu reisen.

Bemerkenswert ist die Begründung, die für die Hilfe gegeben wird, die der portugiesische König den Juden leistet: er habe sich geschämt wegen seiner vormals judenfeindlichen Politik.

Jüdische Berichte über David Reuwenis Auftreten

Ich will Sie, mein Herr, gute Nachrichten wissen lassen: In diesem Land ist ein jüdischer Mann erschienen, der aus einem weit entfernten Land kommt - sein Äußeres und seine Äußerungen geben folgendes Zeugnis:

Schwarz das Aussehen, niedrig von Wuchs, mager an Fleisch, seine Sprache Arabisch und ein bißchen Jüdisch, gut an Manieren, und er fastet an jedem Tag und vertraut auf den Herrn, wie es offenbar wird aus seinen Reden. Von allen, die da leben auf der Erde, ist er die größte Seele, das ritterlichste Herz. Nicht fürchtet er sich vor Zehntausenden Volks, und mit ihm ist ein jüdischer Mann, ein Sizilianer, der gekommen ist in seiner Gesellschaft aus Alexandria in Ägypten. Er ist der Vermittler zwischen ihm und den Menschen. Seine Hausgewänder sind schwarz, und wenn er außerhalb des Hauses geht, trägt er Seide, wie ein Führer der Jischmaeliten (Moslems), auf seinem Haupt ein weißes Tuch. Und er verhüllt sich damit fast ganz und seinen Kopf, so daß alle, die ihn sehen, über ihn spotten und ihn für eine Frau halten.

Nach seiner Ankunft brachte man ihn zu dem Kardinal, und der führte mit ihm lange Gespräche. Schließlich gab der Mann keine Ruhe und blieb nicht still, bis daß ihn der Kardinal zum Papst brachte. Ich aber wurde zum Vermittler zwischen ihnen berufen. Der Mann begann seine Rede vor dem König (dem Papst) damit, daß sein Name David vom Stamm Juda sei. Er zog sein Geschlechtsregister hervor, und es wurde vor dem Papst verlesen, auch die Kardinäle waren anwesend, und es ließ sich zurückverfolgen bis zu David, König von Israel.

Und das Gespräch zwischen ihm und dem Papst zog sich lange hin. Und die Hauptsache, die daraus hervorging, war, daß dieser David gesandt sei aus der Wüste Tawor, wo eine große Menge aus Israel lebe, ungefähr 300.000 Mann, um mit dem Papst einen Bund zu schließen und von ihm Kriegsgeräte - das sind Feuerwaffen wie Kortiten und Falkonetten - zu erbitten, durch den König von Portugal in einem Hafen mit Namen Dschidda, der etwa drei und höchstens zehn Tage von ihrem Land entfernt liegt.

Und er rühmte sich vor dem Papst: wenn der auf ihn höre und Gottes Barmherzigkeit ihn und sein Volk unterstütze, über das er und seine Brüder König seien, dann könne er alle arabischen Könige bekämpfen, bis Mekka und Äthiopien, bis Ägypten und das ganze Gazellenland, an Afrika entlang bis nach Fes und bis zur Türkei, und es wird zu langwierig, alles aufzuzählen. Da empfing ihn der Papst mit freundlichem Gesicht und antwortete ihm, er werde sich verpflichten, die Sache mit seinen Ältesten, den Kardinälen, zu besprechen ...

Die Juden bereiteten ihm ein Zimmer und ein Bett, einen Tisch und einen Sessel und einen Leuchter bis auf den heutigen Tag. Der Mund des Mannes offenbart die Hilfe des Herrn, denn sie ist nahe zu kommen. Der Mann hat keinen Umgang mit dem Talmud, sein Weg ist in seinen Taten. Die Art seines Gebets und seines Segens in der Tora und im Tischgebet ist gemäß seines (eigenen) Brauches. Und er schwört, daß es unter ihnen eine Tora gibt und siebzig Älteste, und daß er aufgrund ihres Gebotes hierher kam. Sie fasten jeden Tag bis zu seiner Rückkehr, und er fastet jeden Tag, bis er ihr Angesicht wieder sehen wird. Und er hofft, daß der Herr seinen Weg gelingen lasse. Er sagte, daß in einer Entfernung von zehn Tagesmärschen die zehn Stämme lagern, und sie seien ein Volk zahlreich wie Sand am Meeresufer - Jerusalem haben sie vergessen, weil es ihnen so gut geht -, und daß jetzt ihre Söhne erweckt werden und das Ende nahe sei.

Und diese Dinge habe ich dir geschrieben ohne etwas auszulassen. Entscheide du, was dir einleuchtet. Schalom.

Brief des Raw Daniel aus Pisa
(zitiert nach A.S.Aeschkoli, Die Geschichte David Reuwenis, S.151f)

Daniel aus Pisa war ein angesehener Bankier in Florenz, bis ihn der Papst nach Rom berief. Er fungierte als Übersetzer für David Reuweni.

„gute Nachrichten" - das ist derselbe Ausdruck, der im Neuen Testament mit „Evangelium" wiedergegeben wird.

Das hebräische Wort APIFIOR - Papst - war bei Juden die Bezeichnung für einen Herrscher, leitet sich vom Griechischen EPIPHOROS - der Heraufgetragene - ab und entspricht dem jüdischen NASI-Titel. Darum ist es nicht erstaunlich, daß der Papst im Verlauf der Audienz als König angesprochen wird.

„Gazellenland" oder auch „Land der Zierde" ist eine verbreitete Umschreibung des Israel-Landes.

... Und auf jeden Fall, und sei's drum, ob seine Worte glaubwürdig sind oder nicht - für uns heute in dieser unserer Zerstreuung und in unseren Gegenden ist es genug, daß sich als wahr erweist für Könige, Fürsten und unter den Vielen auf den Straßen Roms, daß noch immer die sehr zahlreichen Stämme Israels existieren und daß sie viele Könige haben. Und der Jude, der gekommen ist (David Reuweni), sei wer er sei. Und wenn die Juden und ihre Könige wahrhaft existieren sollten, dann könnte man sagen, daß der Jude auf diesem Weg und auf diese Weise von der Chawor-Wüste gekommen ist ... Und er kam nach Rom. Und er blieb dort in Rom etwa acht Monate, bis eine Antwort des Königs von Portugal kam über die Wahrhaftigkeit seiner Worte und seiner Angelegenheit.

Und die Sprecher und auch wichtige Juden, die mit ihm sprachen, sagten, daß dieser Jude tatsächlich vom Papst, dem König der Völker, Hilfe erbeten habe ..., damit er ihm Metallwaffen gebe ... und gute Handwerker, um sie nach Arabia Felix zur Vernichtung der erwähnten Hasser zu bringen ... Und all das, damit sie jene Juden sammelten und vereinigten, um gemeinsam überzusetzen, zu erben und zu erobern das Gazellenland, weil es ein immerwährender Besitz für Israel ist. Und all dies sahen meine Augen in einem wahrheitsgetreuen Brief und hörten meine Ohren von wichtigen wahrheitsgetreuen Menschen. Und der Herr Gott, er ist die vollendete Wahrheit, die nicht lügt und nicht betrügt und nicht beschämt, die in ihr Schutz suchen, und die Wahrheit wird von selbst sprossen und ihren Weg machen.

Und dieser Tage, im Cheschwan 285 (1524), hörten wir sagen, wie dieser Papst Clemens, König der Völker, sprach und zustimmte, ihn zu entlassen, ihn mit Ehren und mit vielen Schiffen voller Kampfeswaffen sowie jüdischen und christlichen Handwerkern über Portugal zu senden ...

Die Gestalt dieses Juden und seine Taten: Wie wir hörten, ist er klein von Wuchs, mager an Fleisch, kühnen Herzens, ein großer Beter, schwärzlich, er kasteit sich mit Fasten. Er stellte sich sogar sechs Tage ununterbrochen hin, an denen er fastete nachts und tags nach den Worten der Schreiber, er bricht sich die Zunge in der heiligen Sprache, beinahe unverständlich, wie ein Stammelnder. Und manchmal kamen in Rom bedeutende Menschen, um ihn in seinem Haus zu besuchen. Da wies er sie ab und empfing sie nicht.

Auf einer Mauleselin ritt er in Rom umher, um die Erneuerung des Landes zu sehen, und auf seiner Mauleselin trat er ein in den Palast S.Piero (gemeint ist wohl der Papstpalast) bis zum großen Altar und wollte nicht absteigen von der Mauleselin, und mit ihm waren etwa zehn Juden, die vor ihm her liefen und mehr als zweihundert Christen.

Abraham Farissol, IGÄRÄT ORCHOT OLAM, Kap.14
(zitiert nach A.S.Aeschkoli, Die Geschichte David Reuwenis, S.152-155)

Abraham ben Mordechai Farissol (1451-1525) war der gewählte Repräsentant der jüdischen Gemeinde zu Ferrara. Er verfaßte Bibelkommentare und eine Verteidigungsschrift gegen das Christentum und den Islam. Vor allem aber war er Geograph. Seine Schrift IGÄRÄT ORCHOT OLAM - Schreiben über die Wege der Welt (1524) - ist das erste moderne hebräische Werk über Geographie und fand eine weite Verbreitung. Farissol sammelte alle möglichen Hinweise auf jüdische Siedlungen in der ganzen, damals bekannten Welt. Als erster jüdischer Wissenschaftler beschäftigte er sich mit dem gerade entdeckten Amerika.

Das 14.Kapitel des Buches ist eigens den verlorenen zehn Stämmen und deren möglichem Siedlungsgebiet gewidmet. Anlaß dafür war nach seinen eigenen Worten das Auftreten David Reuwenis 1523 in Italien. Er war allerdings kein Augenzeuge der Ereignisse, sondern gibt umlaufende Gerüchte wieder. Farissol ist also nicht vorrangig an der messianischen Bewegung Reuwenis interessiert, sondern an geographischen Fragen. So erklärt sich seine Beurteilung Davids: „sei er, wer er sei".

Ein christlicher Gutachter über David Reuweni

In den Bergen, die Arabiens Wüste unterteilen, ... einige Tage entfernt vom Berg Sinai, wohnen viele Juden, etwa 300.000, die nach der Art der Araber leben und nach deren Sitten. Das heißt, sie lagern in Zeltlagern, reiten auf Pferden, deren Sättel sie aus Bambus-Holz machen und auf ihre Rücken legen. Und sie benutzen Speere, die aus Holzröhren gemacht sind. Sie sagen, daß sie Nachkommen seien von verstreuten Juden aus der Zeit, als Titus, Sohn des Vespasian, Jerusalem zerstörte. Sie wohnen immer in diesen Bergen mit ihrem Herrscher jüdischer Abstammung.

Jedes Mal, wenn dort eine arabische Karawane angehalten wird, die Gewürze aus Mekka und von der Küste Dschiddas nach Damaskus trägt, greifen die bewaffneten Juden zu der Zeit die Karawane an, da sie einen Tag in diesen Bergen bleiben muß, um sich mit Wasser zu versorgen, bevor sie die Sandwüsten durchquert. Oft machen sie es so mit den benachbarten Arabern. Derzeit ist der Herr dieser Juden ein gewisser Joseph, Sohn und Erstgeborener des Königs Schlomo, und sein zweiter Sohn ist David, der kundig ist in der Israel-Tora und besonders in der Weisheit, die Kabbala genannt wird, deren Auslegung Offenbarung ist. Er wird für einen heiligen Mann gehalten. Er sagt, daß durch den heiligen Geist ihm der Wille kam, das hebräische Volk, das seit vielen Jahren zerstreut ist in verschiedene Teile der Welt, in das Land der Erwählung gehen zu lassen, um zurückzukehren und Jerusalem und den Tempel Salomos zu erbauen. Er begann, in der Welt herum zu wandern, um öffentlich zu predigen und den Willen Gottes zu Gehör zu bringen allen Stämmen der Juden, die auf der Welt sind, daß die Zeit nahe sei zur Aufrichtung dieser großen Sache.

Viele Jahre, nachdem dieser aus seinem Haus gezogen war, kam er in die Stadt Medina, die felsige Hauptstadt der Araber, in der Mohammeds Leib begraben ist, von dort nach Mekka und an den Strand von Dschidda. Er überquerte das Rote Meer und kam nach Seila, einer großen Stadt in Abessinien, jenseits des Ausgangs dieses Meeres gelegen. Dort erfuhr er, daß sie unter dem Joch der Herrschaft des Priesters Johannes sind, den man jetzt König David, den Christen, nennt. Es gibt dort viele jüdische Stämme, besonders von Mose-Nachfahren, die am Ufer des Nil in Abessinien und auf der „Insel" Meroë wohnen, wie es heute heißt; früher wurde es bei den Juden Königreich Saba genannt.

Die Insel Meroë ist eine Landschaft im nördlichen Sudan, die von zwei Flußarmen (Nil und Atbara) umschlossen ist. Die Gegend, in der sich zahlreiche alte und prächtige Ruinenstätten befinden, ist nicht weit entfernt von dem Bergland, das von jüdischen Falaschas bewohnt war.

Der „Priester Johannes" ist eine recht sagenhafte Gestalt, die von manchen mit Abessinien in Zusammenhang gebracht wird..

Er ging zu jenem Priester Johannes, sprach mit ihm und ließ alle Hebräer, die an diesem Ort wohnten, den Willen Gottes wissen. Nachdem er die nötigen Befehle erteilt hatte, damit sie zu der von Gott festgesetzten Zeit erwachen sollen, bestieg er ein Schiff auf dem Nil und fuhr mit dem Strom flußabwärts, bis er nach vielen Tagen in Kairo angelangte. Und weil er meinte, zur gesamten Christenheit gehen zu müssen, um diese Tat zu vollbringen, kam er nach Alexandria. Das waren sieben Jahre. Mit dem Schiff des berühmten Herrn Santo Kontarini setzte er nach Venedig über, danach ging er von hier nach Rom zum Papst, und von hier zum König von Portugal, wo er sich lange Zeit aufhielt ...

Tatsächlich ist er ein Araber; nach der Gestalt seiner Person und seiner (Haut-) Farbe kommt er nicht aus unseren Ländern. Er ist sehr ausgedörrt und dürr, ähnlich den Indern aus Äthiopien. Seine Erscheinung bezeugt, daß er reich ist: er ist gekleidet in Seidengewänder ... Er ist um die vierzig Jahre alt. Über sich selbst erzählt er zwei Dinge: erstens, daß er erfahren ist (im Umgang) mit Waffen, ein Pferd reiten und dressieren kann und in der Stunde der Not zu kämpfen weiß. Er sagt, daß es an seinem Körper mehr als hundert Wunden gibt ... Die zweite Sache, die er über sich selbst sagt, ist, daß er die heiligen Schriften des alten Bundes kenne und gut verstehe. Aber gestern sagt er mir bei einer Diskussion, daß der Nil der Fluß Pischon sei, der im Wochenabschnitt BERESCHIT (1.Mose 1-6,8) erwähnt ist, als einer von den vier Flüssen, die ausgehen vom unteren Garten Eden.

Ich fragte ihn: Wenn der Nil einer von ihnen ist - wo sind die drei anderen Flüsse, da sie alle von einem Platz aus fließen? Er wußte mir auf meine Frage nicht zu antworten, sagte vielmehr, daß es hier eine gewisse Schwierigkeit gäbe und er mir ein anderes Mal diese Sache beantworten werde. Er bindet seine Kabbala in die heiligen Schriften, und er ist in sie versunken wie Alchemisten, die in ihre Alchemie versunken sind.

Aus dem Bericht des Gian Battista Ramusio aus Diarii Sanuto alla Marciana
(Archive des Dogen-Palastes in Venedig)
(zitiert nach A.S.Aeschkoli, Die Geschichte David Reuwenis, S.183-189)

Gian Battista Ramusio (1485-1557) war Sekretär des Stadtrats von Venedig, außerdem ein berühmter Geograph, der etwa die Reiseberichte des Marco Polo veröffentlichte. Während des zweiten Venedig-Aufenthaltes David Reuwenis im Jahre 1528 wurde er als Gutachter berufen, um dessen Geschichte bezüglich ihrer Glaubwürdigkeit zu überprüfen.

In 1.Mose 2,11 sind mythische Vorstellungen von vier Flüssen, die vom Paradies ausgehen, mit geographischen Begriffen verwoben. Einerseits wird ein Goldland Chawila (in dem sich auch der Schoham-Stein befindet) genannt, das der im Text erwähnte Pischon umfließt, sowie das Land Kusch mit dem Fluß Gichon, die beide nach Afrika weisen. Andererseits ist von Euphrat und Tigris im Zweistromland die Rede. Die Ansicht, daß die großen Flüsse von einem Ort ausgehen, war einem Geographen des 16. Jahrhunderts nicht mehr nachvollziehbar.

Bericht eines Zeitgenossen über David und Schlomo

Ein jüdischer Mann namens David kam von einem fernen Land, von Indien, an den Hof des Königs von Portugal in jenen Tagen. Er sagte zu ihm: „Ein Hebräer bin ich, und den Gott des Himmels fürchte ich. Es schickt mich mein Bruder, der König der Juden, zu dir, meinem Herrn König, um

Hilfe. Und nun geschehe es mit unserer Hilfe: Wir werden ausziehen, um Krieg zu führen mit Suleiman, dem Türken. Wir werden ihm aus seiner Hand nehmen das heilige Land." Er sagte zu ihm: „Friede bei deinem Kommen! Und jetzt geh. Ich schicke dich zu dem Großpfarrer. Was immer er sagen wird, werde ich tun."

Mit dem Großpfarrer ist der Papst gemeint, der - als Pendent zum jüdischen Großpriester (KOHEN GADOL) - COMER GADOL genannt wird.

In der Reihenfolge der Reisen irrt der Verfasser. David war zuerst in Rom und reiste von dort mit päpstlichen Empfehlungsschreiben nach Portugal. Dennoch ist dieser Abschnitt interessant, weil der Plan Davids direkt genannt wird.

Er verließ ihn und hielt sich einige Tage in Lissabon auf. Die Zwangsgetauften glaubten seinen Worten. Sie sagten zueinander: „Unser Erlöser ist er, denn der Herr hat ihn geschickt." Sie sammelten sich zu ihm und verehrten ihn sehr. Der Mann reiste weiter von dort und durchquerte Spanien. An allen Orten, durch die er kam, strömten ihm mehr Menschen zu, als es überhaupt Zerstreute gab. Das aber wurde ihnen zum Verhängnis.

Dann durchquerte er Frankreich, ging nach Avignon und reiste von dort weiter und kam nach Italien. Und er machte Fahnen, kunstvoll gewirkt, und schrieb auf sie die heiligen Namen. Und viele glaubten an ihn in jenen Tagen. Auch nach Bologna, Ferrara und Mantua kam der Mann, und er forderte, auf das Wort der vorhäutigen (christlichen) Könige hin alle Juden, die sich in ihrer Mitte befanden, mit ihm an seinen Ort und in sein Land gehen zu lassen. Sogar zum Papst sprach er. Und alle Israelis hatten große Ehrfurcht vor ihm.

Da sagten sie zu ihm: „Was sollen wir dann mit unseren Frauen machen, wenn wir alle in den Krieg ziehen, und mit ihren Söhnen, die sie gebären?" Er sagte zu ihnen: „Es gibt noch und noch, fürchtet euch nicht, denn bei Gott ist kein Mangel zu helfen." Und er erfand einen Brief: „Mein Bruder, der König, hat ihn mir geschickt, er ist geschrieben und gesiegelt mit dem Ring des Königs." Und es kam der Tag, daß sein Geheimnis offenbar wurde. Da glaubten sie ihm nicht mehr, denn er spielte mit Lügengespinsten.

Joseph haKohen, Chronik der französischen Könige
und des ottomanischen Herrscherhauses
(zitiert nach A.S.Aeschkoli, Die messianischen Bewegungen, S.403f)

Joseph haKohen (1496-1578) war ein sehr berühmter und geehrter Historiker, Arzt, Geograph und Philologe. Seine Eltern wurden aus Spanien vertrieben, und auch er selbst mußte etliche Male im Verlauf seines Lebens den Wohnort wechseln, da die Juden in verschiedenen italienischen Städten ausgewiesen wurden. Als der Stadtrat von Voltaggio ihm als einzigem Juden eine Sondererlaubnis zum Bleiben erteilen wollte, lehnte er dies ab.

In seinen geographischen Schriften setzt Joseph haKohen sich ausführlich mit der Entdeckung Amerikas auseinander. Seine historischen Werke, vor allem die 1554 erstmals gedruckte „Chronik der französischen Könige und des ottomanischen Herrscherhauses", aber auch das „Tal der Tränen" haben ihm den Ruf eines zweiten Josephus eingebracht. Seine umfassende Quellenkenntnis sowie sein objektives und fundiertes historisches Urteilsvermögen sind bis in die Gegenwart unbestritten. Seine besondere Beschäftigung mit der Vertreibungsgeschichte Israels führte dazu, daß in manchen italienischen Gemeinden seine Schriften am 9. Aw, dem Gedenktag der Tempelzerstörung, verlesen wurden.

Aus der „Geschichte des David Reuweni"

Die einzige erhaltene Handschrift der „Geschichte des David Reuweni" wurde im 19. Jahrhundert in einer Hamburger Bibliothek gefunden und befindet sich heute in Oxford. Sie ist kein Autograph Davids, sondern eine spätere Abschrift. Der Stil des Hebräischen weist auf den deutschsprachigen Raum.

Ich, David, Sohn des Königs Schlomo, das Andenken des Gerechten zum Segen, und Bruder des Königs Joseph, der größer ist als ich und der auf dem Thron seines Königtums sitzt in der Wüste Chawor, er herrscht über 30 Myriaden, über Gad, Ruben und den Halbstamm Manasse. Ich bin weggereist vom König, meinem Bruder, und seinen 70 ältesten Ratgebern, sie befahlen mir: Ich solle zunächst nach Rom gehen vor den Papst, erhaben seine Herrlichkeit ...

David reiste zuvor jedoch nach Ägypten, von dort nach Gaza, besuchte in Hebron die Höhle Machpela und kam am 25.Adar des Jahres 5283 (um 1523) nach Jerusalem, wo er die türkischen Wächter am Tempelberg bestach, um des Nachts im Felsendom beten zu können.

Am Morgen, als die Jischmaeliten kamen, um im Vorhof zu beten, trat ich mit ihnen ein. Als sie ihr Gebet beendet hatten, rief ich mit lauter Stimme: Wo sind die Wächter? Da kamen alle zu mir, ich sagte zu ihnen: Ich bin eurer Herr und der Sohn eures Herrn, des Propheten. Ich kam aus fernen Landen zu diesem geheiligten Haus. Meine Seele verlangt danach, in seiner Mitte zu stehen um zu beten und nicht, um zu schlafen. Danach kamen vier von den Wächtern und vertrieben mich. Ich sagte zu ihnen: Ich bin eurer Herr und der Sohn eures Herrn. Es wäre besser, wenn ihr den Frieden von mir wolltet. Dann würde ich euch segnen. Wenn aber nicht, werde ich mich an euch rächen und dem Türken (dem Sultan) schreiben über eure bösen Taten. Sie antworteten mir: Verzeih uns dieses Mal! Denn wir wollen dir dienen und dir wie Knechte sein während der ganzen Zeit, da du im Heiligtum verweilst. Und wir wollen dir zu Willen sein. Dann gab ich ihnen zehn Dukaten als Bakschisch. Ich verweilte im Heiligtum und kasteite mich im Allerheiligsten fünf Wochen lang. Brot aß ich nicht und Wasser trank ich nicht außer schabbats. Ich betete unterhalb des Gründungssteins und oberhalb.

Der Felsendom steht ungefähr an dem Ort, wo sich einst der jüdische Tempel befand. Der Gründungsstein, hebräisch ÄWÄN haSCHTIJA, ist ein nachbiblischer Begriff, der im

Talmud vorkommt, etwa in Joma 5,2: „Seit die Lade fort war, befand sich dort ein Stein aus den Tagen der frühen Propheten, der ÄWÄN SCHTIJA genannt wurde. Er war drei Finger höher als der Erdboden; auf diesen setzte er (der Großpriester das Räucherwerk) ab.“

Archäologisch umstritten ist, ob der Stein sich unterhalb des Altars oder des Allerheiligsten befand. Traditionell aber bezeichnet er die Mitte der Welt. Wahrscheinlich ist er identisch mit dem durchbohrten Stein, an dem schon der Pilger von Bordeaux Juden Gottesdienst halten sah[1] und der noch jetzt im Felsendom zu sehen ist. Unter ihm befindet sich eine Höhle, die betreten werden kann. Der geläufige, hebräische Name für den gesamten Felsen, über dem der Felsendom errichtet ist, lautet ebenfalls: ÄWÄN haSCHTIJA.

Die Jischmaeliten haben eine Verzierung an der Spitze des Felsendoms, und diese Verzierung ist wie ein Halbmond, der sich zur Westseite neigt. Am ersten Tag des Wochenfestes im Jahre 5283 neigte er sich zur Ostseite. Als das die Jischmaeliten sahen, machten sie ein großes Geschrei. Ich aber sagte zu ihnen: Warum schreit ihr? Sie antworteten: Unserer Sünden wegen neigte sich diese Verzierung des Halbmondes zur Ostseite der Sonne. Und das ist ein schlimmes Zeichen für die Jischmaeliten. Danach aber stiegen die jischmaelitischen Kunsthandwerker auf und brachten diese Verzierung wieder an ihren Ort am ersten Festtag. Am zweiten Tag aber kehrte die Verzierung zum zweiten Mal zur Ostseite zurück, während ich betete. Die Jischmaeliten schrien, weinten und baten darum, daß sie wieder (an ihren Ort) zurückgebracht werde, aber sie konnten's nicht. Zuvor hatten die Ältesten (der Juden) zu mir gesagt: Wenn du dieses Zeichen siehst, geh nach Rom.

Über dasselbe Wunder berichtet auch der bereits zitierte Rabbi Jisrael an Rabbi Abraham in Perugia. Nach seinem Zeugnis war der Halbmond auf dem Felsendom gewöhnlich nach Süden ausgerichtet (nämlich gen Mekka); plötzlich jedoch habe er in West-Ost-Richtung gezeigt.

Von Jerusalem machte sich David auf nach Gaza, wo er ein Schiff suchte, das ihn nach Rom und Portugal bringen sollte. Über Venedig gelangte er nach Rom, wo er vom Papst empfangen wurde.

Danach rief der Papst den Rabbi Daniel aus Pisa und sprach mit ihm zu meinen Gunsten ... Er befahl ihm, daß ich zu ihm gehen solle zur 18. Stunde am 24. des ersten Monats Adar. Ich ging, ich und der erwähnte Rabbi Daniel, zu ihm. Ich blieb bei ihm ungefähr zwei Stunden, und er sprach zu mir: Wie ich dir ein Schreiben angefertigt habe für den König Abessiniens, so habe ich auch dem König Portugals geschrieben: Ich habe auch allen Christen geschrieben, zu denen du gehen wirst. Denn sie - sie werden dir eine Hilfe sein, und sie werden dich ehren aus Liebe zu Gott und aus Liebe zu mir.

[1] Dazu das Kapitel „Aufkeimen messianischer Hoffnung zur Zeit Kaiser Julians“.

Der Papst sagte zu mir: *Sei stark und mutig* (Jos 1,6f) *und fürchte dich nicht, denn Gott ist mit dir* (dazu Jes 41,10). Ich sagte zu ihm: Es ist niemand vor mir außer Gott, gesegnet er, und du. Und siehe, ich bin bereit für deine Befehle alle Tage meines Lebens. Auch König Joseph, mein Bruder, und unser ganzes Volk ist bereit für dich. Da befahl der Papst, daß sie mir Zeichen und Schutz(-Brief) geben sollten, damit ich es König Joseph, meinem Bruder, zeigen könne. Und sie gaben's mir ... Der Papst sagte zu mir: Zeig dem König Joseph, deinem Bruder, meinen Schutz(-Brief). Ebenso gab er mir hundert Golddukaten. Ich wollte sie nicht nehmen und das Geld nicht annehmen, es sei denn mit Gewalt. Da sagte er zu mir: Nimm sie für deine Diener. Ich aber ging hinaus, weg vom Papst zu meinem Haus in Frieden, fröhlich und zufrieden ...

(zitiert nach A.S.Aeschkoli, Die messianischen Bewegungen, S.335-355)

Empfehlungsschreiben für David von Papst Clemens an den König von Portugal

Teuerster, es wurde vor uns geführt der Mann, der diesen Brief Deiner königlichen Hoheit überbringt. Er ist David, Salomos Sohn, der Hebräer, nach seinen Worten ein Einwohner der Wüste Chawor. An diesem Ort - nach dem, was die Übersetzer von ihm sagen - wohnt eine Menge ohne Zahl von Angehörigen dieses Volkes, die jetzt erregt sind über die Kriege mit ihren Nachbarn, den Mohammedanern, (aus der) Kultur der Mauren, über die sie einstmals geherrscht haben. Und jetzt fürchten sie sich vor der Kraft der metallenen Kanonen, die in deren Händen sind, deren Gebrauch und Kenntnis zu jenen Völkern der Mauren - wie es scheint - gelangt ist.

Darum erbittet jener David im Namen seines Volkes von uns, daß wir uns bereit fänden, ihnen zu ermöglichen, Kanonen dieser Art zu bekommen. Er verspricht, daß - wenn dies der Fall wäre - sein Volk dieser Gnade wegen ergeben und loyal sein werde gegenüber dem apostolischen Stuhl und den Christen. Es mag sehr wohl sein, daß im Falle der Unterdrückung ihrer ismaelitischen Nachbarn ... daraus ein großer Nutzen für die Christen entsteht: dadurch, daß die Hebräer die Ägypter angreifen oder gegen die Türken einen Krieg anfangen, von welcher Seite auch immer.

Siehe, wir, die wir recht weit entfernt sind von jenen Orten, wir können nicht wissen, ob die Worte aus der Erzählung Davids eine Grundlage und einen Wert haben. Aber wir wollen die Dinge auch nicht gänzlich leugnen. Darum haben wir beschlossen, ihn zu Eurer Hoheit zu schicken, da Ihr viele Leute habt, die oft an diese Orten reisen und diese Gebiete besuchen. Von denen könnt Ihr all das besser in Erfahrung bringen.

Darum haben wir zugesehen, das Interesse Eurer Hoheit zu wecken, erstens, daß Ihr jenen David freundlich empfangen möget und seinen Worten

Aufmerksamkeit schenkt; geziemt es einem König doch immer, gefällig und aufmerksam zu sein. Außerdem, wenn es Hoffnung gibt, daß von seinem Tun und Rat irgendein Nutzen für den christlichen Staat herauskommt - selbst wenn das hebräische Volk ein Feind des christlichen Namens ist, manchmal entschließt sich Gott, an seinen Feinden Rache zu nehmen durch die Hände von Feinden -, dann seid doch geneigt, ihm zu helfen. Ihr mögt ihn losschicken in Begleitung Eurer Flotte, nachdem Ihr ihm seine Bitte erfüllt habt. Zumal er ja nichts Großes fordert, wie es scheint, und nichts erbittet außer einigen Kanonen und wenigen Männern, die sie zu benutzen und zu gebrauchen wissen. Und deswegen kann es sehr wohl sein, daß der christliche Staat auch zum Preis Deiner königlichen Hoheit und zu Deinem Nutzen eine beträchtliche Verstärkung bekommt.

Eure königliche Hoheit möge in dieser Angelegenheit handeln wie es Euch gebührt nach Eurer Maßgabe und nach Eurem Wollen und Wunsch ... Gegeben in Rom am 17. September 1524 im Jahr 1 (des Pontifikats) ...

(zitiert nach A.S.Aeschkoli, Die Geschichte David Reuwenis, S.172-175)

Ein ganz ähnliches Schreiben richtete der Papst ein Jahr später an den christlichen König von Abessinien (Äthiopien), von dem es darin heißt, daß er „die Fahne des Kreuzes aufrichtet an den Grenzen Äthiopiens".

Aus der „Geschichte des David Reuweni"

Bald darauf reiste David auf dem Seeweg nach Portugal:

In diesen Tagen kam ein Priester aus dem Land Spanien ... Der Frevler sagte, daß es keinen König in Israel gibt und daß es bei uns niemanden von königlicher Herkunft gibt. Er stand allemal vor einem großen Fenster, ich aber ereiferte mich in Gotteseifer, stellte mich vor ihn und warf ihn aus dem Fenster auf den Boden vor all diesen Heiden ...

David sprach vor allem zu Zwangsgetauften:

Ich sagte zu ihnen überall, wo ich hinkam, daß ich ein Sohn des Königs Salomo bin, nicht bin ich zu euch gekommen, nicht mit einem Zeichen, nicht mit einem Wunder, auch nicht in der Weise der Kabbala, sondern ein Kriegsmann bin ich seit meinen Kindertagen und bis jetzt ... Und man wird sehen, wie der Weg sein wird, den der Herr mich führen wird ins Israel-Land ... Während meiner ganzen Reise kamen Zwangsgetaufte zu mir von jeder Seite und aus jeder Ecke. Sie begleiteten mich und gaben mir Geschenke ...

Die Ratgeber des Königs waren sich derweil uneinig, wie mit David zu verfahren sei:

Einige sagten: Tu ihm Ehre an ... Denn er kommt aus einem fernen Land, um dich um deine Hilfe zu bitten. Aber Don Miguel, mein Feind aus Rom bis dahin - denn ich wollte ihn in Rom mit dem Schwert töten - er sprach allemal gegen mich ... Darum forschten sie bei dem Sekretär (des Königs, der selbst ein Zwangsgetaufter war) nach und fragten, ob die Zwangsgetauften mir mehr Ehre erwiesen hätten als die Christen. Da antwortete der Sekretär, daß sie mir große Ehre erwiesen, mir die Hand geküßt hätten, sie und ihre Frauen, Söhne und Töchter ... Da sagte Don Miguel zum König und seinen Ratgebern: Habe ich dir nicht gesagt, daß er gekommen ist, um deine Königsherrschaft zu bekämpfen und die Zwangsgetauften zum Judentum zurückzubringen?! Wenn du also deine Minister zu ihm schickst, ihn zu begleiten, werden alle Zwangsgetauften hinausgehen zu ihm ... Und sie werden untereinander Rat halten gegen die Christen und zum Judentum zurückkehren.

Trotz aller Bedenken seiner Ratgeber empfing der portugiesische König David Reuweni schließlich, der seine Empfehlungsbriefe zeigte. Und obwohl Don Miguel gegen ihn intrigierte, war der König ihm wohlgesonnen und bereit, ihn mit Schiffen und Soldaten auszurüsten, die mit Feuerwaffen umgehen konnten.

Der moslemische König von Fes (Marokko) hatte offenbar von den Ereignissen in Portugal gehört und schickte einen hohen Beamten, einen Richter, um David nach seinen Plänen zu befragen:

Was erbittest du von diesem Königreich, daß du gekommen bist von Osten nach dem Westen? Ich antwortete ihm, daß wir seit unserer Jugend am Kriegführen sind ... und mit Gottes Hilfe nach Jerusalem gehen wollten, um das ganze Israel-Land aus der Hand der Moslems zu nehmen. Denn das Ende und das Heil sei nahe ...

Der Richter verwunderte sich sehr ... und sagte zu mir: Wir glauben, daß das Königtum in dieser Zeit zu euch zurückkehren wird. Und wenn es zurückkehrt zu euch, was dann? Werdet ihr uns gnädig sein? Ich sagte zu ihm: Ja, wir werden euch gnädig sein - nämlich jedem, der Israel gnädig war, solange sie in der Zerstreuung unter moslemischer und christlicher Herrschaft waren ... Am Anfang werden wir das Land Israel und seine Umgebung einnehmen, danach werden die Befehlshaber des Heeres ausziehen gen Westen und Osten, um die Vertriebenen Israels zu sammeln. Und wer weise ist unter den moslemischen Königen, wird die Juden erheben, die unter seiner Herrschaft sind, und sie nach Jerusalem bringen. So wird allen moslemischen Königen große Ehre zuteil. All die Königreiche wird der Herr dem König von Jerusalem geben.

Es fragte mich jener Richter: Wenn die Juden, die in Fes und Umgebung leben, und auch die Moslems sagen: Wer bist du? Ein Prophet oder ein Messias? Ich antwortete ihm: Ganz und gar nicht! Denn ich bin ein größerer Sünder vor Gott als irgendeiner von ihnen ... Ich bin weder ein Gelehrter noch ein Prophet ..., nur ein Heerführer und Sohn des Königs Salomo, Nachkomme Davids, des Sohnes Isais.

... Danach sagte ich zu den Zwangsgetauften ... : Ihr sollt wissen und verstehen, daß ich ein Gesandter bin ... ich bin aus dem Osten in den Westen gekommen, um Gott, gesegnet sein Name, zu dienen und um Israels willen - sie zu sammeln aus allen Orten und sie zu bringen in das besiedelte Land bei Jerusalem, der heiligen Stadt.

Plötzlich änderte der König von Portugal seine Meinung. Er versuchte nun, David höflich, aber schnell loszuwerden, ohne ihm Schiffe und Waffen zu übergeben. Er schlug ihm stattdessen vor, mit seinem Anliegen zu Kaiser Karl V. oder zurück nach Rom zu gehen. Den Grund für diesen plötzlichen Sinneswandel erfuhr David von der Königin:

Sie fragte mich: Bist du dem König, meinem Mann gut? Ich antwortete ihr, daß der König mir versprochen habe, mir acht Schiffe zu geben, und jetzt habe er sich in meinen Feind verwandelt - und ich wisse nicht, was der Grund dafür sei ... Die Königin antwortete mir: Ich weiß es sicher, daß der König für dich die Schiffe bereitstellen wollte, voll mit Feuerwaffen und kriegserprobten Männern. Dann aber hörte der König über dich, daß du seinen Sekretär beschnitten und die Gezwungenen zum Judentum zurückgeführt hast und daß du dich mit den Zwangsgetauften gegen den König berätst. Alle Minister des Königs und seine Diener sprachen mit dem König: er solle dir deswegen nichts geben. Und der König wurde zornig dieser Dinge wegen.

(zitiert nach A.S.Aeschkoli, Die messianischen Bewegungen, S.360-364)

Mit dem Sekretär des Königs ist Schlomo Molcho gemeint, den David aber weder mit seinem christlichen noch mit seinem jüdischen Namen nennt. Es gingen demnach Gerüchte am Hofe um, daß David ihn beschnitten habe. Von Schlomo selbst aber ist bekannt, daß David sich ihm gegenüber sehr abweisend verhielt, so daß er sich selbst beschnitt:

Die Selbstbeschneidung Schlomo Molchos

Nachdem der Mann, der Kriegsheld, der Fromme, unser gelehrter Lehrer David Reuweni, am Hofe des Königs von Portugal angekommen war, da sah ich des Nachts im Traum furchtbare Visionen, die eine seltsamer als die andere, darob ich sehr erschrak ... Die Bedeutung der Vision, die ich sah, war: man befahl mir, daß ich mich beschneiden sollte. Und Tag für Tag wandle ich vor dem gelehrten Lehrer David, Gott behüte ihn, und sage ihm, was ich in meinem Traum gesehen habe, um seinen Rat zu erfahren; denn es war mir der Gedanke gekommen, daß ich seinetwegen von diesen Dingen Visionen hatte. Er aber ignorierte mich und sagte zu mir: Von all dem weiß ich überhaupt nichts; meinetwegen sollten dir diese furchtbaren Visionen, die du siehst, zu Teil werden?

Ich sagte zu mir: Vielleicht will er mir die Sache nicht offenbaren, bis ich mich beschnitten habe. Da ging ich von ihm weg, und in der Nacht beschnitt ich mich mit eigener Hand. Kein Mensch war bei mir. Und der Heilige, gesegnet er, um seines Namens willen half er mir und heilte mich. Nachdem ich aufgestanden war vom Bett und zu dem gelehrten Lehrer David, Gott behüte ihn, gegangen war, sagte ich zu ihm: Sprich mit mir, mein Herr, und verbirg dich nicht vor mir. Denn ich habe das Gebot meines Schöpfers, erhaben er, erfüllt. Schau mich an: beschnitten bin ich wie einer der Israelis. Darauf zeigte er mir ein zorniges Gesicht, schrie mich an und sagte: Was hast du da getan und damit mich und dich in große Gefahr gebracht? Denn wenn das dem König bekannt wird, wird er sagen, daß ich dich verführt habe, dies zu tun, wovon ich gar nichts gewußt habe und was mir nie in den Sinn gekommen wäre. Ich wunderte mich sehr über seine Worte. Trotzdem vermutete ich, daß er (noch immer) diese Dinge vor mir verberge.

Nachdem ich gesiegelt war mit dem Siegel meines Schöpfers, offenbarten sich mir furchtbare Dinge ... Da befahlen sie mir, daß ich in das türkische Königreich kommen solle ... Und ich verbreitete das Gerücht in ihren Lagern, daß der gelehrte Lehrer David mich in geheimer Mission in die Türkei geschickt habe. Jetzt aber werde ich die Wahrheit sagen vor dem, der Himmel und Erde macht: denn ich habe mich nicht beschnitten und ich bin nicht gereist auf menschlichen Befehl hin, sondern auf Befehl des Herrn, unseres Gottes.

Selbstzeugnis des Schlomo aus CHAJAT KANÄ
(zitiert nach A.S.Aeschkoli, Die messianischen Bewegungen, S.365f)

Mehrere Briefe Schlomos hat Joseph haKohen in der Sammlung CHAJAT KANÄ herausgegeben, die 1648 von Abraham Rothenberg gedruckt wurde.

Und es ging aus ein Reis aus Portugal, Schlomo Molcho sein Name, aus der Wurzel Israel, die dort zerstreut ist seit den Tagen der Vernichtung. Er diente bei den Sekretären des Königs zu jener Zeit. Da geschah's, als er den Mann David sah, berührte Gott sein Herz, und er kehrte zurück zu dem Herrn, dem Gott unserer Väter, und beschnitt das Fleisch seiner Vorhaut. Er wußte überhaupt nichts über die Tora des Herrn und über die heiligen Schriften in jenen Tagen. Da geschah's bei seiner Beschneidung, daß der Herr Schlomo Weisheit schenkte, und er wurde augenblicklich weiser als jeder Mensch. Und viele wunderten sich über ihn.

Joseph haKohen, Chronik der französischen Könige
und des ottomanischen Herrscherhauses
(zitiert nach A.S.Aeschkoli, Die messianischen Bewegungen, S.403)

Der König rief mich (David) ... und sagte mir außerdem: Was ist das? Ich habe gehört, daß du meinen Sekretär beschnitten hast?! Ich antwortete ihm: Das ist nicht wahr, das kommt überhaupt nicht in Frage. Denn ich bin nicht gekommen, solche Sachen zu tun. Du aber solltest deine Ohren nicht Verleumdern öffnen ... Da kam jener Sekretär zu mir, der sich heimlich beschnitten hatte, und der sich (nun) in der Wohnung von Zwangsgetauften vor dem König verbarg. Er unterhielt sich mit mir in dieser Nacht. Ich zürnte ihm und sagte zu ihm: Sieh, welchen Schaden du uns angerichtet hast. Geh nach Jerusalem, geh weg vom Angesicht des Königs, damit er dich nicht verbrenne oder töte. Er ging weg von mir.

Denn dieser Sekretär war zu mir gekommen anfangs, als ich zum König kam, und er hatte zu mir gesagt, daß er des Nachts geträumt habe, daß er sich beschnitten habe. Und er sagte zu mir: Tu mir diese Gnade und beschneide mich. Oder befiel dem Schlomo, daß er es an mir tue.

Hier erscheint zum ersten Mal in Davids Bericht der Name des königlichen Sekretärs: und zwar der jüdische, nicht der portugiesische Name. Diego Pires bittet, daß dem Juden in ihm befohlen werde, den zwangsgetauften Christen zu beschneiden, auf daß aus Diego Schlomo werde.

Ich zürnte ihm und sagte zu ihm: Das wirst du nicht machen zu dieser Zeit, damit du nicht in Gefahr gerätst, und wir auch nicht - wenn diese Sache bekannt wird, werden sie zu mir sagen, daß ich es war, der's getan hat. Ich riet ihm und sagte: Bleib' auf deinem Posten vor dem König, bis daß der Heilige, gesegnet er, die Tür öffnet, denn er weiß die Gedanken des Menschen. Aber jetzt möge er dich davor bewahren, daß du das nicht tust, damit weder du noch ich und all die Zwangsgetauften in große Gefahr geraten.

Da geht er weg von mir und macht zwischen sich und sich (zwischen Diego und Schlomo) diese Beschneidungshandlung. Er, der Sekretär und Geehrte vor dem König! Das erfuhren der König von Portugal, all seine Minister, auch alle Zwangsgetauften und Christen ... Jener Sekretär konnte nur noch fliehen, der König aber und die Minister ... sagten, daß ich die Ursache sei, daß dieser Sekretär sich beschnitten habe, obwohl ich selbst es ihm nicht gemacht habe ...

Aus der „Geschichte des David Reuweni"
(zitiert nach A.S.Aeschkoli, Die messianischen Bewegungen, S.366f)

Über den Einfluß Davids auf die Zwangsgetauften

Vor zwei oder drei Jahren, mein sehr erhabener Herr, kam in dein Königreich ein Jude aus fernen Ländern, und wie es vielen bekannt ist, war er so sehr fleißig, daß er innerhalb kurzer Zeit großen Schaden verursachte. Und gemäß den Zeugnissen, die in meiner Hand sind, überführte er eine Menge ohne Zahl von den Einwohnern deines Königreichs zur jüdischen Ketzerei und zu umstürzlerischen Reden, die er verbreitete. Er brachte sie dazu zu glauben, daß unser Herr und unser Erlöser Jesus Christus kein Gott ist und nicht der verheißene Messias. Eben jener Jude kam, um frohe Botschaften zu verkündigen für die Glaubenden, damit sie annehmen sollten den Falschmessias, den er prophezeite. Ein König, nämlich sein Bruder, werde sie zukünftig ins verheißene Land nehmen, mitsamt denen, die sie herausführten aus deinem Königtum und aus anderen Ländern. Das Gift dieses Verderblichen, dessen Vorbild du im Reich des Satans findest, ist so sehr verbreitet, daß es bis zu diesen Königreichen gelangte ... Doktor Selaya - Inquisitor.

Aus einem Bericht der spanischen Inquisition an den König von Portugal von 1528 (zitiert nach A.S.Aeschkoli, Die Geschichte David Reuwenis, S.178f)

Scharfe Kritik an David wegen seiner Wirkung auf die Juden

... der Schuft David Reuweni, *der sich überhob* (1.Kö 1,5), zu herrschen mit der Krone von Königen, *(des Milkom) Scheusal der Ammoniter* (1.Kö 11,5). Er wünschte, daß sie ihm paßte, aber sie paßte ihm nicht (Sanhedrin 21b). *Ich habe seine Schleppe hoch bis über sein Gesicht gezogen* (Jer 13,26). *Ich habe deine Blöße aufgedeckt* (Hes 16,37) ... Im Angesicht der Sonne habe ich seine Schande gezeigt, *ich schickte seine Fleischstücke* (Ri 19,29) *und seinen Kropf mit Federn* (3.Mose 1,16) an alle Rechtgläubigen Israels, damit sie erschüttert werden und *zitternd aus ihren Burgen hervorkommen* (Mi 7,17). Denn seit den Tagen Hamans, des Sohnes Hamdatas (dazu Ester 3,1f), stand keiner auf, uns zu beherrschen, *um* uns *aufzureiben und umzubringen* (Ester 9,24), was er hindern möge, wie eben dieser Haman, dieser Bedränger und Feind. *Ich, für mich allein, bin übriggeblieben* (1.Kö 19,10), und kein Mensch war bei mir, ihm zu widerstehen, um seine Schande in der Gemeinde zu offenbaren.

Aber jeder Mann teilt ihm aus und jede Stadt umschmeichelt den Frevler, füttert ihn mit Fasanen (Kidduschin 31a) und tränkt ihn mit Gewürzwein, kleidet ihn mit Seide und Stickerei, *gesalzen, rein, (zur) Heiligung* (2.Mose 30,35). Und auf diese baut er die Hochaltäre für Baal, *schmiedet böse Ränke* (Prov 6,18), er folgt seinem *närrischem Rat* (Jes 19,11), *die Augen der Menschen sticht er aus* (4.Mose 16,14). Er hat sich gegen uns durchgesetzt und tut es immer noch, wenn der Herr nicht Mitleid hat mit dem Rest seines Volkes und der Herr uns nicht retten wird aus der Faust seines Feindes und Rache übt, *wie einen Mordgesellen* (2.Kö 6,32) verfolgt diesen das Gericht. Und der Herr *übt Rache an seinen Drängern und entsündigt das Land seines Volkes* (5.Mose 32,43) ...

Aus einem Brief des Rabbi Asriel Dienna an Abraham haKohen aus dem Jahre 1536 (zitiert nach A.S.Aeschkoli, Die messianischen Bewegungen, S.406f)

Asriel war eine der führenden jüdischen Autoritäten in Italien. Er versuchte, den Joseph von Orly, welcher nach Schlomo Molchos Tod dessen Wiederkehr prophezeit hatte, aus der CHAWERUT (einer Gelehrtengesellschaft in Italien) und vom Rabbinat überhaupt auszuschließen. Auch bei David Reuweni betrieb er dies, weil er ihn für einen Betrüger hielt. Der gehässige Text ist eine Aneinanderreihung von biblischen Zitaten.

Erklärung einiger Bibelzitate:
Die drei Zitate zu Beginn des Textes sind ein kunstvolles Spiel mit Wortverwandschaften und biblischen Assoziationen. Das Talmudzitat Sanhedrin 21b bezieht sich auf Adonja, König Davids (damals) ältesten Sohn, der sich „überhob" und ohne Davids Zustimmung als König ausrufen ließ. Der Talmud kommentiert: „Rabbi Jehuda sagte im Namen Raws: Dies lehrt, daß er wünschte, daß ihm (die Krone) paßte, sie ihm aber nicht paßte." Mit „Krone" spielt das zwischengeschaltete Zitat 1.Könige 11,5, in dem der ammonitische Stadtgott Milkom „Scheusal der Ammoniter" genannt wird. Milkom, der nach 2.Samuel 12,30 eine zentnerschwere goldene Krone trug, die David eroberte, ist sprachlich einerseits mit MÄLÄCH („König") verwandt und andererseits mit Moloch, dem Hauptgott der Kanaanäer. Dieser wird in der Bibel häufiger erwähnt, er galt wegen der ihm dargebrachten Menschenopfer als besonders verabscheuenswürdig.

Aus der „Geschichte des David Reuweni"

Nachdem der höfliche Rauswurf Davids aus Portugal bekannt geworden war, verspotteten Christen ihn öffentlich, worauf einige Zwangsgetaufte Prügeleien anfingen. Zwei von ihnen wurden verhaftet, kamen aber durch Davids Fürsprache wieder frei.

Bald darauf besuchte ein Kardinal, der Bruder des Königs, David und machte ihm ein Angebot:

Willst du zu meiner Religion konvertieren? Dann mache ich dich zum Minister. Ich antwortete ihm: Mache es mit mir wie mit dem Raben, den Noah aus der Arche schickte und der niemals zurückkehrte ... In dieser Nacht kamen viele Zwangsgetaufte vor mich. Sie fürchteten sich und weinten. Ich sagte zu ihnen: Vertraut auf den Herrn immerzu, denn ihr seid würdig und werdet schauen den Aufbau Jerusalems, fürchtet euch nicht. Ich bin aber dieses Mal nicht vor den König gekommen, um euch mit zu nehmen und nach Jerusalem zu bringen, weil wir noch große Kriege in Jerusalem zu führen haben. Betet, bevor ihr kommt, bis unser Land unser sein wird und wir das Opfer darbringen. Danach aber werden wir zu euch kommen, um euch in das schon besiedelte Land zu bringen. Dieses Mal aber bin ich allein deshalb gekommen, euch zu verkündigen die gute Botschaft, daß das Heil nahe ist zu kommen.

(zitiert nach A.S.Aeschkoli, Die messianischen Bewegungen, S.364f)

Schlomos Aktivitäten in Italien nach seiner Rückkehr aus der Türkei

... Er (Schlomo) zog in die Türkei und kehrte nach Rom zurück. Er sprach mit Clemens und machte sich ihm geneigt gegen den Willen aller, die kundig sind in Religion und Recht (gegen den Willen der Inquisition). Der (Papst) gab ihm in seinem Namen eine schriftliche und gesiegelte Vollmacht, zu bleiben, wo es ihm gut dünke. Und er gab ihm den Beinamen Israel.

Er wurde weise in der Weisheit der Kabbala, aus seinem Munde gingen anmutige Worte. Denn der Geist des Herrn sprach aus ihm, und sein Wort war immer auf seiner Zunge. Und er schöpfte und schöpfte aus der Quelle aus Tiefen der Kabbala Worte der Schönheit. Er schrieb sie auf Tafeln. Aber nicht sah ich sie bisher. Er predigte sie vor vielen in Bologna und an anderen Orten. Und viele folgten ihm nach, um seine Weisheit zu hören und *ihn mit Rätseln zu prüfen. Schlomo aber antwortete auf all ihre Worte. Nicht eine einzige Sache war verborgen vor ihm, was er ihnen nicht hätte sagen können. Da sahen sie die Weisheit Schlomos und sagten: Wahr ist das Wort, das wir über dich hörten. Du fügtest zu dem Gerücht, das wir ständig gehört haben, Weisheit hinzu* (dazu 1.Kö 10,1.3f.6f). Und viele ereiferten sich seinetwegen, aber sie konnten in Italien nichts Böses auf ihn wälzen. Denn die Fürsten fanden ihn sympathisch.

Joseph haKohen, Chronik der französischen Könige
und des ottomanischen Herrscherhauses
(zitiert nach A.S.Aeschkoli, Die messianischen Bewegungen, S.403f)

Schlomo hielt häufig Predigten über die nahe Erlösung:

Und danach, im Schabbatjahr, wird es geschehen: die Stadt Jerusalem wird groß und die Religionen der Götzendiener werden vernichtet und zum Ende gebracht. Die Fremden werden Steuern aus Deutschland und Weizen in reicher Fülle geben. Die Halle wird gegründet, der Tempel nach drei Tagen. Und dann werden sie zu Tausenden eingesammelt auf dem Seeweg, ... die Diaspora ist unterwegs (im Jahre) 90 und 1 und 2 - die Erklärung und der Zweck: die Klugen werden's verstehen; 90 und 1 und 2 - das ist die Zahl 93 im 6. Jahrtausend, da wird sich das Ende der Diaspora ereignen ...

Teil einer Predigt Schlomo Molchos aus dem SEFER haMEFOAR
(zitiert nach A.S.Aeschkoli, Die messianischen Bewegungen, S.370)

Der SEFER haMEFOAR, eine Predigtsammlung des Schlomo, wurde zuerst (damals noch unter dem Titel „Predigten") 1529 in Saloniki veröffentlicht, wo Schlomo etliche Schüler um sich gesammelt hatte.

Auf „90 und 1 und 2" kommt Schlomo, indem er den Zahlenwert dreier aufeinander folgender Buchstaben des Bibelverses 2.Mose 21,4 addiert. So ergibt sich 5293 (1532) als Zeitpunkt der Erlösung - das Jahr, in dem Schlomo den Tod fand. In anderen Predigten finden sich allerdings auch andere Jahreszahlen, etwa 1540.

(Schlomo) an die gelehrtesten Berge, die Säulen der Zerstreuung, Kenner der Religion, die Allerverständigsten, die besten Ansehens sind vor dem, der lagert in seinem Heiligtum, die würdig sind zu stehen in der Halle des heiligen Königs, aufs höchste verbunden mit denen, die gesättigt sind im Angesicht des Lebensbaumes der Tora; sie sollen sein eine *feurige Mauer* (Sach 2,9) und ein hoher Berg rings um die zerstörte Stadt, die gewürdigt ist, ihren Wiederaufbau zu sehen - dauerhaften Frieden über dem Thron des

Königs Messias! - sie sind Nachkommen der Gottessöhne aus dem Himmel.

Neigt eure Ohren, um die Worte *eines Wurmes und nicht eines Mannes* (Ps 22,7) zu hören, *ein Sproß aus der Wurzel* (Jes 11,1) der Söhne unsrer Zerstreuung ... Heute bin ich hier ergriffen durch den König der Könige der Könige, der Heilige, gesegnet er, durch seinen Knecht, meinen Herrn David (Reuweni) ...

Es fällt die Parallele zur christlichen Tradition auf: einerseits werden Bibelzitate verwendet, die aus der Weihnachtsliturgie (Jes 11,1) und der Passionsgeschichte (Ps 22) vertraut sind. Andererseits wird David als „Knecht Gottes und meinen Herrn" bezeichnet, was genau der Stellung Jesu „Christi" entspricht.

Die zerstörte Stadt, deren Wiederaufbau vorausgesagt wird, ist Jerusalem - das Zentrum allen Messiastums, symbolisiert im Thron des Messias.

Vom Fürsten Anconas über seine Pläne und seine Botschaft befragt, antwortete Schlomo:

Der Herr ist Gott! Er ist die Wahrheit und seine Tora ist Wahrheit, sonst nichts. Dann verstummte ich wie ein Kadaver. Und die Leute, die mit mir waren - ein großes Zittern fiel auf sie. Und er entließ mich im Frieden, aber befahl mir, daß ich nicht predigen solle zu den Christen gegen ihre Religion. Dennoch kamen jedes Mal, wenn ich predigte, Fürsten, Priester und viel Volks in die Synagoge. Auch habe ich auf dem Markt mit einem Fürsten diskutiert.

In der Folge machte Schlomo sich allein nach Rom auf, vor dessen Toren er betete:

Herr der Heere! Wie lange noch erbarmst du dich nicht Jerusalems und der Städte Judas, wegen all des Bösen, das die Bewohner in dieser Stadt taten, um uns zu bedrängen und aus unserem Land zu worfeln?! Denn durch unsere Verfehlungen und durch die Sünden unserer Väter sind Jerusalem und dein Volk zur Schande geworden für unsere ganze Umgebung. Und jetzt höre, unser Gott, das Gebet deines Knechtes und auf unser Flehen:

Es möge eingraviert werden der heilige Stein, ein Stein, den du gegeben hast deiner heiligen Priesterschaft, um sie zu kleiden in Gerechtigkeit und Heil, um sprossen zu lassen ein Horn für deinen Messias. Verzeih doch die Sünde deines Landes und die Sünde deiner Kinder, der Kinder deines Bundes, welche du verstreut hast unter die Völker. Und gedenke für uns des Bundes und der Gnade, die du zugeschworen hast unseren Vätern in Tagen der Frühzeit. Und laß dein Angesicht leuchten über deinem verwüsteten Heiligtum um meines Herrn und um deines Namens willen, der über deiner Stadt und deinem Volk angerufen wird.

Mit dem „heiligen Stein" ist einer der beiden bereits erwähnten Schoham-Steine (1.Mose 2,12) gemeint, die nach 2.Mose 28,9ff auf den Schulterstücken des Ephod, eines Kleidungsstückes für die Priester, befestigt werden sollten. Auf ihnen eingraviert waren die Namen der zwölf Stämme, um Gott an Israel zu erinnern: „Aaron soll ihre Namen auf seinen beiden Schultern tragen vor dem Herrn, damit der Herr ihrer gedenke“.

Noch während ich so spreche und mit diesen Worten bete, da sind meine Augen wie eine überfließende Quelle, die Kraft verließ mich und kein Odem blieb (mir). Ich stärkte mich, betete das Abendgebet auf dem Feld, bevor ich in die Stadt eintrat. Und als ich zum Segen „Erlöser Israels“ kam, hörte ich eine Stimme in meine Ohren sprechen - es war die Stimme meines Lehrers -, und sie sagte zu mir (4.Mose 24,8): *So wird's geschehen: er wird besitzen das Seïr seiner Feinde.* Und beim Segen „Der sammelt die Verstoßenen seines Volkes Israel“ hörte ich wieder dieselbe Stimme, die sagte (4.Mose 24,18): *Israel wird Heeresmacht.* Und beim Segen „Ein König, der Wohltat und Recht liebt“ hörte ich (5.Mose 32,25): *Zu der Zeit wird ihr Fuß wanken.* Und beim Segen „Der stützt und sicher macht die Bewährten“ hörte ich (5.Mose 32,36): *Und über seine Knechte erbarmt er sich.* Und beim Segen „Der Jerusalem erbaut“ hörte ich (5.Mose 32,35): *Die Rache ist mein und die Vergeltung.* Und beim Segen „Der sprossen läßt ein Horn des Heils“ hörte ich (4.Mose 24,18): *So wird's geschehen: Edom wird Besitz.*

Schlomo spricht den Achtzehnsegen, Bestandteil des täglichen Gebets. Eine Offenbarungsstimme (die Stimme Davids?) antwortet ihm und deutet die einzelnen Segenssprüche mittels Bibelversen, die aus dem Mose- und Bilam-Segen stammen (letzterer enthält in 4.Mose 24,17 die messianische Weissagung: „Ein Stern wird aufgehen aus Jakob“). Die Verse haben einen recht kriegerischen Charakter: Israel wird Seïr und Edom, die stellvertretend für alle Gegner der Juden stehen, mit Gottes Beistand besiegen.

Nach Beendigung seines Gebets betrat Schlomo die Stadt, gab sein Pferd und seine guten Kleider zur Aufbewahrung ab und bat um armselige Bettel-Kleider.

Ich zog die Kleider an und veränderte meines Gesichtes Glanz ins Schwarze, ich band die beschissenen und mit Öl verschmutzten Leinen-Lappen auf meine Füße. Düster ging ich, *verachtet und verlassen von Menschen,* wie *ein Mann der Schmerzen und vertraut mit Krankheit* (Jes 53,3), *an dem nichts Heiles war* (Jes 1,6). Ich durchquerte die Straßen der Stadt bis zur Brücke, die über dem Tiberfluß in der Nähe des Papstpalastes ist; denn dort sind die Niedrigen und Kranken. Ich setzte mich in ihre Mitte wie ein Aussätziger, ein von Gott Geschlagener dreißig Tage. *Leckeres Brot aß ich nicht, Fleisch und Wein kam nicht in meinen Mund* (Dan 10,3).

Da geschah's am Ende der dreißig Tage, am zehnten des christlichen zwölften Monats - das ist der Monat Adar des Jahres 5290 (1530) ... Um Mitternacht fiel ein Tiefschlaf auf mich. Und siehe, der Alte, den ich am

Anfang in einer Vision gesehen hatte, kam zu mir und sagte: Mein Sohn, nun bin ich gekommen, um dich verstehen zu lassen, was geschehen wird den Völkern, in deren Mitte du bist. Komm mit mir zu den Ruinen Jerusalems ...

Wer messianische Ambitionen hat, kann nicht direkt für sich werben, sondern tut Zeichenhandlungen, schickt gleichsam Signale aus, um auf sich hinzuweisen. Wer den Talmud kannte, mußte sich - wenn er Schlomo in Lumpen und sich mit Lappen verbindend am Tiber sitzen sah - an Sanhedrin 98a erinnern, wo es über den Messias heißt: „Wo sitzt er? Am Eingang Roms. Und was ist sein Erkennungszeichen? Er sitzt unter Armen, die mit Krankheiten beladen sind. Sie alle lösen und binden (ihre Verbände) auf einmal, nur er löst einzeln und bindet einzeln; denn er sagt sich: Vielleicht werde ich verlangt, dann will ich nicht aufgehalten sein."[1]

Dan 10,3: Auch Daniel fastete - wie Schlomo - mehrere Wochen lang. Dann, während er am Fluß Tigris weilte, hatte er eine Vision. Das Motiv des Alten, der in einem Nachtgesicht erscheint, stammt ebenfalls aus dem Daniel-Buch (dazu Dan 7,9ff).

Es folgt eine ausführliche Schilderung seiner Visionen, in der Schlomo ein schreckliches Tier „wie ein Vogel" aus dem Toten Meer aufsteigen sieht, welches an Kraft zunimmt, wenn andere Lebewesen sterben, und das die Sintflut heraufführen kann, um die Welt zu überfluten, auf daß wieder TOHU, die Wüste des Anfangs (1.Mose 1,2) einkehre. Ihm und der vollständigen Zerstörung entgegen wirkt ein anderer, kleinerer Vogel. Beide Vögel lassen sich in Rom auf dem Papstpalast nieder, während über Rom das Verderben aufzieht. Schließlich fragt Schlomo den Alten nach der Deutung seiner Vision:

Wisse, mein Sohn, der große Vogel, den du gesehen hast, weist auf Erdbeben und Flut. Die Flut wird sich ereignen in diesem Land und in einem anderen Land, das im Norden an dieses grenzt, und das Erdbeben in deinem Heimatland (Portugal) ... Und der kleine Vogel ... ist gekommen, um die Bewohner des ganzen Landes zu beschützen, um aufzurichten den Bund, den Gott seit den Tagen Noahs geschworen hat. Und diese Wunder sollen dir ein Zeichen sein. Bleibe nicht an diesem Ort, aber wenn die Flut vorübergegangen ist, dann kehre hierher zurück. In jenen Tagen wird das Erdbeben im Königreich Portugal sein.

... nach der Flut werden zwei große Sterne erscheinen ... und jeder Stern hat einen großen, purpurfarbenen Schweif, und sie werden viele Tage vor den Augen der Bewohner Roms sein, und alle werden über sie weissagen. Der (erste) Stern lehrt, daß dort ein großes Weinen übernachtet über dem Ort und all seinen Städten, die westlich der Türkei sind, denn sie werden zum Besitz ihrer Feinde. Und der zweite Stern lehrt, daß dies nicht die (ganze) Welt betrifft, sondern daß Israel eine Heeresmacht schafft für einen Morgen des Jubelns.

[1] Dazu auch die Quellen des Kapitels „Zurücknahme des Messianischen im Talmud", S.316.

Als die angesagte Flut tatsächlich kam, was Schlomo viele Anhänger, darunter sogar den Papst einbrachte, verließ er, versehen mit einem päpstlichen Schutzbrief, Rom in Richtung Norditalien, wo er David Reuweni zum ersten Mal seit seiner Flucht aus Portugal wieder begegnete:

In jenen Tagen hörte ich sie sagen, daß der Fürst David nach Italien gekommen sei, und auch auf ihm lastete der Kelch des Denunziantentums durch Frevler unseres Volkes. Ich war der Meinung, daß, wenn ich ihn sehen würde, er mich Verstehen lehren werde. Aber da geschah das Gegenteil: denn er befragte *mich*. Und ich konnte das nicht glauben - weil doch *er* ein großer Weiser ist. Was aber sagte er mir? Ich kenne weder Tora noch Weisheit ... (Und von da an) war ich immer bei ihm wie ein Diener vor seinem Lehrer.

In Venedig verschaffte Schlomo sich anschließend durch seine Aktivitäten unter Juden einige Feinde. Manche warfen ihm Zauberei vor, weil er die Flut herbeigeführt habe. Sie verleumdeten ihn vor der Obrigkeit.

Und hätte der Herr mir nicht geholfen, hätten sie mir beinahe Übles angetan. Und durch die Hände von Juden gaben sie mir tödliches Gift, aber auch davor bewahrte mich der Herr. Nachdem ich mich erholt hatte, ging ich nach Rom, um die Sterne und ihre Gestalt zu suchen. Und vor dem Kommen sagte ich alles dem Papst und wenigen der großen Kardinäle bei Hofe an ...

Auch schrieb ich dem König von Portugal durch seinen Botschafter, denn ich sprach mit ihm in seinem Zimmer, und nachdem das Erdbeben gekommen war, staunten sie sehr, und jener Botschafter sagte zu mir: Wenn der König vor deiner Abreise aus Portugal gewußt hätte, daß du so weise bist, hätte er dir die Erlaubnis gegeben, diejenige Religion auszuüben, die du willst. Und all die Tage behandelten er und seine Diener mich mit großer Ehre in seinem Haus.

Und vor dem Papst und den Kardinälen bildeten sich Gruppen und Parteien, als sie die Ehre sahen, die mir der Papst antat. Einige sagten: Er soll getötet werden, denn er ist des Todes schuldig, weil er die Wasser (der Taufe) verachtet hat, die in Portugal über ihn gelaufen sind. Einige aber sagten: Er soll nicht getötet werden, denn er ist ein großer Weiser und hat uns Zukünftiges vorausgesagt. Diese ehrten mich vor der Menge des Volks mit ihren Worten und Taten.

Zu den jüdischen Feinden Schlomos gehörte auch Jakob Mantin, der schon gegen David Reuweni vorgegangen war:

Die Kunde (daß Schlomo angeblich die Taufe verächtlich gemacht habe) wurde von dem weisen und hervorragenden ... Jakob Mantin in Venedig gehört. Er sagte zu den Juden, die dort waren: Jetzt werde ich aufstehen und nach Rom gehen, um einen jüdischen Mann zu verfolgen, dessen Name

Schlomo ist, um ihm Böses zu tun, bis er zurückkehrt zu seinem (christlichen) Ursprung oder mit Feuer verbrannt wird.

Und es kam ... Jakob Mantin in die Stadt Rom. Er ging zuerst zum Hause des Botschafters von Portugal und sagte zu ihm: Warum hast du nicht geeifert zur Ehre des Königs, deines Herrn, über diese Angelegenheit, diesen Mann, der am Hof des Papstes steht? Er war Sekretär im Hause des Königs als einer seiner Diener, und jetzt ist er ein Jude? Es antwortete ihm der Botschafter: Das ist nicht unsere Art, und so wird es bei uns nicht gemacht, heimliche Verleumder zu sein, und nicht mit mir.

Und er verließ ihn zornig und ging vor die Richter, die bedeutendsten der Stadt (gemeint sind die Richter der Inquisition), die Kenner von Religion und Recht, *und mit einer Stimme, die Jakobs Stimme ist, und mit Händen, die (Esaus Hände sind)* (1.Mose 27,22) und mit allen Anstrengungen seiner Kraft. Und es antworteten ihm die Richter: Ohne Zeugen können wir überhaupt nichts machen. Wenn du aber Zeugen zu bringen vermagst, werden wir alle deine Wünsche erfüllen.

Nicht zufällig zitiert Schlomo den Bibelvers 1.Mose 27,22 nur unvollständig und erwähnt Esau nicht. Denn in damaligem jüdischen Sprachgebrauch stand Esau für die Christen als Feinde von Jakob-Israel. Jakob Mantin hat zwar die Stimme Jakobs, d.h. er ist Jude, aber er handelt wie Esau, nämlich feindselig gegen die Juden, indem er sich an die christliche Inquisition wendet.

Da ging er (Jakob Mantin) hinaus, um wieder nach Zeugen zu suchen unter den Leuten Portugals, die sich damals in Rom befanden, um von ihnen zu erfahren, ob sie mich kennen. Er erreichte (sein Ziel) und fand Zeugen und brachte sie zum Gerichtshof. Und sie schrieben eine Anklage gegen mich, sie klagten mich beim Gericht an. Sie beriefen mich vor sich, um von mir zu erfahren, wie und was die Sache war und auf was ich mich stützte, Jude zu sein, nachdem ich in früheren Tagen zu einem anderen Volk (nämlich den Christen) gehört habe, und - noch schwerwiegender als dies - öffentlich in Angelegenheiten der Religion predige. Das dürfe so nicht geschehen.

Da zeigte ich ihnen den Schutzbrief des Papstes, geschrieben und gesiegelt, gemäß dem er mir Kraft und Vollmacht gibt, nach meinem Willen zu handeln, und niemand darf mich behindern. Sie aber nahmen den Schutzbrief aus meinen Händen mit ausgegossenem Zorn, und sie gingen zornig zum Papst. Und sie sagten ihm: Warum läßt du so etwas von dir ausgehen? Und wenn du das Recht entstellst, warum setzest du uns als Richter ein? Er entgegnete ihnen mit den Worten: Auch ich wußte es wohl - schweigt! Denn eine geheime Sache ist es zwischen mir und ihm. Auch wenn es nicht dem Recht entspricht, so fordert es doch die Stunde.

Selbstzeugnis des Schlomo Molcho aus CHAJAT KANÄ
(zitiert nach A.S.Aeschkoli, Die messianischen Bewegungen, S.386-393)

Schutzbrief des Papstes für Schlomo Molcho

Papst Clemens VII. für Rabbi Schlomo, den portugiesischen Hebräer: Den Weg der Wahrheit zu erkennen, wird auch dir zum Heile nützlich sein. Magst du auch - wie du uns neulich hast darlegen lassen - noch in kindlichem Alter gegen deinen Willen die heilige Taufe empfangen haben, so hast du doch niemals den katholischen Glauben angenommen und niemals in einem anderen Gesetz als dem hebräischen gelebt noch beabsichtigst du dies.

In dem Bemühen, dem apostolischen Stuhl gerecht zu werden, wollen wir den Hebräern umso lieber den Schoß seines Wohlwollens öffnen, je genauer sie sich zum Zeugnis für den rechten Glauben bewahrt haben; und so lassen wir uns aufgrund der apostolischen Vollmacht mit dem Wortlaut des vorliegenden Schreibens herbei, deinem Ersuchen, soweit es an uns liegt, gnädig zuzustimmen.

Wir wollen nämlich derartigen Anträgen geneigt sein, damit du dann von überhaupt niemandem, mit welcher Autorität auch immer, von unserem besonderen Auftrag her irgendeine Mißbilligung erfahren kannst.

Und nun: Weil du - wie wir erfahren haben - vorhast, einige Bücher über Dinge der heiligen Schriften zu drucken, gewähren wir mit Blick auf den allgemeinen Nutzen für die Gläubigen jedem Buchdrucker und Buchhersteller die volle und freie Möglichkeit, diese Bücher zu drucken ...

Gegeben in Rom beim heiligen Petrus, unter dem Ring des Fischers, am 20. Mai 1530, im siebten Jahre unseres Pontifikats.

Diarii Sanuto alla Marciana (aus den Archiven des Dogen-Palastes in Venedig)
(zitiert nach A.S.Aeschkoli, Die Geschichte David Reuwenis, S.181f)

Die Auffassung, daß gerade ungetaufte Juden in besonderer Weise für die Wahrheit des christlichen Glaubens zeugen, ist seit alters in der Kirche vertreten worden, da Paulus im Römer-Brief Kap.11,25 den Heilsplan Gottes folgendermaßen beschreibt: Israel ist solange teilweise verhärtet, bis alle Heiden Christen geworden sind. Daraus folgerte die Kirche, daß nicht alle Juden missioniert werden dürften. Im Gegensatz zum heidnischen Kult, der seit Ende des 4. Jahrhunderts offiziell aufgehoben war, ist das Judentum nicht verboten worden.

Über den Einfluß Schlomos in Rom zugunsten der Zwangsgetauften

In Rom lebte ein portugiesischer Jude, Diego Pires mit Namen, der Sekretär der Richter in der Abteilung für Petitionen gewesen war. Er kam von Portugal in die Türkei, um die Taufe zu verleugnen, die ihm zwangsweise auferlegt worden war. Als er nach Rom kam, erlangte er ein Schreiben vom Papst, daß man ihn darob nicht belästigen dürfe. Entsprechend ging ihm unter den Juden ein Ruf großer Heiligkeit voraus. Regelmäßig legte er vor ihnen die Mose-Tora aus. Diego Pires ging aus und ein beim Papst und den Kardinälen. Der Gesandte aber (der Schreiber dieses Berichtes) fürchtete sich vor ihm, nicht nur wegen seines persönliches Einflusses, sondern auch wegen der Zwangsgetauften in Portugal. Denn er war ihnen freundschaftlich verbunden, sie konnten ihm Geld schicken, damit er standhalte gegenüber den Forderungen des Johann III. mit Hilfe von Bestechung. Bras Neto argwöhnte, daß möglicherweise einer der Diener oder der Sympathisanten des (Lorenzo) Pucci oder des Papstes selber in die Sache verwickelt sei.

Brief des königlich-portugiesischen Gesandten Bras Neto in Rom
(zitiert nach A.S.Aeschkoli, Die Geschichte David Reuwenis, S.180f)

Nach diesem Brief war der Einfluß Schlomos so groß, daß selbst der Gesandte des portugiesischen Königs Johann III., der in Rom für die Einführung der Inquisition in Portugal wirken sollte, seine Macht fürchtete.

Lorenzo Pucci war ein Kardinal, der stark mit den Marranen sympathisierte. Er hat außerdem im Talmud-Streit gegen die Dominikaner die Partei des Humanisten Reuchlin ergriffen.

Ein anderer wird an Schlomos Stelle verbrannt

Da geschah's: Als der Mann (Jakob Mantin) sah, daß er mir nichts anhaben konnte, nahm der den ersten Brief (über meinen Werdegang in Portugal), den ich dem sehr verehrten Herrn Joseph Taitasak geschickt hatte, die von ihm gestohlene Kopie, und übersetzte sie in die christliche Sprache (Latein). Er zeigte sie einigen Kardinälen, um sie zu beschämen und sie zu schmähen, was der Papst gegenüber ihrer Religion dulde, bis daß - als Ziel der Sache - der Papst, vor lauter Hetzern und Anstiftern, den Gerichtsvorstehern die Erlaubnis gab zu tun, wie es das Recht befielt.

Mir aber sagte er: Du bleibe hier bei mir, damit dich die Menschen nicht treffen, die dir nach dem Leben trachten. Denn bei meiner Ehre habe ich dir Schutz zugesagt. Sie sollen *ihn* fassen und *ihn* verbrennen. Und Gott erhob sich um seines Erbarmens und seiner Gnade willen, daß sie es nicht vollbrachten. Er ließ einen Mann in meinem *Bild und* meiner *Ähnlichkeit* (1.Mose 1,26) vor sie bringen, bekleidet mit Kleidern wie meine Kleider. Sie faßten ihn in Panik und Eile und verbrannten ihn im Feuer. Dann kamen sie und teilten dem Hause des Papstes mit: Der Mann, den du so hoch schätztest, er hatte die Verbrennung im Feuer verdient.

Währenddessen hörte Schlomo im Nebenzimmer das Gesprochene mit. Als er schließlich hereinkam, gab der Papst vor, überrascht und erschrocken zu sein.

(Er) rief den Großinquisitor und sagte: Was ist das für eine Sache, die du gemacht hast? Da, bei uns ist Rabbi Schlomo, und du verbrennst einen anderen im Austausch für ihn? Jetzt aber schnell, schreib, daß der Mann, der verbrannt worden ist, seinen König und seinen Gott geschmäht, beschimpft und verflucht hat. Und nicht darf bekannt werden, daß er im Austausch für Rabbi Schlomo verbrannt wurde, damit nicht alle Welt hinter ihm her irre.

Und sie beeilten sich, so zu tun ... ich aber ritt in die Nacht auf einem leichten Pferd, eine Gruppe guter Begleiter mit mir, von ihm (dem Papst) geschickt.

Selbstzeugnis des Schlomo Molcho aus CHAJAT KANÄ
(zitiert nach A.S.Aeschkoli, Die messianischen Bewegungen, S.393)

Der Papst, der die Vertauschung selbst eingefädelt hat, spielt also vor der Inquisition den Ahnungslosen und schiebt der Inquisition die Schuld an allem zu. Gleichzeitig aber „hilft" er ihnen, die Peinlichkeit zu vertuschen, indem er in das offizielle Protokoll schreiben läßt: Der Mann, der verbrannt worden ist, hat seinen König und seinen Gott geschmäht, beschimpft und verflucht - und damit gleichsam noch im Tod bestätigt, daß er auf jeden Fall ein Ketzer ist, ob er Schlomo Molcho war oder nicht.

Im Munde des Papstes haben die Worte, der Verurteilte habe „seinen König" geschmäht, keinen Nebensinn. Wenn aber Schlomo auf Hebräisch darüber schreibt, wird das Zynische der Situation im Wortlaut offenbar. Denn das hebräische Wort für „seinen König" - MOLCHO - ist doppeldeutig: es kann auch als Name Schlomos gelesen werden. Dieser ist sich bewußt, daß der an seiner Stelle Verbrannte Grund hatte, ihn, Schlomo, und nicht den König, zu verfluchen.

Mag Schlomo sich auch geschämt haben, daß ein anderer an seiner Statt hingerichtet wurde - letztlich hat er davon profitiert, brachte es ihm doch den Ruf ein, aus dem Tod auferstanden zu sein.

Eine Vision Schlomo Molchos über das Schicksal der Marranen

Und jetzt teile ich euch die Visionen mit, die ich in meinem Traum gesehen habe. Ich sah, da, ein geehrter Greis, sein Bart sehr lang, sein Aussehen *Schnee-blaß* (Dan 7,9). Er sagte zu mir: Komm mit mir zu einer Ruine der Ruinen Jerusalems. Und ich ging mit ihm dorthin ... Unterwegs sah ich drei Bäume, die alle aus einer Wurzel sproßten ... Und auf den Zweigen sah ich viele weiße Tauben, und unter ihnen andere Tauben, Opferaltar-Asche-farbig, und sie waren zahlreicher als die Weißen ... und andere Tauben, schwarze, unter ihnen, und sie waren weniger als die Weißen. Dicht bei den Weißen war ein großes Feld, viereckig, die Mitte des Feldes durchquerte ein großer Fluß.

Jenseits des Flusses war viel Kriegsvolk ... Die Absicht dieser Heeresmacht war es, die Bäume abzuhauen. Ich hörte sie sagen: Diese Bäume - sie sind aus unserer Nachbarschaft. Darum werden wir sie abhauen und zur Erde fallen lassen. Dann schlugen sie die Tauben ... und sofort fielen sie zur Erde. Da kamen große Vögel und fraßen ihr Fleisch ...

Zu jener Zeit näherten sich mir Menschen und fragten mich: Was soll das? Ich antwortete ihnen: Dieses Volk schlug die Tauben ... Und jetzt wollen sie auch die weißen Tauben schlagen, die sehr schön waren; und der Baum, nicht vertrocknet, war ihrer voll. Die Menschen sagten zu mir: Wir wollen ihnen einen hohen Zaun machen, eine Scheidewand, um sie zu schützen ... Und wir beeilten uns, ... ihnen eine Scheidewand zu machen ...

Die Kriegsmänner aber zogen ihre Hände nicht zurück vom Erschlagen und Töten der Tauben. Als sie die Scheidewand sahen ..., zerstörten sie diese mit feurigem Kriegsgerät, und sie schlugen einige der Menschen, die mit mir waren. Und die großen Vögel stießen herab, um ihr Fleisch zu fressen ... und während dessen schlugen sie mich in meiner Brust mit einer Eisenkugel mit feurigem Gerät. Die Kugel aber trat durch meinen Rücken aus. Ich bemühte mich, ... nicht zur Erde zu fallen, aber ich konnte nicht standhalten und fiel zur Erde. In meinem Fallen sagte ich: Wehe mir, daß die Vögel mein Fleisch fressen werden ...

Aber nicht begruben sie mich unter meinen Brüdern ... Die Menschen, die an meiner Seite standen, ... brachten mir eine Frau zu meiner Heilung. Sie fragten einander: Wer ist diese Frau? Sie antworteten mir: Dies ist Frau Sowieso, Frau des Sowieso, aber noch ist es mir nicht erlaubt, ihren Namen zu offenbaren. Die Frau betete vor dem Herrn, gesegnet Er, ... der mich geheilt hat. Diese Menschen trauerten über mich auf's heftigste. Und die Tauben gingen und nahmen ab. Und viele von ihnen veränderten ihre Farbe.

Zu dem Greis vom Anfang tritt nun eine weitere Gestalt, die aussieht „wie Gott“ und ebenfalls stark an Daniel 7 erinnert. Sie legt sich auf den noch immer wie tot am Boden liegenden Schlomo und erweckt ihn.

Dann blies er auf jene Völker (die Kriegsleute), und sie wurden zu einem Haufen Asche ... Dann blies er auf die Tauben, die ihre Farbe gewechselt hatten, da wurden sie alle weiß. Und der Fluß führte viel mehr Wasser als zu Beginn. Die Bäume schlugen wieder aus ... und brachten vielfältige Frucht.

Eine Vision Schlomo Molchos (CHAJAT KANÄ)
(zitiert nach A.S.Aeschkoli, Die messianischen Bewegungen, S.376-378)

Am Ende der Vision wird Schlomo dann gefragt, ob er verstanden habe, was er sieht. Seine Antwort lautet: Überhaupt nicht. Darauf erklärt der Greis ihm alles, verbietet ihm aber, jetzt schon darüber öffentlich zu sprechen. Und der Greis wußte wohl, warum. Ist doch der Traum ein Gleichnis für die furchtbare Situation der Juden auf der iberischen Halbinsel.

Mit den „Opferaltar-Asche-farbenen“ Tauben sind die vielen Marranen gemeint, denen von seiten der Inquisition der Verbrennungstod droht. Eine kleinere Gruppe bilden die weißen Tauben, nämlich Juden, die Juden geblieben sind. Nur wenige sind schwarze Tauben, überzeugte Christen, geworden. Und alle drei Sorten von Tauben sind den Verdächtigungen der Inquisition ausgesetzt, im Gleichnis als die Kriegsmänner dargestellt, welche die Bäume fällen und die Tauben ermorden. Doch gibt es auch andere, wenige Christen, Gegner der Inquisition, die versuchen, die Juden und Neuchristen zu schützen, und dafür ebenfalls mit ihrem Leben bezahlen. Auch Schlomo, der sich mit ihnen verbündet zum Wohl der Juden, wird umgebracht.

Daß er, als „abtrünniger“ Neuchrist, sein Martyrium in diesem Traum voraussieht - dazu bedurfte es damals keiner Phantasie. Damit mußte Schlomo rechnen. Aber als Visionär, der er war, ahnte er, daß sein eigenes Märtyrerschicksal - vielleicht mitsamt der erhofften Auferstehung, bewirkt durch die Frau Tora - einen großen Eindruck auf viele der verunsicherten Juden machen werde: daß sie seinem Weg folgen und sich wieder offen zum Judentum bekennen würden, wie die Tauben, die ihre Farbe wechseln und weiß werden. Die judenfeindlichen Christen aber, die Anhänger der Inquisition werden dem Gericht Gottes verfallen: sie - und nicht mehr die Marranen auf den Scheiterhaufen - werden zu Asche verwandelt. Israel aber blüht auf.

Die Fahnen David Reuwenis und Schlomo Molchos

Bei seiner Ankunft in Italien hatte David von Benvenida Abrabanel eine Fahne geschenkt bekommen:

Es schickte eine Senora aus Neapel, *sie sei gesegnet vor den Frauen des Zeltes* (dazu Ri 5,24), in die Stadt Pisa eine schöne Seidenfahne, beidseitig mit dem Zehnwort beschrieben. Es gab auf ihr Gold, aber sie war alt.

Aus der „Geschichte des David Reuweni"
(zitiert nach A.S.Aeschkoli, Die messianischen Bewegungen, S.355)

Etwas später berichtet David, daß er nach Portugal fünf Fahnen mitbrachte:

Auf zweien von ihnen war geschrieben mit dem Finger Gottes die ganze Tora des Herrn. Und die anderen drei, aus weißer Seide, waren neu. Ich hatte sie gemacht, damit sie vor allen, die sie sehen, zur Erinnerung und ein Zeugnis seien von meinem Bruder, dem König Joseph, und seinen Ältesten und all den Israel-Stämmen. Eine von ihnen habe ich gemacht zu Ehren des Fürsten ... Raw Daniel aus Pisa, alles Gute seiner Nachkommenschaft. Und die zweite habe ich gemacht zu Ehren des Raw Jechiel aus Pisa, sein Andenken gesegnet, in dessen Haus ich sechs Monate wohnte. Die dritte Fahne habe ich gemacht zu Ehren des Raw Abraham ibn Simor aus Isafi (ein Verbündeter Davids in Nordafrika). Diese drei sind aus weißer Seide, schön und groß. Sie sind für meinen Bruder, den König Joseph, und für seine Berater und für all die Juden, die hören und sehen, daß ich sie aus Liebe zu Gott und aus Liebe zu ihnen gemacht habe für alle Zeiten, und zur Erinnerung für die Stämme und ganz Israel, die mich freigekauft haben mit ihrem Hab und Gut. Sie halfen mir, der Herr möge groß machen ihren Lohn und möge mit ihnen sein. SELA.

Die zwei alten Fahnen aber ... die (eine) Fahne (ist) aus Silber, die ich gemacht habe zu Ehren meines Bruders, des Königs Joseph, - denn das Silber ist der Ort in der Wüste Chawor in seinem Königreich ... Und die zweite Fahne aus Gold habe ich mir zu Ehren gemacht, David, Sohn des Königs Schlomo, sein Andenken sei geehrt, da ich empfange das Königreich, das kommt; denn sie ist der Platz des Goldes für den Bau des Heiligtums mit Gottes Hilfe. Und ich habe sie wieder hergerichtet, wie es König

Joseph und seine Ältesten mir befohlen hatten, um sie heraus zu führen zu der Zeit, da ich ankomme als Repräsentant des Königtums König Josephs, meines Bruders ...

Aus der „Geschichte des David Reuweni“
(zitiert nach A.S.Aeschkoli, Die messianischen Bewegungen, S.374f)

Und der König fragte mich nach den Fahnen und sagte mir: Du hast vortreffliche Fahnen - was willst du mit ihnen machen? Ich antwortete ihm, daß sie das Zeichen sind für uns und unter den Stämmen: Wenn ich zum Heer gehe, lasse ich sie vor ihnen her ziehen.

Aus der „Geschichte des David Reuweni“
(zitiert nach A.S.Aeschkoli, Die messianischen Bewegungen, S.364)

Bei der Beschreibung der zwei alten Fahnen bezieht sich David deutlich auf 5.Mose 9,9ff. Dort heißt es: Mose fastete auf dem Gottesberg 40 Tage und Nächte - genau das berichtet kurz zuvor David: er habe 40 Tage ohne Unterbrechung in Portugal gefastet - und erhielt dann „die zwei Steintafeln, geschrieben mit dem Finger Gottes, und auf ihnen alle Worte, die der Herr mit euch gesprochen hat am Berg aus dem Feuer“.

In einer Notiz zu den veröffentlichten Predigten Schlomo Molchos schreibt Johan Albert Widmannstadt, ein Orientalist des 16. Jahrhunderts über dessen Fahne:

Ein Buch über die geheime Theologie der Hebräer von Rabbi Salomo Molcho, der sich als Messias der Juden ausgab und durch Karl V., der einen Aufstand der Hebräer fürchtete, zu Mantua verbrannt wurde im Jahre - wenn ich mich nicht irre - 1532. Seine Fahne mit den Buchstaben מכבי (MAKKABI) habe ich im Jahre 1541 in Regensburg gesehen.

(zitiert nach A.S.Aeschkoli, Die Geschichte David Reuwenis, S.190f)

Bemerkenswert ist die Begründung für Molchos Hinrichtung: die Furcht vor einem Aufstand der Juden!

Die Schlomo Molcho zugeschriebene Fahne in den Staatlichen Jüdischen Museen zu Prag enthält folgende Beschriftung:

SCH	Lege doch, Herr, Furcht auf sie, Völker sollen wissen, daß sie Mensch sind.
SCH	Singet ihm einen neuen Gesang, spielt bestens mit Trompetenschall.
SCHM	Er behütet alle seine (des Bewährten) Gebeine, nicht eines von ihnen wird zerbrochen.
SCHM	Dort zerbrach er die Blitze seines Bogens, Schild und Schwert und Kriegsggerät.
SCHM	Erfreue uns, gleich den Tagen, da du uns beugtest, den Jahren, da wir Böses sahen!
SCH	Ein Aufstiegspsalm. Aus Tiefen rufe ich dich, Herr!
SCH	Sie wetzen ihre Zunge wie eine Schlange, hinter seinen Lippen ist Spinnengift.

Der Herr ist König, der Herr ist König geworden,der Herr wird König sein auf Weltzeit und immer.
Gott ist König geworden über die Völker, Gott hat sich auf den Stuhl seiner Heiligkeit gesetzt.

Er belehrt meine Hände zum Kampf, läßt meine Arme den Erzbogen spannen.
Meinen Feinden jage ich nach, vernichte sie, kehre nicht um, bis sie vertilgt sind.

Zur Anordnung des Textes auf der ersten Fahnenseite:
Die sieben Psalmverse auf der linken Seite der Fahne (Ps 9,21; Ps 33,3; Ps 34,21; Ps 76,4; Ps 90,15; Ps 130,1; Ps 140,4) beginnen alle mit SCHIN, die drei wichtigsten in der Mitte gar mit SCHIN und MEM. Das ergibt die Anfangsbuchstaben des Namens Schlomo Molcho.Die Fahnenzipfel enthalten einen Vers aus der Neujahrsliturgie sowie Ps 47,9; 2.Sam 22,35; 2.Sam 22,38.

Gott, dir sei keine Ruhe, du sollst nicht schweigen und nicht stille sein, Gott!
Ich bin's, der dich rief, ja, du antwortest mir, Gott. Neige mir Dein Ohr, höre meinen Spruch.

Gott der Rache, Herr,
Gott der Rache, erscheine!
Er zwingt unter uns Sippen und Nationen unter unsere Füße.

Rechte für mich, Gott, streite doch meinen Streit!
Redet zum Herzen Jerusalems und ruft ihr zu, daß ihr Frondienst vollendet ist.
Freuen sollen sich die Himmel, jauchzen das Erdreich, dröhnen das Meer und was es füllt.
Der Herr der Heere ist mit uns, eine Trutzburg ist uns der Gott Jakobs.
Schütte deine Glut auf die Völker, die dich nicht erkennen, auf die Königreiche, die deinen Namen nicht rufen.
Tu ihnen wie Midian, wie Sisera, wie Jawin am Kischonbach, die vertilgt wurden zu Ein Dor, Dünger dem Acker wurden.
Wirst im Zorn sie verfolgen, sie vernichten von unter des Herrn Himmel hinweg.

Die zweite Fahnenseite enthält folgende Bibelzitate: Ps 43,1; Jes 40,2; Ps 96,11; Ps 46,8; Ps 79,6; Ps 83,10f; Klgl 3,66. Auf den Zipfeln stehen Ps 83,2; Ps 17,6; Ps 94,1 und Ps 47,4.

(dazu auch R.Mayer, Schlomo Molchos messianisches Programm, in: Emuna 5/6, 1974, S.333-341)

Die Prager Fahne gleicht in ihrer Form derjenigen, die sich im Siegel Schlomo Molchos findet. In der „Chronik der französischen Könige und des ottomanischen Herrscherhauses" von Joseph haKohen ist ein Brief Schlomos an Abraham Trewes ben Schlomo Zarfati (1470-1552) erhalten, der 1505 Rabbiner in Ferrara wurde und außerdem in Saloniki, Konstantinopel und Adrianopel lebte, wo er sich mit Joseph Karo und Schlomo Molcho befreundete. Nach dessen Tod ging Abraham Trewes nach Jerusalem, um dort zu leben.

Der Brief Schlomos endet mit den Worten: „Gesiegelt mit meinem Siegel hier in Ferrara während meines Aufenthaltes auf dem Weg des Herrn. Er möge mich würdigen, das Ende meiner Sendung zu sehen, bald in unseren Tagen, Amen". Daran schließt sich folgendes Signum an:

Er (David) machte Fahnen, *Kunstweberarbeiten* (etwa 2.Mose 26,1) und schrieb auf sie die Namen des Heiligen. Außerdem ließ er ihnen einen Schild vorausziehen, auf ihm geschrieben die Namen des Heiligen. Er sagte zu ihnen, daß dieser der Schild Davids, des Königs von Israel, sei, mit dem er gewöhnlich Gotteskriege geführt habe. Und man sagt, daß er bis heute in einer heiligen Gemeinde, in einer Synagoge einer polnischen Stadt verborgen ist.

Joseph ben Jizchak Sambari, DIWRE JOSEF (Worte Josephs)
(zitiert nach A.S.Aeschkoli, Die messianischen Bewegungen, S.410)

„Kunstweberarbeiten": In der Bibel ist an vielen Stellen im Zusammenhang mit der Ausstattung des Zeltes der Begegnung davon die Rede.

Der Schild Davids, später auch Bezeichnung für den sechszackigen Stern, der zum Symbol Israels wurde, ist als spezifisch jüdisches Symbol zuerst bei den Anhängern des Messias Schabbtai Zwi nachzuweisen. Der Verfasser, der mehr als 100 Jahre später schrieb, scheint hier nicht so genau zu unterscheiden zwischen David und Schlomo einerseits und Schabbtai andererseits. Daß der Schild in einer jüdischen Gemeinde als Reliquie verborgen gehalten werde, erinnert an die Fahne Schlomos in Prag.

David Reuweni und Schlomo Molcho erneut in Venedig

Nach seinem Mißerfolg in Rom und Portugal kam David erneut nach Venedig:

Es geschah im November 1530, daß ein Mann nach Venedig kam. Und da er vorhatte, einige Zeit dort zu verbringen, mietete er sich eine Wohnung außerhalb des Gettos - ein gewisser David der Hebräer. Er sagte über sich selbst, daß er von Königen abstamme, aber er schien verdächtig, ein Betrüger zu sein. Die Regierung rief nach Gian Battista (Ramusio), der bewandert ist in orientalischen Sprachen, damit er die Angelegenheit untersuche und David wissen lasse, daß er die Stadt sofort verlassen solle.

Aus den Akten des Senats von Venedig
(zitiert nach A.S.Aeschkoli, Die Geschichte David Reuwenis, S.183)

Eben dieser Gian Battista Ramusio schrieb über David und Schlomo:

Häufig sucht er (David) mit einem der Boten oder Vernunftwesen Gottes ins Gespräch zu kommen. Er sitzt und fastet sechs Tage, und er taucht ein in mehrere Bäder am frühen Morgen. Und nachdem er so getan hat, gerät er in Wachträume. Dann sagt er, daß er sich paart und verbindet mit denselben Vernunftwesen und schaut die Zukunft. Zur selben Stunde packt ihn eine so starke Raserei, daß einmal, als er in Portugal war, er sich verpflichtete, seinen portugiesischen Diener (Schlomo Molcho), der bewandert ist in Kabbala, mit Vollmacht zum türkischen Sultan und zu Ibrahim Pascha zu schikken, um ihm wichtige Dinge zu sagen, entsprechend ihren Ansichten. Diese Dinge machten so großen Eindruck auf den Pascha, daß er sich mit dem Gesandten verbündete in einigen Geheimgesprächen, er (Schlomo) ihm Gesichte deutete und ihm seine überschießende Liebe offenbarte.

Danach kehrte der Gesandte zurück und wohnt hier mit eben diesem Juden. Er sagt, daß er gerne kommen möchte, um mit Eurer Hoheit zu sprechen, um euch über die Zukunft Dinge zu sagen, die zu hören euch freuen werden. Er geht nicht aus seinem Haus, aber viele Juden kommen zu ihm. Er predigt vor ihnen wunderbare Predigten in Sachen der Befreiung des Volkes Israel, die nahe ist zu kommen auf Befehl des Herrn. Und er hofft, daß es in seiner Kraft sein wird, dieses Volk ins Land der Erwählung zu führen. Und als ich ihm sagte: Wie wollt ihr denn das machen, ohne daß ihr Waffen habt außer Bambusspeeren allein? Und selbst wenn ihr Hunderttausend wäret, werdet ihr geschlagen von hundert Geschützen und weichen. Er antwortete mir, daß ihm durch den heiligen Geist bekannt sei, daß in eben jener Stunde die Geschütze nicht schießen und sie keinen Gebrauch von ihnen machen werden. Denn so sei der Wille Gottes.

Darum urteile ich vor Euer Gnaden, daß jener so sehr versunken ist in die Angelegenheit der Rückkehr des hebräischen Volkes ins Land der Erwählung und in Offenbarungen, die ihm offenbart werden durch die Kabbala, daß dem nichts hinzuzufügen ist. Ich bin im Zweifel, ob er seinen Weg verlassen wird. Die Juden verehren ihn wahrhaftig als Messias.
Mehr als das weiß ich nicht zu sagen. Danke.

Aus dem Bericht des Gian Battista Ramusio aus Diarii Sanuto alla Marciana
(Archive des Dogen-Palastes in Venedig)
(zitiert nach A.S.Aeschkoli, Die Geschichte David Reuwenis, S.188f)

Der Zug nach Regensburg und das Ende

Zur selbigen Zeit kam jener ausländische Proselyt mit Namen Salomo Molcho, er ruhe in Eden, um mit ungewöhnlichen Gedanken den Kaiser aufzustören, indem er nämlich sagte, daß er alle Juden zum Kriege gegen die Türken aufzubieten komme. Als ich von seinen Absichten erfuhr, schrieb ich ihm einen Brief und warnte ihn, das Herz des Kaisers zu erregen, damit ihn nicht das große Feuer zerstöre. Ich entfernte mich aus Regensburg, damit der Kaiser nicht sage, ich hätte etwas mit diesem Unternehmen zu schaffen. Und als er zum Kaiser kam, wurde er in Ketten gelegt und nach Mantua gebracht, wo er um der Heiligung des Namens und der Religion Israels willen verbrannt wurde. Viele befreite er von der Sünde. Seine Seele ruhe im Garten Eden.

Memoiren des Jossel von Rosheim
(zitiert nach A.S.Aeschkoli, Die messianischen Bewegungen, S.404f)

Es ist nicht bekannt, warum Jossel David Reuweni nicht erwähnt hat. Vielleicht hielt er diesen von vornherein für einen Abenteurer, der nicht so ernst genommen werden müsse. Es ist aber auch möglich, daß Jossel es nicht nötig fand, ihn zu warnen, weil David als geborener Jude nicht der Inquisition unterstand.
Im Text steht übrigens statt „Mantua“ fälschlicher Weise „Bologna“.

293. (1532) ... Rabbi Schlomo und sein Freund David Reuweni sprachen mit dem König von Frankreich und mit Kaiser Karl V. Sie wünschten, daß diese ihr Herz neigen sollten dem israelischen Glauben. Deshalb wurde Rabbi Schlomo Molcho zum Feuertod verurteilt in der Stadt Mantua im Jahre 293. Sie taten ihm einen Knebel in seinen Mund, damit er überhaupt nichts sprechen konnte. Sie verbrannten ihn. David Reuweni aber führte der Kaiser in Fesseln gebunden mit sich nach Spanien. Und dort war, wie man hörte, *die Bitterkeit des Todes* von ihm *gewichen* (1.Sam 15,32).

David Gans, ZÄMACH DAVID
(zitiert nach A.S.Aeschkoli, Die messianischen Bewegungen, S.409)

Offenbar kannte David Gans vor allem Gerüchte und Nachrichten über die Leidensgeschichte der beiden. Von ihrem politischen Programm aber schreibt er nichts oder Falsches, wenn er etwa behauptet, sie hätten mit dem französischen König verhandelt, den Papst und den König Portugals aber nicht erwähnt.

Am Hof Kaiser Karls wurde er (David) ergriffen, ausgeliefert und nach Llerena geschickt zu den Inquisitoren. Dort wurde er eingesperrt in der Festung der erwähnten Stadt. Er wurde gefesselt mit Ketten der Inquisitoren bis zu seiner ihm gebührenden Verurteilung. Und jetzt, im Jahr (15)35, ist er noch immer im Gefängnis der Inquisitoren in Llerena eingesperrt.

Chronik der Könige von Portugal, João (Johann) III., Band 5
(zitiert nach A.S.Aeschkoli, Die Geschichte David Reuwenis, S.190)

Llerena liegt in Westspanien, nahe der Grenze zu Andalusien. Dort befand sich eines der aktivsten Inquisitionsgerichte Spaniens.

... Dieser Rabbi Schlomo ging nach Mantua, um mit Karl zu sprechen. Aber seine Worte wurden nicht bekannt, nur daß der Kaiser seinen Zorn an ihm vollzog und befahl, daß sie ihn verbrennen sollten. Und so taten sie, mit einem Knebel in seinem Mund, denn sie fürchteten, daß er nicht etwa einen Schwur sage und fliehe. Und noch immer gibt es viele Juden, die sich über ihn täuschen, wenn sie sagen, daß er lebt und daß er an jedem Schabbat nach Zfat geht, um seine Braut zu heiligen. Und noch mehr Nichtigkeiten sagen sie. Es gibt solche, die sagen, daß er seinen Tod vorhergesagt habe ... Er sagte, daß er im Jahre 5295 (1535) zu einem ungewöhnlichen Tod verurteilt werde. Aber zur Wahrheit: Er heiligte den Namen, da er nicht konvertieren wollte, sogar als sie ihm das Leben versprachen. Der Kaiser aber ließ Rabbi David nach Spanien bringen, und dort starb er.

Bericht des Gedalja ibn Jechia
(zitiert nach A.S.Aeschkoli, Die messianischen Bewegungen, S.408f)

Mit der Braut in Zfat ist wahrscheinlich die Schabbat gemeint (die in der Liturgie ja auch als Braut gefeiert wird). Darauf weist vor allem das Verb „heiligen“, das sehr oft mit Schabbat zusammen verwendet wird (5.Mose 5,12 u.ö.). Schlomo wäre dann nach seinem Tod an jedem Schabbat dort gesehen worden. Dennoch haben manche darüber spekuliert, welche konkrete Frau gemeint sein könnte.

Der Tod Schlomo Molchos als Opfer, das Heil schafft für die ganze Welt

Schlomo machte sich bereit, zum Kaiser zu sprechen ... Er ging seines Wegs, während der Kaiser in Regensburg war. Dort sprach er mit ihm. *Das Herz des Kaisers verhärtete sich und er hörte nicht auf ihn* (dazu 2.Mose 7,13), seiner Beschränktheit wegen. Er befahl, daß sie ihn in die Grube werfen (dazu 1.Mose 37,24), außerdem den Fürsten David, seinen Freund, und seine Leute. Dort blieben sie einige Tage.

Der Kaiser wird dem Pharao verglichen, der das Israel-Volk nicht in die Freiheit ziehen lassen wollte.

Als die Türken (erneut) gegen ihn zogen, hielt es der Kaiser für besser, von diesem Ort aufzubrechen, um nach Italien zurückzukehren. Er brachte die Gefangenen mit Wagen nach Mantua und nahm sie in Arrest. Der Kaiser sagte zu den Weisen, daß dies eine Angelegenheit des Königs sei. Sie fanden an ihm, daß es eine todeswürdige Verfehlung sei. Sie sagten: Bringt ihn hinaus, damit er verbrannt werde.

Es geschah des Tags, daß sie ihm einen Zaum um seine Wangen legten (ihn knebelten). Sie brachten ihn nach draußen, die ganze Stadt murrte über ihn und das Feuer brannte vor ihm. Da sagte einer der Minister des Kaisers: Entfernt den Zaum zwischen seinen Zähnen, denn ich habe ein Wort für ihn vom Kaiser. Da taten sie's. Er sagte zu ihm: Der Kaiser hat mich zu dir geschickt, um dir folgendes zu sagen: Willst du nicht doch umkehren von deinem Weg? Dann sei dir vergeben, er läßt dich leben und du wirst vor ihm sein. Wenn aber nicht, soll das Böse über (dich) kommen bis zum bitteren Ende.

Er (Schlomo) stand und wich nicht vor ihm. Er antwortete und sagte wie ein Heiliger, wie ein Bote Gottes: Solange ich in dieser (der christlichen) Religion umher wandelte, war ich *niedergeschlagen und zornig* (1.Kö 20,43 und 21,4). Und nun tut, was gut ist in euren Augen. Ich werde zurückkehren in das Haus meines Vaters in meiner Jugend. Denn damals ging es mir besser als jetzt.

Das Bekenntnis Schlomos ist überpersönlich gemeint. Es zielt auf ganz Israel, das gezwungen wurde, christlich zu werden und damit niedergeschlagen und zornig. Erst mit der Rückkehr ins Judentum, in die Religion der Väter, kann es wieder glücklich werden.

Sie ließen an ihm ihre volle Wut aus, warfen ihn auf die Holzscheite über dem Feuer und brachten ihn als Brandopfer dar für den Herrn, ein rauchendes Ganzopfer.

Dies ist eine Anspielung auf 1. Sam 7,9 „Samuel brachte dem Herrn ein Ganzopfer dar. Samuel schrie zum Herrn für Israel, der Herr erhörte ihn." Ganzopfer heißt auf Griechisch Holocaust.

Da roch der Herr den lieblichen Geruch (1. Mose 8,21) und sammelte seine reine Seele ein, damit sie sei *an seiner Seite Liebling (...) spielend vor ihm zu aller Zeit* (Spr 8,30). Seine Diener aber ließen sie aus dem Gefängnis, die gingen ihres Wegs. Niemand blieb in ihren Löchern zurück außer dem Fürsten Reuweni, seinem Freund. Ihn aber nahmen sie unter Arrest.

Der Kaiser ging nach Bologna und ließ uns (sic) mit ihm führen, *(ein König) gefesselt in Schlingen* (Hld 7,6). Dann führten sie ihn nach Spanien, wo er viele Tage blieb. Er starb im Gefängnis.

Viele aber in Italien glaubten in jenen Tagen, daß Rabbi Schlomo Molcho in seiner Weisheit gerettet worden sei aus der Hand derer, *die nach seinem Leben trachteten, um es zu vernichten* (Ps 40,15), *so daß das Feuer keine Macht über seinen Leib gehabt habe* (Dan 3,27). Und es gibt einige, die vor der versammelten Gemeinde bezeugen und schwören, daß er sich nach der Verbrennung in seinem Haus aufhielt acht Tage lang. Und von dort ging er seines Wegs, *und sie sahen ihn nicht mehr* (2.Kö 2,12). *Der Gott der Götter weiß es* (Jos 22,22).

Joseph haKohen, Chronik der französischen Könige und des ottomanischen Herrscherhauses
(zitiert nach A.S.Aeschkoli, Die messianischen Bewegungen, S.405f)

Der ganze Abschnitt ist auf das Dichteste durchzogen von messianisch gedeuteten Bibelzitaten. Erst wer diese Zitate in ihrem Kontext mithört, erfaßt die ganze Gewalt der Schilderung, mit der Joseph haKohen die Bedeutung des Schlomo Molcho zu beschreiben versucht. So erscheint - im Gegensatz zur Behauptung der Inquisition, daß die Zwangsgetauften, die heimlich als Juden lebten, vom wahren Glauben abgefallen seien - gerade das Christentum mit seiner Christusverehrung als Götzendienst und Untreue gegenüber dem Einen Gott. Allein Israel aber, Juden wie Zwangsgetaufte, ehrten ihn - davon zeugen die Opfer der Inquisition, die als Opfer Gottes aufsteigen.

Dementsprechend kreisen die Bibelzitate um Feuer, Aufsteigen in den Himmel, Errettung aus Todesnot, Opferdarbringung. Mehrmals ist die Pointe, daß am Ende die Feinde Israels vernichtet werden.

Indem Joseph die Ereignisse um Schlomo und David als „nach den Schriften" (1.Kor 15,3 u.ö.) geschehen deutet, benutzt er dieselbe Methode, die auch im Neuen Testament - auf den Messias Jesus - angewandt wurde, allerdings gerade als Widerlegung des christlichen Anspruchs.

Anmerkungen zu einigen Bibelstellen:
1. Mose 8,21 „Und der Herr roch den lieblichen Duft und sagt bei sich selbst: Ich will hinfort nicht mehr die Erde um der Menschen willen verfluchen."

Spr 8,30: Dort spielt die Weisheit vor Gott, die ihm auch Partnerin beim Schöpfungswerk ist (8,22ff). Von Juden mit der Tora, in christlicher Auslegung schon früh mit dem präexistenten Christus identifiziert, tritt in diesem Text Schlomo an ihre Stelle.

Ps 40,13ff: „Denn Leiden ohne Zahl haben mich umgeben ... Laß es dir gefallen, Herr, mich zu erretten. Eile, Herr, mir zu helfen. Es werden sich noch schämen und erröten allzumal, die mir nach dem Leben trachten, um es zu vernichten."

Dan 3,25ff: König Nebukadnezar von Babylon erließ einen Befehl, nach dem jeder, der nicht sein goldenes Götzenbild anbeten wolle, verbrannt werde. Da allein die Juden sich weigerten, ließ er drei von ihnen gefesselt in den Feuerofen werfen. Als der König jedoch in den Ofen schaute, sagte er: „Ich sehe aber vier Männer ohne Fesseln und unversehrt im Feuer umhergehen. Und der Vierte sieht aus wie ein himmlisches Wesen.“ Da befahl der König ihnen, herauszukommen, und der gesamte versammelte Hofstaat sah, „daß das Feuer keine Macht über den Leib jener Männer gehabt hatte“.

Dann hob Nebukadnezar an und sprach: „Gesegnet sei der Gott (dieser drei Juden) ..., der seinen Engel gesandt und seine Diener gerettet hat, die auf ihn vertraut, den königlichen Befehl übertreten und ihren Leib dahingegeben haben, damit sie keinen Gott verehren und anbeten müßten außer ihrem Gott. So erlasse ich nun den Befehl: Wer immer ... gegen den Gott (der Juden) ... irgend etwas sagt, der wird in Stücke gehauen, und sein Haus wird zu einem Misthaufen gemacht. Denn es gibt keinen anderen Gott, der so zu erretten vermag.“

Die Christen werden durch diese Anspielung mit Götzendienern verglichen, die Juden bzw. Zwangsgetauften als die einzigen Gott-Getreuen dargestellt, denen der Herr beisteht, selbst auf den Scheiterhaufen der Inquisition.

2.Kö 2,11f: „Da kam auf einmal ein feuriger Wagen mit feurigen Rossen und trennte die beiden (Elia und Elischa). So fuhr Elia im Wetter gen Himmel, während Elischa es mitansah und schrie: Mein Vater, mein Vater! Wagen Israels und seine Reiter. Dann sah er ihn nicht mehr.“

Jos 22,22f: „Der Gott der Götter, der Herr, der Gott der Götter, der Herr, er weiß, und Israel soll es auch wissen: Ist es aus Aufstand oder Untreue gegen ihn, den Herrn, geschehen, ... so helfe er uns heute nicht. Geschah es aber, um Brandopfer oder Heilsopfer darauf darzubringen, so räche es der Herr!“

„Aufstand oder Untreue“ - so lautet der Vorwurf, den die Christen Schlomo gemacht haben, daß er nämlich die Zwangsgetauften zum Aufstand getrieben habe und durch seinen Übertritt zum Judentum Gott untreu geworden sei. Das aber bestreitet Joseph haKohen, indem er betont, daß Schlomo ein Gott wohlgefälliges Brandopfer sei, weshalb dieser sich an den Christen rächen werde.

Joseph Karo und der Märtyrertod Schlomos: „imitatio Christi“

Ich (Gott) werde dich würdigen, verbrannt zu werden im Israel-Land in der Öffentlichkeit unter vielen, um zu heiligen meinen Namen in der Öffentlichkeit; und du sollst aufsteigen als Brandopfer auf meinem Altar ... und damit du würdig wirst zu heiligen seinen (Gottes) Namen unter den Vielen, wie Schlomo, mein Erwählter, gewürdigt worden ist und „sein König“ (wörtliche Übersetzung von MOLCHO) genannt wird, der gesalbt worden ist mit viel Gesalbtheit von oben. Er stieg auf zum Wohlgefallen auf meinem Altar. So sollst auch du für dich aufsteigen, auch du.

Joseph Karo, MAGGID MESCHARIM
(zitiert nach A.S.Aeschkoli, Die messianischen Bewegungen, S.412)

Die Familie Joseph Karos stammte aus Portugal und war nach der Vertreibung in die Türkei eingewandert. Dort, wohl in der Stadt Adrianopel, lernte Joseph Karo Schlomo Molcho kennen, von dem er nach eigenen Worten Kabbala lernte. Karo gehörte einem Kreis von Gelehrten an, die sowohl nüchterne Talmud-Lehrer als auch die bedeutendsten Kabbalisten ihrer Zeit waren.

Das große Werk Joseph Karos, der SCHULCHAN ARUCH, ist ein streng halachisches Kompendium, in dem sämtliche Verhaltensregeln kurz, klar und systematisch gesammelt sind zum ständigen Gebrauch, weshalb schon früh eine Taschenausgabe gedruckt wurde, die jeder Jude stets bei sich tragen sollte. Bis heute ist dieses Buch maßgebend für das orthodoxe Judentum.

Daneben aber war Joseph Autor des mystischen Werks MAGGID MESCHARIM, eine Art Tagebuch, in dem er seine persönlichen Offenbarungen niederschrieb. Karo glaubte nämlich, daß er des Nachts regelmäßig von einem himmlischen Mentor, dem Maggid, besucht werde, der ihm kabbalistische Lehren mitteilte. An mehreren Stellen des Buches ist die Rede von SCHLOMO BCHIRI - gemeint ist Schlomo Molcho, den die himmlische Stimme „mein Erwählter" nennt.

Der Märtyrertod Schlomos, der im zitierten Text ausdrücklich als Messias (NIMSCHACH MESCHICHUT HARBE - „der gesalbt worden ist mit viel Gesalbtheit") bezeichnet wird, beeindruckte Karo - wie auch andere Kabbalisten des Ostens - zutiefst. Er weckte in ihm den Wunsch, Schlomo nachzufolgen und ebenfalls zur Heiligung des Namens, nämlich als Märtyrer, zu sterben.

Weitere Messiasse des 16. Jahrhunderts

In Portugal

Nach diesen Dingen stand ein neuer Messias auf unter den Juden, er war Schuhmacher, sein Name Ludvigo Diaz, seine Heimat war Setubal. Er begann, über Bücher zu predigen, und seine Zuhörerschaft wurde immer größer. Er sagte, daß er der Messias sei, und viele waren's, die an ihn glaubten. Unter der Menge derer, die an ihn glaubten, war auch der Arzt des Kardinals Don Alfonso, Bruder des Kardinals di Portugalo. Der Name des Arztes: Franzisco Mendez. 37jährig, beschnitt er sich selbst gemäß den Geboten des Messias. Der Messias und alle, die an ihn glaubten, wurden zum Feuertod verurteilt. Und so wurden Jahr für Jahr zwanzig, dreißig, vierzig Mann verbrannt, und mehr als zweihundert erhielten schwere Strafen.

Aus einer italienischen Handschrift (Berlin)
(zitiert nach A.S.Aeschkoli, Die messianischen Bewegungen, S.412f)

Ludvigo Diaz war ein Neuchrist aus Setubal, einer Hafenstadt südlich von Lissabon. Als die Inquisition ihn in Gewahrsam nahm, widerrief er und wurde begnadigt. Da er seine früheren Aktivitäten jedoch bald wieder aufnahm, wurde er ein zweites Mal eingesperrt und schließlich mit 83 seiner Anhänger im Jahre 1542 verbrannt.

In Polen

... (von) einem anderen Betrüger, der zu dieser Zeit in Polen gesehen wurde. Dieser ließ über sich selbst wissen, daß er der Messias sei. Er sammelte 12 Apostel und zog mit ihnen in Polen umher. Er führte die Massen in die Irre mit Gerüchten über seine Wunder. Von dort zog er nach Schlesien. Sein Ruf ging ihm voraus als ein Mann, der Wunder tue.

(zitiert nach A.S.Aeschkoli, Die messianischen Bewegungen, S.414)

In den Niederlanden

Wie sehr sich die Menschen im Zeitalter der Glaubensspaltungen und -kriege nach Ruhe sehnten, zeigt dieser Text über einen Messias, der alle Glaubensstreitigkeiten beilegen sollte:

In Holland gibt es zwei Arten von Juden, deutsche und spanisch-portugiesische ... Ziegler war einer der Deutschen. Er kam nach Amsterdam und hatte vor, seine Visionen zu veröffentlichen. Er versprach, daß der Messias kommen werde und daß er ihn gesehen habe, wie er zukünftig komme, nachdem alle Juden vollständig umgekehrt seien ... Er versprach den Messias, Sohn Davids, aus dem Sproß Natan, dessen Vorfahren tausend Jahre im Königreich Tunis gelebt hätten. Von dort setzten sie über nach Granada, von dort wurden sie vertrieben durch Ferdinand, den Katholischen, und siedelten sich in Deutschland an.

Dort wurde der Messias geboren vor 24 Jahren. Er habe ihn in Straßburg gesehen. Er (Ziegler) bewache Szepter und Schwert, um sie ihm in die Hand zu geben, sobald er erscheine zur Freude des Gewürdigten, um in den Krieg auszuziehen. Dann werde er Armilus und das Land der Türken vernichten, sein Königreich ausbreiten bis ans Ende der Welt, ein Konzil in Konstanz versammeln, das zukünftig zwölf Jahre dauern werde. Auf ihm werde aller Streit und alle Diskussion in Glaubensdingen beigelegt werden.

Dieser Messias erschien niemals, und die Menschen, die an die Worte dieses Betrügers geglaubt hatten, sahen nach dem Geschehenen, daß sie durch ihn getäuscht worden waren.

(zitiert nach A.S.Aeschkoli, Die messianischen Bewegungen, S.416f)

Armilus war ein vor allem unter Juden verbreiteter Name des Anti-Messias, der vor dem Beginn des messianischen Reiches vom Messias besiegt werden muß und der vermutlich auch Symbol für Rom ist. Dann wäre Rom als Hauptstadt der Christen identifiziert mit dem Antichristen (eine Vorstellung, die es auch unter Christen gab, die gegen die Papstkirche kämpften), während der jüdische Messias der wahre „Christus“ ist.
Konstanz war bei Christen ein beliebter Ort, um Konzile abzuhalten.

Joseph Nasi, jüdischer Herzog von Tiberias

Der Aufbau einer jüdischen Siedlung in Tiberias

Unter denen, die aus dem Eisenofen Portugals nach Ferrara gekommen waren, befand sich Don Joseph Nasi, der, nachdem er sich einige Zeit in der Stadt aufgehalten hatte, sich in die Türkei begab, wo er Gunst in den Augen des Sultans Suleiman fand und ihm viel Zuneigung abgewinnen konnte. Dieser Herrscher gab ihm die Ruinen von Tiberias mit sieben offenen Städten in der Umgebung, und setzte ihn dort zum Fürsten und Herren ein. Don Joseph schickte seinen Diener, Rabbi Joseph ben Adret, dorthin, um die Ruinen wieder aufzurichten. Dieser ging, und auch er gewann die Gunst des Sohnes des Sultans, der ihm täglich sechzig Asperus Gehalt bewilligte. Außerdem ließ ihn der Sultan von acht Offizieren seines Hauses begleiten; er händigte ihm einen Ferman aus, versehen mit dem großherrlichen Siegel, und empfahl ihn den Paschas von Damaskus und Zfat mit den Worten: „Tut alles, was dieser Mann von euch erbittet".

Ein Edikt, im Namen Seiner Hoheit veröffentlicht, schrieb dann allen Maurern und allen Lastträgern dieser Stadt vor, beim Wiederaufbau von Tiberias Hilfe zu leisten, unter Androhung von Strafe für Ungehorsam. Es gab dort einen Überfluß an Steinen, denn Tiberias war vor ihrer Zerstörung eine große Stadt vor dem Herrn gewesen, und es fanden sich dort dreizehn Synagogen zur Zeit von Rabbi Ami und Rabbi Assi (am Ende des 3. Jahrhunderts). Die Einwohner dieser sieben Dörfer erhielten den Auftrag, genügend Ton zu bereiten, nicht nur um die Arbeiten ausführen zu können, sondern auch noch auf Vorrat. Auch gab es dort reichlich Sand, denn der See von Tiberias war nahe.

Die Araber jedoch empfanden Eifersucht; ein betagter Scherif erhob sich und überredete sie, die Stadt nicht aufbauen zu lassen, die ihnen später verhängnisvoll werden würde. Er habe entdeckt, sagte er, in einem alten Buch, wenn man die Stadt, die Tiberias genannt wird, wieder aufbauen würde, werde ihre Religion untergehen, und sie würden Sünder werden.

Die Araber hörten auf ihn, wollten die Mauern nicht mehr wiederherstellen, und die Arbeiten wurden auf diese Weise unterbrochen. Joseph ben Adret war bestürzt, suchte den Pascha von Damaskus auf und bat, ihm gegen die Bewohner der offenen Städte zu Hilfe zu kommen, die sich weigerten, die Anordnungen des Sultans auszuführen. Der Pascha wurde von Schreck ergriffen, schickte sogleich Leute aus, ließ zwei der Anstifter ergreifen und hinrichten, damit die anderen es sehen sollten, Angst hätten und aufhörten, sich als Rebellen zu zeigen. Darauf kehrten sie zu den Arbeiten zurück ...

Als die Arbeiten wieder aufgenommen wurden, stieß man auf die Überreste einer Kirche, die aus Kreuzfahrerzeiten stammte.

Vier der Diener Don Josephs ... zerstörten sie und füllten sie mit Schmutz. Auch drei Kirchenglocken wurden gefunden, welche die Christen dort begraben hatten, als ihre Plünderer gegen sie marschierten in den Tagen Guidos, des letzten der christlichen Könige, die das Land regierten. Sie machten Kanonen aus ihnen.

Die Stadt Tiberias, die man wiedererbaute, maß 25.000 Ellen im Umfang (etwa 1,2 km). Die Bauarbeiten wurden vollendet im Monat Kislew im Jahre 5325 (1565) zur großen Freude Don Josephs, der Gott dafür pries. Auf Anordnung von Don Joseph pflanzte man nun eine sehr große Anzahl von Maulbeerbäumen, damit sie den Seidenraupen als Nahrung dienten. Er ließ auch Wolle aus Spanien kommen, aus denen er Kleidungsstücke herstellte, ähnlich denen, die man in Venedig machte; denn Don Joseph war sehr umsichtig und sein Ansehen groß auf der ganzen Welt.

Joseph haKohen, Das Tal der Tränen
(zitiert nach H.S.May, The Vale of Tears, Den Haag 1971, S.100f)

Der letzte christliche König, der vom Israel-Land aus den Kreuzfahrerstaat regierte, war Guy de Lusignan, König Jerusalems, der die Schlacht bei den Hörnern von Hattin 1187 verlor. Kurz darauf fielen Tiberias und dann Jerusalem in die Hand Saladins.

Zeitgenössische Reiseberichte bestätigen die Darstellung Joseph haKohens. Ein Deutscher, Fuhrer ab Heimendorf, der das Israel-Land 1566 besuchte und Zfat völlig mit Juden bevölkert fand, beschreibt das neue, vollendete Tiberias:

Wir gelangten zum Ufer des Meers von Galiläa. Heute ließ eine jüdische, überaus reiche Dame mit Ermächtigung des Sultans eine Stadt erbauen, in der es Thermen und Gebäude gibt. Die Stadt zählt 40.000 Bewohner, fast alle aus Portugal und Spanien vertrieben.

Fuhrer ab Heimendorf, Reise in Palästina (zitiert nach P.Grunebaum-Ballin, Joseph Naci, duc de Naxos, Etudes Juives XIII, Paris 1968, S.79)

Auch der Mönch Pantaleao de Aveiro beschreibt das neue Tiberias mit seinen bis ans Gestade des Sees reichenden starken Mauern:

Es gibt dort eine solche Menge von Palmen, Orangenbäumen und Duftsträuchern, daß ihre Ausströmung schon in einer halben Meile Entfernung zu riechen ist.

Pantaleo de Aveiro, Itineraria de Terra Sancta
(zitiert nach P.Grunebaum-Ballin, S.79)

Gegen 1630 hielt der Franziskaner Père Roger fest, daß in Tiberias nur noch 22 Familien in Hütten zwischen den Ruinen wohnten:

... es gibt auch sechs oder acht Haushalte portugiesischer Juden; ... als Synagoge haben sie einen Schuppen am Seeufer, wo sich am Schabbat ein Rabbi aus Zfat einfindet, um zu lehren und die gewohnten Kulthandlungen zu vollziehen.

Père Roger, Voyage en Palestine (zitiert nach P.Grunebaum-Ballin, S.80)

Schabbtai Zwi, der abtrünnige Messias

Ein Bild Schabbtais aus dem Jahre 1666

Ein Autograph Schabbtais

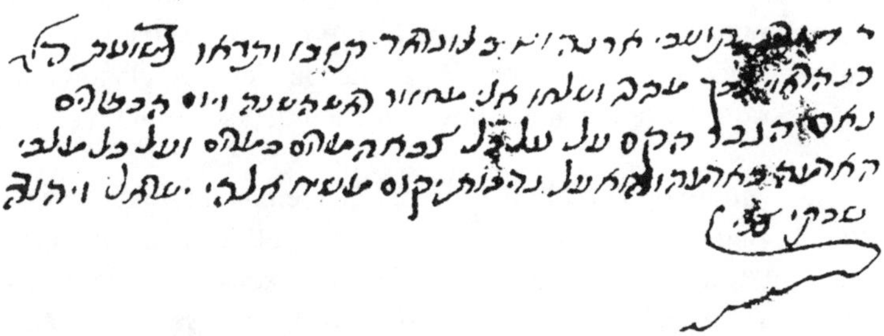

Der Name Schabbtais ist durch eine schwungvolle Unterstreichung hervorgehoben.

Über Schabbtai bis zu seiner Ankunft in Saloniki

Ein Mann war im Land Uz (Türkei), in der heiligen Gemeinde Ismir, genannt Smyrna, dessen Name war Mordechai Zwi aus Morea. Er trieb Handel mit Hühnern, anderem Geflügel und Eiern und ward später Makler bei den levantischen Kaufleuten. Dieser Mann zeugte drei Söhne, Joseph, Elia und Schabbtai. Der letztere ward im Jahre 5385 (1626) nach Erschaffung der Welt geboren. Der Knabe Schabbtai wuchs heran und man brachte ihn in das Lehrhaus. Daselbst lernte er die heilige Schrift, Mischna, Talmud, halachische und haggadische Bücher, sämtliche sechs Ordnungen, Sifra, Sifre, Mechilta, Tosefta, Psikta, Torat Kohanim und auch etwas von der

Kabbala. Es fehlte nichts, das er nicht in wenigen Jahren gelernt hätte, so daß er im Alter von fünfzehn Jahren keines Lehrers mehr bedurfte.

Von dieser Zeit an begann er, sich allein, ohne Genossen oder Lehrer, mit der Weisheit der Kabbala zu beschäftigen; er saß in einem besonderen immer verschlossenen Zimmer seines väterlichen Hauses, trieb sein Studium mit dem größten Fleiß und hatte in kurzer Zeit in dieser Wissenschaft solche Fortschritte gemacht, daß kaum ein Kabbalist, ein mit offenbaren und geheimen Lehren Vertrauter, gleich ihm gefunden ward. Ja, er brachte es so weit, daß er in seinem achtzehnten Jahre den Ehrentitel eines CHACHAM (Weiser) erhielt.

Nun predigte er öffentlich über die wunderbarsten Geheimnisse, über Offenbares und Verborgenes, und sein Ruhm ward immer größer in allen Provinzen der Türkei. Wirklich waren seine Taten fast übernatürlich, und bei allem Fasten und bei allen asketischen Handlungen, denen er sich unterzog, hatte er das Ansehen eines göttlichen Engels. *Von der Schulter an und darüber war er größer als alles Volk* (1.Sam 9,2). So habe ich sein Bild auf der Zeichnung gesehen, die zu jener Zeit von Smyrna aus an die holländische Regierung gesandt wurde. Auch erschien hier zu Amsterdam im Jahre 429 (1669) ein kurzer Bericht über seine Begegnisse und Taten in holländischer Sprache und Schrift, aus dem ich mehrere Einzelheiten genommen habe, die zugleich durch das übereinstimmende Zeugnis glaubwürdiger Personen bekräftigt worden sind; diese habe ich übersetzt und hier eingefügt.

Schabbtai wurde von allen Leuten in der Gemeinde, besonders von seinen Schülern und Genossen, die größte Ehre erzeigt. Im Jahre 408 (1648), als er vierundzwanzig Jahre alt war, entdeckte er seinen Schülern, daß er der Messias, der Sohn Davids, der wahrhaftige Erlöser sei und Israel aus dem Joche der Christen und Mohammedaner befreien und erlösen werde. Und er sprach öffentlich den Namen Gottes aus, wie er geschrieben wird. Es ist aber bekannt, daß dies kein Mensch tun durfte, ausgenommen der Großpriester zur Zeit, da noch der Tempel stand, wenn er am Versöhnungstag im Allerheiligsten den Dienst hatte. Wer sonst den Namen Gottes aussprach nach der Weise, wie er geschrieben wird, war des Todes schuldig.

Als daher die Weisen Smyrnas diese böse Tat vernahmen, schickten sie zwei Gerichtsdiener an ihn ab, ihm anzukündigen, sie würden, sobald er dies wiederhole, sein Leben preisgeben und es jedem, der ihn töte, zum Lobe anrechnen. Hierauf entgegnete er, ihm sei solches erlaubt, weil er der Messias sei. Als nun die Weisen von Smyrna diese bösen Reden vernahmen, erschraken sie sehr und berieten sich miteinander, was mit dem Manne zu tun sei. Und es ward einstimmig ausgesprochen und beschlossen, daß er wegen zweier Ursachen des Todes schuldig sei: zuerst weil er den Namen Gottes ausgesprochen, wie er geschrieben wird, sodann, weil er sich zum Messias aufgeworfen habe. Sie gaben sein Leben preis und ließen ausrufen, es solle jedem, der ihn töte, zum Lobe angerechnet werden ...

Als Schabbtai nun sah, wie übel es um ihn stand, entfloh er von Smyrna nach Saloniki und ward dort, wo man von seinen bösen Handlungen noch nichts wußte, mit großen Ehren empfangen. Auch fanden sich viele Schüler bei ihm ein, um von ihm die Wissenschaft der Kabbala zu erlernen. Alle Bewohner von Saloniki erzeigten ihm Ehre und liebten ihn sehr.

Jakob Emden, TORAT haKENAOT (zitiert nach J.Höxter, Quellenbuch zur jüdischen Geschichte und Literatur, 4.Teil, Frankfurt 1928, S.14-16)

Jakob Emden (1697-1776) war ein berühmter Gelehrter und großer Gegner der Schabbatianer. In Altona (bei Hamburg) richtete er sich eine eigene Druckerei ein, mit der er seine vorwiegend halachischen Werke selber druckte, um sie zu verbreiten. Wegen einer Kontroverse mit dem Hamburger Rabbiner Jonatan Eibeschütz, den er verdächtigte, heimlich ein Anhänger Schabbtai Zwis zu sein, ging er nach Amsterdam, wo er 1752 die TORAT haKENAOT veröffentlichte, eine Sammlung schabbatianischer Dokumente.

Über die Wirkung der Schabbtai-Bewegung in Ost und West

Zu jener Zeit hat man angefangen, von Schabbtai Zwi zu reden. Aber *wehe uns, daß wir gesündigt* (Klgl 5,16) und daß wir es nicht erlebt haben, wie wir es gehört und wie wir es uns fest eingebildet hatten! Wenn ich daran denke, wie damals alte und junge Leute Buße getan haben - das ist ja in der ganzen Welt bekannt. O, Herr der Welt, wie wir gehofft haben, daß du mit deinem Volk Israel Barmherzigkeit üben und uns erlösen würdest, da waren wir wie eine Frau, die auf dem Gebärstuhl sitzt und große Schmerzen und Wehen leidet. Sie meint, nach allen ihren Schmerzen und Wehen werde sie mit ihrem Kind erfreut werden; aber sie hat nichts anderes als einen Wind gehört.

So, mein lieber Gott und König, ist auch uns geschehen. Alle deine lieben Knechte und Kinder in der ganzen Welt haben sich mit Buße, Gebet und Wohltun sehr abgemüht, und dein liebes Volk Israel hat zwei bis drei Jahre lang auf dem Gebärstuhl gesessen, aber es ist danach nichts als Wind herausgekommen. Nicht genug, daß wir nicht gewürdigt wurden, das Kind zu sehen, um das wir uns so sehr gemüht und das wir schon für ganz sicher gehalten haben: Wir sind leider stecken geblieben. Mein Gott und Herr, deswegen verzagt dein Volk Israel doch nicht und hofft täglich darauf, daß du sie in deiner Barmherzigkeit erlösen wirst. Wenn es dein heiliger Wille sein wird, so wirst du deines Volkes Israel schon gedenken.

Was für Freude herrschte, wenn man Briefe bekam, die von Schabbtai berichteten, ist nicht zu beschreiben. Die meisten Briefe haben die Portugiesen (portugiesische Juden, die nach Hamburg geflüchtet waren) bekommen. Sie sind immer damit in ihre Synagoge gegangen und haben sie dort vorgelesen. Auch Deutsche, jung und alt, sind in die Portugiesen-Synagoge gegangen. Die portugiesischen jungen Gesellen haben sich allemal ihre besten Kleider angetan und sich grüne breite Seidenbänder umgebunden - das war die Livree von Schabbtai Zwi. So sind sie alle *mit Pauken und Reigentänzen* (Ri 11,34) in ihre Synagoge gegangen und haben mit einer Freude, gleich der *Freude beim Wasserschöpfen* (Jes 12,3), die Schreiben vorgelesen. Manche haben Haus und Hof und alles Ihrige verkauft, da sie hofften, jeden Tag erlöst zu werden.

Mein seliger Schwiegervater, der in Hameln wohnte, ist von dort weggezogen, hat sein Haus und Hof und alle guten Hausgeräte, die darin waren, stehen lassen und seine Wohnung nach Hildesheim verlegt. Von dort hat er uns hierher nach Hamburg zwei große Fässer mit Leinenzeug geschickt; darin waren allerhand Speisen, wie Erbsen, Bohnen, Dörrfleisch, Pflaumenschnitz und ähnlicher Kram und alles, was sich gut hält. Denn der alte Mann hat gedacht, man würde ohne weiteres von Hamburg nach dem Heiligen Lande fahren. Diese Fässer haben wohl länger als ein Jahr in meinem Hause gestanden. Endlich haben sie (meine Schwiegereltern) Furcht gehabt, das Fleisch und die übrigen Sachen würden zugrunde gehen. Da schrieben sie uns, wir sollten die Fässer aufmachen und die Eßwaren herausnehmen, damit das Leinenzeug nicht zuschanden werde. So haben die Fässer wohl drei Jahre gestanden, und mein Schwiegervater hat immer gemeint, er sollte es zu seiner Reise brauchen.

Aber dem Höchsten hat es noch nicht gefallen. Wir wissen wohl, daß der Höchste es uns zugesagt hat, und wenn wir von Grund unseres Herzens fromm und nicht so böse wären, so weiß ich gewiß, daß sich Gott unser erbarmen würde. Wenn wir doch nur das Gebot hielten: *Liebe deinen Nächsten wie dich selbst* (3.Mose 19,18)! Aber Gott soll sich erbarmen, wie wir das halten. Die Eifersucht, der grundlose Haß, der unter uns herrscht - das kann nicht gut tun. Dennoch, lieber Herrgott, was du uns zugesagt hast, das wirst du königlich und gnädiglich halten. Wenn es sich auch durch unsere Sünden so lange verzögert, so werden wir es doch gewiß haben, wenn deine festgesetzte Zeit da ist. Darauf wollen wir hoffen und zu dir beten, großer Gott, daß du uns einmal mit der vollkommenen Erlösung erfreuest. Für diesmal will ich die Materie beschließen ...

Aus den „Denkwürdigkeiten der Glückel von Hameln“
(zitiert nach A.Feilchenfeld, Denkwürdigkeiten der Glückel von Hameln, Berlin 1913, S.60-63)

Glückel (1646-1724) war eine Hamburger Jüdin, verheiratet mit Chaim Hameln, die ihre Lebenserinnerungen aufgeschrieben hat.

Vor nicht allzulanger Zeit erhob die jüdische Ketzerei ihr Haupt in Wolhynien, Podolien, in allen Provinzen von Kleinrußland, im Fürstentum von Litauen, im Königreich Polen und den Nachbarländern. Sie trugen ihr Haupt und ihre unverschämte Hartnäckigkeit sehr hoch, sie hißten die Flagge der Abtrünnigkeit und bliesen dreist die Posaune des Siegs. Zu jener Zeit trat in Smyrna ein Betrüger namens Schabbtai Zwi auf, der sich selbst Messias der Juden nannte und sie durch falsche Wunder an sich band. Er versprach den Juden, sie aus ihrem Exil unter den Völkern zu führen und ihnen Jerusalem und das Königreich von Palästina wiederzugeben ...

Die törichten Juden frohlockten und erwarteten, der Messias würde sie auf einer Wolke nach Jerusalem bringen. Wann immer eine Wolke über der Stadt erschien, prahlten sie gegenüber den Christen und sagten, der Messias würde sie bald holen, damit sie in Palästina und Jerusalem wohnten. Zu jener Zeit fasteten sie mehrere Tage in der Woche wegen des Messias, und manche fasteten die ganze Woche. Sie gaben nicht einmal ihren kleinen Kindern zu essen und tauchten im Winter unters Eis, wobei sie neue Gebete sprachen. Viele Juden starben während des Winters wegen ihrer Tauchbäder in der strengen Kälte. Sie gingen jeden Tag in ihre Synagogen und hielten Gottesdienste. Auch einige Narren unter den christlichen Massen handelten und dachten wie sie.

Bericht des christlichen Priesters Johannes Galatowski
(zitiert nach G.Scholem, Sabbatai Zwi, S.650)

Die Vorstellung, auf einer Wolke nach Jerusalem zu reisen, geht zurück auf Midrasch Psikta Rabbati 2a, der Jesaja 60,8 auslegt: „Wer sind die, welche heranfliegen wie Wolken?“

Trostworte Schabbtai Zwis aus dem Gefängnis

So spricht der Große König, Unser Herr und heiliger König, mit meinen Grüßen, die ich Euch, meinem treuen Volk, das mich liebt, verkünden möchte. Ich werde so handeln, *daß ich die, die mich lieben, Wesentliches erben lassen werde*, das heißt, *ich will ihre Schatzkammern* mit geistlichen und materiellen Wonnen *füllen* (Spr 8,21 - ein Zitat, mit dem auch der Talmud schließt), und die, die mich lieben, werden mit Gütern erfüllt, sagt der Herr. Und alles Volk meines Glaubens ... soll gesegnet sein. Ich sage, daß sie im Namen des großen Gottes, aus dem Mund seines erwählten Dieners gesegnet seien.

Ihr sollt wissen, daß am Schabbat (mit dem Namen) „Wenn ihr nach meinen Satzungen handelt“ (3.Mose 26,3ff, Lesung für einen Schabbat im Mai 1666) Gott meine schweren Leiden sah und mich mit großem Jubel erfüllte. Ich erkannte dadurch, daß die erwartete Zeit der Hoffnung Israels sehr nahe ist. Was ich hier sage, muß euch genügen. Deshalb *seid stark und mutig* (Jos 1,7.9), und euer Herz sei stark, ihr alle, die ihr auf den Herrn und Seinen Messias vertraut.

Unsere Brüder, wenn diese Worte eure Ohren erreichen, laßt sie vor Jubel tönen und laßt jene froh werden, die meine gerechte Sache fördern, ja, laßt sie beständig sagen (Ps 35,27): *Groß ist der Herr, er will das Heil seines Knechtes*, und sein großer, verehrter Name sei immerfort gelobt. Denn meine Seele, die schwer betrübt und gepeinigt war, ist nun mit großem Glanz erfüllt und jubelt vor Freude. Möge der Allerhöchste um seiner Wahrheit und seiner großen Gnade willen Beständigkeit verleihen und seinen Trost vermehren, so wie ich es in mir selbst empfinde, wenn ich den Abschnitt lese (3.Mose 26,9.11): *Euch wende ich mich zu. Ich schlage meine Wohnstätte in eurer Mitte auf und habe gegen euch keine Abneigung.* Wahrlich mit Euch (wird die Schrift erfüllt): *Israel soll sich über seinen Schöpfer freuen, die Kinder Zions über ihren König jauchzen* (Ps 149,2).

Und in meiner Einsamkeit wird die Schrift erfüllt und bestätigt (Spr 18,10): *Ein fester Turm ist der Name des Herrn, dorthin eilt der Gerechte und ist geborgen.* Sehet, jetzt ist *die Zeit der Liebe* (Hes 16,8), deshalb *seid stark und mutig* (Jos 1,7.9) in Eurem Glauben, im Gebet, in der Buße, im Fasten und in vielen häufig wiederholten Ritualbädern, denn die Erlösung Israels ist nahe mit der Hilfe Gottes - Schabbtai Zwi.

Brief des Schabbtai Zwi vom 24.August 1666
(zitiert nach G.Scholem, Sabbatai Zwi, S.694f)

Natan aus Gaza

Warhaffte Abildung des Newen Iüdischen Propheten
NATHAN
So von etlichen Seefahrer zu Gaza gesehen und
von deren mitgesellen einem gezeichnet
worden A° 1665 d° 26 Iuly

Von der nahen Erlösung

Und jetzt werde ich dir den Gang der Ereignisse aufdecken. In einem Jahr und wenigen Monaten wird er (Schabbtai) ohne Krieg die Herrschaft vom türkischen König übernehmen, denn durch (die Macht der) Hymnen und Gebete, die er sprechen wird, werden sich alle Völker seiner Herrschaft unterwerfen. Er wird den türkischen König allein zu den Ländern mitnehmen, die er erobern will, und alle Könige werden ihm Tribut zollen, aber nur der türkische König wird sein Diener sein. Es wird kein Gemetzel unter den Vorhäutigen geben, außer in den deutschen Ländern. Das Einsammeln der Zerstreuten wird noch nicht zu dieser Zeit stattfinden, doch den Juden wird, jedem an seinem Ort, große Ehre widerfahren. Auch der Tempel wird noch nicht wieder aufgebaut, aber der schon erwähnte Rabbi (Schabbtai) wird die genaue Stelle des Altars und auch die Asche der roten Kuh entdekken, und er wird die Opfer vollziehen. Dies wird vier oder fünf Jahre andauern. Danach wird der schon erwähnte Rabbi zum Flusse Sambation ziehen ...

Am Ende dieser Zeit werden sich die Zeichen, die im Sohar vorhergesagt sind, vollziehen, und sie werden bis zum nächsten Schabbatjahr (1672) andauern. Das ist die Bedeutung des talmudischen Spruchs: Im 7. Jahr wird der Sohn Davids kommen (Sanh 97a). Das 7. Jahr, das ist der Schabbat, bezeichnet den König Schabbtai. Zu jener Zeit wird der schon erwähnte Rabbi zusammen mit seiner vorherbestimmten Gefährtin, der Tochter Moses, vom Sambation zurückkehren ...

An diesem Tag wird das Einsammeln der Zerstreuten stattfinden, und er wird den Tempel schauen, der schon fertig gebaut von oben herabkommt. Es wird zu jener Zeit 7.000 Juden im Israel-Land geben, und an diesem Tag wird die Auferstehung der Toten sein, die im Israel-Land gestorben sind. Jene, die nicht würdig sind, (an der Auferstehung teilzunehmen,) werden aus dem Land gewiesen. Die (allgemeine) Auferstehung außerhalb des Landes wird vierzig Jahre später stattfinden.

Brief Natans an Rabbi Raphael Joseph in Ägypten
vom Ende des Jahres 1665 oder Anfang 1666
(zitiert nach G.Scholem, Sabbatai Zwi, S.294-296)

Mit den „deutschen Ländern" ist Osteuropa gemeint, wo es zu den Chmielnicki-Massakern gekommen war. Für diese soll der Messias Rache üben.

Die Asche der roten Kuh, die Schabbtai darbringen wird, bezieht sich auf 4.Mose 19, wo ein Rezept für ein besonderes Reinigungswasser berichtet wird. Dieses ist nötig, etwa um jemanden, der mit einem Toten in Kontakt gekommen und dadurch maklig geworden ist, wieder kultfähig zu machen. Auch Gefäße werden mit Hilfe dieses Wassers wieder rein.

Dieses Reinigungswasser wird hergestellt, indem „eine fehllose rote Kuh, an der sich kein Mangel findet und auf die noch kein Joch gekommen ist" rituell geschlachtet und verbrannt wird. „Ein tauglicher Mann soll die Asche der Kuh sammeln und außerhalb des Lagers an tauglicher Stätte niederlegen, damit sie der Israel-Gemeinde für das Reinigungswasser aufbewahrt werde; es ist ein Sündopfer." Im Talmud, wo es einen eigenen Traktat über die rote Kuh gibt, wird ausgeführt, daß diese keine zwei andersfarbigen Haare haben darf (weshalb sie sehr selten ist) und auf dem Ölberg verbrannt werden muß.

Solange es keine neue rote Kuh gibt, mit deren Hilfe Reinigungswasser hergestellt werden kann, steht es niemandem zu, an dem wieder erbauten Tempel zu dienen, weil niemand die nötige Tauglichkeit besitzt. Daher muß der Messias zunächst für Asche von einer roten Kuh sorgen. Nach Para 3,5 hat es in der Zeit bis zur Zerstörung des Tempels im Jahre 70 sieben (nach einer anderen Meinung neun) rote Kühe gegeben. Maimonides schreibt in Mischne Tora (JAD CHASAKA), Kapitel PARA ADUMMA 3,4, daß die zehnte und letzte rote Kuh durch den Messias zubereitet wird.

Schabbtais Übertritt zum Islam und die Aufhebung der Tora

Wisset, meine Brüder, meine Kinder und meine Freunde, daß ich sehr klar erkannte, daß der Wahre (Gott), den ich allein seit vielen Generationen kenne und für den ich so viel getan habe, wollte, daß ich mit ganzem Herzen die islamische Religion, die Religion Jischmaels, annehme, erlaube, was sie erlaubt, und verbiete, was sie verbietet, und die Tora Moses bis zum Ende der Zeit annulliere. Denn es ist wichtig für die Herrlichkeit seiner Gottheit und für seine Offenbarung, daß ich jeden dort hinführe, der mit mir übereinstimmt, nachdem ich ihnen das (Mysterium) seiner Gottheit offenbaren würde, das mit äußerster Strenge bewiesen (werden kann).

Das ist der höchste Rang seines wahren Seins und die wunderbare Herrlichkeit der Ersten Ursache. Und dies ist, was der Psalm (119,126) sagte: *Herr, (Zeit ist's) zu handeln, indem man deine Tora bricht.* Wie die Jischmaeliten zu sagen pflegen: Die Tora des Mose ist aufgehoben, was auch in dem talmudischen Ausspruch (Schabbat 87a) verborgen ist: Danke, daß du die Bundestafeln zerbrochen hast. (Und dies) weil die Tora Moses ohne (Kenntnis) des wahren Einen nichts wert ist, wie gesagt ist (2.Chr 15,3): *Lange Zeit lebte Israel ohne den wahren Gott, ... ohne Tora.* Da sie den wahren Gott nicht haben, ist seine Tora keine Tora. Aber die Religion des Islam ist die wirkliche Wahrheit ...

Und als Maimonides, seligen Andenkens, das Dogma formulierte: „Die Tora, die Gott gab, wird er nie ergänzen noch je durch ein andere Tora ersetzen", irrte er sich völlig, denn er kannte nicht den Gott der Wahrheit, den Gott Schabbtai Zwis. Und glaubt nicht, meine Brüder, daß ich dies (ein Moslem zu werden) aufgrund einer Erleuchtung tat, so daß ihr erschreckt und sagt: Heute oder morgen wird die Erleuchtung von ihm weichen und er wird bedauern, was er gesagt hat, und es wird ihm sehr leid tun. So ist es nicht, sondern ich habe es aus eigenem Antrieb durch die große Kraft und Stärke der Wahrheit und des Glaubens getan, und kein Sturm der Welt und keine Weisen und Propheten können mich dazu bringen, meinen Platz zu verlassen ... So spricht der Meister der Wahrheit und des Glaubens, der Türke und der MEZUR-Mann.

Brief des Schabbtai Zwi
(zitiert nach G.Scholem, Sabbatai Zwi, S.943f)

Der Brief ist wahrscheinlich 1668 oder 1669 geschrieben worden, also nicht sehr lange nach Schabbtais Übertritt.

Psalm 119,126 wird normaler Weise übersetzt: „Zeit ist's zu handeln für den Herrn, denn sie brechen deine Tora". Es ist jedoch auch eine andere Übersetzung möglich: „Es gibt eine Zeit, in der für den Herrn zu handeln bedeutet, seine Tora zu brechen." Auf diese zweite Auslegung bezieht sich Schabbtai.

In Schabbat 87a, aber auch sonst (etwa Menachot 99b) findet sich die Auslegung von 2.Mose 34,1 („die Tafeln, die - ASCHER - du zerbrochen hast"): „danke, daß du die Tafeln zerbrochen hast". Aus dem Relativpronomen ASCHER wird JISCHAR, „danke, daß" erlesen.

„MEZUR-Mann" bedeutet wahrscheinlich „bedrängter Mann".

Schabbtai am türkischen Hof

Verschiedene Zeitzeugen berichten darüber, daß Schabbtai sich nach seinem Übertritt eigenartig verhalten habe. So sei er etwa herumgelaufen mit dem Koran in der einen und mit der Tora in der anderen Hand; auch habe er weiterhin beim Gebet Tefillin angelegt und sei in die Synagoge gegangen, allerdings um Missionspredigten für den Islam zu halten.

Auf solche Weise hat Schabbtai einige Zeit an dem Türkischen Hof nach dem Exempel Moses, der sich vor Zeiten an dem Ägyptischen Hof aufgehalten, zugebracht. Vielleicht kann es sein, daß er auch wie dieser alte Juden-Erlöser die Drangsal seiner Brüder angesehen und sich ihrer erbarmet (hat): da er sie noch beständig versicheret, daß er wirklich ihr Messias sei. Aber den Türken zu Gefallen fügte er hinzu, werde er seine Nation nimmermehr nach Jerusalem führen, es wäre denn, daß sie ihm gleich würden, nämlich den Schatten und (die) Unvollkommenheit ihres Gesetzes fahren lassen, hergegen die Mahometische Religion annehmen und mehr andere Sachen, die er ihnen vorzuschreiben nötig erachten möchte, verrichten wollten. Welches sein Vorgeben guten Teils auch eine dermaßen kräftige Wirkung gehabt, daß eine recht große Menge Juden von Jerusalem, Babylon und anderen entlegenen Orten angekommen, ihre Hauben von sich geworfen und öffentlich in Gegenwart des Großherrn sich zu dem türkischen Glauben bekennet.

Indem nun Schabbtai hierdurch, daß er so viele Leute bekehret, sich bei den Türken wohl in Gunsten gesetzt, so wurde ihm, so oft als ihm beliebte, seine Brüder zu besuchen erlaubt. Welche Zeit über aber er dem Gesetz Moses gemäß am achten Tag ihre Kinder beschnitten und seine neue Lehre gepredigt, es auch noch so weit gebracht, daß ihrer viel fest auf der Meinung, daß er wahrhaftig der Messias sei, beharret; und demnach stündlich

... erwarten: wiewohl sich keiner ihn öffentlich dafür zu erkennen trauet, aus Sorge, er möchte sich der Türken und Juden Zorn über den Hals laden, und ihm entweder der Bann dieser oder der Galgen jener zuteil werden.

Bericht des Paul Rycaut, englischer Konsul in Smyrna
(zitiert nach G.Scholem, Sabbatai Zwi, S.929f)

„nach dem Exempel Moses“ ist vielleicht eine Anspielung darauf, daß der Name Zwi ein rückwärts zu lesender ATBASCH zu Mosche (so die hebräische Form des Namens) ist. Ein ATBASCH ist eine Art Code, bei dem der erste Buchstaben des hebräischen Alphabets (A) durch den letzten (T), der zweite (B bzw. W) durch den zweitletzten (SCH) ... ersetzt wird. Demnach steht Z für H, W für SCH und I für M.

Auch sonst ist Schabbtai als Moses redivivus aufgetreten, wenn er etwa noch kurz vor seinem Tod zu Pesach eine Schlange formte und auf einen Stab setzte (dazu 4.Mose 21,9), um sich seinen Anhängern zu zeigen.

Über die Verehrung Schabbtais noch nach seinem Übertritt

O mein Geliebter ist von mir gegangen
Gottes Erwählter, Schabbtai Zwi.
So tief gefallen und so schwer erduldend
ist er doch meinem Herzen nah.
...
Sein treuer Diener will ich bleiben,
nicht aufhören, ihn zu suchen und ihn anzubeten.
Ihm vertraue ich, und solange ich lebe
soll Schabbtai meine Sünden vergeben.
Meine Augen erhebe ich in Hoffnung auf ihn:
auf seiner Erlösung Lob und Preis.

Aus einem schabbatianischen Loblied
(zitiert nach G.Scholem, Sabbatai Zwi, S.809)

Solche und ähnliche Lieder wurden unter den Anhängern Schabbtais nach seiner Konversion im Geheimen gesungen.

Wir haben diesen Brief, so wir an euch schicken, aus Veranlassung einigen Gerüchts und Unwesens, so uns von dieser Stadt eurer Heiligkeit zu Ohren kommen, geschrieben. Denn es ist unter euch eine Art Leute, welche sich in ihrem Irrtum stärken und sagen: dieser unser König lebe. Sie segnen ihn alle Schabbat-Tage in ihren Schulen und bedienen sich der Psalmen und Gesänge, so dieser Mensch auf gewisse Tage angeordnet, wie auch seiner Regeln und vorgeschriebenen Art zu beten, welches aber nicht also sein soll. Inzwischen verbleiben sie gleichwohl hartnäckig auf ihrem Tun.

Nun wißt ihr wohl, in was für Gefahr unsere Seelen seinetwegen geraten sind; denn wo die unendliche Barmherzigkeit Gottes und das Verdienst unserer Väter, so uns beigestanden, nicht gewesen wäre, so wäre der Fuß Israels von unseren Feinden abgehauen worden. Trotzdem verharrt ihr hartnäkkig auf denen Sachen, die euch nicht nützlich oder heilsam sind, sondern nur lauter Übel, welches wir Gott bitten, daß er von euch abwenden wolle, verursachen. Kehret deshalb wieder zurück: denn der Weg, worauf ihr wandelt, ist nicht der rechte Weg. Gebt die Krone wieder dem alten Gebräuch, der alten Übung der Väter und der Tora und wendet euch nicht weiter davon ab.

Wir befehlen euch deswegen, daß ihr vermittelst eures Ansehens, ja des Banns selbst und anderer Strafen, alle die Ordnungen und Gebet, welche dieser Mensch entweder selbst mündlich oder durch andere eingeführt, abschaffen sollet, so daß sie gänzlich aufgehoben und nimmermehr in euren Herzen zu finden seien. Richtet nach den alten Geboten eurer Väter: wiederholet alle Schabbat-Tag eben die Gebete und leset die Lektionen, die sonst üblich gewesen sind ... Deswegen weichet ab von diesem Menschen und führet so nur seinen Namen selbst nicht mehr im Mund. Endlich so wisset, daß wo ihr uns hierin nicht gehorcht, wir entschlossen sind, diejenigen nach Anweisung unseres Amtes zu verfolgen.

Brief der führenden Rabbiner Konstantinopels vom Januar 1667
(zitiert nach G.Scholem, Sabbatai Zwi, S.806f)

Theologische Begründung für die Notwendigkeit der Apostasie

Wißt darum ... daß er und kein anderer (es ist), und außer ihm gibt es keinen Retter Israels. Und obwohl er den reinen Hut (den Turban) auf sein Haupt gesetzt hat, ist seine Heiligkeit nicht entweiht, denn Gott hat mit seiner Rechten geschworen, und er wird nicht täuschen. Dies ist eines von Gottes Mysterien, und keiner, der irgendwelche Kenntnisse von den Mysterien der Tora hat, wird es befremdlich finden. Denn obgleich die Schrift nichts dergleichen im vollen Wortsinn sagt, haben wir doch gesehen, daß die Worte der alten Lehrer über diese Fragen dunkel und äußerst unerklärlich sind, und wir haben das Zeugnis des großen Aufklärers Maimonides, (der erklärte), daß die Sprüche der Lehrer erst nach dem Ereignis einsichtig werden.[1]

Doch, wer Augen hat zu sehen ... kann diese Dinge bewiesen finden ... und nicht falsch sprechen wider die Heiligkeit des Schabbat (gemeint ist Schabbtai); denn wer über ihn schilt, dessen Seele ist ohne Zweifel von der „gemischten Menge“, wie aus dem heiligen Buch RAAJA MEHEMNA („der vertrauenswürdige Schafhirt“ - so der Name eines Buches im Sohar) hervorgeht, das ... auch vom wahren Erlöser spricht. Dort ist gesagt: „Du bist *um der Schuld des Volkes willen durchbohrt* (Jes 53,5) und ich leide große Pein, wie gesagt ist: *Bei den Ruchlosen gab man ihm sein Grab* (Jes 53,9),

[1] Dazu die Quellen des Kapitels „Mittelalterliche Messiasse in der Welt des Islam“, S.336.

und sie erkennen mich nicht, und ich bin in ihren Augen wie der stinkende Kadaver eines Hundes.“

Dies bezieht sich gewiß auf das, was später geschehen soll ... Diese Worte bedeuten sicherlich nicht, (daß der Messias verachtet sein wird) wegen seiner Leiden, (sondern wegen seiner scheinbaren Sünden). Und jene aus der „gemischten Menge“ ... werden gottlos genannt ... wegen des Giftes, das in ihren nicht erneuerten Seelen ist, und das sie dazu bringt, daß sie Böses vom Messias sprechen, statt ruhig zu sein und zu warten, bis sie das Ende der Sache sehen.

Die Folgerung, daß der Messias, der wie ein „stinkender Kadaver“ ist, wegen seiner Sünden verachtet wird, ergibt sich aus einem Wortspiel mit dem hebräischen Wort SARACH, das sowohl „stinken“ als auch „sündigen“ bedeutet.

... Die RAAJA MEHEMNA haben zweifelsfrei offenbart, daß (der Messias) befremdliche Dinge tun und deshalb wie ein toter Hund angesehen sein würde, wie wir es wirklich in diesen Tagen bei einigen Leuten haben geschehen sehen, die ihr Vertrauen vom Herrn abwandten. Ein weiterer endgültiger Beweis ist in TIKKUNIM (TIKKUNE SOHAR, ebenfalls ein Buch des Sohar) zu finden, wo gesagt wird: „Gut von innen, aber sein Gewand ist schlecht“ - dies bezieht sich auf *den Demütigen, der auf einem Esel reitet* (Sach 9,9). Hier braucht man nur den einfachen, geraden Sinn zu verstehen, ... denn das „schlechte Gewand“ bezieht sich auf den Turban, den er angelegt hat ... Derselbe Text gebraucht später den Ausdruck „schlecht von innen, mit einem guten Gewand“. Dies findet man bei vielen Menschen, die ein jüdisches Gewand tragen, das gut ist, und doch sind sie voller Unreinheit ... An anderer Stelle in den TIKKUNIM wird der Vers: *er war um unserer Missetaten willen durchbohrt* (Jes 53,5) in der Bedeutung „er war entweiht“ interpretiert, und wer versteht, weiß, daß nur der wirklich entweiht ist, der von der Gemeinde Israels abtrünnig wurde ...

Das hebräische Wort MECHOLAL, in seiner Grundbedeutung „durchbohrt“, wird gedeutet im Sinne der Wurzel CHALAL, profanieren, verweltlichen, entweihen: Schabbtai ist der in Jes 53 beschriebene Gottesknecht, der sich durch seinen Übertritt zum Islam in die Sphäre des Profanen, des Unheiligen gestellt hat, um der Sünden Israels willen.

Der Satz (im Sohar), daß im letzten Exil der Name (des Messias) zum Gegenstand von Spott und Verachtung werden wird, bezieht sich zweifellos auf die Tatsache, daß er den Turban anlegen wird ... Und doch haben wir gelernt, daß der Schabbat nicht entweiht wurde, weil er den Turban angelegt hat, ... sondern er mußte aufgrund der Sünden Israels so handeln, und sein Schicksal war ähnlich wie das Esters, die verbotene Speise essen mußte (im Palast König Ahasvers). Der fromme Mordechai erkannte, daß Ester nicht grundlos an einen unreinen Ort gebracht wurde, und wirklich kam die Errettung durch sie (dazu Midrasch Ester Rabba 5,6 zu Ester 2,7). Dasselbe wird mit diesem geschehen. Unsere Feinde werden es sehen und zuschanden werden ... aber die, die auf ihn warten, werden himmlische Genüsse schmecken, und ihre Seelen werden einen sehr hohen Grad erreichen ...

Den Grund für all das kann man nicht offenbaren, geschweige denn einem Schreiben anvertrauen, ausgenommen gegenüber erfahrenen Kabbalisten, aber bald wird alles offenbar werden ... Glücklich, wer wartet ... Deshalb, meine Brüder und alle getreuen Gläubigen in Israel, die stehen und warten und bei diesen Worten zittern, *seid stark und mutig* (Jos 1,7.9), seid weder furchtsam noch erschrocken, wendet euch *mit eurem ganzen Herzen und eurem ganzen Odem* (5.Mose 6,5) zum Herrn, eurem Gott, und dankt seinem großen Namen, denn wir werden wirklich schauen, was unsere Vorfahren nicht gesehen haben. Und auch wenn die Menschen sagen mögen, diese tröstlichen Worte seien nur eitel, weil ich jetzt nicht in der Lage bin, ein Wunder zu wirken, werde ich doch nicht aufhören, die Niedergeschlagenen zu trösten, die bei diesen Worten zittern, die von mir gerechte Weisungen erbitten und nahe zu Gott kommen wollen, die Armen und die Bedürftigen, die in Kummer und Trübsal um der Heiligkeit des Namens Gottes sind.

Brief des Natan vom Januar 1668
(zitiert nach G.Scholem, Sabbatai Zwi, S.829-831)

Dieser Text ist wohl der früheste systematische Versuch, den Abfall Schabbtais vom Judentum zum Islam als heilsnotwendig zu begründen. Dabei fällt auf, daß die Denkstrukturen und verwendeten Schriftbelege denen bei Paulus stark ähneln.

Die Hoheitstitel Schabbtais

Der allein gezeugte und erstgeborene Sohn Gottes, Schabbtai Zwi, der Gesalbte des Gottes Jakobs und Retter Israels. Friede allen Söhnen Israels. Da ihr würdig wurdet, den großen Tag der Befreiung und Rettung Israels zu sehen, der euren Vorvätern nicht vergönnt war, die Erfüllung des Wortes Gottes und seiner Verheißungen durch die Propheten und durch seinen geliebten Sohn Israel zu schauen - deshalb seien eure Sorgen in Freude verwandelt, euer Fasten in Feste ... Und den Leiden und Kummer gewidmeten Tag verwandelt in einen Tag der Freude über mein Erscheinen.

Proklamation Schabbtai Zwis im Sommer 1666
(zitiert nach G.Scholem, Sabbatai Zwi, S.699f)

Schabbtai gab mit dieser Proklamation bekannt, daß fortan am 9. Aw (seinem Geburtstag) nicht mehr gefastet und getrauert werden solle, weil die Erlösung da sei.

Schabbtai erhebt noch kurz vor seinem Tod göttlichen Anspruch

Meine Brüder und teuren Geliebten, alle Männer des Glaubens in der Stadt Sofia, denen gewährt sein wird, die Erlösung des Herrn zu schauen und mit Augen zu sehen, *wenn der Herr nach Zion zurückkehrt* (Jes 52,8). *Seht, ich sende euch einen Boten voraus* (2.Mose 23,20), der euch *alle meine Herrlichkeit in Ägypten* (nicht in einem Wort MIZRAJIM, sondern MEZAR JAM geschrieben,) *und etwas von dem, was er gesehen hat* (dazu 1.Mose 45,13), ankündigen und mitteilen soll. *Achtet auf ihn und hört seine Stimme, widersetzt euch ihm nicht* (2.Mose 23,21) in etwas, was er euch in meinem Namen sagt. Denn ich *werde eure Übertretungen nicht vergeben* (2.Mose 23,21), wenn Gott sich zum Gericht erhebt, *und der Herr der Heerscharen wird erhoben im Gericht sein* (Jes 5,16). Er ist der *Gott, der euch aus meiner Gewalt erretten kann* (Dan 3,15), *denn außer mir ist kein Gott* (Jes 44,6). *Wenn ihr aber seine Stimme hört und alles tut, was ich euch sagen werde* (dazu 2.Mose 23,22), dann werde ich mich erheben und *eure Schatzkammern füllen* (Spr 8,21). *So spricht der Mann, der emporgestiegen ist zu den Höhen des Vaters* (Jes 14,14 und 2.Sam 23,1), der Himmlische Löwe und Himmlische Hirsch (hebräisch: ZWI), der Messias des Gottes Israels und Judas, Schabbtai Mechmed Zwi.

Brief des Schabbtai Zwi
(zitiert nach G.Scholem, Sabbatai Zwi, S.1008)

Dieser Brief, etwa ein halbes Jahr vor Schabbtais Tod entstanden, ist eine Ansammlung und spielerische Vermischung von Bibelzitaten, bei der am Ende die Unterscheidung zwischen Gott, dem Herrn der Heere, seinem Boten und Schabbtai vollkommen verschwimmen - was vom Verfasser beabsichtigt war. Da Schabbtai hier sich selbst tatsächlich Göttlichkeit zuschrieb, haben seine Anhänger den Brief zunächst geheim gehalten.

Anmerkungen zu einigen Bibelzitaten:

1.Mose 45,13: Schabbtai vergleicht sich dem Joseph, der seine Brüder zum Vater schickt, auf daß sie ihm berichten, zu welch hohen Ehren Joseph in Ägypten gekommen ist. Joseph war der wichtigste Mann am Hofe des Pharao, diesem gleich. Und so ist auch Schabbtai hochgeehrt am Hofe des türkischen Sultans.

Der hebräische Konsonantenbestand MZRJM ist zweideutig: er kann sowohl als „Ägypten" (MIZRAJIM) als auch als „Bedrängnisse" (MEZARJM) gelesen werden. Indem Schabbtai in dem Bibelzitat „Ägypten" getrennt schreibt, weist er auf die zweite Bedeutung hin. Das Wort „Bedrängnis" kommt im Plural aber nur in Klgl 1,3 vor: „Zerstreut ist Juda vor Elend und harter Knechtschaft, nun weilt es unter den Völkern, findet keine Ruhestatt. All seine Verfolger holen es ein inmitten der Bedrängnisse".

Ägypten steht demnach für alle Bedrängnis der Juden in der Zerstreuung, besonders aber für Schabbtai selbst, da er vollkommen „unter den Völkern" lebt, nämlich als Moslem, und dennoch von diesen des Abfalls verdächtigt und in die Verbannung geschickt wird.

Mischzitat aus Jes 14,14: „Ich werden aufsteigen zu den Wolken-Höhen", wobei „Wolke" - AW (mit AJIN) zu AW (mit ALEF) - „Vater" verändert wurde, und 2.Sam 23,1: „Ausspruch des Mannes, hoch erhoben, Messias des Gottes Jakobs".

Grabinschrift Natans

Das Haus, bestimmt für alles Lebendige (Hiob 30,23). Der Grabstein für den Überrest des gött(lich inspirierten) Rabbiners, *ein Wächter* und *Heiliger* aus dem Himmel (Anspielung auf Dan 4,13). Die Heilige Leuchte ... der Meister und Rabbiner Abraham Benjamin Natan Aschkenasi, möge seine Seele im Paradies ruhen, er, der berufen wurde zur himmlischen Akademie am Freitag, den 11. Schwat im Jahr „*Zu Ende ist deine Schuld, Tochter Zion*" (Klgl 4,22). (zitiert nach G.Scholem, Sabbatai Zwi, S.1018)

Das hebräische Wort TAM, „zu Ende", hat den Zahlenwert 440 und entspricht damit dem Jahre 1680. Aus der Jahreszahl wurde ein Bibelzitat erlesen, das der schabbatianischen Sündentheologie korrespondiert. Das Grab Natans befindet sich in Üsküb, der Grabstein wurde während des 2. Weltkrieges zerstört.

Zur weiteren Entwicklung der Schabbtai-Bewegung

Möge es dein Wille sein, daß wir durch deine Tora errettet werden und deinen Geboten anhängen, und mögest du meine Gedanken zum wahren Gottesdienst reinigen ... und mögen all unsere Taten in der TORA DEAZILUT (Tora, die in der Zeit der Erlösung gilt) nur um deines großen Namens willen geschehen, Señor Santo, und um deine Größe zu erkennen, denn du bist der wahre Gott und König der Welt, unser lebender Messias, der du in dieser irdischen Welt warst, die TORA DEBRIA (die Tora, die vor der Erlösung galt, nämlich die Sinai-Tora) aufgehoben hast und zu deinem Ort aufgestiegen bist, um alle Welt zu lenken. Jakob Emden, SEFER SCHIMUSCH, fol. 7a
(zitiert nach G.Scholem, Judaica 5, Frankfurt a.M. 1992, S.85)

Dieses Gebet von radikalen Schabbatianern in der Westukraine bezeugt die inkarnatorische Variante der schabbatianischen Theologie: hier galt Schabbtai als der Mensch gewordene Gott.

Señor Santo ist die spanische Übersetzung von haADON haKADOSCH, heiliger Herr - ein Titel, den später auch Jakob Frank für sich in Anspruch nahm.

JAKOB FRANK, DER INKARNIERTE MESSIAS

Wir glauben an alles, was der Herr ehedem befohlen hat: zu glauben durch das Gesagte und zu lernen und zu tun, was er in der Tora befohlen hat.

Die Tora des Mose und seine Prophezeiungen und die Worte aller Propheten und der Rest aller alten Bücher sind unklar und versiegelt und wie eine Frau, die züchtig ihr Gesicht bedeckt. Wer darauf bestehen will, ihre Schönheit (zu sehen), muß ihr Angesicht aufdecken.

Die Früheren erklärten die Tora, und es wurden in der heiligen Sprache die sechs Ordnungen (der Mischna) geschaffen - das ist der Talmud. In ihm gibt es Worte der Lüge und Worte des Betrugs, die eindeutig gegen den Herrn und seine Tora sind.

Wir glauben, daß es einen Gott gibt ohne Anfang und ohne Ende. Er hat Himmel und Erde geschaffen und alles, was darinnen ist, das Sichtbare und das Unsichtbare.

Wir glauben an die drei PARZUFIM, einer dem anderen gleich, ohne irgendeine Trennung.

Wir glauben, daß der Herr gekommen ist, sich leibhaftig zu verkörpern wie alle anderen Menschen, den menschlichen Bedürfnissen nachzukommen, zu essen, zu schlafen und alles (zu tun), wessen Menschen sonst bedürfen, nur ohne irgend eine Sünde.

Wir glauben, daß Jerusalem vor dem Ende der Zeit nicht erbaut wird.

Wir sagen, daß die Juden vergeblich an das Kommen des Messias glauben und sagen, daß er kommen und sie groß machen wird über alle Welt und ihnen Glück und Ehre geben wird. Denn dem ist nicht so.

Allein der Herr selbst wird sich bekleiden mit einem Menschenleib, und er wird kommen zu sühnen die Sünden, welche die früheren Geschlechter gesündigt haben und mit denen sich die Welt in Betrübnis verflucht hat. Bei seinem Kommen wird sie entsühnt und gereinigt werden von den Sünden.

Die IKKARIM (Glaubenssätze) der Frankisten,
verfaßt für die Disputation des Jahres 1757
(zitiert nach M.Balaban, Zur Geschichte der frankistischen
Bewegung [hebräisch], Tel Aviv 1934, S.135f)

Die Glaubenssätze der Frankisten sind teils bewußt an kirchliche Bekenntnisse angelehnt, etwa an das Nizänische Glaubensbekenntnis, das mit den Worten beginnt: „Ich glaube an den einen Gott, den allmächtigen Vater, der Himmel und Erde gemacht hat, das Sichtbare und das Unsichtbare."

Parzufim („Angesichter") sind in der lurianischen Kabbala verschiedene Erscheinungsformen, in denen Gottes Persönlichkeit dem Menschen entgegentritt.

Wenn Jakob Emden Frank als Ungeheuer mit drei Köpfen abbildet, ist dies wohl eine boshafte Umdeutung der frankistischen Trinitätslehre: aus den Erscheinungsformen Gottes werden die drei Fratzen des Juden, Moslem und Christen Jakob Frank:

Die Abbildung aus dem SEFER SCHIMUSCH des Jakob Emden (Altona 1760) zeigt Jakob Frank, der als Jude erst zum Islam und dann zum Christentum übertrat, als dreiköpfiges Ungeheuer.
Über den Köpfen steht auf Hebräisch geschrieben (von rechts nach links):
NOZRI, JEHUDI, JISCHMAELI (Christ, Jude, Moslem).

Allergnädigste Kaiserin, Königin Erblandes Fürstin und Frau Frau!

... Im Anfangs berührten 1757sten Jahr kam besagter Jacob Frank nach Pohlen, und schrieb an alle Gläubiger gedachter Sect, daß sie alle nachher Postivane unter dem Kirchspiel des Bischofs von Kaminiez zusammen kommen sollten, woselbst er ihnen die Geheimnisse ihrer Sabathianischen Religion gründlich entdecken würde ... Die Zusammenkunft geschahe, wie besagt, und Jacob Frank predigte, „daß der Herr König Sabatha Zabi den Glauben der Ismaeliter hat durchpassiren müssen; der Gott Barachiah (Führer der Dönme in Saloniki) mußte auch diesen Glauben durchpassiren; aber ich Jacob, der die Vollkommenheit von allem ist, muß den Nazarenischen Glauben durchpassiren, denn Jesus von Nazaret war die Haut oder die Schale von der Frucht, zugleich ist dessen Ankuft nur darum gestattet worden, damit derselbe den Weg des wahren Messias bahnen möge ...

Mithin müssen wir pro forma diese Nazarenische Religion antreten, die Religion vor den Augen der Christen ehrlich halten, damit wir zeigen, daß wir die Religion ehrlicher halten, als die Christen selbst ... und wenn wir uns auch zum Christentum bekennen, die vorgeschriebene Gesetze des Christentums beobachten, so müssen wir keineswegs aus unseren Herzen die drey Köpf des Glaubens unserer Herrn Könige Sabatha Zabi, Barachiah, und Chacham („Weiser“) Jacob Frank, die Vollkommenheit aller andern vergessen.“

... (nach der Lemberger Disputation) fuhr er mit vielen von seinem Anhang nachher Warschau, wo sich derselbe von Hoffart einnehmen ließ, und predigte, „daß er Herr über Leben und Sterben seye, und daß diejenigen, die an ihn mit ganzen Herzen glauben werden, niemals sterben sollen“; da aber dennoch einige von seinem Anhang gestorben sind, und er darüber befragt wurde, gab er zur Antwort: „daß diejenigen, die gestorben seyen, keinen wahren Glauben an ihn gehabt hätten“ ...

Seine Kutscher, Reitknechte, Bediente, Stallmeister, Husaren, Uhlanen, kurz alle männlich- und weiblichen Geschlechts, so er bey sich hat (in Brünn), sind getaufte Juden. Alle 14 Tage kommen Männer, Weiber, Söhne und Töchter, die bringen Geld, Pferde und unterschiedliche Geschenke, aber alle diese, die zu ihm kommen, sind getaufte Juden von seiner Sect; sie küssen ihm die Füße, bleiben einige Tage da, reisen alsdenn ab, es kommen wieder andere ...

Aus einem Brief des Jacub Galinsky an die Kaiserin Maria Theresia,
Archiv des Landesmuseums in Brünn
(zitiert nach O.K.Rabinowicz, Jacob Frank in Brno,
in: The 75.Anniversary Volume of JQR 1979, S.440-445)

Jacub Galinsky war ein ehemaliger Anhänger Franks, hatte ihn aber während der Gefängniszeit in Tschenstochau verlassen.

Moderne messianische Bewegungen ohne Messias: Aufklärung, Sozialismus und Zionismus

Aufbruch vieler Juden in der französischen Revolution

Unter allen Bezirken der Pariser Gemeinde ist es der Karmeliterbezirk, der die größte Zahl von Juden aufweist. Mehr als jeder andere Bezirk hatte daher dieser seit Beginn der Revolution die Möglichkeit, die Haltung der jüdischen Einwohner zu beobachten ... Keine Bürgerkategorie hat einen größeren Eifer bei der Erkämpfung der Freiheit an den Tag gelegt als die Juden; niemand lechzte so sehr nach dem Waffenrock der Nationalgarde wie sie ... Noch sind die in Paris lebenden Juden nicht in den Rang von Franzosen erhoben; doch können wir euch versichern, daß sie dieses Namens durchaus würdig sind. Ich wage sogar zu erklären, daß sie in unserer Mitte schon jetzt als Franzosen gelten.

Aus einer Rede des Staatsanwalts Cahier-de-Gerville vom 30. Januar 1790
(zitiert nach J.Höxter, Quellenbuch zur jüdischen Geschichte und Literatur,
5.Teil, Frankfurt 1930, S.8f)

Die offizielle Proklamation der Gleichberechtigung aller Juden erfolgte am 28. September 1791 durch die französische Nationalversammlung.

Unabhängigkeitserklärung des Staates Israel aus dem Jahre 1948

Das Israel-Land war der Geburtsort des jüdischen Volkes. Hier wurde seine geistige, religiöse und politische Identität geformt. Hier erreichte es zuerst die Eigenstaatlichkeit, schuf kulturelle Werte von nationaler und universaler Bedeutung und gab der Welt das unsterbliche Buch der Bücher.

Mit Gewalt aus seinem Land vertrieben, bewahrte das Volk ihm die Treue in allen Ländern der Zerstreuung und hörte niemals auf, für seine Rückkehr dorthin und für die Erneuerung seiner politischen Freiheit zu beten und zu hoffen.

... hiermit proklamieren wir die Errichtung eines jüdischen Staates im Israel-Land, den Staat Israel ...

Der Staat Israel wird offen sein für die jüdische Einwanderung (ALIJA), für die Sammlung der Zerstreuten (KIBBUZ GALUJOT); er wird die Entwicklung des Landes fördern zum Wohl aller Einwohner; er wird auf der Grundlage von Freiheit, Gerechtigkeit und Frieden - im Licht der Weissagungen der Propheten Israels - gegründet sein; er wird völlige soziale und politische Gleichberechtigung aller Bürger ohne Ansehen der Religion, der Rasse oder des Geschlechts gewähren; er wird Freiheit der Religion, des Gewissens, der Sprache, der Erziehung und der Kultur garantieren; er wird über die heiligen Stätten aller Religionen wachen; und er wird den Grundsätzen der Verfassung der Vereinten Nationen treu sein ...

Wir appellieren an das jüdische Volk in der Diaspora, sich um Israel beim Werk der Einwanderung und des Aufbaus zu scharen und ihm beizustehen im großen Kampf für die Verwirklichung des uralten Traumes - der Erlösung (GE'ULA) Israels.

In sicherem Vertrauen auf den *Fels Israels* (Jes 30,29) unterzeichnen wir diese Erklärung ... (zitiert nach der Encyclopaedia Judaica 5, Sp.1453f)

„Fels Israels" ist eine häufige Umschreibung für Gott. In Jes 30,29 heißt es: „ihr werdet von Herzen fröhlich sein wie derjenige, der unter Flötenspiel geht, um auf den Berg des Herrn zum Felsen Israels zu kommen".

Die Aufnahme biblischer und traditionell jüdischer Motive in die Erklärung darf nicht darüber hinwegtäuschen, daß der Staat Israel ein säkularer Staat ist, in dem Staat und Religion voneinander getrennt sind. Allerdings wird dieser Tatbestand immer mehr verwischt durch den relativ großen politischen Einfluß, den relativ kleine religiöse Parteien als Partner der Regierungskoalition im israelischen Parlament besitzen.

Demokratisierung des Messianischen im Chassidismus

Die erste „Erhebung der Seele" des Baal Schem Tow

Am Neujahrstag des Jahres 5507 (September 1746) vollzog ich durch Beschwörung die dir wohlbekannte Erhebung der Seele und erschaute in einer Vision Wunderdinge, wie ich sie, seit ich mir meiner selbst bewußt bin, nie gesehen habe ... (Nach der Durchquerung des Gartens Eden) stieg ich Stufe um Stufe hinauf, bis ich in die Halle des Messias eintrat, wo der Messias in Gemeinschaft aller Tannaiten und Gerechten Tora lernt. Ich wurde gewahr, daß dort große Freude herrscht; und ich dachte bei mir, daß diese Freude meinem Scheiden aus diesem Leben gelte. Doch erklärte man mir, daß ich noch nicht verschieden sei, weil man dort oben Wohlgefallen daran finde, daß ich unten vermittels ihrer heiligen Tora die Vereinigung (mit Gott) vollziehe.

Und ich fragte den Messias: Wann kommt der Herr? Und er antwortete mir: Dann, damit du es erkennst, wenn deine Lehre bekannt sein und sich der Welt offenbaren wird ... und alle gleich dir Vereinigung (mit Gott) und Erhebungen werden vollziehen können. Dann erst werden alle Schalen zerstäubt werden, erst dann wird die Zeit der Gnade und Erlösung anbrechen.

Und ich wunderte mich hierüber sehr und empfand einen großen Schmerz darüber, daß diese Zeit in eine so weite Ferne gerückt ist: wann könnte dies überhaupt eintreten? Indessen erfuhr ich, als ich dort war, drei wunderwirkende Wörter und drei heilige Namen ... und dachte, ob mit deren Hilfe nicht vielleicht auch meine Zeitgenossen die gleiche Stufe und den gleichen Rang wie ich erreichen könnten.

Aus dem KETER SCHEM TOW
(zitiert nach S.Dubnow, Geschichte des Chassidismus Band 1, S.105f)

Der KETER SCHEM TOW („Krone des guten Namens") ist eine Sammlung von Sprüchen des Baal Schem Tow, die 1784 gedruckt wurde.

Dieser Text ist ein gutes Beispiel dafür, wie in chassidischer Lehre das nationale Moment des Messianismus zurücktritt hinter dem religiösen Prinzip einer individuellen Erlösung jedes einzelnen. Sobald der Chassidismus große Verbreitung gefunden hat (wobei auch magische Riten von Bedeutung sind), werden viele Juden den Grad der Heiligkeit des Baal Schem erreichen und auf diese Weise die Erlösung beschleunigen.

Auch Paulus berichtet (in 2.Kor 12,1-9) von einer Himmelsreise, bei der er Wunderbares hörte.

Jeder Mensch hat seine besondere Aufgabe im Rahmen der kommenden Erlösung

Pflicht ist es für jeden in Israel zu wissen und zu bedenken, daß er in der Welt einzig ist in seiner Beschaffenheit, und es ist noch kein ihm Gleicher auf der Welt gewesen; denn wäre schon ein ihm Gleicher auf der Welt gewesen, er brauchte nicht auf der Welt zu sein. Jeder Einzelne ist ein neues Ding in der Welt, und er soll seine Eigenschaft in dieser Welt vollkommen machen. Denn wahrlich: daß dies nicht geschieht, das ist's, was das Kommen des Messias verzögert.

Worte des Zloczower Maggid
(zitiert nach M.Buber, Werke Band III, Schriften zum Chassidismus, S.719f)

Jechiel Michael von Zloczow (etwa 1731-1786) war ein Schüler des Baal Schem. Er führte das Leben eines Asketen und war ein großer Prediger.

Der Zaddik als maßgebende Autorität

... das Grundprinzip und Fundament, von dem alles abhängt, (ist,) daß man sich an den Zaddik der jeweiligen Generation binde, allem, was er sagt, gleichviel, ob es eine wichtige oder geringfügige Sache betrifft, Folge leiste, von seinen Worten weder nach rechts noch nach links abweiche, alle Klügeleien beiseite lasse und auf die eigene Meinung völlig verzichte, als besäße man keinen anderen Verstand außer dem, den man dem Zaddik verdanke.

Aus den LIKKUTE MOHARAN des Rabbi Nachman von Bratslav
(zitiert nach S.Dubnow, Geschichte des Chassidismus Band 1, S.202)

Die LIKKUTE MOHARAN („Belehrungen unseres Lehrers, des Raw Nachman") wurden zu Lebzeiten des Bratslaver Rebben von seinem treu ergebenen Jünger Rabbi Natan aufgeschrieben und zum Druck gebracht.

Das Auftreten vieler falscher Messiasse ist Teil des göttlichen Heilsplans

Ein Ungläubiger hielt einmal dem Berditschewer vor, die großen alten Meister seien auch so tief im Irrtum befangen gewesen; so habe Rabbi Akiwa an den Empörer Bar Kochba als den Messias geglaubt und habe ihm gedient.

Als Gott sah, daß die Seele Israels krank war, hüllte er sie in das ätzende Linnen der Zerstreuung und legt, daß sie es ertrüge, den Schlaf der Dumpfheit auf sie. Damit aber der sie nicht zerstöre, weckt er sie von Stunden zu Stunden mit einer falschen Messiashoffnung und schläfert sie wieder ein, bis die Nacht vergangen ist und der wahre Messias erscheint.

Gleichnis des Levi Jizchak von Berditschew
(zitiert nach M.Buber, Die Erzählungen der Chassidim, Zürich 1949, S.364f)

In dieser Quelle leuchtet etwas auf von der Vitalität, dem frischen Wind, den Messiasse immer wieder in die Judenheit gebracht haben, trotz des zerstörerischen Potentials, das jedem Messias eben auch innewohnt.

DER LUBAWITSCHER REBBE - EIN MESSIAS AUS BROOKLYN

„König Messias“

Plakat mit der Aufschrift „Der König Messias“,
aufgestellt im jüdischen Viertel der Jerusalemer Altstadt (November 1996).

Der leidende Messias

Die einzige Lösung:
der Messias,
Sohn Davids!

Man muß die Prüfung bestehen:
Man bedrückt uns, damit wir mit ganzem Herzen die eine und wahre Lösung erbitten - die wahre und vollständige Erlösung durch den Lubawitscher Rebben, den Messias unserer Gerechtigkeit.

Die Meister, die vor zweitausend Jahren erklärten: „Macht euch bereit für die Ankunft des Messias!“ sind gestorben. Sie wurden uns entrissen. Und der Messias zögert noch immer.

Anstelle der Erlösung haben wir die Krankheit unseres Rebben, er möge leben, bekommen. Anstelle der Hilfe, die Stärkung dem Volk Israel in unserem Land bringen sollte, wurde uns der Verzicht auf einen Teil des Israel-Landes zugunsten unserer Feinde auferlegt. Ist uns etwa die Stunde sauer geworden? Ist etwa unsere Hoffnung trügerisch?

Die Nöte sind stärker geworden:
Vor 3306 Jahren stellte sich in Ägypten ein achtzigjähriger Jude vor die Israelis, und in seinem Mund war das g´ttliche Evangelium (BSORA): *Achtgehabt, achtgehabt habe ich auf euch (in eurer Bedrückung)* (2.Mose 3,16).

Das Volk wußte nicht, ob es ihm glauben sollte oder nicht, aber schließlich beschloß die Mehrheit, Mose, unserem Lehrer, zu glauben: *Da glaubte das Volk* (2.Mose 14,31).

Und plötzlich, nachdem er das Evangelium der Erlösung gegeben hatte, wurden die Nöte der Zerstreuung noch stärker. Pharao befahl, dem Volk kein Häcksel mehr zu geben, und er befahl: „Macht ihnen die Arbeit schwer, und sie sollen damit beschäftigt sein, so daß sie nicht auf dumme Gedanken kommen“ (dazu 2.Mose 5,7ff). Und die Aufseher der Israelis warfen die Erbitterung ihres Herzens auf Mose und Aaron.

Hat etwa Mose, unser Lehrer, gelogen? War etwa das Versprechen der Erlösung trügerisch, das er seinem Volk brachte?

Am Ende wurde klar, daß dies nur eine Prüfung der Glaubensstärke war. Der Heilige, gesegnet er, hat die Juden in die schwerste Versuchung hineingestellt. Nach dem Ende dieser Versuchung aber begannen die Schläge der Versuchung, welche die Erlösung befördern, Ägypten zu treffen.

Er trägt unsere Krankheiten:

Auch wir, wie unsere Väter in Ägypten, haben gute Botschaft erhalten über die nahe Erlösung. Der Rabbi, er möge leben, der Gerechte unserer Generation, der Messias unserer Generation, hat befohlen, in der ganzen Welt das g´ttliche Evangelium bekannt zu machen: „Demütige, es ist die Zeit eurer Erlösung!“ Die Masse des Volkes Israel hat das Evangelium in Unschuld und Glauben aufgenommen: *da glaubte das Volk* (2.Mose 14,31). Juden erwachten, machten sich auf, lernten vermehrt Tora und taten vermehrt gute Werke; die Erwartung der unmittelbar bevorstehenden und kommenden Erlösung erfüllte sich.

Da aber begann die schwere Zeit, die Zeit der Prüfung, eine schwere und furchtbare Prüfung. Der Rabbi, er möge leben, wird gezüchtigt mit seinen Züchtigungen und seinen Schmerzen. Wir aber wissen: *Unsere Krankheiten hat er getragen und unsere Schmerzen auf sich genommen* (Jes 53,4). Das Volk Israel im Israel-Land wurde auf gefährliche Wege gezogen, und der Aufschrei wächst und wächst. Aber auch dies ist nur eine Versuchung.

Der einzige Ausweg:

Der Prophet Hosea hat gesagt, daß eine Zeit kommen werde, da das Volk Israel verstehen wird, daß es keinen Ausweg gibt außer dem, sich dem Herrn zuzuwenden und den Messias zu erbitten - *Und sie werden den Herrn, ihren G´tt, und David, ihren König, erbitten* (Hos 3,5). Das Volk Israel selbst, aus eigener Initiative, wird sich dem Heiligen, gesegnet Er, zuwenden und die Erlösung erbitten durch den Messias seiner Gerechtigkeit ...

Dies ist die letzte Zeit, da die Erlösung selbst vor uns liegt. Die Zeit der Erlösung ist gekommen. Alles ist schon bereit. Es ist nur nötig, daß das Volk sie erwartet, um sie bittet, sich danach sehnt, das Antlitz des Königs und Messias zu empfangen; denn nur in seinen Händen wird die wahre und vollständige Lösung gefunden, nicht nur für die Probleme des jüdischen Volkes, sondern für die Krankheiten der ganzen Welt. Das ist die Mission, die uns auferlegt ist: die Erlösung zu erbitten, das Antlitz des Messias unserer Gerechtigkeit mit ganzem Herzen zu ersehnen.

Vielleicht bedrückt man uns und bereitet uns Schmerzen, nur damit wir endlich die „rationalen“ Lösungen aufgeben, die uns betrügen, und damit wir allein, mit ganzem Herzen, die eine und wahre Lösung erbitten - die wahre und vollständige Erlösung durch den Messias unserer Gerechtigkeit!

Bitte auf die Heiligkeit des Blattes achten.

Es gibt kein erlöstes Israel, bis sie erbitten die

Königsherrschaft des Hauses Davids.

Denn es ist gesagt (Hos 3,5):

Sie werden ... David, ihren König, erbitten.

Vorderseite eines in Israel verbreiteten
hebräischsprachigen CHABAD-Flugblattes

Prophezeiung Jesajas:
Denn unsere Krankheiten trug er und unsere Schmerzen nahm er auf sich, und wir hielten ihn für einen Gestraften, einen von G'tt Geschlagenen und Geplagten. Und er war durchbohrt wegen unserer Sünden, zerschlagen wegen unserer Vergehen. Die Strafe lag auf ihm zu unserem Heil, und durch seine Wunden sind wir geheilt. Wir alle irrten umher wie Schafe, jeder seinen eigenen Weg. Ihn aber ließ der Herr treffen all unsere Schuld ... er wird lange leben, und durch seine Hand gerät, was dem Herrn gefällt. (Jes 53,4-6 und 10)

Wort des Messias:

Vor 44 Jahren, als der Rebbe, er möge leben, die Leitung von CHABAD übernahm, ließ er wissen, daß unsere Generation die letzte Generation der Zerstreuung ist und die erste Generation, die gewürdigt ist der Erlösung. Diese Botschaft begleitete den Rabbi im Verlauf all der Jahre, und sie steht auf dem Fundament seines großen Lebenswerkes in aller Welt, wo alle angewiesen sind, das Volk zu einigen und es auf die Erlösung vorzubereiten.
In den Jahren 5750 bis 5752 (1990-1992) ging der Rebbe noch einen Schritt weiter und erklärte, daß die Zeit der Erlösung tatsächlich gekommen ist. Einige seiner Sprüche in diesen Jahren (man muß betonen, daß der Rebbe diese Worte nicht nur im Rahmen von Tora-Auslegung gesagt hat, sondern auch etwa gegenüber Journalisten, wodurch deutlich wird, daß seine Absicht sehr klar ist):
„Sicher, sicher und ohne jeden Zweifel des Zweifels ist die Zeit der Erlösung schon gekommen“ (17. Tammus 5751).
„Nach all den Zeichen der Erlösung sind wir der Erlösung wirklich ganz nahe“ (Schabbat Mewarchim Menachem Aw 5751).
„Wir stehen wirklich nahe vor der Erlösung - jeder Jude muß sich auf die Erlösung einstellen und sich auf die Situation und das Gefühl der Erlösung einrichten“ (Schabbat Mewarchim Menachem Aw 5751).

(An dieser Stelle ist ein Foto von Schneurson abgebildet.)

Die Grundlagen des Messias:

Das Bild des Messias, vor seiner Offenbarung, ist - zu unserem Bedauern - das Bild eines kranken und leidenden Mannes. Ein ganzes Kapitel im Jesaja-Buch (Kapitel 53) schildert den Messias als *Mann der Schmerzen und vertraut mit Krankheit*, den man anfangs verachtete und verspottete; am Ende aber offenbart er sich als einer, der höher und höher steigt.

Im Midrasch heißt es:

„In drei Teile sind die Leiden geteilt - ein Teil wurde auf die Väter der Welt gelegt, ein Teil auf die Generation der Zerstörung und ein Teil auf den königlichen Messias“ (Midrasch Tehillim 16,4).

Außerdem wird im Midrasch gesagt, daß der Heilige, gesegnet er, den Messias fragt:
„Diejenigen, die bei dir ihre Sünden verstecken, werden zukünftig dich unter das eiserne Joch sperren, und dich behandeln wie dieses Kalb, dessen Augen trübe werden, und sie ersticken deinen Geist mit dem Joch. Und durch ihre Sünden wird zukünftig dir deine Zunge am Gaumen kleben. Willst du das? ... Da sagte der Messias vor dem Heiligen, gesegnet Er: Herr der Welt, mit meines Herzens Jubel und meines Herzens Freude nehme ich's auf mich, damit nicht einer aus Israel verloren gehe.“
(Jalkut Schimoni Jeschajahu)

„Nicht nur die Vollendung der Erlösung ist da, sondern die Erlösung steht schon auf der Türschwelle und wartet darauf, daß jeder und jede aus Israel die Tür öffnet" (im Gespräch mit dem israelischen Oberrabbiner Raw Mordechai Elihu, 6.Marcheschwan 5752).

„Das einzige, was jetzt übrig bleibt ... ist, das Angesicht des Messias unserer Gerechtigkeit mit rechtem Tun zu empfangen, damit er seine Herrschaft tatsächlich aufrichten und alle Juden aus der Zerstreuung herausführen kann" (25. Marcheschwan 5752).

„Der Messias ist bereit zu kommen, und man muß die letzten Vorbereitungen treffen" (zu Journalisten, 12. im 1.Adar 5752).

Prophezeiung der Erlösung:

Der Rebbe hat auch wissen lassen, daß die Erklärung über das Kommen der Erlösung prophetischer Natur ist, „daß dies sicher ist", und er hat gesagt: „Alle Dinge der Erlösung haben bereits begonnen, und schon wurden sie verbreitet und aufgenommen in dieser materiellen Welt." (Schabbat Schoftim 5751)

Wir sehen also, daß der Messias vor seinem Offenbarwerden schwere Leiden durchmachen muß, und all das, damit auch nicht ein einziger Jude verloren gehe. Im Sohar (Sefer Schmot, Parascha Wajachel 212a) wird erklärt, daß durch die Leiden des Messias Israel aus dem Gericht gerettet wird.

Der Midrasch erklärt den Vers *Mein Sohn bist du, heute habe ich dich erzeugt* (Ps 2,7) auf den königlichen Messias bezogen: „... Es sagt der Heilige, gesegnet er, zu ihnen: An mir ist es, zu seiner Gesundung eine neue Schöpfung zu vollbringen." (Midrasch Tehillim 2,9)

Aus den Worten des Midrasch geht hervor, daß in der Zeit der Erlösung der Messias wie ein Mensch sein wird, der von neuem geboren ist, dem neue Kräfte gegeben sind.

Dann wird er erlöst von seinen Schmerzen und Leiden, er wird sie wegtun mit Macht und starker Kraft, und er wird würdig sein, die volle Erlösung zu bringen für das Volk Israel und für die ganze Welt.

Entscheide dich und wende dich an:
Mitarbeiter der wahren und vollständigen Erlösung,
POB 3084 Bat-Jam, Tel: 03-584-633

Hochwürdiger, Heiligkeit, unser Meister und Lehrer und Rebbe, er möge leben, königlicher Messias!

Wir nehmen auf uns die Königsherrschaft des Rebben, er möge leben, die Königsherrschaft des Hauses David. Und in dieser schicksalhaften Stunde bitten wir dich herzlich, zu kommen und das Israelvolk und Israel-Land zu retten und die wahre und vollständige Erlösung zu bringen .

Vorname ......Name .... Anschrift .... Tel ....Unterschrift ....

Es lebe unser Meister und Lehrer und Rebbe, der königliche Messias für immer und ewig!

Rückseite des CHABAD-Flugblattes

In dem zitierten Midrasch Tehillim 2,9 heißt es: „Es sagte ihnen der Heilige, gesegnet er: An mir ist es, zu seiner Erschaffung eine neue Schöpfung (zu tun)." Bezogen ist diese messianische Auslegung auf Psalm 2,7: „Du bist mein Sohn, heute habe ich dich gezeugt" (dazu auch Lk 3,21 in einigen Handschriften). Auf dem Flugblatt wird mit dem Wort „Erschaffung" gespielt (das etwas ungewöhnlich geschrieben ist), indem es als „Gesundheit" gelesen wird. Die Krankheit des Rebben wird also durch eine Neuschöpfung Gottes geheilt werden.

Zweimal werden Ankündigungen des Rebben über die nahe bevorstehende Erlösung zitiert, die er am Schabbat Mewarchim Menachem Aw gesagt hat. Der Monat Aw ist für Juden ein Trauermonat, da jeweils am 9.Aw die beiden Jerusalemer Tempel zerstört worden sein sollen. Der Schabbat nach dem 9. Aw trägt den Namen „SCHABBAT NACHAMU" nach der Lesung dieses Tages: „Tröstet, tröstet mein Volk" (Jes 40,1). Der Vorname des Lubawitscher - Menachem - bedeutet auf Hebräisch „Tröster".

Der Messias und die Völker - die Noachidischen Gebote

Der Noachidische Kodex und die messianische Ära:
In den letzten Jahren hat der große Weltführer, Rabbi Menachem M. Schneurson, er soll lange leben, der Lubawitscher Rebbe, eindringlich gebeten, Bemühungen zu machen, um das Publikum über die Natur und die Bedeutung der sieben Gesetze Noahs zu informieren.

Diese Gesetze, welche die ethischen und moralischen Verantwortlichkeiten der Menschheit schildern, sind die wahre und richtige Führung für eine Welt, die nach der Errungenschaft ihrer idealen Lage strebt.

Biblische Gelehrte lehren, daß diese ideale Lage errungen wird mit der Ankunft des Maschiach (Messias). Maschiach (buchstäblich „der Gesalbte") wird ein Lehrer und ein Führer des jüdischen Volkes sein. Er ist gleichzeitig heilig und gelehrt und stammt aus dem Hause König Davids. Er wird die gesamte Menschheit Ethik und Moralität lehren. Noch wichtiger, er wird Frieden für die ganze Welt schaffen.

In der Epoche des Messias wird es keinen Hunger, noch Krieg, Neid oder Unmut geben. Die Menschen werden danach streben, sich gegenseitig zu helfen, und ein Geist von Liebe und Brüderlichkeit wird blühen. Das allwichtigste: in der messianischen Ära wird die gesamte Menschheit die Einheit G´ttes anerkennen und bekennen, daß er der einzige Herrscher des Universums sei. Wie es der Prophet Jesaja sagt: ... *denn das Land wird voll Erkenntnis des Herrn sein, wie Wasser das Meer bedeckt* (Jes 11,9).
In den letzten Monaten waren wir Zeugen von eigenartigen und wundersamen Ereignissen, die in der Welt passierten, besonders in Rußland und seinen Satellitenregimen sowie auch im Golfkrieg.
Wir leben tatsächlich in Zeiten von Wundern, und wir hoffen, daß das steigende Interesse in der ganzen Welt an den Gesetzen Noahs uns näherbrin-

gen wird der lang erwarteten Zeit der Erlösung, wo die Welt tatsächlich der Wohnsitz G´ttes sein wird.

CHABAD Mobile Centers - Israel
M.D.A. Square, P.O.B. 1035
Nazareth Illit, 17110 Israel
Tel: 972-6-571468
FAX: 972-6-578485

Bitte achten Sie die
Heiligkeit dieser
Broschüre

Deutschsprachiger Handzettel der Lubawitscher

Auf dem Handzettel sind außerdem die Noachidischen Gebote mitsamt einem Kommentar abgedruckt. Den Hintergrund der Schrift bildet die Zeichnung einer Satellitenaufnahme des Mittelmeerraumes und des Vorderen Orients, auf der „Jerusalem“ sowie ein Bild des Tempels eingezeichnet ist. Auf der Rückseite befindet sich Werbung für Diamanten-Fabriken in Israel, durch die das Flugblatt finanziert wird.
„G´tt“: Fromme Juden schreiben aus besonderer Ehrfurcht „Gott“ unvollständig.

Anhang

Zeittafel

Messianische und antimessianische Bewegungen		*Allgemeine geschichtliche Daten*	
		587	Eroberung Jerusalems durch die Babylonier Beginn des Exils
538	*Kyros*-Edikt	539	Fall Babylons durch die Perser
520-515	Bau des zweiten Tempels in Jerusalem unter *Serubawel*		
~440 ~425	*Nechemja* in Jerusalem *Esra*		
		333	Schlacht bei Issos, Sieg Alexanders über die Perser Ptolemäer-Herrschaft in Israel
		~200	Beginn der Seleukiden-Herrschaft im Israel-Land, gezielte Hellenisierungs-politik
166-164	Aufstand der *Makkabäer*	169-167	Antiochus IV. Epiphanes in Jerusalem, Plünderung des Tempels
	Herrschaft des Hasmonäer-Geschlechtes, Auszug der Protestpriester nach Kumran und Ägypten (Onias-Tempel)		
	Entstehung der Psalmen Salomos	63	Pompeius erobert Jerusalem
~50	*Hiskia*, Begründer der Galil-Dynastie		
40/37-4 v.d.g.Z.	*Herodes*		
	Hillel	29 v.d.g.Z.- 14 d.g.Z.	Octavian Augustus
~6 d.g.Z.	*Judas* der Galiläer		Zensus des Quirinius
13v.-50 d.g.Z.	Philon		

~30 d.g.Z.	*Johannes der Täufer,* *Jesus von Nazaret*	26-36	Pontius Pilatus
	Dositheus, Theudas und weitere *Wunder-Messiasse*		
			Paulus
~47	Kreuzigung von *Jakobus* *und Simon*, den Söhnen des Judas	62	Hinrichtung des Herrenbruders Jakobus
66-70	*1. jüdischer Aufstand* gegen Rom,	69-79	Vespasian
68	Fall Jerusalems		Titus
73	Zerstörung Kumrans Zerstörung des jüdischen Tempels in Leontopolis		
74	Fall Mezadas		
ab 70	Synode von Jawne unter Jochanan ben Sakkai, Kanonisierung der hebräischen Bibel, Abfassung der Mischna		Abfassung der Evangelien
			Domitian
~115	Aufstände in der jüdischen Diaspora	98-117	Trajan
132-135	2. jüdischer Aufstand gegen Rom unter *Bar Kochba*	117-138	Hadrian
	Hadrianische Verfolgungen		Jerusalem wird zu Aelia Capitolina Errichtung römischer Statuen auf dem Tempelberg
~200	Kanonisierung der Mischna unter Jehuda haNasi		
		306-337	Konstantin Bau der „Grabeskirche“ Tempelberg bleibt unbebaut
363	gescheiterter Versuch des Wiederaufbaus des Jerusalemer Tempels	361-363	Julian
		381	Christentum wird Staatsreligion
~400	Endredaktion des tiberiensischen Talmud		
~500	Endredaktion des babylonischen Talmud		
		~570-632	Mohammed
	messianische Begeisterung unter Juden	614	Eroberung Jerusalems durch die Parther

		629	Jerusalem wird wieder christlich
		638	Eroberung Jerusalems durch moslemische Araber
~645	messianische Unruhen anläßlich der arabischen Eroberung des Israel-Landes		
		~690	Bau des Felsendoms auf dem Tempelberg
		732	Schlacht von Tour und Poitiers verhindert weiteres Vordringen des Islam nach Europa
~750	*Jizchak ben Jakob* aus Isfahan, Abu Isa oder *Owadja* genannt, tritt in Persien auf		
		1095	Synode von Clermont, Aufruf zum 1.Kreuzzug Pogrome in den jüdischen Gemeinden des Rheinlandes
seit 1100	Auftreten verschiedener Messiasse und Propheten im islamischen Bereich	1099	Eroberung Jerusalems durch die Kreuzfahrer
	David Alroy in Amadija		
1120/1121	messianische Tumulte in Bagdad		
1127	*Moses al Dari* aus Fes		
1135-1204	Maimonides		
1172	Messias im Jemen		
		1187	Saladin besiegt die Kreuzfahrer bei den Hörnern von Hattin im Galil
1240-nach 1291	Abraham ben Samuel Abulafia	~1250	Sturm der Mongolenheere gegen Europa
1391	messianische Unruhen in der Umgebung von Burgos vor allem unter Marranen		
		1453	Eroberung Konstantinopels durch die Türken
		1492	Vertreibung der Juden aus Spanien, Entdeckung Amerikas
~1500	*Ascher Lämmlein*		
		1517	Beginn der Reformation in Deutschland
1523/24	*David Reuweni* in Venedig und Rom		

1525	*Schlomo Molcho* begegnet David und wird Jude		Bauernkriege
		1529	die Türken vor Wien
1532	Zug nach Regensburg Verbrennung Schlomo Molchos		
1534/35	Christliches Königreich Zion zu Münster		
1564/65	Wiederaufbau von Tiberias unter *Don Joseph Nasi*		
		1618-1648	30jähriger Krieg
		1648	Chmielnicki-Massaker in der Ukraine
1665	*Natan von Gaza* ruft *Schabbtai Zwi* als Messias aus		
1666	Schabbtai Zwi wird Moslem		
1726-1791	*Jakob Frank*		
1760	Tod des Baal Schem Tow Entstehung des Chassidismus		
		1789	Französische Revolution
		1804	Kaiserkrönung Napoleons
		1815	Wiener Kongreß
1848	Karl Marx verfaßt „Das kommunistische Manifest"		Revolution in Deutschland
1862	Moses Hess schreibt „Rom und Jerusalem"		
		1881	Ermordung des russischen Zaren
	verstärkte Einwanderung ins Israel-Land („1.Alija")		
1896	Herzl schreibt den „Judenstaat"		
1897	1.Zionistenkongreß in Basel		
1904	Beginn der 2.Alija		
1917	Balfour-Deklaration	1914-1918	1.Weltkrieg
	Schoa	1939-1945	2.Weltkrieg
1948	Gründung des Staates Israel		
1902-1994	*Menachem Mendel Schneurson*, seit 1950 Lubawitscher Rebbe,		
1992	zum Messias proklamiert		

WORTERKLÄRUNGEN

Achtzehnsegen - Neben dem ⇒ Schma Jisrael das Hauptgebet eines jeden jüdischen Gottesdienstes; benannt nach seinen ursprünglich achtzehn (inzwischen neunzehn) Bitten, die jeweils mit einem Spruch enden, in dem Gott gesegnet wird - etwa als derjenige, der Tote belebt oder die Zerstreuten sammelt.

Akra - „Spitze" (griechisch); von dem Seleukidenkönig Antiochus IV. Epiphanes erbaute Burg, von der er die Stadt zu beherrschen gedachte. Sie lag vermutlich an einem erhöhten Platz nördlich der Davidstadt und südlich des Tempelberges. Josephus identifiziert die Akra mit der Unterstadt.

Akrostichon - „Vers-Spitze" (griechisch); poetische Form, bei der die Anfangsbuchstaben von Versen oder Strophen fortlaufend gelesen einen Sinn ergeben. Im erweiterten Sinn: ein Wort- oder Buchstabenspiel, bei dem die Anfangsbuchstaben eines Satzes ein neues Wort ergeben oder umgekehrt - vor allem in der Kabbala - die einzelnen Buchstaben von Wörtern und Sätzen zu jeweils neuen Wörtern ergänzt werden.

Alija - „Aufstieg" (hebräisch); Einwanderung ins Israel-Land.

Amoräer - „Sprecher" (hebräisch); jüdische Gelehrte des 3. bis 6. Jahrhunderts.

Antinomismus, antinomistisch - Ablehnung von Gesetzen und gesetzlicher Autorität.

Apokryphen - „Verborgene" (griechisch), nicht anerkannte Schriften; etwa bei der ⇒ Kanonisierung der Bibel nicht aufgenommene Bücher.

Apostasie - „Abfall, Abtrünnigkeit" (griechisch).

Apotheose - „Vergottung" (griechisch).

Arianer - Frühchristliche Gruppe, die sich nach ihrem Begründer Arius (260-336) nannte und in der Auseinandersetzung um das Verhältnis zwischen Gott Vater und Sohn die Ansicht vertrat, der Sohn sei nur Geschöpf des Vaters, ihm also untergeordnet. Nach heftigen Streitigkeiten wurden die Arianer schließlich als Ketzer verfolgt, konnten sich aber vor allem bei germanischen Christen bis ins 7. Jahrhundert halten.

Art Stimme - Himmelsstimme, die in jüdischen Legenden die Meinung Gottes ausspricht.

aschkenasisch - die Juden Europas betreffend.

Autodafé - „Glaubensakt" (portugiesisch); die Verkündigung und feierliche Vollstreckung eines Inquisitionsurteils.

Chronistisch - Redaktionelle Bearbeitung der biblischen Bücher Mose, Josua bis Könige sowie von Nechemja und Esra durch die Verfasser der Chronikbücher.

d.g.Z. - Abkürzung für „(nach) der gewöhnlichen Zählung".

Epiphanie - „Erscheinung" (griechisch); oft für das Auftreten einer Gottheit.

eschatologisch - „endzeitlich" (griechisch).

Ethnarch - „Volksfürst" (griechisch); Titel eines unter römischer Oberhoheit stehenden Fürsten in Syrien und im Israel-Land.

Etrog, pl. Etrogim - Zitrusfrucht, die zum Feststrauß des jüdischen Hüttenfestes ⇒ Sukkot gehört.

Ferman - In islamischen Ländern gebräuchliches Wort für einen Erlaß des Landesherrn.

Gaon - „Genie" (hebräisch); Ehrentitel für besonders Gelehrte.

Gemara - „Vollendung" (hebräisch); die Lehren der ⇒ Amoräer, meist Diskussionen der Mischna, die zusammen mit dieser den Talmud bilden.

Gematria - Mystische Erkenntnisse, die Ergebnis des Spielens mit den biblischen Buchstaben und ihrem Zahlenwert sind.

Genisa - „verborgen" (aramäisch); Raum in einer Synagoge, in der unbrauchbar gewordene Gegenstände, vor allem Tora-Rollen und andere Schriften, abgelegt werden. Berühmt ist die Genisa einer Kairoer Synagoge, in der besonders interessante Handschriften gefunden wurden.

Gnosis - „Erkenntnis" (griechisch); übersinnliche, mystische Religionsbewegung der Spätantike.

Goj, pl. Gojim - „Volk" (hebräisch); in nachbiblischer Zeit vor allem Bezeichnung für die Völker außer Israel.

Haggada - „Erzählung" (hebräisch); der erzählende Teil der talmudischen Literatur, auch Spruchgut enthaltend. Im engeren Sinn die Liturgie des Pesachfestes.

Halacha - „das Gehen" (hebräisch); geltende Regeln und Vorschriften, wie sie von den Gelehrten aus den Geboten der Tora entwickelt wurden.

Haskala - „Bildung" (hebräisch), jüdische Aufklärung.

Hellenismus, hellenistisch - Bezeichnung der nachklassischen griechischen Kultur bis zum Ende der Antike. Als Hellenisten werden auch Griechisch sprechende Juden der Diaspora (im Unterschied zu den Aramäisch sprechenden Juden des Israel-Landes) bezeichnet.

Ikkarim - „Wurzeln" (hebräisch); wichtige Prinzipien des Judentums, besonders die dreizehn Glaubenssätze des Maimonides.

Jeschiwa, pl. Jeschiwot - „das Sitzen" (hebräisch); Talmudhochschule.

Jobel - „Widder“ und „Widderhorn“ (hebräisch), mit dem in jedem 50. Jahr ein Freijahr (Jobeljahr) für Schuldner und Sklaven eingeblasen wurde (dazu auch 3.Mose 25); von daher das deutsche Wort: Jubel.

Jobeljahr - ⇒ Jobel.

Kanon, kanonisieren - „Maßstab, Richtschnur“ (griechisch); Liste von anerkannten Schriften; in diese Liste aufnehmen.

Karäer, karäisch - Jüdische Gruppe, die das talmudische Schrifttum nicht anerkennt; entstanden im 8. Jahrhundert, vielfach bekämpft.

Kinneret - See Genezaret.

Knesset - „Versammlung“ (hebräisch); Name des israelischen Parlaments.

Kyrenaika - Römische Provinz Cyrene, Landschaft in Nordlibyen.

Ladino - Sprache der von der Inquisition aus Spanien vertriebenen Juden.

Lag baOmer-Fest - 33. Tag in der Zeit des „Omer“ (hebräisch), der Trauerzeit zwischen ⇒ Pesach und ⇒ Schawuot zum Gedenken an alle Märtyrer.

Levit - Angehöriger des Stammes Levi, aus dem die Priester hervorgingen; im engeren Sinne Tempeldiener.

Libationsopfer - Trankspende an die Götter.

Logienquelle - Nicht erhaltene, aber teilweise rekonstruierbare Sammlung von Jesus-Aussprüchen, in der Wissenschaft mit Q (Quelle) abgekürzt; die ursprünglich wohl aramäisch überlieferten Worte wurden ins griechische Matthäus- und Lukas-Evangelium aufgenommen.

Logos - „Wort, Vernunft“ (griechisch); wird im Hellenismus auch personifiziert für die Gottheit gebraucht.

Lulaw - Feststrauß für das Hüttenfest (⇒ Sukkot), bestehend aus den „vier Arten“ Palmzweig(knospe), Myrte, Bachweide und ⇒ Etrog.

Maggid - „Prediger“ (hebräisch); oft Wanderprediger, hauptsächlich im Chassidismus.

Magreb - „Westen“ (arabisch); der westliche Teil der arabisch-muslimischen Welt: Tunesien, Nordalgerien, Marokko.

Makligkeit - gemäß der Reinheitsvorschriften zum Genuß, Gebrauch und zu kultischen Zwecken nicht tauglich.

Mazzot, Mazzen - Ungesäuertes Brot, das in der Woche des Pesachfestes gegessen wird (dazu 2.Mose 12,17-20).

Menora - Leuchter, besonders der siebenarmige Leuchter des Jerusalemer Tempels; Staatssymbol Israels.

Midrasch - „Auslegung“ (hebräisch), Bezeichnung frühjüdischer Literatur, vor allem außerhalb des Talmud.

Mischna - „Wiederholung“ (hebräisch), die von Juda, dem Fürsten (Jehuda haNasi) gesammelte, redigierte und aufgeschriebene Lehre. Grundlage des ⇒ Talmud.

Mitnaggdim - „Gegner“ (hebräisch); speziell Gegner des Chassidismus.

Nachal - Hebräischer Ausdruck für eine Wüstenschlucht, die meist nur bei Regen Wasser führt; entspricht dem arabischen Wadi.

Nagid - „Erhabener, Fürst“ (hebräisch); Würdetitel; ab dem 11. Jahrhundert der Titel des Repräsentanten und Sprechers etwa der spanischen und jemenitischen Judenheit in der islamischen Welt

Nestorianer - Frühchristliche Glaubensrichtung im Orient, besonders in Syrien und Persien.

Noachidische Gebote - Die sieben Gebote, die Gott Noah (1.Mose 9) gegeben haben soll und die im Unterschied zu den Geboten vom Sinai für die ganze Menschheit gelten: Gebot der Rechtspflege, Verbot von Götzendienst, Gotteslästerung, Unzucht, Mord, Raub, Genuß eines Gliedes von lebendem Getier.

Ökumene - „die bewohnte“ Erde (griechisch).

Ossuarien - Knochengefäße; Tote wurden, in Tücher gewickelt, in Felskammern bestattet. Nach einem Jahr waren sie verwest. Die Knochen wurden gereinigt und in Kästen aus Ton oder Stein verwahrt.

Palimpsest - „wieder abgekratzt“ (griechisch); eine Handschrift, auf der die ursprüngliche Schrift abgewischt oder abradiert wurde, um das kostbare Material neu beschreiben zu können. Da die erste Schrift oft Spuren hinterließ, blieben auf diese Weise alte, wichtige Texte erhalten.

Pan-Entheismus - Anschauung, nach der das All in Gott ruht, er aber nicht, wie im Pantheismus, im All aufgeht.

Parusie - „Ankunft, Anwesenheit“ (griechisch).

pax Romana - „römischer Friede“ (lateinisch). Die durch Recht und Sitte geförderte Befriedung der römischen Welt in der Kaiserzeit.

Pesach - (Passa); Fest zur Erinnerung an die Befreiung aus ägyptischer Knechtschaft; im Israel-Land Beginn der Gerstenernte.

Piut - Ab dem 5. Jahrhundert d.g.Z. im Synagogengottesdienst verwendete Dichtung.

Prosbul - „für das Gericht“ (griechisch). Hillels Aufhebung des Schuldenerlasses im Siebentjahr (5.Mose 15,1-6), da es besonders einem Armen gegen Ende dieser Frist kaum möglich war, eine Anleihe zu bekommen.

Proselyten - (zum Judentum) „Übergetretene“ (griechisch).

Raschi - Kurzname von Rabbi Salomon ben Isaak (1040-1105) aus Troyes, Frankreich; lehrte eine Weile in Worms, gilt als führender mittelalterlicher Kommentator von Bibel und Talmud.

redivivus - „wiederbelebt“ (lateinisch).

Sadduzäer - Zur Zeit des zweiten Tempels eine Partei von Priestern und Aristokraten. Der Name leitet sich von einem Jerusalemer Priester mit Namen Zadok her (dazu 1.Kö 1 und 2,26f). Die Sadduzäer standen als konservative, auf vornehme Herkunft bedachte Gruppe im Gegensatz zur volkstümlichen Laien- und Gelehrtenbewegung der Pharisäer.

Sanhedrin - Auch Synhedrium, Name des obersten Gerichts, der gesetzgebenden Behörde Israels, wohl schon vor der Zeit des Herodes. Die zentrale Akademie in Jawne übernahm nach der Niederlage des Jahres 70 d.g.Z. Namen und Funktion.

Satrapie - Im Perserreich der von einem Statthalter (Satrap) verwaltete Landesteil.

Schalom - „Frieden“ (hebräisch), Friedensgruß.

Schawuot - „Wochen“ (hebräisch); Fest, das sieben Wochen nach ⇒ Pesach zur Erinnerung an die Gabe der ⇒ Tora gefeiert wird. Solange der Tempel bestand, wurden zu Schawuot die Erstlingsfrüchte dargebracht.

Schchina - „das Wohnen“ (hebräisch); Gegenwart Gottes bei Israel.

Schibbolet - „Ähre“ (hebräisch); nach Richter 12,5ff das Wort, an dessen abweichender Aussprache (Sibbolet) die Leute aus Gilead die feindlichen Ephraimiter erkannten; daher die Bedeutung Erkennungszeichen, Losungswort.

Schillum - Hängt mit ⇒ Schalom zusammen und meint Wiedergutmachung.

Schma Jisrael - „Höre Israel“ (hebräisch); eines der Hauptstücke des täglichen Gebets, das mit den Worten „Höre Israel“ beginnt und die Abschnitte 5.Mose 6,4-9, 5.Mose 11,13-21 und 4.Mose 15,37-41 enthält.

Schoa - „Unglück, Katastrophe“, hebräischer Ausdruck für den Holocaust (griechisch: Ganzopfer).

Schofar - Widderhorn.

Schulchan Aruch - „gedeckter Tisch“ (hebräisch); Name des wichtigsten Kompendiums der jüdischen Ritualgesetze in systematischer Ordnung, verfaßt von Joseph Karo (1488-1575).

Seder - Bezeichnung für das Pesachmahl.

Sela - Hebräisches Wort, das besonders in der Poesie der Psalmen Sinnabschnitte beschließt.

Septuaginta - „siebzig“ (griechisch); Kurzzeichen LXX; griechische Übersetzung der hebräischen Bibel, die in vorchristlicher Zeit, nach der Legende von 70 (72) Gelehrten Alexandrias, ausgeführt wurde.

Sikarier - Von sica, „Dolch“ (lateinisch); die aggressivste Gruppe der Zeloten im ersten jüdischen Aufstand 66-70 d.g.Z.

sine ira et studio - „ohne Zorn und Eifer“ (lateinisch), von Tacitus (Annalen 1,1) gebrauchter Ausdruck für unparteiisch.

Sohar - „Lichtglanz“ (hebräisch); zentrales Werk der Kabbala, Rabbi Schimon bar Jochai (2.Jahrhundert d.g.Z.) zugeschrieben, verfaßt von Moses de Leon (gest.1305).

Soter - „Retter, Heiland“ (griechisch).

Sukkot - „Hütten“ (hebräisch); meint gewöhnlich das herbstliche (Laub)hüttenfest, das zur Erinnerung an die Hütten der Wüstenwanderung während des Exodus und als Erntefest gefeiert wird.

Synhedrium - ⇒ *Sanhedrin.*

Talmud - „Lehre“ (hebräisch); Weiterführung der ⇒ Mischna durch die ⇒ Gemara der ⇒ Amoräer. In Tiberias wurde um 400 der tiberiensische Talmud abgeschlossen, der gewöhnlich der Jerusalemer (oder Jeruschalmi) genannt wird. Im Zweistromland, inzwischen Zentrum jüdischer Gelehrsamkeit, wurde der babylonische Talmud (Bawli) um 500 vollendet. Er ist für die Praxis maßgebend; die einzelnen Traktate werden ohne Zusatz zitiert.

Tannaiten, Tannaim - „Gelehrte“ (aramäisch), die bis etwa 200 d.g.Z. die ⇒ Mischna zusammenstellten.

Tefillin - Lederkapseln, die Bibelabschnitte enthalten (5.Mose 6,4-9; 11,13-21; 4.Mose 15,37-40) und bei bestimmten Gebeten an Kopf und Hand gebunden werden.

Tetrarch - „Vierfürst“ (griechisch); im Altertum Herrscher über den 4.Teil eines Landes.

Theokratie - „Gottesherrschaft“ (griechisch); rein religiös legitimierte Staatsgewalt.

tib - ⇒ Talmud

tiberiensischer Talmud - ⇒ Talmud

Tischa bAw - 9. Tag des Monats Aw (etwa August), Trauertag zum Gedenken an die Zerstörungen Jerusalems und des Tempels 587 v.d.g.Z. und 70 d.g.Z.

Tora - „Weisung, Entwurf“ (hebräisch); im engeren Sinn das Fünfbuch Moses, im weiteren die überlieferte jüdische Lehre überhaupt.

Tosefta - „Zusatz“ (aramäisch); Parallelüberlieferung zur Mischna mit Varianten und Zusätzen, die nicht in den Talmud aufgenommen wurde.

v.d.g.Z. - Abkürzung für „vor der gewöhnlichen Zählung".

Westmauer - Stützmauer des herodianischen Tempelareals, von Christen fälschlich „Klagemauer" genannt.

Zahal - Hebräische Abkürzung für: Israelische Verteidigungsarmee.

Zeloten - „Eiferer" (griechisch); Partei der Aufständischen, von Judas dem Galiläer zu Beginn des ersten Jahrhunderts d.g.Z. gegründet.

Zeremonialgebot - Gebote und Verbote, die nichts mit Gut und Böse, mit ethischen Normen zu tun haben, die aber gerade das Jüdische ausmachen und die Sonderung Israels bewirken, wie etwa Schabbat, Speisevorschriften, Festbräuche.

Wichtige Literatur in Auswahl

Hebräische Bibel, Septuaginta, Neues Testament, Talmud, Midrasch

Encyclopaedia Judaica, Jerusalem 1972

A.S.Aeschkoli, Die messianischen Bewegungen in Israel, Jerusalem 1966 (hebräisch)

A.S.Aeschkoli Die Geschichte David Reuwenis, Jerusalem, ohne Jahr (hebräisch)

A.S.Aeschkoli, David Reubeni in the Light of History, in: The Jewish Quarterly Review 28 (1937/38), S.1-45

H.Bietenhard, Die Freiheitskriege der Juden unter den Kaisern Trajan und Hadrian und der messianische Tempelbau, in: Judaica 4 (1948), S.57-77, 81-108, 161-185.

H.Clementz, Flavius Josephus, Geschichte des jüdischen Krieges, Jüdische Altertümer, Kleinere Schriften (4 Bände), Köln 1960

L.Cohn u.a., Philonis Alexandrini Opera quae supersunt, Berlin (unveränderter Nachdruck von 1896ff)

L.Cohn u.a., Philo von Alexandria. Die Werke in deutscher Übersetzung, Berlin 1962

J.Doktor, Diverse Notizen, Fälle, Aktivitäten und Anekdoten des Herrn, Warschau 1996 (polnisch)

H.Donner, Geschichte des Volkes Israel und seiner Nachbarn in Grundzügen, 2 Bände, Göttingen 1984/86

S.Dubnow, Geschichte des Chassidismus in 2 Bänden, Berlin 1931

R.van Dülmen, Das Täuferreich zu Münster 1534-1535. Dokumente, München 1974

H.Graetz, Geschichte der Juden in 12 Bänden, Leipzig ohne Jahr

P.Grunebaum-Ballin, Joseph Naci duc de Naxos, Paris 1968

J.Leibowitz, Gespräche über Gott und die Welt, hg. von M.Shashar, Frankfurt 1990

B.Lewis, Die Juden in der islamischen Welt, München 1987

J.Macdonald, Memar Marqa, The Teaching of Marqa, 2 Bände, Berlin 1963

F.W.Madden, History of Jewish Coinage, New York 1967 (Nachdruck der Ausgabe von 1864)

J.Maier, Die Qumran-Essener: Die Texte vom Toten Meer, 2 Bände, München 1995

A.Merx, Der Messias oder Ta'eb der Samaritaner, Beihefte zur ZAW XVII, Gießen 1909

Y.Meshorer, Jewish Coins of the Second Temple Period, Tel Aviv 1967

O.Michel, O.Bauernfeind, Josephus Flavius, De Bello Judaico, Der jüdische Krieg, Zweisprachige Ausgabe, Bad Homburg vor der Höhe 1960ff

B.Niese, Flavii Josephi Opera, Berlin 1955

K.H.Rengstorf, S.von Korztfleisch, Kirche und Synagoge. Handbuch zur Geschichte von Christen und Juden, 2 Bände, Stuttgart 1968

A.Schalit, König Herodes. Der Mann und sein Werk, Berlin 1969

G.Scholem, Sabbatai Zwi, Frankfurt am Main 1992

G.Scholem, Judaica 5: Erlösung durch Sünde, Frankfurt am Main 1992

E.Silberner, Sozialismus zur Judenfrage. Ein Beitrag zur Geschichte des Sozialismus vom Anfang des 19. Jahrhunderts bis 1914, Berlin 1962

M.Stern, Greek and Latin Authors on Jews and Judaism, Jerusalem 1976, Band 2 1980, Band 3 1984

Y.Yadin, Bar Kochba. Archäologen auf den Spuren des letzten Fürsten von Israel, Hamburg 1971

Verfasser und Mitarbeiterin, Helferinnen und Helfer

Reinhold Mayer, geboren 1926 in Neckarweihingen; Studium der evangelischen Theologie und orientalischer Sprachen; Studienaufenthalte in Holland und Israel.

Sieben Jahre im Pfarrdienst, seit der Gründung im Jahr 1957 wissenschaftlicher Mitarbeiter am Institutum Judaicum der Universität Tübingen mit den Schwerpunkten hebräische Sprache, Geschichte des Judentums, Archäologie. Vorträge und Sprachkurse an Akademien, Volkshochschulen und in Gemeinden. Studienreisen nach Israel, Tschechien und Polen.

Ehemals Mitglied des Judaistischen Weltkongresses, der Studienkommission Kirche und Israel der evangelischen Kirche, Mitbegründer von Studium in Israel.
Auszeichnungen: Franz Delitzsch-Preis und Leo Baeck-Preis.

Die wichtigsten Veröffentlichungen:

Christentum und Judentum in der Schau Leo Baecks, Stuttgart 1961

Der Talmud. Ausgewählt, übersetzt und erklärt, München 1963
(seither in immer neuen Auflagen erschienen)

Judentum und Christentum. Ursprung, Geschichte, Aufgabe, Aschaffenburg 1973.

Franz Rosenzweig, Eine Philosophie der dialogischen Erfahrung, München 1973

Zeit ist's. Zur Erneuerung des Christseins durch Israel-Erfahrung
(Gesammelte Aufsätze), Gerlingen 1973

Mitherausgabe: Franz Rosenzweig, Der Mensch und sein Werk.
Gesammelte Schriften, Dordrecht 1976-84

„Wie gut sind Deine Zelte, Jaakow..." Festschrift zum 60. Geburtstag,
Gerlingen 1986

Inken Rühle, geboren 1965 in Kiel; Studium der evangelischen Theologie in Kiel, Tübingen und Heidelberg. Ein Jahr Studium an der Hebräischen Universität Jerusalem. Nach dem Examen ein halbes Jahr Volontärin in Jad waSchem. Schreibt an einer Dissertation über Offenbarung und Weltlichkeit bei Franz Rosenzweig.

Mein herzlicher Dank gilt auch meiner Frau Annemarie, geborene de Pay, ohne deren geduldige und selbstlose Hilfe, mit der sie seit jetzt 50 Jahren meine Arbeit begleitet, dieses Buch gewiß nicht zustande gekommen wäre.

Für wertvolle Einzelbeiträge bedanke ich mich bei Frau Dr. Ludmila Kybalowa (Direktorin der Staatlichen Jüdischen Museen in Prag), Herrn Rafael N. Rosenzweig (Wetzikon und Hadera), Herrn Bernhard Vogelmann (Leinfelden), Frau Ingedore Rüdlin (Hamburg), Frau Halina und Herrn Jan Jakubowski (Stuttgart), Frau Hanna und Herrn Hermann Köhler (Ruhwarden).

Von Reinhold Mayer sind außerdem erschienen:

Zeit ist's
Zur Erneuerung des Christseins durch Israel-Erfahrung.

Bleicher Verlag
3.Auflage 1997
263 Seiten
DM 48,-

„Wie gut sind Deine Zelte, Jaakow ...“

Festschrift zum 60. Geburtstag von Reinhold Mayer

Hgg. von E.L.Ehrlich, B.Klappert und U.Ast
Bleicher Verlag,
2.Auflage 1987
278 Seiten
DM 38,-

Der Talmud
Ausgewählt, übersetzt und erklärt von Reinhold Mayer.

Goldmann Verlag
Taschenbuch 8665
680 Seiten
DM 19,90

Franz Rosenzweig
Der Stern der Erlösung

Mit einer Einleitung von Reinhold Mayer und einer Gedenkrede von Gershom Scholem

Suhrkamp Verlag
1.Auflage 1988
549 Seiten
DM 34,80